Großkommentare der Praxis

STAUB
Handelsgesetzbuch

Großkommentar

Begründet von Hermann Staub

5., neu bearbeitete Auflage

herausgegeben von

Claus-Wilhelm Canaris
Mathias Habersack
Carsten Schäfer

Zwölfter Band
§§ 407–450
Erster Teilband:
§§ 425–435; 443–450

Bearbeiter:

Andreas Maurer
Henning Jessen
Karsten Otte

De Gruyter

Bearbeitungsstand: 1. August 2016

Zitiervorschlag: *Maurer* in Großkomm. HGB, 5A, § 425 Rn 2

Bandherausgeber: Prof. em. Dr. Dr. h.c. mult. Claus-Wilhelm Canaris

ISBN 978-3-11-035075-3
eISBN (PDF) 978-3-11-044964-8
eISBN (EPUB) 978-3-11-044956-3

Bibliografische Information der Deutschen Nationalbibliothek

Die Deutsche Nationalbibliothek verzeichnet diese Publikation in der Deutschen Nationalbibliografie; detaillierte bibliografische Daten sind im Internet über http://dnb.dnb.de abrufbar.

Datenkonvertierung/ Satz: Dörlemann Satz, Lemförde
Druck: Hubert & Co GmbH und Co KG, Göttingen

♾ Gedruckt auf säurefreiem Papier

Printed in Germany

www.degruyter.com

Verzeichnis der Bearbeiter der 5. Auflage

Professor Dr. **Jochen Axer**, Rechtsanwalt, Wirtschaftsprüfer, Steuerberater, axis Rechtsanwälte, Köln
Dr. **Peter Balzer**, Rechtsanwalt, Sernetz Schäfer Rechtsanwälte, Düsseldorf
Professor Dr. **Jens-Hinrich Binder**, LL.M. (London), Universität Tübingen
Dr. **Benjamin B. von Bodungen**, LL.M. (Auckland), GGS, Heilbronn
Professor Dr. **Ulrich Burgard**, Otto-von-Guericke-Universität Magdeburg
Professor Dr. Dr. h.c. mult. **Claus-Wilhelm Canaris**, Ludwig-Maximilians-Universität München
Professor Dr. **Matthias Casper**, Westfälische Wilhelms-Universität Münster
Dipl.-Kfm. **Andrej Cepuran**, axis Rechtsanwälte, Köln
Professor Dr. **Gerhard Dannecker**, Ruprecht-Karls-Universität Heidelberg
Professor Dr. **Klaus-Dieter Drüen**, Heinrich Heine Universität Düsseldorf
Dr. **Raimond Emde**, Rechtsanwalt, Graf von Westphalen, Hamburg
Professor Dr. **Stefan Grundmann**, LL.M. (Berkeley), Humboldt-Universität Berlin und Europäisches Hochschulinstitut Florenz
Professor Dr. **Mathias Habersack**, Ludwig-Maximilians-Universität München
Dr. **Stephan Harbarth**, LL.M. (Yale), Rechtsanwalt, SZA Schilling, Zutt & Anschütz, Mannheim
Professor Dr. h.c. mult. **Peter Hommelhoff**, Ruprecht-Karls-Universität Heidelberg
Professor Dr. **Rainer Hüttemann**, Dipl.-Volksw., Rheinische Friedrich-Wilhelms-Universität Bonn
Professor Dr. **Henning Jessen**, LL.M. (Tulane), Universität Hamburg und World Maritime University Malmö
Professor Dr. **Detlev Joost**, Universität Hamburg
Professor Dr. **Christian Kersting**, LL.M. (Yale), Heinrich-Heine-Universität Düsseldorf
Professor Dr. **Peter Kindler**, Ludwig-Maximilians-Universität München
Professor Dr. **Detlef Kleindiek**, Universität Bielefeld
Professor Dr. **Jens Koch**, Rheinische Friedrich-Wilhelms-Universität Bonn
Professor Dr. **Ingo Koller**, Universität Regensburg
Dr. **Ernst-Thomas Kraft**, Rechtsanwalt, Hengeler Mueller, Frankfurt am Main
Dr. **Stefan Kröll**, LL.M. (London), Rechtsanwalt, Köln
Daniela Mattheus, Ernst & Young Wirtschaftsprüfungsgesellschaft, Berlin
Professor Dr. **Andreas Maurer**, LL.M. (Osgoode), Universität Mannheim
Professor Dr. **Florian Möslein**, LL.M. (London), Universität Marburg
Professor Dr. **Hartmut Oetker**, Christian-Albrechts-Universität, Kiel
Professor Dr. **Karsten Otte**, M.J.C. (Austin), Direktor bei der Bundesnetzagentur, Bonn
Dr. **Moritz Pöschke**, LL.M. (Harvard), Rechtsanwalt, München, Akademischer Rat auf Zeit, Universität zu Köln
Professor Dr. **Moritz Renner**, Universität Bremen
Dr. **Fabian Reuschle**, Richter am Landgericht Stuttgart
Professor Dr. **Carsten Schäfer**, Universität Mannheim
Professor Dr. **Patrick Schmidt**, Rechtsanwalt Kanzlei NJP Grotstollen, Duisburg
Professor Dr. **Jan Schürnbrand**, Eberhard-Karls-Universität Tübingen
Professor Dr. **Martin Schwab**, Freie Universität Berlin
Professor Dr. **Jan Thiessen**, Eberhard-Karls-Universität Tübingen
Professor Dr. **Christoph Weber**, Julius-Maximilians-Universität Würzburg
Professor Dr. **Jens Wüstemann**, Universität Mannheim

Vorwort zur 5. Auflage

Die fünfte Auflage des von Hermann Staub begründeten Großkommentars zum HGB fällt in eine Epoche, die das Handelsrecht – und mit ihm seine Kommentatoren – vor große Herausforderungen stellt. Sah sich das HGB über Jahrzehnte fast nur punktuellen und überwiegend marginalen Änderungen ausgesetzt, so haben Tempo und Intensität der Reformen inzwischen ganz erheblich zugenommen. Das hat naturgemäß starke Auswirkungen auf Inhalt und Erscheinungsfolge des Kommentars.

Dessen Anspruch und inhaltliche Konzeption haben gegenüber der Vorauflage keine Änderungen erfahren: Nach wie vor soll der Kommentar in einer sowohl wissenschaftlichen Ansprüchen Rechnung tragenden als auch die Belange und Gepflogenheiten der Praxis berücksichtigenden Art und Weise über den Stand der Diskussion informieren und Entwicklungslinien aufzeigen. Im Unterschied zur Vorauflage erscheint die Neuauflage freilich nicht mehr in Einzellieferungen, sondern in Bänden.

Der jetzt vorgelegte Band 12/1 enthält die Kommentierung zu Teilen des Frachtgeschäfts (§§ 425 bis 435 und 443 bis 450), die in der Vorauflage in der Hand von Herrn Professor Dr. Johann Georg Helm lagen. Herausgeber und Verlag freuen sich, dass für die Neuauflage Herr Professor Dr. Henning Jessen (World Maritime University, Malmö, Schweden), Herr Professor Dr. Andreas Maurer (Universität Mannheim) und Herr Professor Dr. Karsten Otte (Bundesnetzagentur) gewonnen werden konnten.

Oktober 2016 — Herausgeber und Verlag

Inhaltsübersicht

VIERTES BUCH

Handelsgeschäfte
Vierter Abschnitt. Frachtgeschäft
Erster Unterabschnitt. Allgemeine Vorschriften

Abkürzungsverzeichnis

aA	anderer Ansicht
aaO	am angegebenen Ort
abl.	ablehnend
ablehn.	ablehnend
Abs.	Absatz
Abschn.	Abschnitt
abw.	abweichend
AcP	Archiv für civilistische Praxis
ADAC	Allgemeiner Deutscher Automobil-Club
ADHGB	Allgemeines Deutsches Handelsgesetzbuch v. 1861
aE	am Ende
a.F.	alte Fassung
AG	1. Amtsgericht 2. Aktiengesellschaft
AGB	Allgemeine Geschäftsbedingungen
AGG	Allgemeines Gleichbehandlungsgesetz
AiB	Arbeitsrecht im Betrieb
AktG	Aktiengesetz
Aktz.	Aktenzeichen
allg.	allgemein
allgM	allgemeine Meinung
a.M.	andere(r) Meinung
amtl. Begr.	Amtliche Begründung
AnfG	Anfechtungsgesetz
Anh.	Anhang
Anl.	Anleitung
Anm.	Anmerkung(en)
AO	1. Amtsordnung (Schleswig Holstein) 2. Abgabenordnung
AöR	Archiv des öffentlichen Rechts
AP	Arbeitsrechtliche Praxis
ApothekenBetrO	Apothekenbetriebsordnung
ApothekenG	Apothekengesetz
ArbG	Arbeitsgericht
ArbGG	Arbeitsgerichtsgesetz
AR-Blattei	Arbeitsrecht-Blattei
ArbR	Arbeitsrecht
ArbstättVO	Arbeitsstättenverordnung
ArbZG	Arbeitszeitgesetz
ArchBürgR	Archiv für Bürgerliches Recht
Art.	Artikel
AÜG	Arbeitnehmerüberlassungsgesetz
Aufl.	Auflage
AV	Ausführungsverordnung
AWD	Allgemeiner Wirtschaftsdienst
AZR	Gesetz über das Ausländerzentralregister

Baden-Württ.	Baden-Württemberg
BaFin	Bundesfinanzaufsicht
BAnz	Bundesanzeiger
BauspG	Gesetz über Bausparkassen
BayERVV	Bayerische Verordnung über den elektronischen Rechtsverkehr und elektronische Verfahren (E-Rechtsverkehrsverordnung – ERVV)
BaWüNotZ	Baden-Württembergische Notarzeitung
BayObLG	Bayerisches Oberlandesgericht
BayZ	Bayerische Zeitung
BAG	Bundesarbeitsgericht
BAO	Bundesabgabenordnung
BÄO	Bundesärzteordnung
BB	Der Betriebs-Berater
BBiG	Berufsbildungsgesetz
BC	Zeitschrift für Bilanzierung, Rechnungswesen und Controlling
Bd.	Band
Bek. v.	Bekanntmachung vom
Begr.	Begründung
Beschl.	Beschluss
BetrAVG	Gesetz zur Verbesserung der betrieblichen Altersversorgung (Betriebsrentengesetz)
BetrVG	Betriebsverfassungsgesetz
BeurkG	Beurkundungsgesetz
BfA	Bundesversicherungsanstalt für Angestellte
BFH	Bundesfinanzhof
BFHE	Entscheidungen des Bundesfinanzhofes
BGB	Bürgerliches Gesetzbuch vom 18.8.1896
BGBl.	Bundesgesetzblatt
BGH	Bundesgerichtshof
BGHR	BGH-Rechtsprechung, hrsg. von den Richtern des Bundesgerichtshofes
BGHZ	Entscheidungen des Bundesgerichtshofes in Zivilsachen
BKartA	Bundeskartellamt
BKR	Zeitschrift für Bank- und Kapitalmarktrecht
Bl.	Blatt
BMJ	Bundesministeriums der Justiz
BNotO	Bundesnotarordnung
BoHdR	Bonner Handbuch der Rechnungslegung
BörsG	Börsengesetz
BörsZulV	Börsenzulassungsverordnung
BPatG	Bundespatentgericht
BPatGE	Entscheidungen des Bundespatentgerichts
BR-Drucks.	Bundesratsdrucksache
BRAGO	Bundesgebührenordnung für Rechtsanwälte
BRAK-Mitt	Mitteilungen der Bundesrechtsanwaltskammer
BStBl	Bundessteuerblatt
BT	Bundestag
BT-Drucks.	Bundestagsdrucksache
BUrlG	Bundesurlaubsgesetz vom 8.1.1963
BVerfG	Bundesverfassungsgericht
BVerfGE	Entscheidungen des Bundesverfassungsgerichts
BVK	Bayerische Versicherungskammer
BWNotZ	Zeitschrift für das Notariat in Baden-Württemberg
bzgl.	bezüglich
bzw.	beziehungsweise

CDH	Centralvereinigung Deutscher Wirtschaftsverbände für Handelsvermittlung und Vertrieb e.V.
cic	culpa in contrahendo
CISG	United Nations Convention on Contracts for the International Sale of Goods, UN-Kaufrecht
DAR	Deutsches Autorecht
DAV	Deutscher Anwaltsverein
ders.	derselbe
DB	Der Betrieb
DCGK	Deutscher Corporate Governance Kodex
d.h.	das heißt
dies.	dieselbe(n)
DIHT	Deutscher Industrie- und Handelstag
Dipl.	Diplom
Diss	Dissertation
DJT	Deutscher Juristentag
DNotZ	Deutsche Notarzeitung
DR	Deutsches Recht
DStR	1. Deutsche Steuerrundschau 2. Deutsches Strafrecht
DV	1. Durchführungsverordnung 2. Deutsche Verwaltung
DZWIR	Deutsche Zeitschrift für Wirtschafts- und Insolvenzrecht
E	Entscheidung
EBE/BGH	Eildienst Bundesgerichtliche Entscheidungen
EBJS	Ebenroth/Boujong/Joost/Strohn
EDV	elektronische Datenverarbeitung
EFG	Entscheidungen der Finanzgerichte
EFZG	Entgeltfortzahlungsgesetz
EG	Europäische Gemeinschaft
EGBGB	Einführungsgesetz zum Bürgerlichen Gesetzbuch
EGHGB	Einführungsgesetz zum Handelsgesetzbuch
EGInsO	Einführungsgesetz zur Insolvenzordnung
EGVP	Elektronisches Gerichts- und Verwaltungspostfach
EGVVG	Einführungsgesetz zum Versicherungsvertragsgesetz
ehem.	ehemalige
EHUG	Gesetz über elektronische Handelsregister und Genossenschaftsregister sowie das Unternehmensregister
einh.	Einheitlich
Einl.	Einleitung
e.K.	Eingetragener Kaufmann/Eingetragene Kauffrau
Entsch.	Entscheidung
ErbStG	Erbschaftsteuer- und Schenkungsteuergesetz
E-Register	elektronisches Register
ERJuKoG	Gesetz über elektronische Register und Justizkosten für Telekommunikation
Erl.	Erläuterung
EStG	Einkommenssteuergesetz
etc.	et cetera
EU	Europäische Union
EuGH	Europäischer Gerichtshof
EuGHE	Entscheidungen des Europäischen Gerichtshofs
EuG	Europäisches Gericht Erster Instanz
EuGVVO	Verfahrensverordnung des Europäischen Gerichts Erster Instanz vom 1.3.2002

EuGVÜ	Übereinkommen über die gerichtliche Zuständigkeit und die Vollstreckung von Entscheidungen in Zivil- und Handelssachen, vom 27.9.1968, seit dem 1.3.2002 weitgehend durch die EuGVVO ersetzt
EuInsVO	Europäische Insolvenzverordnung
EuLF	European Law Forum
EuZVO	Europäische Zustellungsverordnung
EuZW	Europäische Zeitung für Wirtschaftsrecht
EuroEG	Euro-Einführungsgesetz
EWiR	Entscheidungen zum Wirtschaftsrecht
EWIV	Europäische wirtschaftliche Interessenvereinigung
EWR	Europäischer Wirtschaftsraum
EWS	1. Europäisches Währungssystem 2. Europäisches Wirtschafts- und Steuerrecht
EV	1. Eigentumsvorbehalt 2. Einführungsverordnung
EzA	Entscheidungssammlung zum Arbeitsrecht
f	folgende
FamFG	Familienverfahrensgesetz
FAZ	Frankfurter Allgemeine Zeitung FeiertagslohnzahlungsG Feiertagslohnzahlungsgesetz
ff	fortfolgende
FG	Finanzgericht
FGG	Gesetz über die Freiwillige Gerichtsbarkeit
FGPrax	Praxis der freiwolligen Gerichtsbarkeit
Fn	Fußnote
FS	Festschrift
GBO	Grundbuchordnung
GbR	Gesellschaft bürgerlichen Rechts
gem.	gemäß
GenG	Genossenschaftsgesetz
GewO	Gewerbeordnung
GesRZ	Der Gesellschafter
GG	Grundgesetz
ggf.	gegebenenfalls
GK	Großkommentar
GmbH	Gesellschaft mit beschränkter Haftung
GmbHG	Gesetz betreffend die Gesellschaften mit beschränkter Haftung
GmbHR	GmbH-Rundschau
GenG	Genossenschaftsgesetz
GewO	Gewerbeordnung
GewStG	Gewerbesteuergesetz
GoA	Geschäftsführung ohne Auftrag
GOÄ	Gebührenordnung für Ärzte
GOZ	Gebührenordnung für Zahnärzte
GREStG	Grunderwerbsteuergesetz
GRUR	Gewerblicher Rechtsschutz und Urheberrecht
GRUR-RR	Gewerblicher Rechtsschutz und Urheberrecht/Rechtsprechungs-report
GSG	Gerätesicherheitsgesetz
GV	Gebührenverzeichnis
GVG	Gerichtsverfassungsgesetz
GVO	Gerichtsvollzieherordnung
GWB	Gesetz gegen Wettbewerbsbeschränkungen

hA	herrschende Ansicht
HAG	1. Heimarbeitsgesetz 2. Hessisches Ausführungsgesetz
Halbbd.	Halbband
HansGZ	Hanseatische Gerichtszeitschrift
HandelsR	Handelsrecht
Hdb.	Handbuch
HdJ	Handbuch des Jahresabschlusses
HdR-EA	Handbuch der Rechnungslegung – Einzelabschluss
HGB	Handelsgesetzbuch
HK	Handelskammer
HKO	Haager Landkriegsordnung
hL	herrschende Lehre
hM	herrschende Meinung
HOAI	Honorarordnung für Architekten und Ingenieure in der Bekanntmachung vom 4.3.1991
HRefG	Handelsrechtsreformgesetz vom 22.6.1998
HRegGebV	Verordnung über Gebühren in Handels, Partnerschafts- und Genossenschaftsregistersachen Handelsregistergebührenverordnung)
HRegGebNeuOG	Handelsregistergebühren-Neuordnungsgesetz
HRR	Höchstrichterliche Rechtsprechung
Hrsg.	Herausgeber
HRV	Verordnung über die Einrichtung und Führung des Handelsregisters
Hs./Hs	Halbsatz
HSG	Hochschulgesetz
HuRB	Handwörterbuch unbestimmter Rechtsbegriffe im Bilanzrecht des HGB
HV	Handelsvertreter
HVR	Humanitäres Völkerrecht
HVuHM	Der Handelsvertreter und Handelsmarker
HWK	Handwerkskammer
ICC	1. Intergovernmental Copyright Committee 2. International Chamber of Commerce
i.d.F.	in der Fassung
i.d.R.	in der Regel
IDW	Institut der Wirtschaftsprüfer
i.E.	im Ergebnis
i.e.S.	im engeren Sinne
IFSt	Institut Finanzen und Steuern
IHR	Internationales Handelsrecht
insbes.	insbesondere
Ind.- u. Handelsk.	Industrie- und Handelskammer
InsO	Insolvenzordnung
InsoBekV	Verordnung zu öffentlichen Bekanntmachungen in Insolvenzverfahren im Internet
InvG	Investmentgesetz
InvStG	Investmentsteuergesetz
IPRax	Praxis des Internationalen Privat- und Verfahrensrechts
IPRsp.	Die Deutsche Rechtsprechung auf dem Gebiet des internationalen Privatrechts
i.S.d.	im Sinne des
i.S.v.	im Sinne von
i.V.m.	in Verbindung mit
i.w.S.	im weiteren Sinne
IZPR	Das Internationale Zivilprozess

JA	Juristische Arbeitsblätter
JbFSt	Jahrbuch der Fachanwälte für Steuerrecht
jew.	jeweils
JMBl.	Justizministerialblatt
JR	Juristische Rundschau
JRPV	Juristische Rundschau für Privatversicherung
JURA	Juristische Ausbildung
JuS	Juristische Schulung
JVKostO	Justizverwaltungskostengesetz
JW	Juristische Wochenschrift
JZ	Juristenzeitung
Kart	Kartell
Kfm.	Kaufmann
KFR	Kommentierte Finanzrechtsprechung
Kfz	Kraftfahrzeug
KG	1. Kammergericht 2. Kommanditgesellschaft
KGaA	Kommanditgesellschaft auf Aktien
KGJ	Jahrbuch für Entscheidungen des Kammergerichts in Sachen der freiwilligen Gerichtsbarkeit und Kosten-, Stempel- und Strafsachen
KO	1. Kassenordnung 2. Konkursordnung
KOM	Kommissionsdokumente
Königl.	Königlich
KÖSDI	Kölner Steuerdialog
KostG	Kostengesetz
KostO	Kostenordnung
krit.	kritisch
KSchG	Kündigungsschutzgesetz in der Bekanntmachung vom 25.8.1969
KTS	Konkurs-, Treuhand- und Schiedsgerichtswesen
KWG	1. Kommunalwahlgesetz 2. Kreditwesengesetz
LAG	Landesarbeitsgericht
LG	Landgericht
lit.	litera
LM	Nachschlagewerk des Bundesgerichtshofes, hrsg. v. Lindemaier
LS	1. Landessatzung 2. Leitsatz
Ltd.	Private Company Limited by Shares
LVA	Landesversicherungsanstalt
LZ	Leipziger Zeitschrift für Deutsches Recht
m.	mit
M.	Meinung
MarkenG	Markengesetz
m.a.W.	mit anderen Worten
m. Bespr.	mit Besprechung
mglw.	möglicherweise
MitbestG	Mitbestimmungsgesetz
MittRhNotK	Mitteilungen Rheinische Notar-Kammer
MittBayNot	Mitteilungen der Bayerischen Notarkammer
MiZi	Mitteilungen in Zivilsachen
mN	mit Nachweisen

MoMiG	Gesetz zur Modernisierung des GmbH-Rechts und zur Bekämpfung von Missbräuchen
MuW	Markenschutz und Wettbewerb
mwN	mit weiteren Nachweisen
m.W.v.	mit Wirkung vom
Nachw.	Nachweise
NaStraG	Gesetz zur Namensaktie und zur Erleichterung der Stimmrechtsausübung
NdsRpfl.	Niedersächsische Rechtspflege
n.F.	neue Fassung
NJOZ	Neue Juristische Online Zeitschrift
NJW	Neue Juristische Wochenschrift
NJW-RR	Neue Juristische Wochenschrift, Rechtssprechungsreport
NotBZ	Zeitschrift für die notarielle Beurkundungspraxis
Nr.	Nummer
NRW	Nordrhein-Westfalen
n.v.	nicht veröffentlicht
NWB	NWB Steuer- und Wirtschaftsrecht (bis 2008: Neue Wirtschafts-Briefe für Steuer- und Wirtschaftsrecht)
NZA	Neue Zeitschrift für Arbeits- und Sozialrecht
NZA-RR	Neue Zeitschrift für Arbeits- und Sozialrecht, Rechtsprechungsreport
NZG	Neue Zeitschrift für Gesellschaftsrecht
NZI	Neue Zeitschrift für das Recht der Insolvenz und Sanierung
NZM	Neue Zeitschrift für Miet- und Wohnungsrecht
o.	oben
o.ä.	oder ähnliches
OFD	Oberfinanzdirektion
österr.	Österreichisches
(ö)OGH	Oberster Gerichtshof (Österreich)
OGHZ	Entscheidungen des Obersten Gerichtshofs für die Britische Zone in Zivilsachen
OHG	Offene Handelsgesellschaft
OLG	Oberlandesgericht
OLGR	OLG-Report: Zivilrechtsprechung der Oberlandesgerichte
OWiG	Ordnungswidrigkeitengesetz
PartGG	Partnerschaftsgesellschaftsgesetz
PflegeVG	Pflege-Versicherungsgesetz
PiR	NWB Internationale Rechnungslegung
ppa.	per procura (in Vollmacht)
ProdHaftG	Produkthaftungsgesetz
PublG	Publizitätsgesetz
PucheltsZ	Zeitschrift für französisches Zivilrecht
RabelsZ	Zeitschrift für ausländisches und internationales Privatrecht
RAG	Reichsarbeitsgericht
RAG ARS	Reichsarbeitsgericht, Arbeitsrechts-Sammlung (Entscheidungen des Reichsarbeitsgerichts und des Reichsehrengerichts, der Landesarbeitsgerichte, Arbeitsgerichte und Ehrengerichte, 1928 ff)
RBerG	Rechtsberatungsgesetz
RdA	Recht der Arbeit
Rdn	Randnummer
Rdsch.	Rundschau
RdW	Das Recht der Wirtschaft
RegBegr	Regierungsbegründung

RegE	Regierungsentwurf
RG	1. Reichsgericht 2. Reichsgesetz
RGSt	Entscheidungen des Reichsgerichts in Strafsachen
RGZ	Entscheidungen des Reichsgerichts in Zivilsachen
RIW	Recht der Internationalen Wirtschaft
RJA	Entscheidungen in Angelegenheiten der freiwilligen Gerichtsbarkeit und des Grundbuchrechts, zusammengestellt im Reichsjustizamt
RKS	Rechtsprechung kaufmännischer Schiedsgerichte
RL	Richtlinie
RNotZ	Rheinische Notar-Zeitschrift
Rn	Randnummer
ROHG	Reichsoberhandelsgericht
ROHGE	Entscheidungen des Reichsoberhandelsgerichts
Rpfleger	Rechtspfleger
RPflG	Rechtspflegergesetz
Rs.	Rechtssache
Rspr.	Rechtsprechung
RuS	Recht und Schaden
Rz	Randziffer
s.	siehe
S.	1. Seite 2. Satz
s.a.	siehe auch
SAE	Sammlung arbeitsgerichtlicher Entscheidungen
Sächs.	Sächsisch
ScheckG	Scheckgesetz vom 14.8.1933
SE	Societas Europaea – Europäische Gesellschaft
SEAG	Gesetz zur Ausführung der Verordnung des Rates über das Statut der Europäischen Gesellschaft (SE)
Sg	Sozialgericht
SGB	Sozialgesetzbuch
SigG	Signaturgesetz
Slg.	Sammlung
sog.	Sogenannte
SpruchG	Gesetz über das gesellschaftsrechtliche Spruchverfahren – Spruchverfahrensgesetz
st.	ständige
Stgb	Die Steuerberatung
StBp	Die steuerliche Betriebsprüfung
std. Rspr.	ständige Rechtsprechung
StGB	Strafgesetzbuch
str.	strittig
StuB	Zeitschrift für das Steuerrecht und die Rechnungslegung der Unternehmen
StuW	Steuer und Wirtschaft
s.u.	siehe unten
TB-Merkmale	Tatbestandsmerkmale
TDG	Gesetz über die Nutzung von Telediensten – Teledienstegesetz
teilw.	teilweise
TranspR	Transportrecht
TUG	Transparenzrichtlinie-Umsetzungsgesetz
TVG	Tarifvertragsgesetz
Tz	Teilziffer
TzBfG	Teilzeit- und Befristungsgesetz

u.a. unter anderem
u.ä. und ähnliches
Ubg Die Unternehmensbesteuerung
UG Unternehmergesellschaft
umf. umfassend
UmwG Umwandlungsgesetz
unstr. unstrittig
Unterabs. Unterabsatz
UrhG Urheberrechtsgesetz
Urt. Urteil
URV Verordnung über das Unternehmensregister
usf. und so fort
UWG Gesetz gegen den unlauteren Wettbewerb
u.U. unter Umständen

v. von/vom
VAG Versicherungsaufsichtsgesetz
VerBAV Veröffentlichungen des Bundesaufsichtsamtes für das Versicherungswesen
VerkprospG Verkaufsprospektgesetz
VersVerm Versicherungsvermittlung
Vertikal-GVO Die Gruppenfreistellungsverordnung für vertikale Vereinbarungen
VertriebsRVertriebsrecht
VGA Bundesverband der Geschäftsstellenleiter und Assekuranz
Vgl. Vergleiche
v.H. von Hundert
VO Verordnung
Voraufl. Vorauflage
Vorb. Vorbemerkung
VRS Verkehrsrechts-Sammlung
VvaG Versicherungsverein auf Gegenseitigkeit
VVG Gesetz über den Versicherungsvertrag
VW Versicherungswirtschaft
VwVfG Verwaltungsverfahrensgesetz

WarnRprs 1. Rechtsprechung des Reichsgerichts auf dem Gebiete des Zivilrechts, soweit sie nicht in der amtlichen Sammlung der Entscheidungen des RG abgedruckt ist, hrsg. v. Warnmeyer
2. Sammlung zivilrechtlicher Entscheidungen des Reichsgerichts hrsg. von Buchwald (Begründet von Warnmeyer)
WechselG Wechselgesetz
weit. weitere(n)
WG 1. Wassergesetz
2. Wechselgesetz
3. Wohnwirtschaftliche Gesetzgebung
WM 1. Wertpapier Mitteilungen, Zeitschrift für Wirtschafts- und Bankrecht
2. Wohnwirtschaft und Mietrecht
wN weitere Nachweise
WpAIV Wertpapierhandelsanzeige- und Insiderverzeichnisverordnung
WPg Die Wirtschaftsprüfung
WpHG Wertpapierhandelsgesetz
WPO Gesetz über eine Berufsordnung der Wirtschaftsprüfer. (Wirtschaftsprüferordnung)
WpÜG Wertpapiererwerbs- und Übernahmegesetz
WRP Wettbewerb in Recht und Praxis
WuW Wirtschaft und Wettbewerb

WuW-E	Wirtschaft und Wettbewerb, Entscheidungen zum Kartellrecht
WVK	Wiener Vertragsrechtskonvention
Z	(in Zusammenhängen) Zeitschrift, Zeitung, Zentralblatt
z.B.	zum Beispiel
ZBH	Zentralblatt für Handelsrecht
ZBR	Zeitschrift für Beamtenrecht
ZErb	Zeitschrift für die Steuer- und Erbrechtspraxis
ZEuP	Zeitschrift für Europäisches Privatrecht
ZEV	Zeitschrift für Erbrechts- und Vermögensnachfolge
ZfA	Zeitschrift für Arbeitsrecht
ZfLR	Zeitschrift für Immobilienrecht
ZfV	1. Zeitschrift für Versicherungswesen 2. Zeitschrift für Verwaltung
ZGR	Zeitschrift für Unternehmens- und Gesellschaftsrecht
ZHR	Zeitschrift für das gesamte Handelsrecht und Wirtschaftsrecht
ZIP	Zeitschrift für Wirtschaftsrecht
ZInsO	Zeitschrift für das gesamte Insolvenzrecht
ZPO	Zivilprozessordnung
ZR	Zivilrecht
ZRP	Zeitschrift für Rechtspolitik
ZS	Zivilsenat
ZSR	1. Zeitschrift für Schweizerisches Recht 2. Zeitschrift für Sozialrecht
z.T.	zum Teil
zust.	zustimmend
ZustErgG	Zuständigkeitsergänzungsgesetz
zutr.	zutreffend
ZVersWiss	Zeitschrift für Versicherungswissenschaft
ZVglRWi(ss)	Zeitschrift für vergleichende Rechtswissenschaft
zwh.	zweifelhaft

Verzeichnis der abgekürzt zitierten Literatur

zu

Staub, Handelsgesetzbuch
Großkommentar

Abkürzungen der 5. Aufl.

Soweit andere als im nachfolgenden Verzeichnis angegebene Auflagen zitiert werden, sind diese mit einer hochgestellten Ziffer gekennzeichnet.

Adler	Das Handelsregister, seine Öffentlichkeit und sein öffentlicher Glaube, 1908
ADS	Adler/Düring/Schmaltz (Hrsg.),Rechnungslegung und Prüfung der Unternehmen, Stuttgart, 6. Aufl. 1995–2000
ADS International	Adler/Düring/Schmaltz (Hrsg.), Rechnungslegung nach Internationalen Standards, Stuttgart, 7. Ergänzungslieferung August 2011 (Loseblatt)
AnwKommBGB	Dauner-Lieb/Heidel/Ring (Hrsg.), Anwaltkommentar BGB, 5 Bd., Bonn, 2005 ff
Assmann/Schütze/*Bearbeiter*	Assmann/Schütze (Hrsg.), Handbuch des Kapitalanlagerechts, München, 3. Aufl. 2007
Baetge et al./*Bearbeiter*	Baetge/Wollmert/Kirsch/Oser/Bischof (Hrsg.), Rechnungslegung nach IFRS, Stuttgart, 2. Aufl. 2011 (Loseblatt)
Baetge/Kirsch/Thiele/*Bearbeiter*	Baetge/Kirsch/Thiele (Hrsg.) Bilanzrecht, Bonn/Berlin, 49. Ergänzungslieferung Mai 2013 (Loseblatt)
Ballwieser et al./*Bearbeiter*	Ballwieser/Beine/Hayn/Peemöller/Schruff/Weber (Hrsg.), Wiley IFRS-Handbuch 2010, Weinheim, 7. Aufl. 2011
Bamberger/Roth	Kommentar zum Bürgerlichen Gesetzbuch, 3 Bd., München, 3. Aufl. 2012
Bassenge/Roth FamFG/RPflG	Bassenge/Roth, Gesetz über die Angelegenheiten der freiwilligen Gerichtsbarkeit. Rechtspflegergesetz, Kommentar, Heidelberg, 12. Aufl. 2009
Bauer/Diller Wettbewerbsverbote	Bauer/Diller, Wettbewerbsverbote, München, 6. Aufl. 2012
Baumbach/Hefermehl/Casper	Baumbach/Hefermehl/Casper, Wechselgesetz, Scheckgesetz, Recht der kartengestützten Zahlungen: WG,
WechselG u. ScheckG	ScheckG, Kartengestützte Zahlungen, München, 23. Aufl. 2008
Baumbach/Hueck/*Bearbeiter* GmbHG	Baumbach/Hueck, GmbH-Gesetz, München, 19. Aufl. 2010
Baumbach/Hopt/*Bearbeiter*	Baumbach/Hopt, Handelsgesetzbuch, München, 35. Aufl. 2012
Baumbach/Lauterbach/Albers/*Bearbeiter*	Baumbach/Lauterbach/Albers/Hartmann, Zivilprozessordnung: ZPO, München, 70. Aufl. 2012
Baums	Eintragung und Löschung von Gesellschafterbeschlüssen, 1981
Beck-HdR-*Bearbeiter*	Beck'sches Handbuch der Rechnungslegung, Castan/Böcking/Heymann/Pfitzer/Scheffler (Hrsg.), München 40. Aufl. 2013(Loseblatt)

Beck IFRS-Hdb-*Bearbeiter*	Beck'sches IFRS-Handbuch, Bohl/Riese/Schlüter (Hrsg.), München, 4. Aufl. 2013
BeckRS	Beck Rechtsprechung
Beck BilKomm-*Bearbeiter*	Ellrott/Förschle/Hoyos/Winkeljohann (Hrsg.), Beck'scher Bilanz-Kommentar, München, 8. Aufl. 2012
BoHdR-*Bearbeiter*	Hofbauer/Kupsch, Bonner Handbuch der Rechnungslegung, Loseblatt, Stand 2012
Bohl/Riese/Schlüter/*Bearbeiter*	Bohl/Riese/Schlüter (Hrsg.), Beck'sches IFRS-Handbuch, München, 4. Aufl. 2013
Bohnert OWiG	Bohnert, OWiG, Kommentar zum Ordnungswidrigkeitenrecht, München, 3. Aufl. 2010
Bokelmann Firmenrecht	Das Recht der Firmen- und Geschäftsbezeichnungen, Freiburg, 5. Aufl. 2000
Boos/Fischer/Schulte-Mattler/ *Bearbeiter* KWG	Boos/Fischer/Schulte-Mattler (Hrsg.), Kreditwesengesetz: KWG, München, 4. Aufl. 2012
Bork	Bork, Der Vergleich, Berlin 1988
Braun, InsO	Braun (Hrsg.), Insolvenzordnung: InsO, München, 5. Aufl. 2012 zitiert: *Bearbeiter* in: Braun, InsO
Brox/Henssler	Brox/Henssler, Handelsrecht mit Grundzügen des Wertpapierrechts, München, 21. Aufl. 2011
Brox/Walker	Brox/Walker, Allgemeiner Teil des BGB, Berlin, 36. Aufl. 2011
Bruck/Möller	Baumann, Horst/Beckmann, Roland Michael/Johannsen, Katharina/Johannsen, Ralf (Hrsg.), Großkommentar zum Versicherungsvertragsgesetz, Berlin, 9. Aufl. 2008 ff
Bürgers/Körber/*Bearbeiter* AktG	Bürgers/Körber (Hrsg.), Heidelberger Kommentar zum Aktiengesetz, Heidelberg, 2. Aufl. 2011
Bumiller/Harders FamFG	Kommentar zum Gesetz über das Verfahren in Familiensachen und in den Angelegenheiten der freiwilligen Gerichtsbarkeit, München, 10. Aufl. 2011
Busse von Colbe/Ordelheide Konzernabschlüsse	Busse von Colbe, Walther/Ordelheide, Dieter, Konzernabschlüsse, 9. Aufl. 2009
Canaris Handelsrecht	Canaris, Claus-Wilhelm, Handelsrecht, München, 24. Aufl. 2006
Canaris Vertrauenshaftung	Canaris, Claus-Wilhelm, Die Vertrauenshaftung im deutschen Privatrecht, München 1971
Christ/Müller-Helle	Veröffentlichungspflichten nach dem neuen EHUG, Freiburg 2007
Deloitte iGAAP 2011	Deloitte (Hrsg.), iGAAP 2011, London, 4. Aufl. 2010
Düringer/Hachenburg	Düringer, Adelbert/Hachenburg, Max, Das Handelsgesetzbuch vom 10. Mai 1897 (unter Ausschluß d. Seerechts) auf d. Grundlage d. Bürgerl. Gesetzbuchs, Mannheim 1935
Ebenroth/Boujong/Joost/Strohn/ *Bearbeiter*; EBJS	Ebenroth/Boujong/Joost/Strohn (Hrsg.), Handelsgesetzbuch: HGB, Band 1 §§ 1–342e, München, 2. Aufl. 2008, Band 2 §§ 343–475h, München, 2. Aufl. 2009
Ehrenbergs Hdb	Ehrenbergs Handbuch des gesamten Handelsrechts, 5. Band, I. Abteilung, 1. Hälfte, 1. Lieferung, 1926
Eidenmüller	Ausländische Kapitalgesellschaften im deutschen Recht, München 2004
Emmerich/Habersack KonzernR	Konzernrecht, München, 9. Aufl. 2008
Ensthaler	Ensthaler (Hrsg.), Gemeinschaftskommentar zum Handelsgesetzbuch: HGB, Neuwied, 7. Aufl. 2007, zitiert: *Bearbeiter* in: Ensthaler

Erman/*Bearbeiter*	Erman, Bürgerliches Gesetzbuch, Kommentar, Köln, 13. Aufl. 2011
Ernst & Young International GAAP 2011	Ernst & Young (Hrsg.), International GAAP 2011, Chichester 2011
Fezer MarkenG	Markenrecht, Kommentar, München, 4. Aufl. 2009
FK-InsO/*Bearbeiter*	Wimmer (Hrsg.), Frankfurter Kommentar zur Insolvenzordnung, München, 7. Aufl. 2013
Fleischhauer/Preuß	Handelsregisterrecht – Verfahren – Anmeldemuster – Erläuterungen, Berlin, 2. Aufl. 2010
Frankfurter Kommentar zum Kartellrecht/*Bearbeiter*	Jaeger, u.a. (Hrsg.), Frankfurter Kommentar zum Kartellrecht, 77. Lieferung Dezember 2012 (Loseblatt)
Fülbier/Aepfelbach/Langweg	*Fülbier/Aepfelbach/Langweg,* GWG – Kommentar zum Geldwäschegesetz, 5. Aufl. 2006
Gesetzgebungsmaterialien zum ADHGB	Lutz, Protokolle der Kommission zur Berathung eines allgemeinen deutschen Handelsgesetzbuches 1858 ff
Geßler/Hefermehl	Geßler/Hefermehl/Eckardt/Kropff, Aktiengesetz, 1973 ff
v. Gierke/Sandrock Handels- und Wirtschaftsrecht	v. Gierke/Sandrock, Handels- und Wirtschaftsrecht, Berlin, 9. Aufl. 1975
Goldmann	Der Schutz des Unternehmenskennzeichens, Berlin, 2. Aufl. 2005
Gortsos Single Supervisory Mechanism	*Gortsos*, The Single Supervisory Mechanism (SSM) – Legal aspects of the first pillar of the European Banking Union, 2015
Großkommentar AktG/*Bearbeiter*	Hopt/Wiedemann (Hrsg.), Aktiengesetz Großkommentar, Berlin, 4. Aufl. 1992 ff
Großkomm/*Bearbeiter*	Staub, Hermann, Handelsgesetzbuch: Großkommentar, Berlin, 5. Aufl. 2008 ff
GroßkommUWG/*Bearbeiter*	Jacobs/Lindacher/Teplitzky (Hrsg.), Großkommentar zum UWG, Berlin, 1991 ff
Grüll/Janert Die Konkurrenzklausel	Grüll/Janert, Die Konkurrenzklausel, Heidelberg, 5. Aufl. 1993
Grundmann EG-Schuldvertragsrecht	*Grundmann*, Europäisches Schuldvertragsrecht – das Europäische Recht der Unternehmensgeschäfte (nebst Texten und Materialien zur Rechtsangleichung), 1999
Grundmann Europäisches Gesellschaftsrecht	*Grundmann* Europäisches Gesellschaftsrecht, 2. Aufl. 2011
Grundmann Treuhandvertrag	*Grundmann*, Der Treuhandvertrag – insbesondere die werbende Treuhand, 1997
Habersack	Habersack, Europäisches Gesellschaftsrecht, München, 4. Aufl. 2011
Hachenburg/*Bearbeiter* GmbHG	Ulmer (Hrsg.), Hachenburg, GmbHG – Gesetz betreffend die Gesellschaften mit beschränkter Haftung, Kommentar, 3 Bd., Berlin, 8. Aufl. 1992/1997
Hahn ADHGB	von Hahn, Friedrich, Das Handelsgesetzbuch vom 10. Mai 1897 (mit Ausschluss des Seerechts) auf der Grundlage des Bürgerlichen Gesetzbuchs, Braunschweig, 4. Aufl. 1894
Handbuch des Außendienstrechts I	Küstner/Thume, Handbuch des gesamten Außendienstrechts, Band I: Das Recht des Handelsvertreters. Ohne Ausgleichsrecht, Heidelberg, 4. Aufl. 2012
Hartmann-Wendels/Pfingsten/Weber Bankbetriebslehre	*Hartmann-Wendels/Pfingsten/Weber*, Bankbetriebslehre, 6. Aufl. 2015
HdJ-*Bearbeiter*	von Wysocki/Schulze-Osterloh/Hennrichs/Kuhner (Hrsg.),

	Handbuch des Jahresabschlusses (HdJ) Rechnungslegung nach HGB und internationalen Standards, Köln, 56. Ergänzungslieferung Mai 2013 (Loseblatt)
Heidel/*Bearbeiter* AktienR	Heidel (Hrsg.), Aktienrecht und Kapitalmarktrecht, Kommentar, Baden-Baden, 4. Aufl. 2013
Herrmann/Heuer/Raupach/*Bearbeiter*	Einkommensteuer- und Körperschaftsteuergesetz mit Nebengesetzen, Köln (256. Ergänzungslieferung) 2013 (Loseblatt)
Hess/Binz/Wienberg Gesamtvollstreckungsordnung	Hess/Binz/Wienberg, Gesamtvollstreckungsordnung, Neuwied, 4. Aufl. 1998
Hess/Weis/Wienberg InsO	Hess/Weis/Wienberg (Hrsg.), Insolvenzordnung, Heidelberg, 2. Aufl. 2001zitiert: *Bearbeiter* in: Hess/Weis/Wienberg InsO
Heuser/Theile/*Bearbeiter*	Heuser/Theile (Hrsg.), IFRS-Handbuch, Köln,5. Aufl. 2012
Heymann/*Bearbeiter* HGB	Horn (Hrsg.), Heymann, Handelsgesetzbuch (ohne Seerecht), Kommentar, 4 Bd., Berlin, 2. Aufl. 1995 ff
HuRB	Leffson/Rückle/Großfeld (Hrsg.), Handwörterbuch unbestimmter Rechtsbegriffe im Bilanzrecht des HGB, Köln 1986
Hirte/Bücker	Grenzüberschreitende Gesellschaften, Berlin, 2. Aufl. 2006
HK-HGB	Glanegger/Kirnberger/Kusterer u.a., Heidelberger Kommentar zum Handelsgesetzbuch, Heidelberg, 7. Aufl. 2007, zitiert: *Bearbeiter* HK-HGB
Hoeren/Sieber/*Bearbeiter*	Handbuch Multimediarecht – Rechtsfragen des elektronischen Geschäftsverkehrs, Loseblatt, München 2009 ff 33. Aufl. 2013, 34. Erg.Lief. April 2013
Hopt/Mössle/*Bearbeiter* Handelsrecht	Hopt/Mössle, Handels- und Gesellschaftsrecht, Band I: Handelsrecht, München, 2. Aufl. 1999
Hueck/Canaris Recht der Wertpapiere	Hueck/Canaris, Recht der Wertpapiere, München, 12. Aufl. 1986
Hueck/Nipperdey Arbeitsrecht	Hueck, Alfred, Lehrbuch des Arbeitsrechts, Band 2: Kollektives Arbeitsrecht, Berlin, 7. Aufl. 1967/1970
A. Hueck OHG	Alfred Hueck, Das Recht der offenen Handelsgesellschaft, Berlin, 4. Aufl. 1971
Hüffer AktG	Hüffer, Aktiengesetz, München,10. Auflage 2012
Ingerl/Rohnke	Markengesetz, Kommentar, München, 3. Aufl. 2010
Jansen/*Bearbeiter*	von Schuckmann/Sonnenfeld (Hrsg.), Großkommentar zum FGG, 3. Aufl., 3 Bd., Berlin 2005/2006
Kallmeyer/*Bearbeiter*	Kallmeyer u.a., Umwandlungsgesetz, Köln, 5. Aufl. 2013
Keidel/Krafka/*Bearbeiter* RegisterR	Keidel/Krafka (Hrsg.), Registerrecht, München, 9. Aufl. 2013
Keidel/*Bearbeiter* FamFG	FamFG, Kommentar, München, 17. Aufl. 2011
Köhler BGB, Allgemeiner Teil	Köhler, Helmut, BGB Allgemeiner Teil, München, 37. Aufl. 2012
Köhler/Bornkamm/*Bearbeiter*	Gesetz gegen den unlauteren Wettbewerb: UWG – PAngV – UKlaG, München, 31. Aufl. 2013
Koller/Roth/Morck/*Bearbeiter*	Koller/Roth/Morck, Handelsgesetzbuch: HGB, München, 7. Aufl. 2011
KölnKomm-AktG/*Bearbeiter*	Claussen/Zöllner (Hrsg.), Kölner Kommentar zum Aktiengesetz, Köln, 2. Aufl. 1988 ff; 3. Aufl. 2004 ff
KK-OWiG/*Bearbeiter*	Senge (Hrsg.), Karlsruher Kommentar zum Gesetz über Ordnungswidrigkeiten: OWiG, München, 3. Aufl. 2006
KPMG Insights into IFRS	KPMG (Hrsg.), Insights into IFRS, London, 9. Aufl. 2012/2013
Küstner/Thume	Küstner/Thume, Handelsvertreterverträge, Frankfurt am Main, 2. Aufl. 2011

Küstner/Thume I	Küstner, Thume (Hrsg.), Handbuch des gesamten Außendienstrechts, Band 1: Das Recht des Handelsvertreters. Ohne Ausgleichsrecht, Heidelberg, 3. Aufl. 2000
Küstner/Thume II	Küstner, Thume (Hrsg.), Handbuch des gesamten Außendienstrechts, Band 2: Der Ausgleichsanspruch des Handelsvertreters. Warenvertreter, Versicherungs- und Bausparkassenvertreter, Heidelberg, 8. Aufl. 2008
Küstner/Thume III	Küstner/Thume, Handbuch des gesamten Außendienstrechts, Band 3: Vertriebsrecht. Reisende, Vertragshändler, Kommissionsagenten, Versicherungsmakler, Franchising und Direktvertrieb, Heidelberg, 3. Aufl. 2009
HdR-EA/*Bearbeiter*	Küting/Weber (Hrsg.), Handbuch der Rechnungslegung – Einzelabschluss, Stuttgart, 5. Aufl. 2011 (Loseblatt)
Küting/Weber/*Bearbeiter*	Küting/Weber (Hrsg.), Handbuch der Konzernrechnungslegung, Stuttgart, 2. Aufl. 1998
Lettl	Handelsrecht, München, 2. Aufl. 2011
Loewenheim/Meessen/Riesenkampff/ *Bearbeiter*	Loewenheim/Meessen/Riesenkampff (Hrsg.), Kartellrecht, München, 2. Aufl. 2009
Lohmüller/Beustien/Josten	Lohmüller u.a., Handels- und Versicherungsvertreterrecht, 2. Aufl. 1970/71, Loseblatt
Lüdenbach/Hoffmann/*Bearbeiter*	Lüdenbach/Hoffmann (Hrsg.), Haufe IFRS-Kommentar, Freiburg, 9. Aufl. 2011
Lutter/*Bearbeiter* UmwG	Lutter/Winter (Hrsg.), Umwandlungsgesetz, 2 Bd., Köln, 4. Aufl. 2009
Lutter/Hommelhoff/*Bearbeiter* GmbHG	Lutter/Hommelhoff u.a., GmbH-Gesetz, Köln, 17. Aufl. 2009
Luz/Neus/Schaber/Schneider/Wagner/ Weber KWG und CRR	*Luz/Neus/Schaber/Schneider/Wagner/Weber* (Hrsg.), KWG und CRR: Kommentar zu KWG, CRR, SolvV, WuSolvV, GroMiKV, LiqV und weiteren aufsichtsrechtlichen Vorschriften, 3. Aufl. 2015
Manigk	Manigk, Alfred, Willenserklärung und Willensgeschäft, Berlin 1907
Martinek Franchising	Martinek, Michael, Franchising, Heidelberg 1987
Martinek/*Bearbeiter*	Martinek, Michael (Hrsg.), Handbuch des Vertriebsrechts, München, 3. Aufl. 2010
Medicus AT	Allgemeiner Teil des BGB, Heidelberg, 10. Aufl. 2010
Meilicke/von Westphalen PartGG	Meilicke/Graf von Westphalen/Hoffmann/Lenz/Wolff, Kommentar, Partnerschaftsgesellschaftsgesetz: PartGG, Gesetz über Partnerschaftsgesellschaften Angehöriger Freier Berufe, München, 2. Aufl. 2006
Michalski/*Bearbeiter* GmbHG	Michalski (Hrsg.), Kommentar zum Gesetz betreffend die Gesellschaften mit beschränkter Haftung (GmbH-Gesetz), 2 Bd., München, 2. Aufl. 2010
MünchHdbGesR/*Bearbeiter*	Münchener Handbuch des Gesellschaftsrechts, 6 Bd., München, 3. Aufl. 2007 ff
MünchKommAktG/*Bearbeiter*	Goette/Habersack (Hrsg.), Münchener Kommentar zum Aktiengesetz, 3. Aufl., München 2008 ff
MünchKommBGB/*Bearbeiter*	Rebmann/Säcker/Rixecker (Hrsg.), Münchener Kommentar zum Bürgerlichen Gesetzbuch, München, 5. Aufl. 2006 ff
MünchKommBilR/*Bearbeiter*	Hennrichs/Kleindiek/Watrin (Hrsg.), Münchener Kommentar zum Bilanzrecht, Band 1 IFRS, München 2009
MünchKommHGB/*Bearbeiter*	Schmidt, Karsten (Hrsg.), Münchener Kommentar zum Handelsgesetzbuch: HGB, München, 2. Aufl. 2005 ff
MünchKommInsO/*Bearbeiter*	Kirchhof/Lwowski/Stürner (Hrsg.), Münchener Kom-

	mentar zur Insolvenzordnung, 3 Bd., München, 2. Aufl. 2007 f
MünchKommZPO/*Bearbeiter*	Rauscher/Wax/Wenzel (Hrsg.), Münchener Kommentar zur Zivilprozessordnung, 4 Bd., München, 3. Aufl. 2007 ff
Musielak/*Bearbeiter* ZPO	Musielak (Hrsg.), Kommentar zur Zivilprozessordnung: ZPO, München, 8. Aufl. 2011
Noack/*Bearbeiter*	Noack (Hrsg.), Das neue Gesetz über elektronische Handels- und Unternehmensregister – EHUG, 2007
Oetker Handelsrecht	Handelsrecht, Heidelberg, 6. Aufl. 2010
Oetker/*Bearbeiter*	HGB, Kommentar, München, 2. Aufl. 2011
Oppenländer/*Bearbeiter*	Praxishandbuch der GmbH-Geschäftsführung, München, 2. Aufl. 2011
Palandt/*Bearbeiter*	Palandt, Bürgerliches Gesetzbuch: BGB, München, 70. Aufl. 2011
Prölss/Martin/*Bearbeiter* VVG	Prölss/Martin, Versicherungsvertragsgesetz: VVG, München, 28. Aufl. 2010
PwC IFRS Manual of Accounting 2011	PricewaterhouseCoopers (Hrsg.), IFRS Manual of Accounting 2011, London 2010
PWW/*Bearbeiter*	Prütting/Wegen/Weinrich (Hrsg.), BGB Kommentar, Köln, 6. Aufl. 2011
Raiser/Veil	Recht der Kapitalgesellschaften, München, 5. Aufl. 2010
Reithmann/Martiny/*Bearbeiter*	Reithmann/Martiny (Hrsg.), Internationales Vertragsrecht Internationales Vertragsrecht, Köln, 7. Aufl. 2010
RGRK/*Bearbeiter* BGB	Das Bürgerliche Gesetzbuch mit besonderer Berücksichtigung der Rechtsprechung des Reichsgerichts und des Bundesgerichtshofes, Berlin, 12. Aufl. 1975–1999
RGRK-HGB/*Bearbeiter*	Kommentar zum Handelsgesetzbuch, Berlin, 1. Aufl. 1939 ff
Richardi Wertpapierrecht	Richardi, Reinhard, Wertpapierrecht, Heidelberg 1987
Ritter HGB	Ritter, Kommentar zum HGB, 2. Aufl. 1932
Röhricht/v. Westphalen/*Bearbeiter*	Röhricht/Westphalen (Hrsg.), Handelsgesetzbuch: HGB, Kommentar zu Handelsstand, Handelsgesellschaften, Handelsgeschäften und besonderen Handelsverträgen (ohne Bilanz-, Transport- und Seerecht), Köln, 3. Aufl. 2008
Roth/Altmeppen	GmbHG-Gesetz betreffend die Gesellschaften mit beschränkter Haftung, Kommentar, München, 6. Aufl. 2009
Rowedder/Schmidt-Leithoff/*Bearbeiter* GmbHG	Rowedder/Schmidt-Leithoff (Hrsg.), Gesetz betreffend die Gesellschaften mit beschränkter Haftung: GmbHG, München, 4. Aufl. 2002
Schlegelberger/*Bearbeiter*	Schlegelberger/Geßler, Handelsgesetzbuch Kommentar, München, 5. Aufl. 1973
K. Schmidt Gesellschaftsrecht	Schmidt, Karsten, Gesellschaftsrecht, Köln, 4. Aufl. 2002
K. Schmidt Handelsrecht	Schmidt, Karsten, Handelsrecht, Köln, 5. Aufl. 1999
K. Schmidt/Lutter AktG	Schmidt, Karsten/Lutter, Marcus, Kommentar zum Aktiengesetz, Köln, 2. Aufl. 2010
Scholz/*Bearbeiter* GmbHG	Scholz (Hrsg.), Kommentar zum GmbHG, 3 Bd., Köln, 10. Aufl. 2006 ff
Schönke/Schröder/*Bearbeiter* StGB	Schönke/Schröder (Hrsg.), Strafgesetzbuch: StGB, Kommentar, München, 28. Aufl. 2010
Schubert/Schmiedel/Krampe	Schubert, Werner/Schmiedel, Burkhard/Krampe, Christoph (Hrsg.), Quellen zum Handelsgesetzbuch von 1897, Frank-

	furt am Main 1988, zitiert: *Schubert/Schmiedel/Krampe* Bd. / Seitenzahl
Schultze/Wauschkuhn/Spenner/Dau	Schultze/Wauschkuhn/Spenner/Dau, Der Vertragshändlervertrag, Frankfurt am Main, 4. Aufl. 2008, zitiert: *Bearbeiter* in: Schultze/Wauschkuhn/Spenner/Dau
Schwark/Zimmer/*Bearbeiter*	Schwark/Zimmer (Hrsg.), Kapitalmarktrechts-Kommentar, München, 4. Aufl. 2010
Soergel/*Bearbeiter*	Soergel/Siebert (Hrsg.), Bürgerliches Gesetzbuch mit Einführungsgesetz und Nebengesetzen, Stuttgart, 13. Aufl. 2001 ff
Spindler/Stilz/*Bearbeiter* AktG	Spindler/Stilz (Hrsg.), Aktiengesetz, Kommentar, 2 Bd., München, 2. Aufl. 2010
Staub ADHGB	Staub, Hermann: Kommentar zum Allgemeinen Deutschen Handelsgesetzbuch, Berlin, 5. Aufl. 1897
Staub/*Bearbeiter*	Staub, Großkommentar zum Handelsgesetzbuch, HGB, Berlin, 1.–15. Aufl.; 5. Aufl. neuer Zählung Canaris/Habersack/Schäfer (Hrsg.), Berlin 2008 ff
Staudinger/*Bearbeiter*	J. von Staudingers Kommentar zum Bürgerlichen Gesetzbuch mit Einführungsgesetz und Nebengesetzen, 13. Bearbeitung, Berlin 1993 ff
Stolterfoht	Stolterfoht, Joachim N., Handelsrecht, Berlin 1973
Straatmann/Ulmer	Straatmann/Ulmer, Handelsrechtliche Schiedsgerichts-Praxis (HSG), 1975 ff
Straube/*Bearbeiter*	Straube (Hrsg.), Kommentar zum Handelsgesetzbuch, Wien, 3. Aufl. 2003 ff
Ströbele/Hacker	Markengesetz, Kommentar, Köln, 8. Aufl. 2006; 10. Aufl. 2011
Stumpf/Jaletzke/*Bearbeiter*	Stumpf/Jaletzke, Der Vertragshändlervertrag, Heidelberg, 3. Aufl. 1997
Stüsser	Stüsser, Rolf, Die Anfechtung der Vollmacht nach Bürgerlichem Recht und Handelsrecht, Berlin 1986
Thiele/von Keitz/Brücks/*Bearbeiter*	Thiele/von Keitz/Brücks (Hrsg.), Internationales Bilanzrecht, Bonn/Berlin 2008 (Loseblatt)
Thomas/Putzo/*Bearbeiter*	Thomas/Putzo, Zivilprozessordnung: ZPO, München, 32. Aufl. 2011
Uhlenbruck/*Bearbeiter*	Uhlenbruck/Hirte/Vallender (Hrsg.), Insolvenzordnung: InsO, Kommentar, München, 13. Aufl. 2010
Ulmer/Brandner/Hensen/ *Bearbeiter* AGB-Recht	Ulmer/Brandner/Hensen, AGB-Recht Kommentar, Köln, 11. Aufl. 2011
Ulmer/Habersack	Ulmer/Habersack, Verbraucherkreditgesetz, München, 2. Aufl. 1995
Ulmer/Habersack/Winter/ *Bearbeiter* GmbHG	Ulmer/Habersack/Winter (Hrsg.), GmbH-Gesetz, Kommentar, 3 Bd., Tübingen, 2005 ff
Ulmer/Schäfer	Ulmer/Schäfer, Gesellschaft bürgerlichen Rechts und Partnerschaftsgesellschaft, München, 5. Aufl. 2009
Vater et al./*Bearbeiter* IFRS Änderungskommentar 2009	Vater/Ernst/Hayn/Knorr/Mißler (Hrsg.), IFRS Änderungskommentar 2009, Weinheim 2009
von Godin/Wilhelmi	Aktiengesetz, Kommentar, Berlin, 4. Aufl. 1971
von Wysocki et al./*Bearbeiter*	von Wysocki/Schulze-Osterloh/Hennrichs/Kuhner (Hrsg.), Handbuch des Jahresabschlusses, Köln 1984 (Loseblatt)
Vortmann Aufklärungspflichten	*Vortmann*, Aufklärungs- und Beratungspflichten der Banken, 10. Aufl. 2013

Wessel/Zwernemann/Kögel Firmengründung	Wessel/Zwernemann/Kögel, Firmengründung, Heidelberg, 7. Aufl. 2001
Zöller/*Bearbeiter* ZPO	Zöller, Richard, Zivilprozessordnung: ZPO, Kommentar, Köln, 29. Aufl. 2012
Zöllner Wertpapierrecht	Zöllner, Wolfgang, Wertpapierrecht, München, 14. Aufl. 1987

§ 425
Haftung für Güter- und Verspätungsschäden. Schadensteilung

(1) Der Frachtführer haftet für den Schaden, der durch Verlust oder Beschädigung des Gutes in der Zeit von der Übernahme zur Beförderung bis zur Ablieferung oder durch Überschreitung der Lieferfrist entsteht.

(2) Hat bei der Entstehung des Schadens ein Verhalten des Absenders oder des Empfängers oder ein besonderer Mangel des Gutes mitgewirkt, so hängen die Verpflichtung zum Ersatz sowie der Umfang des zu leistenden Ersatzes davon ab, inwieweit diese Umstände zu dem Schaden beigetragen haben.

Schrifttum

Abele Transportrechtliche Haftungs- und Versicherungsfragen anhand von temperaturgeführten Pharmatransporten, TranspR 2012, 391; Andresen Die Beförderung von Umzugsgut – Neuregelung durch den Entwurf eines Transportrechtsreformgesetzes, TranspR 1998, 97; *Basedow* Die Tragweite des zwingenden Rechts im neuen deutschen Gütertransportrecht, TranspR 1998, 58; *Bästlein/Bästlein* Beweisfragen gegen den HGB-Frachtführer wegen Güterschäden, TranspR 2003, 413; *Bästlein/Bästlein* Einbeziehung von Haftungsbeschränkungsklauseln in Transportverträge, TranspR 2003, 61; Baumbach/Hopt HGB 37. Auflage 2016; *Becker* Die Geltendmachung von Ersatzansprüchen gegen den Frachtführer gemäß § 421 I Satz 2 HGB, AcP 202, 722; *Beckert* Die Haftung des Frachtführers für Kontaminierungsfolgeschäden, 2006; *Bock* Die Haftung des Spediteurs bei Straßengütertransporten, 2004; *Boettge* Anmerkung zum Urteil des BGH vom 24.10.2002 – I ZR 104/00 und zum Urteil des OLG Karlsruhe vom 14.10.2005 – 15 U 70/04, VersR 2006, 719; *Braun* Das frachtrechtliche Leistungsstörungsrecht nach dem Transportrechtsreformgesetz, 2002; Ebenroth/Boujong/Joost/Strohn Handelsgesetzbuch 3. Auflage 2015; *Ehmen* Zur Haftung des Frachtführers und des Spediteurs für streikbedingte Verzögerungsschäden bei innerdeutschen und internationalen Transporten, TranspR 2007, 354; *Ernst* Anmerkung zum Urteil des BGH vom 14.6.2006 – I ZR 75/03, jurisPR-ITR 10/2006 Anm. 2; *Ettrich* Das Mitverschulden des Versenders bei unterlassener Wertdeklaration – Anmerkung zu BGH, 8.5.2003 – I ZR 234/02 – TranspR 2003, 317, TranspR 2003, 443; *Freise* Auswirkungen des neuen Frachtrechts auf die Eisenbahn, TranspR 1998, 89; *Fremuth* Haftungsbegrenzungen und deren Durchbrechung im allgemeinen deutschen Frachtrecht und nach der CMR, TranspR 2004, 99; Gass Das neue Transport- und Speditionsrecht, 1999; *Geisler* Anmerkung zum Urteil des BGH vom 1.12.2005 – I ZR 284/02, jurisPR-BGHZivilR 20/2006 Anm. 2; *Hackert* Die Reichweite der Haftungsbegrenzung bei sonstigen Vermögensschäden gemäß § 433 HGB, 2001; *Herber* Anspruch des Empfängers gegen den Unterfrachtführer aus dem Unterfrachtvertrag?, TranspR 2008, 239; *Herber* Die Haftung des Unterfrachtführers gegenüber den Ladungsbeteiligten des Hauptfrachtführers, TranspR 2013, 1; *Herber* Die Neuregelung des deutschen Transportrechts, NJW 1998, 3298; *Herber* Haftungsbegrenzungen und deren Durchbrechung im deutschen und internationalen Transportrecht, TranspR 2004, 93; *Herber* Pflichtversicherungen für den Spediteur – mit vielen Fragezeichen, TranspR 2004, 229; *Heuer* Anm. zu OLG Dresden 16.12.2004, TranspR 2005, 70; *Heuer* Anmerkung zum Urteil des BGH vom 05.10.2006 – I ZR 240/03, TranspR 2006, 456; *Heuer* Das künftige deutsche Frachtrecht, TranspR 1998, 45; *Heuer* Haftungsbegrenzungen und deren Durchbrechung nach den ADSp 2003, TranspR 2004, 114; *Heuer* Zur außervertraglichen Haftung des Frachtführers (und seines Kfz-Haftpflichtversicherers) für Güterfolgeschäden, TranspR 2002, 334; Heymann Handelsgesetzbuch (ohne Seerecht), 2. Auflage (Band 4); *Hinz* Frachtvertrag und Frachtführerhaftung, 2005; *Katzenstein* Haftungsbeschränkungen zugunsten und zulasten Dritter, 2004; *Katzenstein* Haftungsbeschränkungen zugunsten und zulasten Dritter, Tübingen 2002; *Knorre* Der Einwand des Mitverschuldens bei Ladungsverkehren, TranspR 2007, 394; *Knorre* Die neuen Bestimmungen über Kabotagetransporte innerhalb Deutschlands, TranspR 2008, 465; *Knorre* Zur Anwendung der für Paketdienstfälle entwickelten Grundsätze zum Mitverschulden des Auftraggebers auf Ladungsverkehre, TranspR 2008, 162; *Kober* Zur transportrechtlichen Rechtsprechung des OLG Stuttgart, TranspR 2009, 89; *Koller* Anmerkung zum Urteil des BGH vom 17.7.1997, VersR 1998, 388; *Koller* Anmerkung zum Urteil des BGH vom 30.3.2006 – I ZR 123/03, EWiR 2006, 589; *Koller* Der Unterfrachtführer als Schuldner und Gläubiger, TranspR 2009, 451; *Koller* Der Wertersatz im Transportrecht, in: 50 Jahre Bundesgerichtshof, Festgabe aus der Wissenschaft, Band II, 2000, 181; *Koller* Die Haftung des HGB-Unterfrachtführers gegenüber dem Empfänger, TranspR 2009, 229; *Koller* Die Regressklage von Transportunternehmen, TranspR 2011, 389; *Koller* Die Tragweite von Vertragsabwehrklauseln und der Einwand des Mitverschuldens im Gütertransportrecht, VersR 2004, 269; *Koller* HGB-Frachtführer und Drittschadensliquidation, TranspR 2013, 220; *Koller* Proportionalhaftung und Schadenskausalität im Transportrecht, FS Hopt, 2010, Satz 159; *Koller* Verursachung von Güterschäden vor der Übernahme, die nach der Übernahme des Gutes entstehen, TranspR 2013, 173; *Koller* Verursachung von Güterschäden vor der Übernahme, die nach der Übernahme des Gutes entstehen, TranspR 2013, 173; *Koller* Zur Beweislast für unzureichende Vorkühlung des Transportgutes, TranspR 2000, 449; *Koller* Transportrecht, 8. Auflage 2013; Koller/Kindler/Roth/Morck HGB, 8. Auflage 2015; *Köper* Der Einwand der Mitverursachung nach § 425 Abs. 2 HGB bei Beauftragung eines Frachtführers in Kenntnis fehlender Schnittstellenkontrollen, TranspR 2007, 94; *Lammich/Pöttinger* Gütertransportrecht 52. Erg.Lieferung Stand 2004; *Luther* Die Haftung in der Frachtführerkette, TranspR 2013, 93; *Mast* Der multimodale Frachtvertrag nach deutschem Recht, 2002; *Muthorst* Der Anspruch auf Befreiung von der Eventualverbindlichkeit, AcP 209, 212; Münchener Kommentar HGB, Band 7, 3. Auflage 2014; *Neufang/Valder* Laden und Ladungssicherung im Straßengüterverkehr – Wer ist verantwortlich?, TranspR 2002, 325; *Neumann* Leistungs- und Feststellungsklage im Frachtführerregreß, TranspR 2002, 97; *Neumann* Prozessuale Besonderheiten im Transportrecht, TranspR 2006, 429; *Neumann* Wirtschaftliche Kriterien der Haftung des Frachtführers, TranspR 2004, 14; *Neumann* Die sekundäre Behauptungslast des Frachtführers, TranspR 2009, 54; *Oetker* HGB, 4. Auflage; *Palandt* BGB, 75. Auflage 2016; *Pfirmann* Die vertragliche und außervertragliche Haftung des Frachtunternehmers wegen Folgeschäden, 2008; *Piper* Ausgewählte Fragen zur Haftung und zur Darlegungs- und Beweislast im Prozess des Frachtführers und Spediteurs unter Berücksichtigung des Transportrechtsreformgesetzes, FG Herber, Satz 135; *Pokrant* Aktuelle höchstrichterliche Rechtsprechung zum Gütertransportrecht, TranspR 2011, 49; 2012, 45; 2013, 41; *Pokrant* Die Rechtsprechung des Bundesgerichtshofs zur sekundären Darlegungslast des Frachtführers, RdTW 2013, 10; *Pokrant* Höchstrichterliche Rechtsprechung zum nationalen und internationalen Gütertransportrecht, TranspR 2014, 45; *Ramming* TranspR 07, 409 zu NJW RR 10,08 Anm. zu OLG Hamm, Beschluss vom 6.9.2007 – 15 W 129/07; *Ramming* Anmerkung zum Urteil des BGH vom 3.5.2007 – I ZR 109/04, TranspR 2007, 409; *Ramming* Anmerkung zum Urteil des BGH vom 5.6.2003 – I ZR 234/00, TranspR 2003, 471; *Ramming* Der FOB-Verkäufer als Hilfsperson des Absenders bei der Verladung, Hamburger Zeitschrift für Schifffahrtsrecht 2009, 224; *Ramming* Die Entlastung des Frachtführers von seiner Haftung nach § 425 Abs. 1 HGB für Verlust und Beschädigung des Gutes und Überschreitung der Lieferfrist, TranspR 2001, 53; *Ramming* Die Haftung des ausführenden Frachtführers nach § 437 HGB, TranspR 2000, 280; *Ramming* Die Nicht-Zurverfügungstellung des Beförderungsmittels zur vorgesehenen Zeit, TranspR 2003, 419; *Ramming* Schadensersatzanspruch des frachtbriefmäßigen Empfängers gegen Unterfrachtführer, NJW 2008, 291; *Roßmann* Die Berechtigung zum Schadensersatz für Schäden am Frachtgut nach §§ 421 I, 425 HGB, 2004; Saur Die Änderung der Haftungsgrundsätze im Fracht-, Speditions-, und Lagerrecht durch das Transportrechtsreformgesetz, 1999; *Schmidt* Anmerkung zum Urteil des BGH vom 30.3.2006 – I ZR 123/03, LMK 2006, 185529; *Schmidt* Gegenläufige Vermutungen und Quersubventionierung: Zum Mitverschulden des Versenders wegen unterlassener Wertdeklaration im Falle unbegrenzter Haftung des Frachtführers, TranspR 2008, 299; *Schmidt* Vereinbarte Verpackung durch Transportunternehmer: Nebenpflicht im Rahmen der §§ 407 ff. HGB oder werkvertragliche Hauptleistungspflicht?, TranspR 2010, 88; *Skradde* Die Erstattungsfähigkeit des entgangenen Gewinnes im Falle einer Ersatzlieferung, TranspR 2013, 224; *Speckmann* Die Haftung des Unterfrachtführers gegenüber dem Empfänger und sonstigen Dritten, Schriften zum Transportrecht Bd. 34, 2012; *Temme* Individualvereinbarungen und AGB im neuen Transportrecht, FG Herber, 1999; *Thonfeld* Kann der hohe Wert des Gutes ein Maßstab für die Anforderungen an die Sorgfaltspflicht des Frachtführers sein?, TranspR 1998, 241; *Thume* Zum Verlustbegriff, insbesondere bei weisungswidriger Ablieferung einer Sendung, TranspR 2001, 433; *Thume* Darlegungs- und Beweisfragen im Transportrecht, TranspR 2008, 428; *Thume* Die Rechte des Empfängers bei Vermischungsschäden in Tanks und Silos als Folge verunreinigt angelieferter Güter, VersR 2002, 267; *Thume* Grobes Verschulden und Mitverschulden – Quo vadis BGH?, TranspR 2006, 369; *Thume* Haftungs- und Versicherungsfragen bei fehlerhafter Ablieferung des Frachtgutes und bei Vermischungsschäden, r+s 2006, 89; *Thume* Nochmals: Zur außervertraglichen Haftung des Frachtführers und seines Kfz-Haftpflichtversicherers für Folgeschäden bei Kontaminierung des Frachtgutes, TranspR 2004, Sonderbeilage zu Eingeschränkte Unabdingbarkeit der gesetzlichen Haftung Heft 3, S. XL ff; *Thume* Probleme bei der Ablieferung des Frachtguts, TranspR 2012, 85; *Thume* Rechte des Empfängers gegen den Unterfrachtführer, TranspR 1999, 85; *Thume* Verlust, Zerstörung, Beschädigung. Gedanken zum Güterschaden im Transportrecht, Gedächtnisschrift Helm, 2001, 341; *Thume* Zum Verlustbegriff, insbesondere bei weisungswidriger Ablieferung einer Sendung, TranspR 2001, 433; *Tunn* Beweislast und Beweisführung für Güterschäden bei der Ablieferung von Sendungen nach § 438 HGB, VersR 2005, 1646; *Valder* Ablieferung von Gütern, TranspR 2001, 363; *Valder* Haftungsfragen beim Straßentransport von Neuwagen, TranspR 2012, 433; *Vollkommer/Vollkommer* Auswirkungen und Impulse des Transportrechtsreformgesetzes von 1998 auf das Prozeßrecht, Gedächtnisschrift Helm, 2001, 365; *Werner* Organisationsverschulden eines Paketdienstunternehmens, TranspR 2003, 231; *Widmann* Ablieferung von Gütern nach der Neufassung des HGB, TransprR 2001, 72; *Wieske* Haftung für Lieferfristprobleme, TranspR 2013, 272.

Übersicht

I. Einführung

1 Die Vorschrift geht in der aktuellen Fassung auf das Gesetz zur Neuregelung des Fracht-, Speditions- und Lagerrechts[1] vom 25. Juni 1998 zurück. Die Haftung des Frachtführers war zuvor in § 429 HGB a.F. geregelt. Die Neuregelung stellt dabei eine grundlegende Abkehr von der zuvor bestehenden Haftungsregelung dar. Während § 429 HGB a.F. eine Haftung für vermutetes Verschulden vorsah, begründet § 425 HGB eine Haftung, die den Nachweis eines schuldhaften Verhaltens des Frachtführers nicht erfordert.[2] Hierdurch ist eine ganze Reihe von Schwierigkeiten entfallen, die in der Anwendung des § 429 HGB a.F. begründet waren.

2 Der Gesetzgeber hat hier im Kern mit den §§ 425–427 HGB den Art. 17 CMR übernommen und damit das deutsche Recht der CMR weitgehend angeglichen. Gleichwohl

1 BGBl. I, 1588.

2 BtDrs. 13/8445, 59.

lehnt sich die deutsche Regelung zumindest in Details auch an das bis zum Transportrechtsreformgesetz geltende innerstaatliche Recht der Straßenbeförderung (§§ 29 bis 36 KVO) und der Eisenbahnbeförderung (§§ 82 bis 88 EVO a.F., Art. 36 bis 50 CIM a.F.) an.

3 Es handelt sich bei § 425 HGB um eine Norm, die eine verschuldensunabhängige Haftung für den Zeitraum zwischen Übernahme des zu befördernden Guts bis zu seiner Ablieferung begründet. Bisweilen wird bestritten, dass es sich hierbei um eine Gefährdungshaftung handele, weil § 426 HGB einen Haftungsausschluss beinhaltet, der dann eingreift, wenn der Frachtführer auch bei Anwendung größter Sorgfalt den Verlust oder die Beschädigung der Sache oder die Überschreitung der Lieferfrist nicht habe vermeiden können.[3] Die Anknüpfung für die Haftung liege also in der Verletzung von Sorgfaltspflichten, wenn auch unter außerordentlich strengen Anforderungen. Es handele sich daher vielmehr „um eine Verschuldenshaftung mit besonders scharfem Verschuldensmaßstab".[4] Diese Einordnung überzeugt allerdings nicht. Fälle der Gefährdungshaftung werden wegen ihrer für den potentiellen Schädiger nahezu unabsehbaren Haftungsrisiken regelmäßig einer Einschränkung unterworfen. Im Straßenverkehrsrecht zum Beispiel wird die Gefährdungshaftung für die Betriebsgefahr eines Kraftfahrzeugs in § 7 Abs. 1 StVG eingeschränkt durch den Haftungsausschluss für höhere Gewalt gemäß Abs. 2 der Vorschrift. Gleiches gilt zum Beispiel für § 1 UmweltHaftG gemäß § 4 UmweltHaftG. Auch die Rechtsfigur der höheren Gewalt knüpft an den Umstand an, dass bestimmte Ereignisse nur dann zu einer Haftung führen sollen, wenn sie auch unter Anwendung größter Sorgfalt nicht verhindert werden konnten. Es geht hier also nicht um die Auferlegung von Sorgfaltspflichten, sondern um den rechtlichen Ausdruck der Privilegierung eines nach menschlichem Ermessen nicht zu verhindernden Ereignisses. Hierum geht es auch bei § 426 HGB und nicht etwa um die Statuierung von Sorgfaltspflichten. Vielmehr ging es dem Gesetzgeber gerade darum, einen Rückgriff auf ein wie auch immer geartetes Verschulden in Form eines näher zu bestimmenden Grades der Fahrlässigkeit zu vermeiden.[5] Das Unbehagen, hier eine Gefährdungshaftung im Sinne der Obhutshaftung anzunehmen, könnte darin begründet liegen, dass eine Gefährdungshaftung in der Regel deliktischen Charakter hat und gerade kein Vertragsverhältnis zwischen dem Anspruchsteller und dem Anspruchsgegner besteht (§ 7 StVG; § 1 ProdHaftG; § 1 UmwelthaftG). Dass hier eine Gefährdungshaftung im vertraglichen Bereich gegeben ist, ist jedenfalls ungewöhnlich. Gleichwohl ist Anknüpfungspunkt der Obhutshaftung die besondere Gefahr, der das Gut beim Transport ausgesetzt ist bei gleichzeitiger fehlender Einwirkungsmöglichkeit des potentiell Geschädigten. In praktischer Hinsicht dürfte diese Frage aber kaum relevant werden.

4 Abs. 2 bestimmt, dass in Fällen, in denen zur Schadensentstehung ein Verhalten des Anspruchsberechtigten oder ein besonderer Mangel des Gutes beigetragen haben, das Bestehen und der Umfang der Schadenersatzpflicht aufgrund einer Abwägung der jeweils schadensursächlichen Beiträge vorzunehmen ist.[6]

---

[3] So vor allem MünchKommHGB/*Herber* § 425, Rn 6; im Ergebnis so auch EBJS/*Schaffert* § 425 Rn 2.

[4] MünchKomm/*Herber* § 425 Rn 6; *Herber* NJW 1998, 3289, 3302.

[5] BtDrs. 13/8445, 61. Für die Annahme einer Gefährdungshaftung auch Heymann/*Joachim* § 425 Rn 1; wohl auch Baumbach/*Merkt* § 425 Rn 1 und Oetker/*Paschke* § 425 Rn 2. A.A. EBJS/*Schaffert* § 425 Rn 1; *Koller* Transportrecht § 425 Rn 1.

[6] BtDrs. 13/8445, 60.

II. Haftung des Frachtführers für Güter- und Verspätungsschäden (Abs. 1)

Gemäß Abs. 1 haftet der Frachtführer für Schäden, die durch Verlust oder Beschädigung des Gutes während des Zeitraums zwischen Übernahme zur Beförderung bis zur Ablieferung entstehen sowie für Schäden, die durch die Überschreitung der Lieferfrist entstehen. 5

1. Frachtgeschäft. Voraussetzung der Haftung ist das Vorliegen eines Frachtgeschäfts (siehe hierzu § 407). Eine Haftung setzt also einen wirksamen Frachtvertrag voraus. Ist der Frachtvertrag nichtig, kommen Ansprüche nach Deliktsrecht, aus dem Eigentümer-Besitzer-Verhältnis sowie unter Umständen gemäß § 311 Abs. 2 BGB wegen eines vorvertraglichen Verschuldens in Betracht.[7] Vor Abschluss des Frachtvertrages können bereits Schutzpflichten des Frachtführers entstehen, deren Verletzung einen Schadenersatzanspruch gemäß §§ 311 II, 280 BGB zur Folge haben können.[8] 6

2. Haftungsereignis Beschädigung oder Verlust. Abs. 1 ist keine haftungsrechtliche Generalklausel, die eine Haftung für beliebige Schadensereignisse begründet, sondern knüpft die Haftung an drei konkret typisierte Schadensereignisse an. Es handelt sich dabei um die Beschädigung des Gutes, den Verlust des Gutes sowie die Überschreitung der Lieferfrist. § 425 beinhaltet keine abschließende Regelung für die Haftung des Frachtführers. Die Haftung für andere Schadensereignisse ist nicht etwa ausgeschlossen, wie §§ 433, 434 zeigen.[9] Allerdings werden die Haftungsbegrenzungen der §§ 425 ff auf solche Ansprüche ausgedehnt. 7

a) **Schaden.** Die Haftung des Frachtführers bezieht sich auf Schäden, die durch ein Haftungsereignis entstanden sind. Dass der Gesetzgeber hier den Begriff des Schadens als Bezugspunkt für eine Haftung annimmt, ist keineswegs als Abkehr von Art. 17 Abs. 1 CMR zu verstehen. Dort ist geregelt, dass der Frachtführer für Verlust oder Beschädigung des Gutes sowie für eine Überschreitung der Lieferfrist haftet. Mit der Einführung des Begriffs „Schaden" in § 425 sollte klargestellt werden, dass eine Haftung nicht allein an die haftungsbegründenden Ereignisse, sondern an die daraus resultierende Vermögenseinbuße angeknüpft werden soll.[10] Dabei ist aber klargestellt, dass § 425 lediglich Güterschäden erfassen soll, nicht etwa auch Güterfolgeschäden[11] und zwar auch dann nicht, wenn Folgeschäden in der Person eines Dritten eintreten.[12] Darauf deutet § 429 hin, in dem klargestellt ist, dass der zu leistende Schadensersatz auf den Ersatz des Wertes des Gutes am Ort und zur Zeit der Übernahme zur Beförderung bezogen ist.[13] Zusätzlich hat der Frachtführer gemäß § 432 Satz 1 im Fall einer Haftung die Fracht, öffentliche Abgaben und sonstige Kosten aus Anlass der Beförderung des Gutes zu erstatten. Darüberhinausgehender Schadensersatz ist gemäß § 432 Satz 2 ausgeschlossen. 8

Koller will darüber hinaus auch Aufwendungen, die Absender oder Empfänger zur Verhütung von Schäden gemacht haben, analog § 425 ersetzen.[14] Das allerdings erscheint ausgesprochen zweifelhaft. Zunächst bleibt unklar, was genau unter Aufwendungen zur 9

---

[7] *Koller* Transportrecht § 425 Rn 2; MünchKommHGB/*Herber* § 425 Rn 3.
[8] *Koller* § 407 Rn 42.
[9] EBJS/*Schaffert* § 425 Rn 4.
[10] BtDrs. 13/8445, 59.
[11] Anders aber wohl *Koller* der eine Ersatzfähigkeit aller mittbaren und unmittelbaren Vermögensschäden annimmt, *Koller* Transportrecht § 425 Rn 3.
[12] HansOLG Bremen TranspR 2005, 69–70.
[13] BtDrs. 13/8445, 59.
[14] *Koller* Transportrecht § 425 Rn 3.

Verhütung von Schäden zu verstehen sein soll und auf welchen Zeitraum Bezug genommen wird. Aufwendungen zur Verhütung von Schäden können bereits vor Inobhutnahme durch den Frachtführer durch eine besonders sichere Verpackung anfallen. Dass aber die Verwendung einer sicheren Verpackung dem Frachtführer auch dann zur Last fallen sollte, wenn der Schaden trotz besonders sicherer Verpackung eintritt, ist weder rechtssystematisch noch nach einer ökonomischen Betrachtung der Regelung einleuchtend. Allenfalls könnte es um Aufwendungen gehen, die während des Obhutszeitraums zur Verminderung eines eingetretenen Schadens getätigt werden. Auch hierfür fehlt es allerdings an den Voraussetzungen zur Bildung einer Analogie. Bereits eine planwidrige Regelungslücke kann wohl vor dem Hintergrund der Ausführungen der Gesetzesbegründungen, in denen die Abweichung der Formulierung in § 425 von Art. 17 CMI ausdrücklich mit einer Begrenzung der Haftung auf Schäden begründet wird, kaum angenommen werden.[15] Es ist vielmehr davon auszugehen, dass der Gesetzgeber gerade keine anderen Vermögenseinbußen als Schäden erfassen wollte. Dann aber bleibt kein Raum für eine Analogiebildung.

10 Der Schaden muss während des Obhutszeitraums entstanden sein. Dabei ist der Begriff der Schadensentstehung bewusst in Abgrenzung zur Schadensverursachung oder des Schadenseintritts gewählt, um deutlich zu machen, dass der Grund des Schadens in Vorgängen liegen muss, die sich innerhalb des Obhutszeitraums ereignet haben.[16] Die Abgrenzung ist erforderlich, weil der Zeitpunkt der Verursachung eines Schadens und der Zeitpunkt von dessen Eintritt nicht identisch sein müssen.

11 Der Begriff des Schadens entspricht demjenigen in § 249 BGB und erfasst die unmittelbaren Schäden am Frachtgut ebenso wie mittelbare Schäden wie zum Beispiel andere Güter oder das Vermögen des Geschädigten.[17]

12 Ist der Anwendungsbereich des § 425 eröffnet, treten die Vorschriften des allgemeinen Schuldrechts zurück.[18]

13 Der Anwendungsbereich der §§ 280 ff BGB kann aber gleichwohl im Rahmen so genannter Vermischungsschäden eröffnet sein.[19] Wird zum Beispiel flüssiges Gut in einen falschen Behälter geleert und dort mit anderem – nicht beförderten – Gut vermischt, richtet sich die Haftung in Bezug auf das transportierte Gut nach § 425 HGB, die Haftung wegen der Verunreinigung des bereits im Behälter vorhandenen Gutes aber beruht auf § 280 BGB.[20]

14 b) **Verlust des Gutes.** Weitere Voraussetzung einer Haftung gemäß § 425 ist der Verlust des Gutes. Dabei ist es denkbar, dass das Gut insgesamt verloren geht, oder Teile davon.

15 aa) **Totalverlust des Gutes.** Ein Totalverlust des Gutes liegt vor, wenn der Frachtführer aus tatsächlichen oder rechtlichen Gründen nicht nur vorübergehend, sondern auf unabsehbare Zeit nicht in der Lage ist, das Gut weisungsgemäß an den berechtigten Empfänger auszuliefern.[21] Für die Beurteilung, ob ein Verlust des Transportguts eingetreten ist, ist eine wirtschaftliche Betrachtung maßgebend, wobei auf die Sicht des Geschädigten abzustellen

15 BtDrs. 13/8445, 59.
16 BtDrs. 13/8445, 60.
17 EBJS/*Schaffert* § 425 Rn 5; *Koller* Transportrecht § 425 Rn 3.
18 MünchKommHGB/*Herber* § 425 Rn 9; *Koller* Transportrecht § 425 Rn 96.
19 Siehe dazu Thume VersR 2002, 267 ff; ders. TranspR 2004, Sonderbeilage Satz 40; ders. RuS 2006, 89 ff.
20 Siehe dazu auch Erl. bei § 434; MünchKommHGB/*Herber* § 425 Rn 10.
21 BGH NJW-RR 1998, 543, 544 = TransportR 1998, 106 = MDR 1998, 663; EBJS/*Schaffert* § 425 Rn 6; *Koller* Transportrecht § 425 Rn 4.

ist.[22] Dabei ist es unerheblich, ob der Besitz freiwillig oder unfreiwillig aufgegeben worden ist.[23]

Nach diesen Grundsätzen kann eine Auslieferung an einen Nichtberechtigten einen **16**
Verlust begründen, wenn die Falschauslieferung nicht ohne weiteres rückgängig gemacht werden kann. Das gilt selbst dann, wenn eine Lieferung an den Käufer erfolgt, dieser aber nach dem Frachtvertrag nicht zur Entgegennahme des Gutes berechtigt ist.[24] Gibt der Verfügungsberechtigte die Weisung, dass an einen anderen Empfänger zu liefern ist, kann auch die Ablieferung an den ursprünglichen Empfänger einen Verlust begründen.[25] Ebenso kann ein Verlust vorliegen, wenn die Ware entgegen einer wirksamen Anweisung ohne die vertraglich vereinbarte Vorlage eines Dokuments, z.B. der Speditionsübernahmebescheinigung ausgeliefert wird.[26] Wird die Sendung vom Frachtführer weisungswidrig nicht oder unzureichend markiert und kommt es daher zu einer Fehlleitung, liegt hierin ebenfalls ein Verlust, wenn das Gut nicht zurückerlangt werden kann.[27] Auch kann die unberechtigten Verwertung aufgrund eines angenommenen, aber nicht bestehenden Pfandrechts einen Verlust begründen.[28]

Kein Verlust liegt dagegen vor, wenn das Gut zwar unbeschädigt ist, seinen wirtschaft- **17**
lichen Wert aber für den Empfänger verloren hat, zum Beispiel, weil Zeitungsbeilagen zu früh ausgeliefert, daher vom Verlag zu früh verteilt wurden und deshalb nachgedruckt werden mussten, um sie zur beabsichtigten Zeit erneut zu verteilen.[29] Ebenso liegt kein Verlust vor, wenn das Gut zwar abgeliefert werden kann, jedoch einen wirtschaftlichen Totalschaden erlitten hat und eine Reparatur wirtschaftlich nicht mehr sinnvoll ist.[30] In solchen Fällen liegt vielmehr eine Beschädigung vor.[31] Von einem Verlust kann weiter nicht ausgegangen werden, wenn das Gut an den berechtigten Empfänger ausgeliefert worden ist, bestimmte Modalitäten der Ablieferung aber weisungswidrig vom Frachtführer nicht eingehalten worden sind.[32]

bb) Teilverlust des Gutes. Auch wenn § 425 nicht zwischen Teil- und Totalverlust un- **18**
terscheidet, ist diese Differenzierung im Rahmen der §§ 429, 431 f von Bedeutung.[33] Danach hat der Frachtführer auch Schadensersatz für den teilweisen Verlust des Gutes zu zahlen (§ 429) und die Berechnung des Haftungshöchstbetrages bei Verlust einzelner Frachtstücke einer Sendung richtet sich nach demjenigen Teil, der entwertet ist (§ 431). Ein Teilverlust liegt vor, wenn die abgelieferten Güter nach Zahl, Menge, Gewicht oder Volumen geringer sind als bei Übernahme der Güter zur Beförderung.[34] Ein Teilverlust kann

22 BGH NJW-RR 1998, 543, 544 = TransportR 1998, 106 = MDR 1998, 663.

23 BGH NJW-RR 1998, 543, 544 = TransportR 1998, 106 = MDR 1998, 663; *Koller* Transportrecht § 425 Rn 3.

24 MünchKommHGB/*Herber* § 425 Rn 15; BGH VersR 1970, 437, 438; BGH VersR 1979, 1154; EBJS/*Schaffert* Rn 27; Baumbach/Hopt/*Merkt* § 425 Rn 3; *Koller* Transportrecht § 425 Rn 28.

25 BGH NJW 1982, 1944; MünchKommHGB/*Herber* § 425 Rn 15.

26 HansOLG TranspR 1990, 188 ff = VersR 1990, 876 ff.

27 BGH RdTW 2016, 340 ff.

28 BGH NJW-RR 1998, 543, 544 = TranspR 1998, 106, 108.

29 OLG Köln TranspR 2006, 458; EBJS/*Schaffert* § 425 Rn 6.

30 EBJS/*Schaffert* § 425 Rn 6.

31 MünchKommHGB/*Herber* § 425 Rn 18; *Thume* TranspR 2001, 433, 434; EBJS/*Schaffert* § 425 Rn 6; *Koller* Transportrecht § 425 Rn 5 f.

32 MünchKommHGB/*Herber* § 425 Rn 16; *Thume* TranspR 2001, 433, 435; EBJS/*Schaffert* § 425 Rn 7; *Koller* Transportrecht Rn 7; aA BGH NJW 1982, 1944.

33 EBJS/*Schaffert* § 425 Rn 11; MünchKommHGB/*Herber* § 425 Rn 19.

34 BGH TransportR 1983, 73 ff; Lammich/*Pöttinger* § 425 Rn 126.

auch im natürlichen Schwund des Gutes liegen (vgl. § 429 Abs. 1 Nr. 4),[35] wobei teilweise vertreten wird, dass eine Abweichung im handelsüblichen Rahmen unbeachtlich sein soll.[36] Führt die Zerstörung eines Teils einer einheitlichen Sendung dazu, dass die gesamte Sendung wertlos wird, etwa weil das Aussondern des zerstörten Teils einen unwirtschaftlichen Aufwand bedeutet[37] oder weil zum Beispiel bei einem einzigartigen Schachspiel einzelne Figuren verlorengehen[38], muss entsprechend der Wertung des § 431 Abs. 2 Nr. 1 davon ausgegangen werden, dass der Teilverlust einem Gesamtverlust gleichsteht.[39]

19 c) **Beschädigung.** Beschädigung ist jede Beeinträchtigung der Substanz des Gutes, die dessen Wert mindert oder zur totalen Wertlosigkeit des Gutes führt.[40] Diese Substanzbeeinträchtigung kann auf physikalischer oder auch auf chemischer Ebene erfolgen.[41] Bisweilen wird zwischen innerer und äußerer Substanzbeeinträchtigung unterschieden,[42] wobei dies aber lediglich Zwecken der Systematisierung dient. Einen Einfluss auf die Rechtsfolge hat die Unterscheidung zwischen innerer und äußerer Substanzbeeinträchtigung nicht. Eine äußere Substanzverletzung liegt danach vor, wenn die Oberfläche des Gutes beschädigt wird,[43] während eine innere Substanzverletzung dann gegeben ist, wenn das Gut zwar äußerlich unversehrt erscheint, aber durch äußere Einflüsse während des Transports Qualitätsminderungen eingetreten sind, die zu einer Wertminderung führen.[44]

20 Eine Beschädigung ist auch dann gegeben, wenn das betroffene Gut repariert oder gereinigt werden könnte.[45]

21 **Einzelfälle:**

Beschädigungen durch
- Aromaverlust (sowohl bei Beschädigung von Kaffeepackungen als auch beim unbeschädigten Gut, wenn ein erforderlicher zeitnaher Vertrieb nicht mehr möglich ist[46]);
- Auftauen von Tiefkühlware:[47]
- Beulen, Kratzer, Schrammen[48];
- Brand[49];
- Bruch (z.B. Tontauben, die bei einem Unfall durch Bruch zerstört werden)[50];
- Gerüche (z.B. wenn Haselnusskernen Parfumgeruch anhaftet, weil im Transport-LKW zuvor Parfum transportiert wurde)[51];
- Infektion von Tieren während des Transports[52];

---

35 *Koller* Transportrecht § 425 Rn 12; EBJS/*Schaffert* § 425 Rn 11.
36 Lammich/*Pöttinger* § 425 Rn 127.
37 EBJS/*Schaffert* § 425 Rn 11.
38 Lammich/*Pöttinger* § 425 Rn 132.
39 BGH NJW 1974, 1616; OLG Hamburg TranspR 1996, 110; OLG München TranspR 1992, 181; Oetker/*Paschke* § 425 Rn 15; EBJS/*Schaffert* § 425 Rn 11.
40 EBJS/*Schaffert* § 425 Rn 12; *Koller* TransportR § 425 Rn 13; MünchKommHGB/*Herber* § 425 Rn 20.
41 *Koller* TransportR 2015, 267, 268.
42 So zum Beispiel bei Lammich/*Pöttinger* § 425 Rn 134 ff; EBJS/*Schaffert* § 425 Rn 12; MünchKommHGB/*Herber* § 425 Rn 20 ff.
43 EBJS/*Schaffert* § 425 Rn 12.
44 Lammich/*Pöttinger* § 425 Rn 136.
45 EBJS/*Schaffert* § 425 Rn 12; OLG Köln TranspR 1986, 285, 286 f.
46 BGH NJW 1983, 1674–1675 = BGHZ 86, 387–393.
47 Siehe z.B. BGH NJW 1974, 1616, 1616 f zur CMR. Bei angeordneter Vernichtung liegt Totalschaden vor, OLG Hamburg TranspR 1996, 110 f; OLG Düsseldorf, TranspR 2003, 107. Siehe auch OLG Hamburg TranspR 1989, 321, 324. Weitere Einzelfälle zu Auftauschäden bei Lammich/*Pöttinger* § 425 Rn 139.
48 Lammich/*Pöttinger* § 425 Rn 135.
49 Lammich/*Pöttinger* § 425 Rn 135.
50 OLG Hamm NJW-RR 1994, 294.
51 OLG Karlsruhe TranspR 1999, 349–351.
52 *Koller* TransportR 2015 267, 268.

- Nässe (z.B. durch Regen beschädigte Felle[53]) einschließlich Schäden durch Rost (z.B. Bleche, die gar nicht oder lediglich in Papier verpackt wurden und daher während des Transportes gerostet sind[54]);
- Verderb[55];
- Verkleben von Folien bei zu hoher Temperatur[56];
- Verknittern von Textilien (z.B. Kleidung, die nicht hängend, sondern in einer Gitterbox gestapelt transportiert wurde[57]);
- Verkürzung der Vermarktungsdauer verderblicher Güter[58];
- Vermischung oder Verschmutzung[59] (auch dann, wenn das Gut theoretisch wieder gereinigt werden könnte[60]);

Für die Annahme einer Beschädigung reicht unter Umständen bereits der Verdacht einer Beschädigung aus.[61] Wird zum Beispiel im Falle von Tiefkühlware wegen Unterbrechung der Kühlkette die Einfuhrerlaubnis für die gesamte Sendung versagt wird, weil der Verdacht besteht, dass die Ware insgesamt für den Verzehr nicht mehr geeignet ist, liegt eine Beschädigung der gesamten Sendung vor.[62] Ebenso begründet der Verdacht eines Schadens selbst ohne festgestellte Substanzbeeinträchtigung eine Beschädigung, wenn durch den Schadensverdacht ein merkantiler Minderwert der Sache eingetreten ist.[63] **22**

Keine Beschädigung liegt allerdings vor, wenn der Minderwert der transportierten und unbeschädigten Ware aus Marktveränderungen resultiert.[64] **23**

d) **Innerhalb des Obhutszeitraums.** Verlust oder Beschädigung müssen in der Zeit von der Übernahme der Beförderung bis zur Ablieferung (Obhutszeitraum) entstanden sein. Auch wenn § 425 also eine Vertragshaftung normiert,[65] beginnt der Haftungszeitraum nicht mit Abschluss des Frachtvertrages, sondern dann, wenn der Frachtführer die Obhut für das Gut hat.[66] Für Schäden außerhalb des Obhutszeitraums folgt eine Haftung aus §§ 280 ff, 823 ff BGB.[67] **24**

aa) **Übernahme des Gutes.** Übernahme im Sinne der Vorschrift ist der Erwerb des mittelbaren oder unmittelbaren Besitzes durch den Frachtführer.[68] Mit der Übernahme des Gutes wird der Frachtführer Fremdbesitzer, wobei der unmittelbare Besitz häufig durch einen Fahrer oder anderes Personal, also Besitzdiener des Frachtführers, erworben und gemittelt wird.[69] Wird der unmittelbare Besitz durch einen Unterfrachtführer im Auftrag des Hauptfrachtführers erlangt, so erwirbt der Hauptfrachtführer im Zeitpunkt der Erlangung **25**

53 BGH VersR 1969, 703 ff.
54 BGHZ 31, 183, 185 ff = VersR 1960, 30, 31 = NJW 1960, 337.
55 LG Aachen TranspR 1994, 241–242. Weitere Nachweise zu Fällen des Verderbs bei Lammich/*Pöttinger* § 425 Rn 137.
56 HansOLG Hamburg VersR 1983, 63–63.
57 OLG Düsseldorf TranspR 1987, 430–431 = VersR 1988, 352–352.
58 AG Düsseldorf NJW-RR 1986, 452 = VersR 1986, 500 = NJW-RR 1986, 452–453 = MDR 1986, 239–239.
59 OLG Hamburg TranspR 1986, 146, 147 = VersR 1986, 261.
60 Vgl. OLG Köln TranspR 1986, 285, 286 f.
61 MünchKommHGB/*Herber* § 425 Rn 22; EBJS/*Schaffert* § 425 Rn 13.
62 BGH NJW 1974, 1616 = Der Betrieb 1974, 1618 = MDR 1975, 994.
63 BGH TransportR 2002, 440; EBJS/*Schaffert* § 425 Rn 13.
64 *Koller* Transportrecht § 425 Rn 14.
65 So *Koller* Transportrecht § 425 Rn 16.
66 *Thume* TransportR 2013, 8, 11.
67 *Koller* Transportrecht § 425 Rn 16.
68 MünchKommHGB/*Herber* § 425 Rn 35; EBJS/*Schaffert* § 425 Rn 18, *Koller* Transportrecht § 425 Rn 17; Oetker/*Paschke* § 425 Rn 8; Baumbach/*Merkt* § 425 Rn 3; BGH TranspR 2001, 471, 472 = VersR 2001, 1580 = NJW-RR 2002, 536; OLG Düsseldorf TranspR 2011, 74.
69 MünchKommHGB/*Herber* § 425 Rn 35.

des unmittelbaren Besitzes durch den Unterfrachtführer den mittelbaren Besitz am Gut.[70] Jedenfalls in derart gelagerten Fällen behält der Absender jedoch keinen (mittelbaren) Besitz,[71] denn dies würde zu einem mittelbaren Nebenbesitz führen, der aber abzulehnen ist.[72]

26 Vor dem Hintergrund, dass es sich bei der in § 425 normierten Haftung um eine Obhutshaftung handelt, muss das Gut dergestalt in den Verantwortungsbereich des Frachtführers oder seines Erfüllungsgehilfen gelangt sein, dass er oder der Erfüllungsgehilfe das Gut vor Schäden bewahren kann.[73]

27 Befand sich das Gut bereits vor oder bei Abschluss des Frachtvertrags im Besitz des Frachtführers, erfolgt die Übernahme im Sinne des § 425 und damit die Obhutshaftung entsprechend § 854 Abs. 2 BGB erst in dem Zeitpunkt, in dem der Frachtführer (oder der Spediteur bei Selbsteintritt gemäß § 458) seinen Willen zur Beförderung dadurch manifestiert, dass er sich mit dem anderen Teil über die Beförderung einigt.[74]

28 In subjektiver Hinsicht müssen der Frachtführer oder ihm gleichgestellte Personen den Willen im natürlichen Sinne haben, das Gut zu übernehmen.[75] Eine rechtsgeschäftliche oder rechtsgeschäftsähnliche Handlung ist nicht erforderlich,[76] denn der Übernahmewille ist anders als eine Erklärung, die auf den Abschluss des Frachtvertrages gerichtet ist, nicht auf eine bestimmte Rechtsfolge gerichtet, sondern die Rechtsfolge knüpft lediglich an den Übernahmewillen an. Gleichwohl muss der Wille zur Übernahme der Herrschaftsgewalt erkennbar sein.[77]

29 Liegt der Beförderungswille vor, wird das Gut aber zunächst noch eingelagert, z.B. um eine Sammelsendung zusammenzustellen, haftet der Frachtführer gemäß § 425.[78]

30 Erfolgt die Annahme des Gutes durch einen Gehilfen des Frachtführers, so steht die Annahme des Gutes durch den Gehilfen der Übernahme durch den Frachtführer gleich, wenn der Gehilfe zumindest im Rahmen einer generellen Weisung gehandelt hat.[79]

31 Am erforderlichen Übernahmewillen fehlt es, wenn der Frachtführer diesen Übernahmewillen nicht gebildet hat oder wenn seinem Gehilfen keine Weisung zur Übernahme erteilt worden ist.[80]

Einzelheiten:

32 Im Regelfall des § 412 Abs. 1 ist es Aufgabe des Absenders, das Gut zu verladen. Wann der Obhutszeitraum konkret beginnt, ist umstritten, hängt aber generell von den Besonderheiten des Einzelfalls ab.[81] Während die Vertreter einer Ansicht meinen, der Obhutszeitraum beginne bereits mit Abstellen des Gutes auf der Ladefläche,[82] gehen die Vertreter

---

70 *Koller* Transportrecht § 425 Rn 17; BGH NJW-RR 2002, 536, 537.

71 A.A. MünchKommHGB/*Herber* § 425 Rn 35.

72 Palandt/*Bassenge* § 868 BGB Rn 2.

73 *Koller* Transportrecht § 425 Rn 17; EBJS/*Schaffert* § 425 Rn 18; OLG Düsseldorf VersR 1977, 1122, 1123.

74 EBJS/*Schaffert* § 425 Rn 18; *Koller* Transportrecht § 425 Rn 17.

75 EBJS/*Schaffert* § 425 Rn 19; *Koller* Transportrecht § 425 Rn 17.

76 A.A. MünchKommHGB/*Herber* § 425 Rn 39.

77 OLG Düsseldorf, TranspR 1998, 112, 113 = VersR 1998, 871; EBJS/*Schaffert* § 425 Rn 19.

78 Lammich/*Pöttinger* § 425 Rn 41.

79 EBJS/*Schaffert* § 425 Rn 19.

80 *Koller* Transportrecht § 425 Rn 18.

81 *Piper* TranspR 1990, 357, 360; MünchKommHGB/*Herber* § 425 Rn 37.

82 MünchKommHGB/*Herber* § 425 Rn 37; OLG Frankfurt 24.5.2013, RdTW 2014, 204; OLG Celle NJW 1974, 1095.

der Gegenmeinung davon aus, dass der Obhutszeitraum erst mit dem Schließen des Transportmittels beginne.[83] Tatsächlich ist wohl der Zeitpunkt des Abschlusses der Ladearbeiten maßgeblich.[84] Stellt der zur Ladung verpflichtete Absender zunächst eine Palette auf der Ladefläche ab, lädt diese aber später noch einmal aus, weil er eine andere Stauung vornehmen möchte und wird das Gut beim Ausladen beschädigt, hat der Frachtführer insoweit noch keine Möglichkeit, das Gut vor Schaden zu bewahren, solange der Ladevorgang nicht endgültig abgeschlossen ist. Daher kann auch mit dem schlichten Abstellen des Gutes auf der Ladefläche der Obhutszeitraum noch nicht beginnen, jedenfalls dann nicht, wenn der zur Ladung verpflichtete Absender seine Verfügungsgewalt über das Transportgut noch nicht aufgegeben hat. Wichtiger ist vielmehr der Zeitpunkt, in dem die Ladearbeiten abgeschlossen sind und der Absender seine Verfügungsgewalt über das Gut abgegeben hat. Sind die Ladearbeiten abgeschlossen und besteht für den Frachtführer oder dessen Gehilfen die Möglichkeit, das Gut durch Schließen der Türen des Transportmittels vor Schaden zu bewahren, beginnt der Obhutszeitraum auch dann, wenn die Türen tatsächlich nicht geschlossen worden sind.[85]

Haben die Parteien abweichend von § 412 Abs. 1 vereinbart, dass der Frachtführer das **33**
Gut zu verladen hat, dann beginnt der Obhutszeitraum, wenn der Absender das Gut zur Verladung bereitgestellt hat und der Frachtführer das Gut zum Zwecke der Verladung im Rahmen des Frachtvertrages übernimmt und zu erkennen gibt, dass er die Herrschaftsgewalt über das Gut zum Zwecke der Beförderung übernimmt.[86] Es kommt dabei nicht auf das Ende des Ladevorgangs an.[87]

Beteiligt sich der Fahrer oder eine andere Hilfsperson des Frachtführers am Ladevor- **34**
gang, obwohl er hierzu vom Absender nicht angewiesen wurde und der Absender von der Tätigkeit nichts wusste, führt dies nicht notwendigerweise dazu, dass der Frachtführer das Gut schon zu Beginn der eigenmächtigen Verladung in seine Obhut genommen hat.[88]

bb) Zur Beförderung. Das Gut muss zur Beförderung übernommen worden sein. Die **35**
Übernahme muss also zu dem Zweck erfolgt sein, eine Ortsveränderung des Gutes in Richtung auf den Bestimmungsort vorzunehmen.[89] Eine Zwischenlagerung gehört zur Beförderung, wenn sie in einer Beziehung zum Transport selbst steht,[90] so zum Beispiel, wenn der Transport sich aus Gründen verzögert, die der Frachtführer in der Hand hat.[91] Soll das Gut aber vertragsgemäß zunächst eingelagert und dann später oder erst auf Weisung des Absenders transportiert werden, liegt hingegen keine Übernahme zur Beförderung vor.[92]

---

83 EBJS/*Schaffert* § 425 Rn 18; Lammich/*Pöttinger* § 425 Rn 44; Oetker/*Paschke* § 425 Rn 8; *Koller* Transportrecht § 425 Rn 19.

84 BGH TranspR 2015, 33–37 = VersR 2015, 341–344 = RdTW 2014, 471–475.

85 So auch BGH TranspR 2015, 33–37 = VersR 2015, 341–344 = RdTW 2014, 471–475.

86 OLG Düsseldorf TranspR 2011, 75 ff; MünchKommHGB/*Herber* § 425 Rn 38; *Koller* Transportrecht § 425 Rn 20; EBJS/*Schaffert* § 425 Rn 18.

87 MünchKommHGB/*Herber* § 425 Rn 38 mwN.

88 BGH TranspR 2014, 23–26 = NJW 2014, 997–1000 = RdTW 2014, 52–55; siehe auch MünchKommHGB/*Herber* § 425 Rn 42a.

89 MünchKommHGB/*Herber* § 425 Rn 40; *Koller* Transportrecht § 425 Rn 21; Baumbach/*Merkt* § 425 Rn 3; OLG Düsseldorf TranspR 1998, 112, 113 = VersR 1998, 871.

90 BGH NJW-RR 1994, 1188, 1189; EBJS/*Schaffert* § 425 Rn 20.

91 BGH TransportR 2012, 107, 108; *Koller* Transportrecht § 425 Rn 21.

92 BGH TranspR 2006, 38–42 = NJW-RR 2006, 267–270 = MDR 2006, 459–460; *Koller* Transportrecht § 425 Rn 21; MünchKommHGB/*Herber* § 425 Rn 40; Oetker/*Paschke* § 425 Rn 8.

36 Hat sich der Frachtführer zu Zusatzleistungen wie Montage, Demontage oder Verpackung des zu transportierenden Guts verpflichtet, so liegt in der Durchführung dieser Arbeiten keine Übernahme im Sinne der Vorschrift, es sei denn, diese Arbeiten fallen im Rahmen des Frachtvertrages nicht besonders ins Gewicht.[93]

37 cc) **Ablieferung.** Die Obhutszeit endet in der Regel mit der Ablieferung, durch die der Frachtführer die Obhut über das zu befördernde Gut mit ausdrücklicher oder stillschweigender Einwilligung des Verfügungsberechtigten wieder aufgibt und diesen in die Lage versetzt, die tatsächliche Sachherrschaft über das Gut auszuüben.[94] Die bloße Ankunft des Gutes am Bestimmungsort ist daher keine Ablieferung.[95] Ebenso wenig ist die Benachrichtigung des Empfängers, dass das Gut am Bestimmungsort angekommen sei, eine Ablieferung[96] und schließlich genügt es für eine Ablieferung auch nicht, die Ladepapiere zu übergeben.[97] Vielmehr ist die Ablieferung ein zweigliedriger Akt, der den Willen des Frachtführers voraussetzt, die Verfügungsgewalt über das beförderte Gut aufzugeben und darüber hinaus den Willen des Empfängers, das Gut in seine Verfügungsgewalt tatsächlich zu übernehmen.[98]

38 Ist der Absender oder für diesen der Empfänger verpflichtet, das transportierte Gut auszuladen, endet die Obhut des Frachtführers in der Regel, wenn der Fahrer den zur Entladung Verpflichteten in die Lage versetzt, ohne Hindernisse und gefahrlos die Sachherrschaft zu übernehmen.[99] Das ist zum Beispiel dann der Fall, wenn der Frachtführer das Gut zur Entladung an dem vom Empfänger gewünschten Platz bereithält und die Ladefläche für den Empfänger zugänglich gemacht wurde.[100]

39 Hat der Frachtführer aufgrund einer Vereinbarung mit dem Absender das Gut zu entladen, endet die Obhut mit der Beendigung des Entladevorgangs[101] bzw. mit der Übergabe des Gutes an den Empfänger.[102]

40 Die Ablieferung kann auch dann noch erfolgen, wenn der Frachtvertrag zuvor gemäß § 415 gekündigt oder einvernehmlich aufgehoben worden ist.[103] In diesen Fällen wirkt die Obhutspflicht bis zu dem Zeitpunkt fort, an dem das Gut an den Absender oder einen berechtigten Dritten herausgegeben worden ist.[104]

41 Liegt ein Ablieferungshindernis vor, hat dies keinen Einfluss auf die Obhutshaftung des Frachtführers. Vielmehr bleibt das Gut bis zur Ablieferung an den Empfänger, an eine andere legitimierte Person oder bis zur Ausladung im Einklang mit § 419 Abs. 3 in seiner Sachherrschaft.[105]

42 Hat der Frachtführer das Gut entladen, danach aber entsprechend einer Abrede mit dem Absender eingelagert, endet mit der Entladung der Obhutszeitraum, obwohl der

93 *Koller* Transportrecht § 425 Rn 23; EBJS/*Schaffert* § 425 Rn 20.

94 BGH TranspR 1980, 94, 95; BGH TranspR 1982, 11; OLG Hamm TransportR 2008, 405–406; MünchKommHGB/*Herber* § 425 Rn 41. Siehe auch *Koller* Transportrecht § 425 Rn 24.

95 OLG Nürnberg TranspR 1991, 99, 100; EBJS/*Schaffert* § 425 Rn 21.

96 OLG Hamburg TranspR 1997, 101, 103.

97 OLG TranspR 1991, 99, 100; OLG Düsseldorf TranspR 2007, 30, 32; EBJS/*Schaffert* § 425 Rn 21.

98 *Thume* TransportR 2012, 85 f; *Koller* Transportrecht § 425 Rn 24; OLG Düsseldorf TranspR 1998, 112, 113 = VersR 1998, 871.

99 MünchKommHGB/*Herber* § 425 Rn 41; *Thume* TransportR 2012, 85, 86.

100 *Thume* TransportR 2012, 85, 86.

101 OLG Frankfurt, TranspR 1996, 112, 114; EBJS/*Schaffert* § 425 Rn 26; *Thume* TransportR 2012 85, 86.

102 MünchKommHGB/*Herber* § 425 Rn 41; OLG Hamm, TranspR 2008, 405.

103 *Koller* Transportrecht § 425 Rn 29; EBJS/*Schaffert* § 425 Rn 29.

104 EBJS/*Schaffert* § 425 Rn 29.

105 *Koller* Transportrecht § 425 Rn 33; EBJS/*Schaffert* § 425 Rn 30.

Frachtführer weiterhin Besitz an dem Gut hat und der Empfänger noch keinen Willen zum Besitzerwerb hat.[106]

In subjektiver Hinsicht ist erforderlich, dass der Empfänger mit der Ablieferung einverstanden ist, d.h. dass er den Willen hat, die Sachherrschaft über das Gut zu übernehmen.[107] Dieser Wille kann bereits im Voraus oder im Rahmen von AGB erklärt werden.[108] Von einem entsprechenden Willen des Absenders zur Übernahme der Sachherrschaft über das transportierte Gut kann regelmäßig ausgegangen werden, wenn dieser den Empfang quittiert oder die Fracht bezahlt hat.[109] **43**

Keine Ablieferung liegt vor, wenn der Empfänger die Annahme des Gutes verweigert.[110] **44**

3. Überschreitung der Lieferfrist. Gemäß § 423 ist der Frachtführer verpflichtet, das Gut innerhalb der vereinbarten Frist abzuliefern. Ist eine Frist nicht vereinbart, hat der Frachtführer das Gut innerhalb einer Frist abzuliefern, die einem sorgfältigen Frachtführer vernünftigerweise zuzubilligen ist. **45**

Eine Überschreitung dieser Lieferfrist liegt vor, wenn das Gut dem Empfänger erst nach Ablauf dieser Lieferfrist abgeliefert wird, wobei die Gründe für die Lieferfristüberschreitung unerheblich sind.[111] **46**

Dabei kommt eine Haftung wegen Überschreitung der Lieferfrist nur dann in Betracht, wenn die Schadensursache ausschließlich in der verspäteten Ablieferung begründet ist und nicht zu einem Sachsubstanzschaden geführt hat.[112] Keine Verspätungsschäden sind demnach solche Schäden, bei denen sich das Gut durch die Lieferfristüberschreitung verschlechtert hat oder untergegangen ist (z.B. Verderb verderblicher Ware).[113] **47**

Verspätungsschäden können zum Beispiel sein: **48**
- Entgangener Gewinn (z.B. wegen eines Auftragsverlusts nach verspätet zugestelltem Angebot)[114];
- Vertragsstrafen (z.B. bei Nichteinhaltung von Lieferzeiten an Supermarktfilialen)[115];
- Allgemeine Geschäftskosten[116];
- Gemeinkosten einer Baustelle[117];
- Verminderter Erlös bei einer Nachauktion[118];
- Kosten vorgehaltener anderer Güter[119].

[106] BGH, TranspR 2006, 38, 41 = NJW-RR 2006, 267; *Koller* Transportrecht § 425 Rn 34; EBJS/*Schaffert* § 425 Rn 31.

[107] OLG Köln TranspR 1995, 440, 441 = VersR 1996, 523 = NJW-RR 1995; EBJS/*Schaffert* § 425 Rn 32.

[108] OLG Stuttgart, TranspR 1995, 81; OLG Bremen, TranspR 2001, 259, 260 f; LG Baden-Baden, TranspR 2000, 254, 255; LG Memmingen, VersR 2004, 1156, 1157 = NJW-RR 2004, 1175; EBJS/*Schaffert* § 425 Rn 32. A.A. LG Frankfurt, TranspR 1984, 272.

[109] EBJS/*Schaffert* § 425 Rn 32, mwN.

[110] Lammich/*Pöttinger* § 425 Rn 70; EBJS/*Schaffert* § 425 Rn 32; OLG Düsseldorf, TranspR 1984, 102, 103 und TranspR 1986, 56, 57 = VersR 1986, 1069.

[111] EBJS/*Schaffert* § 425 Rn 15; *Koller* Transportrecht § 425 Rn 36.

[112] *Koller* Transportrecht § 425 Rn 91; MünchKommHGB/*Herber* § 425 Rn 24.

[113] MünchKommHGB/*Herber* § 425 Rn 25.

[114] LG Bonn TranspR 2016, 153–155 = RdTW 2016, 75–79; LG Bonn, Urteil vom 08. Juni 2006 – 14 O 31/06 –, juris; OLG Köln TranspR 2006, 397–400 = VersR 2006, 995–997 = NJW-RR 2005, 1487–1488.

[115] OLG Köln RdTW 2015, 430–435.

[116] LG Erfurt, Urteil vom 22. Juni 2012 – 10 O 1676/10 –, juris.

[117] LG Erfurt, Urteil vom 22. Juni 2012 – 10 O 1676/10 –, juris.

[118] LG Lübeck TranspR 1986, 339.

[119] MünchKommHGB/*Herber* § 425 Rn 24.

49 Nicht anzuwenden ist § 425 im Falle einer verzögerten Übernahme des Gutes.[120] Liefert der Frachtführer das Gut rechtzeitig, teilt er dem Empfänger die voraussichtliche Ankunftszeit jedoch unzutreffend mit, haftet er nicht nach § 425, sondern allenfalls nach Maßgabe der verschuldensabhängigen Schadensersatzhaftung für Pflichtverletzung nach § 280 BGB.[121]

50 **4. Kausalität und Rechtswidrigkeit.** Die Formulierung, dass der Schaden im Obhutszeitraum „entstehen" muss, soll darauf hindeuten, dass die Schadensursache in solchen Vorgängen liegen muss, die während des Obhutszeitraums eingetreten sind.[122] Das bedeutet gleichzeitig, dass der Schaden selbst nicht notwendigerweise innerhalb der Obhutszeit eingetreten sein muss, sondern es genügt, dass die Schadensursache in diesem Zeitraum gesetzt wurde.[123] Im Hinblick auf die Kausalität muss also ein Zusammenhang bestehen zwischen einer während der Obhutszeit gesetzten Schadensursache und dem später tatsächlich eingetretenen Schaden. Das gleiche gilt auch für den Tatbestand der Lieferfristüberschreitung. Auch hier muss ein Kausalzusammenhang zwischen der Verspätung und dem eingetretenen Schaden bestehen.[124]

51 Als ungeschriebenes Tatbestandsmerkmal muss zudem das der Rechtswidrigkeit hinzutreten, d.h. die Handlung, die zum Verlust oder der Beschädigung des Gutes oder zur Überschreitung der Lieferfrist geführt hat, muss widerrechtlich sein.[125] Die Rechtswidrigkeit scheidet aus, wenn der Anspruchsberechtigte die zu einem Haftungstatbestand führende Handlung dulden musste.[126] Das ist zum Beispiel dann nicht der Fall, wenn der Frachtführer das in seiner Obhut befindliche Gut aufgrund eines behaupteten Pfandrechts versteigern lässt[127] oder aufgrund eines angenommenen Pfandrechts selbst verwertet.[128]

5. Darlegungs- und Beweislast

52 a) **Grundsatz.** Grundsätzlich gelten im Frachtrecht die allgemein anwendbaren Beweislastregeln, d.h. derjenige, der sich auf eine für ihn günstige Tatsache beruft, muss diese auch beweisen. So muss der Anspruchsteller grundsätzlich die anspruchsbegründenden Tatsachen des § 425, also den Abschluss eines wirksamen Frachtvertrages, die Übernahme des Gutes durch den Frachtführer, den Verlust oder die Beschädigung während des Obhutszeitraums bzw. die Überschreitung der Lieferfrist sowie die Höhe des dadurch entstandenen Schadens beweisen, soweit der Frachtführer seine Haftung bestreitet.[129] Der Frachtführer hat im Gegenzug zu beweisen, dass er das Gut an den berechtigten Empfänger abgeliefert hat.[130]

53 b) **Zustandekommen und Inhalt des Vertrages.** Der Beweis für das Zustandekommen des Frachtvertrages wird regelmäßig kein Problem darstellen, jedenfalls dann nicht, wenn der Frachtführer das Gut befördert hat. Behauptet eine Partei die Nichtigkeit des Frachtvertrages, hat diejenige Partei die Nichtigkeit zu beweisen, die sich darauf beruft,[131] bzw.

---

120 *Koller* Transportrecht § 425 Rn 39.
121 BGH NJW 1993, 2808 = BGHZ 123, 200 (207).
122 BtDrs. 13/8445, 59 f.
123 Oetker/*Paschke* § 425 Rn 17.
124 Oetker/*Paschke* § 425 Rn 18.
125 MünchKommHGB/*Herber* § 425 Rn 43; EBJS/*Schaffert* § 426 Rn 2; *Koller* Transportrecht § 426 Rn 1.
126 MünchKommHGB/*Herber* § 425 Rn 43.
127 BGH NJW 1995, 2917 = MDR 1995, 1017.
128 BGH NJW-RR 1998, 543 = TranspR 1998, 106 = MDR 1998, 663.
129 EBJS/*Schaffert* § 425 Rn 34.
130 MünchKommHGB/*Herber* § 425 Rn 49.
131 Siehe zum Beispiel für die Nichtigkeit gemäß § 134 BGB Palandt/*Ellenberger* § 134 BGB Rn 12a; für § 138 BGB Palandt/*Ellenberger* § 138 BGB Rn 23.

im Falle der Anfechtung der Anfechtende.[132] Der Inhalt des Frachtvertrages kann (widerleglich) durch den von beiden Parteien unterschriebenen Frachtbrief bewiesen werden, § 409 Abs. 1.

c) **Übernahme des Gutes durch den Frachtführer.** Der Anspruchsteller kann den Beweis der Übernahme des Gutes durch den Frachtführer mit einem von beiden Parteien unterzeichneten Frachtbrief führen. Hierbei kann er sich auf die Vermutungen des § 409 stützen.[133] Ebenso kommen Empfangsquittungen oder ein Ladeschein im Sinne des § 443 infrage.[134] **54**

Die Beweiswirkung von Frachtbrief und Ladeschein erstreckt sich allerdings mit Ausnahme von Fällen des § 409 Abs. 3 Satz 1 nicht auf den Inhalt von Frachtstücken oder deren Gewicht.[135] Allerdings hat die Rechtsprechung jedenfalls im kaufmännischen Verkehr Beweiserleichterungen in der Form entwickelt, dass prima facie anzunehmen sei, dass die im Lieferschein und in der dazu korrespondierenden Rechnung aufgeführten Waren in dem Behältnis enthalten waren. Es obliegt dann dem Schädiger, den zu Gunsten des Versenders streitenden Anscheinsbeweis durch substantiierten Vortrag auszuräumen.[136] Das gilt auch dann, wenn der Absender ständig eine Vielzahl von Paketen übergibt.[137] **55**

Als Indizien für den Inhalt einer Sendung kommen zudem deren Gewicht[138] wie auch der Inhalt anderer zur selben Zeit übernommener Frachtstücke in Betracht.[139] **56**

d) **Verlust oder Beschädigung während des Obhutszeitraums.** Ist bewiesen, dass der Frachtführer das Gut vollzählig und unbeschädigt übernommen hat und dass es nur teilweise oder beschädigt abgeliefert worden ist, so ist gleichzeitig bewiesen, dass der Schaden während des Obhutszeitraums eingetreten ist.[140] Ist der Schaden bei gemischten Verträgen eingetreten, bei Verträgen also, in deren Rahmen der Frachtführer zusätzliche Leistungen wie Verpackung, Lagerung, Montage etc. übernommen hat, so hat der Frachtführer zu beweisen, in welcher Phase der Vertragsbearbeitung der Schaden eingetreten ist und damit, ob der Schadenseintritt in die Phase seiner Obhutspflicht fällt.[141] **57**

e) **Überschreitung der Lieferfrist.** Die Überschreitung der Lieferfrist hat der Anspruchsteller zu beweisen. Hier hat er zu beweisen, dass eine Vereinbarung über eine Lieferfrist getroffen und diese nicht eingehalten wurde. Ist keine Vereinbarung über eine bestimmte Lieferfrist getroffen worden, hat der Anspruchsteller zu beweisen, dass die Ablieferung nicht mehr innerhalb der dem Frachtführer gemäß § 423 zuzubilligenden Frist erfolgt ist.[142] **58**

---

[132] Palandt/*Ellenberger* § 119 Rn 32. Zu § 123 BGB siehe Palandt/*Ellenberger* § 123 Rn 30.
[133] EBJS/*Schaffert* § 425 Rn 37.
[134] MünchKommHGB/*Herber* § 425 Rn 45.
[135] MünchKommHGB/*Herber* § 425 Rdn 46.
[136] BGH NJW-RR 2003, 754 = TranspR 2003, 156 = MDR 2003, 649; BGH NJW-RR 2007, 28 = TranspR 2006, 394 = MDR 2007, 414; MünchKommHGB/*Herber* § 425 Rn 46.
[137] BGH NJW-RR 2007, 28 = TranspR 2006, 394 = MDR 2007, 414.
[138] OLG Düsseldorf TranspR 2003, 343, 346; OLG Frankfurt TranspR 2004, 471, 472 = VersR 2006, 675; OLG Braunschweig NJW-RR 2005, 834, 835.
[139] Vgl. OLG München TranspR 2005, 254, 255 = VersR 2005, 962; EBJS/*Schaffert* § 425 Rn 38; *Koller* Transportrecht § 425 Rn 41.
[140] *Koller* Transportrecht § 425 Rn 43.
[141] BGH NJW-RR 1997, 222; BGH VersR 1998, 388, 389; OLG Düsseldorf NJW-RR 1995, 1438; *Koller* Transportrecht § 425 Rn 43.
[142] Lammich/*Pöttinger* § 425 Rn 157 f; MünchKommHGB/*Herber* § 425 Rn 51; EBJS/*Schaffert* § 425 Rn 42; *Koller* Transportrecht § 425 Rn 44.

59 f) **Ablieferung.** Den Beweis der Ablieferung an den berechtigten Empfänger kann der Frachtführer durch Vorlage einer Empfangsquittung führen.[143] Kann der Frachtführer diesen Beweis nicht führen, kann sich der Anspruchsteller auf die Verlustvermutung des § 424 berufen.

60 g) **Schaden.** Den Eintritt eines Schadens hat der Anspruchsteller zu beweisen. Auch wenn der Frachtführer den Schadenseintritt nicht bestreitet, muss der Anspruchsteller den Schaden zumindest in groben Zügen bezeichnen.[144] Kann die Höhe des Schadens nicht bewiesen werden, hat das Gericht den Schaden zu schätzen.[145]

61 6. **Rechtsfolge.** Zu ersetzen sind gemäß § 425 in Fällen des Verlusts oder der Beschädigung in Abweichung von den allgemeinen Grundsätzen des Schadensrecht des § 249 BGB lediglich Güterschäden, nicht aber Folgeschäden. Diese sind gemäß §§ 429, 431, 432 Satz 3 und 434 Abs. 1 ausgeschlossen, gemäß § 434 auch in Bezug auf außervertragliche Ansprüche.[146] Lediglich in Fällen des § 435 kann sich der Schadenersatzanspruch[147] auch auf Folgeschäden erstrecken. Im Fall der Lieferfristüberschreitung sind grundsätzlich alle Güter- und Folgeschäden ersatzfähig, wobei der Umfang des zu leistenden Schadensersatzes durch § 431 Abs. 3 beschränkt wird.[148]

III. Schadensteilung (Abs. 2)

62 Gemäß Abs. 2 der Vorschrift findet eine Schadensteilung statt, wenn ein Verhalten des Absenders oder des Empfängers oder ein besonderer Mangel am Gut bei der Entstehung des Mangels mitgewirkt haben. In diesem Fall hängen die Verpflichtung zum Ersatz und dessen Umfang davon ab, inwieweit diese Umstände zum Schaden beigetragen haben.

63 Abs. 2 greift den Rechtsgedanken des § 254 BGB auf und orientiert sich zugleich an Art. 17 Abs. 2 und Abs. 5 CMR.[149] Anders als bei § 254 BGB ist § 425 Abs. 2 aber nicht auf die Fälle des Mitverschuldens begrenzt, also der schuldhaften Mitverursachung eines Schadens durch den Geschädigten, sondern erfasst jegliches zum Schaden beitragendes Verhalten.[150]

64 1. **Mitwirkung des Absenders oder Empfängers.** Nach den zuvor ausgeführten Grundsätzen führt jegliches Tun oder Unterlassen, das für den Eintritt eines Schadens gemäß § 425 Abs. 1 ursächlich war, dazu, dass sich der Ersatzanspruch des Geschädigten mindern kann.[151] Eine solch umfassende Berücksichtigung eines schadenserheblichen Verhaltens aber würde dazu führen, dass auch erlaubte oder vertragsgemäße Handlungen bzw. Unterlassungen, denen keine Handlungspflicht gegenübersteht, zu einer Schadensteilung führen

---

143 MünchKommHGB/*Herber* § 425 Rn 49; Lammich/*Pöttinger* § 425 Rn 144.

144 EBJS/*Schaffert* § 425 Rn 41.

145 MünchKommHGB/*Herber* § 425 Rn 52.

146 Oetker/*Paschke* § 425 Rn 19; BGHZ 169, 187 (191) = BGH NJW 2007, 58.

147 BGHZ 169, 187 (191) = BGH NJW 2007, 58.

148 Oetker/*Paschke* § 425 Rn 22.

149 BtDrs. 13/8445, 60; MünchKommHGB/*Herber* § 425 Rn 53; *Koller* Transportrecht § 425 Rn 98; Oetker/*Paschke* § 425 Rn 23.

150 BtDrs. 13/8445, 60; Baumbach/*Merkt* § 425 Rn 4; Oetker/*Paschke* § 425 Rn 23; EBJS/*Schaffert* § 425 Rn 46; unklar bei Heymann/*Joachim* § 425 Rn 5, der dort von „Mitverschulden" spricht. Allerdings spricht auch der BGH regelmäßig von Mitverschulden, BGH TranspR 2006, 205–207; BGH TranspR 2007, 414–416; BGH TranspR 2007, 421–423; BGH TranspR 2008, 207–209.

151 EBJS/*Schaffert* § 425 Rn 46.

würden. Würde zum Beispiel der Absender eine üblicherweise ausreichende Verpackung verwenden, könnte ihm im Schadensfall genau dies vom Frachtführer entgegengehalten werden, weil möglicherweise eine aufwendigere, aber üblicherweise nicht erforderliche Verpackung, den Schaden verhindert hätte. Selbst der Abschluss des Frachtvertrages und die Übergabe des Gutes wären unter Umständen bei einer schlichten conditio-sine-qua-non Betrachtung als mitursächlich für die Entstehung des Schadens anzusehen.[152] Daher bedarf es einer Einschränkung einer andernfalls nicht einzusehenden Risikoverschiebung zu Lasten des Geschädigten durch eine unsachgemäße Anknüpfung im Rahmen der Normanwendung.[153] Daher ist allgemein anerkannt, dass der Anwendungsbereich des § 425 Abs. 2 dahingehend eingeschränkt werden muss, dass lediglich ein „qualifiziertes Verhalten"[154] bzw. „sozial inadäquates Verhalten"[155] Anknüpfungspunkt für eine Schadensteilung sein kann.[156] Das dürfte jedenfalls dann gegeben sein, wenn der Geschädigte sich gesetzes- oder vertragswidrig verhalten hat.[157] Keine Schadensteilung findet daher statt, wenn sich der Geschädigte zwar möglicherweise nicht im Einklang mit außerrechtlichen Normen, wohl aber im Einklang mit vertraglichen oder gesetzlichen Pflichten verhalten hat.[158]

Außerhalb des § 425 ordnet § 427 Abs. 1 an, dass bestimmtes Verhalten des Absenders wie zum Beispiel eine ungenügende Verpackung (§ 427 Abs. 1 Nr. 2), Behandeln, Verladen oder Entladen durch Absender oder Empfänger (§ 427 Abs. 1 Nr. 3) oder unzureichende Kennzeichnung (§ 427 Abs. 1 Nr. 5) zu einer Haftungsbefreiung des Frachtführers führen.[159] **65**

Relevant im Sinne der Vorschrift sind Verhaltensweisen, die zur Entstehung des Schadens beigetragen haben ebenso wie solche, die zu seiner Erhöhung geführt haben.[160] **66**

Verhalten Dritter (eigener Leute oder sonstiger Gehilfen) müssen sich Absender und Empfänger in analoger Anwendung des § 278 BGB zurechnen lassen.[161] Auch muss sich der Absender das Verhalten des Empfängers und dessen Erfüllungsgehilfen zurechnen lassen und umgekehrt.[162] **67**

Gemäß Abs. 2 müssen die unterschiedlichen Schadensbeiträge gegeneinander abgewogen werden. Dies obliegt dem Tatrichter und er hat dabei alle relevanten Umstände des Einzelfalls zu berücksichtigen.[163] Allerdings ist die Entscheidung revisibel im Hinblick darauf, ob alle in Betracht zu ziehenden Umstände vollständig und richtig berücksichtigt und der Abwägung rechtlich zulässige Erwägungen zugrunde gelegt worden sind.[164] Au- **68**

---

152 So zum Beispiel *Koller* Transportrecht § 425 Rn 99.
153 EBJS/*Schaffert* § 425 Rn 46; Oetker/*Paschke* § 425 Rn 24; *Koller* § 425 Rn 99.
154 So *Koller* Transportrecht § 425 Rn 99.
155 So EBJS/*Schaffert* § 425 Rn 46.
156 In diese Richtung auch Oetker/*Paschke* § 425 Rn 24; Koller/Kindler/Roth/Morck/*Koller* § 425 Rn 2; Heymann/*Joachim* § 425 Rn 5 („unsachgemäßes Verhalten").
157 EBJS/*Schaffert* § 425 Rn 46.
158 EBJS/*Schaffert* § 425 Rn 46; *Koller* Transportrecht § 425 Rn 99.
159 Siehe auch MünchKommHGB/*Herber* § 425 Rn 54.
160 EBJS/*Schaffert* § 425 Rn 48.
161 BGH TransportR 2007 314, 316: *Koller* Transportrecht § 425 Rn 101.
162 MünchKommHGB/*Herber* § 425 Rn 57; OLG München NJW-RR 1990, 828, 828 f.
163 BGHZ 149, 337, 355 = TranspR 2002, 295, 301 = VersR 2002, 1440 = NJW 2002, 3106; BGH TranspR 2004, 399, 402 = VersR 2006, 570 = NJW-RR 2005, 265; BGH TranspR 2006, 121, 123 = VersR 2006, 953 = NJW-RR 2006, BGH TranspR 2006, 394, 397 = VersR 2007, 564 = NJW-RR 2007, 28; BGH TranspR 2008, 400 = NJW-RR 2009, 46–49 = MDR 2009, 96–97; BGH TranspR 2010, 143; EBJS/*Schaffert* § 425 Rn 50.
164 BGH TranspR 2010, 143–145; BGH NJW-RR 2007, 1110 = TranspR 2007, 164; BGH TranspR 2008, 394.

ßerdem darf die Abwägung nicht schematisch erfolgen, sondern muss alle festgestellten Umstände des Einzelfalls berücksichtigen.[165]

69 Häufige Fälle einer Schadensteilung sind die unterlassene Wertdeklaration oder der unterlassene Hinweis auf die Gefahr eines ungewöhnlich hohen Schadens.[166]

70 a) **Unterlassene Wertdeklaration.** Eine unterlassene Wertdeklaration kann sich insbesondere bei hochwertigen Gütern anspruchsmindernd auswirken, wenn der Frachtführer bei erfolgter zutreffender Wertangabe seine Sorgfaltspflichten besser erfüllt hätte und es zumindest zu einer Verringerung des Transportschadens gekommen wäre.[167] Dabei muss allerdings berücksichtigt werden, ob der Absender bei einem entsprechenden Hinweis damit rechnen durfte, dass der Frachtführer mit dem Gut vorsichtiger umgegangen wäre und dadurch den Schaden verhindert oder verringert hätte.[168]

71 b) **Unterlassener Hinweis auf besondere Schadensgefahr.** Ebenso kann sich anspruchsmindernd auswirken, wenn es (in der Regel) der Absender unterlassen hat, den Frachtführer auf die Gefahr eines besonders hohen Schadens hinzuweisen.[169] Dabei ist es unbeachtlich, ob der Absender wusste[170] oder hätte wissen müssen,[171] dass der Frachtführer das Gut sorgfältiger behandelt hätte, hätte er den tatsächlichen Wert der Sendung gekannt.[172] Vielmehr trifft den Absender eine allgemeine Obliegenheit, den Frachtführer auf die Gefahr eines außergewöhnlich hohen Schadens hinzuweisen. Dies soll dem Frachtführer die Möglichkeit geben, geeignete Schadensabwendungsmaßnahmen zu ergreifen und so einen besonders hohen Schaden zu verhindern.[173]

72 c) **Sonstige Einzelfälle.** Eine Schadensteilung ist in folgenden Fällen angenommen worden:
- Unrichtige Angabe der Empfängeradresse auf den Frachtpapieren;[174]
- Fehlender Hinweis auf die außergewöhnliche Schmutz- und Nässeempfindlichkeit des Transportguts;[175]
- Beauftragung eines Frachtführers trotz Wissen um Organisationsmängel beim Frachtführer und häufiger Verluste;[176]

---

[165] BGH TranspR 2010, 143–145; BGH TranspR 2008, 394.
[166] Baumbach/*Merkt* § 425 Rn 4; MünchKommHGB/*Herber* § 425 Rn 58.
[167] BGHZ 149, 337; BGHZ 167, 73; BGH TranspR 2004, 401; BGH TransportR 2006, 165; BGH TransportR 2006, 168; BGH TransportR 2006, 206; BGH TransportR 2006, 174; OLG München NJW-RR 2004, 1064 = TranspR 2005, 26; OLG Düsseldorf TranspR 2007, 23; LG Landshut TranspR 14, 70; Baumbach/*Merkt* § 425 Rn 4.
[168] BGH NJW 2006, 1427; BGH NJW-RR 2007, 30; BGH TranspR 2006, 204; BGH TransportR 2006, 206; BGH TransportR 2008, 116; BGH TransportR 2008, 121; BGH TransportR 2008, 208; BGH TransportR 2008, 250; *Koller* Transportrecht § 425 Rn 105.
[169] Baumbach/*Merkt* § 425 Rn 4; *Koller* Transportrecht § 425 Rn 104 f; *ders.* Transportrecht § 435 Rn 19b.
[170] BGH NJW-RR 2005, 1280; BGH TranspR 2006, 211.
[171] BGH NJW-RR 2006, 1109, BGH TranspR 2006, 119; BGH TransportR 2006, 390; BGH TransportR 2007, 469; OLG Düsseldorf TranspR 2007, 35.
[172] Baumbach/*Merkt* § 425 Rn 4.
[173] BGH TranspR 2010, 189–192 = NJW-RR 2010, 909–911 = VersR 2010, 928–930; Oetker/*Paschke* § 425 Rn 25.
[174] LG München TranspR 2002, 157–158.
[175] OLG München TranspR 2006, 355–358; Oetker/Paschke § 425 Rn 52; *Koller* Transportrecht § 425 Rn 102.
[176] BGHZ 149, 355 = TranspR 2002, 295–302 = NJW 2002, 3106–3110; BGH TranspR 2004, 402.

- Versendung anlande- und importunfähigen Gutes;[177]
- Versendung von Verbotsgut;[178]
- Unterlassene Weisung, Paletten mit zerbrechlichem Gut nicht zu überstapeln;[179]
- Verzicht des Absenders auf Schnittstellenkontrollen während des Transports;[180]
- Unterlassener Hinweis auf besonders sperriges Gut bei einem Sammelguttransport.[181]

2. Besonderer Mangel des Gutes. Bei der Alternative der Schadenteilung aufgrund eines besonderen Mangels am Gut kommt es nicht notwendigerweise auf das Verhalten des Absenders oder Empfängers an.[182] Ein besonderer Mangel liegt vor, wenn das Gut von den normalen, üblichen Eigenschaften gleichartiger Güter abweichende atypische Eigenschaften aufweist, mit denen der Frachtführer nicht rechnen muss und es aus diesem Grund trotz normaler Beförderungsbedingungen zu einem Schaden kommt.[183] Maßgeblich sind dabei die für den Frachtführer bei Abschluss des Frachtvertrages erkennbaren Eigenschaften.[184] **73**

IV. Aktivlegitimation

Wegen der Beschädigung des Gutes, Verlust oder Überschreitung der Lieferfrist kann grundsätzlich der Absender als Vertragspartner des Frachtführers Ansprüche auf Schadensersatz geltend machen. Nach Ankunft des Gutes beim Empfänger kann auch dieser gemäß § 421 Abs. 1 Ansprüche gegen den Frachtführer geltend machen.[185] **74**

§ 426
Haftungsausschluss

Der Frachtführer ist von der Haftung befreit, soweit der Verlust, die Beschädigung oder die Überschreitung der Lieferfrist auf Umständen beruht, die der Frachtführer auch bei größter Sorgfalt nicht vermeiden und deren Folgen er nicht abwenden konnte.

Schrifttum (Siehe ergänzend die Angaben zum Schrifttum unter §§ 407, 425 HGB.)

Boettge Zum Haftungsausschluss des Frachtführers nach Art 17 Abs. 2 CMR bei Raub, VersR 2006, 1618–1620; *McClarke* (Hrsg.) International Carriage of Goods by Road (CMR), 5. Auflage 2014; *Ehmen* Zur Haftung des Frachtführers und des Spediteurs für streikbedingte Verzögerungsschäden bei innerdeutschen und internationalen Transporten, TranspR 2007, 354–360; *Hasche* Die Haftungsgrundlagen – insbesondere Haftung für das Verschulden Dritter, TranspR 2014, 349–352; *Neumann* Wirtschaftliche Kriterien der Haftung des Frachtführers, TranspR 2004, 14–23; *Rabe* Seehandelsrecht, 4. Auflage 2000; *Ramming* Die Entlastung des Frachtführers von seiner Haftung nach § 425 Abs. 1 HGB für Verlust und Beschädigung des Gutes und Überschreitung der Lieferfrist, TranspR 2001, 53–69; *Ramming* Hamburger Handbuch Multimodaler Transport: Das Recht des Gü-

[177] BGHZ 207, 1–15 = TranspR 2015, 433–437 = RdTW 2015, 409–413.
[178] LG Landshut TranspR 2014, 68–70 = RdTW 2014, 298–300; BGH TranspR 2006, 448–451 = NJW-RR 2007, 179–182.
[179] OLG Düsseldorf RdTW 2015, 462–465.
[180] OLG Düsseldorf TranspR 2006, 349–353.
[181] OLG Stuttgart TranspR 2012, 459–463.
[182] MünchKommHGB/*Herber* § 425 Rn 59.
[183] EBJS/*Schaffert* § 425 Rn 54.
[184] EBJS/*Schaffert* § 425 Rn 54.
[185] MünchKommHGB/*Herber* § 425 Rn 62 f.

tertransports mit unterschiedlichen Beförderungsmitteln einschließlich Seestrecke München 2011; *Thume* Kommentar zur CMR, 3. Auflage 2013; *Vortisch/Bemm* Binnenschiffahrtsrecht, 4. Auflage 1991; *Wulf* Das Transportrechtsreformgesetz: Eine vergleichende Darstellung der zivilrechtlichen Änderungen des Haftungsrechts im Fracht- und Speditionsgeschäft, Wolfenbüttel 1998.

Übersicht

I. Normzweck und Entstehung des § 426

1 Die Systematik des allgemeinen Frachtrechts konzentriert sich auf die Obhutshaftung des Frachtführers nach § 425 Abs. 1.[1] Der Frachtführer haftet danach grundsätzlich für den Schaden, der durch Verlust oder Beschädigung des Gutes in der Zeit von der Übernahme zur Beförderung bis zur Ablieferung entsteht. Darüber hinaus muss der Frachtführer ggf. auch für eine mögliche Lieferfristüberschreitung einstehen und gem. § 428 für das Verhalten seiner Leute sowie sonstiger Hilfspersonen einstehen.[2] Dabei kommt es nicht auf die Ursache eines schädigenden Ereignisses an, und es ist kein Kausalitätsnachweis zwischen dem Handeln des Frachtführers und der Entstehung des Schadens erforderlich. Dennoch kann die Haftung des Frachtführers gem. §§ 426, 427 ausgeschlossen sein. Das 4. Buch des HGB hält zunächst den allgemeinen Haftungsausschluss des § 426 bereit. Die Obhutshaftung des Frachtführers ist nach § 426 ausgeschlossen, wenn er den Verlust, die Beschädigung oder die Überschreitung der Lieferfrist *auch bei größter Sorgfalt* nicht vermeiden und deren Folgen nicht abwenden konnte.

2 Daneben bieten die besonderen Haftungsausschlussgründe des § 427 dem Frachtführer noch spezifischere Entlastungsmöglichkeiten. Greift kein Haftungsausschluss, kann die Haftung gem. § 431 zumindest auf einen Höchstbetrag in Höhe von 8,33 SZR begrenzt werden, soweit kein grobes Verschulden i.S.d. § 435 vorliegt, welches jegliche Haftungsprivilegien entfallen lässt.[3]

3 Im Zuge der Transportrechtsreform von 1998 wurde der Haftungsausschluss des § 426 in Anlehnung an Art. 17 Abs. 2, 4. Alt. CMR neu eingeführt.[4] Ursprünglich galt nach § 429 Abs. 1 a.F. eine Haftung für vermutetes Verschulden. Diese ist auch heute noch grundlegend für die Haftungssystematik des reformierten Seehandelsrechts.[5] Im Rahmen der CMR wird jedoch überwiegend[6] von einer verschuldensunabhängigen Haftung ausgegan-

---

1 Siehe MünchKommHGB/*Herber* § 425 Rn 1 ff; Maurer Band 12/1 § 428, Rn 1 ff.
2 Maurer Band 12/1 § 428, Rn 1 ff.
3 Hartenstein/Reuschle/*Reuschle* Kap. 1 Rn 437 ff; *Hartenstein* Kap. 4 Rn 245 f.
4 *Koller* § 426 Rn 2.
5 MünchKommHGB/*Herber* Band 7, *Herber* § 498 Rn 1 ff; Oetker/*Paschke* § 498 Rn 2 ff.
6 BGH Urteil vom 28.02.1975 – I ZR 40/74; Urteil vom 08.10.1998 – I ZR 164/96; *Koller* Art. 17 CMR Rn 21; Ebenroth/Boujong/

gen.[7] Aufgrund dieser Vorbildfunktion der CMR kommt es somit auch im Rahmen des § 425 nicht auf ein Verschulden des Frachtführers an, so dass es sich um eine verschuldensunabhängige Gefährdungshaftung handeln soll.[8] Dieser Haftungsgrundsatz wird jedoch durch die Haftungsausschlüsse (§§ 426, 427) und die Möglichkeit der Haftungsbegrenzung (§ 431) eingeschränkt.[9]

Durch die enge Anlehnung an die Haftungssystematik der CMR kann zur Auslegung des § 426 auf die umfangreiche Judikatur zu Art. 17 Abs. 2, 4. Alt. CMR zurückgegriffen werden.[10] Zwar wurden – abweichend vom Regierungsentwurf zum Transportrechtsreformgesetz von 1998 und zu Art. 17 Abs. 2 CMR – die Tatbestandsmerkmale *„auch bei größter Sorgfalt"* durch den Rechtsausschuss des Bundestages in § 426 eingefügt, diese sollen jedoch ausschließlich den erhöhten Sorgfaltsmaßstab gesondert verdeutlichen.[11] Weiterhin wurde die zunächst für § 426 Abs. 2 vorgesehene Garantiehaftung während des Gesetzgebungsverfahrens gestrichen.[12] Andernfalls hätte der Frachtführer – wie z.B. in Art. 17 Abs. 3 CMR geregelt – für die Tauglichkeit des Beförderungsmittels besonders einstehen müssen. Im Gegensatz zu anderen Rechtsordnungen (z.B. im Rechtskreis des anglo-amerikanischen *common law*)[13] besteht eine solche Garantiehaftung für das Beförderungsmittel jedoch in Deutschland nicht.[14] Dementsprechend muss der Frachtführer nach § 426 ggf. darlegen und beweisen, dass die Untauglichkeit des Beförderungsmittels unvermeidbar bzw. unabwendbar war.[15] Auf diese Weise wird ein materieller Gleichlauf mit anderen internationalen transportrechtlichen Übereinkommen gewährleistet.[16] Daneben enthält auch das reformierte Seehandelsrecht seit 2013 keine Garantiehaftung für die Tauglichkeit des Beförderungsmittels. 4

II. Tatbestand und Rechtsfolge

1. Sorgfaltsmaßstab. Der Begriff der *„im Verkehr erforderlichen Sorgfalt"* orientiert sich im bürgerlichen Recht grundsätzlich an § 276 BGB.[17] § 426 HGB ist jedoch *lex specialis* zu den Regelungen des allgemeinen Schuldrechts (sowohl beim Sorgfaltsmaßstab als auch im Bereich der Leistungsstörungen). Die Norm verlangt vom Frachtführer die Ausübung *„größter Sorgfalt"*. Der Ausschluss der Haftung ist nur möglich, wenn ein besonders gewissenhafter Frachtführer bei Anwendung der äußersten ihm zumutbaren Sorgfalt 5

Joost/Strohn/*Boesche* Art. 17 CMR Rn 2; dagegen OGH Wien Urteil vom 06.09.1983 – 4Ob 580/83; Urteil vom 10.07.1991 – 1 Ob 579/91.

7 BGH 13.12.1990, BGHZ 113, 164, 165; BGH 28.02.1975, NJW 1975, 1597, 1598; OLG Nürnberg Urteil vom 10.12.1992, TranspR 1993, 138; Fremuth/Thume/*Fremuth* § 425 Rn 1.

8 Fremuth/Thume/*Fremuth* § 425 Rn 1; Maurer Band 12/1, Rn 3; Oetker/*Paschke* § 425 Rn 6; a.A. offenbar MünchKommHGB/*Herber* Band 7, § 425 Rn 6.

9 BeckOK-HGB, *Kirchhof* § 425, vor Rn 1, *Koller* § 426 Rn 2; *Wulf*, 51.

10 MünchKommHGB/*Herber* § 426 Rn 2; siehe statt vieler zu Art. 17 CMR: *Thume* Kommentar zur CMR.

11 Beschlussempfehlung und Bericht des Rechtsausschusses, BT-Drucks. 13/10014, zu § 426.

12 BT-Drucks. 13/10014, zu § 426.

13 Siehe näher *McClarke* CMR, (Kapitel 6) 213 ff.

14 BT-Drucks. 13/10014, zu § 426; BT-Drucks. 17/10309, 81.

15 *Ramming* TranspR 2001, 53 (54).

16 BT-Drucks. 13/10014, zu § 426; siehe z.B. Art. 36 § 2, 2. Alt. CIM für das international vereinheitlichte Eisenbahnfrachtrecht sowie Art. 18 und 19 MÜ für das Luftfrachtrecht.

17 *Schaps/Abraham* § 606 (a.F.) Rn 28.

den Schaden nicht hätte vermeiden können.[18] Mit diesem erhöhten Sorgfaltsmaßstab wurde bewusst an die ständige Rechtsprechung zum heutigen § 17 Abs. 3 StVG (§ 7 Abs. 2 StVG a.F.) angeknüpft.[19] Infolgedessen wird vom Frachtführer ein Sorgfaltsmaßstab verlangt, der deutlich über den allgemeinen zivilrechtlichen Sorgfaltsmaßstab der §§ 276, 347 Abs. 1 BGB hinausgeht.[20] Es gilt insofern kein situationsadäquater Sorgfaltsmaßstab. Es kommt gerade nicht auf die persönlichen Verhältnisse, Kenntnisse oder Gewohnheiten des konkreten Frachtführers an, vielmehr ist allein ein objektiver Maßstab anzulegen.[21]

6 Dieser rechtliche Kontrast gilt sogar auch im Vergleich zu anderen transportrechtlichen Regelungen, wie z.B. die Regelung des Art. 16 Abs. 1 der CMNI verdeutlicht.[22] Gem. Art. 16 Abs. 1 Hs. 1 CMNI haftet der Frachtführer für Verlust, Beschädigung und Lieferfristüberschreitung nach den Art. 16 ff CMNI. Ein allgemeiner Haftungsausschlussgrund ist in Art. 16 Abs. 1 Hs. 2 CMNI vorgesehen, nach dem die Haftung entfällt, wenn der Frachtführer darlegt und beweist, dass der Schaden durch Umstände verursacht wurde, die ein *sorgfältiger* Frachtführer nicht hätte vermeiden können und deren Folgen er nicht hätte abwenden können. Die Norm orientiert sich – trotz des nahezu identischen Wortlauts – nicht am hohen Sorgfaltsmaßstab des § 426 bzw. des Art. 17 Abs. 2, 4. Alt CMR. Maßgebend ist hier vielmehr §§ 276, 347 Abs. 1 BGB.[23] Mithin werden dem Frachtführer eines Binnenschiffs auf einer grenzüberschreitenden Strecke (im Anwendungsbereich der CMNI) vergleichsweise niedrigere Sorgfaltsmaßstäbe auferlegt, um seine Haftung ggf. ausschließen zu können, als einem Frachtführer auf einem Binnenschiff im Rahmen eines rein nationalen Transports.[24]

7 Bei § 426 HGB ist insofern auf einen *idealen* Frachtführer abzustellen, der eine über den gewöhnlichen Durchschnitt erheblich hinausgehende Aufmerksamkeit, Geschicklichkeit und Umsicht sowie geistesgegenwärtiges und sachgemäßes Verhalten an den Tag legt.[25] Der ideale Frachtführer i.S.d. § 426 HGB kann insofern auch atypische Gefahren-

---

18 BT-Drucks. 13/8445, 61; BT-Drucks. 13/10014 (zu § 426); *Ramming* TranspR 2001, 53 (54).

19 OLG Köln Urteil vom 29.07.2003, TranspR 2004, 320 (321); OLG Stuttgart 11.12.2002, OLGR Stuttgart 2003, 95 (96); OLG Brandenburg 21.07.2004, TranspR 2005, 114 (115); LG Bonn 20.11.2001, TranspR 2002, 163 (164); Koller § 426 Rn 4; Ebenroth/Boujong/Joost/Strohn/*Schaffert* § 426 Rn 4.

20 OLG Köln VersR 2004, 1438; OLG Frankfurt TranspR 2006, 297 (298).

21 MünchKommHGB/*Herber* § 426 Rn 5.

22 Budapester Übereinkommen über den Vertrag über die Güterbeförderung in der Binnenschifffahrt (CMNI), der Anwendungsbereich des Übereinkommens wird in Art. 2 CMNI konkretisiert.

23 *Ramming* Hamburger Handbuch Multimodaler Transport, § 32 Rn 1171.

24 Dieser Unterschied ergab sich allerdings erst durch die Aufhebung der §§ 27–76 BinSchG a.F., welche bis zur Transportrechtsreform ergänzend zum HGB herangezogen wurden, siehe auch Begr. RegE, BT-Drucks. 13/8445, 19. Bis dahin galt der § 58 Abs. 1 BinSchG a.F., der die Haftung und die Entlastung des Frachtführers im nationalen Binnenschiffsverkehr regelte. Dieser entsprach im Wesentlichen § 606 2 a.F., woraufhin dem Frachtführer gem. § 58 Ab 1 BinSchG a.F. ein ebenso entsprechend milder Sorgfaltsmaßstab auferlegt wurde, siehe *Vortisch/Bemm* § 58 Rn 1; OLG Hamburg Urteil vom 28.02.1974 – 6 U 134/73. Gem. § 26 BinSchG kommen jedoch bei Frachtgeschäften zur Beförderung von Gütern nunmehr die §§ 407 ff HGB zur Anwendung.

25 BGH Urteil vom 13.12.1990 – III ZR 14/90; OLG Hamm Urteil vom 23.04.2013 – I-18 U 236/10; OLG München Urteil vom 28.11.2007 – 7 U 2993/07; OLG Frankfurt Urteil vom 09.03.2006 – 15 U 86/05; OLG Köln Urteil vom 29.07.2003 – 3 U 49/03; OLG Stuttgart Urteil vom 11.12.2002 – 3 U 117/02; LG Bielefeld Urteil vom 11.12.2013 – 16 O 57/12; *Koller* § 426 Rn 4; MünchKommHGB/*Herber* § 425 Rn 6; Ebenroth/Boujong/Joost/Strohn/*Schaffert* § 426 Rn 5.

situationen beherrschen.[26] Er muss im Stande sein, mögliche Gefahren allein aus seiner allgemeinen Erfahrung im Vorfeld zu erkennen und zu vermeiden, obwohl diese möglicherweise keinen Ursprung im Gefahrenbereich des Frachtführers hatten.[27] Eine Grenze soll nicht bereits dann erreicht sein, wenn die Grenze zur höheren Gewalt überschritten wurde. Tatsächlich befinden sich erst Sorgfaltsanstrengungen, die als unzumutbar, absurd und untragbar zu bewerten sind, außerhalb des an § 426 HGB anzulegenden Maßstabs.[28]

Das Maß der aufzuwendenden Sorgfalt ist zudem weder abhängig vom Wert des Gutes **8**
noch von der vertraglich vereinbarten Höhe der Fracht.[29] Die notwendigen Maßnahmen können allerdings von möglichen, typischerweise zu erwartenden Gefahren bestimmt werden (z.B. technische und personelle Vorsorge- und Schutzmaßnahmen, um etwaigen Gefahren eines Raubs oder Diebstahls entgegenzuwirken).[30] Insbesondere kann die Höhe der Fracht zumindest einen möglichen Anhaltspunkt dafür bieten, dass die Vertragsparteien eine spezifische Beförderungsmodalität vereinbart haben.[31] Die vereinbarte – und ggf. durch den Preis indizierte – Beförderungsmodalität bestimmt dann aber auch den Sorgfaltsmaßstab, im Schadensfall spielt die mögliche argumentative Übertragung der Vor- oder Nachteile anderer Transportmodi keine Rolle.

2. Haftungsmaßstab (Unabwendbarkeit des Schadens). § 426 statuiert einen Haf- **9**
tungsausschluss für unvermeidbare und unvorhersehbare Schäden.[32] Demnach müssten unabwendbare Zustände vorliegen, welche anhand des Maßstabes eines (nochmals) *idealen Frachtführers* zu bewerten sind.[33] Unvermeidbarkeit gem. Art. 17 Abs. 2, 4. Alt. CMR[34] ist anzunehmen, wenn der Frachtführer darlegt und ggf. beweist, dass der Schaden auch bei Anwendung der äußersten nach den Umständen möglichen und zumutbaren Sorgfalt unabwendbar war.[35]

Allein anhand dieser Definition kann allerdings noch keine hinreichende Rechtssicher- **10**
heit geschaffen werden. Insofern wurden in der Literatur Fallgruppen entwickelt, nach denen die Unabwendbarkeit unter bestimmten Voraussetzungen bejaht werden kann.[36] Grundsätzlich ist danach Unabwendbarkeit gerade keine absolute Unvermeidbarkeit des Ereignisses. Schäden, die nur mit individuell unzumutbaren (absurden) Maßnahmen hätten verhindert werden können, sind danach tatsächlich unabwendbar.[37] Demzufolge muss

---

[26] Ebenroth/Boujong/Joost/Strohn/*Schaffert* § 426 Rn 5.
[27] BGH Urteil vom 17.03.1992 – VI ZR 62/91; *Koller* § 426 Rn 4; MünchKommHGB/*Herber* Band 7, § 425 Rn 6; Ebenroth/Boujong/Joost/Strohn/*Schaffert* § 426 Rn 5.
[28] OLG Frankfurt 09.03.2006, TranspR 2006, 297; OLG Köln 29.07.2003, TranspR 2004, 320; OLG Bamberg OLGR 2005, 720 (721); Koller § 426 Rn 4; Oetker/*Paschke* § 426 Rn 7; Ebenroth/Boujong/Joost/Strohn/*Schaffert* § 426 Rn 5; *Koller* § 426 Rn 4; Knorre/Demuth/Schmid/*Kehl* D. I Rn 23.
[29] *Neumann* TranspR 2004, 14 (24); MünchKommHGB/*Herber* § 425 Rn 7.
[30] Siehe BGH Urteil vom 06.06.2007, TranspR 2007, 423; MünchKommHGB/*Herber* § 425 Rn 7.
[31] MünchKommHGB/*Herber* § 425 Rn 7.
[32] Begr. RegE, BT-Drucks. 13/8445, 60 f.
[33] OLG Frankfurt Urteil vom 09.03.2006 – 15 U 86/05; OLG Köln Urteil vom 29.07.2003 – 3 U 49/03; MünchKommHGB/*Herber* § 425 Rn 6; Ebenroth/Boujong/Joost/Strohn/*Schaffert* § 426 Rn 5; *Koller* § 426 Rn 4.
[34] Unter Rückgriff auf die Rechtsprechung zu Art. 17 Ab 2, 4. Alt CMR aufgrund rechtssystematischer Anlehnung und der Übereinstimmung der Wortlaute.
[35] BGH Urteil vom 08.10.1998 – I ZR 164/96; Urteil vom 13.04.2000 – I ZR 290/97; Urteil vom 13.07.2000 – I ZR 49/98; Urteil vom 18.01.2001 I ZR 256/98; *Boettge* VersR 2006, 1618, 1618.
[36] *Boettge* VersR 2006, 1618; siehe die Fallgruppen bei *Koller* § 426 Rn 5 ff.
[37] BGH Urteil vom 10.04.2003 – I ZR 228/00; OLG Zweibrücken Urteil vom 4.3.2004 – 4 U 167/02; Ebenroth/Boujong/Joost/Strohn/*Boesche* Art. 17 CMR Rn 29.

auch die wirtschaftliche Zumutbarkeit gesondert betrachtet werden. Der Vermeidungsaufwand darf also nicht höher sein, als die durch ihn zu erwartende Schadensminderung.[38]

11 Für die Auslegung der Unabwendbarkeit i.S.d. Art. 17 Abs. 2, 4. Alt CMR wurde an den Begriff des *unabwendbaren Ereignis* gem. § 17 Abs. 3 StVG (§ 7 Abs. 2 StVG a.F.) angeknüpft.[39] Nach der ständigen Rechtsprechung zu dieser Norm wird vom Frachtführer grundsätzlich verlangt, in der konkreten Gefahrensituation mit größter Sorgfalt umzugehen. Bereits ein kumulatives Zusammentreffen von unvermeidbaren und vermeidbaren Umständen führt zur Haftung des Frachtführers. Daneben muss auch geprüft werden, ob ein *idealer Frachtführer* sich überhaupt in die betreffende Gefahrenlage gebracht hätte, diese also von vornherein vermeidbar gewesen wäre.[40] Etwaige Schädigungen durch ein eigenständiges Verhalten des Absenders bzw. Empfängers sind für § 426 dagegen nicht relevant. Vielmehr wird dies im Kontext des § 425 Abs. 2 HGB berücksichtigt und kann zu einem (teilweisen oder vollständigen) Ausschluss der Haftung führen.[41]

12 **3. Beweislast.** Der Haftungsausschluss des § 426 ist in Übereinstimmung mit der CMR als sog. einfacher Haftungsgrund ausgestaltet worden. Daraus folgt, dass eine Beweiserleichterung durch Kausalitätsvermutung (wie z.B. in § 427 Abs. 2 Satz 1) durch das Gesetz nicht vorgesehen ist.[42] Somit hat der Frachtführer für die Voraussetzungen des ihn begünstigenden Haftungsausschlusses nach § 426 den vollen Beweis zu erbringen.[43] Dazu muss er die Schadensursache vollumfänglich aufklären und beweisen. Weiterhin muss er darlegen und ggf. beweisen, dass die bewiesene Schadensursache auch durch die größte Sorgfalt eines ordentlichen Frachtführers nicht abgewendet werden konnte.[44] Ist eine Aufklärung nicht möglich, muss der Frachtführer darlegen und erforderlichenfalls beweisen, dass ihn hinsichtlich aller möglicherweise in Betracht kommenden Ursachen kein Verschulden trifft.[45] Gelingt dem Frachtführer dieser Beweis, so entfällt seine Haftung. Beispielsweise kann ein Schaden durchaus unvermeidbar gewesen sein, wenn trotz Anwendung äußerster Sorgfalt durch den Frachtführer nicht erkennbar war, dass das Transportmittel nicht die für einen sicheren Transport erforderlichen Eigenschaften aufwies.[46] Gelingt jedoch dem Frachtführer die Entlastung nur für einen Teil des Schadens, so besteht die Rechtsfolge demgemäß auch in einem anteiligen Haftungsausschluss („*soweit*").[47]

---

38 MünchKommHGB/*Jesser-Huß* Band 7, zu Art. 17 CMR Rn 42.

39 BGH Urteil vom 05.06.1981 – I ZR 92/79; Urteil vom16.02.1984 – I ZR 197/81; OLG Hamm Urteil vom 13.5.1993–18a U 94/93; OLG Saarbrücken Urteil vom 17.12.1996–8U 63/96.

40 OLG Frankfurt Urteil vom 09.03.2006 – 15 U 86/05; OLG Köln Urteil vom 29.07.2003 – 3 U 49/03.

41 Baumbach/Haupt/*Merkt* § 426 Rn 2; Fremuth/Thume/*Fremuth* § 425 Rn 21; *Maurer* Band 12/1, § 425 Rn 62 ff.

42 Begr. RegE, BT-Drucks. 13/8445, 61.

43 Oetker/*Paschke* § 426 Rn 10.

44 *Koller* § 426 Rn 20; Ebenroth/Boujong/Joost/Strohn/*Schaffert* § 426 Rn 17; Fremuth/Thume/*Fremuth* § 425 Rn 16. MünchKommHGB/*Herber* § 426 Rn 8.

45 OLG Hamburg Urteil vom 18.10.1990 – 6 U 253/89; OLG Köln Urteil vom 29.07. 2003 – 3 U 49/03; OLG Brandenburg Urteil vom 21.07.2004 – 7 U 189/02; *Koller* § 426 Rn 20.

46 OLG Brandenburg Urteil vom 21.07.2004, TranspR 2005, 114 (115).

47 MünchKommHGB/*Herber* § 425 Rn 25, allerdings wird diese Einschränkung grundsätzlich nur dann relevant, wenn sich der Schaden tatsächlich in verschiedene Kategorien mit unterschiedlicher Verursachung aufteilen lässt.

III. Fallgruppen

Die Rechtsprechung und die Literatur haben für bestimmte immer wiederkehrende Schadensursachen Kriterien und Fallgruppen entwickelt, die die praktische Bedeutung des § 426 für den Rechtsanwender vorhersehbarer gestalten können. Teilweise gibt es einen sachlichen Überschneidungsbereich zur *lex specialis* des § 427. 13

1. Strafrechtlich relevante Schadensursachen, insbesondere Diebstahl. Je größer die mit der Güterbeförderung verbundenen Risiken sind, desto höhere Anforderungen stellen Rechtsprechung und Literatur an die zu treffenden Sicherungsmaßnahmen und an den Maßstab der Unvermeidbarkeit bzw. der Ausübung größter Sorgfalt.[48] Relevante Kriterien sind z.B., ob das transportierte Gut leicht für Nichtberechtigte verwertbar und damit besonders diebstahls- oder unterschlagungsgefährdet ist.[49] Die kontinuierliche Überprüfung des Personals ist in diesem Zusammenhang von der Ausübung größter Sorgfalt des Frachtführers umfasst, die Ausübung größter Sorgfalt kann auch eine Rotation des (fahrenden) Personals bei wiederkehrenden Transporten wertvoller Gütern beinhalten.[50] Bei der Bewertung spielt generell eine Rolle, ob das transportierte Gut besonders wertvoll ist, ob dem Frachtführer die besondere Gefahrenlage bekannt sein musste und welche konkreten Möglichkeiten einer gesicherten Fahrtunterbrechung es gegeben hat, um die vorgeschriebenen Pausen einzuhalten.[51] Ein bewaffneter Überfall durch gewaltbereite Täter in einem nicht vollständig absperrbaren oder nicht alleinig vom Frachtführer organisatorisch kontrollierten Güterumschlagslager ist z.B. als unvermeidbar eingeordnet worden.[52] Die Ausübung größter Sorgfalt beinhaltet insofern nicht, dass der Frachtführer z.B. ein Bewachungsunternehmen zur Bewachung der Ladung beauftragen muss, dies würde die Grenzen der individuellen Zumutbarkeit überschreiten.[53] 14

Die mangelnde Ausübung größter Sorgfalt durch den Frachtführer (und damit Vermeidbarkeit) ist z.B. bei unzureichender oder fehlender Überwachung des Lagerungsgeländes höchstrichterlich bejaht worden.[54] Einer möglichen Schadensursache wird nicht hinreichend nachgegangen, wenn ein Lagergelände nach Auslösung des stillen Alarms mit einem Fahrzeug erkundet wird – demgemäß liegt keine Unabwendbarkeit für den Frachtführer vor, wenn sich später ein Diebstahl bestätigt.[55] Ebenfalls liegt keine Unabwendbarkeit eines Diebstahls vor, wenn ein Lkw mehrere Stunden (mehr als sechs) unbewacht in einem Industriegebiet abgestellt wird[56] oder wenn ein Pkw auf einem unbeleuchteten Parkplatz abgestellt wird, während der Fahrer in der Kabine schläft.[57] Generell wird jeder Schaden oder 15

---

[48] MünchKommHGB/*Herber* § 426 Rn 8.

[49] BGH Urteil vom 06.06.2007, TranspR 2007, 423; *Koller* § 426 Rn 8; MünchKommHGB/*Herber* § 426 Rn 8.

[50] Ausführlich *Koller* § 426 Rn 8.

[51] OLG Saarland Urteil vom 05.04.2006, TranspR 2007, 63 (zur CMR); *Koller* § 426 Rn 8; MünchKommHGB/*Herber* § 426 Rn 8.

[52] LG Frankfurt Urteil vom 09.05.2001, TranspR 2001, 393 (394); MünchKommHGB/*Herber* § 426 Rn 8.

[53] BGH Urteil vom 08.10.1998, TranspR 1999, 59 (CMR); MünchKommHGB/*Herber* § 426 Rn 8.

[54] BGH Urteil vom 08.10.1998, TranspR 1999, 59 (CMR); OLG Frankfurt Urteil vom 09.03.2006, TranspR 2006, 297 ff; OLG München Urteil vom 16.12.2004, OLGR München 2007, 99–100; OLG Bremen Urteil vom 11.01.2001, TranspR 2001, 166–169; OLG Oldenburg Urteil vom 13.11.1996, VersR 1997, 1380.

[55] OLG Karlsruhe Urteil vom 12.05.2005, NJW-RR 2005, 1123–1125 (CMR).

[56] OLG Hamm Urteil vom 12.07.1995, TranspR 1996, 237.

[57] KG Berlin Urteil vom 11.01.1995, TranspR 1995, 342 (344).

Verlust, der mit „nicht ganz außergewöhnlicher krimineller Energie“ überwunden werden konnte,[58] als Verstoß gegen den Sorgfaltsmaßstab des § 426 einzuordnen sein.

16 **2. Feuer- bzw. Brandschäden.** Beim Brand ist zwischen der durch externe Einflüsse und intern verursachten Brandentstehung zu differenzieren. Ein „normaler“ Fahrzeugbrand ist in der Regel auf technische Mängel am Fahrzeug zurückzuführen.[59] Allgemein gilt für den Frachtführer ein äußerst strenger Maßstab im Hinblick auf die technische Fehlerlosigkeit eines Fahrzeugs sowie dessen kontinuierliche Überprüfung und Bewachung, dieser wird schon durch den Wortlaut des § 426 indiziert.

17 Als außergewöhnlich und damit in seinen Schadensfolgen unabwendbar für den Frachtführer ist z.B. das (technisch mögliche) äußere Eindringen von Glut in den Luftfilter eines Fahrzeugs, mit nachträglicher Brandentwicklung eingeordnet worden.[60] Das nicht hinreichend bewachte, längerfristige Abstellen von Fahrzeugen in der Nähe von Gefahrenquellen indiziert in der Regel einen Sorgfaltspflichtverstoß des Frachtführers, so dass sich dieser nicht auf § 426 wird berufen können.[61] Die Auslegung des § 426 weicht insofern gerade bei strafrechtlich relevanter, extern herbeigeführter Brandstiftung nicht von der Wertung ab, die bei Eigentumsdelikten grundsätzlich zur Anwendung kommt. Ein terroristisch motivierter Anschlag oder ein durch Vandalismus verursachter Schaden während der Fahrt, wird regelmäßig als für den Frachtführer unvermeidbar eingestuft werden.

18 **3. Fahrzeugmängel/Technische Ursachen.** Diese Fallgruppe hat einen Anwendungsbereich, der sich sachlich-technisch mit Feuer- und Brandschäden überschneiden kann. Unter einem Mangel des Fahrzeugs werden sämtliche Einschränkungen der Betriebs- und Funktionsfähigkeit des Fahrzeugs und seiner technischen Einrichtungen verstanden.[62] Das HGB kennt keine Garantiehaftung des Frachtführers für die grundsätzliche Funktionsfähigkeit des Fahrzeugs und unterscheidet sich damit in diesem Bereich von der Sichtweise der CMR.[63] § 426 wird also nicht von vornherein ausgeschlossen, soweit es zu Fahrzeugmängeln oder technischen Fehlern gekommen ist, durch die Ladungsschäden verursacht wurden. Es gilt jedoch der bekannte höchste Sorgfaltsmaßstab, der systematisch keine zusätzliche Garantiehaftung rechtfertige. Der Frachtführer muss demgemäß nachweisen, dass kein bei äußerster Sorgfalt erkennbarer Mangel am Fahrzeug vorgelegen hat oder dass ein eventuell vorliegender Mangel nicht schadenskausal geworden ist oder werden konnte.[64]

19 Naturgemäß besteht die Rechtsprechung hier aus stark einzelfallabhängigen Entscheidungen.[65] Im Zweifel wird sich eine generell mangelnde Eignung des Fahrzeugs für den konkreten Transport oder die vereinbarungswidrige Benutzung eines andersartigen Fahrzeugs zu Lasten des Frachtführers auswirken und keine Entlastung über § 426 ermöglichen, da dann grundsätzliche Zweifel an der Einhaltung größter Sorgfalt bestehen werden. Dies gilt selbst dann, wenn ein vereinbarungswidrig eingesetztes Alternativ-Fahrzeug technisch einwandfrei war. Im Gegensatz dazu ist ein Kühlungsausfall bei einem zwei Tage lang abgestellten Lkw als für den Frachtführer unabwendbar eingeordnet worden, denn zur Ausübung der höchsten Sorgfalt genügte hier das regelmäßige Ablesen des (fehlerhaft anzeigenden) Außenthermometers, dessen Fehlerhaftigkeit der Frachtführer nicht erken-

---

[58] *Koller* § 426 Rn 8.
[59] MünchKommHGB/*Herber* § 426 Rn 10; *Koller* § 426 Rn 7.
[60] Siehe OLG Brandenburg Urteil 21.7.2004, TranspR 2005, 114 (115); MünchKommHGB/*Herber* § 426 Rn 10; *Koller* § 426 Rn 7.
[61] Siehe ausführlich *Koller* § 426 Rn 7; MünchKommHGB/*Herber* § 426 Rn 10.
[62] Fremuth/Thume/*Fremuth* § 426 Rn 15.
[63] MünchKommHGB/*Herber* § 426 Rn 11.
[64] MünchKommHGB/*Herber* § 426 Rn 11.
[65] Siehe insbesondere *Koller* § 426 Rn 11.

nen konnte.[66] Der Einbau einer neuen Seilwinde auf einem Abschleppwagen zur Vermeidung von Schäden ohne den Nachweis, dass frühere Schäden auf die vorherige Winde zurückzuführen sind, führt nicht zur Unabwendbarkeit.[67]

4. Nässeschäden/wetterbedingte Schadensursachen. Gegenmaßnahmen, um das Entstehen von Nässeschäden am Gut zu verhindern, sei es durch direkte Auswirkungen von Feuchtigkeit oder durch später entstehenden Rost, fallen in den Verantwortungs- und Aufgabenbereich des Frachtführers. Die qualitativ nicht ausreichende Verpackung des Gutes ist im Rahmen des Mitverschuldens gemäß § 425 Abs. 2 zu berücksichtigen.[68] Bei einer Verpackung durch den Absender ist die mögliche Spezialität des § 427 Abs. 1 Nr. 1 HGB zu beachten. **20**

Insofern wirken sich nachweisbare oder naheliegende Versäumnisse in diesem Bereich zu Lasten des Frachtführers negativ als Verstoß gegen die höchste Sorgfaltspflicht aus.[69] Ausnahmen sind lediglich vollkommen unvorhersehbare und äußerst ungewöhnliche Wetterphänomene, wie z.B. Tornados, denn diese sind auch für einen idealen Frachtführer nicht vorhersehbar. **21**

5. Allgemeine Gefahren des Straßenverkehrs/Verkehrsunfälle. Der Frachtführer ist verpflichtet, möglichen Verkehrsbehinderungen auszuweichen. Dazu gehört, dass er sich über alle zumutbaren digitalen technischen Möglichkeiten (Verkehrsfunk, Navigationshilfen, etc.) beständig über die Straßenlage auf dem Laufenden hält und ggf. Alternativrouten vorsieht.[70] Dieser Maßstab gilt auch für die absehbare Entwicklung der witterungsbedingten Straßenverhältnisse.[71] **22**

Bei Verkehrsunfällen wird vorausgesetzt, dass sich der Frachtführer völlig verkehrsgerecht verhalten hat. Der Verkehrsunfall muss also für den Frachtführer (in der Regel für dessen Hilfspersonen) ein unabwendbares Ereignis gemäß § 17 Abs. 3 StVG (§ 7 Abs. 2 StVG a.F.) gewesen sein.[72] Unvermeidbar ist z.B. ein Transportschaden bei der Benutzung der von den zuständigen Behörden vorgeschriebenen Wege.[73] Vermeidbar sind dagegen Unfälle und daraus entstehende Schäden beispielsweise, soweit sie auf ein Ungleichgewicht der Beladung (bei Kenntnis des Ungleichgewichts) zurückzuführen sind.[74] Ein unabwendbares Ereignis kann nach der Rechtsprechung bereits dann nicht mehr angenommen werden, wenn ein geringfügiges Verschulden der Hilfspersonen des Frachtführers für den Unfall ursächlich gewesen oder ein solcher Ursachenzusammenhang zumindest nicht auszuschließen ist.[75] Ebenfalls vermeidbar sind z.B. kausal unfallbedingt verursachte Transportschäden durch das Befahren einer Autobahnauffahrt mit 80 km/h bei feuchter Witterung.[76] **23**

6. Streik/Arbeitskämpfe/Blockaden. Im Falle eines Arbeitskampfes – synonym verstanden als Streik – braucht sich der Frachtführer das Verhalten seiner Erfüllungsgehilfen **24**

[66] OLG Hamburg Urteil vom 02.05.1985, VersR 1986, 866.
[67] OLG Köln Urteil vom 29.07.2003, TranspR 2004, 320 (321); MünchKommHGB/*Herber* § 426 Rn 15.
[68] MünchKommHGB/*Herber* § 426 Rn 16.
[69] OLG Düsseldorf Urteil vom 30.05.1988, TranspR 1988, 423 (425, zur CMR); OLG Hamburg Urteil vom 28.06.1984, TranspR 1985, 114 (115, zur CMR); *Koller* § 426 Rn 12; Ebenroth/Boujong/Joost/Strohn/*Schaffert* § 426 Rn 15.
[70] MünchKommHGB/*Herber* § 426 Rn 17.
[71] Ebenroth/Boujong/Joost/Strohn/*Schaffert* § 426 Rn 15.
[72] BGH Urteil vom 10.04.2003, VersR 2004, 399; MünchKommHGB/*Herber* § 426 Rn 18.
[73] OLG Celle 7.9.2000, TranspR 2001, 119, 121; MünchKommHGB/*Herber* § 426 Rn 19.
[74] MünchKommHGB/*Herber* § 426 Rn 19.
[75] BGH Urteil vom 10.04.2003, VersR 2004, 399; MünchKommHGB/Herber § 426 Rn 19.
[76] LG Bonn Urteil vom 20.11.2001, TranspR 2002, 163 (164); MünchKommHGB/*Herber* § 426 Rn 19.

grundsätzlich nicht gem. § 428 zurechnen zu lassen.[77] Er hat jedoch soweit wie möglich Sorge dafür zu tragen, dass sich der Streik in seinem Unternehmen oder bei einem Erfüllungsgehilfen nicht auf die Ausführung des Frachtvertrages oder den Zustand des Gutes auswirkt.[78] Im Zuge eines Arbeitskampfes errichtete Blockaden können ggf. durch die Beauftragung anderer Frachtführer umgangen werden, jedenfalls entspräche dies dem organisatorischen Idealbild des Frachtführers gem. § 426.

25 7. **Falschablieferungen/Ungeklärte Verlustursachen.** Liefert der Frachtführer das Gut falsch ab, so kann er sich nur dann auf Unvermeidbarkeit des Schadens berufen, wenn er alle erdenklichen und entfernt Erfolg versprechenden Maßnahmen anwendet, um sich ein zuverlässiges Bild von der Empfangsberechtigung der Person zu verschaffen, der das Gut übergeben wird.[79] Auch hier hat die Rechtsprechung eine einzelfallbezogene Kasuistik entwickelt. Grundsätzlich hat der Frachtführer, wenn der Umschlag von Transportgut besonders verlustanfällig ist, die Beförderung so zu organisieren, dass der Ein- und Ausgang der Güter über regelmäßige Schnittstellenkontrollen erfasst wird, damit Fehlbestände frühzeitig festgehalten werden können.[80] Es reicht nicht aus, dass sich die mutmaßlich zum Empfang berechtigte Person auf dem Betriebsgelände des Empfängers befindet.[81] Die Falschbezeichnung des Bestimmungsortes durch den Absender führt nicht zwingend zur Unabwendbarkeit des Schadens.[82]

§ 427
Besondere Haftungsausschlussgründe

(1) Der Frachtführer ist von der Haftung befreit, soweit der Verlust, die Beschädigung oder die Überschreitung der Lieferfrist auf eine der folgenden Gefahren zurückzuführen ist:

1. vereinbarte oder der Übung entsprechende Verwendung von offenen, nicht mit Planen gedeckten Fahrzeugen oder Verladung auf Deck;

2. ungenügende Verpackung durch den Absender;

3. Behandeln, Verladen oder Entladen des Gutes durch den Absender oder den Empfänger;

4. natürliche Beschaffenheit des Gutes, die besonders leicht zu Schäden, insbesondere durch Bruch, Rost, inneren Verderb, Austrocknen, Auslaufen, normalen Schwund, führt;

5. ungenügende Kennzeichnung der Frachtstücke durch den Absender;

6. Beförderung lebender Tiere.

(2) Ist ein Schaden eingetreten, der nach den Umständen des Falles aus einer der in Absatz 1 bezeichneten Gefahren entstehen konnte, so wird vermutet, dass der Schaden aus

---

77 MünchKommHGB/*Herber* § 426 Rn 20; Koller § 426 Rn 5; Ebenroth/Boujong/Joost/Strohn/*Schaffert* § 426 Rn 15; aA offenbar *Ehmen* TranspR 2007, 354 (358); siehe grundsätzlich Maurer Band 12/1 § 428 Rn 1 ff.

78 MünchKommHGB/*Herber* § 426 Rn 20.

79 OLG Stuttgart Urteil vom 13.10.1999, TranspR 2001, 127 (zur CMR); Koller § 426 Rn 8a; Ebenroth/Boujong/Joost/Strohn/*Schaffert* § 426 Rn 10; MünchKommHGB/*Herber* § 426 Rn 21.

80 BGH Urteil vom 01.12.2005, TranspR 2006, 169 (171); BGH 01.12.2005 TranspR 2006, 171 (173).

81 OLG Stuttgart Urteil vom 13.10.1999, TranspR 2001, 127 (zur CMR); MünchKommHGB/*Herber* § 426 Rn 21.

82 OLG Bamberg OLGR Bamberg 2005, 720 (721); MünchKommHGB/*Herber* § 426 Rn 21.

dieser Gefahr entstanden ist. Diese Vermutung gilt im Falle des Absatzes 1 Nr. 1 nicht bei außergewöhnlich großem Verlust.

(3) Der Frachtführer kann sich auf Absatz 1 Nr. 1 nur berufen, soweit der Verlust, die Beschädigung oder die Überschreitung der Lieferfrist nicht darauf zurückzuführen ist, dass der Frachtführer besondere Weisungen des Absenders im Hinblick auf die Beförderung des Gutes nicht beachtet hat.

(4) Ist der Frachtführer nach dem Frachtvertrag verpflichtet, das Gut gegen die Einwirkung von Hitze, Kälte, Temperaturschwankungen, Luftfeuchtigkeit, Erschütterungen oder ähnlichen Einflüssen besonders zu schützen, so kann er sich auf Absatz 1 Nr. 4 nur berufen, wenn er alle ihm nach den Umständen obliegenden Maßnahmen, insbesondere hinsichtlich der Auswahl, Instandhaltung und Verwendung besonderer Einrichtungen, getroffen und besondere Weisungen beachtet hat.

(5) Der Frachtführer kann sich auf Absatz 1 Nr. 6 nur berufen, wenn er alle ihm nach den Umständen obliegenden Maßnahmen getroffen und besondere Weisungen beachtet hat.

Schrifttum (Siehe ergänzend auch die Angaben zum Schrifttum unter §§ 407, 425 HGB.)

Koller Die Anwendbarkeit des § 433 HGB bei Güterschäden außerhalb des Haftungszeitraums des § 425 HGB, TranspR 2014, 114–116; *ders.*, Gefälligkeiten des nicht zum Ver- oder Entladen verpflichteten Frachtführers und seiner Leute, TranspR 2014, 169–179; *Lammich/Pöttinger* Gütertransportrecht, Kommentar (2004); *Mittelhammer* Verpackung und Verpackungsmängel; Pflichten und Haftungsfragen der am Transport beteiligten Personen, TranspR 2014, 140–145; *Neufang/Valder* Laden und Ladungssicherung im Straßengüterverkehr – Wer ist verantwortlich? TranspR 2002, 325–334; *Pokrant/Gran* Transport- und Logistikrecht (10. Aufl. 2013); *Ramming* Die Entlastung des Frachtführers von seiner Haftung nach § 425 Abs. 1 HGB für Verlust und Beschädigung des Gutes und Überschreitung der Lieferfrist, TranspR 2001, 54–69; *Thume* Haftungsprobleme bei CMR-Kühltransporten, TranspR 1992, 1–7; *ders.*, Verpackungsmängel und ihre Folgen im allgemeinen deutschen Frachtrecht und im grenzüberschreitenden Straßengüterverkehr, TranspR 2013, 8 – 13; *Schmidt* Sattelanhänger und ähnliche Transportmittel als Beförderungsgut – fracht- und versicherungsrechtliche Überlegungen, TranspR 2013, 59–66; *von Waldstein/Holland* Binnenschiffahrtsrecht (5. Aufl. 2007); *Zapp* Rechtsprobleme im Zusammenhang mit der Verpackung in der CMR und im deutschen Handelsgesetzbuch, TranspR 2004, 333–340.

Übersicht

I. Normzweck und Entstehung des § 427

1 Der Gesetzgeber hat besondere, zugunsten des Frachtführers wirkende Haftungsausschlussgründe und transportrechtlich relevante Schadensursachen in einem Katalog normiert. Die derartig katalogisierten Gefahren basieren insbesondere auf dem rechtshistorischen Vorbild des Art. 17 Abs. 4 lit. a) – f) CMR i.V.m. Art. 18 Abs. 2 CMR. Es handelt sich um typische Gefahren für zu befördernde Güter, die nicht in den Verantwortungs- und Risikobereich des Frachtführers fallen sollen („bevorrechtigte Befreiungsgründe" bzw. „bevorrechtigte Haftungsausschlussgründe").[1]

2 Über die Formulierung „*soweit*" wird ein Tun oder Unterlassen des Frachtführers jedoch einer Bewertung unterzogen, die an Stelle eines gänzlichen auch zu einem anteiligen Haftungsausschluss (gemäß § 425 Abs. 2 und § 254 BGB) führen kann.[2] Insgesamt resultiert aus der Normensystematik ein Kausalzusammenhang zwischen den Ursachen und dem Güterschaden, den der Frachtführer – trotz § 427 Abs. 2 – anteilig zu vertreten haben kann.[3] In Mitverursachungsfällen ist es möglich, dass ein Schaden durch eine besondere Gefahr nicht nur teilweise, sondern im Ganzen, aber kumulativ mit anderen relevanten Ursachen herbeigeführt worden. Ist der verursachte Schaden teilbar, liegt kein Fall der Mitverursachung vor.[4]

3 Grundsätzlich knüpft das Gesetz an die einzelnen Haftungsausschlussgründe des § 427 Abs. 1 eine (widerlegliche) Kausalitätsvermutung: Ein Schaden, der aus der jeweils umschriebenen Ursache entstehen konnte, ist vermutlich auch hieraus entstanden (§ 427 Abs. 2).[5] Die § 427 Abs. 3–5 normieren sodann spezifische Einschränkungen der Ausschluss- und Vermutungswirkung in Fällen, in denen besondere Umstände den Schluss auf eine Ursächlichkeit der Kataloggründe nicht als Regel rechtfertigen. Erfasst werden jedoch nur die Haftungsbefreiungsgründe der Nr. 1, 4 und 6. Diese spezifischen Haftungsausschlussgründe gehen davon aus, dass zur Verminderung der betreffenden Risiken besondere vertragliche Vereinbarungen getroffen oder nachträgliche Weisungen (vgl. § 418)[6] erteilt worden sind, die den Beförderungsweg, die Beförderungsart oder sonstige Modalitäten der Beförderung betreffen.[7] Der Frachtführer muss, um sich auf den Haftungsausschluss und die Kausalitätsvermutung des § 427 Abs. 2 berufen zu können, zunächst dartun und beweisen, dass er diese Verpflichtungen erfüllt hat.

4 Im Gegensatz zum normativen Vorbild der CMR gelten die besonderen Haftungsausschlussgründe des § 427 nicht nur für Schäden durch Verlust oder Beschädigung des Gutes, sondern auch für Verspätungsschäden und erfassen damit sämtliche Schadenssituationen.[8] Nach dem Willen des Gesetzgebers soll dies dem Ziel einheitlicher Haftungsregelungen in allen Haftungsfällen dienen.[9] § 427 orientiert sich bei den Verspätungsschäden an Art. 17 I i.V.m. Art. 19 CMR.[10] Mit § 427 als Vorbild und in Anlehnung an Art. 17 Abs. 1 der sog. Rotterdam Regeln enthielt der Referentenentwurf zum neuen Seehandelsrecht in § 498 Abs. 1 ebenfalls eine Haftungsbegründung des Verfrachters für Verspätungsschäden.[11] Mit

---

[1] MünchKommHGB/*Herber* § 427 Rn 1; Oetker/*Paschke* § 427 Rn 1; *Koller* § 427 Rn 1.

[2] *Koller* § 427 Rn 12; Oetker/*Paschke* § 427 Rn 1.

[3] Fremuth/Thume/*Fremuth* § 427 Rn 7.

[4] MünchKommHGB/*Herber* § 427 Rn 4.

[5] Oetker/*Paschke* § 427 Rn 14; vgl. ausführlich, orientiert am Katalog der Norm: *Koller* § 427 Rn 10, 35, 59, 85, 94.

[6] Siehe die Kommentierung von *Schmidt* Band 12/2, § 418 Rn 6 ff.

[7] MünchKommHGB/*Herber* § 427 Rn 34.

[8] Oetker/*Paschke* § 427 Rn 1.

[9] Begr. RegE, BT-Drucks. 13/8445, 62.

[10] Reg.Begr. TRG, § 427, BT-Drucks. 13/8445, 60 (linke Spalte).

[11] Ref.Entw. SRG, 05.05.2011, 136.

dem maßgebenden Argument, eine Haftung für Verspätungsschäden trage nicht den Gegebenheiten des Seehandelsverkehrs wegen unvorhersehbarer Wettereinwirkungen auf Schiff und Ladung Rechnung, wurde die Haftung für Verspätungsschäden jedoch hier nicht kodifiziert, so dass sich das allgemeine Frachtrecht hier vom Seefrachtrecht unterscheidet.[12]

Mit Ausnahme des § 427 Abs. 3 ist die Norm im Laufe des Gesetzgebungsverfahrens **5**
nicht verändert worden.[13] Der dritte Absatz der Norm wurde auf Empfehlung des Vermittlungsausschusses eingefügt.[14] Hintergrund waren insbesondere spezielle Interessen der deutschen Automobilindustrie (spezifisch: Volkswagen), die im Grundsatz des § 427 Abs. 1 Nr. 1 eine Beeinträchtigung ihrer Position als industrielle Großkunden der Frachtführer befürchtete.[15] Neufahrzeuge seien bei der Beförderung besonderen, gesetzgeberisch nicht generalisierbaren Gefahren ausgesetzt. Diese Gefahren seien nicht notwendig und auch nicht typischerweise nur auf die Beförderung auf offenen Spezialfahrzeugen zurückzuführen. Vielmehr könne auch eine unvorsichtige Fahrweise oder ein Fehlverhalten beim Ein- und Ausladen schadensursächlich sein.[16]

II. Die besonderen Haftungsausschlusstatbestände im Katalog des § 427 Abs. 1

1. Offene Beförderung oder Verladung auf Deck (§ 427 Abs. 1 Nr. 1 i.V.m. § 427 **6**
Abs. 3). Der u.a. auf die Gefahren des Straßengüterverkehrs zurückzuführende Tatbestand der Verwendung von offenen, nicht mit Planen gedeckten Fahrzeugen oder Verladung auf Deck gemäß § 427 Abs. 1 Nr. 1 ist in Anlehnung an Art. 17 Abs. 4 lit. a) CMR entstanden.[17]

a) **Offene Beförderung** Insgesamt berücksichtigt die Norm, dass zu beförderndes Gut **7**
intensiveren Gefährdungen, insbesondere durch Witterungseinflüsse, andere externe Gefahren (z.B. Diebstahl), aber auch durch Auswirkungen des regulären Transportbetriebs, ausgesetzt ist, wenn es offen und nicht mit Planen bedeckt befördert wird.[18] Begrifflich ist ein Fahrzeug „*offen*“, wenn die Ladefläche nicht zumindest mit Planen allseitig umschlossen ist.[19] Jedes transportfähige Fahrzeug ist vom Tatbestand des § 427 Abs. 1 Nr. 1 erfasst, also z.B. auch ein Gabelstapler.[20]

Der Gesetzeswortlaut stellt ausdrücklich allein auf das Fahrzeug und nicht auf das Gut **8**
ab. Demgemäß reicht es für die Anwendbarkeit der Norm nicht aus, wenn z.B. eine Maschine als Ladung mit einer Plane vollständig auf einer ansonsten noch teilweise zugänglichen Ladefläche eines Fahrzeugs abgedeckt ist.[21] An einer vollständigen Abgeschlossenheit fehlt es insofern also, wenn z.B. Planen nur die Funktion einer Verpackung für das später beschädigte Gut zukommt, dies vermindert nicht alle Risiken für das Gut in gleicher

---

12 Reg.Begr. SRG, § 486, BT-Drucks. 17/10309, 78 (rechte Spalte); Protokoll zur Öffentlichen Anhörung der Stellungnahme der Sachverständigen vom 24.10.2012, 17.

13 MünchKommHGB/*Herber* § 427 Rn 3.

14 Beschlussempfehlung 13/10873 vom 28.05.1998.

15 BT-Drucks. 13/10292 vom 31.03.1998; BR-Drucks. 516/98 vom 29.05.1998; MünchKommHGB/*Herber* § 427 Rn 3.

16 MünchKommHGB/*Herber* § 427 Rn 3.

17 Reg.Begr. TRG, § 427, BT-Drucks. 13/8445, 62 (linke Spalte).

18 MünchKommHGB/*Herber* § 427 Rn 7.

19 *Koller* § 427 Rn 3; Ebenroth/Boujong/Joost/Strohn/*Schaffert* § 427 Rn 4; *Ramming* TranspR 2001, 53 (56).

20 *Ramming* TranspR 2001, 53 (56); MünchKommHGB/*Herber* § 427 Rn 9.

21 OLG Düsseldorf, Urteil vom 04.11.2015 – 32 O 65/13, TranspR 2016, 151 (152).

Weise wie eine Abdeckung der gesamten Ladefläche.[22] Auch eine besonders witterungsbeständige oder diebstahlssichere Verpackung bzw. Befestigung ändert nichts an dem gesetzgeberischen Erfordernis. Auch der vom Absender gestellte Container oder ein durch besondere Folie gegen Regen geschütztes Gut kann unter § 427 Abs. 1 Nr. 1 fallen, wenn der Container oder das Gut auf offenem Fahrzeug oder an Deck befördert wird.[23] Zudem ist es für den Anwendungsbereich der Norm vollkommen unerheblich, ob das Gut – z.B. wegen seiner besonderen Sperrigkeit und Größe – in technisch-logistischer Hinsicht gar nicht anders als offen befördert werden konnte.[24]

9 b) **Verladung auf Deck** Die Verladung auf Deck bildet die zweite Alternative des § 427 Abs. 1 Nr. 1. Diese betrifft vor allem die Binnenschifffahrt. In der (Binnen-)Schifffahrt ist die Verladung vieler Güterarten an Deck, insbesondere von Containern, auch ohne besondere Vereinbarung kraft Übung zulässig.[25] Bei Gefahrgut kann die Decksverladung sogar gesetzlich zwingend vorgeschrieben sein.[26] Eine Decksladung kann insofern höheren Anforderungen unterliegen als unter Deck gestautes Gut.[27] Als Folge der Regelung kann sich z.B. der Binnenschiffer als Frachtführer nach §§ 427 Abs. 1 Nr. 1 Var. 2, 407 Abs. 3 Nr. 1 Alt. 2 HGB i.V.m. § 26 BinSchG von seiner Haftung für Güterschäden und Überschreitungen der Lieferfrist entlasten, sofern ihm keine Mitschuld zuzurechnen ist.[28]

10 c) **Vereinbarung der Beförderungsmodalität und besondere Weisungen** Die in § 427 Abs. 1 Nr. 1 aufgeführten Modalitäten der Beförderung müssen vereinbart sein oder wenigstens der Übung entsprechen.[29] Ein Vermerk in einem Frachtbrief ist nicht zwingend erforderlich, es herrscht hier keine Formstrenge. Das Gesetz fordert auch keine ausdrückliche Vereinbarung.[30] Die Sachverständigenkommission zur Transportrechtsreform hatte dies noch vorgeschlagen.[31] Das HGB unterscheidet sich in dieser Detailfrage von der CMR oder CIM.

11 Eine verschriftlichte vertragliche Abrede über die Beförderung in einem offenen Wagen oder an Deck eines Schiffes (z.B. in einem Frachtbrief i.S.d. § 408 Abs. 1 Nr. 12)[32] ist jedoch insbesondere zu Beweiszwecken im Interesse des Frachtführers, da er im Schadensfalle die Beweislast zur Frage der vereinbarten Beförderungsmodalität trägt.[33] Deshalb können derartige Vereinbarungen auch zulässigerweise per AGB abgeschlossen werden.[34] Sogar stillschweigende Vereinbarungen sind grundsätzlich möglich, werfen jedoch naturgemäß Beweisschwierigkeiten auf.

---

22 Ebenroth/Boujong/Joost/Strohn/*Schaffert* § 427 Rn 4.

23 Siehe ausführlich hierzu *Koller* § 427 Rn 3.

24 MünchKommHGB/*Herber* § 427 Rn 9; Ebenroth/Boujong/Joost/Strohn/*Schaffert* § 427 Rn 4.

25 Siehe OLG München, Urteil vom 06.05.1998, TranspR 1998, 407 (412); siehe für die Seeschifffahrt auch § 486 Abs. 4 Satz 3: „*Das Gut darf jedoch ohne Zustimmung auf Deck verladen werden, wenn es sich in oder auf einem Lademittel befindet, das für die Beförderung auf Deck tauglich ist, und wenn das Deck für die Beförderung eines solchen Lademittels ausgerüstet ist.*"

26 MünchKommHGB/*Herber* § 427 Rn 10.

27 *Koller* § 427 Rn 4.

28 *von Waldstein/Holland* § 427 Rn 1.

29 Siehe ausführlich *Koller* § 427 Rn 6 ff.

30 Reg.Begr. TRG, § 427, BT-Drucks. 13/8445, 62; Oetker/*Paschke* § 427 Rn 5.

31 Vgl. MünchKommHGB/*Herber* § 427 Rn 8.

32 Siehe zu § 408 Abs. 1 Nr. 12 die Kommentierung von *Schmidt* Band 12/2, § 408 Rn 24.

33 MünchKommHGB/*Herber* § 427 Rn 8; Oetker/*Paschke* § 427 Rn 5.

34 *Ramming* TranspR 2001, 53 (57); *Koller* § 427 Rn 7; MünchKommHGB/*Herber* § 427 Rn 8.

§ 427 Abs. 1 Nr. 1 wird durch § 427 Abs. 3 ergänzt und tatbestandlich eingeschränkt.[35] § 427 Abs. 3 behandelt besondere Weisungen (und damit auch spezifische vertragliche Vereinbarungen) für den Fall der Beförderung in offenen Wagen oder auf Deck. Der Frachtführer muss beweisen, dass der Verlust, die Beschädigung oder die Verspätung nicht auf eine Missachtung besonderer Weisungen des Absenders zurückzuführen sind.[36] Gelingt dem Frachtführer dieser Beweis nicht, bleibt ihm noch die Möglichkeit, sich über § 426 zu entlasten oder zum Einwand der Mitverursachung i.S.d. § 425 Abs. 2 durch den Absender oder den Empfänger vorzutragen.[37] **12**

Absender oder Empfänger müssen beweisen, dass sie die betreffenden besonderen Weisungen tatsächlich erteilt haben. Ihre besonderen Weisungen können sowohl den Beförderungsweg vorschreiben (z.B. keine Fahrt durch baumgesäumte Alleen) als auch sonstige Vorsichtsmaßnahmen beinhalten (z.B. keine Fahrt bei Starkregen oder Hagel; Bewachung des Gutes bei Zwischenaufenthalten).[38] **13**

d) **Keine Beweiserleichterung bei *„außergewöhnlich großem Verlust"*** Die Vermutung, dass ein Verlust auf die Beförderung in offenem Fahrzeug oder auf Deck verursacht worden ist, gilt gemäß § 427 Abs. 2 Satz 2 nicht bei außergewöhnlich großem Verlust. Die Einschränkung betrifft nur die Beweiserleichterung, die Möglichkeit der Haftungsfreistellung des Frachtführers bleibt dagegen – vorbehaltlich besonderer Weisungen gemäß § 427 Abs. 3 – unberührt.[39] **14**

Der Begriff des außergewöhnlich großen Verlusts hat seinen historischen Ursprung in Art. 18 Abs. 3 CMR, nur ist dort begrifflich abweichend von *„außergewöhnlich großem Abgang"* und dem *„Verlust von ganzen Frachtstücken"* die Rede. Zu Recht wurde in der Literatur darauf hingewiesen, dass selbst der Verlust ganzer Packstücke, bezogen auf die Gesamtzahl der Packungen einer Sendung, nicht zwingend mit einem außergewöhnlich großen Verlust gleichzustellen sein muss.[40] Eine Beförderung im offenen Wagen mag im Einzelfall einen außergewöhnlich großen Verlust begünstigen, z.B., wenn sich dadurch Diebstahlsmöglichkeiten für die organisierte Kriminalität ergeben haben.[41] Nach der Lebenserfahrung spricht dann der Umfang des Schadens eher für ein nachlässiges Verhalten oder Organisationsverschulden des Frachtführers. Nach dem Sinn und Zweck des § 427 Abs. 1 Nr. 1, Abs. 2 Satz 2 soll der Frachtführer dann nicht von der gesetzgeberischen Möglichkeit einer Beweiserleichterung profitieren. **15**

2. Ungenügende Verpackung durch den Absender (§ 427 Abs. 1 Nr. 2).

a) **Ungenügende Verpackung** Der Haftungsausschlussgrund der ungenügenden Verpackung durch den Absender ist besonders praxisrelevant.[42] Das Tatbestandsmerkmal der Verpackung in § 427 Abs. 1 Nr. 2 ist zunächst begrifflich identisch mit dessen Verwendung in § 414 Abs. 1 Nr. 1.[43] Anders als die CMR (vgl. Art. 17 Abs. 4 lit. b)) verzichtet das deutsche Recht auf eine besondere Regelung oder nur Erwähnung der gänzlich fehlenden Verpackung.[44] **16**

---

35 *Koller* § 427 Rn 10.
36 Vgl. zu den rechtspolitischen Hintergründen: MünchKommHGB/*Herber* § 427 Rn 13.
37 OLG München, Urteil vom 15.06.2006, TranspR 2006, 355.
38 MünchKommHGB/*Herber* § 427 Rn 35.
39 MünchKommHGB/*Herber* § 427 Rn 12.
40 *Ramming* TranspR 2001, 53 (58 f).
41 MünchKommHGB/*Herber* § 427 Rn 12.
42 Siehe ausführlich *Koller* § 427 Rn 17 ff.
43 Siehe zu § 414 Abs. 1 Nr. 1 die Kommentierung von *Schmidt* Band 12/2, § 414 Rn 12 ff; Oetker/*Paschke* § 427 Rn 7.
44 Dies wurde als sachlich überflüssig angesehen, vgl. Reg.Begr. TRG, § 427, BT-Drucks. 13/8445, 63; MünchKommHGB/*Herber* § 427 Rn 15; vgl. zur CMR-Rechtslage ausführlich *Zapp* TranspR 2004, 333 ff.

17 Die Verpackung selbst ist ungenügend, wenn sie erforderlich und mangelhaft ist.[45] Der Frachtführer trägt die Beweislast für Erforderlichkeit und Mangelhaftigkeit der Verpackung sowie für die Kausalität zwischen Verpackungsmangel und Schaden.[46] Im Rahmen normaler Beförderungen braucht der Absender z.B. nicht damit zu rechnen, dass das Gut besonders starker, über die normale Luftfeuchtigkeit hinausgehender, Nässeeinwirkung ausgesetzt sein wird.[47] Ist der Verpackungsmangel für den Frachtführer (oder dessen Leute oder Erfüllungsgehilfen) offensichtlich, muss der Absender auf den Mangel hingewiesen werden.[48] Unterlässt es der Frachtführer (bzw. seine Leute oder Erfüllungsgehilfen), den Absender auf den evidenten Verpackungsmangel hinzuweisen, kann dieses Verschulden die Anwendbarkeit des § 427 Abs. 1 Nr. 2 vollständig ausschließen.[49]

18 Die Verpackung ist aber grundsätzlich mangelhaft, wenn sie Güter nicht vor möglichen Beschädigungen durch „normale" Gefahren schützt, denen sie bei ordnungsgemäßer Beförderung ausgesetzt sind.[50] Was eine normale Gefahr ist, hängt vom jeweiligen Einzelfall und ist nicht grundsätzlich generalisierbar. Jedenfalls muss die Verpackung so beschaffen sein, dass die Be- und Entladung der Güter auch in einem Sammelladungstransport gefahrlos möglich ist.[51] Handelt es sich bei der Verpackung um eine Standard-Export-Karton-Verpackung, die im internationalen Frachtverkehr üblich ist, besteht in der Regel kein Haftungsausschluss wegen ungenügender Verpackung.[52]

19 b) **Durch den Absender** Drei Nummern des Katalogs in § 427 Abs. 1 enthalten das Tatbestandsmerkmal „*durch den Absender*", namentlich die Nr. 2, Nr. 3 und Nr. 5. Dem Frachtführer wird üblicherweise das Gut für den Transport verpackt durch den Absender zur Verfügung gestellt, jedenfalls obliegt diese Pflicht dem Absender (mangels abweichender vertraglicher Abrede) gemäß § 414 Abs. 1 Nr. 1. § 427 Abs. 1 Nr. 2, 3 und 5 knüpfen damit an die gesetzliche Pflicht des Absenders zum Verpacken, Ver- und Entladen sowie zum Kennzeichnen aus den korrespondierenden Tatbeständen in den §§ 411 Satz 1, 412 Abs. 1 Satz 1 und 414 Abs. 1 an.[53] Allerdings kommt es auf die Pflicht zum Verpacken entscheidend nur dann an, wenn die (notwendige) Verpackung komplett fehlt.[54]

20 Durch die sich aus §§ 411 Satz 1, 412 Abs. 1 Satz 1 und 414 Abs. 1 ergebenden Absenderpflichten tragen die Vertragspartner des Frachtführers grundsätzlich das Risiko mangelnder oder mangelhafter Verpackung, weil das betreffende Risiko aus ihrer Gefahrensphäre entspringt. Sie sind die Waren- und Verpackungsfachleute mit Präventionseinschätzung.[55] Soweit nicht der Absender selbst das Gut verpackt, sondern ein Dritter, ist

---

45 *Koller* § 427 Rn 18; MünchKommHGB/*Herber* § 427 Rn 14.

46 OLG Bremen, Urteil vom 08.02.2007, TranspR 2008, 253 (257) zu Art. 17 Abs. 4 lit. c) CMR.

47 AG Mettmann, Urteil vom 11.08.2000, TranspR 2001, 317.

48 OLG Hamburg, Urteil vom 14.03.1969, VersR 1970, 51; OLG München, Urteil vom 21.02.1992, TranspR 1992, 185; *Koller* § 411 Rn 17; MünchKommHGB/*Herber* § 427 Rn 16b; a.A. OLG Hamm, Urteil vom 13.02.1989, TranspR 1989, 432; MünchKommHGB/*Czerwenka* § 411 Rn 2 (2. Aufl. 2009).

49 LG Stuttgart, Urteil vom 09.02.2011, TranspR 2012, 459.

50 OLG Hamburg, Urteil vom 19.12.1985, TranspR 1986, 146 (148).

51 OLG Stuttgart, Urteil vom 09.02.2011, TranspR 2012, 459.

52 OLG Koblenz, Urteil vom 28.03.2011, VersR 2012, 508; MünchKommHGB/*Herber* § 427 Rn 16a.

53 Siehe generell *Schmidt* Band 12/2, § 411 Rn 1 ff; spezifisch für § 427 Abs. 1 Nr. 2: *Koller* § 427 Rn 20 ff.

54 Reg.Begr. TRG, § 427, BT-Drucks. 13/8445, 63; MünchKommHGB/*Herber* § 427 Rn 16.

55 *Froeb* Die Haftung für Beschaffenheitsschäden im Transportrecht, 50.

dem Absender die fehlerhafte Verpackung durch den Dritten als seinem Erfüllungsgehilfen zuzurechnen.[56]

Ungenügend gekennzeichnete Frachtstücke können – jedenfalls der Lebenserfahrung nach – falsch behandelt werden.[57] Daher ist der Frachtführer z.B. von seiner Haftung befreit, wenn durch das Überstapeln von Gütern Schäden entstehen, weil die Kisten abweichend von einer handelsüblichen Markierung unzureichend gekennzeichnet sind.[58] Auf Grund der grundsätzlichen gesetzgeberischen Risikozuweisung an den Absender wird insofern bei einer diesbezüglichen Pflichtverletzung die Möglichkeit des Haftungsausschlusses für den Frachtführer eröffnet. **21**

Jedoch ist gerade bei der Verpackung umstritten, ob für die Haftung des Frachtführers nicht nur der Güterschaden selbst, sondern auch die Schadensursache innerhalb des Obhutszeitraums entstanden sein muss. Zu dieser Frage werden verschiedene Sichtweise vertreten: Werde die Schadensursache bereits während des Obhutszeitraums gesetzt und trete der Schadenseintritt erst nach dem Ende des Obhutszeitraums auf, solle der Frachtführer auch gemäß § 425 haften.[59] Für Schäden, die auf eine ungenügende Verpackung durch den Absender zurückzuführen sind, wäre § 427 Abs. 1 Nr. 2 damit entsprechend einschlägig. **22**

Allerdings ist zu beachten, dass die Formulierung „*durch den Absender*" in § 427 Abs. 1 Nr. 2, 3 und 5 vom Wortlaut des § 411 Satz 1 und des Art. 17 Abs. 4 lit. b) CMR abweicht, diese enthalten keinen derartig ausdrücklichen Zurechnungsmaßstab. Nur wenn die Verpackungspflicht tatsächlich aus dem Risikobereich des Absenders stammt und der Frachtführer keinen Einfluss durch Nachprüfung auf die entstehenden Gefahren nehmen konnte, soll insofern der Haftungsbefreiungstatbestand für den Frachtführer einschlägig sein.[60] Die Abgrenzung geht sogar so weit, dass der Frachtführer auch dann von der Haftung für Schäden befreit ist, die auf einer ungenügenden Verpackung des Gutes beruhen, wenn er selber das Gut für den Absender verpackt hat, und zwar in einer Funktion als Erfüllungsgehilfe des Absenders (auf Grund einer selbständigen werkvertragsrechtlichen Vereinbarung).[61] **23**

3. Behandeln, Verladen oder Entladen des Gutes durch den Absender oder den Empfänger (§ 427 Abs. 1 Nr. 3). Der Haftungsausschlussgrund des § 427 Abs. 1 Nr. 3 ist auf Art. 17 Abs. 4 lit. c) CMR zurückzuführen.[62] Die Norm ist in einem engen systematischen Zusammenhang mit § 427 Abs. 1 Nr. 2 und 5 zu sehen, denn auch hier geht es um eine Schadensursache, die grundsätzlich der Risikosphäre der Verladerseite (des Absenders) zuzurechnen ist.[63] § 427 Abs. 1 Nr. 3 erwähnt jedoch zusätzlich – als einzige Katalognummer des § 427 Abs. 1 – auch den Empfänger und unterscheidet sich in dieser Hinsicht von § 427 Abs. 1 Nr. 2 und 5. Unter praktischen Gesichtspunkten wird es bei der Erwähnung des Empfängers eher um Dritte gehen, die dem Rechtskreis des Empfängers zuzurechnen sind. **24**

Anders als im Seefrachtrecht (vgl. § 486 Abs. 2) hat der Absender nach der gesetzgeberischen Wertung des § 412 Abs. 1 Satz 1 im allgemeinen Frachtrecht grundsätzlich das **25**

---

56 MünchKommHGB/*Herber* § 427 Rn 16.

57 OLG Köln, Urteil vom 05.09.2014 – 3 U 15/14 Rn 19, RdTW 2015, 181.

58 OLG Düsseldorf, Urteil vom 06.02.2013 – 18 U 70/12.

59 Ebenroth/Boujong/Joost/Strohn/*Schaffert* § 425 Rn 17.

60 Vgl. hierzu die verschiedenen Fallkonstellationen bei *Koller* § 427 Rn 22 ff.

61 BGH, Urteil vom 13.09.2007 – I ZR 207/04, TranspR 2007, 477 Rn 27; OLG Koblenz, Urteil vom 28.03.2011, VersR 2012, 508.

62 Siehe ausführlich *Koller* § 427 Rn 43 ff.

63 Zum Beweis eines Verladefehlers vgl. OLG Köln, Urteil vom 23.09.1997, TranspR 1998, 169.

Gut beförderungssicher auf oder in das Beförderungsmittel zu verbringen und dort gegebenenfalls zu verstauen. Der Absender ist auch verpflichtet, das Gut aus oder von dem Transportmittel zu entladen. Treten bei diesen Vorgängen oder während der betriebssicheren Beförderung Schäden auf, die auf einer Handlung oder Unterlassung durch Behandeln, Verladen oder Entladen basieren, kann sich der Frachtführer von seiner Haftung gem. § 427 Abs. 1 Nr. 3 entlasten.

26 § 427 Abs. 1 Nr. 3 dient auch zur möglichen Ablehnung eines Transports durch den Frachtführer. Der Frachtführer kann insofern (mit dem Hinweis auf §§ 412 Abs. 1 Satz 2, 427 Abs. 1 Nr. 3) den Transport verweigern, wenn das Gut unsicher verladen worden ist und das Beförderungsmittel während der Beförderung nicht jeder Verkehrslage gewachsen ist, mit der nach den Umständen zu rechnen ist.[64]

27 a) **Behandeln** Der Ausdruck des „*Behandelns*" lehnt sich direkt an die entsprechende Formulierung in Art. 17 Abs. 4 lit. c) CMR an.[65] Dies spricht im Ausgangspunkt für ein weites tatbestandliches Verständnis in § 427 Abs. 1 Nr. 3, da die unverbindliche deutsche Übersetzung im Vergleich zur englischen Bezeichnung „*handling*" (bzw. „*manutention*") einen inhaltlich weiteren Interpretationsspielraum eröffnet.[66] Tatsächlich aber sollte der Begriff auch im deutschen Recht eher eng auszulegen sein.[67] Denn mit einer tatbestandlichen Einordnung unter § 427 Abs. 1 Nr. 3 ist zugleich die Beweislastumkehr des § 427 Abs. 2 verbunden.

28 Unter Behandeln i.S.d. § 427 Abs. 1 Nr. 3 ist danach verbleibend jedes Verhalten zu verstehen, das den sicheren Transport der Güter ermöglichen soll. Dies ist wiederum mit der Einschränkung zu versehen, dass die Tätigkeiten nicht bereits speziell einem Verladen und Entladen entsprechen. Da zudem in § 427 Abs. 1 zusätzlich die Verpackung (Nr. 2) und die Kennzeichnung (Nr. 5) besonders genannt sind, verbleibt in praktischer Hinsicht nur noch ein relativ geringer Anwendungsbereich für das Behandeln.[68] Dies korrespondiert insofern mit der ohnehin restriktiv handzuhabenden Auslegung. Praktische Anwendungsbeispiele werden v.a. in einer besonderen Vorbereitung des Gutes für die Beförderung zu sehen sein.[69] Dies kann z.B. die Vorkühlung von Gefriergut, das Einfetten empfindlicher Maschinenteile (als Transportgut) oder sonstige güterspezifische Vorbereitungshandlungen beinhalten.[70]

29 b) **Verladen und Entladen** Bei der Auslegung des Begriffes „Verladen" ist insbesondere das begriffliche Verständnis der Legaldefinition des § 412 Abs. 1 heranzuziehen.[71] Danach fällt unter das Verladen sowohl die tatsächliche Verladung des Gutes als auch das Stauen und Befestigen des Gutes. Auch das „Entladen" orientiert sich begrifflich genau an der Verwendung in § 412 Abs. 1, wenn auch ohne Existenz einer Legaldefinition.[72] Im Fall des „Entladens" ist v.a. das Loslösen und die Entnahme des Gutes von Relevanz, da es insgesamt nur darauf ankommt, wer *tatsächlich* geladen oder entladen hat.[73] Irrelevant ist dagegen, wer nach dem Frachtvertrag zum Ver- oder Entladen verpflichtet war.[74]

---

64 OLG Bamberg, Urteil vom 07.05.2014 – 3 U 2/13 Rn 38.
65 Siehe ausführlich *Koller* § 427 Rn 45.
66 *Lammich/Pöttinger* § 427 Rn 390.
67 *Koller* § 427 Rn 45; MünchKommHGB/*Herber* § 427 Rn 18.
68 MünchKommHGB/*Herber* § 427 Rn 18.
69 *Ramming* TranspR 2001, 53, (59); für ein noch engeres Verständnis siehe *Koller* § 427 Rn 45.
70 MünchKommHGB/*Herber* § 427 Rn 18; Oetker/*Paschke* § 427 Rn 9.
71 Siehe *Schmidt* Band 12/2, § 412 Rn 6 ff; *Koller* § 427 Rn 43.
72 *Schmidt* Band 12/2, § 412 Rn 19 ff; *Koller* § 427 Rn 44.
73 *Ramming* TranspR 2001, 53 (59).
74 MünchKommHGB/*Herber* § 427 Rn 19; Oetker/*Paschke* § 427 Rn 9.

c) Zurechnungsfragen und Unterlassen Die Anwendbarkeit des § 427 Abs. 1 Nr. 3 30
i.V.m. § 427 Abs. 2 setzt immer eine eigenständige, abgrenzbare Aktivität des Absenders (oder Empfängers) zur Unterstützung des Transports durch den Frachtführer voraus.[75] Ansonsten kann ein schadenskausales Verhalten des Absenders (oder Empfängers) bei der möglichen Berufung des – dann beweisbelasteten – Frachtführers auf § 425 Abs. 2 relevant sein. Wird das Gut beispielsweise durch Restmengen der Vorladung verunreinigt, liegt nach der Rechtsprechung kein Verladefehler gem. § 427 Abs. 1 Nr. 3 vor.[76] Vielmehr muss dann der Frachtführer zur Frage eines etwaigen Mitverschuldens gemäß § 425 Abs. 2 vortragen. Im Fall eines evidenten, die Betriebssicherheit gefährdenden Verlademangels durch den Absender, auf den der Verfrachter pflichtwidrig vor Antritt des Transports nicht hinweist, haftet der Frachtführer gemäß § 425 Abs. 1.[77] Dies gilt jedenfalls, sofern der Schaden aufgrund des Verlademangels in einer Situation eintritt, in der die Betriebssicherheit des Transportfahrzeugs nicht konkret beeinträchtigt wurde.[78]

Die Zurechnung eines risikoschaffenden oder -erhöhenden Verhaltens Dritter, auch 31
eines Unterlassens, die in der CMR noch spezifisch erwähnt wird, erfolgt nach allgemeinen zivilrechtlichen Grundsätzen.[79] Sie kann jedoch im Einzelfall erhebliche Schwierigkeiten bereiten.[80] Denn beim Ver- oder Entladen werden häufig Leute der nicht verladepflichtigen Vertragspartei aus Gefälligkeit oder im Interesse einer zügigen Erledigung der Arbeiten tätig, dies oftmals ohne vorherige vertragliche Vereinbarungen hierzu.[81] Etwas einfacher ist die Mithilfe durch den Fahrer zu behandeln: Wenn diese nicht gesondert mit dem Frachtführer vereinbart wurde, ist dieser jedenfalls dann Gehilfe des Absenders oder Empfängers, wenn er – wie in diesen Fällen regelmäßig – unter deren Weisung oder unter Weisung von deren Leuten arbeitet.[82]

Weitere Anwendungsbeispiele aus der Praxis dürften insbesondere in der Unterlassung 32
zweckdienlicher Informationen oder Weisungen durch den Absender (oder Empfänger) zu sehen sein. Ein Unterlassen durch den Absender (oder Empfänger) sollte grundsätzlich auch in den Fällen genügen, in denen eine Rechtspflicht zum Handeln besteht.[83] Derartige Prüfungspflichten des Absenders können jedoch schon an sich umstritten sein und unterliegen deshalb einer einzelfallbezogenen Betrachtung.[84] Grundsätzlich kann sich der Absender nämlich seinerseits darauf verlassen, dass der Frachtführer ein vertragskonformes, sauberes Transportmittel stellt.[85] Insofern wird eine spezifische Prüfungs- und Mitwirkungspflicht des Absenders generell nur bei besonders empfindlichen Gütern oder Gefahrgütern bejaht.[86]

d) Die Anwendbarkeit des § 427 Abs. 1 Nr. 3 an Schnittstellen Besonders die Schnitt- 33
stellen zwischen dem Frachtführer und den Ladungsbeteiligten weist eine erhöhte Schadenträchtigkeit auf. Beim Umschlag von Gütern entstehen – statistisch nachweisbar – in er-

75 *Koller* § 427 Rn 60 ff; MünchKommHGB/*Herber* § 427 Rn 18.
76 OLG Hamburg, Urteil vom 08.07.2010, 6 U 90/09, HmbSchRZ 2010, 185 bzw. VRS 2010 Bd. 119, 272.
77 *Koller* § 427 Rn 60.
78 OLG Hamm, Urteil vom 23.02.2012, TranspR 2012, 376 ff; MünchKommHGB/*Herber* § 427 Rn 20b.
79 Reg.Begr. TRG, § 427, BT-Drucks. 13/8445, 63; MünchKommHGB/*Herber* § 427 Rn 20.
80 MünchKommHGB/*Herber* § 427 Rn 19.
81 Siehe genau hierzu *Koller* TranspR 2014, 169 ff.
82 Siehe spezifisch *Neufang/Valder* TranspR 2002, 325 (331 f); Ebenroth/Boujong/Joost/Strohn/*Schaffert* § 427 Rn 34; OLG Hamm, Urteil vom 19.06.2008, TranspR 2008, 405.
83 *Ramming* TranspR 2001, 53 (60); aA z.B. Baumbach/Hopt/*Merkt* § 427 Rn 2.
84 MünchKommHGB/*Herber* § 427 Rn 20a.
85 BGH, Urteil vom 13.12.1968, VersR 1969, 228 (229).
86 OLG Hamm, Urteil vom 14.06.1993, TranspR 1994, 109.

höhtem Maße Ladungsschäden und Verluste.[87] Daher dienen die Schnittstellenkontrollen beim Ein- und Ausgang von Gütern u.a. dazu, Fehlbestände und Schäden frühzeitig festhalten zu können.[88] Die grundsätzliche Risikoverteilung beim Ver- und Entladen richtet sich aber nach der Eröffnung des Obhutszeitraums und der damit verbundenen Obhutshaftung. Die Obhutshaftung des Frachtführers beginnt, wenn die zwei Komponenten vom abgeschlossenen Ladevorgang und der willentlichen Manifestation der Herrschaftsgewalt über die Ladung, z.B. durch das Schließen des Beförderungsmittels, erfüllt sind.[89] Ab diesem Zeitpunkt haftet der Frachtführer verschuldensunabhängig bis zur Ablieferung des Gutes.

34 Der Frachtführer kann demgemäß aber nicht nach § 425 Abs. 1 verschuldensunabhängig für eine Tätigkeit haften, die nicht zu seinem Pflichtenkreis gehört. Ver- oder entlädt der Frachtführer (bzw. seine Leute oder Erfüllungsgehilfen) jedoch entgegen § 412 Abs. 1 Satz 1 eigenmächtig, muss er bei einem Güterschaden nach Ansicht des BGH wegen einer Schutzpflichtverletzung gem. § 280 I BGB verschuldensabhängig, aber unbegrenzt, haften.[90] Die Literatur will § 280 Abs. 1 BGB auch verschuldensabhängig heranziehen, aber den Frachtführer im Rahmen des § 433 begrenzt für Schäden haften lassen, sofern nicht AGB die Haftungshöhe ohnehin limitieren.[91]

35 Wenn die Obhutshaftung aber bei einer eigenmächtigen Verladung nicht einschlägig ist, spricht wenig dafür, dass § 427 Abs. 1 Nr. 3 überhaupt zur Anwendung kommen kann. Der besondere Haftungsausschlussgrund für das Ver- und Entladen scheint daher in solchen Konstellationen obsolet zu sein, da grundsätzlich der Obhutszeitraum entweder noch nicht oder nicht mehr tangiert ist. Nach anderer Rechtsansicht ist § 427 Abs. 1 Nr. 3 jedoch trotzdem anwendbar. Danach muss der Frachtführer für einen nach Beendigung seiner Obhut entstehenden Schaden gem. § 425 Abs. 1 haften, wenn er dafür während seiner Obhut eine Ursache gesetzt hat.[92] Ist parallel ein besonderer Haftungsausschlussgrund einschlägig, kann dies zu einer Haftungsbefreiung führen bzw. im Rahmen eines Mitverschuldens einen anteiligen Haftungsausschluss i.S.v. § 254 BGB zur Folge haben.

36 Weiterhin wird § 427 Abs. 1 Nr. 3 für einschlägig gehalten, wenn die Schadensursache während der Verladung gesetzt worden ist, der Schaden selbst aber erst nach der Übernahme des Gutes eingetreten ist.[93] Die Anwendbarkeit von § 427 Abs. 1 Nr. 3 soll auch schon dann gegeben sein, wenn das Verladen durch den Absender vom Frachtführer durchgeführt wurde, weil der Absender den Frachtführer in Form einer Gefälligkeit darum gebeten hat, ihn aber im gleichen Zug auch von seiner Pflicht, das Gut zu verladen, befreit hat.[94] Da das Rechtsinstitut der Gefälligkeit aus dem allgemeinen Zivilrecht stammt und eine ergänzende Vertragsauslegung zu keiner Änderung des Frachtvertrages an sich führt, erscheint es einleuchtend, dass hier die allgemeinen Vorschriften des BGB im Schadensfall zur Anwendung kommen sollen.

37 e) **Die Anwendbarkeit des § 427 Abs. 1 Nr. 3 bei der Ausstellung von Transportdokumenten** Ist ein Frachtbrief nach § 409 Abs. 1 oder ein Ladeschein gem. § 443 Abs. 1 ausgestellt, spricht grundsätzlich nichts gegen die Anwendbarkeit des § 427 Abs. 1 Nr. 3.[95]

---

87 *Pokrant/Gran* 14.
88 BGH, 25.3.2004 – I ZR 205/01 Rn 32.
89 Maurer Band 12/1, § 425 Rn 57; *Koller* § 425 HGB Rn 19 in Bezug auf OLG Düsseldorf 5.12.1996 – 18 U 55/96.
90 BGH, Urteil vom 28.11.2013 – I ZR 144/12 Rn 24.
91 Vgl. *Koller* TranspR 2014, 114; Fremuth/Thume/*Fremuth* § 433 HGB Rn 12.
92 Ebenroth/Boujong/Joost/Strohn/*Schaffert* § 425 Rn 17.
93 *Koller* § 425 HGB Rn 53.
94 *Koller* TranspR 2014, 169 (173).
95 Siehe mwN die Kommentierungen von *Schmidt* Band 12/2, § 409 Rn 1 ff und *Otte* Band 12/1, § 443 Rn 1 ff.

Die Regeln des Ladescheins gem. §§ 443 ff sind äquivalent zu denen des Konnossements.[96] Daher ist der Drittschutzgedanke aus § 444 Abs. 2 ebenfalls anzuwenden.[97] Es kann angenommen werden, dass die privilegierte Haftungsbefreiung in § 427 Abs. 1 Nr. 3 zum Tragen kommt, da schon die erhöhte Beweiskraft des Frachtbriefs aus § 409 Abs. 1 und 2 eine andere Vermutungsregel gegen den Frachtführer enthält, dessen Gegenteil er beweisen muss.[98] Dies ist der Fall, wenn der Frachtführer bei der Übernahme des Gutes innewohnende Schadensursachen mit übernimmt und diese aufgrund des Zurechnungsmaßstabes aus § 426 beim Schadenseintritt zu Lasten des Frachtführers gehen.

Bis zum Gegenbeweis muss der Frachtführer wegen der verschuldensunabhängigen Haftung aus § 425 Abs. 1 für nicht zurechenbare Schäden aufkommen. Daher spricht die Beweiskraft aus dem Frachtbrief einerseits gegen den Frachtführer, andererseits kann er gem. § 409 Abs. 1 ausdrücklich das Gegenteil beweisen und sich dafür der besonderen Schadensursachen aus § 427 Abs. 1 bedienen, die zu einem Vorbehalt werden.[99] Insofern eröffnen die besonderen Haftungsausschlussgründe dem Frachtführer im Frachtrecht die Möglichkeit, sich gegen die erhöhte Beweiskraft des Frachtbriefs zu wenden. Dies spricht letztlich auch für die grundsätzliche Anwendbarkeit des § 427 Abs. 1. Gegenüber einem legitimierten Dritten kann sich der Frachtführer aus § 427 Abs. 1 jedoch aufgrund des Drittschutzes nicht entlasten. **38**

Die Notwendigkeit der besonderen Haftungsausschlussgründe und Schadensursachen am Beispiel der Ver- und Entladetätigkeit ist und bleibt umstritten. Aufgrund der Schadenträchtigkeit für die Güter während des Ver- und Entladens gewährt der Gesetzgeber dem Frachtführer und Verfrachter aber – und dies mit gutem Grund – eine Beweiserleichterung mit Kausalitätsvermutung. Dass die Kausalitätsvermutung mit der erhöhten Beweiskraft aus den Beförderungsdokumenten kollidiert, zeigt die unterschiedliche Beständigkeit von Haftungsausschlussgründen, wenn Beförderungsdokumente ausgestellt worden sind. **39**

4. Natürliche Beschaffenheit des Gutes (§ 427 Abs. 1 Nr. 4 i.V.m. § 427 Abs. 4). Ist ein Güterschaden oder die Überschreitung der Lieferfrist auf die natürliche Beschaffenheit des Gutes, die besonders leicht zu Schäden, insbesondere durch Bruch, Rost, inneren Verderb, Austrocknen, Auslaufen, normalen Schwund an Raumgehalt oder Gewicht zurückzuführen, so kann sich der Frachtführer nach § 427 Abs. 1 Nr. 4 von seiner Haftung entlasten.[100] Normatives Vorbild ist Art. 17 Abs. 4 lit. d) CMR, wobei das HGB auf die spezifische Erwähnung einiger in der CMR erwähnter Schadensphänomene verzichtet hat, tatbestandlich erfasst sind diese dennoch.[101] **40**

Die Aufzählung von Beispielen ist in beiden Normen exemplarisch und nicht abschließend geregelt, weshalb der Anwendungsbereich grundsätzlich weit auszulegen ist.[102] Dies ergibt sich auch aus der Verwendung des Wortes „*insbesondere*". Vielmehr zählt die Norm einige wichtige Transportrisiken auf, die erfahrungsgemäß und typischerweise von Eigenschaften der Ladung ausgehen (aus der Natur des Gutes).[103] Das gesetzliche Anerkenntnis einer besonderen Schadensanfälligkeit bestimmter Güter gilt selbst bei unproblematischer **41**

---

96 *Otte* Band 12/1 § 443 Rn 1 ff.
97 *Otte* Band 12/1 § 444 Rn 7 ff.
98 *Lammich/Pöttinger* § 427 Rn 372.
99 *Schmidt* Band 12/2, § 409 Rn 22.
100 Siehe ausführlich zu den einzelnen Schadensphänomen *Koller* § 427 Rn 66 ff.
101 Siehe grundsätzlich Reg.Begr. SRG, § 499, BT-Drucks. 17/10309, 80 (rechte Spalte). Ausdrücklich verzichtet wurde z.B. auf die Erwähnung einer möglichen Einwirkung durch Ungeziefer und Nagetiere, vgl. Reg.Begr. TRG, § 427, BT-Drucks. 13/8445, 63.
102 Reg.Begr. TRG, § 427, BT-Drucks. 13/8445, 63 (rechte Spalte).
103 MünchKommHGB/*Herber* § 427 Rn 21.

ordnungsgemäßer Beförderung.[104] Die Möglichkeit einer Haftungsbefreiung besteht bereits, wenn das Gut bei normaler Verpackung und normaler Beförderung in der vereinbarten Beförderungsart weit überdurchschnittlich Beschädigungen ausgesetzt ist.[105] Tatbestandlich nicht erfasst sind dagegen vollständig externe Gefahren, wie z.B. der Diebstahl hochwertiger, leicht verwertbarer Güter (Elektronik, Textilien).[106]

42 Vereinbarungen über besondere Vorkehrungen zur Schadensverhütung (Kühlung bei wärmeanfälligem Gut, besondere Federung des Fahrzeuges bei stoßempfindlichem Gut) sind praxisüblich und weit verbreitet. Dann ergänzt und beschränkt § 427 Abs. 4 die Möglichkeit des Frachtführers, sich zu entlasten. Die Norm enthält eine Sonderregelung, insbesondere für Spezialtransporte. Diese sollen der Beherrschung von Gefahren dienen, welche von der besonderen natürlichen Schadensanfälligkeit des beförderten Gutes ausgehen. § 427 Abs. 4 entspricht in seiner Substanz dem Art. 18 Abs. 4 CMR.[107] Allerdings bezieht sich Art. 18 Abs. 4 CMR nach seinem ausdrücklichen Wortlaut nur auf Spezialfahrzeuge („*mit besonderen Einrichtungen*"). Dagegen ist § 427 Abs. 4 tatbestandlich weiter gefasst.[108] Die Norm bezieht sich auf alle (technischen) Vorkehrungen – auch außerhalb des Fahrzeugs – und führt zusätzliche Gefahren – „*Erschütterungen oder ähnliche Einflüsse*" – auf.[109]

43 Der Frachtführer trägt insgesamt die Beweislast dafür, dass er die vertraglichen Vereinbarungen eingehalten hat. Kann er dies beweisen, greift die generelle Vermutungswirkung des § 427 Abs. 2 Satz 2. Er muss insbesondere beweisen, dass er die ihm nach den Umständen obliegenden Maßnahmen zur Auswahl, Instandhaltung und Verwendung der Kühleinrichtung getroffen und die ihm hierzu erteilten Weisungen eingehalten hat.[110] Es ist insofern substantiiert zur Art der Kühleinrichtung, zu deren Wartung und Bedienung, zu Methoden und Umfang der Kontrollen sowie zur Kühlung und deren Überwachung während Fahrpausen oder Standzeiten vorzutragen.[111]

44 Neben der Gruppe der hochspezialisierten industriellen Automobiltransporte besteht eine wichtige Sondergruppe von Spezialtransporten mit besonderen Vereinbarungen über die Behandlung schadensanfälliger Ladung in Kühltransporten. Viele Kühlgüter sind aufgrund ihrer natürlichen Art und Beschaffenheit besonders sensibel gegenüber äußeren Einflüssen, und es bedarf besonderer Schutzvorkehrungen. Kühlgüter sind z.B. besonders sensibel gegenüber den vielfältigen Einwirkungen von Hitze, Kälte, Temperaturschwankungen und Luftfeuchtigkeit. Entsprechende Kühlfahrzeuge, Kühlcontainer oder Kühlschiffe werden eingesetzt, um die Güter bei einer konstanten Temperatur, unabhängig von der Außentemperatur, befördern zu können. Die aufgezählten Transportmittel sollen die eingestellte Raumtemperatur halten, die Kerntemperatur des Kühlgutes soll gehalten werden. Ist das Gut nicht auf die erforderliche Transporttemperatur herunter gekühlt, kann es zu Ladungsschäden kommen. So kann durch mangelnde Vorkühlung des Gutes die Reifung bei richtiger Transporttemperatur aufgrund der natürlichen Beschaffenheit des Gutes

[104] *Ramming* TranspR 2001, 53 (61); *Koller* § 427 Rn 67.
[105] *Koller* § 427 Rn 77; MünchKommHGB/*Herber* § 427 Rn 22.
[106] *Ramming* TranspR 2001, 53 (61); MünchKommHGB/*Herber* § 427 Rn 23.
[107] MünchKommHGB/*Herber* § 427 Rn 37.
[108] *Koller* § 427 Rn 79.
[109] *Koller* § 427 Rn 81; MünchKommHGB/*Herber* § 427 Rn 37.
[110] OLG Hamm, Urteil vom 21.06.1999, TranspR 2000, 445 (zu Art. 18 Abs. 4 CMR); MünchKommHGB/*Herber* § 427 Rn 38.
[111] OLG Hamm, Urteil vom 21.06.1999, TranspR 2000, 445 (zu Art. 18 Abs. 4 CMR); MünchKommHGB/*Herber* § 427 Rn 38.

für einen Schadenseintritt verantwortlich sein,[112] wie z. B. beim Transport von Bananen durch die frühzeitige sog. Allelopathie (Reifeprozess). Die Schadensursache liegt demnach außerhalb des Obhutszeitraums, also schon vor Beginn des Transports.

Die meisten der gängigen Schutzvorkehrungen für sensible Güter sind universell auf das Frachtrecht (und auch auf das Seefrachtrecht) anwendbar, während einige typisch für den Frachtverkehr sind. So wird eine Weisung, nicht bei Nacht oder nicht bei Regen zu fahren, für einen Seetransport nicht praktikabel sein.[113] Wird eine Weisung jedoch nicht befolgt, entfällt der privilegierte Haftungsausschluss gem. § 427 Abs. 4.[114] Generell führt eine Weisung gemäß § 418 Abs. 1 Satz 1 in Bezug auf die Transporttemperatur dazu, dass der Haftungsmaßstab des § 425 Abs. 1 entsprechend für Güterschäden oder auch für Verspätungen um den Weisungsinhalt erweitert wird. **45**

Grundsätzlich ist für die Frachtführerhaftung ausreichend, dass der Eintritt des Güterschadens während des Obhutszeitraums erfolgt ist. Gerade bei unzureichender Vorkühlung von Kühlgut kann die erste Schadensverursachung[115] bereits vor dem Beginn des Obhutszeitraums gesetzt werden, der Schadenseintritt ist aber gar nicht oder schwer konkret bestimmbar und kann auch schon vor dem Obhutszeitraum erfolgt sein. Nach dem HGB haben Frachtführer und Verfrachter keine grundsätzliche Kontrollpflicht bezüglich des Güterzustandes und hinsichtlich der Temperatur der Güter.[116] Abweichend ist die Regelung in Art. 8 lit. b) CMR. Diese Norm erlegt dem Frachtführer nach überwiegender Ansicht der Literatur eine Kontroll-Obliegenheit auf.[117] Nach (umstrittener) Meinung in der Rechtsprechung existiert sogar eine besondere Sorgfaltspflicht, auch ohne Abrede zur Überprüfung der Vorkühltemperatur des Gutes.[118] **46**

Es bestehen zwischen § 427 Abs. 1 Nr. 2 oder Nr. 4 einige praxisbedeutsame Gemeinsamkeiten. Die Beweislast bezüglich etwaiger Verpackungsmängel durch den Absender und einen ggf. daraus abzuleitenden Haftungsausschluss gemäß § 427 Abs. 1 Nr. 2 trifft den Frachtführer.[119] Grundsätzlich muss frachtvertraglich eine Temperaturkontrolle durch den Frachtführer als Nebenpflicht spezifisch vereinbart werden. Aber auch die Notwendigkeit einer Vorkühlung dient nach ihrem Sinn und Zweck einer Verpackung.[120] Wären die hiermit einhergehenden Pflichten auf den Frachtführer grundsätzlich anwendbar, träfe ihn – wie bei der CMR – grundsätzlich die Beweislast für die Vorkühltemperatur, die der Fahrer vor Fahrtantritt zu kontrollieren hätte.[121] **47**

Anders sieht es ein Teil der Rechtsprechung,[122] die den Überprüfungspflichtgedanken aus Art. 8 CMR nur bei der Ausstellung eines Frachtbriefs anwenden will. Ist ein Frachtbrief ausgestellt, ist der Frachtführer verpflichtet, die Überprüfung der Ladetemperatur durchzuführen und zu beweisen.[123] Ansonsten trägt der Geschädigte die Beweislast, dass das Kühl- oder Gefriergut hinreichend vorgekühlt war.[124] **48**

---

112 *Thume* RuS 2011, 503 (505); in Bezug auf OLG Karlsruhe, Urteil vom 24.03.2011 – 9 U 81/10.
113 *Koller* § 427 Rn 82.
114 *Ramming* TranspR 2001, 53 (61).
115 Koller § 425 HGB Rn 16.
116 Thume TranspR 2013, 8 (9).
117 *Koller* CMR, Art 8 Rn 3; *Thume* TranspR 2013, 8 (9).
118 OLG München, Urteil vom 08.03.2012 – 23 U 4203/11 Rn 10; a.A. OLG Hamm, Urteil vom 11.09.2008 – 18 U 132/07 Rn 41.
119 *Mittelhammer* TranspR 2014, 140 (142).
120 *Thume* TranspR 2013, 8: „*kleine Schwester der Verpackung*".
121 *Koller* § 427 Rn 88.
122 OLG Hamm, Urteil vom 11.09.2008 – 18 U 132/07 Rn 36.
123 *Schmidt* in: Staub HGB, § 409 Rn 15; OLG Hamm, Urteil vom 02.11.1998 – 18 U 90/98 Rn 7.
124 *Thume* TranspR 2013, 8 f; OLG Köln, Urteil vom 15.12.2009, TranspR 2010, 147.

49 **5. Ungenügende Kennzeichnung der Frachtstücke durch den Absender (§ 427 Abs. 1 Nr. 5).** Der Ausschlussgrund der ungenügenden Kennzeichnung der Frachtstücke hat sein normatives Vorbild in Art. 17 Abs. 4 lit. e) CMR.[125] Ungenügend ist die Kennzeichnung, wenn sie falsch, fehlerhaft oder (äußerlich) mangelhaft ist, z. B. durch Unleserlichkeit des genauen Adressaten.[126] In der Rechtsprechung ist eine Kennzeichnung z. B. als mangelhaft gewertet worden, wenn auf wiederverwendeten Verpackungen früher verwendete Kennzeichen nicht hinreichend neutralisiert wurden.[127] Es liegt allgemein auf der Hand, dass falsche oder fehlerhafte Empfängerangaben durch den Absender, und sei es auch nur ein unrichtiger Empfangsort, die grundsätzliche Gefahr von Fehlleitungen bedeuten, die bis zum vollständigen Güterverlust führen können.

50 Der Begriff der „*Kennzeichnung*" ist wie in § 411 zu verstehen.[128] Allerdings ist in § 427 Abs. 1 Nr. 5 begrifflich von „*Frachtstücken*" die Rede (anstatt von „*Gut*" in § 411). Der terminologische Unterschied soll verdeutlichen, dass sich die Notwendigkeit einer korrekten Kennzeichnung auch auf einzelne Gütereinheiten beziehen kann.[129] Begrifflich ist damit die in der CMR gesondert angeführte Nummerierung auch durch die Kennzeichnung erfasst.[130]

51 Es besteht deshalb die Möglichkeit eines gesetzlich geregelten Haftungsausschlusses, weil durch eine ungenügende oder gar fehlende Kennzeichnung durch den Absender die ordnungsgemäße Transportabwicklung zumindest erschwert oder sogar vollständig vereitelt wird.[131] Die mangelhafte Kennzeichnung muss durch denjenigen angebracht worden sein, der gemäß § 411 Satz 3 dazu verpflichtet war, mithin der Absender oder sein Erfüllungshilfe (insbesondere der Ablader).[132] Derartige Versäumnisse sollen grundsätzlich nicht in den Risikobereich des Frachtführers fallen. Aus dem vom Frachtführer zu behauptenden und zu beweisenden Fehler der Kennzeichnung muss sich nach der Lebenserfahrung die Gefahr des Schadens ergeben.[133] Unter Umständen konnte aber der Frachtführer den Fehler sofort erkennen oder leicht selbst aufklären. Die Rechtsprechung hat hierfür z. B. den Fall der durch den Absender falsch aufgebrachten Postleitzahl (mit korrekter Ortsangabe) behandelt, d. h., durch diesen formalen Fehler liegt die Gefahr eines Schadens nach der Lebenserfahrung noch nicht grundsätzlich nahe.[134]

56 **6. Beförderung lebender Tiere (§ 427 Abs. 1 Nr. 6 i.V.m. § 427 Abs. 5).** Ein Beispiel gänzlicher Übereinstimmung zwischen allgemeinem Frachtrecht und Seefrachtrecht ist der Haftungsausschluss bei der Beförderung lebender Tiere gemäß § 427 Abs. 1 Nr. 6 und § 499 Abs. 1 Satz 1 Nr. 7. Der Haftungsausschluss war sowohl schon in Art. 17 Abs. 4 lit. f) CMR als auch in seerechtlichen Übereinkommen geregelt (vgl. z. B. Art. 5 Abs. 5 der Hamburg-Regeln)[135] und hat auch Eingang in die neueren Rotterdam-Regeln gefunden (Art. 81).[136]

---

125 *Koller* § 427 Rn 93.

126 MünchKommHGB/*Herber* § 427 Rn 26; *Koller* § 427 Rn 93.

127 LG Köln, Urteil vom 06.09.2001, TranspR 2002, 155.

128 Siehe zum Rechtsbegriff der „Kennzeichnung" die Kommentierung von *Schmidt* Band 12/2, § 411 Rn 17 ff.

129 Reg.Begr. TRG, § 427, BT-Drucks. 13/8445, 63.

130 MünchKommHGB/*Herber* § 427 Rn 25.

131 MünchKommHGB/*Herber* § 427 Rn 25; *Koller* § 427 Rn 93.

132 Siehe zu § 411 Satz 3 *Schmidt* Band 12/2, § 411 Rn 1.

133 MünchKommHGB/*Herber* § 427 Rn 28.

134 OLG Bamberg, Urteil vom 16.02.2005, OLGR Bamberg 2005, 720 (722).

135 Übereinkommen der Vereinten Nationen von 1978 über die Beförderung von Gütern auf See (Hamburg-Regeln), in Kraft seit 1992.

136 Übereinkommen der Vereinten Nationen über die internationale Beförderung von Gütern ganz oder teilweise auf See vom 23.10.2009 (nicht in Kraft), die Rotterdam-

§ 427 Abs. 1 Nr. 6 greift tatbestandlich ein, wenn ein Schaden seine nicht fernliegende Ursache in der besonderen Anfälligkeit gerade von Tieren gegen Schäden während des Transports wie etwa Verhungern, Verdursten oder Verletzungen durch andere Tiere hat.[137] Erfasst wird auch das Entweichen bzw. die Flucht von Tieren.[138] Externe Faktoren sind dagegen tatbestandlich durch § 427 Abs. 1 Nr. 6 nicht erfasst, dies gilt insbesondere für den Diebstahl von Tieren.[139] **57**

§ 427 Abs. 5 schränkt § 427 Abs. 1 Nr. 6 tatbestandlich ein. Danach kann sich der Frachtführer auf die Vermutung der Schadensursächlichkeit außerhalb seiner Gefahrensphäre nur berufen, wenn er die ihm nach den Umständen obliegenden Maßnahmen getroffen und besondere Weisungen beachtet hat. Die Norm bezieht sich insbesondere auf Weisungen (oder vertragliche Vereinbarungen), die im Einzelfall das tierspezifische Schadensrisiko vermindern sollen[140] und auch noch nachträglich vom gemäß § 418 Weisungsberechtigten erteilt werden können.[141] **58**

Unter die „*obliegenden Maßnahmen*" fallen alle öffentlich-rechtlichen Bestimmungen, insbesondere zum Seuchen- und zum Tierschutz, aber auch alle Maßnahmen, die vernünftigerweise geboten sind.[142] Darüber hinaus sind alle besonderen Weisungen über die Art der Beförderung und über die Behandlung der Tiere (z. B. zu Mindestabständen, Höchstanzahlen von Tieren oder zum Tränken) zu beachten.[143] **59**

III. Beweislast und Kausalitätsvermutung (§ 427 Abs. 2)

Kann der Frachtführer einen der Haftungsausschlussgründe aus § 427 Abs. 1 Nr. 1–6 beweisen, tritt die Kausalitätsvermutung aus § 427 Abs. 2 Satz 1 ein. Nach dieser Vorschrift ist die Ursächlichkeit der in § 427 Abs. 1 Nr. 1–6 bezeichneten Gefahren für den eingetretenen Schaden zu vermuten, wenn der Schaden nach den Umständen des Falles aus einer der katalogisierten Gefahren entstehen konnte. Das Gesetz gewährt dem Frachtführer mithin eine Beweiserleichterung, die eingreift, wenn der Frachtführer darlegt und beweist, dass der eingetretene Schaden aus einer dieser besonderen Gefahren nach den konkreten Umständen des Falles entstehen konnte.[144] Der zweite Satz des § 427 Abs. 2 bezieht sich in seiner einschränkenden Wirkung bei „*außergewöhnlich großem Verlust*" allein auf § 427 Abs. 1 Nr. 1. **60**

Ist ein Schaden insofern aus einer der in § 427 Abs. 1 Nr. 1–6 genannten Gefahren entstanden, so kann der Frachtführer vollständig oder teilweise von der Haftung befreit sein.[145] Die Möglichkeit der teilweisen Haftungsbefreiung ergibt sich aus der Formulierung „*soweit*".[146] Der Frachtführer haftet dann mangels eigenen Verschuldens nicht (oder teilweise nicht), obwohl der Schaden während seiner Obhut eingetreten ist. Der Frachtführer muss aber die Wahrscheinlichkeit der Kausalität des jeweiligen besonderen Haftungs- **61**

Regeln wurden beispielsweise veröffentlicht in TranspR 2009, 372 ff.

[137] *Koller* § 427 Rn 100; MünchKommHGB/*Herber* § 427 Rn 29.

[138] *Koller* § 427 Rn 100.

[139] *Ramming* TranspR 2001, 53 (63).

[140] MünchKommHGB/*Herber* § 427 Rn 36; *Koller* § 427 Rn 100.

[141] *Koller* § 427 Rn 100.

[142] *Ramming* TranspR 2001, 53 (63).

[143] MünchKommHGB/*Herber* § 427 Rn 30.

[144] BGH, Urteil vom 15.06.2000, TranspR 2000, 459 (462); OLG Hamburg, Urteil vom 08.02.1996, TranspR 1996, 389 (391).

[145] MünchKommHGB/*Herber* § 427 Rn 4.

[146] Siehe hierzu bereits oben, zum Normzweck (I.), dort Rn 2.

ausschlussgrundes darlegen und beweisen.[147] Die Darlegungs- und Beweislast hinsichtlich der Schadenskausalität ist schon dann erfüllt, wenn der „*ursächliche Zusammenhang zwischen dem Schadenseintritt und der besonderen Gefahr konkret aufgezeigt wird oder der Ursprung aus einer der besonderen Gefahren lebenserfahrungsgemäß folgt*“[148]. Diese aus der Rechtsprechung zur CMR entnommene Begründung kann auf das Frachtrecht (und i.Ü. auch auf das Seefrachtrecht) übertragen werden.[149] Die Grundsätze zur Darlegungs- und Beweislast gelten auch für die zusätzlichen positiven Erfordernisse für eine Haftungsentlastung und Beweiserleichterung über § 427 Abs. 1 Nr. 1, 4 und 6, die in § 427 Abs. 3–5 aufgestellt werden.

62 Der Beweis des Gegenteils durch den Geschädigten bleibt zulässig.[150] Der Geschädigte kann die Vermutung widerlegen, indem er eine andere Schadensursache oder zumindest die Mitwirkung eines anderen Verursachungsbeitrages darlegt.[151] Die Beweislast für das Bestehen und den Inhalt von Weisungen trägt dabei der Absender.[152] Gelingt es dem Geschädigten die Schadensvermutung zu widerlegen, so kann sich der Frachtführer ggf. noch auf einen anderen Haftungsausschlusstatbestand gemäß § 427 Abs. 1 berufen. Der Frachtführer kann auch noch zum allgemeinen Haftungsbefreiungsgrund nach § 426 vortragen, er trägt hier die Beweislast.[153]

§ 428
Haftung für andere

Der Frachtführer hat Handlungen und Unterlassungen seiner Leute in gleichem Umfange zu vertreten wie eigene Handlungen und Unterlassungen, wenn die Leute in Ausübung ihrer Verrichtungen handeln. Gleiches gilt für Handlungen und Unterlassungen anderer Personen, deren er sich bei Ausführung der Beförderung bedient.

Schrifttum

Baumbach/Hopt HGB, 36. Auflage; Ebenroth/Boujong/Joost/Strohn HGB, 3. Auflage; *Heymann* Handelsgesetzbuch (ohne Seerecht), 2. Auflage (Band 4); *Koller* Transportrecht, 8. Auflage 2013; Koller/Kindler/Roth/Morck HGB, 8. Auflage; Münchener Kommentar HGB Band 7, 3. Auflage 2014; *Lammich/Pöttinger* Gütertransportrecht, Stand 52. Lieferung; *Neufang/Valder* Laden und Ladungssicherung im Straßengüterverkehr – Wer ist verantwortlich? TranspR 2002, 325; *Oetker* HGB, 4. Auflage.

---

147 *Ramming* TranspR 2001, 53, 58.
148 BGH, Urteil vom 15.06.2000 – I ZR 55/98; TranspR 2000, 459.
149 *Ramming* TranspR 2001, 53, 64.
150 MünchKommHGB/*Herber* § 427 Rn 31.
151 MünchKommHGB/*Herber* § 427 Rn 5.
152 *Ramming* TranspR 2001, 53, 56; MünchKommHGB/*Herber* § 427 Rn 6; a.A. jedoch Fremuth/Thume/*Fremuth* § 427 Rn 14.
153 *Ramming* TranspR 2001, 53, 64.

Übersicht

I. Einleitung

Die Norm regelt, dass sich der Frachtführer haftungsrechtlich auch das Verhalten Dritter zurechnen lassen muss.[1] Dabei haftet der Frachtführer sowohl für das Verhalten seiner Leute als auch für das Verhalten anderer Personen, derer er sich zur Erfüllung seiner vertraglichen Pflichten bedient, wie für eigenes Verschulden.[2] **1**

Die Norm ist in Anlehnung an Art. 3 CMR gestaltet worden, weist aber auch Parallelen zu §§ 431, 607 Abs. 1 HGB a.F., Art. 50 CIM und § 278 BGB auf.[3] Es handelt sich anders als § 831 BGB nicht um eine eigenständige Haftungsnorm. § 428 regelt vielmehr ebenso wie § 278 BGB lediglich die Frage, inwieweit sich der Frachtführer das Verhalten Dritter zurechnen lassen muss.[4] Dabei geht es nicht nur um die Zurechnung von Verschulden, sondern eines jeden Verhaltens der Dritten.[5] **2**

Die Vorschrift unterscheidet zwischen zwei Gruppen von Hilfspersonen. Satz 1 erfasst dabei Personen, die zum Betrieb des Frachtführers gehören, Satz 2 erfasst solche Gehilfen, die nicht zum Betrieb des Frachtführers gehören, derer er sich aber bei Ausführung der Beförderung bedient. Hintergrund dieser Unterscheidung ist der Umstand, dass der Frachtführer typischerweise erhebliche bessere Einwirkungsmöglichkeiten bei seinen eigenen Betriebsangehörigen hat als dies bei anderen Gehilfen der Fall ist.[6] **3**

In Abweichung von Art. 3 CMR spricht § 428 nicht von „Bediensteten", sondern von „Leuten des Frachtführers". Hintergrund dieser abweichenden Formulierung war die Absicht des Gesetzgebers deutlich zu machen, dass das Vorliegen eines Arbeits- oder Dienstverhältnisses nicht erforderlich ist, um eine Zurechnung nach Satz 1 zu begründen. Vielmehr sollte der Begriff der „Leute" an die im Handelsrecht bereits eingeführte Begrifflichkeit (so z.B. § 431 HGB a.F. oder § 607 HGB a.F.) anknüpfen und alle betriebszugehörigen Personen erfassen, nicht nur diejenigen, die mit einem Dienst- oder Arbeitsvertrag angestellt sind.[7] Das betrifft zum Beispiel auch Familienangehörige des Frachtführers[8] Beispiel auch Leiharbeitnehmer, die in einem arbeitsvertraglichen Verhältnis zwar zum Leiharbeitgeber, nicht aber zum Frachtführer stehen.[9] **4**

Der Anwendungsbereich der Vorschrift betrifft allein vertragliche Ansprüche des handelsrechtlichen Frachtrechts. Das bedeutet, dass neben den Ansprüchen aus §§ 425 ff al- **5**

1 BtDrs. 13/8445, 64.
2 MünchKommHGB/*Herber* § 428 Rn 1; Oetker/*Paschke* § 428 Rn 1.
3 BtDrs. 13/8445, 64; *Koller* Transportrecht § 428 HGB Rn 1.
4 EBJS/*Schaffert* § 428 Rn 1; Lammich/*Pöttinger* Rn 1; Baumbach/Hopt/*Merkt* § 428 Rn 1.
5 Oetker/*Paschke* § 428 Rn 1.
6 BtDrs. 13/8445, 64.
7 BtDrs. 13/8445, 64; Heymann/*Joachim* § 428 Rn 1.
8 BtDrs. 13/8445, 64.
9 Lammich/*Pöttinger* § 428 Rn 46; *Koller* Transportrecht § 428 Rn 4.

lein Ansprüche gemäß § 413 Abs. 2, §§ 422, 445 Abs. 3 sowie aus § 446 Abs. 2 infrage kommen.[10] Gründen die Ansprüche gegen den Frachtführer nicht in den spezialgesetzlich geregelten Fällen des Frachtvertragsrechts, sondern kommen Ansprüche zum Beispiel aus §§ 280 BGB ff in Betracht, so findet § 428 keine Anwendung, sondern es bleibt bei der Anwendbarkeit von § 278 BGB, demgemäß nicht jedes Verhalten, sondern lediglich Verschulden zugerechnet wird.[11]

6 Umstritten ist die Frage, ob § 428 auch dann anwendbar ist, wenn die in §§ 408 ff geregelten Pflichten verletzt werden und daher ein Schadensersatzanspruch gemäß §§ 280 ff BGB entsteht, weil spezielle Haftungsvorschriften für die Verletzung solcher Pflichten im HGB nicht existieren.[12] Gegen die Anwendung von § 428 auf schadenersatzrechtliche Ansprüche gemäß §§ 280 ff BGB bei Verletzung von Pflichten gemäß § 408 wird die Gesetzesbegründung zum Transportrechtsreformgesetz angeführt.[13] Dort heißt es, dass § 278 BGB Anwendung finde „etwa für die Zurechnung von nicht spezialgesetzlich geregelten Nebenpflichtverletzungen".[14] In der Tat spricht diese Formulierung des Gesetzgebers dafür, dass auf Verletzungen von Pflichten aus § 408 nicht etwa § 428 sondern eher § 278 BGB anzuwenden ist. Denn spezialgesetzlich sind in den §§ 408 ff zwar die Pflichten des Frachtführers geregelt, anders als in § 413 Abs. 2, §§ 422, 445 Abs. 3 und § 446 Abs. 2 aber nicht die Folgen ihrer Verletzung. §§ 408 ff enthalten also spezialgesetzlich geregelte (Neben-)Pflichten, nicht aber Regelungen über Nebenpflichtverletzungen.[15] Daher muss die Gesetzesbegründung so verstanden werden, dass in derartigen Fällen § 278 BGB anwendbar ist.

II. Haftung für Leute des Frachtführers (Satz 1)

7 Satz 1 erfasst die Haftung des Frachtführers für ein Verhalten seiner Leute, wenn die Leute in Ausübung ihrer Verrichtung handeln.

8 **1. Frachtführer.** § 428 betrifft ausschließlich die Haftung des Frachtführers. Die Haftung des Absenders oder des Empfängers bleibt von § 428 unberührt.[16]

2. Haftung für seine Leute

9 a) **Erfasste Personen.** Der Frachtführer haftet für das Verhalten seiner Leute. Der Begriff der Leute umfasst nicht nur Angestellte oder Bedienstete, sondern alle, die dem Betrieb des Frachtführers angehören.[17] Entscheidend ist dabei also gerade nicht das Vorliegen einer vertraglichen Bindung zwischen dem Frachtführer und seiner Hilfsperson. Vielmehr gehören zum Kreis der Leute im Sinne des § 428 auch tatsächlich eingeschaltete Hilfspersonen, die gerade nicht im Rahmen eines Dienst- oder Arbeitsverhältnisses beschäftigt sind. Das betrifft zum Beispiel Familienangehörige des Frachtführers, die im Betrieb mitarbeiten, ohne vertraglich gebunden zu sein,[18] aber auch Leiharbeitnehmer,

[10] EBJS/*Schaffert* § 428 Rn 3; *Koller* Transportrecht § 428 Rn 2.
[11] MünchKommHGB/*Herber* § 428 Rn 2; EBJS/*Schaffert* § 428 Rn 3.
[12] Bejahend Baumbach/*Merkt* § 428 Rn 1; Koller/Kindler/Roth/Morck/*Koller* HGB § 428 Rn 1; OLG Stuttgart vom 22.01.2003, TransportR 2003, 104 ff.
[13] So etwa *Koller* Transportrecht § 428 Rn 2; MünchkommHGB/*Herber* § 428 Rn 4; EBJS/*Schaffert* § 428 Rn 3.
[14] BtDrs. 13/8445, 64.
[15] So wohl auch MünchKommHGB/*Herber* § 428 Rn 4.
[16] *Koller* Transportrecht § 428 Rn 3.
[17] BtDrs. 13/8445, 64.
[18] BtDrs. 13/8445, 64.

Aushilfskräfte und freie Mitarbeiter sowie auch Scheinselbstständige oder faktische Arbeitnehmer.[19] Hintergrund der umfangreichen Einbeziehung von Hilfspersonen ist der Umstand, dass all diese Personen in den Betrieb des Frachtführers eingegliedert sind und dessen Weisungen unterstehen.[20]

b) In Ausübung der Verrichtung. Die Haftung des Frachtführers für das Verhalten seiner Leute ist beschränkt auf solches Verhalten, das diesen im Rahmen der Ausführung ihrer Verrichtung, also im Rahmen des ihnen übertragenen Aufgabenkreises, an den Tag legen.[21] Das Verhalten muss zum allgemeinen Umkreis des zugewiesenen Aufgabenbereichs gehören und darf nicht lediglich bei Gelegenheit der Tätigkeit begangen worden sein.[22] Die übertragenen Aufgaben müssen sich dabei nicht auf den konkreten Frachtvertrag beziehen, der die Grundlage der Haftung bildet, d.h. die Hilfspersonen müssen nicht notwendigerweise zur Beförderung des Gutes eingesetzt worden sein.[23] Auch ist es nicht erforderlich, dass das Verhalten der Hilfspersonen programmgemäß im Sinne des Frachtführers war.[24] Vielmehr ist gerade auch fehlerhaftes Verhalten der Hilfsperson dem Frachtführer zuzurechnen. Voraussetzung ist aber, dass ein innerer sachlicher Zusammenhang zwischen der übertragenen Aufgabe und der schädigenden Verhaltensweise besteht.[25] Ein solcher Zusammenhang liegt demnach dann vor, wenn die Hilfsperson 1.) eine ihr übertragene Tätigkeit ausgeübt hat (auch fehlerhaft), wenn 2.) mit dieser Tätigkeit bestimmte besondere Gefahren in Zusammenhang standen, die sich im Schadenseintritt verwirklicht haben und wenn 3.) der Frachtführer mit einem entsprechenden Fehlverhalten rechnen musste.[26] Ein innerer Zusammenhang besteht auch dann, wenn die Hilfsperson ihren Auftrag überschreitet, ihre Befugnisse missbraucht oder weisungswidrig handelt.[27] Selbst strafrechtlich relevantes Verhalten der Hilfsperson kann dem Frachtführer zugerechnet werden. So zum Beispiel ein Diebstahl von Gut aus dem Lager des Frachtführers,[28] die Beschädigung von fremdem lagernden Gut durch das Anfahren mit einem im Rahmen eines anderen Auftrags eingesetzten Gabelstapler,[29] oder die Nutzung des LKWs zum Alkohol-[30] oder Flüchtlingsschmuggel.[31] Die Grenze der Zurechnung liegt erst bei völlig atypischem Fehlverhalten der Hilfspersonen des Frachtführers im betrieblichen Bereich.[32] 10

Unterlassungen der Leute des Frachtführers führen dann zu einer Zurechnung, wenn die Hilfsperson eine ihr gegenüber dem Frachtführer obliegende Verhaltenspflicht verletzt hat. Dabei bestehen für die Hilfspersonen nicht nur Schutzpflichten für Vermögensgegenstände des Frachtführers, sondern auch für solche Vermögensgegenstände, für die der Frachtführer im Rahmen seiner Obhutshaftung Schadensersatz zu leisten hat.[33] Es geht also nicht allein um z.B. arbeitsvertragliche Pflichten, sofern solche bestehen, sondern um 11

---

[19] EBJS/*Schaffert* § 428 Rn 5; Oetker/*Paschke* § 428 Rn 3; *Koller* Transportrecht § 428 Rn 4; Heymann/*Joachim* § 428 Rn 3; Lammich/*Pöttinger* § 428 Rn 46.

[20] Oetker/*Paschke* § 428 Rn 3.

[21] BtDrs. 13/8445, 64.

[22] MünchKommHGB/*Herber* § 428 Rn 6; EBJS/*Schaffert* § 428 Rn 6; *Koller* Transportrecht § 428 Rn 7; vgl. auch BGH NJW-RR 1986, 248 (zur CMR).

[23] EBJS/*Schaffert* § 428 Rn 6; Oetker/*Paschke* § 428 Rn 5.

[24] *Koller* Transportrecht § 428 Rn 7.

[25] Oetker/*Paschke* § 428 Rn 5; EBJS/*Schaffert* § 428 Rn 6.

[26] EBJS/*Schaffert* § 428 Rn 6. Siehe auch Lammich/*Pöttinger* § 428 Rn 55 ff und *Koller* Transportrecht § 428 Rn 7.

[27] Lammich/*Pöttinger* § 428 Rn 62.

[28] OLG Köln 19.6.2007, TranspR 2007, 469 = VersR 2008, 419; MünchKommHGB/*Herber* § 428 Rn 6.

[29] MünchKommHGB/*Herber* § 428 Rn 6.

[30] Vgl. BGH Urt. v. 27.6.1985 – I ZR 40/83, TranspR 1985, 338, 339 = VersR 1985, 1060 = NJW-RR 1986, 248.

[31] Vgl. öOGH Urt. v. 22.11.1977 – 5 Ob 667/77, TranspR 1980, 31.

[32] EBJS/*Schaffert* § 428 Rn 6.

[33] EBJS/*Schaffert* § 428 Rn 7.

die allgemeine Pflicht einer jeden Hilfsperson, im Rahmen der Obhutspflichten des Frachtführers eine Beschädigung des Beförderungsgutes zu vermeiden.[34] So ist es zum Beispiel dem Frachtführer zuzurechnen, wenn einer seiner Fahrer eine fehlerhafte Verladung oder Verstauung entdeckt hat und gleichwohl untätig geblieben ist, oder wenn der Buchhalter eine defekte Sicherungsanlage entdeckt, aber nichts weiter veranlasst.[35] Die Untätigkeit eines Arbeitnehmers während eines rechtmäßigen Streiks ist dem Frachtführer hingegen nicht zuzurechnen, weil Personal, das sich an einem (Warn-)Streik beteiligt, nicht in Ausübung seiner Verrichtung handelt.[36]

12 3. **Haftung für andere Personen (Satz 2).** Gemäß § 428 Satz 2 haftet der Frachtführer nicht nur für seine Leute, sondern auch für andere Personen. In beiden Fällen haftet er aber nur, wenn die Hilfsperson in Ausübung ihrer Verrichtung tätig wird. Im Unterschied zu Satz 1 muss im Falle der Haftung für andere Personen aber hinzukommen, dass sich der Frachtführer dieser Personen bei Ausführung der Beförderung bedient, sie also zur Erfüllung seiner frachtvertraglichen Pflichten einschaltet.[37] Insoweit ist Satz 2 enger gefasst als Satz 1 der Vorschrift.[38]

13 a) **Andere Personen.** Andere Personen im Sinne des § 428 Satz 2 sind Personen, die nicht zum Betrieb des Frachtführers gehören. Es geht hier um Hilfspersonen, die als Erfüllungsgehilfen des Frachtführers eingesetzt sind, ohne in dessen Betrieb eingegliedert zu sein,[39] solche Personen also, die nicht „Leute" im Sinne von Satz 1 der Vorschrift sind.[40] Das betrifft vor allem Subunternehmer, die den ganzen Transport oder Teile davon für den Frachtführer durchführen, aber auch Personen, die einzelne Tätigkeiten während des Transports oder zu dessen Vorbereitung oder Abwicklung herangezogen werden, während der Frachtführer die Güter in seiner Obhut hat.[41]

14 Konkret sind die anderen Personen im Sinne der Vorschrift üblicherweise Unterfrachtführer oder sonstige Subunternehmer.[42] Ebenso haftet der Frachtführer für Leute und Erfüllungsgehilfen aller Unterfrachtführer.[43] § 428 ermöglicht insoweit eine geschlossene Zurechnungskette in Fällen der vom Frachtführer gebildeten Frachtführerketten.[44]

15 Weiterhin können zu den anderen Personen im Sinne des § 428 Satz 2 Häfen, Flughäfen und Umschlagsunternehmen sowie Infrastrukturunternehmen, derer sich der Frachtführer bedient, gehören.[45]

16 Keine Erfüllungsgehilfen sind hingegen Zollbeamte, weil sie unabhängig von Weisungen des Frachtführers tätig werden und weil er sich derer nicht bedient und keinen Einfluss auf deren Auswahl hat.[46] Das gleiche gilt für Veterinärbeamte, die Untersuchungen an Fleischtransporten durchführen.[47]

---

[34] Oetker/*Paschke* § 428 Rn 6; *Koller* Transportrecht § 428 Rn 8.
[35] Heymann/*Joachim* § 428 Rn 6; EBJS/*Schaffert* § 428 Rn 7; *Koller* Transportrecht § 428 Rn 9.
[36] OLG Stuttgart TransportR 1995, 74 ff.
[37] BtDrs. 13/8445, 64.
[38] Baumbach/*Merkt* § 428 Rn 3.
[39] EBJS/*Schaffert* § 428 Rn 8.
[40] *Koller* Transportrecht § 428 Rn 10.
[41] MünchKommHGB/*Herber* § 428 Rn 7; Oetker/Paschke § 428 Rn 8.
[42] EBJS/*Schaffert* § 428 Rn 8; Baumbach/*Merkt* § 428 Rn 3.
[43] OLG Düsseldorf TranspR 1990, 63; OLG Hamm TranspR 1986, 77; MünchKommHGB/*Herber* § 428 Rn 8; EBJS/*Schaffert* § 428 Rn 8.
[44] Oetker/*Paschke* § 428 Rn 8.
[45] Oetker/*Paschke* § 428 Rn 9.
[46] EBJS/*Schaffert* § 428 Rn 8; LG Hamburg TranspR 1983, 47, 48; Lammich/*Pöttinger* § 428 Rn 184; MünchKommHGB/*Herber* § 428 Rn 10.
[47] LG Bremen TranspR 1989, 267, 268; MünchKommHGB/*Herber* § 428 Rn 10; EBJS/*Schaffert* § 428 Rn 8.

Ebenfalls keine Erfüllungsgehilfen sind Organe oder gesetzliche Vertreter des Frachtführers.[48] 17

b) **Einbindung in die Erfüllung frachtvertraglicher Pflichten.** Im Unterschied zu § 428 Satz 1 kommt eine Haftung des Frachtführers im Sinne von Satz 2 wegen eines ihm zugerechneten Verhaltens anderer Personen als seiner Leute nur in Betracht, wenn er sich dieser anderen Personen bei der Beförderung bedient. Während eine Haftung des Frachtführers für seine eigenen Leute auch dann in Betracht kommt, wenn sich deren Fehlverhalten im Rahmen der Erledigung eines anderen Auftrags auf den Frachtvertrag auswirkt, müssen die anderen Personen in die Ausführung des konkreten Frachtvertrages einbezogen sein, um dem Frachtführer ein Fehlverhalten bei der Verrichtung ihrer Aufgaben zurechnen zu können.[49] 18

Eine Zurechnung findet dann statt, wenn sich der Frachtführer der Dritten bei Ausführung der Beförderung bedient. Der Begriff der Beförderung ist dabei weit zu verstehen und umfasst nicht allein die Ortsveränderung, sondern auch den Umstand, dass der Frachtführer das Gut in seiner Obhut hat.[50] Daher gehören auch Tätigkeiten zum Begriff der Beförderung im Sinne von Satz 2, die zwar nicht der Ortsveränderung des Guts dienen, wohl aber beförderungsbezogen sind wie z.B. der Umschlag, das Laden, Stauen, Lagern oder Abliefern des beförderten Guts.[51] 19

Entscheidend für die Zurechnung ist, dass die Hilfsperson rein tatsächlich mit dem Einverständnis des Frachtführers dessen Pflichten aus dem Frachtvertrag erfüllt.[52] 20

Zeitlich ist entscheidend, dass eine Zurechnung gemäß § 428 nur während des Obhutszeitraums infrage kommt.[53] 21

Auch die anderen Personen müssen in Ausübung ihrer Verrichtung gehandelt haben. Hierzu gelten die gleichen Grundsätze, die für die Leute des Frachtführers entwickelt worden sind (s.o.). 22

III. Deliktische Ansprüche

Für deliktische Ansprüche gilt nicht die Zurechnung des § 278 BGB oder § 428, sondern hier haftet der Frachtführer ausschließlich für sein Auswahlverschulden im Rahmen des § 831 BGB, wobei sich der Frachtführer in diesen Fällen gemäß § 434 regelmäßig auf die frachtvertraglichen Haftungsbeschränkungen zu seinen Gunsten berufen kann.[54] 23

IV. Rechtsfolgen

§ 428 bewirkt eine Zurechnung des Verhaltens der Dritten, also der Leute des Frachtführers und anderer Personen, auf ihn. Er hat also deren Verhalten (Handlungen und Unterlassen) ebenso zu vertreten wie sein eigenes.[55] Eine Haftung kommt dann gemäß §§ 425 24

48 *Koller* Transportrecht § 428 Rn 13.
49 MünchKommHGB/*Herber* § 428 Rn 11.
50 *Koller* Transportrecht § 428 Rn 11.
51 Oetker/*Paschke* § 428 Rn 10; MünchKommHGB/*Herber* § 428 Rn 11.
52 EBJS/*Schaffert* § 428 Rn 9; OLG Saarbrücken TranspR 2011, 25, 27; MünchKommHGB/*Herber* Rn 7.
53 MünchKommHGB/*Herber* § 428 Rn 11.
54 Baumbach/*Merkt* § 428 Rn 5; MünchKommHGB/*Herber* § 428 Rn 14.
55 EBJS/*Schaffert* § 428 Rn 11; BGH TranspR 2004, 460, 462.

ff sowie auch § 413 Abs. 2, §§ 422, 445 Abs. 3 sowie § 446 Abs. 2 infrage.[56] Danach ist zu entscheiden, ob der Schadenseintritt vermeidbar im Sinne des § 426 war.[57]

V. Beweislast

25 Grundsätzlich führt die Obhutshaftung des § 425 dazu, dass der Frachtführer für alle Schäden haftet, die eintreten, während er das zu befördernde Gut in seiner Obhut hat. Verteidigt er sich damit, dass nicht er, sondern eine andere Person den Schaden verursacht hat, muss er seinerseits beweisen, dass die dritte Person nicht zum Personenkreis des § 428 gehört oder nicht im Rahmen ihrer Verrichtung bzw. bei der Beförderung des Guts mitgewirkt hat.[58]

VI. Eigenhaftung der Hilfspersonen

26 Gegenüber dem Geschädigten stehen die Leute des Frachtführers oder anderen Hilfspersonen regelmäßig nicht in einem vertraglichen Verhältnis und haften daher auch nicht nach vertraglichen Regeln. Ihre Haftung folgt also in aller Regel dem Deliktsrecht gemäß §§ 823 ff BGB.[59] Jedenfalls führt § 428 nicht dazu, dass Ansprüche gegen Hilfspersonen beschränkt werden.[60] Sofern solche Forderungen gegen die Hilfspersonen des Frachtführers geltend gemacht werden können, sind sie ihrerseits wiederum den Beschränkungen des § 436 unterworfen.[61]

Gegenüber dem Frachtführer haften die Hilfspersonen nach den Regeln der jeweiligen vertraglichen Beziehung, die sie mit dem Frachtführer eingegangen sind. Sind die Leute des Frachtführers seine Arbeitnehmer, richten sich die Ansprüche gegen sie nach arbeitsrechtlichen Regeln, wobei sich hier arbeitsrechtliche Beschränkungen eines Regresses des Frachtführers ergeben können.[62]

§ 429
Wertersatz

(1) Hat der Frachtführer für gänzlichen oder teilweisen Verlust des Gutes Schadenersatz zu leisten, so ist der Wert am Ort und zur Zeit der Übernahme zur Beförderung zu ersetzen.

(2) Bei Beschädigung des Gutes ist der Unterschied zwischen dem Wert des unbeschädigten Gutes am Ort und zur Zeit der Übernahme zur Beförderung und dem Wert zu ersetzen, den das beschädigte Gut am Ort und zur Zeit der Übernahme gehabt hätte. Es wird vermutet, dass die zur Schadensminderung und Schadensbehebung aufzuwendenden Kosten dem nach Satz 1 zu ermittelnden Unterschiedsbetrag entsprechen.

(3) Der Wert des Gutes bestimmt sich nach dem Marktpreis, sonst nach dem gemeinen Wert von Gütern gleicher Art und Beschaffenheit. Ist das Gut unmittelbar vor Übernahme

56 EBJS/*Schaffert* § 428 Rn 11.
57 *Koller* Transportrecht § 428 Rn 14.
58 *Koller* Transportrecht § 428 Rn 15; Baumbach/*Merkt* § 428 Rn 4.
59 Oetker/*Paschke* § 428 Rn 11.
60 *Koller* Transportrecht § 428 Rn 17.
61 Heymann/*Joachim* § 428 Rn 9.
62 Oetker/*Paschke* § 428 Rn 12.

zur Beförderung verkauft worden, so wird vermutet, dass der in der Rechnung des Verkäufers ausgewiesene Kaufpreis abzüglich darin enthaltener Beförderungskosten der Marktpreis ist.

Schrifttum (Siehe ergänzend die Angaben zum Schrifttum unter §§ 407, 425 HGB.)

Basedow Der Transportvertrag 1987; *Butzer* Die Ermittlung des Ersatzwertes für Unikate im Frachtrecht, zugleich ein Beitrag zum Begriff des „gemeinen Wertes", VersR 1991, 854 – 860; *Koller* Der Wertersatz im Transportrecht, Festschrift zum 50jährigen Bestehens des Bundesgerichtshofs 2000, Satz 181 – 208; *Skradde* Die Erstattungsfähigkeit des entgangenen Gewinnes im Falle einer Ersatzlieferung, TranspR 2013, 224 – 231; *Skradde* Schadenersatz im Transportrecht – Der ersatzfähige Schaden des Transportrechtes 2016.

Übersicht

I. Normzweck und Entstehung des § 429 HGB

Mit Art. 396 ADHGB gab es eine frühere „Ur-Regelung", die die Haftungsbegrenzung als Kompensation für die verschuldensunabhängige Haftung bis zur Grenze der höheren Gewalt gestaltete.[1] Wesentlich später wurde § 429 HGB durch das Transportrechtsreformgesetz von 1998 eingeführt und ersetzte zu diesem Zeitpunkt eine ausdifferenzierte Reihe früher geltender Normen, z.B. § 430 HGB a.F.,[2] § 85 EVO,[3] § 10 GüKUMB,[4] § 35 KVO, § 26 BinSchG a.F.[5] und § 44 LuftVG.[6] Hinsichtlich des Schadensersatzes hatte z.B. § 430 a.F. HGB vor 1998 auf den Wert des Gutes am Ablieferungsort abgestellt, während § 35 KVO an den sog. „Fakturenwert" angeknüpft hatte.[7] **1**

Der Gesetzgeber hielt auch nach 1998 grundsätzlich am **Wertersatzprinzip** als „*Grundstein der transportrechtlichen Haftungsbegrenzung*"[8] fest. Insofern enthält die Norm zentrale Tatbestandsmerkmale der frachtrechtlichen Schadensersatzsystematik.[9] Diese waren auch schon früher von hervorragender Bedeutung, so z.B. die Rechtsbegriffe **Wert, Marktpreis** und **gemeiner Wert.**[10] **2**

Gemäß § 429 Abs. 1 HGB hat der Frachtführer bei gänzlichem oder teilweisem Verlust des Frachtgutes den Wert am Ort und zur Zeit der Übernahme des Gutes zur Beförderung zu ersetzen (sog. „Versandwert"). § 249 BGB kommt nicht zur Anwendung. Insofern kann der Geschädigte keinen Ausgleich eines etwaigen Affektionsinteresses und keinen entgan- **3**

---

[1] MünchKommHGB/*Herber* § 429 Rn 4.
[2] Art. 1 Nr. 3 TRG, BGBl. 1998 I, 1593.
[3] Art. 3 Nr. 15 TRG, BGBl. 1998 I, 1604.
[4] Art. 9 Nr. 4 TRG, BGBl. 1998 I, 1605.
[5] Art. 2 Nr. 1 TRG, BGBl. 1998 I, 1602.
[6] Art. 6 Nr. 2 TRG, BGBl. 1998 I, 1604.
[7] MünchKommHGB/*Herber* § 429 Rn 4.
[8] MünchKommHGB/*Herber* § 429 Rn 3.
[9] Siehe grundsätzlich: *Basedow* Der Transportvertrag, Satz 404 ff.
[10] *Koller* in: *Heldrich/Hopt* 50 Jahre Bundesgerichtshof II, Satz 181 (182); *Skradde* Satz 18.

genen Gewinn verlangen. Diese Privilegierung erklärt sich insbesondere aus der Tatsache, dass der Frachtführer nach dem Willen des Gesetzgebers nur mit den unmittelbaren Beförderungsrisiken, nicht aber mit unabsehbaren Schadensersatzrisiken aus der Risiko- und Gefahrensphäre von Absender und Empfänger belastet werden soll.[11] Dies gilt insbesondere für Folgeschäden. Insofern soll grundsätzlich allein das transporttypische Schadensrisiko für einen späteren Ausgleich maßgeblich sein. Nur durch diese Risikoverteilung sei Frachtführern und Transportversicherern die Kalkulation von eventuellen Haftungsrisiken und deren Absicherung im Geschäftsbetrieb möglich.[12]

4 Die Grundsätze des Wertersatzprinzips können nur durchbrochen werden, wenn der Schaden durch qualifiziertes Verschulden des Frachtführers oder seiner Leute oder Erfüllungsgehilfen gemäß § 435 HGB herbeigeführt worden ist. Im Falle einer Beschädigung des Frachtgutes wird der Ersatz gemäß § 429 Abs. 2 HGB grundsätzlich auf den Unterschied zwischen dem Wert des unbeschädigten Gutes am Ort und zur Zeit der Übernahme zur Beförderung und dem Wert beschränkt, den das beschädigte Gut am Ort und zur Zeit der Übernahme gehabt hätte.

II. Die allgemeinen Wertermittlungsregeln (§ 429 Abs. 3 Satz 1 HGB)

5 Dogmatisches Vorbild für die Wertermittlungsmethodik des § 429 Abs. 3 HGB sind (neben Art. 40, 42 CIM a.F.) Art. 23 und 25 CMR.[13] Gemäß Art. 23 Abs. 1 CMR hat der Frachtführer bei Eintritt eines Verlustes bzw. Teilverlustes des Frachtgutes den Wert des Gutes am Ort und zur Zeit der Übernahme zur Beförderung zu erstatten. Ist das Frachtgut beschädigt worden, hat der Frachtführer gemäß Art. 25 Abs. 1 CMR die Wertminderung zu zahlen. Der Wert des Gutes bestimmt sich gemäß Art. 23 Abs. 2 CMR nach dem **Börsenpreis**, der allerdings im Transportrecht eine untergeordnete Rolle spielt. Gibt es insofern – wie in der Regel im Transportrecht – keinen Börsenpreis, kommt der **Marktpreis** zur Anwendung.

6 Gibt es weder einen Börsenpreis noch einen Marktpreis, so ist der **gemeine Wert** von Gütern gleicher Art und Beschaffenheit anzusetzen. Auch Art. 19 CMNI enthält eine solche Regelung für die grenzüberschreitende Binnenschifffahrt. Zudem bestimmen auch die (nicht in Kraft befindlichen) Rotterdam-Regeln (RR)[14] in Art. 22 Abs. 1 RR, dass sich im Haftungsfalle für Verlust und Beschädigung die Höhe des Ersatzes, den der Verfrachter zu leisten hat, nach dem „Wert" des Gutes bestimmt. In Art. 22 Abs. 2 RR wird festgelegt, nach welchen Kriterien sich der „Wert" des Gutes ergibt, nämlich nach dem Börsenpreis, mangels dessen nach dem Marktpreis oder mangels beider nach dem gemeinen Wert, den Güter derselben Art und Güte am Ort der Löschung.

7 Die oben angeführten internationalen Regelungen entsprechen inhaltlich im Wesentlichen dem § 429 Abs. 3 Satz 1 HGB. Auch hier wird der Rechtsbegriff „**Wert**" in Kombination mit einer Quasi-Legaldefinition verwendet, die festlegt, anhand welcher Kriterien der Wert des Gutes zu ermitteln ist. Die Norm trägt damit zu den Vereinheitlichungszielen der Transportrechtsreform von 1998 bei. Abweichend vom HGB stellt Art. 23 Abs. 2

---

[11] BT-Drucks. 13/8445, 65.

[12] *K. Schmidt* Handelsrecht, § 31 IV 1 c; MünchKommHGB/*Herber* § 429 Rn 3; *Basedow* Der Transportvertrag, 464 ff.

[13] BT-Drucks. 13/8445, 1; *Skradde*, Satz 20.

[14] Die Rotterdam-Regeln sind beispielsweise veröffentlicht in TranspR 2009, 372 ff; eine deutsche Übersetzung (nichtamtlich) ist im Internet abrufbar unter: http://www.transportrecht.org/dokumente/Rotterdam Regeln_dt_Rohuebersetzung_20090429.pdf.

CMR lediglich zunächst auf den Börsenpreis und nicht direkt auf den Marktpreis ab. Darüber hinaus gibt es in der CMR keine mit der Vermutungswirkung der §§ 429 Abs. 2 Satz 2 und Abs. 3 Satz 2 HGB vergleichbare Regelung.[15] § 429 Abs. 3 Satz 2 HGB sieht zur Ermittlung des Marktpreises eine Vermutungswirkung des der Versendung zu Grunde liegenden Kaufvertrages und des dabei vereinbarten (Markt-)Preises vor. Der Gesetzgeber hat hier eine mit dem früheren § 35 Abs. 1 KVO dogmatisch vergleichbare Regelung getroffen.[16]

1. Der Marktpreis (§ 429 Abs. 3 Satz 1 Alt. 1 HGB) und die Handelsstufe. Der Marktpreis ist der Wert, den ein Gut gleicher Art und Güte ohne Berücksichtigung der besonderen Verhältnisse des konkreten Falles bei einem Verkauf erzielen würde.[17] Es gibt keinen Marktpreis für Güter, die nicht im kaufmännischen Verkehr gehandelt werden,[18] denn der gemeine Handelswert bemisst sich nach dem allgemeinen **Verkäuflichkeitswert** eines Gutes.[19] Der Verkäuflichkeitswert ist der Durchschnittspreis, der für die Ware dieser Art und Beschaffenheit in dem Falle zu erzielen ist, dass die Ware in den Verkehr gebracht wird und im Rahmen dieses Verkehres verkäuflich ist.[20] Sowohl der gemeine Wert als auch der gemeine Handelswert beruht jeweils auf dem Durchschnittspreis bzw. dem Verkäuflichkeitswert. Im Gegensatz zum gemeinen Wert wird der Verkäuflichkeitswert beim gemeinen Handelswert jedoch durch den kaufmännischen Markt bestimmt.[21] Es ist auf den Markt am Ort und zur Zeit der Übernahme des Gutes durch den Frachtführer abzustellen. Unschädlich ist eine staatliche Preisfestsetzung.[22] Wertsteigerungen während oder auf Grund des Transports bleiben dagegen außer Betracht.[23] 8

Zur Abgrenzung zwischen dem gemeinen Wert und dem gemeinen Handelswert fungiert der Marktpreis grundsätzlich als Schnittstelle des Handelsverkehrs. Jedenfalls sind der gemeine Handelswert und der gemeine Wert in der Regel eng miteinander verknüpft. Der gemeine Handelswert stellt dabei auf Grund des zusätzlichen Erfordernisses eines kaufmännischen Marktes einen Sonderfall des gemeinen Wertes dar.[24] Kaufmännisch im Rechtssinne ist ein solcher Markt, wenn das in Rede stehende Gut von Kaufleuten angeboten wird und somit einer Wertermittlung anhand der gehandelten Preise zugänglich ist.[25] Es liegt dann ein **Handelsgut** vor. Handelsgüter sind folglich solche Güter, für die der kaufmännische Markt besteht und somit ein **Handelswert** ermittelt werden kann.[26] Demgegenüber sind alle übrigen Güter, gerade keine Handelsgüter, auch wenn ihre Verwertung marktähnlichen Mechanismen entspricht, wie z. B. bei Versteigerungen, Flohmärkten, teilweise beim Ankauf bei Gebrauchtwarenhändlern oder in der heutigen Zeit beim Privathandel im Internet.[27] 9

Die Wertbestimmung am Übernahmeort richtet sich nach dem Preis, den der Empfänger hätte zahlen müssen, wenn er sich das Gut in unbeschädigtem und unverändertem Zustand hätte beschafft müssen.[28] Der Wert ist abstrakt zu ermitteln. Maßgeblich ist der Teil- 10

[15] Die Vermutungsregelungen sind auf Betreiben des Rechtsausschusses des Deutschen Bundestages in § 429 Abs. 2 und 3 HGB aufgenommen worden.
[16] *Koller* § 429 HGB Rn 1; *Skradde*, 19.
[17] MünchKommHGB/*Herber* § 429 Rn 15; *Koller* § 429 HGB Rn 5.
[18] *Helm* in: Staub, HGB VII/2 § 430 Rn 26.
[19] RG v. 21.05.1927 – I 10/27 – RGZ 117, 131, 134.
[20] Vgl. auch *Skradde*, 36.
[21] *Helm* in: Staub, HGB VII/2 § 430 Rn 26.
[22] *Butzer* VersR 1991, 854, 856; *Koller* § 429 Rn 10; Herber/*Piper* Art. 23 CMR Rn 10.
[23] MünchKommHGB/*Herber* § 429 Rn 15; *Koller* § 429 Rn 5; Fremuth/Thume/*Fremuth* § 429, Rn 19.
[24] *Skradde*, 36.
[25] *Helm* in: Staub, HGB VII/2 § 430 Rn 26.
[26] *Helm* in: Staub, HGB VII/2 § 430 Rn 26.
[27] *Skradde*, 36.
[28] BGH 29.07.2009, TranspR 2009, 408 Tz. 9; *Koller* § 429 Rn 5; MünchKommHGB/*Herber* § 429 Rn 16.

markt und die **Handelsstufe**, auf der sich der Empfänger das Gut ursprünglich beschafft hat. Unter einer Handelsstufe versteht man die Beziehung zwischen den in einer Handelskette stehenden Beteiligten eines Handelsgeschäftes. Das Wertersatzprinzip lässt dabei keinen Raum für ein besonderes Affektionsinteresse des Geschädigten.[29] Allerdings ist im Rahmen der Bestimmung des Beschaffungswertes auf die Verhältnisse auf dem Teilmarkt und insbesondere die Handelsstufe (Großhandel oder Einzelhandel) abzustellen, auf denen sich der Empfänger das Gut beschafft hat. Den verschiedenen Handelsstufen kommt im Rahmen der Feststellung des ersatzfähigen Wertes eines Transportgutes damit eine besondere Bedeutung zu.[30] Die Ermittlung des Wertes kann signifikant unterschiedliche Ergebnisse hervorbringen, je nachdem welche Handelsstufe am Ort und zur Zeit der Wertfeststellung zu Grunde gelegt wird.[31]

11 Die Rechtsprechung hat typische Fälle von Handelsstufen in der Beziehung zwischen dem Produzenten und dem Großhändler einer Ware, in der Beziehung zwischen dem Großhändler und einem Einzelhändler und in der Beziehung zwischen dem Einzelhändler und einem Endverbraucher entwickelt.[32] Je nachdem auf welcher Handelsstufe das Gut verkauft wird, ergibt sich ein unterschiedlicher Markt und damit auch ein potenziell unterschiedlicher Börsen- bzw. Marktpreis oder gemeiner Handelswert. Das Frachtgut kann am Ort und zum Zeitpunkt der Übernahme zur Beförderung z.B. auf dem Markt vertrieben werden, auf dem Großhändler die Waren vom Hersteller zur Weiterveräußerung an die Einzelhändler erwerben. Am selben Ort ist ferner dieser Vertrieb der Ware an die Einzelhändler möglich, was zur Bildung eines unterschiedlichen Marktes führen würde. In der gleichen Weise könnte an diesem Ort außerdem die Ware durch einen Einzelhändler an den Verbraucher verkauft werden, so dass wieder ein anderer Markt vorläge und somit ein abweichender Preis auf diesem Markt zu zahlen wäre. Diese Beispiele verdeutlichen, dass der Marktpreis (und so auch der gemeine Handelswert) auf Grund des Vorliegens unterschiedlicher Märkte grundsätzlich nicht völlig objektiv und damit losgelöst vom Einzelfall festgestellt werden kann.[33] Es muss daher anhand der Umstände des konkreten Schadenfalles entschieden werden, welcher Markt für die Wertbemessung einschlägig ist. Dies kann nur unter Berücksichtigung der konkreten Handelsstufe im Einzelfall geschehen.[34]

12 **2. Der Gemeine Wert (§ 429 Abs. 3 Satz 1 Alt. 2 HGB).** Der Rechtsbegriff „Wert" ist durch die Rechtsprechung näher spezifiziert worden. Generell geschieht dies insbesondere durch Bezugnahme auf den **gemeinen Wert.**[35] Der gemeine Wert war bei der Ermittlung des Schadens im Verlustfalle bereits das entscheidende Kriterium für die Wertersatzregelungen des § 430 HGB Abs. 1 HGB a.F., genauso wie für § 430 HGB Abs. 2 HGB a.F. im Falle der Beschädigung. Außerdem fanden sich ausdrückliche Bezugnahmen auf den gemeinen Wert früher in §§ 10 GüKUMB, § 26 BinSchG a.F. und §§ 658, 659 HGB a.F.

13 Schon nach der Rechtsprechung des Reichsgerichts war der gemeine (Handels-)Wert der im Handelsverkehr zu erzielende **Durchschnittspreis.**[36] Ein solcher Preis entspreche dem Marktpreis bzw. auch dem Handelspreis.[37] Lässt sich ein Marktpreis jedoch nicht er-

---

[29] BGH 29.07.2009, TranspR 2009, 408 Tz. 9; *Koller* Rn 22; Oetker/*Paschke* Rn 10; MünchKommHGB/*Herber* § 429 Rn 16.
[30] Vgl. ausführlich *Skradde*, 105 ff.
[31] *Skradde*, 105.
[32] Siehe z.B. BGH v. 27.02.2003 – I ZR 145/00 – TranspR 2003, 298, 302.
[33] *Skradde*, 106 f.
[34] Siehe hierzu die umfangreichen Ausführungen von *Skradde*, 107 ff.
[35] Siehe ausführlich zu Fallgruppen des gemeinen Wert: *Skradde*, 45 ff.
[36] RG v. 16.06.1919 – I 61/19 – RGZ 96, 124, 125; vgl. insgesamt *Skradde*, 35 ff.
[37] RG v. 16.06.1919 – I 61/19 – RGZ 96, 124, 125.

mitteln, ist auf den gemeinen Wert von Gütern gleicher Art und Beschaffenheit abzustellen (Zeitwert).[38] Maßgeblich ist der allgemeine Verkaufswert am Übernahmeort.[39] Für diesen können der Kaufpreis (gem. der Vermutung in § 429 Abs. 3 Satz 2) oder die Herstellungskosten einen Anhaltspunkt bieten.[40] Notfalls ist der (Substanz-)Wert auf Basis des Wiederbeschaffungswerts gem. § 287 ZPO zu schätzen.[41] Für **Unikate** gibt es schon begrifflich keinen Marktpreis. Jedoch sollte es in der Regel einen Kauf- bzw. Werkvertrag geben, der dann für die Wertbestimmung entscheidend ist. Der Rückgriff auf die Herstellungskosten oder die Wiederherstellungskosten ist nicht notwendig, da diese den gemeinen Wert schon der Definition nach nicht ausmachen. Außerdem wird der vereinbarte Kaufpreis regelmäßig erheblich von den Herstellungskosten abweichen.[42]

Für den **Börsenpreis** wurde die durch das Reichsgericht für den gemeinen Wert entwickelte Sichtweise durch den BGH bestätigt.[43] Zudem ist nach ständiger Rechtsprechung der Marktpreis der Preis, der für eine Ware gewisser Gattung und Art in regelrechter Güte an dem betreffenden Handelsplatz im Durchschnitt gewährt wird, und der nur dann in Betracht kommen kann, wenn in der betreffenden Ware ein bestimmter Umsatz stattfindet.[44] Insofern bedarf es eines gewissen Handels des Gutes, damit Anhaltspunkte zur Ermittlung eines Marktpreises – und damit verbunden auch für den gemeinen Handelswert – ausgewertet werden können. **14**

III. Wertersatz bei Totalverlust der Güter (§ 429 Abs. 1 HGB)

Im Gegensatz zu § 425 HGB unterscheidet § 429 HGB für die Berechnung des Wertersatzes zwischen gänzlichem Verlust (Totalverlust, Abs. 1) und teilweisem Verlust oder der Beschädigung (Abs. 2). Totalverlust kann bejaht werden, wenn ein einzeln versandtes Stück oder alle Stücke einer Sendung[45] verloren gehen oder irreparabel beschädigt werden. Es gilt das **Wertersatzprinzip**, nach dem der Ausgleich stets in Geld zu erfolgen hat.[46] Die rechtlichen Auswirkungen des Wertersatzprinzips bedeuten (neben der Unanwendbarkeit sowohl der §§ 249 ff BGB als auch der Grundsätze der Naturalrestitution) zudem, dass der Geschädigte den Wertersatz selbst dann verlangen kann, wenn sein wirtschaftlicher Schaden geringer als der ihm zustehende Wertersatz ist.[47] Die Möglichkeiten eines ggf. günstigeren Deckungskaufs, etwaige Wiederbeschaffungskosten oder weitere Absatzmöglichkeiten bleiben genauso außer Betracht[48] wie die Höhe des konkreten (individuellen) Schadens.[49] **15**

---

[38] MünchKommHGB/*Herber* § 429 Rn 18.

[39] MünchKommHGB/*Herber* § 429 Rn 18; OGH Wien 28.6.1988, TranspR 1989, 222 (224); Koller § 429 Rn 11.

[40] MünchKommHGB/*Herber* § 429 Rn 18.

[41] Vgl. für nicht mehr verkäufliche gebrauchte Maschinen: OLG Hamburg 15.01.1998, TranspR 1998, 290; MünchKomm HGB/*Herber* § 429 Rn 19.

[42] Vgl. insgesamt *Skradde*, 48 ff.

[43] BGH v. 04.11.1955 – I ZR 14/54 – VersR 1955, 756.

[44] Siehe schon RG v. 05.11.1919 – I 155/19 – RGZ 98, 150, 151.

[45] Siehe zum Rechtsbegriff der „Sendung" unten die Kommentierung zu § 431 Abs. 2 HGB.

[46] Siehe zum Wertersatzprinzip und dessen rechtlichen Konsequenzen die einleitenden Ausführungen zum Normzweck des § 429 HGB.

[47] BGH 15.10.1992, TranspR 1993, 137 (138).

[48] BGH 15.10.1992, TranspR 1993, 137 (138).

[49] OLG Stuttgart 05.09.2001, TranspR 2002, 23; *Koller* § 429 Rn 18; Fremuth/Thume/*Fremuth* § 429 Rn 16.

16 Gemäß § 429 Abs. 1 HGB ist bei Totalverlust der Wert des Gutes am Ort und zur Zeit der Übernahme zur Beförderung zu Grunde zu legen. Der Wert des Gutes bestimmt sich in der Regel nach seinem **Marktpreis,**[50] insofern wirken Abs. 1 und Abs. 3 des § 429 HGB hier direkt zusammen. Bei der Bestimmung des Marktpreises ist zur Wertermittlung entweder der Wert des Stückes oder der gesamten Sendung maßgeblich. Gibt es keinen Marktpreis, so ist der **gemeine Wert** am Ort und zur Zeit der Übernahme des Gutes durch den Frachtführer maßgeblich.[51]

17 Schäden, die sich äußerlich lediglich als Teilverlust oder Beschädigung darstellen, können dennoch ein **wirtschaftlicher Totalverlust** im Sinne des § 429 Abs. 1 HGB sein.[52] Dies gilt, wenn durch den Verlust oder die Beschädigung ordnungsgemäß abgelieferte Stücke des Teiles der Sendung eine Werteinbuße erlitten haben.[53] Dies gilt auch, wenn die abgelieferten Sendungsteilstücke mit den verloren gegangenen Stücken eine wirtschaftliche Einheit bildeten. Diese ist – ebenso wie bei der Berechnung der Höchsthaftungssumme gemäß § 431 Abs. 2 HGB – bei der Wertermittlung zu berücksichtigen. Allerdings ist immer zu prüfen, ob eine Ersatzbeschaffung oder Reparatur des verlorenen gegangenen oder beschädigten Teils der Sendung in angemessener Zeit möglich ist und zu einer vollständigen Wiederherstellung der Sachgesamtheit führen kann.[54] Die Entwertung der unversehrten Teile kann den Wert der verloren gegangenen Teile übersteigen.[55] Die für die summenmäßige Haftungsbeschränkung gemäß § 431 HGB maßgebliche Obergrenze bleibt jedoch stets der Gesamtwert und das Gesamtgewicht.

IV. Wertersatz bei Teilverlust oder Beschädigung der Güter (§ 429 Abs. 2 HGB)

18 Im Falle eines Teilverlust oder der Beschädigung der Güter, kommt § 429 Abs. 2 HGB zur Schadensberechnung zur Anwendung, auch hier gilt das **Wertersatzprinzip**, genauso wie die summenmäßige Haftungsbeschränkung gemäß § 431 HGB. Teilverlust liegt vor, wenn aus einer mehrere Stücke umfassenden **Sendung** nur einzelne verloren gehen.[56] Für die Berechnung des Schadensersatzes ist dann grundsätzlich allein der Wert der verloren gegangenen Stücke zu berücksichtigen.[57] Für die Beschädigung gelten ansonsten die Grundsätze des § 425 HGB, nach denen insbesondere eine innere oder äußere, den Wert mindernde Substanzveränderung vorliegen muss.

19 Der Frachtführer hat – im Wege eines Wertvergleichs – den Unterschied zwischen dem Wert des unbeschädigten Gutes am Ort und zur Zeit der Übernahme zur Beförderung („Gesundwert")[58] und dem Wert, den das beschädigte Gut am Ort und zur Zeit der Übernahme gehabt hätte („Restwert"), als pauschalierten Schadensersatz zu ersetzen.[59] Der Restwert wird insofern hypothetisch errechnet, indem auf den Wert abgestellt wird, den das Gut mit dem Transportschaden bei der Übernahme zur Beförderung gehabt hätte. Die-

[50] Siehe zum Marktpreis die Kommentierung zu § 429 Abs. 3 HGB.
[51] MünchKommHGB/*Herber* § 429 Rn 14.
[52] BGH 6.2.1997, TranspR 1997, 335; OLG Hamburg 15.1.1998, TranspR 1998, 290.
[53] MünchKommHGB/*Herber* § 429 Rn 9.
[54] BGH 6.2.1997, TranspR 1997, 335; *Koller* in: *Heldrich/Hopt*, 50 Jahre Bundesgerichtshof II, 181 (190).
[55] MünchKommHGB/*Herber* § 429 Rn 9.
[56] MünchKommHGB/*Herber* § 429 Rn 9.
[57] *Koller* § 429 Rn 12.
[58] MünchKommHGB/*Herber* § 429 Rn 25; *Skradde*, 276.
[59] BGH 13.02.1980, NJW 1980, 2021; MünchKommHGB/*Herber* § 429 Rn 25; *Skradde*, 276.

ser Grundsatz wird nur bei qualifiziertem Verschulden des Frachtführers oder seiner Leute gemäß § 435 HGB durchbrochen.

Auf Grund der Vielfalt an tatsächlichen Erscheinungsformen einer Beschädigung wird es in der Regel keinen spezifischen Markt für das konkret beschädigte Gut geben. Dies wirkt sich – neben der Notwendigkeit des Abstellens auf den Übernahmeort – problematisch auf die Ermittlung des Restwertes aus. Sollte es doch einen Markt geben, so müsste ebenso wie im Falle des § 429 Abs. 1 HGB auf den **Marktpreis** abgestellt werden. Daher wird in der Regel auf den **gemeinen Wert** des beschädigten Gutes bei der Übernahme abgestellt werden müssen[60] oder es erfolgt eine Schätzung i.S.d. § 287 ZPO.[61] Hierzu sind in der Rechtsprechung einige Grundsätze entwickelt worden. **20**

Bei der Beschädigung von Transportgütern, insbesondere von technischen Geräten, ist auch der sog. **merkantile Minderwert** zu berücksichtigen.[62] Die Beschädigung des Transportguts kann der Sache insofern auch dann noch anhaften, wenn sie repariert wurde. Der merkantile Minderwert bedarf zur Ersatzfähigkeit aber nicht zwingend einer Reparatur und ist auch nicht Folge der Reparatur.[63] Die Veranlagung des merkantilen Minderwertes ist bereits in der Form des ursprünglich eingetretenen Transportschadens am Frachtgut enthalten. Die Reparaturkosten sind als wertdifferenzvermindernder Faktor nach § 429 Abs. 2 HGB selbst nicht erstattungsfähig.[64] Ersatzfähig ist nur die Wertminderung selbst. **21**

Entscheidend für das Vorliegen eines merkantilen Minderwertes ist, dass trotz technisch einwandfreier Reparatur die Sache im ordnungsgemäß wiederhergestellten Zustand wegen des Schadenfalles am Markt tatsächlich geringer bewertet wird.[65] Es kommt dabei nicht darauf an, wie der Geschädigte mit der Sache weiter verfährt – ob er sie veräußert oder weiterhin benutzt.[66] Der merkantile Minderwert ist insoweit unmittelbarer Teil des Substanzschadens der beeinträchtigten Sache.[67] Er stellt keinen mittelbaren Schaden oder einen Teil eines entgangenen Gewinnes dar.[68] Da dieser Schaden in Form des Minderwertes mit der Beschädigung der Sache unmittelbar und untrennbar verknüpft ist, muss er folglich auch in die Berechnung der Wertdifferenz des § 429 Abs. 2 HGB Einzug finden. Es handelt sich insofern nicht um einen von der Haftung grundsätzlich ausgeschlossenen Folgeschaden i.S.d. § 432 Satz 2 HGB. **22**

Im Gegensatz zur Ersatzfähigkeit des merkantilen Minderwerts ist ein bloßer Ansehensschaden nicht ersatzfähig i.S.d. § 429 Abs. 2 HGB, denn hier wäre die Ware grundsätzlich noch einschränkungslos absetzbar. Im Ansehensverlust liegt ein über den wirklichen Schaden hinausgehendes Element des entgangenen Gewinns, der durch die Konsequenzen des Wertersatzprinzips eben nicht berücksichtigungsfähig ist.[69] Ist ein Transport des beschädigten Gutes erforderlich, um es an einen Ort zu bringen, wo es noch verwertbar ist, so sind die Kosten hierfür ansatzfähig (gedeckelt bis zu den Kosten des Rücktransports zum Abgangsort).[70] Den Verkaufswert muss hierbei zugunsten des Schä- **23**

---

[60] *Skradde*, 276.
[61] MünchKommHGB/*Herber* § 429 Rn 25.
[62] MünchKommHGB/*Herber* § 429 Rn 26.
[63] MünchKommBGB/*Oetker* § 249 Rn 55 ff.
[64] *Koller* § 429 Rn 22; Fremuth/Thume/*Fremuth* § 429 Rn 33; MünchKommHGB/*Herber* § 429 Rn 28.
[65] MünchKommBGB/*Oetker* § 249 Rn 52.
[66] BGH v. 03.10.1961 – VI ZR 238/60 – BGHZ 35, 396 (397).
[67] BGH v. 24.02.1969 – VII ZR 173/66 – VersR 1969, 473 (474).
[68] OLG Frankfurt v. 15.01.1991 – 5 U 28/90 – BB 1991, 503.
[69] LG Hamm 25.11.1993, TranspR 1994, 61 (jedoch zur CMR); ebenso *Koller* § 429 Rn 22; Oetker/*Paschke* Rn 10; MünchKommHGB/*Herber* § 429 Rn 26.
[70] OLG Celle 29.10.1998, TranspR 1999, 106; MünchKommHGB/*Herber* § 429 Rn 26.

digers erhöht worden sein.[71] Die bloßen Verwertungskosten selbst sind aber nicht erstattungsfähig.[72]

V. Beweislast und Vermutungsregelungen (§ 429 Abs. 2 Satz 2 und Abs. 3 Satz 2 HGB)

24 Es gelten die allgemeinen Beweislastregeln. Der Geschädigte hat danach als Anspruchsteller beim Totalverlust den Wert des Gutes und beim Teilverlust bzw. der Beschädigung die Wertdifferenz zu beweisen (sowohl Gesund- als auch Restwert).[73] Der Geschädigte wird sich dabei regelmäßig auf die gesetzliche Vermutung des § 429 Abs. 3 Satz 2 HGB berufen, mit der der deutsche Gesetzgeber über die Vorgaben der CMR ausdrücklich hinausgegangen ist.[74]

25 Beim Totalverlust entspricht ein in einer Rechnung ausgewiesener Kaufpreis abzüglich in der Rechnung etwa enthaltener Beförderungskosten dem Wert des Gutes am Abgangsort. Voraussetzung dafür ist, dass der Verkauf unmittelbar vor Übernahme der Beförderung stattgefunden hat. Nur dann kann eine hinreichend zeitnahe Vermutungswirkung aus der Rechnung gefolgert werden. Greift die Vermutungswirkung nicht oder ist sie widerlegt und kann der Wert nicht anders nachgewiesen werden, so ist er gem. § 287 ZPO zu schätzen. Für eine zulässige richterliche oder sachverständige Schätzung müssen zumindest greifbare tatsächliche Anhaltspunkte vorliegen, z.B. hinsichtlich der Angaben über Alter und Zustand des verlorenen Gegenstandes.

26 Die Ermittlung eines Restwerts wirft in der Praxis regelmäßig Schwierigkeiten auf und erfordert oft die Prüfung durch einen (technischen) Sachverständigen. Dies gilt selbst dann, wenn eine Rechnung vorliegt, die als zentraler Anhaltspunkt hinsichtlich des Schadensumfangs verwertet werden kann. Liegt keine Rechnung vor, so sind andere Beweiserleichterungen, wie z.B. der *prima-facie*-Beweis zulässig.[75] Die Beweisführung hinsichtlich des zu ermittelnden Werts kann sich dann z.B. auf Art und Umfang wiederkehrender Versendungen beziehen.

27 § 429 Abs. 2 Satz 2 HGB stellt i.Ü. die ergänzende Vermutung auf, dass die zur Schadensminderung und Schadensbehebung aufzuwendenden Kosten dem Unterschiedsbetrag entsprechen. Aufwendungen für die Behebung eines Schadens (z.B. die Reparatur einer Maschine) begründen nach § 429 Abs. 2 Satz 2 HGB in jedem Fall eine Vermutung dafür, dass sie der Wertdifferenz entsprechen.[76] Auf Grund der schwierigen Abgrenzung und Bezifferbarkeit erfolgreicher und weniger erfolgreicher Schadensminderungsmaßnahmen wird die Anwendbarkeit des § 429 Abs. 2 Satz HGB in der Literatur in diesem (Teil-)Bereich allerdings kritisch gesehen.[77] Der eindeutige Gesetzeswortlaut spricht jedoch auch hier klar für eine grundsätzliche Anwendbarkeit der Vermutungsregelung, die deshalb nicht teilweise ausgeschlossen werden kann. Jede Verbesserung des Zustandes der beschädigten Ware durch Schadensminderungsmaßnahmen des Frachtführers kommt grundsätzlich dem Empfänger zugute.[78] Unternimmt der Frachtführer Schadensminderungsmaßnahmen, so geschieht dies auf seine Kosten und erhöht den Restwert, vermindert also die zu zahlende Wertdifferenz.[79]

---

[71] OLG Celle 29.10.1998, TranspR 1999, 106; MünchKommHGB/*Herber* § 429 Rn 26.
[72] MünchKommHGB/*Herber* § 429 Rn 27.
[73] Fremuth/Thume/*Fremuth* § 429 Rn 19.
[74] *Herber/Piper* Art. 23 CMR Rn 36.
[75] *Koller* § 429 Rn 30; MünchKommHGB/*Herber* § 429 Rn 31.
[76] MünchKommHGB/*Herber* § 429 Rn 29.
[77] MünchKommHGB/*Herber* § 429 Rn 32.
[78] MünchKommHGB/*Herber* § 429 Rn 28.
[79] MünchKommHGB/*Herber* § 429 Rn 28.

§ 430
Schadensfeststellungskosten

Bei Verlust oder Beschädigung des Gutes hat der Frachtführer über den nach § 429 zu leistenden Ersatz hinaus die Kosten der Feststellung des Schadens zu tragen.

Schrifttum (Siehe die allgemeinen Angaben zum Schrifttum unter §§ 407, 425 HGB.)

Skradde Schadenersatz im Transportrecht – Der ersatzfähige Schaden des Transportrechtes 2016; *Starosta* Sind Ermittlungskosten als Schadensfeststellungskosten im Sinne des § 430 HGB anzusehen? TranspR 2008, 466 – 467.

Übersicht

I. Normzweck und Entstehung des § 430 HGB

1 § 430 HGB ist eine **Ausnahme zum Wertersatzprinzip** und damit eine Sonderregelung. Die Norm wurde aus dem Vorschlag der Sachverständigenkommission und dem Regierungsentwurf unverändert übernommen.[1] Insbesondere hat § 430 HGB kein dogmatisches Vorbild in der CMR.[2] Auch die CMNI verzichtet auf eine vergleichbare Regelung.

2 Der deutsche Gesetzgeber hat hier insofern „echte“ Ausnahmeregelung getroffen als § 430 HGB dem Geschädigten den Ersatz einer eigenständen Schadensposition ermöglicht. Der Schaden muss allerdings erwiesenermaßen über den Wertersatz hinausgehen und grundsätzlich als mittelbarer Schaden einzustufen sein. Damit sind z.B. keine Ansprüche auf Grund von Lieferfristüberschreitungen oder gemäß § 280 BGB erfasst.[3] § 430 HGB erfasst auch nicht die Kosten der Schadensabwendung und -minderung.[4] Diese sind nach dem Wertersatzprinzip bereits im geschuldeten Wertersatz enthalten, vgl. auch § 429 Abs. 2 HGB. Umgekehrt erfasst der Wertersatz gemäß § 429 HGB auch keine über § 430 HGB ersatzfähigen Aufwendungen.

3 § 430 HGB deckt insofern den Ersatz eines **reinen Folgeschadens** ab.[5] Der Gesetzgeber sieht die Ersatzfähigkeit von Schadenfeststellungskosten insbesondere durch die Nähe zur Vermögenseinbuße als begründet an[6] und verweist auf eine sachliche Untrennbarkeit mit dem eigentlichen Schadensfall.[7] Die betreffenden Kosten der Schadenfeststellung könnten gerade nicht über Art. 23 Abs. 4 CMR bzw. § 432 HGB getragen werden. Vielmehr seien die Kosten der Schadensfeststellung untrennbar mit der Ermittlung des ersatzfähigen Schadensumfanges verknüpft, der in Folge des Substanzschadens entstanden ist. Wertungsmäßig seien diese Kosten daher dem zu leistenden Wertersatz gleichzustellen und daher auch ersatzfähig.[8]

---

1 BT-Drucks. 13/8445, 65.
2 *Thume* Art. 23 CMR Rn 33; OLG Hamburg TranspR 1985, 130 (131); OLG Hamburg TranspR 1985, 398 (398 f); OLG Hamburg TranspR 1992, 66 (67).
3 *Koller* § 430 HGB Rn 2; MünchKommHGB/*Herber* HGB § 430 Rn 4.
4 MünchKommHGB/*Herber* HGB § 430 Rn 2.
5 *Koller* § 430 HGB Rn 1; *Skradde*, 128.
6 BT-Drucks. 13/8445, 65; *Skradde*, 128.
7 MünchKommHGB/*Herber* HGB § 430 Rn 1.
8 BT-Drucks. 13/8445, 65; *Skradde*, 128.

II. Begriff und Umfang der Schadensfeststellungskosten

4 § 430 HGB erfasst begrifflich alle Kosten, die zur Feststellung des gemäß § 429 HGB ersatzfähigen Wertverlusts tatsächlich aufgewendet werden.[9] Unter Umständen können aber Zweifel darüber bestehen, ob überhaupt ein Schaden aus einem Ereignis entstanden ist. Die möglichen Konsequenzen des Ereignisses sachverständig klären zu lassen, ist ein Teil der Schadensfeststellungskosten.[10] Hierzu gehören auch die notwendigen Schadensfeststellungskosten zur Ermittlung des bei Beschädigung für die Berechnung des Wertverlustes maßgebenden hypothetischen Restwertes am Übernahmeort.[11]

5 Unter Umständen kann die Abgrenzung zu den über § 429 HGB erfassten Wertverlusten problematisch sein. Jedenfalls über § 430 HGB erstattungsfähig sind die Aufwendungen hinsichtlich der Folgekosten für Kommunikation, Reisen und Transport[12] und für die Erstellung von Kostenvoranschlägen.[13] Den bloßen Schadensverdacht jedoch bereits als eigenständigen Wertverlust gemäß § 429 HGB zu sehen, erscheint zumindest im Ausgangspunkt problematisch.[14] Denn § 429 HGB wohnt nach seinem Wortlaut ein tatsächliches Element inne, und dieses kann jedenfalls dann nicht bejaht werden, wenn die sachverständige Untersuchung der Konsequenzen eines Ereignisses widererwartend zu dem Ergebnis führt, dass kein Wertverlust zu bejahen ist. § 430 HGB setzt jedoch nach seinem klaren Wortlaut ebenfalls den Verlust oder eine erwiesene Beschädigung im tatsächlichen Sinne voraus. Auf Grund der sachlichen Nähe zu Reparaturaufwendungen erscheint es daher vorzugswürdiger, die Ausräumung eines *begründeten* Schadensverdachts aus dem Anwendungsbereich des § 430 HGB auszunehmen und die Kosten über § 429 Abs. 2 Satz 2 HGB zu erstatten.[15] Erscheint die Beauftragung zur Ermittlung eines möglichen Schadens dagegen sachlich fernliegend und wird im Ergebnis kein Schaden festgestellt, so sind die hierfür entstandenen Kosten nicht ersatzfähig. Es gelten insofern die normalen Beweislastregelungen des § 425 HGB, wonach der Anspruchsteller auch die Notwendigkeit und Höhe der Aufwendungen nachzuweisen hat. Tatbestandlich nicht erfasst sind die Kosten zur Ermittlung einer Schadensursache.[16] Dies gilt auch für die Kostenfolgen zur Klärung von Details eines Schadensverlaufs.[17]

6 § 430 ist nur eingeschränkt abdingbar, vgl. § 449 HGB. Auf die Erstattung von Schadensfeststellungskosten – in Verbindung mit weiteren ersatzfähigen Positionen – sind die Grundsätze der summenmäßigen Haftungsbegrenzung gemäß § 431 HGB weiterhin anwendbar.[18]

---

9 MünchKommHGB/*Herber* HGB § 430 Rn 5; Fremuth/Thume/*Fremuth* § 430 Rn 4; Ebenroth/Boujong/Joost/Strohn/*Schaffert* § 430 Rn 3.

10 LG Bielefeld, Urteil vom 11.12.201 (Az. 16 O 57/12); OLG Hamburg, TranspR 1985, 130 (131); OLG Hamburg, TranspR 1985, 398 (398 f); OLG Hamburg, TranspR 1992, 66, (67).

11 MünchKommHGB/*Herber* HGB § 430 Rn 5; *Koller* § 430 Rn 3.

12 *Koller* § 430 Rn 3; MünchKommHGB/*Herber* HGB § 430 Rn 5.

13 *Koller* § 430 Rn 3; BGH, TranspR 2000, 456.

14 Siehe hierzu insbesondere BGH, TranspR 2000, 456.

15 So auch *Koller* § 430 Rn 3 (Rn 14).

16 BGH TranspR 2008, 362 (365); *Starosta* TranspR 2008, 466; *Koller* § 430 Rn 3; aA Fremuth/Thume/*Fremuth* § 430 Rn 4; siehe umfassende Nachweise bei *Koller* § 430 Rn 3 (Rn 13).

17 MünchKommHGB/*Herber* HGB § 430 Rn 7.

18 MünchKommHGB/*Herber* HGB § 430 Rn 9; Ebenroth/Boujong/Joost/Strohn/*Schaffert* § 430 Rn 4.

§ 431
Haftungshöchstbetrag

(1) Die nach den §§ 429 und 430 zu leistende Entschädigung wegen Verlust oder Beschädigung ist auf einen Betrag von 8,33 Rechnungseinheiten für jedes Kilogramm des Rohgewichts des Gutes begrenzt.

(2) Besteht das Gut aus mehreren Frachtstücken (Sendung) und sind nur einzelne Frachtstücke verloren oder beschädigt worden, so ist der Berechnung nach Absatz 1

1. die gesamte Sendung zu Grunde zu legen, wenn die gesamte Sendung entwertet ist, oder

2. der entwertete Teil der Sendung zu Grunde zu legen, wenn nur ein Teil der Sendung entwertet ist.

(3) Die Haftung des Frachtführers wegen Überschreitung der Lieferfrist ist auf den dreifachen Betrag der Fracht begrenzt.

(4) Die in den Absätzen 1 und 2 genannte Rechnungseinheit ist das Sonderziehungsrecht des Internationalen Währungsfond. Der Betrag wird in Euro entsprechend dem Wert des Euro gegenüber dem Sonderziehungsrecht am Tag der Übernahme des Gutes zur Beförderung oder an dem von den Parteien vereinbarten Tag umgerechnet. Der Wert des Euro gegenüber dem Sonderziehungsrecht wird nach der Berechnungsmethode ermittelt, die der Internationale Währungsfonds an dem betreffenden Tag für seine Operationen und Transaktionen anwendet.

Schrifttum (Siehe ergänzend die Angaben zum Schrifttum unter §§ 407, 425 HGB.)

Bahnsen AGB-Kontrolle bei den Allgemeinen Deutschen Spediteurbedingungen, TranspR 2010, 19–26; *De la Motte* CMR: Schaden – Entschädigung – Versicherung, VersR 1988, 317 – 324; *Ramming* Probleme des § 449 Abs. 1 und 2 HGB – insbesondere Leistungsbeschreibungen, TranspR 2010, 397 – 415; *Skradde* Schadenersatz im Transportrecht – Der ersatzfähige Schaden des Transportrechtes 2016.

Übersicht

I. Normzweck und Entstehung des § 431 HGB

Die in sich geschlossenen Haftungssysteme des Transportrechtes sehen für den Grundfall der Haftung des Frachtführers nicht nur eine Begrenzung auf den Güterwert vor. Sie ordnen zudem feste Haftungshöchstbeträge an (doppelte Haftungsbeschränkung).[1] Die **1**

[1] *Skradde*, 132.

Haftung des Frachtführers ist danach summenmäßig auf bestimmte Haftungshöchstbeträge begrenzt. Für Güterschäden wird die Höhe der Haftung als Regelfall auf **8,33 Sonderziehungsrechte** (SZR) des Internationalen Währungsfonds (IWF) für jedes Kilogramm des Rohgewichts des Gutes begrenzt. Die Methodik einer gewichtsbezogenen Haftungsbegrenzung findet sich in allen Rechtsquellen international vereinheitlichter Teilstreckenrechte, lediglich die individuellen Bemessungswerte, d.h. die Höhe der SZR-Rechnungseinheiten, weichen voneinander ab. Diese Methodik erkennt angesichts einer oftmals verschuldensunabhängigen Haftung insbesondere an, dass dem Frachtführer jedenfalls hinsichtlich des Haftungsumfanges eine Haftungsmilderung zur Verfügung gestellt werden muss.[2]

2 Durch das Seerechtsreformgesetz von 2013 wurde der Begriff der „Sendung" als „*ein aus mehreren Frachtstücken bestehendes Gut*" legal definiert. § 431 HGB wurde dadurch an den Wortlaut des § 504 HGB anpasst.[3] Ansonsten entspricht der Wortlaut des § 431 HGB – mit einer Ausnahme – dem früheren Vorschlag der Sachverständigenkommission und dem Regierungsentwurf zum Transportrechtsreformgesetz: Der Rechtsausschuss des Deutschen Bundestages votierte für einen abweichenden Zeitpunkt hinsichtlich der Umrechnung des SZR in Euro: Nach Art. 23 Abs. 7 CMR ist der Tag der Urteilsverkündung der betreffenden Umrechnung zu Grunde zu legen. § 431 Abs. 4 Satz 2 HGB ersetzt diesen Zeitpunkt im deutschen Recht jedoch durch den Tag der Übernahme des Gutes zur Beförderung.[4]

3 Eine weitergehende Rechtsvereinheitlichung mit den Vorgaben der CMR war ein grundlegendes Ziel des Transportrechtsreformgesetzes von 1998. Die summenmäßige Begrenzung auf 8,33 SZR bedeutet zwar seit 1998 eine deutliche Absenkung im Vergleich zu den vor 1998 im Kraftverkehr sowie im Eisenbahnverkehr geltenden Regelungen.[5] Die Kalkulierbarkeit von Haftungsrisiken – und damit die Versicherbarkeit der Frachtführerhaftung – wird zudem durch jede summenmäßige, am Gewicht des Gutes orientierte Haftungsbegrenzung sichergestellt.[6] Jedoch wurde nunmehr im HGB insbesondere ein materieller Gleichlauf mit dem Bemessungswert gemäß Art. 23 CMR hergestellt. Dies ist der einzig sinnvolle Weg, da ansonsten die Frachtführerhaftung, v.a. im internationalen Straßenverkehr, zu stark ausdifferenzieren würde.[7] Die Rechtsfolge, nach der sich für sehr leichtes wertvolles Gut kalkulatorisch nur eine geringe Haftungshöchstsumme ergibt, wird bewusst in Kauf genommen, da der Frachtführer den kommerziellen Wert der Güter nicht grundsätzlich kennen muss und nicht für jeden individuellen Transport ermitteln kann. Auch die Begrenzung auf den Wert der Sendung alleine bietet für den Frachtführer keinen hinreichenden Schutz vor einer möglichen ruinösen Haftung, da durch den Güterwert eine verlässliche Kalkulationsgrundlage für mögliche Haftungsrisiken nicht in gleicher Weise wie eine gesetzlich festgelegte Haftungssumme erreicht werden kann.[8]

4 § 449 Abs. 2 HGB schränkt in der Praxis die tatsächliche Tragweite des § 431 HGB signifikant ein.[9] Denn den notwendigen Erfordernissen der Vertragsfreiheit – auch im Bereich der Haftungssummenbegrenzung – wird durch die Korridorlösung des § 449 Abs. 2 Satz 1

---

2 BT-Drucks. 13/8445, 66; *Skradde*, 341.
3 Siehe näher RegBegr-SRG, 55.
4 MünchKommHGB/*Herber* HGB § 431 Rn 6.
5 Gemäß KVO galt eine Begrenzung von 80 DM/kg, gemäß EVO eine Begrenzung von 100 DM/kg.
6 Vgl. allgemein OLG Düsseldorf, TranspR 2005, 468 (471); MünchKommHGB/*Herber* HGB § 431 Rn 1; Ebenroth/Boujong/Joost/Strohn/*Schaffert* § 431 Rn 1.
7 BT-Drucks. 13/8445, 66.
8 BT-Drucks. 13/8445, 66; *Skradde*, 341.
9 MünchKommHGB/*Herber* HGB § 431 Rn 7.

HGB Rechnung getragen. Danach kann eine Haftungshöchstsummen-Marge zwischen 2 und 40 SZR oder ein Betrag, der für den Aufsteller von AGB ungünstiger als der gesetzliche Haftungsbetrag ist, vertraglich vereinbart werden. Die Begrenzung der AGB-Gestaltungsfreiheit auf einen Bemessungswert von maximal 40 SZR zielt v.a. darauf ab, wirtschaftlich schwächere Frachtführer gegen unangemessene Belastung durch die Formularbedingungen übermächtiger Versender und Spediteure zu schützen.[10] Umgekehrt haften wirtschaftlich starke Frachtführer mit 2 SZR zumindest noch in den Grenzen, die bis in die Gegenwart im international vereinheitlichten Seefrachtrecht üblich sind. Die Haftung mit 8,33 SZR ist insofern zwar der gesetzliche Regelfall, kann jedoch deutlich zugunsten oder zu Lasten des Frachtführers vertraglich modifiziert werden.

II. Verlust oder Beschädigung (§ 431 Abs. 1 HGB)

5 Gemäß § 431 Abs. 1 HGB ist die nach §§ 429, 430 HGB zu leistende Entschädigung wegen eines Verlustes oder der Beschädigung auf 8,33 Rechnungseinheiten für jedes Kilogramm des Rohgewichtes des Gutes begrenzt. Die Regelung lehnt sich an das Vorbild der CMR gemäß Art. 23 Abs. 3, Art. 25 Abs. 2 lit. a) CMR an.[11] Zur Vereinfachung wird jedoch auf eine gesonderte Regelung jeweils für den Verlust und die Beschädigung verzichtet und es werden die Haftungsregeln der CMR zusammengeführt.[12] § 431 Abs. 1 HGB ist nur einschlägig, wenn die gesamte Sendung vom Verlust bzw. der Beschädigung betroffen ist. Die Fälle des Teilverlustes und der Teilbeschädigung werden durch § 431 Abs. 2 HGB erfasst.[13]

6 **1. Das Rohgewicht.** Die für § 431 Abs. 1 HGB ausschlaggebende Bezugsgröße zur Errechnung des Höchstbetrages der Haftung ist das Rohgewicht des Gutes. Das Rohgewicht des Gutes bezeichnet i.S.d. § 408 Abs. 1 Satz 1 Nr. 8 HGB und dem Vorbild des Art. 6 Abs. 1 lit. h) CMR folgend das Bruttogewicht des Gutes, mithin das Gewicht des Gutes einschließlich seiner Verpackung.[14] Die Verpackung gehört nur insoweit zum Rohgewicht, als sie dem Frachtführer übergeben wurde.[15] Wird das Gut z.B. in einem Container an den Frachtführer ausgehändigt, ist das Gewicht dieses Containers in die Berechnung des Rohgewichtes einzubeziehen. Lädt der Frachtführer hingegen das ihm zur Beförderung übergebene Gut auf Grund eigener Entscheidung in einen Container, ist das Gewicht dieses Containers nicht Bestandteil des Rohgewichtes des Gutes.

7 Wird die zum Rohgewicht zugehörige Verpackung, z.B. der Container, selbst nicht beschädigt, liegt ein Fall des § 431 Abs. 1 HGB nicht vor. Es handelt sich dann um eine Teilbeschädigung i.S.d. § 431 Abs. 2 HGB.[16] Für die Berechnung des § 431 Abs. 1 HGB ist ausschließlich das Gesamtgewicht maßgeblich. Das Gewicht einzelner Packstücke bleibt unerheblich.[17]

---

[10] MünchKommHGB/*Herber* HGB § 431 Rn 7.
[11] BT-Drucks. 13/8445, 66; *Skradde*, 344.
[12] BT-Drucks. 13/8445, 66.
[13] Die Systematik ist auf § 431 HGB a.F., d.h. in der Fassung des Transportrechtsreformgesetzes von 1998, zurückzuführen. In § 431 AbS. 1 HGB a.F. war von der „gesamten Sendung" die Rede. Durch das Seerechtsreformgesetz von 2013 sollte diese Systematik selbst nicht berührt werden. Vielmehr beabsichtigte der Gesetzgeber eine begriffliche Rückkehr zum „Gut" und eine Anpassung des § 431 HGB an den Wortlaut des § 504 HGB; siehe Entwurf eines Gesetzes zur Reform des Seehandelsrechts, BT-Drucks. 17/10309, 55.
[14] Siehe hierzu insbesondere die Kommentierung von *Schmidt* Band 12/2, § 408 Rn 18; MünchKommHGB/*Thume* § 408 Rn 37.
[15] MünchKommHGB/*Herber* HGB § 431 Rn 10.
[16] MünchKommHGB/*Herber* HGB § 431 Rn 10.
[17] *Schmidt* Band 12/2, § 408 Rn 18.

8 **2. Die Haftungshöhe.** Die Begrenzung der Haftung auf 8,33 Rechnungseinheiten folgt unmittelbar dem Haftungshöchstbetrag der CMR aus Art. 23 Abs. 3 u. Art. 25 Abs. 2 lit. a CMR. Im Unterschied zum Haftungssystem des HGB in seiner alten Fassung und dem des BinSchG in seiner alten Fassung, das jeweils eine summenmäßige Haftungsbegrenzung überhaupt nicht kannte, sowie im Unterschied zur ehemaligen KVO und EVO (die gemäß § 35 Abs. 4 KVO mit 80 DM bzw. gemäß § 85 Abs. 1 Satz 2 EVO mit 100 DM je Kilogramm des Rohgewichtes eine deutlich höhere Haftungsgrenze vorsahen), hat sich der Gesetzgeber bewusst für eine erhebliche Absenkung der zuvor im deutschen Recht geltenden Haftungshöchstbeträge ausgesprochen. Vor allem im Vereinheitlichungsinteresse wurde die Höhe von 8,33 Rechnungseinheiten als tragbare Kompromisslösung betrachtet, die auch im innereuropäischen Vergleich als mittlere Lösung anzusehen sei.[18] Denn es variierten z.B. die Haftungshöchstbeträge von 2 SZR in den Niederlanden bis hin zu 19 SZR in Schweden. Der vereinzelt vertretenen Auffassung, deutlich niedrigere Haftungsgrenzen festzulegen (z.B. zwei Rechnungseinheiten je Kilogramm des Bruttogewichtes) wie im früheren deutschen Seefrachtrecht (§ 660 Abs. 1 Satz 1 HGB a.F.) oder im niederländischen Frachtrecht, wurde nicht gefolgt.[19] Insbesondere wird vertreten, eine zu niedrig angesetzte Haftungsgrenze führe faktisch zu einer Aushöhlung der Haftung und verhindere die Anwendung des haftungsrechtlichen Grundsatzes der Eigenverantwortlichkeit des Unternehmers für die seiner Risikosphäre zugehörigen potentiellen Schadenursachen.[20] Bezweifelt wird überdies, ob vor dem Hintergrund der höchstrichterlichen Rechtsprechung zum qualifizierten Verschulden gemäß § 435 HGB niedrigere Haftungsgrenzen überhaupt geeignet sind, den Frachtführer hinreichend zu schützen.[21] Nicht zuletzt aus Praktikabilitätsgründen wurde der Gedanke, Sonderregelungen für Großsendungen oder hochwertige Sendungen einzuführen, ebenso verworfen wie eine normative Orientierung der Haftungsobergrenze am Durchschnittswert des Frachtgutes.[22]

9 Tatsächlich ist wohl auch der Betrag von 8,33 Rechnungseinheiten nur noch bedingt zeitgemäß.[23] Das zeigt insbesondere die weite BGH-Rechtsprechung zum qualifizierten Verschulden gemäß § 435 HGB, die im Zusammenspiel mit dem Mitverschulden bemüht ist, einen gerechten Interessenausgleich zwischen dem Frachtführer und dem Geschädigten zu finden. Die Reformbedürftigkeit der gesetzlich festgelegten Haftungshöchstsumme folgt insbesondere aus dem Umstand, dass durch technische Weiterentwicklungen viele hochpreisige Güter immer leichter werden. Dieser Entwicklung wird die Haftungsgrenze von 8,33 Rechnungseinheiten nicht mehr angemessen gerecht. Eine Anpassung der Höchsthaftung wäre insofern angezeigt. Ob eine Anpassung der Haftungshöchstgrenze jedoch die etablierte BGH-Rechtsprechung zum qualifizierten Verschulden in ihrer Tragweite einschränken könnte, erscheint dagegen mehr als fraglich.

10 Der Gesetzgeber hat zwar die Möglichkeit der Berücksichtigung einer Anpassung der Höchsthaftung wenigstens zum Ausgleich einer graduellen Geldentwertung erkannt. Von einer Regelung dazu wurde jedoch abgesehen.[24] Es bestehe die Gefahr, dass eine Ermächtigung zur regelmäßigen Anpassung der Höchsthaftungssumme – entweder nach dem Verlauf der Inflation oder als Reaktion auf steigende Erzeugerpreise – den Erfordernissen des Art. 80 GG nicht gerecht werde.[25] Außerdem würde durch faktisch der beabsichtigte Gleichlauf mit der CMR unterlaufen. Eine Anpassung der Höchsthaftungssumme des § 431 Abs. 1 HGB kann somit sinnvoll nur im Wege einer Anpassung der Höchstbeträge

---

[18] BT-Drucks. 13/8445, 67; *Skradde*, 346.
[19] BT-Drucks. 13/8445, 67; *Skradde*, 346.
[20] BT-Drucks. 13/8445, 67; *Skradde*, 346.
[21] BT-Drucks. 13/8445, 67; *Skradde*, 346
[22] BT-Drucks. 13/8445, 67; *Skradde*, 346.
[23] *Skradde*, 347.
[24] BT-Drucks. 13/8445, 67; *Skradde*, 347.
[25] BT-Drucks. 13/8445, 67; *Skradde*, 347.

der CMR erfolgen.[26] Die BGH-Rechtsprechung zum qualifizierten Verschulden gilt zwar auch dort, soweit die nationale Rechtsprechung betroffen ist. International herrscht allerdings nicht grundsätzlich die gleiche Auffassung zur Reichweite des Art. 29 CMR (als Parallelvorschrift zum § 435 HGB). Die Möglichkeit der Veränderung des Haftungshöchstbetrages des Art. 23 Abs. 3 CMR auf ein zeitgemäß und international durchsetzbares Maß durch die Mitgliedstaaten sollte daher ernsthaft in Erwägung gezogen werden. Nationale Gesetzgeber könnten dann reagieren.

III. Teilverlust oder Teilbeschädigung (§ 431 Abs. 2 HGB)

Im Falle des Teilverlustes und der Teilbeschädigung entspricht § 431 Abs. 2 HGB seinem rechtsdogmatischen Vorbild (Art. 25 Abs. 2 CMR).[27] Im Unterschied zu Art. 25 Abs. 2 CMR nimmt § 431 Abs. 2 HGB jedoch nicht nur Bezug auf die Entwertung der Sendung durch die Beschädigung, sondern ist auch auf den Teilverlust anwendbar. 11

1. Die Sendung. Der Gesetzgeber verwendet in § 431 Abs. 2 HGB bewusst den Begriff der Sendung und definiert diese als ein Gut, das aus mehreren Frachtstücken besteht. Eine Sendung umfasst eines oder mehrere Packstücke, die auf Grund eines einheitlichen Frachtvertrages für einen Absender an einen Empfänger gesandt werden.[28] Wird durch den Frachtführer ein Ladeschein oder ein Frachtbrief ausgestellt, werden die darin ausgewiesenen Packstücke zu einer Sendung.[29] Dementsprechend gilt, wenn auf Grund eines Frachtvertrages für eine Mehrzahl von Packstücken mehrere Frachtbriefe ausgestellt werden, dass auch mehrere Sendungen zur Beförderung an den Frachtführer übergeben wurden. 12

Eine abweichende Ansicht in der Literatur geht davon aus, dass es unerheblich ist, ob ein Frachtbrief ausgestellt wird.[30] Soweit die Merkmale des einheitlichen Frachtvertrages, des Versenders und des Empfängers erfüllt seien, komme es in Ermangelung eines gesetzlichen Zwanges zur Erstellung eines Frachtbriefes nicht mehr darauf an, ob die Packstücke in einem Frachtbrief ausgewiesen seien.[31] Eine Sendung im Rechtssinne kann insofern nach dieser Meinung auch dann vorliegen, wenn unter der einheitlichen Beförderung einer Mehrzahl von Packstücken von einem Versender zu einem Empfänger mehrere Frachtbriefe ausgestellt werden. Dagegen ist anzuführen, dass trotz des fehlenden Frachtbriefzwanges im HGB der Frachtbrief das Vorliegen einer Sendung impliziert. Bereits im Jahre 1981 hatte der BGH festgelegt, dass im Frachtbrief zu befördernde, zusammengefasste Güter als Sendung verstanden werden.[32] Danach sei eine Unterteilung in einzelne Sendungen nur dann zulässig, wenn gesonderte Frachtbriefe ausgestellt wurden.[33] Diese BGH-Entscheidung erging zwar zur CMR, die ein abweichendes Verständnis des Frachtbriefes kennt. Der Gesetzgeber verwies jedoch vor 1998 in seiner Begründung zum Transportrechtsreformgesetz zum Rechtsbegriff der Sendung explizit auf einen Verzicht zur gesetzlichen Definition, da diese bereits durch die Auslegung der CMR verbreitet sei.[34] Die Sendung muss daher auch im Rahmen des HGB wie bei der Verwendung dieses Rechtsbegriffes innerhalb der CMR verstanden werden. 13

---

[26] *Skradde*, 347.
[27] BT-Drucks. 13/8445, 66; *Skradde*, 348.
[28] MünchKommHGB/*Herber* HGB § 431 Rn 9; *Koller* § 431 HGB Rn 3; Fremuth/Thume/*Fremuth* § 430 Rn 7.
[29] MünchKommHGB/*Herber* HGB § 431 Rn 9.
[30] Siehe *Skradde*, 348.
[31] *Koller* § 431 HGB Rn 3.
[32] BGH v. 30.01.1981 – I ZR 18/79 – TranspR 1981, 129.
[33] BGH v. 30.01.1981 – I ZR 18/79 – TranspR 1981, 129.
[34] BT-Drucks. 13/8445, 66; *Skradde*, 349.

14 **2. Die Haftungseinheiten.** Grundsätzlich sollen nach § 431 Abs. 2 HGB nur die vom Verlust bzw. der Beschädigung betroffenen Frachtstücke für die Haftungsbegrenzung ausschlaggebend sein. Ein Frachtstück ist zuerst das einzelne Gut, also das Packstück. Ein Frachtstück kann aber auch aus mehreren zu einer Ladungseinheit zusammengefügten Packstücken bestehen, z.B. aus Packstücken auf einer Palette.[35] Zur Entscheidung, ob das einzelne Packstück auf der Palette oder die Palette als Ganzes das Frachtstück ausmacht, ist der Frachtbrief maßgeblich. Weist dieser die Anzahl der Packstücke separat aus, sind diese als einzelne Frachtstücke zu verstehen. Weist der Frachtbrief lediglich die Menge der Paletten aus, ist die Palette selbst als Frachtstück einzuordnen.[36] Dies gilt naturgemäß nur, insoweit die fraglichen Packstücke auf der Palette an denselben Empfänger gerichtet sind.

15 Befinden sich auf einer Palette mehrere Packstücke, die verschiedene Adressaten aufweisen, geht vom Frachtbrief keine Indizwirkung aus.[37] Ähnliches gilt, wenn der Frachtbrief sowohl die Anzahl der Paletten, als auch die Anzahl der einzelnen Packstücke ausweist. Es ist dann im Wege der Auslegung zu ermitteln, ob das Packstück oder die Palette selbst ein Frachtstück darstellt.[38] Dabei sind insbesondere der im Frachtbrief verfolgte Zweck der Ausweisung aller Positionen, sowie die Interessenlage der Parteien zu berücksichtigen.[39] Hinsichtlich der Interessenlage des Frachtführers ist insbesondere zu berücksichtigen, ob dieser tatsächlich die Möglichkeit hatte, die Angaben auf dem Frachtbrief zu kontrollieren. Um § 431 Abs. 2 HGB zur Anwendung zu bringen muss der Verlust oder die Beschädigung nur eines einzelnen bzw. einzelner Frachtstücke der Sendung entweder die gesamte oder nur einen Teil dieser Sendung entwertet haben.

16 **3. Entwertung der gesamten Sendung, § 431 Abs. 2 Nr. 1 HGB.** Nach BGH-Ansicht findet § 425 Abs. 1 HGB in Verbindung mit § 429 Abs. 1 HGB (zum Verlust des Frachtgutes) Anwendung, wenn der Wert, den das beschädigte Gut i.S.d. § 429 Abs. 2 Satz 1 HGB am Ort und zur Zeit der Übernahme gehabt hätte, gegenstandslos geworden ist.[40] Die gesamte Sendung ist entwertet, wenn der Verlust oder die Beschädigung einzelner Frachtstücke der Sendung dazu führen, dass das Frachtgut vollständig wertlos wird.[41] Ist eine Entwertung der gesamten Sendung anzunehmen, berechnet sich der Haftungshöchstbetrag entsprechend § 431 Abs. 1 HGB.

17 **4. Entwertung eines Teils der Sendung, § 431 Abs. 2 Nr. 2 HGB.** Eine Entwertung nur eines Teiles der Sendung liegt dann vor, wenn der Verlust oder die Beschädigung einzelner Frachtstücke der Sendung dazu führt, dass gerade keine vollständige Entwertung eingetreten ist. Die Wertminderung beschränkt sich für diese Fälle auf einen Teil der Sendung. Ein Teilverlust ist nicht nur beim Verlust einzelner Packstücke einer mehrere Packstücke umfassenden Gesamtsendung zu bejahen.[42] Teilverlust liegt auch dann vor, wenn irgendein Teil der Substanz des zu befördernden Gegenstandes nicht beim Empfänger abgeliefert wird.[43] Dies betrifft somit nicht nur den in der Hauptsache zu befördernden Gegenstand, sondern auch sämtliche dazugehörigen Teile und anderes Zubehör, das ebenfalls mit der Sendung befördert werden soll. Da die Verpackung grundsätzlich zum Frachtgut gehört,

---

35 MünchKommHGB/*Thume* § 409 Rn 14; *Skradde*, 349.

36 MünchKommHGB/*Thume* § 409 Rn 14; *Skradde*, 349.

37 *Skradde*, 349.

38 *Skradde*, 350.

39 MünchKommHGB/*Thume* § 409 Rn 14; *Skradde*, 350.

40 BGH v. 29.07.2009 – I ZR 171/08 – TranspR 2009, 408 (409); *Skradde*, 273.

41 *Skradde*, 350.

42 MünchKommHGB/*Herber* § 429 Rn 9; *Skradde*, 305.

43 *Koller* § 429 HGB Rn 19; *De la Motte* VersR 1988, 317; *Skradde*, 305.

muss konsequenterweise auch von einem Teilverlust ausgegangen werden, wenn nur eine vollständig entleerte Transportverpackung (z. B. Umverpackung, Kiste, Container) abgeliefert wird.[44]

Der durch Entwertung betroffene Teil der Sendung muss jedoch nicht zwangsweise kongruent mit dem Teil sein, der verloren oder beschädigt wurde. Es kann z. B. der Verlust oder die Beschädigung eines von mehreren Frachtstücken der Sendung durchaus zu einer Entwertung an einem weiteren, nicht von dem Verlust oder der Beschädigung unmittelbar betroffenen Frachtstück führen, so dass insgesamt mehr als ein Frachtstück entwertet wurde. Der Grad der Teilbeschädigung ist dabei für die Betroffenheit des Teiles der Sendung unerheblich.[45] **18**

Auch bei der Teilbeschädigung berechnet sich der Haftungshöchstbetrag gemäß § 431 Abs. 2 Nr. 2 HGB anhand von 8,33 Rechnungseinheiten für jedes Kilogramm des Rohgewichtes des entwerteten Teiles der Sendung. Dieser Teil stellt die Summe des Gewichtes des durch Verlust oder Beschädigung betroffenen Teiles und des Gewichtes des mittelbar infolgedessen wertgeminderten Teiles der Sendung dar.[46] Innerhalb der Literatur ist umstritten, ob der „Teil der Sendung" gemäß § 431 Abs. 2 Nr. 2 HGB als Mindesteinheit das betroffene Packstück bei der Bestimmung des maßgeblichen Gewichtes zu Grunde legt[47] oder ob damit der „Anteil" der Beschädigung an der unbeschädigten Sendung gemeint ist.[48] Die zweitgenannte Auffassung ähnelt der Berechnung der Wertminderung i.S.d. § 429 Abs. 2 HGB.[49] Zum entwerteten „Anteil" sei auch das Gewicht der unmittelbaren Verpackung dieses Anteiles zu addieren.[50] Dies gelte zudem für den im Verhältnis zum Gesamtgewicht der Sendung errechneten Teil des Gewichtes für Verpackung und ähnliche Schutzvorkehrungen, die der Bildung des Frachtstückes dienen.[51] Gegen diese Ansicht sprechen jedoch insbesondere Rechtssicherheits- und Praktikabilitätserwägungen.[52] Zudem nimmt § 431 Abs. 2 HGB ausdrücklich nur auf die einzelnen Frachtstücke Bezug. Auch aus diesen Wortlauterwägungen muss daher eine Beschränkung auf die Mindesteinheit der Packstücke als angemessen betrachtet werden. **19**

Der Mindesteinheit des Packstückes muss indes das Gewicht des Anteiles an der Verpackung der gesamten Sendung hinzugerechnet werden, wenn das einzelne Stück unabhängig von der Gesamtsendung nicht ausreichend verpackt wäre, mithin im Einzelversand ungenügend geschützt ist.[53] Der Anteil an der notwendigen Verpackung der Sendung ist dann Rechnungsposition des Rohgewichtes des betroffenen Stückes.[54] Dies gilt z.B. für Containerbeförderungen. Sind die einzelnen Fracht- und Packstücke in einem Container nicht für den Einzelversand bestimmt und wären in diesem Falle neu zu verpacken, muss insofern der Anteil des Gewichtes des Containers, der auf das betroffene Fracht- oder Packstück entfällt, bei der Berechnung des Haftungshöchstbetrages berücksichtigt werden.[55] **20**

5. **Teilweise Entwertung durch Verlust und Beschädigung.** Im Gegensatz zur CMR-Regelung stellt sich die Berechnung des Haftungshöchstbetrages nach § 431 Abs. 2 HGB ein- **21**

---

[44] *Koller* § 425 HGB Rn 12; Ebenroth/Boujong/Joost/Strohn/*Schaffert* § 425 Rn 11.
[45] *Koller* § 431 HGB Rn 15; MünchKommHGB/*Thume* § 431 Rn 15.
[46] MünchKommHGB/*Thume* § 431 Rn 16; *Koller* § 431 HGB Rn 12.
[47] MünchKommHGB/*Thume* § 431 Rn 13; Fremuth/Thume/*Fremuth* § 431 Rn 7.
[48] *Koller* § 431 HGB Rn 15.
[49] *Skradde*, 351.
[50] *Koller* § 431 HGB Rn 15; *Skradde*, 351.
[51] *Koller* § 431 HGB Rn 15; *Skradde*, 351.
[52] MünchKommHGB/*Thume* § 431 Rn 13.
[53] *Skradde*, 351.
[54] *Koller* § 431 HGB Rn 15; MünchKommHGB/*Thume* § 431 Rn 14.
[55] *Skradde*, 352.

facher dar, wenn Teilverlust und Teilbeschädigung gemeinsam auftreten. Durch die einheitliche Regelung sowohl des Teilverlustes als auch der Teilbeschädigung in einer Vorschrift besteht kein Zweifel daran, dass der Höchstbetrag einheitlich errechnet werden muss. Der Teilverlust und die Teilbeschädigung sind nicht unterschiedlich oder separat zu behandeln.[56] Soweit insofern die gesamte Sendung durch das Zusammentreffen des Teilverlustes und der Teilbeschädigung entwertet wurde, errechnet sich der Höchstbetrag anhand des Rohgewichtes der gesamten Sendung. Wurde jedoch nur ein Teil der Sendung gemäß § 431 Abs. 2 Nr. 2 HGB entwertet, wird die Haftungsgrenze durch das Rohgewicht der Summe *aller* durch Verlust und Beschädigung betroffenen Sendungsteile i.S.v. § 431 Abs. 2 Nr. 2 HGB bestimmt.[57]

IV. Überschreitung der Lieferfrist (§ 431 Abs. 3 HGB)

22 § 431 Abs. 3 HGB regelt den Haftungshöchstbetrag für Lieferfristüberschreitungen. In Anlehnung an Art. 43 § 1 CIM a.F. wurde auch im deutschen Transportrecht der dreifache Betrag der Fracht als Grenze der Haftung für Lieferfristüberschreitungen festgelegt.[58] Zwar betrug die Haftungsgrenze des Art. 43 § 1 CIM a.F. sogar den vierfachen Betrag der Fracht. Die Ausführungen des Gesetzgebers sind aber vor allem vor dem Hintergrund zu verstehen, dass das grundsätzlich als Vorbild dienende Haftungssystem der CMR mit Art. 23 Abs. 5 CMR weiterhin nur eine Haftungsgrenze in Höhe der einfachen Fracht vorsieht. Diese Regelung der CMR entsprach nach Vorstellung des Gesetzgebers bereits gegen Ende des 20. Jahrhunderts nicht mehr der wachsenden Bedeutung der fristgemäßen Ablieferung von Terminsendungen.[59] Die Begrenzung ist daher eine durch den Gesetzgeber gewählte Kompromisslösung zwischen CMR und CIM, die durch die eher zur CIM-Lösung neigende Wahl des dreifachen Betrags der Fracht bereits eine zukünftige Geldentwertung antizipierte, um nicht frühzeitig erneut Reformbedarf zu schaffen.

23 Qualifiziertes Verschulden gemäß § 435 HGB ist auch im Kontext des § 431 Abs. 3 HGB möglich. Dies gilt insbesondere, wenn die Überschreitung der Lieferfrist nachweislich auf ein Organisationsverschulden des Frachtunternehmers zurückzuführen ist. Danach kann die Haftung für Verspätungsschäden auch die Verluste aus entgangenem Gewinn (z.B. der Nicht-Erteilung eines Zuschlags im Vergabeverfahren) umfassen.[60] Den Absender trifft kein Mitverschulden, wenn er den Frachtführer nicht auf die mögliche wirtschaftliche Bedeutung des Inhalts einer Terminsendung hinweist. Eine *generelle* Aufklärungspflicht bei Sendungen, die für den Absender eine große finanzielle Bedeutung haben können, würde ausufern.[61] Sie wird daher durch die Rechtsprechung abgelehnt. Im Einzelfall kann aber dennoch eine Aufklärungspflicht bestehen.[62]

24 Der Begriff der Fracht ist die entscheidende Rechnungseinheit für die Feststellung der Höhe des Haftungshöchstbetrages. Über die Fracht i.S.d. § 407 Abs. 2 HGB hinaus sind keine weiteren Kosten für den gleichlaufenden Rechtsbegriff der Fracht gemäß § 431 Abs. 3 HGB erheblich.[63] Dazu gehört auch nicht die Vergütung gemäß § 420 Abs. 4 HGB.[64] Mit der Fracht i.S.v. § 407 Abs. 2 HGB ist vielmehr die Vergütung gemeint, die an

---

[56] *Skradde,* 352.
[57] *Skradde,* 352.
[58] BT-Drucks. 13/8445, 67.
[59] BT-Drucks. 13, 8445, 67.
[60] LG Bonn v. 05.08.2015 – 3 O 365/13.
[61] LG Bonn v. 05.08.2015 – 3 O 365/13.
[62] BGH v. 03.07.208, TranspR 2008, 394 (396 f).
[63] *Skradde,* 355.
[64] MünchKommHGB/*Herber* § 431 Rn 21; *Schmidt* Band 12/2, § 420 Rn 27.

den Frachtführer für die erbrachte Beförderungsleistung zu entrichten ist.[65] Grundsätzlich bemisst sich die Höhe der Fracht nach der zwischen den am Frachtvertrag beteiligten Parteien. Haben die Parteien vereinbart, dass die Höhe der Fracht nach Zahl, Gewicht oder anders angegebener Menge des Gutes bemessen wird, richtet sich diese Bemessung nach den Grundsätzen des § 420 Abs. 5 HGB.[66] Als Bestandteil der Fracht ist im Einzelfall auch die angemessene Vergütung gemäß § 418 Abs. 1 Satz 4 HGB anzusehen.[67] In diesen Fällen erfolgt eine Angleichung der Fracht an eine neue, abgeänderte Beförderungsleistung.[68]

Wurde kein konkretes Entgelt vereinbart, ist gemäß § 632 Abs. 2 BGB die übliche Vergütung geschuldet.[69] Kann eine übliche Vergütung nicht ermittelt werden, so ist nach der – in dieser Frage richtigerweise restriktiven – Rechtsprechung des BGH „*eine verbleibende Vertragslücke nach den Grundsätzen über die ergänzende Vertragsauslegung zu schließen, für die Gegenstand und Schwierigkeit der Werkleistung der Beförderungsleistung und insbesondere die mit dem Vertrag verfolgten Interessen der Parteien von Bedeutung sein können. Nur wenn sich auf diese Weise eine vertraglich festgelegte Vergütung nicht ermitteln lässt, kann zur Ergänzung des Vertrages auf die Vorschriften der §§ 315, 316 BGB zurückgegriffen werden.*“[70] 25

Fraglich kann im Einzelfall bleiben, welche Fracht konkret der Berechnung des § 431 Abs. 3 HGB zu Grunde liegt. Nach Auffassung des Gesetzgebers ist das die Fracht, die für die vertragsgemäß zu befördernde „Partie“ zu entrichten war.[71] Mit einer Partie soll die einzelne Vertragseinheit gemeint sein. Auf diese Weise solle auch eine sachgerechte Lösung für Konsekutivverträge oder Verträge über Großsendungen ermöglicht werden.[72] 26

In der Literatur wird unter der Fracht i.S.d. § 431 Abs. 3 HGB einerseits die für die konkrete Beförderung vereinbarte Fracht verstanden. Das ist somit die konkret von der Lieferfristüberschreitung betroffene Beförderung. Werden mehrere Frachtstücke in einer Sendung befördert, so sei nach dieser Auffassung der Berechnung der Höchsthaftung die Fracht zu Grunde zu legen, die für die Gesamtbeförderung der Sendung für die gesamte Beförderungsstrecke als Entgelt vereinbart wurde.[73] Entscheidender Bezugspunkt sei mithin die Sendung. Andererseits wird die Ansicht vertreten, dass nicht auf die gesamte Sendung, sondern auf die nach dem Frachtvertrag zu befördernden Güter abzustellen sei.[74] Werden diese Güter also in mehreren Sendungen befördert, sei dennoch lediglich die Fracht für die Berechnung der Höchsthaftung maßgeblich, die für die Güter an sich – und eben nicht für die einzelnen Sendungen – vereinbart wurde. Dies folge aus dem Umstand, dass § 431 Abs. 3 HGB nicht wie § 431 Abs. 2 HGB Bezug auf die Sendung nehme, sondern vielmehr die Fracht alleine als Bezugsgröße benenne.[75] Die Fracht aber werde nur anhand des Frachtgutes bemessen. Allerdings bleibt dann unklar, welcher Bezugspunkt konkret bei der Bemessung der Höchstgrenze mit Blick auf die Fracht gelten soll.[76] Werden mehrere Sendungen und viele Frachtstücke versandt, kann lediglich der Rückgriff auf die einzelnen Sendungen und die für diese vereinbarte Fracht Klarheit verschaffen. Die Berücksichtigung 27

---

65 MünchKommHGB/*Thume* § 407 Rn 58; *Koller* § 407 HGB Rn 107.
66 *Schmidt* Band 12/2, § 420 Rn 32–38.
67 *Schmidt* Band 12/2, § 418 Rn 40–42.
68 MünchKommHGB/*Herber* § 431 Rn 21; *Skradde*, 354.
69 MünchKommHGB/*Thume* § 407 Rn 59; *Koller* § 407 HGB Rn 107.
70 BGH v. 04.04.2006 – X ZR 122/05 – NJW 2006, 2472.
71 BT-Drucks. 13/8445, 67.
72 BT-Drucks. 13/8445, 67; *Skradde*, 354.
73 MünchKommHGB/*Herber* § 431 Rn 20; *Skradde*, 355.
74 *Koller* § 431 HGB Rn 17.
75 *Koller* § 431 HGB Rn 17.
76 *Skradde*, 355.

der Fracht für die Güter an sich erscheint jedenfalls dann zu unbestimmt, wenn die Fracht im Einzelfall auf verspätet und nicht verspätet abgelieferte Sendungen aufgeteilt werden muss.

V. Das Sonderziehungsrecht und dessen Umrechnung (§ 431 Abs. 4 HGB)

28 Die vom Gesetz vorgesehenen Haftungshöchstbeträge werden durch „Rechnungseinheiten“ festgelegt. Eine Rechnungseinheit entspricht gemäß § 431 Abs. 4 Satz 1 HGB einem SZR des Internationalen Währungsfonds. Nach der aktuellen Fassung des § 431 Abs. 4 Satz 2 HGB ist bei der Berechnung des Haftungshöchstbetrages der Betrag zu Grund zu legen, der einem SZR zum maßgeblichen Zeitpunkt in Euro entspricht. Das SZR wird börsentäglich (Londoner Börse) durch den Internationalen Währungsfond (IWF) in US-Dollar bestimmt und lässt sich anhand des entsprechenden Wechselkurses in Euro festlegen. Der Tageskurs ist insbesondere auf den Internetseiten des IWF abrufbar,[77] wird aber auch in einschlägigen Fachzeitschriften veröffentlicht.

29 Die Entscheidung für das SZR ist Ausdruck der Rechtsvereinheitlichung und folgt dem Vorbild des Art. 23 Abs. 7 CMR.[78] Hinsichtlich des Zeitpunkts zur Bestimmung des Haftungshöchstbetrages gilt jedoch gemäß § 431 Abs. 4 Satz 2 HGB die von der CMR abweichende Bezugnahme auf den Tag der Übernahme des Gutes zur Beförderung oder der von den Parteien abweichende vereinbarte Tag.[79] Ausweislich der Beschlussempfehlung des Rechtsausschusses zum Transportrechtsreformgesetz sei ein Abstellen auf den Tag des Urteils nur schwer praktikabel und daher nicht sachgerecht. Ein Abstellen auf den Tag des Urteiles sei dagegen nur schwer praktikabel.[80]

30 *Skradde* hat auf die zusätzliche Problematik in der Praxis der Schadenregulierung hingewiesen, nach der sich unter Umständen die Problematik ergeben kann, dass der IWF ein SZR nicht an sog. „*IMF holidays*“ festlegt.[81] Der Rückgriff auf ein SZR ist daher an Samstagen, Sonntagen und Feiertagen nicht verfügbar, da der IWF an diesen Tagen nicht arbeitet. Für die Praxis der Schadensregulierung stellt sich dann die Frage, welcher Wert der Bemessung des Haftungshöchstbetrages zu Grunde zu legen ist, wenn der maßgebliche Zeitpunkt auf einen dieser arbeitsfreien Tage fällt. Eine gesetzliche Regelung oder interne Vorgabe des IWF dazu existiert nicht. Eine Lösung über die Berechnung des Mittelwerts zwischen dem Wert des SZR am letzten Tag der Bemessung durch den IWF und dem Wert des SZR am nächsten Arbeitstag des IWF trägt Transparenz- und Billigkeitserwägungen hier am ehesten Rechnung. Denn die Anbindung an das SZR zielt in der Sache nicht auf eine Verteilung des Haftungsrisikos oder eine Besserstellung einer Partei ab. Vielmehr soll mit der Kopplung an das SZR eine gerechte, tagesaktuelle Berechnung der Haftungshöhe erfolgen, die auf starre, der Inflation unterliegende, Beträge oder schwierig zu errechnende Goldwerte verzichtet. Außerdem stellt der Mittelwert die gerechteste Teilung zwischen den Parteien dar, da der Umstand des fehlenden SZR gleichmäßig separiert wird.[82] Fehlt es auf Grund der zufälligen Konstellation des Schadenfalles an einem SZR, sprechen insofern

---

77 Siehe den „*Factsheet*“ zum „*Special Drawing Right*“ (SDR), im Internet abrufbar unter: http://www.imf.org/external/np/exr/facts/sdr.htm (Stand: 01.10.2016).

78 Begründung zur Beschlussempfehlung des Rechtsausschusses zu dem Gesetzesentwurf der Bundesregierung, BT-Drucks. 13/10014 (zu § 431); *Skradde*, 342.

79 Begründung zur Beschlussempfehlung des Rechtsausschusses zu dem Gesetzesentwurf der Bundesregierung, BT-Drucks. 13/10014 (zu § 431); *Skradde*, 342.

80 MünchKommHGB/*Herber* HGB § 431 Rn 6.

81 *Skradde*, 342.

82 *Skradde*, 344.

gute Argumente dafür, dass der Mittelwert zwischen dem auf die Bemessung des SZR maßgeblichen Tage vorgehenden Tag und dem folgenden Tag dem „fehlenden" Tageskurs des SZR am ehesten entspricht.

§ 432
Ersatz sonstiger Kosten

Haftet der Frachtführer wegen Verlust oder Beschädigung, so hat er über den nach den §§ 429 bis 431 zu leistenden Ersatz hinaus die Fracht, öffentliche Abgaben und sonstige Kosten aus Anlaß der Beförderung des Gutes zu erstatten, im Fall der Beschädigung jedoch nur in dem nach § 429 Abs. 2 zu ermittelnden Wertverhältnis. Weiteren Schaden hat er nicht zu ersetzen.

Schrifttum

Boettge Anmerkung zum Urteil des BGH vom 5.10.2006 – I ZR 240/03, TranspR 2007, 88; Baumbach/Hopt HGB, 36. Auflage; *Braun* Das frachtrechtliche Leistungsstörungsrecht nach dem Transportrechtsreformgesetz, 2002; Ebenroth/Boujong/Joost/Strohn HGB, 3. Auflage; *Ensthaler* Gemeinschaftskommentar zum Handelsgesetzbuch mit UN-Kaufrecht, 8. Auflage; Heidel/*Schall* HGB, 2. Auflage; *Herber* Haftungsbegrenzungen und deren Durchbrechung im deutschen und internationalen Transportrecht – Überblick über die gesetzlichen Regelungen in Deutschland und in internationalen Übereinkommen, TranspR 2004, 93; *Heuer* Anmerkung zum Urteil des BGH vom 5.10.2006 – I ZR 240/03, VersR 2006, 456; *ders.*, Anmerkung zum Urteil des OLG Bremen vom 16.10.2003 – 2 U 31/03, TranspR 2005, 70; *ders.* Zur außervertraglichen Haftung des Frachtführers (und seines Kfz-Haftpflichtversicherers) für Güterfolgeschäden, TranspR 2002, 334; *Heymann* Handelsgesetzbuch (ohne Seerecht), 2. Auflage (Band 4); *Koller* Transportrecht, 8. Auflage 2013; *ders.* Die Erstattungspflicht von Frachten, Zöllen und sonstigen Kosten gem. Art. 23 Abs. 4 CMR, VersR 1989,2; Koller/Kindler/Roth/*Morck* HGB, 8. Auflage; Münchener Kommentar HGB, Band 7, 3. Auflage 2014; *Oetker* HGB, 4. Auflage; *Palandt* BGB, 75. Auflage 2016; *Pfirmann* Die vertragliche und außervertragliche Haftung des Frachtunternehmers wegen Folgeschäden, 2008; *Protsch* Zum Abschleppvertrag und seine rechtliche Einordnung, VersR 2002, 1261; *Ramming* Der FOB-Verkäufer als Hilfsperson des Absenders bei der Verladung, Hamburger Zeitschrift für Schifffahrtsrecht 2009, 224; *Saur* Die Änderung der Haftungsgrundsätze im Fracht-, Speditions- und Lagerrecht durch das Transportrechtsreformgesetz, Diss. Hamburg 1999; *Thume* Die Rechte des Empfängers bei Vermischungsschäden in Tanks und Silos als Folge verunreinigt angelieferter Güter, VersR 2002, 267; *ders.* Haftungs- und Versicherungsfragen bei fehlerhafter Ablieferung des Frachtgutes und bei Vermischungsschäden, r+s 2006, 89; *ders.* Nochmals: Zur außervertraglichen Haftung des Frachtführers und seines Kfz-Haftpflichtversicherers für Folgeschäden bei Kontaminierung des Frachtgutes, TranspR 2004, Sonderbeilage Satz 40.

Übersicht

I. Einleitung

1 Die Vorschrift ist Art. 23 Abs. 4 CMR nachgebildet und regelt die Pflicht des Frachtführers für Fracht, öffentliche Abgaben und sonstige Kosten aus Anlass der Beförderung Ersatz zu leisten. Die Ersatzpflicht gemäß § 432 unterliegt dabei nicht der summenmäßigen Begrenzung des § 431. Dies ergibt sich aus der Formulierung „über den zu leistenden Ersatz hinaus“ sowie aus der systematischen Stellung der Vorschrift.[1] Sie gilt ausschließlich für Fälle der Beschädigung oder des Verlusts des Gutes. Die in § 425 ebenfalls zum Schadensersatz verpflichtende Überschreitung der Lieferfrist ist von § 432 nicht erfasst.

2 Der Anspruch ist auf diejenigen Kosten gerichtet, die anlässlich der Beförderung angefallen sind. Erfasst sind hier alle denkbaren Kosten. Fracht und öffentliche Abgaben sind lediglich beispielhaft genannt.[2] Hintergrund der Regelung ist der Umstand, dass die Wertersatzpflicht des § 429 an den Wert des Gutes am Ort und zur Zeit der Übernahme anknüpft. § 432 erfasst vor diesem Hintergrund solche beförderungsbedingten Kosten, die nach der Übernahme entstehen und daher keinen Eingang in die Berechnung gemäß § 429 finden. Insoweit wird der Ersatzanspruch des § 429 aufgestockt, um einen angemessenen Schadensausgleich zu gewährleisten.[3]

3 Im Fall einer Mitverursachung des Schadens durch den Absender ist § 425 Abs. 2 unmittelbar anwendbar.[4]

4 Satz 2 stellt klar, dass die Ersatzpflicht des Frachtführers in den §§ 425 bis 432 abschließend geregelt ist.[5]

5 Die Auslegung der Vorschrift orientiert sich trotz ihrer Anlehnung an Art. 23 Abs. 4 CMR an nationalstaatlichem Recht und ist nicht nach den Grundsätzen zu interpretieren, die für die Auslegung internationalen Einheitsrechts gelten.[6]

II. Haftung des Frachtführers für weitere Kosten (Satz 1, 1. HS)

6 **1. Voraussetzungen.** Voraussetzung für den Anspruch gemäß § 432 Satz 1, 1. HS ist der Verlust oder die Beschädigung des Gutes im Sinne des § 425. Ein Verlust oder eine Beschädigung der Begleitpapiere dürfte nicht ausreichend sein, denn die Vorschrift bezieht sich auf die §§ 425 ff, in denen jeweils die Beschädigung oder der Verlust des Gutes Anknüpfungspunkt für die Haftung sind, nicht aber die Begleitpapiere.[7] Nicht erfasst sind Lieferfristüberschreitungen oder sonstige Haftungstatbestände, die nicht durch Beschädigung oder Verlust des Gutes entstanden sind (vgl. § 433). Ein Fall der Beschädigung oder des Verlusts und damit eine Ersatzpflicht gemäß § 432 besteht aber dann, wenn die Beschädigung oder der Verlust des Gutes auf eine Lieferverzögerung zurückgeht.[8] Das kann zum Beispiel dann der Fall sein, wenn verderbliche Waren verspätet geliefert werden und die Verspätung zu einer Verschlechterung der Substanz führt. Ist die verspätete Lieferung aber allein kausal für einen entstandenen Schaden und liegt keine Substanzverschlechterung des Gutes vor, findet § 432 keine Anwendung.

---

[1] BtDrs. 13/8445, 68.
[2] BtDrs. 13/8445, 68.
[3] BtDrs. 13/8554, 68.
[4] BtDrs. 13/8554, 68; so auch MünchKommHGB/*Herber* § 432 Rn 11; Baumbach/Hopt/*Merkt* § 432 Rn 1.
[5] BtDrs. 13/8445, 68; auch EBJS/*Schaffert* § 432 Rn 1.
[6] *Koller* Transportrecht § 432 Rn 1.
[7] A.A. *Koller* Transportrecht § 432 Rn 3.
[8] So *Koller* Transportrecht § 425 Rn 91.

Von § 432 werden lediglich diejenigen Aufwendungen erfasst, die bei einem normalen Verlauf der Beförderung angefallen wären und ihren Grund nicht in der Beschädigung des Gutes selbst finden.[9] Schadensbedingte Kosten werden allein von §§ 429, 430 erfasst. 7

Besteht ein Anspruch wegen Verlusts oder Beschädigung des Gutes nicht, greift auch § 432 nicht ein. Dies gilt auch dann, wenn zwar ein haftungsbegründendes Ereignis vorliegt, aber gleichwohl ein Haftungsausschluss z. B. gemäß § 426 oder § 427 eingreift. Insoweit hängt ein Anspruch gemäß § 432 vom Bestehen eines Schadensersatzanspruchs wegen Verlusts oder Beschädigung des Gutes jedenfalls dem Grunde nach ab. Ein isolierter Ersatzanspruch gemäß § 432 existiert nicht.[10] 8

2. Umfang der Haftung

a) **Allgemeines.** Gemäß § 432 sind alle Kosten ersatzfähig, die aus Anlass der Beförderung angefallen sind. Fracht und öffentliche Abgaben stellen spezielle Beispiele hierfür dar, zählen aber ebenso zu den sonstigen Kosten.[11] Zu den ersatzfähigen Kosten zählen nur solche, die bei vertragsgemäßer Beförderung gleichermaßen entstanden wären und zum Wert des Gutes am Bestimmungsort beigetragen hätten, die also nicht durch den Schaden selbst entstanden sind.[12] Hiervon abzugrenzen sind schadensbedingte Kosten, solche Kosten also, die bei schadensfreier Beförderung nicht entstanden wären, sowie die gemäß § 430 ersatzfähigen Schadensfeststellungskosten. Schadensbedingte Kosten und Schadensfeststellungskosten unterliegen allerdings der Haftungsbegrenzung gemäß § 431.[13] Nicht zu ersetzen sind sonstige Kosten, wenn ein Ersatzanspruch gemäß § 425 bereits gemäß §§ 426, 427 ausgeschlossen ist. Ein isolierter und von einem Grundanspruch unabhängiger Schadensersatzanspruch gemäß § 432 existiert nicht.[14] Insoweit teilen die von § 432 erfassten Nebenforderungen das Schicksal der Hauptforderung. 9

b) **Fracht.** Ersatzfähig ist die bereits gezahlte Fracht. Sie ist zurück zu gewähren, soweit sie bereits gezahlt wurde. Ist sie noch nicht gezahlt worden, führt zwar § 432 nicht zu Erlöschen des Anspruchs des Frachtführers, jedoch könnte der Absender insoweit einen dolo-agit Einwand gemäß § 242 BGB entgegenhalten, wenn der Schadensersatzanspruch des § 432 den Frachtführer, der zugleich Gläubiger ist, zu einer sofortigen Rückzahlung verpflichten würde.[15] 10

aa) **Erlöschen des Frachtanspruchs oder dolo-agit Einwand.** Es wird bisweilen vertreten, ein Entgegenhalten des dolo-agit-Einwandes sei nicht erforderlich, weil die Ansprüche des Frachtführers auf Zahlung der Fracht und der Schadensersatzanspruch des Gläubigers gegenseitig und zudem spiegelbildlich seien und sich daher gegenseitig aufhöben.[16] Das erscheint zwar grundsätzlich im Ergebnis sachgerecht, findet aber dogmatisch keine Stütze. Zwar erlischt der Anspruch des Frachtführers auf die Fracht gemäß § 420 Abs. 2 Satz 2, wenn der Frachtführer den Totalverlust zu verantworten hat, durch gesetzliche Anord- 11

9 MünchKommHGB/*Herber* § 432 Rn 4.
10 AG Bonn, RdTW 2013, 411–412.
11 BtDrs. 13/8554, 68.
12 BtDrs. 13/8554, 67; vgl. zu Art. 23 Abs. 4 BGH NJW 2010, 1816, 1817; BGH, NJW-RR 2004, 31 = TranspR 2003, 453 = VersR 2004, 535 mwN; *Koller* Transportrecht § 432 Rn 7.
13 Vgl. dazu insgesamt EBJS/*Schaffert* § 432 Rn 3; *Koller* Transportrecht § 432 Rn 7.
14 Vgl. AG Bonn, RdTW 2013, 411–412.
15 So Heymann/*Joachim* § 432 Rn 10; *Koller* Transportrecht § 432 Rn 11, 14.
16 EBJS/*Schaffert* § 432 Rn 8; so wohl auch Heymann/*Joachim* § 432 Rn 8; *Koller* verweist auf den dolo-agit Einwand, der zum Erlöschen der Ansprüche führe, *Koller* Transportrecht § 432 Rn 11 und Rn 22, 23.

nung. Dann aber besteht für den Absender auch kein korrespondierender Schadensersatzanspruch gemäß § 432, weil es insoweit bereits an einem Schaden fehlt. Besteht der Frachtanspruch fort, so könnte mit der Rechtsprechung des Bundesgerichtshofs zu Art. 23 Abs. 4 CMR argumentiert werden, dass sich die Frachtlohnforderung im Schadensfalle automatisch mindere und es insoweit einer Aufrechnung nicht bedürfe.[17] Allerdings hat der Bundesgerichtshof in der entsprechenden Entscheidung ausdrücklich eine auf die Internationalität der CMR ausgerichtete Auslegung gewählt und den Einwand des Berufungsgerichts, dass dem deutschen Frachtrecht eine Frachtminderung fremd sei, vor diesem Hintergrund zurückgewiesen. Darüber hinaus beinhaltet § 420 in seiner heutigen Fassung Regelungen für eine Teilvergütung im Rahmen des Frachtvertrags, die in dieser Form in der CMR kein Vorbild haben.[18] Dort werden gerade diejenigen Fälle ausdrücklich geregelt, in denen der Frachtanspruch (automatisch) entfällt. Liegt keiner dieser Fälle vor, besteht der Frachtanspruch fort. Im Fall der Anwendbarkeit von § 432 steht diesem (eventuell geminderten) Frachtanspruch ein Schadensersatzanspruch entgegen.

12 Sich gegenüberstehende Ansprüche erlöschen aber auch dann nicht ohne weiteres, wenn sie wesensgleich sind. Hierzu bedarf es einer Aufrechnung oder der Ausübung eines anderen Gestaltungsrechts, das den Gegenanspruch zum Erlöschen bringt. Die einzige Ausnahme hierzu ist die Konfusion, bei der Schuld und Forderung in einer Person zusammenfallen.[19] Im Falle des Bestehens von Einreden oder Einwendungen können diese entgegengehalten werden. Im Bereicherungsrecht sind ähnliche Ergebnisse im Wege der Anwendung der Saldotheorie zu erzielen, die aber hier nicht einschlägig ist. Daher ist es wohl dogmatische kaum zu begründen, dass die sich gegenüberstehenden Ansprüche des Inhabers eines Schadensersatzanspruchs gemäß § 432 und des Frachtführers auf Zahlung der Fracht ohne weiteres Zutun der Parteien aufheben.

13 Darüber hinaus kann die Rechtsfolge der Rückerstattung bereits gezahlter Fracht zwar auch auf § 420 gestützt werden, im Fall der Vorauszahlung in Verbindung mit § 812 BGB.[20] Allerdings könnte sich der Schuldner des Rückerstattungsanspruchs dann auf bereicherungsrechtliche Erleichterungen wie z.B. § 818 Abs. 3 BGB berufen, was ihm im Rahmen eines Schadensersatzanspruchs im Sinne des § 432 verwehrt ist. Außerdem ist § 420 auch durch AGB abdingbar, was für § 432 gemäß § 449 Abs. 1 Satz 1 nicht gilt. Vor diesem Hintergrund verschafft § 432 dem Gläubiger eine stärkere Position als andere Vorschriften, die die Rückerstattung der Fracht gewähren würden.

14 **bb) Inhalt des Ersatzanspruchs.** Inhalt des Ersatzanspruchs ist die Fracht, die für den Transport des beschädigten oder verloren gegangenen Guts vom vertraglichen Abgangsort bis zum vertraglichen Bestimmungsort geschuldet ist.[21]

15 Nicht von § 432 erfasst ist die Fracht für den Rücktransport des beschädigten Gutes zum Absender.[22] Denn „Fracht" im Sinne des § 432 ist lediglich auf den Transport der Ware vom ursprünglichen Übernahmeort zum vertraglichen Ablieferungsort selbst bezogen, nicht auf deren Rücktransport nach einem Güterschaden. Die Rücktransportkosten können gleichwohl als schadensbedingte Kosten gemäß § 429 ersatzfähig sein, wenn der Rücktransport z.B. erforderlich ist, um nicht mehr verpackte Waren zur Neusortierung und -verpackung zum Absender zurückzubringen.[23]

---

[17] So BGH TranspR 1989, 141–144.

[18] BtDrs. 13/8554, 53.

[19] Siehe dazu Palandt/*Grüneberg* Vor § 362 Rn 4.

[20] MünchKommHGB/*Herber* § 432 Rn 5.

[21] BGH TranspR 2000, 459, 462 = NJW-RR 2000, 1635; Oetker/*Paschke* § 432 Rn 4.

[22] OLG Düsseldorf VersR 1984, 980; Oetker/*Paschke* § 432 Rn 4.

[23] OLG Düsseldorf VersR 1984, 980.

16 Nicht erfasst werden darüber hinaus Vorfrachten,[24] die Beförderung von Ersatzgütern oder Fracht für den Transport des reparierten Gutes[25] sowie auch die Sonderzustellung des wiederentdeckten Gutes.[26]

17 c) **Öffentliche Abgaben.** Öffentliche Abgaben sind alle hoheitlich begründeten Verpflichtungen, die den Absender oder Empfänger treffen.[27] Der Hauptanwendungsfall für öffentliche Abgaben im Rahmen von Art. 23 Abs. 4 CMR, der Vorbild für § 432 war, sind Steuern und Zölle.[28] Ihre hervorgehobene Nennung in § 432 ist dem Umstand geschuldet, dass § 23 Abs. 4 CMR Vorbild der Vorschrift war. Mit der praktischen Bedeutung jedenfalls kann die hervorgehobene Nennung der öffentlichen Abgaben nicht begründet werden, weil Steuern und Zölle im innerstaatlichen Bereich, der Hauptanwendungsfall des § 432 ist, grundsätzlich nicht anfallen. Ausnahmsweise können Zölle und Steuern eine Rolle spielen, wenn im Falle grenzüberschreitender Transporte deutsches Recht zur Anwendung kommt, ohne dass eine der transportrechtlichen Konventionen (CMR, CIM, CMNI oder WA/MÜ) anwendbar wäre. Zu den ersatzfähigen öffentlichen Abgaben gehören zum Beispiel auch Wiegegelder oder bezahlte Einfuhrumsatzsteuer.[29] Es ist dabei unerheblich, ob die öffentlichen Abgaben bereits bei Schadenseintritt oder vor Übernahme des Gutes bezahlt waren, wenn der Wert dieser Zahlung nicht in die Berechnung des Wertes des Gutes eingegangen war (ansonsten Ersatzfähigkeit über § 429). Auch wenn die Abgaben erst mit Ablieferung fällig werden, sind sie ersatzfähig. Das gilt nur dann nicht, wenn die Abgaben bei einem ordnungsgemäßen Transport nicht angefallen wären. So z.B., wenn die Abgaben aufgrund des Schadens in Form etwa von Strafzöllen erhoben werden[30] oder wenn eine Steuer wegen des Verlustes erhoben wird, nicht aus Anlass des Transports. Das kann dann der Fall sein, wenn Tabakwaren verloren gehen und daher Tabaksteuer erhoben wird. In diesem Fall ist die Steuer durch den Verlust bedingt und nicht durch den Transport, weil bei Tabakprodukten die Steuer ansonsten erst beim Inverkehrbringen der Ware durch Weiterverkauf angefallen wäre.[31] Steuerbanderolen, die vor der Übernahme des Gutes (Zigaretten) vom Absender erworben und auf die Zigarettenpackungen aufgeklebt worden sind, können ebenfalls nicht gemäß § 432 ersetzt verlangt werden, wohl aber gemäß § 429.[32]

18 d) **Sonstige Kosten.** Zu den sonstigen Kosten zählen alle Forderungen, die gegen den Absender oder den Empfänger im Zusammenhang mit dem Transport begründet werden,[33] aber nur dann, wenn und soweit sie bei einem ordnungsgemäßen Transport auch entstanden wären.[34] Ersatzlos bleiben daher vor allem Folgekosten, zu denen sämtliche schadensbedingten Aufwendungen gehören.[35] Es geht also im Wesentlichen darum, ob sich der Wert der Aufwendungen bei Übernahme durch den Frachtführer bereits im Gut niedergeschlagen hatte (dann kein Ersatz über § 432) oder ob die Wertsteigerung bzw. die Aufwendung erst anlässlich des Transports oder während der Obhutszeit getätigt worden ist. Dabei kommt es auch nicht zwingend auf den Zeitpunkt der Vornahme der Aufwendungen

24 MünchKommHGB/*Herber* § 432 Rn 5.
25 *Koller* Transportrecht § 432 Rn 4.
26 Oetker/*Paschke* § 432 Rn 4.
27 *Koller* Transportrecht § 432 Rn 5.
28 MünchKommHGB/*Herber* § 432 Rn 6.
29 Oetker/*Paschke* § 432 Rn 6.
30 *Koller* Transportrecht § 432 Rn 6.
31 Siehe dazu BGH TranspR 2010, 78–80; LG Stuttgart, TranspR 2015, 163–165; siehe auch (zu CMR) Hof van Beroep Antwerpen, 2002/AR/3012 vom 29.06.2009; anders aber wohl (zu CMR) Cour de Cassation Paris, R 09–10.837 vom 05.10.2010.
32 BGH TranspR 2010, 78–80.
33 *Koller* Transportrecht § 432 Rn 7.
34 EBJS/*Schaffert* § 432 Rn 6.
35 Zu Art. 23 Abs. 4 CMR siehe BGH NJW 2010, 1816, 1817; BGH NJW-RR 2004, 31, 32.

an. Wird zum Beispiel zwischen den Parteien des Frachtvertrags vereinbart, dass der Frachtführer die Verpackung schuldet, dann kann der Absender die Verpackungskosten auch dann gemäß § 432 ersetzt verlangen, wenn er die Bezahlung der Verpackungsleistung des Frachtführers hierfür bereits vor Übernahme des Gutes an diesen geleistet hat.[36] Umgekehrt ist die Verpackung nicht über § 432 ersatzfähig, wenn der Absender das Gut vor Übernahme durch den Frachtführer selbst verpackt hat oder durch einen Dritten hat verpacken lassen. Dann nämlich haben sich die Verpackungskosten bereits im Zeitpunkt der Übernahme durch den Frachtführer wertsteigernd auf das Gut ausgewirkt und sind damit keine Kosten, die anlässlich des Transports entstanden sind. Der Verlust der Verpackungskosten ist in diesem Fall vielmehr durch den Schaden bedingt und daher nicht über § 432 zu ersetzen.

19 Im Einzelnen sind gemäß § 432 ersatzfähig zum Beispiel Verpackungskosten bei Verpackung durch den Frachtführer; Kosten der Prüfung von Gewicht, Menge, Inhalt gemäß § 409 Abs. 3; Nachnahmegebühren; Hafengebühren, soweit sie nicht bereits Bestandteil der Fracht sind; Kosten für die Entnahme von Proben; Belade- und Entladekosten, soweit diese Tätigkeiten vom Frachtführer in Rechnung gestellt werden; Prämien der Transportversicherung.[37] Dies gilt jeweils dann, wenn die Kosten in einem konkreten Zusammenhang mit dem Transport stehen und den Wert der Ware nicht bereits im Zeitpunkt der Übernahme gesteigert hatten.

20 Nicht gemäß § 432 ersatzfähig sind zum Beispiel vorgerichtliche Anwaltskosten, soweit sie schadensbedingt entstanden sind.[38] Davon unberührt bleibt aber eine Ersatzfähigkeit derartiger Kosten unter dem Gesichtspunkt der allgemeinen Regeln des Schuldnerverzugs.[39] Kommt also der Frachtführer mit der Erfüllung seiner Ersatzpflichten gemäß § 429 in Verzug, kann ein Schadensersatzanspruch gemäß §§ 280 I, III, 286 BGB entstehen, der dann auch vorgerichtliche Anwaltskosten umfasst.

21 Ebenfalls nicht erfasst vom Ersatzanspruch gemäß § 432 sind Gutachterkosten, soweit es Aufgabe des Gutachters ist, einen entstandenen Schaden zu begutachten. Denn sie entstehen nicht etwa anlässlich des Transports, sondern erst aus Anlass des Schadens und sind daher nicht gemäß § 432 ersatzfähig.[40]

22 Kosten des Rücktransports des Restgutes im Fall eines Teilverlustes einer Sendung sind ebenfalls nicht beförderungsbedingte Kosten und daher nicht ersatzfähig.[41]

23 § 432 ist auch auf Abschleppvorgänge anwendbar, denn der auf ein verunfalltes Fahrzeug bezogene Abschleppauftrag der Polizei wird von der Rechtsprechung als Frachtvertrag zwischen dem betreffenden Bundesland und dem Abschleppunternehmer qualifiziert, der eine Schutzwirkung für den Fahrzeugeigentümer entfaltet. Wird das Fahrzeug beim Abschleppvorgang beschädigt, so haftet der Abschleppunternehmer jedenfalls gemäß § 432 nicht für Mietwagenkosten und Nutzungsentschädigung.[42]

24 Weitere Beispiele für Kosten, die nicht erstattungsfähig sind: Kosten der Schadensfeststellung, sie werden von § 430 erfasst; Kosten der Reparatur des Transportschadens; Neuverpackung oder Wiederbeschaffung; wegen Güterschaden verfallende Kautionen oder

---

36 Vgl. *Koller* Transportrecht § 432 Rn 7.

37 Mit weiteren Beispielen *Koller* Transportrecht § 432 Rn 8.

38 BGH TranspR 2015, 433–437.

39 BGH TranspR 2009, 408–410.

40 Zur CMR siehe OLG München 23 U 3178/11 (zitiert nach juris); siehe ebenso zur CMR OLGR Düsseldorf 2007, 551–553.

41 OLG Düsseldorf VersR 1984, 980.

42 LG Frankfurt, VersR 2002, 1260–1261; zustimmend *Protsch* Zum Abschleppvertrag und zu seiner rechtlichen Einordnung, VersR 2002, 1261.

entgehende Beihilfen und alle sonstigen Kosten, die bei einem ordnungsgemäßen Transport nicht angefallen wären.[43]

3. Umfang der Erstattung

a) **Grundsatz (Satz 1, 2. HS).** Bei Totalverlust sind Fracht, Abgaben und sonstige Kosten voll zu erstatten.[44] Für Fälle der Beschädigung verweist § 432 auf § 429 Abs. 2. Daraus ergibt sich, dass eine Quote zwischen dem ursprünglichen Wert des Gutes und seinem Wert nach der Beschädigung gebildet wird und Fracht, öffentliche Abgaben und sonstige Kosten gemäß dieser Quote zu erstatten sind. 25

b) **Mitverursachung.** Hat der Absender bei der Entstehung des Schadens mitgewirkt, ist der durch Satz 1 gewährte Erstattungsanspruch zu kürzen. In solchen Fällen ist § 425 Abs. 2 unmittelbar anwendbar.[45] Einer analogen Anwendung von § 425 Abs. 2 bedarf es nicht.[46] 26

c) **Haftungshöchstbetrag.** Mit der Formulierung „… über den nach §§ 429 bis 431 zu leistenden Ersatz hinaus …“ stellt § 432 klar, dass die Haftungshöchstgrenze des § 431 nicht gilt. Die im Rahmen des § 432 zu ersetzenden Schäden unterliegen also keiner Höchstgrenze. 27

III. Weitere Schäden (Satz 2)

§ 432 Satz 2 stellt klar, dass die §§ 425 bis 432 die Ersatzpflicht des Frachtführers abschließend regeln. Es erfolgt insbesondere kein Ersatz von Güterfolgeschäden.[47] Ausnahmen hiervon sind allerdings in den §§ 418 Abs. 6, 422 und 435 enthalten. Eine Haftung nach den allgemeinen Vorschriften der §§ 280, 286 BGB ist allerdings möglich, wenn der Frachtführer mit der Zahlung seiner Ersatzleistung in Verzug gerät.[48] 28

IV. Abdingbarkeit

Gemäß § 449 kann von § 432 nicht abgewichen werden, wenn der Absender ein Verbraucher ist, es sei denn, Gegenstand des Frachtvertrages ist die Beförderung von Briefen oder briefähnlichen Sendungen. 29

Eine Abweichung gegenüber Unternehmern ist lediglich durch AGB nicht möglich. § 432 kann aber durch Individualvereinbarung abbedungen werden. Das gilt auch dann, wenn diese Individualvereinbarung für eine Vielzahl von Verträgen zwischen denselben Vertragsparteien abbedungen wird. 30

---

[43] *Koller* Transportrecht § 432 Rn 9; ausführlich zum Hintergrund der Regelung in der CMR *Koller* Die Erstattungspflicht von Frachten, Zöllen und sonstigen Kosten gem. Art. 23 Abs. 4 CMR, VersR 1989, 2–8; Zu einzelnen ersatzfähigen oder nicht ersatzfähigen Schadenspositionen siehe auch Heymann/*Joachim* § 432 Rn 6 f.

[44] *Koller* Transportrecht § 432 Rn 10.

[45] BtDrs. 13/8445, 68.

[46] A.A. *Koller* Transportrecht § 432 Rn 13.

[47] BtDrs. 13/8445, 68.

[48] *Koller* Transportrecht § 432 Rn 15.

§ 433
Haftungshöchstbetrag bei sonstigen Vermögensschäden

Haftet der Frachtführer wegen der Verletzung einer mit der Ausführung der Beförderung des Gutes zusammenhängenden vertraglichen Pflicht für Schäden, die nicht durch Verlust oder Beschädigung des Gutes oder durch Überschreitung der Lieferfrist entstehen, und handelt es sich um andere Schäden als Sach- oder Personenschäden, so ist auch in diesem Falle die Haftung begrenzt, und zwar auf das Dreifache des Betrages, der bei Verlust des Gutes zu zahlen wäre.

Schrifttum

Boettge Anmerkung zur OLG Dresden: Beschluss vom 24.05.2006 – 7b W 690/06, VersR 2007, 88; *Basedow* Die Tragweite des zwingenden Rechts im neuen deutschen Gütertransportrecht, TranspR 1998, 58; Baumbach/Hopt, HGB, 36. Auflage; *Braun*, Das frachtrechtliche Leistungsstörungsrecht nach dem Transportrechtsreformgesetz, 2002; Ebenroth/Boujong/Joost/Strohn HGB, 3. Auflage; *Ensthaler* Gemeinschaftskommentar zum Handelsgesetzbuch mit UN-Kaufrecht, 8. Auflage; Heidel/*Schall* HGB, 2. Auflage; *Fischer* Ergänzung der CMR durch unvereinheitlichtes deutsches Recht nach der Transportrechtsreform, TranspR 1999, 261; *Hackert* Die Reichweite der Haftungsbegrenzung bei sonstigen Vermögensschäden gemäß § 433 HGB, Diss. Hamburg 2000; *Herber* Die Neuregelung des deutschen Transportrechts, NJW 1998, 3297; *Heuer* Anmerkung zu BGH, 05.10.2006 – I ZR 240/03, TransportR 2006, 456; *Heymann* Handelsgesetzbuch (ohne Seerecht), 2. Auflage (Band 4); *Jauering* BGB, 16. Auflage 2015; *Koller* Transportrecht, 8. Auflage 2013; *ders.* Die Anwendbarkeit des § 433 HGB bei Güterschäden außerhalb des Haftungszeitraums des § 425 HGB, TranspR 2014, 114; *ders.* Die Haftungsbegrenzung bei sonstigen Vermögensschäden nach dem Transportrechtsreformgesetz, FS Herber, 1999, 106; *ders.* Transport- und Vertriebsrecht 2000, FS Herber, Satz 106; *ders.* Verursachung von Güterschäden vor der Übernahme, die nach der Übernahme des Gutes entstehen, TranspR 2013, 173; Koller/Kindler/Roth/Morck HGB, 8. Auflage; Münchener Kommentar zum BGB, Band 2, 7. Auflage 2016; Münchener Kommentar zum HGB, Band 7, 3. Auflage 2014; *Oetker* HGB, 4. Auflage; *Palandt* BGB, 75. Auflage 2016; *Pfirmann* Die vertragliche und außervertragliche Haftung des Frachtunternehmers wegen Folgeschäden, 2008; *Ramming* Die Nicht-Zurverfügungstellung des Beförderungsmittels zur vorgesehenen Zeit, TranspR 2003, 419; *Runge* Zur transportrechtlichen Rechtsprechung des OLG Karlsruhe, TranspR 2009, 96; *Schönwerth* Die Auswirkungen des Transportrechtsreform-Gesetzes auf das Luftfrachtrecht, Festgabe für Ruhwedel, 2004, Satz 247; *Starosta* Zur Auslegung und Reichweite der Ziffer 23.3 ADSp, TranspR 2003, 55; *Thume* Die Rechte des Empfängers bei Vermischungsschäden in Tanks und Silos als Folge verunreinigt angelieferter Güter, VersR 2002, 267; *ders.* Haftungs- und Versicherungsfragen bei fehlerhafter Ablieferung des Frachtgutes und bei Vermischungsschäden, r+s 2006, 89; *ders.* Nochmals: Zur außervertraglichen Haftung des Frachtführers und seines Kfz-Haftpflichtversicherers für Folgeschäden bei Kontaminierung des Frachtgutes, TranspR 2004, Sonderbeilage Satz 40

Übersicht

I. Einleitung

1 Die Vorschrift ist ausgesprochen unglücklich formuliert und ihr Sinn, Zweck und Anwendungsbereich lassen sich kaum ohne präzise Kenntnis der Hintergründe ihres Zustandekommens verstehen.[1] Im Kern geht es darum, den Frachtführer vor einer unbeschränkten Haftung für bestimmte Schäden zu befreien, die im Zusammenhang mit Nebenpflichtverletzungen (str.) eingetreten sind. Diese Regelung hat in der CMR, auf der das Frachtrecht des HGB basiert, keine direkte Entsprechung. Vielmehr sind dort nur bestimmte Tatbestände der Schlechterfüllung geregelt.[2] Daneben kannte das in Deutschland vor dem Transportrechtsreformgesetz geltende Recht einige Haftungsbeschränkungstatbestände für Nebenpflichtverletzungen, die aber nicht einheitlich geregelt waren.[3] Neben einer Vereinheitlichung der Haftungsbegrenzung für Schäden aufgrund von Nebenpflichtverletzungen soll die Vorschrift auch einen Ausgleich zwischen den Interessen des Frachtführers und des Absenders bzw. Empfängers bewirken. Insoweit handelt es sich hier um eine Kompromisslösung.[4]

2 Ursprünglich hatte die Sachverständigenkommission zur Reform des Transportrechts erwogen, den Frachtführer nicht nur vor einer unbegrenzten Haftung in Bezug auf Güterschäden zu schützen, was durch die Haftungsbegrenzung des § 431 erfolgt ist, sondern seine Haftung (auch die deliktische Haftung und diejenige für Hilfspersonen) umfassend zu begrenzen, sofern nicht vorsätzlich oder qualifiziert leichtfertig gehandelt wurde.[5] Eine solch umfassende Privilegierung des Frachtführers hätte aber jedenfalls dann zu unbilligen Ergebnissen geführt, wenn zum Beispiel erhebliche Sach- oder Personenschäden durch ein Fehlverhalten des Frachtführers eingetreten wären, weil dieser etwa bei Abholung des Gutes das Gebäude des Absenders beschädigt oder diesen selbst verletzt hätte. Dann nämlich wären die Schadensersatzansprüche aus § 823 BGB oder dem StVG gemäß HGB entsprechend begrenzt und damit gerade bei umfangreichen Personenschäden nahezu wertlos. Dies gilt umso mehr, da dem Geschädigten der Nachweis des Vorsatzes oder der qualifizierten Leichtfertigkeit, die gemäß § 435 zu einem Wegfall der Haftungsbegrenzung führen, nur selten gelingen wird. Außerdem gilt die Haftungsobergrenze des § 433 nur für solche Schäden, die nicht durch Verlust oder Beschädigung des Gutes oder die Überschreitung der Lieferfrist entstehen.

3 Der Anwendungsbereich der Vorschrift umfasst damit die Verletzung von vertraglichen Nebenpflichten (str. s.u.), die nicht zu Sach- oder Personenschäden führen. Im Ergebnis werden damit also primäre Vermögensschäden erfasst, die durch Verletzungen der transportvertraglichen Nebenpflichten entstehen.[6] Die Vorschrift enthält dabei keine eigene Anspruchsgrundlage, sondern lediglich eine Begrenzung derjenigen Haftung, die durch andere Anspruchsgrundlagen begründet wird.

4 Der Gesetzgeber hat ausdrücklich von einer Auflistung möglicher Pflichtverletzungen abgesehen.[7] Damit müssen die von der Haftungsbegrenzung erfassten Fälle im Einzelfall von solchen Fällen abgegrenzt werden, die nicht erfasst sind.

---

[1] Zu diesen Hintergründen siehe *Koller* TransportR 2014, 114–116, der dort den BGH wegen einer zu weiten Ausdehnung der Vorschrift kritisiert. Zu umfangreichen Diskussionen der durch die Vorschrift aufgeworfenen Einzelfragen siehe *Hackert* Die Reichweite der Haftungsbegrenzung bei sonstigen Vermögensschäden gemäß § 433 HGB.

[2] BtDrs. 13/8445, 68.

[3] Siehe dazu im Einzelnen *Koller* TransportR 2014, 114; BtDrs. 13/8445, 68.

[4] So ausdrücklich die Regierungsbegründung zum TRG BtDrs. 13/8445, 68.

[5] *Koller* TransportR 2014, 114.

[6] Siehe dazu Begründung zum TRG BtDrs. 13/8445, 69.

[7] BtDrs. 13/8445, 69.

II. Anwendungsbereich und Voraussetzungen der Norm

5 Die Vorschrift setzt die Verletzung einer vertraglichen Pflicht voraus, durch die ein Schaden entstanden ist, der nicht durch Verlust oder Beschädigung des Guts oder durch Überschreitung der Lieferfrist entstanden ist und zudem kein Sach- oder Personenschaden ist. Für die nach diesen Ausnahmen verbleibenden Schäden gilt eine Haftungsbegrenzung auf das Dreifache desjenigen Betrages, der bei Verlust des Gutes zu zahlen gewesen wäre.

6 Es fällt bei diesen Voraussetzungen auf, dass Überschneidungen entstehen, die auf den ersten Blick keinen Sinn ergeben. So sind Schäden durch Verlust oder Beschädigung des Gutes immer zugleich auch Sachschäden am Gut. Solche Schäden wären also eigentlich bereits durch den Ausschluss von Sachschäden erfasst und damit der Haftungsbegrenzung des § 433 entzogen. Es hätte daher ausgereicht, den Anwendungsbereich der Norm zu beschränken, indem Sach- und Personenschäden sowie Schäden aufgrund der Überschreitung der Lieferfrist ausgenommen werden. Offenbar befürchtete der Gesetzgeber aber eine Kollision zwischen § 431 und § 433.[8] So ist die Formulierung „... die nicht durch Verlust oder Beschädigung des Gutes oder durch Überschreitung der Lieferfrist entstehen, ...“ als Klarstellung und Hinweis des Gesetzgebers darauf zu verstehen, dass Fälle des § 425 ausschließlich der Haftungshöchstgrenze des § 431 unterliegen sollen, die wesentlich geringer ist als diejenige des § 433.[9]

7 **1. Verletzung einer beförderungsbezogenen vertraglichen Pflicht.** Voraussetzung für das Eingreifen der Haftungsbeschränkung des § 433 ist das Vorliegen einer mit der Ausführung der Beförderung zusammenhängenden vertraglichen Pflicht.

8 a) **Art der vertraglichen Pflicht.** Ob die Voraussetzung der Verletzung einer vertraglichen Pflicht lediglich Nebenpflichtverletzungen betrifft, oder auch Leistungspflichten erfasst, ist umstritten. Auch wenn das Gesetz nicht ausdrücklich von der Verletzung einer Nebenpflicht, sondern lediglich von der Verletzung vertraglicher Pflichten spricht, geht aus der Regierungsbegründung zum TRG hervor, dass der Gesetzgeber vordringlich die Haftung für die Verletzung von vertraglichen Nebenpflichten begrenzen wollte.[10] Es ging darum, eine Haftungshöchstgrenze für Ansprüche aus positiver Vertragsverletzung (heute § 280 BGB) einzuführen und das Risiko des Frachtführers für Vermögensschäden zu begrenzen.[11] Anlass für diese Überlegungen war u.a. ein Fall des BGH aus dem Jahr 1993.[12] Der Frachtführer hatte bei der Mitteilung einer Verspätung unrichtige Angaben über den Standort des Fahrzeugs und dessen voraussichtliche Ankunft am Bestimmungsort gemacht.[13] Gleichwohl hat die Zielsetzung der Einführung einer Haftungshöchstgrenze für Vermögensschäden wegen Nebenpflichtverletzungen in die Formulierung der Norm und damit in den Gesetzestext keinen Einzug gefunden. Daraus ergibt sich ein Spannungsverhältnis zwischen Wortlaut der Norm und dem gesetzgeberischen Willen, das die Auslegung der Vorschrift erschwert.

9 Einerseits lässt es der Wortlaut der Vorschrift zu, auch die Verletzung von Leistungspflichten zu erfassen, was durchaus im Interesse des Frachtführers liegt.[14] Insbesondere Koller hat darauf hingewiesen, dass es kaum einzusehen sei, warum die Haftung des

---

8 *Koller* TransportR 2014, 115.

9 *Koller* TransportR 2014, 115. Siehe auch BtDrs. 13/8445, 69 „die ausdrückliche Klarstellung an dieser Stelle soll jegliches Missverständnis vermeiden.“

10 BtDrs. 13/8445, 68 ff.

11 BtDrs. 13/8445, 27.

12 MünchKommHGB/*Herber* § 433 Rn 11.

13 BGHZ 123, 200 = NJW 1993, 2808 = TranspR 1993, 426.

14 Dazu *Koller* Transportrecht § 433 Rn 2.

Frachtführers für eine Überschreitung der Lieferfrist gemäß § 431 Abs. 3 auf den dreifachen Betrag der Fracht begrenzt sein soll, die Überschreitung der Ladezeit aber zu einer unbegrenzten Haftung führen sollte![15]

Andererseits führt die wenig klare Umschreibung des gesetzlichen Tatbestands insbesondere durch das Erfordernis der „Verletzung einer mit der Ausführung der Beförderung des Gutes zusammenhängenden Pflicht“ dazu, dass die der Norm unterfallenden Tatbestände und damit die Frage, ob ein hinreichender Zusammenhang zwischen der Ausführung der Beförderung und der verletzten Pflicht besteht, wenig konturiert ist. Dies gilt umso mehr, nachdem der ursprüngliche Regierungsentwurf des § 433 noch die Einschränkung enthielt, dass die verletzte Pflicht „eng und unmittelbar“ mit der Ausführung der Beförderung zusammenhängen sollte.[16] Dieses einschränkende Merkmal ist allerdings ohne nähere Begründung im Rechtsausschuss gestrichen worden[17] und hat keinen Eingang in die geltende Gesetzesfassung gefunden. Die Auslegung der Norm muss daher auf einer Interessenabwägung zwischen den Interessen des Frachtführers und denjenigen des Absenders oder Empfängers beruhen.[18] Als Kriterien für die Interessenabwägung sind dabei auf Seiten des Frachtführers die schlechte Kalkulierbarkeit des Schadens, die besondere Schadensträchtigkeit der Tätigkeit sowie erschwerte Beherrschbarkeit des Schadensgeschehens zu berücksichtigen; auf Seiten des Geschädigten muss berücksichtigt werden, dass er sich vor den Auswirkungen der Pflichtverletzung regelmäßig nicht schützen kann und die Haftung zudem schuldhaftes Verhalten voraussetzt, das aber jedenfalls bei einer Haftung des Frachtführers gemäß § 280 BGB vermutet wird.[19] 10

Da es sich bei § 433 haftungsrechtlich um eine deutliche Privilegierung des Frachtführers gegenüber anderen Erbringern ähnlicher Dienstleistungen handelt[20], ist eine restriktive Auslegung der Vorschrift geboten.[21] Vor diesem Hintergrund scheint es angezeigt, bei der Ausdehnung der Haftungsbegrenzung auf Leistungspflichtverletzungen über den ausdrücklichen gesetzgeberischen Willen hinaus zurückhaltend zu sein und jedenfalls grundsätzlich eine Beschränkung auf Nebenpflichtverletzungen anzunehmen, auch wenn der Wortlaut der Norm eine weitere Auslegung zulassen würde.[22] 11

b) **Anwendbarkeit auf vorvertragliche Schuldverhältnisse.** Ob § 433 auch auf vorvertragliche Pflichtverletzungen anzuwenden ist, ist umstritten. Hierzu ist ausgeführt worden, dass insbesondere ein Fehlverhalten, das eine culpa in contrahendo begründe, nicht unbedingt aus dem Anwendungsbereich des § 433 ausgeschlossen werden könne, nachdem durch die Schuldrechtsmodernisierung auch solche Ansprüche gemäß § 311 Abs. 2 BGB zu vertraglichen Ansprüchen erklärt worden seien.[23] Allerdings bestimmt § 311 Abs. 2 BGB nicht etwa, dass vorvertragliche Pflichtverletzungen vertragliche Ansprüche begründen, 12

[15] *Koller* Transportrecht § 433 Rn 2. Im Ergebnis ebenfalls für eine Einbeziehung von Leistungspflichten in den Anwendungsbereich der Norm EBJS/*Schaffert* § 433 Rn 2; Heymann/*Joachim* § 433 Rn 2; Oetker/*Paschke* § *433* Rn 3; zurückhaltend auch MünchKommHGB/*Herber* § 433 Rn 9.

[16] BtDrs. 13/8445, 9.

[17] Beschlussempfehlung und Bericht des Rechtsausschusses, BtDrs. 13/10014, 48. Dort wird lediglich darauf hingewiesen, dass es nicht geboten erscheine zu verlangen, dass dieses Merkmal vorliege. Dazu auch MünchKommHGB/*Herber* § 433 Rn 5.

[18] EBJS/*Schaffert* § 433 Rn 9; *Koller* Transportrecht § 433 Rn 7; MünchKommHGB/*Herber* § 433 Rn 6.

[19] Jauernig/*Stadler* § 280 BGB Rn 25; MünchKommBGB/*Ernst* § 280 Rn 34; Palandt/*Grüneberg* § 280 BGB Rn 34.

[20] EBJS/*Schaffert* § 433 Rn 8.

[21] MünchKommHGB /*Herber* § 433 Rn 6.

[22] Für eine Begrenzung auf Nebenpflichtverletzungen Baumbach/*Merkt* § 433 Rn 1.

[23] So MünchKommHGB/*Herber* § 433 Rn 10, der aber einschränkend besonderes Augenmerk auf die Beförderungsbezogenheit der verletzten Pflicht achten will; ebenso

sondern § 311 Abs. 2 regelt, dass ein Schuldverhältnis mit Pflichten gemäß § 241 Abs. 2 BGB unter anderem auch durch die Aufnahme von Vertragsverhandlungen entstehe. Durch vorvertragliche Kontakte und Vertragsanbahnungen entstehen also nicht etwa vertragliche Ansprüche, sondern es entsteht lediglich ein Schuldverhältnis im Sinne des § 241 Abs. 2 BGB.[24] Daher ist eine Anwendung des § 433 auf vorvertragliche Schuldverhältnisse jedenfalls im Hinblick auf den Wortlaut und die gebotene restriktive Auslegung der Vorschrift nicht angezeigt.[25]

13 c) **Beförderungsbezogenheit.** Die Vorschrift gilt für die Verletzung einer „mit der Ausführung der Beförderung des Gutes zusammenhängenden vertraglichen Pflicht". Dieses Merkmal ist, wie oben bereits ausgeführt, von grundlegender Bedeutung für den Anwendungsbereich der Vorschrift. Diese Einschränkung soll gewährleisten, dass der Frachtführer diejenigen Schäden, die durch eine beförderungsspezifische Gefahr eintreten können, kalkulierbar halten kann, indem er eine Haftungshöchstgrenze für sich ins Feld führen kann.[26] Umgekehrt soll sich der Geschädigte im Fall der Verwirklichung allgemeiner Lebensrisiken, die keinen beförderungsspezifischen Bezug haben, nicht mit einer Deckelung seiner Ansprüche begnügen müssen. Diese Interessenlage ist insbesondere auch vor dem Hintergrund zu sehen, dass andere Dienstleister, die ihre Dienste nicht auf frachtrechtlicher Grundlage erbringen, keine Haftungsbeschränkung für sich geltend machen können.[27] So ist in diesem Zusammenhang in der Regierungsbegründung zum Transportrechtsreformgesetz auch davon die Rede, dass § 433 als Kompromisslösung „Verwerfungen im allgemeinen Zivilrecht" verhindern soll.[28] Daher ist auch das Merkmal der Beförderungsbezogenheit vor dem Hintergrund einer Interessenabwägung zwischen den Interessen des Frachtführers und des Geschädigten auszulegen, wobei die Vermeidung von Wertungswidersprüchen gerade auch in Bezug auf andere Dienstleister im Auge behalten werden muss.[29]

14 Nicht beförderungsbezogen sind jedenfalls branchenfremde Tätigkeiten des Frachtführers im Rahmen logistischer Zusatzleistungen wie z.B. Kommissionierung, Etikettierung, Bearbeitung, Montage und Demontage des Beförderungsgutes.[30]

15 **2. Erfasste Schäden.** Die Haftungsbegrenzung gilt nach dem Wortlaut der Vorschrift für Schäden, die nicht durch Verlust oder Beschädigung des Gutes oder Überschreitung der Lieferfrist entstanden sind und die keine Sach- oder Personenschäden sind. Es geht also zumindest grundsätzlich um Vermögensschäden aufgrund von Nebenpflichtverletzungen.

16 Die Haftung für Schäden, die aufgrund des Verlusts oder der Beschädigung des Gutes oder die Überschreitung der Lieferfrist entstanden sind, wird bereits gemäß § 431 begrenzt.

---

ausdrücklich für eine Einbeziehung der c.i.c. in den Bereich des § 433 Oetker/*Paschke* § 433 Rn 3.

[24] So auch zu der Rechtslage vor der Schuldrechtsmodernisierung im Jahr 2002 *Hackert* Die Reichweite der Haftungsbegrenzung bei sonstigen Vermögensschäden gemäß § 433 HGB, 77.

[25] So im Ergebnis auch EBJS/*Schaffert* § 433 Rn 3; differenzierend *Koller* Transportrecht Rn 3.

[26] Dazu ausführlich Oetker/*Paschke* § 433 Rn 4 f.

[27] BtDrs. 13/8445, 68 f.

[28] BtDrs. 13/8445, 68.

[29] Im Ergebnis so auch EBJS/*Schaffert* § 433 Rn 9; *Koller* Transportrecht § 433 Rn 7; Oetker/*Paschke* § 433 Rn 4.

[30] *Koller* Transportrecht § 433 Rn 6; MünchKommHGB/*Herber* § 433 Rn 12; Oetker/*Paschke* § 433 Rn 4.

Der historische Gesetzgeber hat klargestellt, dass lediglich primäre Vermögensschäden erfasst sein sollen, das heißt **17**

„reine Vermögensnachteile, die nicht mit einer Beeinträchtigung anderer, etwa absolut geschützter Rechtsgüter beim Geschädigten verbunden sind. Durch diese Einschränkung des Anwendungsbereichs der Vorschrift soll insbesondere klargestellt werden, daß die Verletzung absoluter, deliktsrechtlich geschützter Rechtsgüter lediglich aus Anlaß der Vertragserfüllung, soweit diese nicht in einem Verlust des beförderten Gutes, seiner Beschädigung oder einer Lieferfristüberschreitung liegt, nicht einer Haftungsgrenze unterfällt. Denn hierbei handelt es sich nicht um beförderungstypische Haftungssituationen, sondern um die Verwirklichung allgemeiner Lebensrisiken, so daß ein Anlaß für eine Haftungsbegrenzung abweichend von den allgemeinen Grundsätzen nicht besteht. Ausgenommen von der Haftungsgrenze sind mithin Schäden, die an nicht zum Transport bestimmten Sachen oder an einer Person – etwa dem Absender oder Empfänger – eintreten."[31]

Der Ausschluss von Sach- und Personenschäden hat – wie oben bereits beschrieben – den Hintergrund, dass insbesondere die deliktischen Ansprüche solcher Geschädigter, die Sach- oder Personenschäden erlitten haben, nicht durch eine Regelung des HGB beschnitten werden sollen. **18**

Was Schäden wegen Verlust oder Beschädigung des Gutes oder Überschreitung der Lieferfrist angeht, enthalten die §§ 425–432 abschließende Regelungen, die auch Vermögensfolgeschäden ausschließen. Konsequenterweise werden also Vermögensfolgeschäden auch von § 433 nicht erfasst.[32] Diese können sich zum Beispiel dadurch ergeben, dass während des Transports verunreinigtes Gut mit schadensfreier Ware vermischt wird.[33] **19**

Die Anknüpfung an die Verletzung einer „mit der Ausführung der Beförderung des Gutes zusammenhängenden Pflicht" soll dazu führen, dass ausschließlich solche Pflichtverletzungen privilegiert und damit in den Anwendungsbereich der Vorschrift einbezogen werden sollen, durch die sich eine spezifische Transportgefahr verwirklicht hat[34], wobei die im ursprünglichen Regierungsentwurf noch enthaltene Einschränkung, dass ein „enger und unmittelbarer Zusammenhang" mit der Ausführung der Beförderung bestehen müsse, in das endgültige Gesetz nicht aufgenommen worden ist, letztlich aber auch nicht hilfreich wäre, weil es sich dabei um eine Leerformel handelt, deren Konkretisierung durch abstrakte Kriterien kaum denkbar ist.[35] **20**

3. Keine Sach- und Personenschäden; andere deliktisch geschützte Rechtsgüter. Die Sachverständigenkommission zur Reform des Transportrechts hatte zunächst erwogen, dem Frachtführer eine umfassende Haftungsbegrenzung zuzubilligen und zwar auch für gegen ihn gerichtete deliktische Ansprüche. Dies aber hätte zu einer unbilligen Benachteiligung des Geschädigten geführt, der dann auch mit deliktischen Ansprüchen gemäß § 823 BGB oder StVG seinen Schadensersatz nur bis zu einer bestimmten Grenze hätte geltend machen können. Vor diesem Hintergrund wurden Sach- und Personenschäden vom Anwendungsbereich des § 433 und damit von der Haftungsbegrenzung ausgenommen. Hier **21**

---

[31] BtDrs. 13/8445, 69.
[32] Heymann/*Joachim* § 433 Rn 4; *Koller* Transportrecht § 433 Rn 4; MünchKommHGB/*Herber* § 433 Rn 7.
[33] BGH TransportR 2014, 454 ff. Siehe dazu auch *Koller* Transportrecht § 433 Rn 4 mwN; *Boettge* VersR 2007, 88 ff, *Heuer* TransportR 2006, 456 ff.
[34] EBJS/*Schaffert* § 433 Rn 8.
[35] *Hackert* Die Reichweite der Haftungsbegrenzung bei sonstigen Vermögensschäden gemäß § 433 HGB, 102.

kommt dem Schutz absoluter Rechte wie etwa der körperlichen Unversehrtheit eines Beteiligten, der bei Anlieferung des Gutes angefahren wird, Vorrang zu.[36]

22 Begründet wurde dies in den Gesetzgebungsmaterialien mit dem Hinweis, dass es sich gerade bei der Verletzung deliktsrechtlich geschützter Rechtsgüter nicht um beförderungstypische Haftungssituationen, sondern um die Verwirklichung allgemeiner Lebensrisiken handele, so dass für eine Haftungsbegrenzung kein Anlass bestehe.[37]

23 Diese Begründung allerdings wirft die Frage auf, warum einerseits in der Gesetzesbegründung dem Schutz deliktsrechtlich geschützter Rechtsgüter ohne Einschränkung Vorrang vor dem Haftungsbegrenzungsinteresse des Frachtführers eingeräumt wurde, andererseits aber in der Vorschrift lediglich Sach- und Personenschäden vom Anwendungsbereich des § 433 ausgenommen wurden. Es ist nicht erkennbar, warum nicht auch der deliktsrechtliche Schutz der Freiheit eines Geschädigten oder aber sonstiger Rechte wie Besitz oder der eingerichtete und ausgeübte Gewerbebetrieb uneingeschränkt erhalten bleiben sollten. Es sind durchaus Fälle denkbar, in denen solche Rechtsgüter betroffen sein können, so zum Beispiel, wenn ein schlecht gewarteter LKW wegen eines vermeidbaren Defekts die Einfahrt zum Werksgelände versperrt und andere Fahrzeuge des Empfängers oder Absenders nicht genutzt werden können.

24 Daher wird zu Recht vertreten, dass § 433 auch bei der Verletzung anderer deliktsrechtlich geschützter Rechtsgüter keine Anwendung finden soll.[38]

25 **4. Frachtrechtliche Sondervorschriften.** § 433 ist nicht anwendbar, wenn die Folgen der Verletzung einer frachtvertraglichen Pflicht abweichend geregelt sind und damit als spezialgesetzliche Regelung vorgehen.[39] Dies gilt zum Beispiel für § 422 Abs. 3 (Nichteinziehung einer Nachnahme), § 413 Abs. 2 (Verlust der Begleitpapiere) oder § 418 Abs. 6 (Pflichtverletzung bei der Beachtung von Weisungen bei einem als Sperrpapier ausgestellten Frachtbrief).[40]

26 **5. Zeitlicher Anwendungsbereich der Norm.** Die Vorschrift des § 433 schließt Güterschäden unabhängig vom Zeitpunkt ihrer Entstehung generell von ihrem Anwendungsbereich aus.[41] Das heißt, sie findet weder innerhalb noch außerhalb des Zeitraums, in dem der Frachtführer das Gut in seiner Obhut hat, Anwendung.[42] Für Güterschäden, die außerhalb des Obhutszeitraums eintreten, haftet der Frachtführer also unbegrenzt. Für innerhalb des Obhutszeitraums eintretende Güterschäden gilt § 425 zusammen mit den den Umfang des Ersatzanspruchs regelnden §§ 429 ff.

27 **6. Qualifiziertes Verschulden.** § 433 findet gemäß § 435 dann keine Anwendung, wenn der Schaden auf eine Handlung oder Unterlassung zurückzuführen ist, die der Frachtführer oder eine der in § 428 genannten Personen vorsätzlich oder leichtfertig und in einem Schädigungsbewusstsein begangen hat.

---

36 MünchKommHGB/*Herber* § 433 Rn 8.

37 BtDrs. 13/8445, 69.

38 EBJS/*Schaffert* § 433 Rn 6; Heymann/*Joachim* § 433 Rn 5; *Koller* Transportrecht § 433 Rn 5; MünchKommHGB/*Herber* § 433 Rn 8a.

39 EBJS/*Schaffert* § 433 Rn 5; *Koller* Transportrecht § 433 Rn 3.

40 Oetker/*Paschke* § 433 Rn 8.

41 BGH TransportR 2014, 23.

42 Kritisch hierzu *Koller* TransportR 2014, 114.

III. Rechtsfolge

Die von der Vorschrift erfassten Vermögensschäden werden begrenzt auf das Dreifache des Betrages, der bei Verlust des Gutes zu zahlen wäre. Es ist also zunächst zu berechnen, wie hoch der Ersatzanspruch bei Verlust des Gutes wäre. Dies richtet sich nach der gewichtsbezogenen Haftungsbegrenzung für Güterschäden gemäß §§ 429, 431. Ist die Haftung im Rahmen der §§ 429, 431 durch Individualvereinbarung oder in den Grenzen des § 449 durch AGB verändert worden, so ist der veränderte Betrag der Berechnung zugrunde zu legen.[43] Die Haftungshöchstgrenze liegt dann beim Dreifachen des so errechneten Betrages für den Verlust des Gutes. Schadensfeststellungskosten sind im Rahmen des § 433 nicht zu berücksichtigen.[44] **28**

IV. Abdingbarkeit

Die Haftungsbegrenzung des § 433 kann lediglich in den Grenzen der §§ 449, 451h und 452d abbedungen werden. Das heißt, dass von dem dort bestimmten Höchstbetrag gemäß § 449 Abs. 1 lediglich durch Individualvereinbarung abgewichen werden kann, nicht aber durch AGB; das gilt auch im Verhältnis zu Unternehmern und auch dann, wenn zu deren Gunsten abgewichen werden soll.[45] Da § 433 aber lediglich den Haftungsumfang regelt, kann in den Grenzen des gesetzlich Zulässigen grundsätzlich frei vereinbart und damit beliebig begründet, eingeschränkt oder erweitert werden, an welche Pflichtverletzung die Haftungsbegrenzung angeknüpft werden soll.[46] Derartige Vereinbarungen der Anknüpfung der Haftungsbeschränkung unterliegen aber, sofern AGB vorliegen, der Kontrolle gemäß §§ 307 ff BGB.[47] **29**

§ 434
Außervertragliche Ansprüche

(1) Die in diesem Unterabschnitt und im Frachtvertrag vorgesehenen Haftungsbefreiungen und Haftungsbegrenzungen gelten auch für einen außervertraglichen Anspruch des Absenders oder des Empfängers gegen den Frachtführer wegen Verlust oder Beschädigung des Gutes oder wegen Überschreitung der Lieferfrist.

(2) Der Frachtführer kann auch gegenüber außervertraglichen Ansprüchen Dritter wegen Verlust oder Beschädigung des Gutes die Einwendungen nach Absatz 1 geltend machen. Die Einwendungen können jedoch nicht geltend gemacht werden, wenn

1. sie auf eine Vereinbarung gestützt werden, die von den in § 449 Absatz 1 Satz 1 genannten Vorschriften zu Lasten des Absenders abweicht,

---

43 Heymann/*Joachim* § 433 Rn 8; *Koller* Transportrecht § 433 Rn 10; MünchKommHGB/*Herber* § 433 Rn 14; Oetker/*Paschke* § 433 Rn 10; *Basedow* TranspR 1998, 58, 59 f; *Fischer* TranspR 1999, 261, 271 Rn 143.

44 EBJS/*Schaffert* § 433 Rn 12; Oetker/*Paschke* § 433 Rn 10.

45 EBJS/*Schaffert* § 433 Rn 13; Heymann/*Joachim* § 433 Rn 9; *Koller* Transportrecht § 433 Rn 11.

46 EBJS/*Schaffert* § 433 Rn 13.

47 Oetker/*Paschke* § 433 Rn 11.

2. der Dritte der Beförderung nicht zugestimmt hat und der Frachtführer die fehlende Befugnis des Absenders, das Gut zu versenden, kannte oder infolge grober Fahrlässigkeit nicht kannte oder

3. das Gut vor Übernahme zur Beförderung dem Dritten oder einer Person, die von diesem ihr Recht zum Besitz ableitet, abhanden gekommen ist.

Satz 2 Nummer 1 gilt jedoch nicht für eine nach § 449 zulässige Vereinbarung über die Begrenzung der vom Frachtführer zu leistenden Entschädigung wegen Verlust oder Beschädigung des Gutes auf einen niedrigeren als den gesetzlich vorgesehenen Betrag, wenn dieser den Betrag von 2 Rechnungseinheiten nicht unterschreitet.

Schrifttum

Basedow Die Tragweite des zwingenden Rechts im neuen deutschen Gütertransportrecht, TranspR 1998, 58; Baumbach/Hopt HGB, 36. Auflage; *Beckert* Die Haftung des Frachtführers für Kontaminierungsfolgeschäden, 2006; *Canaris* Die Feststellung von Lücken im Gesetz, 1964; *Canaris/Larenz* Methodenlehre der Rechtswissenschaft, 3. Auflage; Ebenroth/Boujong/Joost/Strohn HGB, 3. Auflage; *Ensthaler* Gemeinschaftskommentar zum Handelsgesetzbuch mit UN-Kaufrecht, 8. Auflage; *Fremuth/Thume/Eckardt* Kommentar zum Transportrecht, 2000; *Haak* CMR-Übereinkommen: Vertrag zu Lasten Dritter?, Gedächtnisschrift Helm, 2001, Satz 91; *Heidel/Schall* HGB, 2. Auflage; *Heuer* Anmerkung zum Urteil des BGH vom 5.10.2006 – I ZR 240/03, VersR 2006, 456; *ders.* Anmerkung zum Urteil des OLG Bremen vom 16.10.2003 – 2 U 31/03, TranspR 2005, 70; *ders.* Anmerkung zum Urteil des OLG Dresden vom 16.12.2004 – 13 U 123/04, TranspR 2005, 73; *ders.* Die Haftung des Spediteurs und des Lagerhalters als „Großrisiko" i. S. des § 187 VVG, TranspR 2007, 71; *ders.* Zum Anwendungsbereich von § 434 HGB, TranspR 2005, 70; *ders.* Zur außervertraglichen Haftung des Frachtführers (und seines Kfz-Haftpflichtversicherers) für Güterfolgeschäden, TranspR 2002, 334; *ders.* Zur Frage einer Anspruchskonkurrenz von vertraglicher und außervertraglicher Haftung des Frachtführers, TranspR 2006, 456; *Heymann* Handelsgesetzbuch (ohne Seerecht), 2. Auflage (Band 4); *Hübsch* Vertragliche Wirkungen zu Lasten Dritter im Gütertransportrecht, VersR 1997, 799; Katzenstein Die Drittwirkung von Haftungsbeschränkungen nach § 991 Abs. 2 BGB, AcP 204 (2004), 1; *ders.* Haftungsbeschränkungen zugunsten und zulasten Dritter, 2004; *Koller* Peter Theorie des Rechts, 1992; *Koller* Ingo Transportrecht, 8. Auflage 2013; *ders.* Haftungsbeschränkungen zu Gunsten selbstständiger Hilfspersonen und zu Lasten Dritter im Transportrecht, TranspR 2015, 409; *Koller/Kindler/Roth/Morck* HGB, 8. Auflage; *Mast* Der multimodale Frachtvertrag nach deutschem Recht, 2002; Münchener Kommentar BGB, Band 6, 6. Auflage; Münchener Kommentar HGB, Band 7, 3. Auflage 2014; Oetker HGB, 4. Auflage; Palandt BGB, 75. Auflage 2016; *Pfirmann* Die vertragliche und außervertragliche Haftung des Frachtunternehmers wegen Folgeschäden, 2008; *Ramming* Neues vom ausführenden Frachtführer, VersR 2007, 1190; *Rose* Die Haftung des Frachtführers gegenüber dem Dritteigentümer, 2005; *Ruhwedel* Das störende Eigentum am Frachtgut, Festgabe Herber, 1999, 163; *Saur* Die Änderung der Haftungsgrundsätze im Fracht-, Speditions- und Lagerrecht durch das Transportrechtsreformgesetz, Diss. Hamburg 1999; *Thume* Die Ansprüche des geschädigten Dritten im Frachtrecht, TranspR 2010, 45.; *ders.* Die Rechte des Empfängers bei Vermischungsschäden in Tanks und Silos als Folge verunreinigt angelieferter Güter, VersR 2002, 267; *ders.* Haftungs- und Versicherungsfragen bei fehlerhafter Ablieferung des Frachtgutes und bei Vermischungsschäden, r+s 2006, 89.; *ders.* Nochmals: Zur außervertraglichen Haftung des Frachtführers und seines Kfz-Haftpflichtversicherers für Folgeschäden bei Kontaminierung des Frachtgutes, TranspR 2004, Sonderbeilage Satz 40; *Wieske* Anmerkung zur Rechtsprechung zum Logistikrecht, TranspR 2008, 388; *ders.* Haftung für Lieferfristprobleme, TranspR 2013, 272; *Wilhelm* Die Lehre vom Fremdbesitzerexzess, JZ 2004, 650.

Übersicht

I. Einführung und Gegenstand der Vorschrift

Die Vorschrift erstreckt die Haftungsbeschränkungen des Frachtvertragsrechts auch auf außervertragliche Ansprüche gegen den Frachtführer. In der Sache entspricht die Regelung damit Art. 28 Abs. 1 CMR, der eine Berufung des Frachtführers auf die Haftungsbegrenzungen der CMR auch im Fall von außervertraglichen Ansprüchen zulässt. **1**

Hintergrund der Regelung ist der Umstand, dass die gesetzlichen Haftungsbeschränkungen des Frachtvertragsrechts lediglich für Forderungen im Zusammenhang mit dem Frachtvertrag, also die vertraglichen Ansprüche gegen den Frachtführer gelten.[1] Gegen ihn kommen grundsätzlich aber auch außervertragliche Ansprüche, z.B. aus Geschäftsführung ohne Auftrag (§§ 677 ff BGB), Kondiktionsrecht (§§ 812 ff BGB), dem Eigentümer-Besitzer-Verhältnis (§§ 989 ff BGB) und insbesondere aus Deliktsrecht (§§ 823 ff BGB) in Betracht. Dies gilt für Ansprüche des Absenders ebenso wie für solche des Empfängers.[2] **2**

Der Vorschrift liegt die Überlegung zugrunde, dass die Haftungsbegrenzungen für den Frachtführer nicht dadurch entwertet werden sollen, dass zwar vertragliche Ansprüche begrenzt werden, nicht aber solche aus außervertraglichen Rechtsgründen.[3] Das frachtvertragliche Entschädigungssystem soll also durch § 434 auch gegenüber außervertraglichen Ansprüchen abgesichert werden, um dem Frachtführer jedenfalls in Bezug auf Forderungen wegen Verlust und Beschädigung des Gutes sowie wegen Überschreitung der Lieferfrist die Möglichkeit einzuräumen, sein Haftungsrisiko niedrig und im Hinblick auf die Frachtraten kalkulierbar zu machen und damit eine Versicherung dieses Risikos im Hinblick auf die Versicherungsprämien zu ermöglichen.[4] Abs. 2 erstreckt die Haftungsbegrenzung wegen Forderungen aus außervertraglichen Ansprüchen auch auf vertragsfremde Dritte. Bedenklich ist dabei, dass diese Erstreckung der Haftungsbeschränkungen auf Dritte, die nicht Partei des Beförderungsvertrages sind, diesen ein erhebliches Sonderopfer auferlegt.[5] Es handele sich bei § 434 Abs. 2 um eine Einschränkung des durch Art. 14 GG verfassungsrechtlich gewährleisteten Eigentumsschutzes, die das Eigentum mit einer Sozialbindung im Interesse einer ungestörten Funktionsweise des frachtrechtlichen Haftungssystems belege.[6] Das soll **3**

---

1 Baumbach/*Merkt* § 434 Rn 1.

2 Koller/Kindler/Roth/Morck/*Koller* HGB § 434 Rn 1; Baumbach/*Merkt* § 434 Rn 1; BtDrs. 13/8445, 69.

3 *Koller* Transportrecht § 434 Rn 1.

4 EBJS/*Schaffert* § 434 Rn 5.

5 Siehe dazu *Hübsch* VersR 1997, 799 ff.

6 Oetker/*Paschke* § 434 Rn 2.

insbesondere dann gelten, wenn der anspruchsberechtigte Dritte vom Transport nichts wusste und daran auch kein wirtschaftliches Interesse hat.[7] Abs. 2 wurde vom Gesetzgeber indes damit begründet, dass der vertragsfremde Dritte vielfach von der Beförderung des Gutes und damit von der frachtvertraglichen Beziehung profitiere.[8] Diese Begründung wurde bisweilen als wenig überzeugend kritisiert.[9] Das mag aus rechtlicher Sicht nachvollziehbar sein, denn das wirtschaftliche Eigeninteresse des Geschädigten rechtfertigt nicht notwendigerweise eine unter Umständen erhebliche Beschränkung seiner außervertraglichen Ansprüche. Tatsächlich dürfte aber der anspruchsberechtigte Dritte in aller Regel durch die Einschränkungen des Abs. 2 Satz 2 jedenfalls dann wirksam geschützt sein, wenn er mit dem Transport nicht einverstanden war und diesem nicht zugestimmt hat.

II. Außervertragliche Ansprüche des Absenders oder des Empfängers (Abs. 1)

4 **1. Erfasste Ansprüche.** Abs. 1 erfasst außervertragliche Ansprüche wegen Beschädigung oder Verlust des beförderten Gutes oder wegen Überschreitung der Lieferfrist. Dies korrespondiert mit der Haftungsregel des § 425. Erfasst werden nur solche Ansprüche, die ein beförderungsspezifisches Risiko erfassen und damit in direkter Konkurrenz zu Ansprüchen aus dem Frachtvertrag gemäß § 425 stehen.[10] Das bedeutet auch, dass die auf außervertraglicher Grundlage beruhende Schadensersatzpflicht während des Obhutszeitraums des § 425 eingetreten sein muss.[11]

5 Zu den konkurrierenden Ansprüchen gehören jedenfalls solche aus dem Deliktsrecht, insbesondere solche aus §§ 823 Abs. 1 und 2 BGB und § 831 BGB. Ebenso sind Ansprüche aus Gefährdungshaftung wie zum Beispiel § 7 StVG erfasst,[12] wenn auch in der Praxis von geringer Bedeutung.[13] § 826 BGB ist zwar grundsätzlich als außervertraglicher Anspruch vom Anwendungsbereich des § 434 erfasst, jedoch setzt ein Schadensersatzanspruch gemäß § 826 BGB eine vorsätzliche sittenwidrige Schädigung voraus, sodass hier stets § 435 zu einem Entfallen der Haftungsbegrenzung führen muss.

6 Von § 434 erfasst sind außerdem Ansprüche aus Geschäftsführung ohne Auftrag gemäß §§ 677 ff BGB,[14] aus berechtigtem Notstand gemäß § 904 Satz 2 BGB sowie solche aus dem Eigentümer-Besitzer-Verhältnis gemäß §§ 989 ff BGB und aus Eingriffskondiktion gemäß §§ 812 ff BGB.[15]

7 Nicht erfasst sind außervertragliche Ansprüche, wenn der konkurrierende vertragliche Anspruch nicht auf § 425, sondern auf § 280 BGB beruht. Das ist zum Beispiel dann der Fall, wenn und soweit eine Vertragsverletzung zwar im Rahmen des Beförderungsvertrages, aber nicht durch Beschädigung oder Verlust des Gutes oder durch Überschreitung der Lieferfrist eingetreten ist.[16] Beispiel hierfür sind die so genannten Vermischungsschäden. Wird zum Beispiel flüssiges Gut in einen falschen Behälter geleert und dort mit anderem – nicht beförderten – Gut vermischt, richtet sich die Haftung in Bezug auf das transportierte

---

[7] *Hübsch* VersR 1997, 799, 807 f.
[8] BtDrs. 13/8445, 70; so auch Baumbach/*Merkt* § 434 Rn 2.
[9] EBJS/*Schaffert* § 434 Rn 4; Oetker/*Paschke* § 434 Rn 2.
[10] MünchKommHGB/*Herber* § 434 Rn 6.
[11] Vgl. OLG Dresden TransportR 2005, 72 mit kritischer Anmerkung *Heuer* TransportR 2005, 73.
[12] EBJS/*Schaffert* § 434 Rn 9.
[13] MünchKommHGB/*Herber* § 434 Rn 10.
[14] A.A. EBJS/*Schaffert* § 434 Rn 10.
[15] Oetker/*Paschke* § 434 Rn 3; *Koller* Transportrecht § 434 Rn 4.
[16] Vgl. MünchKommHGB/*Herber* § 425 Rn 10.

Gut nach § 425 HGB, die Haftung wegen der Verunreinigung des bereits im Behälter vorhandenen Gutes aber beruht auf § 280 BGB.[17] Außervertragliche Ansprüche wegen des zuvor im Behälter befindlichen Gutes unterliegen dann nicht den Einschränkungen des § 434. Da es sich um einen Sachschaden handelt, greift in derartigen Fällen auch § 433 nicht ein.[18]

Vor diesem Hintergrund dürften auch Ansprüche wegen Verschuldens bei Vertragsverhandlungen gemäß § 311 Abs. 2 BGB nicht erfasst sein, weil auch ihr Haftungsgrund in § 280 BGB liegt, nicht etwa in § 425 HGB.[19] **8**

Nach dem Wortlaut der Norm sind Ansprüche auf Schadensersatz wegen des Verlustes oder der Beschädigung von Begleitpapieren nicht erfasst.[20] Einige Autoren wollen allerdings § 434 analog auf Ansprüche wegen des Verlustes oder der Beschädigung von Begleitpapieren anwenden.[21] Begründet wird dies insbesondere mit § 413 Abs. 2 Satz 2. Diese Vorschrift begründet eine Haftung des Frachtführers wegen Verlust oder Beschädigung der ihm übergebenen Urkunden, die wiederum begrenzt ist auf den Betrag, der bei Verlust des Gutes zu zahlen wäre. Der Verlust bzw. die Beschädigung von Begleitpapieren sei eng mit dem Verlust des Gutes verwandt,[22] und die Einbeziehung der Frachtpapiere in das frachtrechtliche Haftungsgefüge gemäß § 413 sei sachgerecht[23] und rechtfertige eine entsprechende Analogie.[24] **9**

Dabei ist gewiss nicht von der Hand zu weisen, dass in Bezug auf die Frachtpapiere eine vergleichbare Interessenlage vorliegt. Während die Frachtpapiere einerseits gemäß § 413 Abs. 2 im Falle des Verlustes oder der Beschädigung (nicht: Lieferfristüberschreitung) ebenso behandelt werden wie das Gut selbst, erstreckt § 434 die Begrenzung der außervertraglichen Ansprüche wegen Verlustes oder Beschädigung gerade nicht auf die Begleitpapiere. Im Interesse des Frachtführers läge gewiss eine Erstreckung der Haftungsbegrenzungen auch auf außervertragliche Ansprüche in Bezug auf die Begleitpapiere. Für die Annahme einer Analogie reicht es indes nicht aus, dass das Gesetz eine bestimmte Frage nicht oder nicht in vollem Umfang regelt. Hinzukommen muss der Umstand, dass diese Regelungslücke auch planwidrig ist, d.h. dass der Gesetzgeber diese Lücke nicht wollte oder schlicht übersehen hat.[25] Das ist spätestens seit dem Gesetz zur Reform des Seehandelsrechts[26] fraglich. Denn dort hat der Gesetzgeber Änderungen des § 434 HGB vorgenommen (Art. 1 Satz 1 Nr. 16 Gesetz zur Reform des Seehandelsrechts), die sowohl dem Schutz des Frachtführers als auch dem Schutz vertragsfremder Dritter dienen sollten.[27] Mit dieser Änderung hätte sich für den Gesetzgeber die Gelegenheit ergeben, § 434 auch auf außervertragliche Ansprüche wegen Verlustes oder Beschädigung der Begleitpapiere zu erstrecken. Die vorgenommenen Änderungen jedenfalls sind nicht ausschließlich seehandelsrechtlicher Natur, so dass eine Änderung der Vorschrift in Bezug auf die Einbeziehung der **10**

[17] MünchKommHGB/*Herber* § 425 Rn 10.
[18] EBJS/*Schaffert* § 434 Rn 11; MünchKommHGB/*Herber* § 434 Rn 8.
[19] MünchKommHGB/*Herber* § 434 Rn 10; Oetker/*Paschke* § 434 Rn 5; in der aktuellen Auflage nun auch EBJS/*Schaffert* § 434 Rn 10; a.A. *Koller* Transportrecht § 434 Rn 4.
[20] Oetker/*Paschke* § 434 Rn 3.
[21] So z.B. MünchKommHGB/*Herber* § 434 Rn 9; *Koller* Transportrecht § 434 Rn 3; a.A.: Fremuth/Thume/*Fremuth* Kommentar zum Transportrecht § 434 Rn 5.
[22] So *Koller* Transportrecht § 434 Rn 3.
[23] EBJS/*Schaffert* § 434 Rn 8.
[24] So MünchKommHGB/*Herber* § 434 Rn 9.
[25] Siehe zu den Voraussetzungen einer Analogiebildung: *Koller* Theorie des Rechts, 227; *Canaris* Die Feststellung von Lücken im Gesetz, 39; *Larenz* Methodenlehre in der Rechtswissenschaft, 6. A., 370 ff mwN.
[26] BGBl 2013, I, 831.
[27] BtDrs. 17/10309, 55.

Begleitpapiere hier nicht sachfremd gewesen wäre. Gleichwohl hat sich der Gesetzgeber dazu entschlossen, außervertragliche Ansprüche wegen Verlustes oder Beschädigung der Begleitpapiere nicht in § 434 einzubeziehen. Doch auch ohne diese vom Gesetzgeber unterlassene Anpassung der Rechtslage ergeben sich allein aus dem Vorliegen einer Regelungslücke noch keine Anhaltspunkte dafür, dass der Gesetzgeber hier eine zu regelnde Frage übersehen hat. Damit ist es sehr fraglich, ob tatsächlich eine planwidrige Regelungslücke vorliegt, die Voraussetzung für die Bildung einer Analogie wäre.

11 Neben dem Verlust oder der Beschädigung von Begleitpapieren soll auch bei Nachnahmefehlern gemäß § 422 Abs. 3 und im Falle der Auslieferung des Gutes an einen anderen als den berechtigten Besitzer des Ladescheins gemäß § 445 Abs. 3 eine analoge Anwendung von § 434 erfolgen.[28] Auch in Bezug auf diese Fälle wäre aber die Seehandelsrechtsreform eine gute Gelegenheit für den Gesetzgeber gewesen, bestehende Unklarheiten zu beseitigen oder ungewollte Regelungslücken zu schließen. Sie ist aber nicht genutzt worden, so dass davon ausgegangen werden muss, dass der Gesetzgeber hier bewusst eine unterschiedliche Behandlung der umstrittenen Fälle beabsichtigt hat. Ein Raum für eine Analogiebildung bliebe trotz aller Gründe für die Sachrichtigkeit einer Erstreckung des Anwendungsbereichs des § 434 nicht.

12 Schließlich lässt § 434 selbstständige vertragliche Abreden, zum Beispiel in Form von Garantieversprechen, unberührt.[29]

13 **2. Rechtsfolgen.** Sinn und Zweck des § 434 ist es, den Frachtführer davor zu schützen, dass die für den Frachtvertrag geltenden Haftungserleichterungen durch außervertragliche Ansprüche entwertet werden. Das bedeutet, dass der Frachtführer einem ihm gegenüber geltend gemachten und von § 434 erfassten außervertraglichen Anspruch alle Einwendungen entgegenhalten kann, die er dem vertraglichen Anspruch entgegenhalten könnte. Das gilt auch dann, wenn der Frachtführer nach dem Frachtrecht überhaupt nicht haftet. Ist zugunsten des Frachtführers eine Haftungserleichterung wirksam vereinbart worden, kann er sich auch in Bezug auf die gegen ihn geltend gemachten außervertraglichen Ansprüche darauf berufen.[30] Umgekehrt kann sich der Frachtführer im Falle einer vertraglich vereinbarten Haftungsverschärfung nicht auf die für ihn vorteilhafteren gesetzlichen Haftungsprivilegierungen berufen.[31] Der Schutz vor einer Inanspruchnahme auf Grundlage außervertraglicher Ansprüche reicht immer nur soweit wie eine Inanspruchnahme aus dem Frachtvertrag selbst reichen würde.

14 Hat der Frachtführer oder haben seine Leute qualifiziert schuldhaft gehandelt, entfallen gemäß § 435 auch die Privilegien des § 434. Umstritten ist allerdings, ob § 434 im Falle des Vorliegens der Voraussetzungen des § 435 insgesamt unanwendbar wird,[32] oder ob lediglich die Anwendbarkeit der Haftungsprivilegien entfällt, die Begrenzung der Verjährung auf 3 Jahre gemäß § 439 aber bestehen bleibt mit der Folge, dass auch die besondere frachtrechtliche Berechnung der Verjährung gemäß § 439 Abs. 2 und 3 einschlägig bleibt.[33] Letzteres wird mit der Begründung verneint, § 439 sei nach Abs. 1 Satz 2 der Vor-

[28] EBJS/*Schaffert* § 434 Rn 8; *Koller* Transportrecht § 434 Rn 3. Für eine analoge Anwendung bei Auslieferung an einen anderen als den nach Ladeschein Berechtigten aber gegen eine analoge Anwendung auf Fälle der Nichtbeachtung einer Nachnahmeverpflichtung; MünchKommHGB/*Herber* § 434 Rn 9.

[29] *Koller* Transportrecht § 434 Rn 4.

[30] *Koller* Transportrecht § 434 Rn 7.

[31] EBJS/*Schaffert* § 434 Rn 16; *Koller* Transportrecht § 434 Rn 7.

[32] So EBJS/*Schaffert* § 434 Rn 17; *Koller* Transportrecht § 434 Rn 8.

[33] So MünchKommHGB/*Herber* § 434 Rn 15.

schrift lex specialis gegenüber § 435.[34] Demgegenüber legt die Regierungsbegründung zum Transportrechtsreformgesetz nahe, dass die Verjährungsregelungen des § 439 unabhängig von § 434 beurteilt werden müssen. Dort hat der Gesetzgeber klargestellt, dass die Verjährung auch außervertraglicher Ansprüche stets nach § 439 beurteilt werden solle und daher auf eine Aufnahme von Verjährungsvorschriften in § 434 verzichtet worden sei.[35] Das deutet darauf hin, dass jedenfalls der Gesetzgeber bewusst davon ausgegangen ist, dass die Beurteilung der Verjährung nicht davon abhängen sollte, ob die Haftungserleichterungen des § 434 geltend gemacht werden können oder nicht.

3. Aktiv- und Passivlegitimation

a) **Anspruchsgegner.** Die Vorschrift erfasst außervertragliche Ansprüche, die sich gegen den Frachtführer richten. Frachtführer im Sinne der Vorschrift ist dabei derjenige Beförderer, der mit dem ersatzberechtigten Absender einen wirksamen Frachtvertrag geschlossen hatte und der das Gut an den aus dem Frachtvertrag Berechtigten abzuliefern hatte.[36] **15**

Gleichermaßen erfasst § 434 Ansprüche gegen den ausführenden Frachtführer, der gemäß § 437 haftet als wäre er Frachtführer und daher auch alle Einwendungen haben soll, die dem Frachtführer zustehen würden.[37] **16**

Sonstige Unterfrachtführer können sich lediglich auf § 434 Abs. 2 berufen.[38] **17**

Organe im Sinne von § 31 BGB und gesetzliche Vertreter von Frachtführern können sich analog auf § 434 berufen, nicht aber Gesellschafter des Frachtführers, es sei denn, dass sie zugleich geschäftsführungsberechtigte Organe des Frachtführers sind.[39] **18**

b) **Berechtigte Anspruchsteller.** Aktivlegitimiert sind Absender und Empfänger.[40] Dabei wird der Absender regelmäßig der Vertragspartner des Frachtführers sein. Der Empfänger kann Ansprüche gegen den Frachtführer aus § 421 geltend machen. Für Ansprüche gegen den ausführenden Frachtführer bestimmt § 437 die Aktivlegitimation von Absender und Empfänger. Sofern und soweit der Frachtvertrag zugunsten Dritter oder mit Schutzwirkung zugunsten Dritter geschlossen worden ist, erwerben diese Dritten Ansprüche aus dem Frachtvertrag und sind damit auch den Einschränkungen des § 434 unterworfen.[41] **19**

III. Außervertragliche Ansprüche Dritter (Abs. 2)

1. **Allgemeines.** Absatz 2 erstreckt das für Vertragsansprüche geltende Haftungssystem des Frachtrechts auf die Ansprüche von vertragsfremden Dritten, die weder Absender noch Empfänger des Gutes sind und daher nicht zur Geltendmachung vertraglicher Ansprüche gegen den Frachtführer aktivlegimiert sind.[42] Das betrifft zum Beispiel den Eigentümer des Gutes, der weder Absender noch Empfänger ist. Anders als in Absatz 1 ist hier die Überschreitung der Lieferfrist nicht erfasst. Begründet hat der Gesetzgeber diese Einschränkung damit, dass eine Haftung für Lieferfristüberschreitung einen originär vertrag- **20**

---

[34] EBJS/*Schaffert* § 434 Rn 17.
[35] BtDrs. 13/8445, 70.
[36] *Koller* Transportrecht § 434 Rn 5.
[37] MünchKommHGB/*Herber* § 434 Rn 12.
[38] Oetker/*Paschke* § 434 Rn 7; *Koller* Transportrecht § 434 Rn 5.
[39] *Koller* Transportrecht § 434 Rn 5.
[40] BtDrs. 13/8445, 69.
[41] *Koller* Transportrecht § 434 Rn 6.
[42] BtDrs. 13/8445, 70.

lichen Charakter habe und daher gegenüber vertragsfremden Dritten nicht in Betracht komme.[43]

21 Absatz 2 Satz 2 beinhaltet einen Katalog von Voraussetzungen, bei deren Vorliegen der Frachtführer die ihm nach dem Frachtrecht zustehenden Einwendungen nicht gegenüber dem Anspruchsberechtigten geltend machen kann.

22 2. **Kreis der Dritten.** Dritte im Sinne des Absatz 2 sind alle Personen, die nicht unmittelbar mit dem Frachtführer in einer vertraglichen Beziehung stehen. Kein Dritter im Sinne der Vorschrift ist derjenige, der vertragliche Ansprüche mittelbar etwa als Empfänger gemäß § 432 Abs. 1 Satz 2 oder gemäß § 328 BGB geltend machen kann.[44] Ebenfalls kein Dritter im Sinne der Vorschrift ist der ausführende Frachtführer gemäß § 437 oder der aus dem Ladeschein Berechtigte gemäß § 445 Abs. 3 bzw. § 446 Abs. 2 (§ 447 a.F.).[45]

23 3. **Einschränkungen von Abs. 1 Satz 1 (Abs. 1 Satz 2).** Der Gesetzgeber hat Konstellationen vorgesehen, die dazu führen, dass der Frachtführer die ihm eigentlich im Rahmen des § 434 zustehenden Einwendungen nicht gegenüber den vertragsfremden Dritten geltend machen kann. Diese Einschränkungen erfolgen im Interesse des Eigentumsschutzes des Dritten.[46] Seine ihm zustehenden Einwendungen kann der Frachtführer dem geschädigten Dritten nicht entgegenhalten, wenn der Frachtführer mit seinem Vertragspartner eine seine Haftung über das gesetzliche Maß hinaus noch weiter einschränkende vertragliche Vereinbarung geschlossen hat (Nr. 1), wenn der Dritte der Beförderung nicht zugestimmt hat und der Frachtführer die fehlende Versendungsbefugnis des Absenders nicht kannte oder hätte kennen müssen (Nr. 2) sowie wenn das Gut vor Übernahme zur Beförderung abhanden gekommen war (Nr. 3).

24 a) **Abweichende Vereinbarung über die Haftung (Abs. 2 Satz 2 Nr. 1).** § 434 Abs. 2 Satz 2 Nr. 1 ist mit dem Gesetz zur Reform des Seehandelsrechts[47] im Jahr 2013 neu aufgenommen worden. Die Vorschrift hat den Zweck, vertragsfremde Dritte vor bestimmten Vereinbarungen der Vertragsparteien zu schützen, auf die sie selbst keinen Einfluss nehmen konnten.[48] Hintergrund ist der Umstand, dass die Vertragsparteien gemäß § 449 Abs. 1 Satz 1 jedenfalls individualvertraglich eine Reduzierung der Haftung des Frachtführers vereinbaren können. Ohne eine entsprechende Regelung hätte der Frachtführer sich gemäß § 434 Abs. 2 auch gegenüber dem vertragsfremden Dritten auf die zwischen den Vertragsparteien vereinbarte Haftungserleichterung berufen können. Der Gesetzgeber hielt es aber für nicht sachgerecht, dass sich der Frachtführer durch Vereinbarung mit seinem Vertragspartner auch gegenüber vertragsfremden Dritten eine Haftungserleichterung verschaffen können sollte. Es soll daher erreicht werden, dass Dritte, die einer Beförderung zugestimmt haben, aber nicht den Frachtvertrag abgeschlossen haben, oder für die die Voraussetzungen der Nummern 2 und 3 nicht erfüllt sind, vor vertraglichen Einwendungen des Frachtführers, durch die die gesetzliche Haftung des Frachtführers noch weiter eingeschränkt wird, bewahrt werden.[49]

25 Gemäß Abs. 2 Satz 3 bleibt es aber bei der Möglichkeit des Frachtführers, dem Geschädigten Dritten Einwendungen entgegenzuhalten, sofern eine Haftungsbegrenzung zulässigerweise gemäß § 449 vereinbart worden ist, durch die die zu leistende Entschädigung

---

[43] BtDrs. 13/8445, 71.
[44] Oetker/*Paschke* § 434 Rn 11.
[45] *Koller* Transportrecht § 434 Rn 12; EBJS/*Schaffert* § 434 Rn 18.
[46] MünchKommHGB/*Herber* § 434 Rn 22.
[47] BGBl. 2013 II, 831 ff.
[48] Siehe dazu *Koller* TransportR 2015, 409, 416.
[49] BtDrs. 17/10309, 55.

wegen Verlusts oder Beschädigung des Gutes auf einen niedrigeren als den gesetzlich vorgesehenen Betrag abgesenkt wird, wenn dieser Betrag den Betrag von 2 Rechnungseinheiten nicht unterschreitet.[50]

b) **Fehlende Zustimmung des Dritten und guter Glaube an die Versendungsbefugnis des Absenders (Abs. 2 Satz 2 Nr. 2).** In der ursprünglichen Fassung des Transportrechtsreformgesetzes[51] bestand die Regelung bereits grundsätzlich, ihre Stellung im Gesetz wurde jedoch durch das Gesetz zur Reform des Seehandelsrechts[52] von Nr. 1 auf Nr. 2 verschoben. Allerdings wurde durch das Gesetz zur Reform des Seehandelsrechts der Sorgfaltsmaßstab, den der Frachtführer in Bezug auf das Erkennen der Versendungsbefugnis des Absenders beachten muss, von leichter Fahrlässigkeit auf grobe Fahrlässigkeit angehoben. Die Vorschrift setzt also für einen Verlust der Einwendungen des Frachtführers die fehlende Zustimmung des geschädigten Dritten und die vorsätzliche oder grob fahrlässige Unkenntnis der fehlenden Versendungsbefugnis des Absenders auf Seiten des Frachtführers voraus. 26

aa) **Fehlende Zustimmung.** Die Zustimmung zur Beförderung ist eine rechtsgeschäftsähnliche Erklärung,[53] die ausdrücklich oder stillschweigend abgegeben werden kann. Das tatbestandliche Fehlen der Zustimmung wird also regelmäßig dann problematisch sein, wenn es an einer ausdrücklichen Erklärung über die Zustimmung zur Beförderung fehlt. Liegt eine solche ausdrückliche Zustimmung vor, ist § 434 Abs. 2 Satz 2 Nr. 2 nicht anwendbar. 27

Eine stillschweigende Zustimmung zum Transport ist insbesondere dann anzunehmen, wenn der Dritte das Gut zur Durchführung oder zur Organisation des Transports übergibt.[54] 28

Von einer stillschweigenden Zustimmung kann auch dann ausgegangen werden, wenn für eine Sache im Rahmen ihrer nach dem Vertrag vorausgesetzten Verwendung ein Transport infrage kommt.[55] Das kann zum Beispiel bei einer KFZ Miete der Fall sein. Hier kommt ein Transport mit dem Abschleppwagen oder einem Autoreisezug, einer Fähre o.ä. immer in Betracht. Gleiches gilt bisweilen bei Reparaturverträgen. Muss zum Beispiel ein Haushaltsgroßgerät im Rahmen der Gewährleistung in einer Fachwerkstatt repariert werden, ist es nicht ungewöhnlich, wenn sich Hersteller oder Verkäufer eines Subunternehmers bedienen, zu dem die Ware transportiert werden muss. Auch hier wäre der Eigentümer im Falle des Schadenseintritts Dritter. Schließlich liegt auch beim Verkauf von Waren unter Eigentumsvorbehalt ein Transport so nahe, dass man von einer konkludenten Zustimmung des Vorbehaltsverkäufers zu einem Transport der Ware wird ausgehen müssen.[56] 29

Bei der Bewertung der Reichweite einer Zustimmung ist eine Betrachtung des Einzelfalls erforderlich. Zwar muss die Zustimmung nicht in Bezug auf einen bestimmten Transport erteilt worden sein, jedoch wird man eine Zustimmung des Dritten zu allen möglichen denkbaren Transporten nicht ohne weiteres unterstellen dürfen, wenn vernünftigerweise nur mit einem Transport innerhalb eines gewissen Umkreises oder mit bestimmten Transportmitteln gerechnet werden muss.[57] 30

---

50 Siehe dazu auch *Basedow* TransportR 1998, 59; EBJS/*Schaffert* § 434 Rn 21 ff.

51 BGBl. 1998 I, 1588 ff.

52 BGBl. 2013 II, 831 ff.

53 A.A. Oetker/*Paschke* § 434 Rn 12, der von einer rechtsgeschäftlichen Erklärung ausgeht.

54 *Koller* Transportrecht § 434 Rn 13; Oetker/*Paschke* § 434 Rn 12.

55 MünchKommHGB/*Herber* § 434 Rn 23; *Koller* Transportrecht § 434 Rn 13; EBJS/*Schaffert* § 434 Rn 20; Oetker/*Paschke* § 434 Rn 12.

56 Zu diesen Beispielen siehe *Koller* Transportrecht § 434 Rn 13.

57 *Koller* Transportrecht § 434 Rn 13.

31 bb) **Guter Glaube an die Versendungsbefugnis des Absenders.** Liegt die Zustimmung des Dritten zum Transport nicht vor, kann der Frachtführer – sofern nicht die Voraussetzungen von Nr. 1 oder Nr. 3 vorliegen – die ihm zustehenden Einwendungen gleichwohl geltend machen, wenn er gutgläubig in Bezug auf die Befugnis des Absenders war, das Gut zu versenden. Dieser Gutgläubigkeit stand gemäß § 434 Abs. 2 Satz 2 Nr. 1 a.F. auch leichte Fahrlässigkeit entgegen.[58] Insoweit hat das Gesetz zur Reform des Seehandelsrecht[59] eine deutliche Erleichterung für den Frachtführer gebracht, weil nach der neuen Regelung lediglich Vorsatz oder grobe Fahrlässigkeit in Bezug auf die Versendungsbefugnis des Absenders dazu führen, dass der Frachtführer seine Einwendungen im Fall der fehlenden Zustimmung des Dritten zu Transport nicht entgegenhalten kann. Der Frachtführer kann sich also auch dann noch gegenüber außervertraglichen Ansprüchen eines Dritten, der der Beförderung nicht zugestimmt hat, auf Haftungsbefreiungen und Haftungsbegrenzungen berufen, wenn er die fehlende Befugnis des Absenders, das Gut zu versenden, infolge leichter Fahrlässigkeit nicht kannte. Lediglich positive Kenntnis oder grobe Fahrlässigkeit sollen einen Einwendungsausschluss begründen.[60]

32 Hierbei ist zu beachten, dass häufig vorkommende Sicherungsmittel wie z.B. der (verlängerte) Eigentumsvorbehalt zwangsläufig dazu führen, dass der Absender fremde Sachen versendet. Gleiches gilt, wenn zum Beispiel ein Leasingnehmer sein defektes Fahrzeug zur Werkstatt schleppen lässt. Im Wirtschaftsleben ist dies nicht die Ausnahme, sondern eher die Regel.[61] Eine grobe Fahrlässigkeit des Frachtführers liegt vor diesem Hintergrund nicht etwa bereits dann vor, wenn der Frachtführer wusste oder geahnt hat, dass er Gut transportiert, das nicht dem Absender gehört. In diesem Fall muss der Frachtführer noch keine Erkundigungen darüber einholen, ob der Absender zur Beauftragung der Beförderung berechtigt ist.[62] Vielmehr müssen für die Annahme grober Fahrlässigkeit des Frachtführers wohl erkennbar konkrete Anhaltspunkte dafür vorliegen, dass der Absender nicht zur Beauftragung des Transports berechtigt ist.[63] Der Versand hochwertiger Konsumgüter oder wertvoller Investitionsgüter allein begründet einen solchen konkreten Anhaltspunkt allerdings noch nicht.[64] Vielmehr müssten in derartigen Fällen weitere Anhaltspunkte hinzukommen, um eine Erkundigungspflicht für den Frachtführer zu begründen.

33 c) **Kein Abhandenkommen des Gutes (Abs. 2 Satz 2 Nr. 3).** Schließlich verliert der Frachtführer sein Recht, den außervertraglichen Ansprüchen Dritter seine frachtvertraglichen Einwendungen entgegenzuhalten, wenn das Gut dem Dritten oder dessen Besitzmittler vor Übernahme abhandengekommen ist. Dabei entspricht der Begriff des Abhandenkommens in dieser Vorschrift demjenigen des § 935 BGB.[65] Danach ist eine Sache abhandengekommen, wenn der Eigentümer seinen Besitz an der Sache unfreiwillig verliert.[66]

34 Der Zeitpunkt des Besitzverlustes muss „vor der Übernahme zur Beförderung" liegen. Dadurch wollte der Gesetzgeber klarstellen, dass ein Abhandenkommen während des Transports nicht erfasst ist.[67]

---

[58] Siehe zur alten Rechtslage noch *Koller* Transportrecht § 434 Rn 14.
[59] BGBl. 2013 II, 831 ff.
[60] BtDrs. 17/10309, 55.
[61] MünchKommHGB/ *Herber* § 434 Rn 24.
[62] Oetker/*Paschke* § 434 Rn 14.
[63] MünchKommHGB/*Herber* § 434 Rn 24.
[64] Oetker/*Paschke* § 434 Rn 14.
[65] BtDrs. 13/8445, 71; MünchKommHGB/ *Herber* § 434 Rn 26.
[66] MünchkommBGB/*Oechsler* § 935 Rn 2 f; Palandt/*Bassenge* § 935 Rn 3.
[67] BtDrs. 13/8445, 71.

IV. Beweislast

Die Beweislast für das Vorliegen der Einwendung des § 434 gegen die vom Anspruchsberechtigten geltend gemachten Ansprüche liegt beim Frachtführer.[68] Im Fall des Abs. 2 liegt die Beweislast für das Vorliegen der Einwendungsausschlüsse des Abs. 2 Satz 2 Nr. 1–3 beim Anspruchsteller.[69] **35**

§ 435
Wegfall der Haftungsbefreiungen und -begrenzungen

Die in diesem Unterabschnitt und im Frachtvertrag vorgesehenen Haftungsbefreiungen und Haftungsbegrenzungen gelten nicht, wenn der Schaden auf eine Handlung oder Unterlassung zurückzuführen ist, die der Frachtführer oder eine in § 428 genannte Person vorsätzlich oder leichtfertig und in dem Bewusstsein, dass ein Schaden mit Wahrscheinlichkeit eintreten werde, begangen hat.

Schrifttum

Bästlein/Bästlein Einbeziehung von Haftungsbeschränkungsklauseln in Transportverträge, TranspR 2003, 61; *Baumann* Darlegungslast und Recherchepflicht im Transportrecht, TranspR 2014, 187; Baumbach/Hopt, HGB, 36. Auflage; *Boecker* Lkw-Ladungsverluste durch Diebstahl sowie Raubüberfall in Europa, VersR 2003, 556; *ders.* LKW-Ladungsverluste durch Diebstahl, Falschauslieferung sowie Raubüberfall in Europa, ETR 2004, 445; *ders.* Lkw-Ladungsverluste in Europa – Eine Bestandsaufnahme, TranspR 2002, 137; *Boettge* Zum Haftungsausschluss des Frachtführers nach Art. 17 Abs. 2 CMR bei Raub, VersR 2006, 1618; *Brinkmann* Zum Konflikt von Ziffer 27 AdSp und der Haftungsbeschränkung nach dem Montrealer Übereinkommen, TranspR 2010, 216; Ebenroth/Boujong/Joost/Strohn HGB, 3. Auflage; *Fremuth* „Schwere Schuld" gem. Art. 29 CMR – Kritische Bestandsaufnahme der Rechtsprechung unter besonderer Berücksichtigung der Beweislast, FS Thume, 2008, Satz 161; *Fremuth* Anmerkung zum Urteil des BGH vom 25.3.2004 – I ZR 205/01, BGH-Rep 2004, 1280; *Fremuth* Haftungsbegrenzungen und deren Durchbrechung im allgemeinen deutschen Frachtrecht und nach der CMR, TranspR 2004, 99; *Grimme* Der BGH zur Haftung der Deutschen Post AG für Sendungsverluste, TranspR 2006, 339; *ders.* Die Haftung für den Verlust und die Beschädigung von Postsendungen im nationalen und internationalen Verkehr, TranspR 2004, 160; *Hackert* Die Reichweite der Haftungsbegrenzung bei sonstigen Vermögensschäden gemäß § 433 HGB, 2001; *Herber* Anmerkung zum Urteil des LG Hamburg vom 15.4.2002 – 419 O 46/01 und zum Beschluss des OLG Hamburg vom 4.11.2002 – 6 U 95/02, TranspR 2003, 164; *ders.* Die Neuregelung des deutschen Transportrechts, NJW 1998, 3297; *ders.* Haftungsbegrenzungen und deren Durchbrechung im deutschen und internationalen Transportrecht – Überblick über die gesetzlichen Regelungen in Deutschland und in internationalen Übereinkommen, TranspR 2004, 93; *Heuer* Das künftige deutsche Frachtrecht, TranspR 1999, 45; *ders.* Haftungsbegrenzungen und deren Durchbrechung nach dem ADSp 2003, TranspR 2004, 114; *Heymann* Handelsgesetzbuch (ohne Seerecht), 2. Auflage Band 4; *Knorre* „Muß das alles so sein?" oder ‚Dresden' mit anderen Augen gesehen!, TranspR 2004, 157; *ders.* Die Anwendung der für Paketdienstfälle entwickelten Grundsätze zum Mitverschulden des Auftraggebers auf Ladungsverkehre, TranspR 2008, 162; *Koller* Transportrecht, 8. Auflage 2013; *ders.* Abreden über die Qualität von Beförderungen im Licht des § 449 Abs. 2

[68] Heymann/*Joachim* § 434 Rn 6; EBJS/*Schaffert* § 434 Rn 24; MünchKommHGB/*Herber* § 434 Rn 28; Oetker/*Paschke* Rn 19.

[69] MünchKommHGB/*Herber* § 434 Rn 28; *Koller* Transportrecht § 434 Rn 18; EBJS/*Schaffert* § 434 Rn 24.

HGB, TranspR 2006, 265; *ders.* Anmerkung zum Urteil des BGH vom 25.3.2004 – I ZR 205/01, EWiR 2004, 855; *ders.* Die Leichtfertigkeit im deutschen Transportrecht, VersR 2004, 1346; *ders.* Die Vereinbarung der Ausführungsart im Werkvertrags- und Transportrecht, TranspR 2007, 221; *ders.* Die Verjährung bei vorsätzlicher oder leichtfertiger Missachtung von Leistungs- und Schutzpflichten im deutschen Frachtrecht, VersR 2006, 1581; *ders.* Proportionalhaftung und Mitverschulden im Transportrecht, FS Hopt, 2010, Satz 159; *ders.* Schadensverhütung und Quersubventionen bei der CMR aus deutscher Sicht, TranspR 2006, 413; *ders.* Zur Beweislast für unzureichende Vorkühlung des Transportgutes, TranspR 2000, 449; *Lober* Anmerkung zum Urteil des BGH vom 14.6.2006 – I ZR 75/03, EWiR 2007, 163; *Malsch/Andereg* Zur transportrechtlichen Rechtsprechung des Oberlandesgerichts Düsseldorf, TranspR 2008, 45; *Marx* Die Darlegungs- und Beweislast beim qualifizierten Verschulden im Transportrecht nach der aktuellen Rechtsprechung des Bundesgerichtshofs, TranspR 2010, 147; Münchener Kommentar HGB, Band 7, 3. Auflage 2014; *Neumann* Die sekundäre Behauptungslast des Frachtführers, TranspR 2009, 54; *ders.* Die unbeschränkte Haftung des Frachtführers nach § 435 HGB, TranspR 2002, 413; *ders.* Die vorsätzliche Nichtbeachtung von besonderen frachtvertraglichen Abreden, TranspR 2006, 67; *ders.* Wirtschaftliche Kriterien der Haftung des Frachtführers, TranspR 2004, 14; *Pokrant* Die Rechtsprechung des Bundesgerichtshofs zur sekundären Darlegungslast des Frachtführers, TranspR 2011, 49; 2012, 45; 2013, 41; Oetker, HGB, 4. Auflage; *Ramming* Anmerkung zum Urteil des BGH vom 5.6.2003 – I ZR 234/00, TranspR 2003, 471; *ders.* Die Entlastung des Frachtführers von seiner Haftung nach § 425 Abs. 1 HGB für Verlust und Beschädigung des Gutes und Überschreitung der Lieferfrist, TranspR 2001, 53; *Rinkler* Zweifache Schadensberechnung bei qualifiziertem Verschulden, TranspR 2005, 305; *Rogert* Die Kunst des „distinguishing" – ein Plädoyer für eine differenzierte Betrachtung von Beschädigungsfällen, TranspR 2009, 406; *Schmid* Frachtführerhaftung im internationalen Straßengüterverkehr: Leichtfertigkeitsvorwurf bei Herbeiführung eines Verkehrsunfalls durch „Einnicken" des Fahrers am Steuer, FS Thume, 2008, 247; *Schmidt* Gegenläufige Vermutungen und Quersubventionierung: Zum Mitverschulden des Versenders wegen unterlassener Wertdeklaration im Falle unbegrenzter Haftung des Frachtführers, TranspR 2008, 299; *ders.* Grenzen der Wahl einer Berechnung der Ersatzleistung nach Art. 23 CMR resp. § 429 HGB bei grobem Verschulden, TranspR 2009, 1; *Schriefers* Die unbeschränkte Haftung „plus X" des § 435 HGB laut OLG Stuttgart, TranspR 2007, 184; *Schriefers/Schlattmann* Der schlafende Fahrer – ein Beispiel für die Haftungsprobleme im Transportrecht, TranspR 2011, 18; *Seyffert* Die Haftung des ausführenden Frachtführers im neuen deutschen Frachtrecht, 2000; Stachow, Schweres Verschulden und Durchbrechung der beschränkten Haftung in modernen Transportrechtsabkommen, Diss. Hamburg 1998; *Starck* Qualifiziertes Verschulden nach der Transportrechtsreform – Bemerkungen zu Begriff und Geltungsbereich, FS Herber, 1999, 128; *ders.* Transport- und Vertriebsrecht 2000, FS Herber, 131; *Temme* Ökonomie des Transportrechts – oder ökonomisches Transportrecht?, TranspR 2004, Sonderbeilage Satz 37; *Thume* Die Schadensberechnung bei grobem Verschulden: Wertersatz – Schadensersatz?, TranspR 2008, 78; *ders.* Durchbrechung der Haftungsbeschränkungen nach § 435 HGB im internationalen Vergleich, TranspR 2002, 1; *ders.* Grobes Verschulden und Fortsetzung der Vertragsbeziehungen, TranspR 1999, 85; *ders.* Grobes Verschulden und Mitverschulden – Quo vadis BGH?, TranspR 2006, 369; *ders.* Darlegungs- und Beweisfragen im Transportrecht, TranspR 2008, 428; *ders.* TranspR 10, 125 Anm. zu NJW 2010, 1816; *Tombave* Anmerkung zum Urteil des BGH vom 19.1.2006 – I ZR 80/03, TranspR 2006, 124; *Tuma* Der Verschuldensgrad des Art. 29 CMR, TranspR 2007, 333; *Ungewitter* Beweisrechtliche Probleme zum Haftungsprivileg nach § 435 HGB bei Beschädigung oder Verlust von Beförderungsgut, VersR 2007, 1058; *Vyvers* Zum (Vor-)Rangverhältnis von Montrealer Übereinkommen und Allgemeinen Deutschen Spediteurbedingungen, VersR 2010, 1554; *Werner* Organisationsverschulden eines Paketdienstunternehmens, TranspR 2003, 231; *Wieske* Haftung für Lieferfristprobleme, TranspR 2013, 272

Übersicht

I. Einführung

Das System des Frachtrechts begründet für den Frachtführer einerseits eine sehr scharfe verschuldensunabhängige Haftung im Rahmen des § 425, gewährt ihm zugleich aber auch eine Reihe von Haftungsprivilegierungen, so zum Beispiel in den §§ 431 ff und zwar sowohl für vertragliche Ansprüche als auch für außervertragliche Ansprüche, § 434. 1

Die Vorschrift des § 435 verleiht dem Prinzip Ausdruck, dass dem Frachtführer die ihm eingeräumten umfangreichen Haftungsprivilegien nicht zukommen sollen, wenn ihm oder seinen Hilfspersonen ein qualifiziertes Verschulden zur Last fällt.[1] 2

Die Vorschrift beinhaltet einerseits ein Instrument, das vorsätzliche oder leichtfertige Handlungen des Frachtführers sanktioniert und ihn so dazu anhält, sorgfältig mit dem in seiner Obhut stehenden Gut umzugehen.[2] Darüber hinaus bewirkt der Wegfall der Haftungsbeschränkungen aber auch eine Verbesserung der Position des Geschädigten. Er muss nämlich seinen Schaden nicht notwendigerweise nach den §§ 249 ff BGB berechnen, sondern kann, wenn dies günstiger für ihn ist, seinen Schadensersatzanspruch gemäß § 429 berechnen.[3] 3

Dieses Prinzip hat Vorbilder in anderen transportrechtlichen Regelwerken, so zum Beispiel in Art. 29 Abs. 1, Abs. 1 Satz 2 CMR, Art. 44 CIM, Art. 25 Warschauer Übereinkommen, sowie auch bereits vor dem Transportrechtsreformgesetz im HGB (§§ 607a Abs. 4, 660 Abs. 3 HGB a.F.).[4] 4

Der Anwendungsbereich der Vorschrift ist nicht allein auf das Frachtrecht beschränkt, sondern erstreckt sich gemäß § 461 Abs. 1 Satz 2 auch auf die Haftung des Spediteurs sowie gemäß § 451 auf den Umzugsvertrag und gemäß § 452 Satz 2 auf die Beförderung mit unterschiedlichen Beförderungsmitteln. Außerdem schließt Art. 29 CMR die in diesem Übereinkommen geregelten Haftungsausschlüsse und -beschränkungen aus, wenn der Frachtführer den Schaden vorsätzlich oder durch ein ihm zur Last fallendes Verschulden verursacht hat, das nach dem Recht des angerufenen Gerichts dem Vorsatz gleichsteht und verweist damit ebenfalls im Rahmen des Anwendungsbereichs der Norm auf § 435.[5] 5

---

1 BtDrs. 13/8445, 71; BGHZ 158, 322, 327 f = NJW 2004, 2445; Oetker/*Paschke* § 435 Rn 1; MünchKommHGB/Herber § 435 Rn 1; Baumbach/*Merkt* § 435 Rn 1.

2 *Seyffert* Haftung 123; MünchKommHGB/*Herber* § 435 Rn 1; Oetker/*Paschke* § 435 Rn 2.

3 OLG Stuttgart TranspR 2002, 23 = OLGR Stuttgart 2001, 436–437; Oetker/*Paschke* § 435 Rn 2.

4 BtDrs 13/8445, 71; EBJS/*Schaffert* § 435 Rn 1.

5 MünchKommHGB/*Herber* § 435 Rn 6; BGH NJW-RR 1999, 254, 255 = TranspR 1999, 19, 21; *Thume* TranspR 2002, 1, 2; *Koller* Transportrecht Art. 29 CMR Rn 3a.

II. Vorsätzliche oder leichtfertige Schadensverursachung

6 Die Vorschrift erfordert eine vorsätzliche oder leichtfertige Schadensverursachung. Anknüpfungspunkt hierfür sind Handlungen oder Unterlassungen des Frachtführers oder seiner Gehilfen.

7 **1. Handlung und Unterlassung.** Die Vorschrift knüpft an Handlungen und Unterlassungen des Frachtführers oder seiner Gehilfen an. In Bezug auf die Haftung für Gehilfen verweist die Vorschrift auf § 428, so dass auf die Ausführungen dort verwiesen werden kann.

8 **2. Kausalität.** Die Haftungsbegrenzungen und Haftungsbefreiungen des Frachtrechts entfallen, wenn der Schaden auf eine mit qualifiziertem Verschulden ausgeführte Handlung oder Unterlassung zurückzuführen ist. Es muss also ein ursächlicher Zusammenhang zwischen vorsätzlichem oder leichtfertigem Verhalten und dem eingetretenen Güter- oder Verspätungsschaden bestehen.[6] Dabei führt nicht jeder bei der Beförderung auftretende Fehler oder jedes Versäumnis zum Wegfall der Haftungserleichterungen, sondern es kommt darauf an, dass das konkrete zum Schaden führende Verhalten vorsätzlich oder leichtfertig pflichtwidrig war.[7]

9 **3. Vorsatz.** Während andere transportrechtliche Vorschriften, die den Wegfall von Haftungserleichterungen für den Fall eines qualifizierten Verschuldens vorsehen (so zum Beispiel § 5b BinSchG, Art. 25 WA 1955, § 507 HGB), eine Handlung erfordern, die in der Absicht vorgenommen wurde, einen Schaden herbeizuführen, geht der Vorsatzbegriff des § 435 weiter, wobei aber namentlich Neumann darauf hinweist, dass vor dem Hintergrund der Internationalität vieler transportrechtlicher Übereinkommen und im Licht von unterschiedlichen Sprachfassungen hier kein wesentlicher Unterschied in den Schuldformen zu erkennen sei.[8] Da § 435 aber ohnehin den Begriff des Vorsatzes umfasst, kommt es auf eine präzise Abgrenzung zwischen Absicht und Vorsatz nicht an. Der Vorsatz im Sinne des § 435 umfasst sowohl direkten wie auch den bedingten Vorsatz.[9] Zudem ist es bei § 435 nicht erforderlich, dass sich der Vorsatz auf die Verletzung eines Rechts oder Rechtsgutes (wie z.B. bei § 823 BGB) oder auf den Eintritt eines bestimmten Schadens (wie z.B. bei § 826 BGB) richtet, sondern es reicht aus, wenn der Vorsatz auf die Pflichtwidrigkeit des Verhaltens gerichtet ist.[10] Der Frachtführer oder seine Hilfspersonen müssen also im Fall des direkten Vorsatzes wissen, dass ihr Verhalten pflichtwidrig ist.[11] Nicht ausreichend dürfte es aber sein, dass der Frachtführer oder seine Gehilfen lediglich darauf vertrauen, dass kein Schaden entstehen werde.[12] Denn allein der Umstand, dass jemand darauf vertraut, dass ein Schaden nicht entstehen könne, indiziert noch nicht, dass das Verhalten pflichtgemäß ist. Vielmehr kann auch ein Frachtführer, der darauf vertraut, dass ein Scha-

---

6 MünchKommHGB/*Herber* § 435 Rn 7.

7 *Koller* Transportrecht § 435 Rn 2.

8 *Neumann* TranspR 2006, 67, 69 f.

9 Oetker/*Paschke* § 435 Rn 3; *Koller* Transportrecht § 435 Rn 4 f; MünchKommHGB/*Herber* § 435 Rn 9.

10 EBJS/*Schaffert* § 435 Rn 4; *Koller* Transportrecht § 435 Rn 4; *Oetker/Paschke* § 435 Rn 3; BGH TranspR 1999, 19, 22 = VersR 1999, 254 = NJW-RR 1999, 254; BGH TranspR 2005, 311, 314 = VersR 2006, 814 = NJW-RR 2005, 1277; BGH TranspR 2007, 161, 163 = VersR 2007, 1539 = NJW 2007, 1809, a.A. *Neumann* TranspR 2006, 67, 69 f.

11 MünchKommHGB/*Herber* § 435 Rn 9.

12 So aber wohl EBJS/*Schaffert* § 435 Rn 4 sowie auch *Koller* Transportrecht § 435 Rn 4.

den nicht eintreten könne, durchaus um die Pflichtwidrigkeit seines Verhaltens wissen. Werden allerdings bewusst Vereinbarungen durch den Frachtführer oder seine Gehilfen missachtet, durch die bestimmte schadensverhütende Maßnahmen vorgeschrieben werden, liegt in aller Regel ein vorsätzliches Verhalten vor.[13]

Im Fall des bedingten Vorsatzes muss die Pflichtwidrigkeit in Kauf genommen worden **10**
sein.[14] Es reicht daher aus, wenn der Frachtführer oder seine Gehilfen die Augen vor einer möglichen Pflichtwidrigkeit verschließen oder handeln, ohne das Risiko einer Pflichtwidrigkeit zu überprüfen.[15]

Nach diesen Grundsätzen liegt Vorsatz zum Beispiel vor beim Einsatz eines litauischen **11**
Fahrers, obwohl vertraglich vereinbart war, dass ein deutscher Fahrer eingesetzt werden soll.[16] Ebenso wurde Vorsatz angenommen bei Übergabe eines Pakets an einen Nachbarn, obwohl Zustellung an den Empfänger oder eine andere erwachsene Person, die unter der Zustelladresse angetroffen wird, geschuldet war.[17]

4. Leichtfertiges Verhalten im Bewusstsein, dass ein Schaden mit Wahrscheinlichkeit eintreten werde

a) **Grundsatz.** Neben dem Vorsatz sanktioniert die Vorschrift auch leichtfertiges Ver- **12**
halten, das im Bewusstsein ausgeführt worden ist, dass ein Schaden mit Wahrscheinlichkeit eintreten werde.

Das Merkmal der Leichtfertigkeit mit Schadenseintrittsbewusstsein beinhaltet sowohl **13**
eine objektive als auch eine subjektive Komponente.[18] Seine inhaltliche Ausgestaltung bereitet einige Schwierigkeiten, weil dieser Verschuldensmaßstab nicht an das deutsche Recht angeglichen wurde, sondern sich am Wortlaut der deutschen Übersetzung internationaler Übereinkommen orientiert.[19] So findet sich diese Formulierung zum Beispiel ebenfalls in Art. 4 § 5 Buchst. e der Visby Regeln,[20] in Art. 8 Abs. 1 der Hamburg Regeln,[21] oder in Art. 25 des Warschauer Übereinkommens in der Fassung von 1955[22].

Die Rechtsprechung hat hierzu die Formel entwickelt, dass Leichtfertigkeit im Sinne **14**
der Vorschrift erfordere, dass ein besonders schwerer Pflichtenverstoß vorliegen müsse, bei dem sich der Frachtführer oder seine „Leute“ in krasser Weise über die Sicherheitsinteressen des Vertragspartners hinwegsetzen.[23] Ein solch krasses Außerachtlassen der Sicherheitsinteressen des Vertragspartners liege dann vor, wenn der Frachtführer oder seine Gehilfen elementare Schutzvorkehrungen nicht getroffen hätten.[24]

---

[13] Koller Transportrecht § 435 Rn 4.
[14] Koller Transportrecht § 435 Rn 5.
[15] Koller Transportrecht § 435 Rn 5.
[16] BGH TranspR 2005, 311 = NJW-RR 2005, 1277 = MDR 2005, 1360 = VersR 2006, 814.
[17] BGH NJW 2007, 1809 = TranspR 2007, 161 = MDR 2007, 767 = VersR 2007, 1539.
[18] MünchKommHGB/*Herber* § 435 Rn 12 ff; Oetker/*Paschke* § 435 Rn 5 ff.
[19] Heymann/*Joachim* § 435 Rn 6; BtDrs. 13/8445, 70.
[20] Protokoll vom 23. Februar 1968 zur Änderung des Übereinkommens vom 25. August 1924 zur Vereinheitlichung der Regeln von Konnossementen.
[21] Übereinkommen der Vereinten Nationen vom 31. März 1978 über die Beförderung von Gütern auf See.
[22] Warschauer Abkommen über die Beförderung im internationalen Luftverkehr von Den Haag aus dem Jahr 1955.
[23] Siehe nur BGH TranspR 2007, 423 = VersR 2008, 1134; BGH, TranspR 2011, 218; BGH TranspR 2012, 107 = NJW-RR 2012, 364 = VersR 2013, 251; OLG Düsseldorf RdTW 2014, 201; OLG Bamberg TranspR 2016, 155 = RdTW 2015, 331.
[24] BGHZ 158, 322, 330 f; BGH TranspR 2004, 399; BGH TranspR 2006, 161.

15 Gegen diese Rechtsprechung ist eingewendet worden, dass die Abweichung von dem im deutschen Recht etablierten Rechtsbegriff der groben Fahrlässigkeit zu Unsicherheiten führen müsse. So sei zum Beispiel nicht klar, um wieviel gravierender ein die Leichtfertigkeit begründender krasser Pflichtenverstoß im Vergleich zur groben Fahrlässigkeit sein müsse.[25] Daher sei es angezeigt, den Begriff der Leichtfertigkeit parallel zu dem der groben Fahrlässigkeit auszulegen.[26]

16 Gegen eine solche Gleichsetzung der Rechtsbegriffe der Leichtfertigkeit und der groben Fahrlässigkeit spricht allerdings bereits der Wille des historischen Gesetzgebers. Der historische Gesetzgeber war sich durchaus der Problematik um die Auslegung des Begriffs der Leichtfertigkeit und seine Einpassung in das Verschuldensgefüge des deutschen Rechts bewusst.[27] Gleichwohl hielt er an dem Rechtsbegriff der Leichtfertigkeit fest und entschied sich ausdrücklich gegen die Orientierung am Begriff der groben Fahrlässigkeit, obwohl hierdurch Abgrenzungsschwierigkeiten hätten vermieden werden können.[28] Allerdings hat der historische Gesetzgeber konzediert, dass trotz des Umstandes, dass an ein leichtfertiges Verhalten im Einzelfall höhere Anforderungen gestellt werden könnten als an ein grob fahrlässiges Verhalten, letztlich nur geringfügige Unterschiede zwischen beiden Verschuldensformen auszumachen seien.[29] Entscheidend war für den historischen Gesetzgeber letztlich die Angleichung an internationale Übereinkommen[30], die er über eine systematische Kohärenz der Verschuldensformen stellte.

17 Im Ergebnis muss es vor diesem Hintergrund wohl dabei bleiben, dass die Leichtfertigkeit im Sinne des § 435 nicht dem Begriff der groben Fahrlässigkeit entspricht, wenn auch die Unterschiede geringfügig und im Einzelfall schwierig zu bestimmen sein werden.[31] Eine Präzisierung des Begriffs ist versucht worden, indem ein Vergleich angestellt wurde: Das Unterlassen elementarer Schutzvorkehrungen für die Interessen des Vertragspartners und damit Leichtfertigkeit liege dann vor, wenn „eine Regelung in den AGB des Frachtführers, die diesen von der Einhaltung des entsprechenden, ohne sie einzuhaltenden Sicherheitsstandards freistellte, ohne Berücksichtigung des § 449 wegen unangemessener Benachteiligung des Vertragspartners gem. §§ 307 bis 309 BGB unwirksam wäre".[32]

18 Allerdings bringt dieser Maßstab keine echte Erleichterung der Handhabbarkeit der Begriffe, weil auch hier der unbestimmte Rechtsbegriff Treu und Glauben mit Inhalt gefüllt werden muss, auch wenn freilich der Katalog des § 309 BGB einige Orientierung bietet. Letztendlich muss wohl akzeptiert werden, dass der Begriff der Leichtfertigkeit wenig konturiert und wenig konturierbar ist und dessen Vorliegen daher unter Zugrundelegung der existierenden – wenn auch vagen – Kriterien anhand des zu bewertenden Einzelfalls auch im Verhältnis zu und im Vergleich mit anderen Fällen kasuistisch immer wieder neu bestimmt werden muss.

19 Im Einklang mit dem Willen des historischen Gesetzgebers und gleichzeitig handhabbar dürfte wohl eine zweigliedrige Prüfung sein, deren Ausgangspunkt für eine Bewertung des Verhaltens des Handelnden dabei durchaus der Rechtsbegriff der groben Fahrlässigkeit sein kann. Jedoch wird im Einzelfall zu prüfen sein, ob ein festgestelltes grob fahrlässiges Verhalten ausreicht, um den Tatbestand der Norm zu erfüllen, oder ob es der Einzelfall ge-

---

[25] *Koller* Transportrecht § 435 Rn 6.

[26] *Koller* Transportrecht § 435 Rn 6; zurückhaltend MünchKommHGB/Herber § 435 Rn 12.

[27] BtDrs. 13/8445, 72.

[28] BtDrs. 13/8445, 72.

[29] BtDrs. 13/8445, 72.

[30] BtDrs. 13/8445, 72.

[31] So im Ergebnis wohl auch EBJS/*Schaffert* § 435 Rn 9; Baumbach/*Merkt* § 435 Rn 2.

[32] EBJS/*Schaffert* § 435 Rn 9.

bietet, dass an ein leichtfertiges Verhalten höhere Anforderungen als an die grobe Fahrlässigkeit zu stellen sind.

In subjektiver Hinsicht muss zur objektiven Leichtfertigkeit als subjektives Element das Bewusstsein hinzutreten, dass der Schadenseintritt wahrscheinlich ist. Das bedeutet, dass dem Frachtführer oder seinen Gehilfen bewusst gewesen sein muss, dass wahrscheinlich ein Schaden eintreten kann.[33] Das ist dann gegeben, wenn sich dem Handelnden aus seinem Verhalten heraus aufdrängen muss, dass er grob gegen elementare Sorgfaltsanforderungen verstößt und dass wahrscheinlich ein Schaden eintreten werde.[34] Dieses Bewusstsein kann regelmäßig lediglich aus den Umständen und Indizien gefolgert werden.[35] Die Erfüllung des Tatbestandsmerkmals der Leichtfertigkeit genügt dabei für sich genommen nicht, um auf ein Bewusstsein um die Wahrscheinlichkeit des Schadenseintritts Rückschlüsse ziehen zu können.[36] Vielmehr muss das leichtfertige Verhalten nach seinem Inhalt und nach den Umständen, unter denen es aufgetreten ist, diese Folgerung bei wertender Betrachtung zulassen.[37] Allerdings kann dieser Schluss naheliegen, wenn unter Heranziehung von Erfahrungswerten zumindest bei typischen Geschehensabläufen üblicherweise ein Schaden eintreten wird.[38] **20**

b) **Einzelfälle.** Leichtfertiges Verhalten wurde bejaht bei: **21**

- **Diebstahl/Abhandenkommen:**
  - Abstellen eines leicht zu öffnenden beladenen Fahrzeugs über Nacht auf einem unbewachten, frei zugänglichen Firmengelände[39]
  - Abstellen eines unverschlossenen Planenaufliegers mit hochwertiger Fracht bei Übernachtung auf Autobahnrastplatz[40]
  - Abstellen eines mit hochwertiger Ware beladenen LKW auf einem nicht ausreichend gesicherten Gelände[41]
  - Abstellen eines ungesicherten mit besonders diebstahlsgefährdeter Ware beladenen Lastzugs über einen Zeitraum von mehr als fünf Stunden an einer Tankstelle in Polen[42]
- **Gabelstapler:**
  - Einsatz eines für das Befahren unebener Flächen erkennbar nicht geeigneten Gabelstaplers[43]
  - Fehlerhafte Bedienung eines Gabelstaplers durch einen Fahrer, der sich um die Besonderheit des zu entladenden Gutes in keiner Weise gekümmert hat[44]

---

[33] *Koller* Transportrecht § 435 Rn 14.
[34] EBJS/*Schaffert* § 435 Rn 12; MünchKommHGB/*Herber* § 435 Rn 14; Oetker/*Paschke* § 435 Rn 7; BGH TranspR 2007, 361; OLG Stuttgart TranspR 2008, 259.
[35] Oetker/*Paschke* § 435 Rn 7; MünchKommHGB/*Herber* § 435 Rn 16.
[36] MünchKommHGB/*Herber* § 435 Rn 16; Heymann/*Joachim* § 435 Rn 6; Oetker/*Paschke* § 435 Rn 7; BGHZ 74, 162, 168 = NJW 1979, 2474; BGHZ 158, 322 = TranspR 2004, 309; BGH NJW-RR 2005, 265, = TranspR 2004, 399; BGH TranspR 2007, 423; OLG Köln TranspR 2001, 407.
[37] BGH RdTW 2013, 271; BGH NJW-RR 2011, 1181; BGH NJW 2011, 296.
[38] Oetker/*Paschke* § 435 Rn 7; MünchKommHGB/*Herber* § 435 Rn 16; BGHZ 158, 322 = NJW 2004, 2445.
[39] OLG Köln TranspR 2015, 108 = RdTW 2016, 180; OLG Oldenburg TransportR 2007, 245.
[40] OLG Celle TranspR 2015, 159 = RdTW 2015, 218 a.A. in einem ähnlichen Fall HansOLG Hamburg TranspR 2014, 429 = RdTW 2015, 72.
[41] LG Köln, Urteil vom 06. Mai 2008 – 83 O 102/07 –, juris.
[42] LG Frankfurt/M.TranspR 2002, 165.
[43] OLG Köln TransportR 2004, 120.
[44] OLG Hamburg TransportR 2003, 122.

- **Kontrolle der Fahrzeughöhe:** Unterlassene Kontrolle der Fahrzeughöhe vor Fahrtantritt[45]
- **Kühlgut:** Transport von Kühlgut mit einem nicht funktionsfähigen Kühlfahrzeug bei sommerlicher Außentemperatur[46]
- **Markierung:** Unterlassen von Markierungskontrollen, obwohl diese geboten sind[47]
- **Nachforschungspflicht:** Unterlassen der Nachforschung zu Schadensursachen unmittelbar nach Eintritt des Schadensfalls[48]
- **Organisationsverschulden:** Organisationsverschulden, wenn Schadensort und Schadenshergang nicht aufgeklärt werden können[49]
- **Schnittstellenkontrollen:** Unterlassen von Schnittstellenkontrolle oder Durchführung unzureichender Stichproben trotz Wissen um deren Wichtigkeit[50]
- **Stabilitätskontrolle:**
  - Beschädigung des Frachtguts bei Umladung mit Gabelstapler, obwohl das Gut als kippgefährdet gekennzeichnet war[51]
  - Beschädigung des Frachtguts wegen unterlassener Stabilitätskontrolle auf einem Binnenschiff[52]
  - Schnelle Kurvenfahrt mit einem instabilen Lastzug[53]
- **Ungezieferbefall:** Beladung eines bekanntermaßen mit Ratten befallenen Schubleichters mit Sojaschrot[54]
- **Verpackungsmängel:** Unterlassen eines Hinweises an den Absender, dass das Gut evident mangelhaft verpackt ist[55]
- **Zustellung:**
  - Zustellung an eine andere Person als Empfänger, die sich auch nicht in den Räumen der Empfängerin aufhält, obwohl erkennbar war, dass Wertgegenstände transportiert wurden[56]
  - Beibehaltung einer Klausel, nach der an einen Nachbarn zugestellt werden kann, obwohl dem Frachtführer bekannt war, dass eine Entscheidung des Oberlandesgerichts dem entgegenstand[57]

---

45 Schleswig-Holsteinisches OLG TranspR 2014, 70 = RdTW 2015, 110.

46 OLG München TranspR 2006, 400.

47 BGH RdTW 2016, 340.

48 BGH TranspR 2013, 111 = RdTW 2013, 99 = VersR 2013, 1151.

49 LG Landshut TranspR 2014, 68 = RdTW 2014, 298; OLG Frankfurt RdTW 2014, 109 = TranspR 2014, 149. Siehe dazu insbesondere auch die ausführlichen Anmerkungen bei MünchKommHGB/*Herber* § 435 Rn 21 ff.

50 BGH TranspR 2006, 161; OLG Düsseldorf TranspR 2002, 73; KG Berlin TranspR 2003, 172; OLG Köln TranspR 2001, 407 = VersR 2001, 1445; OLG München TranspR 2002, 161; LG Duisburg TranspR 2001, 217 f; LG Frankfurt/M. TranspR 2001, 211; LG Hamburg TranspR 2000, 85; LG Hamburg TranspR 2001, 95; LG Hamburg TranspR 2002, 106.

51 OLG Hamm TranspR 2014, 290 = RdTW 2015, 24.

52 OLG Stuttgart TranspR 2010, 387 = VersR 2011, 1074; OLG Stuttgart TransportR 2009, 309.

53 LG Bonn TransportR 2002, 163.

54 LG Aschaffenburg BinSchiff 2016, Nr 4, 72.

55 OLG Stuttgart TranspR 2012, 459.

56 Brandenburgisches OLG TranspR 2014, 66 = RdTW 2015, 22; LG Düsseldorf TranspR 2013, 158 = RdTW 2014, 168; OLG Düsseldorf TransportR 2003, 343; LG Hamburg TransportR 2002, 106; LG Hamburg TransportR 2001, 396.

57 AG Hagen (Westfalen), Urteil vom 28. Oktober 2010 – 10 C 54/10 –, juris.

Leichtfertiges Verhalten wurde verneint bei: 22

- **Diebstahl/Abhandenkommen:**
  - Versand des Gutes über einen Flughafen, an dem es zuvor bereits zu Diebstählen gekommen ist[58]
  - Diebstahl von Gut aus einem gegenüber der ständig besetzten Pforte des Frachtführers geparkten LKW[59]
  - Abstellen eines Aufliegers in einer Parkbucht vor dem Werksgelände, wenn Gut aus dem Container entwendet wurde[60]
  - Abstellen eines unverschlossenen Planenaufliegers mit hochwertiger Fracht bei Übernachtung auf Autobahnrastplatz,[61] insbesondere wenn der Fahrer keine Kenntnis von einer diebstahlträchtigen Ware hat[62]
  - Abstellen des äußerlich neutral gestalteten LKW am Straßenrand einer breiten und einsehbaren Straße für 30 Min., wenn während der Abwesenheit des Fahrers Gut entwendet wird[63]
  - Aufsuchen eines unbewachten Parkplatzes für einen notwendigen Halt, obwohl nur bewachte Parkplätze angefahren werden sollten[64]
- **Schadenseintrittsbewusstsein:** Fehlen des Schadenseintrittsbewusstseins, wenn der Fahrer die Weisung, ohne Pause zum Empfänger zu fahren, regelmäßig missachtet[65]
- **Technische Mängel:** Gleichzeitig beidseitig blockierende Bremsen, die zu einem Reifenbrand geführt haben[66]

III. Hilfspersonen

23 Der Frachtführer verliert seine Haftungsprivilegien nicht nur bei eigenem Fehlverhalten, sondern auch dann, wenn seine Leute oder andere Erfüllungsgehilfen qualifiziert schuldhaftes Verhalten an den Tag legen.[67] Diese Einbeziehung hatte der historische Gesetzgeber bereits kritisch gesehen, weil zweifelhaft ist, ob der Frachtführer nicht zu stark belastet wird, wenn das Fehlverhalten der Gehilfen für ihn die gleichen Folgen hat wie eigenes Fehlverhalten.[68] Denn auf das Verhalten seiner Gehilfen hat der Frachtführer naturgemäß nicht den gleichen Einfluss wie auf sein eigenes Fehlverhalten.[69] Für entscheidend hielt der Gesetzgeber aber den Umstand, dass der Frachtführer durch Einschaltung von Hilfspersonen seinen Einflussbereich erweitert, so in den Genuss zusätzlicher wirtschaftlicher Vorteile kommt und daher auch zusätzliche Haftungsrisiken übernehmen kann.[70]

---

58 BGH RdTW 2016, 136.

59 LG Karlsruhe TranspR 2016, 195.

60 HansOLG Hamburg, Urteil vom 05. März 2015 – 6 U 201/11 –, juris.

61 HansOLG Hamburg TranspR 2014, 429 = RdTW 2015, 72 a.A. in ähnlichem Fall: OLG Celle TranspR 2015, 159 = RdTW 2015, 218.

62 OLG Hamm RdTW 2014, 478; OLG Koblenz TranspR 2010, 442.

63 Brandenburgisches OLG TranspR 2014, 151 = RdTW 2015, 107.

64 OLG Stuttgart, Urteil vom 26. Juni 2013 – 3 U 201/12 –, juris.

65 Brandenburgisches OLG TranspR 2014, 151 = RdTW 2015, 107.

66 BGH TranspR 2011, 218 = VersR 2011, 1161 = NJW-RR 2011, 1181.

67 MünchKommHGB/*Herber* § 435 Rn 20; Oetker/*Paschke* § 435 Rn 11.

68 BtDrs. 13/8445, 72.

69 BtDrs. 13/8445, 72.

70 BtDrs. 13/8445, 72.

IV. Rechtsfolgen

24 **1. Allgemeines.** Anders als bei Art 29 Abs. 1 CMR, demgemäß sich der Frachtführer auf Haftungserleichterungen „nicht berufen" kann, regelt § 435, dass im Fall des qualifizierten Verschuldens die frachtrechtlichen Haftungsbefreiungen und -erleichterungen „nicht gelten".[71] Aus diesem Grund gewährt die Rechtsprechung dem Geschädigten ein ihm nach der CMR nicht zustehendes Wahlrecht: Er kann sich entweder auf die allgemeinen Vorschriften des Schadensrechts berufen (§§ 249 ff, 280 ff, 325 BGB), oder aber er kann sich auf die frachtrechtliche Wertersatzpflicht gemäß § 429 berufen.[72] So ist der Geschädigte jedenfalls in solchen Fällen besser gestellt, in denen ein Nachweis des Schadens im Sinne der §§ 249 ff BGB nicht oder nur schwer gelingt.[73]

Neben den gesetzlichen Haftungserleichterungen sollen jedenfalls nach dem Wortlaut der Norm auch die im Frachtvertrag vorgesehenen Haftungsbefreiungen und -begrenzungen entfallen. Dies ist aber dahingehend einschränkend zu verstehen, dass solche Haftungsbefreiungen und -begrenzungen, die in den erlaubten Grenzen des § 449 individualvertraglich vereinbart worden sind, erhalten bleiben sollen, es sei denn, dass diese Vereinbarungen die Grenze der Sittenwidrigkeit überschreiten.[74] Darüber hinaus steht einer vertraglichen Regelung, nach der dem Schuldner die Haftung für Vorsatz im Vorhinein erlassen wird, § 276 Abs. 3 BGB entgegen.[75]

25 **2. Mitverschulden.** Ist ein Verhalten des Geschädigten mitursächlich für die Entstehung des Schadens geworden, so ist dies gemäß § 254 BGB zu berücksichtigen.[76] Die dahingehende Rechtsprechung ist zwar nicht in der Sache selbst, wohl aber in ihrem jedenfalls vermuteten Ziel kritisiert worden. So wird angenommen, dass durch die Gewährung des Mitverschuldenseinwands für den Frachtführer eine zu weite Auslegung des qualifizierten Verschuldens korrigiert werden soll.[77]

26 Zu den Fallgruppen des Mitverschuldens[78], die die Rechtsprechung herausgebildet hat, gehören insbesondere der Transport von Verbotsgut,[79] die unterlassene Wertdeklaration,[80] der unterlassene Hinweis auf die Möglichkeit eines besonders hohen Schadens[81] und schließlich die Beauftragung trotz Kenntnis einer mangelhaften Betriebsorganisation.[82]

---

71 Oetker/*Paschke* § 435 Rn 12.

72 MünchKommHGB/*Herber* § 435 Rn 26; Oetker/*Paschke* § 435 Rn 12; BGH TranspR 2005, 253; *Rinkler* TranspR 2005, 305; *Thume* TranspR 2008, 78 ff; aA Schriefers TranspR 2007, 184 ff.

73 *Thume* TransportR 2008, 78; Oetker/*Paschke* § 435 Rn 12.

74 EBJS/*Schaffert* § 435 Rn 14; MünchKommHGB/Herber § 435 Rn 29.

75 EBJS/*Schaffert* § 435 Rn 14.

76 Grundlegend BGH TranspR 2003, 467; MünchKommHGB/*Herber* § 435 Rn 30 ff; Oetker/*Paschke* § 435 Rn 13.

77 MünchKommHGB/Herber § 435 Rn 30.

78 Siehe dazu ausführlich MünchKommHGB/*Herber* § 435 Rn 34 ff.

79 BGHZ 167, 64; BGH TranspR 2006, 390; BGH NJW-RR 2007, 1110 = TranspR 2007, 164; BGH TranspR 2007, 405.

80 BGH NJW-RR 2003, 751 = TranspR 2003, 255; BGHZ 149, 337 = NJW 2002, 3106; BGH NJW-RR 2005, 265, = TranspR 2004, 399; BGH TranspR 2002, 452; BGH TranspR 2006, 161; BGH TranspR 2006, 166; BGH NJW-RR 2006, 1264 = TranspR 2006, 250; BGH TranspR 2007, 414.

81 BGHZ 149, 337 = NJW 2002, 3106; BGH NJW-RR 2005, 265 = TranspR 2004, 399; BGH TranspR 2006, 161; BGH TranspR 2006, 166; BGH NJW-RR 2006, 1108 = TranspR 2006, 208; BGH TranspR 2007, 405; BGH TranspR 2007, 412; BGH TranspR 2007, 414.

82 BGH NJW-RR 2006, 1264 = TranspR 2006, 250; BGH NJW-RR 2004, 394 = TranspR 2004, 177; BGHZ 149, 337 = NJW 2002,

V. Beweislast

Die Beweislast für das Vorliegen aller Tatbestandsmerkmale trägt der Geschädigte.[83] Dabei genügt er aber seiner Darlegungspflicht, wenn die Umstände des Falles ein qualifiziertes Verschulden mit einer gewissen Wahrscheinlichkeit nahelegen.[84] Hierzu kann auch gehören, dass vorprozessual trotz mehrfacher Nachfrage keine Einzelheiten zum Schaden und dessen Ursache mitgeteilt worden ist[85] oder wenn die Verlustursache völlig ungeklärt ist.[86] Das Bewusstsein, dass ein Schaden mit Wahrscheinlichkeit eintreten werde, kann dabei durch Indizien bewiesen werden (§ 286 ZPO), die aus objektiven Umständen abgeleitet werden können.[87] Die Kausalität des Fehlverhaltens wird in der Regel vermutet.[88] **27**

Hat der Geschädigte hierzu vorgetragen, trifft den Frachtführer die sekundäre Darlegungslast dahingehend, dass er den Organisationsablauf seines Betriebs offenzulegen hat, soweit dies zumutbar ist.[89] Er muss mitteilen, welche Erkenntnisse er zum konkreten Schadensverlauf hat, welche Schadensursachen ermittelt werden konnten und welche Sicherungs- und Kontrollmaßnahmen zur Schadensverhütung getroffen worden sind.[90] **28**

VI. Abdingbarkeit

Als Ausnahmenorm ist § 435 lediglich im Rahmen der §§ 449, 466 sowie §§ 138, 242, 276 Abs. 3 BGB abdingbar.[91] Insbesondere ist der Verzicht auf eine Schnittstellenkontrolle in AGB mit § 449 unvereinbar.[92] Durch eine Individualvereinbarung kann von § 435 zugunsten des Frachtführers nur nach Maßgabe des § 449 Abs. 1 und 3 und daher insbes. nur dann abgewichen werden, wenn der Absender kein Verbraucher ist.[93] **29**

3106; BGH NJW-RR 2003, 751 = TranspR 2003, 255; BGH NJW 1999, 3627 = TranspR 1999, 410.

83 BtDrs. 13/8445, 72; Heymann/*Joachim* § 435 Rn 10; EBJS/*Schaffert* § 435 Rn 15; BGH TranspR 2010, 78.

84 BGH TranspR 2004, 175; BGH NJW-RR 2004, 394 = TranspR 2004, 177; BGH TranspR 2004, 460; BGH NJW 2003, 3626; MünchKommHGB/*Herber* § 435 Rn 53; Oetker/*Paschke* § 435 Rn 19.

85 BGH TranspR 2012, 463; Oetker/*Paschke* § 435 Rn 19.

86 BGH TranspR 2012, 463; BGH TranspR 2009, 262.

87 Heymann/*Joachim* § 435 Rn 10; Koller/Kindler/Roth/Morck/*Koller* § 435 Rn 4; BGH NJW 2004, 2445; OLGKöln VersR 2001, 1445; OLG München TranspR 2002, 161.

88 BGH TranspR 2008, 117; Koller/Kindler/Roth/Morck/*Koller* § 435 Rn 4.

89 BGH TranspR 2011, 161(zu § 660 aF); BGH VersR 2008, 515; Oetker/*Paschke* § 435 Rn 19.

90 Oetker/*Paschke* § 435 Rn 19; MünchKommHGB/*Herber* § 435 Rn 53.

91 *Heymann/Joachim* § 435 Rn 11; Oetker/*Paschke* § 435 Rn 23; MünchKommHGB/*Herber* § 435 Rn 57.

92 BGH TranspR 2008, 118; BGH TranspR 2008, 122; BGH TranspR 2008, 163; BGH TranspR 2006, 171; BGH NJW-RR 2006, 758.

93 EBJS/*Schaffert* § 435 Rn 20.

§ 443
Ladeschein. Verordnungsermächtigung

(1) Über die Verpflichtung zur Ablieferung des Gutes kann von dem Frachtführer ein Ladeschein ausgestellt werden, der die in § 408 Abs. 1 genannten Angaben enthalten soll. Der Ladeschein ist vom Frachtführer zu unterzeichnen; eine Nachbildung der eigenhändigen Unterschrift durch Druck oder durch Stempel genügt.

(2) Ist der Ladeschein an Order gestellt, so soll er den Namen desjenigen enthalten, an dessen Order das Gut abgeliefert werden soll. Wird der Name nicht angegeben, so ist der Ladeschein als an Order des Absenders gestellt anzusehen.

(3) Dem Ladeschein gleichgestellt ist eine elektronische Aufzeichnung, die dieselben Funktionen erfüllt wie der Ladeschein, sofern sichergestellt ist, dass die Authentizität und die Integrität der Aufzeichnung gewahrt bleiben (elektronischer Ladeschein). Das Bundesministerium der Justiz wird ermächtigt, im Einvernehmen mit dem Bundesministerium des Innern durch Rechtsverordnung, die nicht der Zustimmung des Bundesrates bedarf, die Einzelheiten der AusstelluFng, Vorlage, Rückgabe und Übertragung eines elektronischen Ladescheins sowie die Einzelheiten des Verfahrens einer nachträglichen Eintragung in einen elektronischen Ladeschein zu regeln.

Schrifttum

Baier Das elektronische Konnossement unter Bolero: Entwicklung, Rechtsvergleich und praktische Umsetzung mit Bolero.net (2008); *Becker* Die Beweiskraft des Konnossements, 1991; *Czerwenka* Die Bedeutung der Wiedereinführung der „Skripturhaftung" im Seefrachtrecht durch das Zweite Seerechtsänderungsgesetz von 1986, TranspR 1988, 256; *Döser* Inkorporationsklauseln in Konnossementen, Diss Hamburg 2004; *Gehrke* Das elektronische Transportdokument: Frachtbrief und Konnossement in elektronischer Form im deutschen und internationalen Recht (2005); *Geis* Die Gesetzgebung zum elektronischen Geschäftsverkehr und die Konsequenzen für das Transportrecht, TranspR 2002, 89; *Graf* Die Möglichkeiten des Einsatzes (voll- und teil-) elektronischer Transportpapiere am Beispiel von Konnossement und Luftfrachtbrief unter besonderer Berücksichtigung des Bolero-Projekts (2007); *Graf von Bernstorff* Das reine Konnossement im Seefrachtverkehr und die Ersatzmöglichkeit durch das elektrische Bolero – bill of lading, RIW 2001, 504; *Graf von Westphalen* AGB-rechtliche Erwägungen zu den neuen Einheitlichen Richtlinien und Gebräuchen für Dokumenten-Akkreditive – Revision 1993, RIW 1994, 453; *Häußer* Das IPR des Stückgutfrachtvertrages, TranspR 2010, 246; *Herber* Der Ladeschein – Renaissance eines vergessenen Wertpapiers, FS Thume, 2008, 177; *ders.* Konnossement und Frachtvertrag, FS Peter Raisch, 1995, 67; *Hoffmann* FIATA Multimodal Transport Bill of Lading und deutsches Recht, TranspR 2000, 243; *Koller* Rechtsnatur und Rechtswirkungen frachtrechtlicher Sperrpapiere, TranspR 1994, 181; *ders.* Die Übertragung des Namensladescheins, Festschrift für Richardi, 2007, Satz 1121; *ders.* Die Bedeutung des Frachtvertrages für den Orderladeschein, TranspR 2015, 133–140; *Kopper* Der multimodale Ladeschein im internationalen Transportrecht, Diss. Saarbrücken 2007, Schriftenreihe zum Transportrecht und 31; *Laeuen* Freizeichnungen in Frachtverträgen der internationalen Rheinschifffahrt (1966); *Lenz* Akkreditive und weitere Zahlungssicherungen im Außenhandel, EuZW 1991, 297; *Mankowski* Neue internationalprivatrechtliche Probleme des Konnossements, TranspR 1988,410; *ders.* Der europäische Erfüllungsortsgerichtsstand des Art. 5 Nr. 1 lit. b EuGVVO und Transportverträge, TranspR 2008, 67; *ders.* Konnossemente und die Rom I-VO, TranspR 2008, 417; *Müglich* Probleme des Einsatzes neuer Informationstechniken im Transportrecht, TranspR 2000, 145; *Paschke* Das internationale Konnossementsrecht, TranspR 2010, 268; *Ramming* Probleme der Rechtsanwendung im neuen Recht der multimodalen Beförderung, TranspR 1999, 325; *ders.* Ermöglichen die neuen §§ 126 Abs. 3, 126 a BGB die Ausstellung elektronischer Konnossemente?, VersR 2002, 539; *ders.* Verwendung gescannter Unterschriften auf Konnossementen, TranspR 2002, 193; *ders.* Fixkostenspedition – CMR – FBL, TranspR 2006, 95; *ders.* Internationalprivatrechtliche Fragen des Multimodal-Frachtvertrages und des Multimodal-Ladescheins, Transportrecht 2007, 279; *ders.* Handbuch Multimodaler Transport, 763, 864 ff; *Schefold* Zum IPR des Dokumenten-Akkreditivs, IPRax 1990, 20; *Schnauder* Sachenrechtliche und wertpapierrechtliche Wirkungen der kaufmännischen Traditionspapiere, NJW 1991, 1642; *Wagner* Die EG-Verordnungen Brüssel I, Rom I und Rom II aus der Sicht des Transportrechts, Transportrecht 2009, 281.

Übersicht

Parallelvorschriften

§§ 475 c–g; §§ 515, 516, 526.

I. Allgemeines

1 Die Vorschriften zum Ladeschein wurden durch das Seerechtsänderungsgesetz 2013 (SRG) inhaltlich und äußerlich erheblich umgestaltet. Bereits mit der Neuregelung zum Transportrechtsreformgesetzes 1998 waren die Ladescheinvorschriften vereinheitlicht und

an die damaligen seerechtlichen Konnossementregeln angeglichen worden.[1] Dabei waren vor allem bei der Beschreibung der **Rechtswirkungen** des Ladescheins (in § 444 Abs. 3 aF) ältere und nicht in die Reform 1998 einbezogene Bestimmungen des Seerechts übernommen worden (§ 656 Abs. 1 und 4), um tunlichst neue Abweichungen zwischen den wirtschaftlich und rechtlich gleichwertigen Rechtsfiguren Konnossement und Ladeschein nicht entstehen zu lassen.[2] Durch die Änderungen im Konnossementsrecht im Seerechtsänderungsgesetz 2013 (SRG)[3] entstand nun auch für das Recht des Ladescheins, der beim Multimodaltransport unter Einschluss einer Seestrecke verstärkt verwendet wird, Anpassungsbedarf, um Unterschiede der wirtschaftlich gleichwertigen Papiere möglichst gering zu halten.[4] Die Neufassung des § 444 HGB nach SRG richtet die Regelungen über den Ladeschein daher erneut und noch stärker an den im Fünften Buch getroffenen **Regelungen zum Konnossement** (§ 517 Abs. 1 Satz 1) aus. Allerdings verbleiben sachliche Unterschiede bei verbrieftem Anspruch, wertpapierrechtlicher Ausgestaltung und speziell bei der seerechtlichen Haftung.[5]

1a Der bisherige § 444 wurde mit seinen beiden ersten Absätzen numerisch § 443. Abs. 3 wurde inhaltlich durch Bestimmungen zum elektronischen Ladeschein ersetzt. Der bisherige § 444 Abs. 3, der das Rechtsverhältnis zwischen Frachtführer und Empfänger beschrieb, wurde in den neuen § 444 überführt. Der bisherige § 444 Abs. 4, der die Bestimmung des Frachtvertrages für das Rechtsverhältnis zwischen Frachtführer und Absender für maßgebend erklärt, wurde komplett gestrichen. Die Rechtsbeziehungen zwischen Frachtführer und Absender lassen sich bei Ausstellung eines Ladescheins in dieser Weise nicht mehr adäquat beschreiben (näher auch unten Rn 55, 58 f, 73, 81 und § 444 Rn 27–32). Durch die Änderung der Überschrift zu § 443 HGB soll berücksichtigt werden, dass, wie nachstehend ausgeführt, eine Verordnungsermächtigung für Bestimmungen zum elektronischen Ladeschein in die Vorschrift aufgenommen wird.[6] Das Gesetz gibt damit einen deutlichen Hinweis auf eine (noch zu verabschiedende) externe Rechtsquelle.

2 Der **Frachtbrief** ist auf Verlangen des Frachtführers vom Absender auszustellen gemäß § 408 Abs. 1. Der Frachtbrief ist **Beweisurkunde** für den Abschluss des Frachtvertrages über ein bestimmt bezeichnetes Beförderungsgut, über besondere Vereinbarungen, Weisungen und gegebenenfalls für den Zustand des Gutes bei Übernahme durch den Frachtführer. Der Frachtbrief begleitet das Gut. Der bereits in § 363 Abs. 2 erwähnte und in den §§ 443 bis 448 näher geregelte *Ladeschein* ist – im Unterschied zum Frachtbrief – keine bloße Beweisurkunde über den Abschluss und den Inhalt des Frachtvertrages, sondern ein Dokument, das einen Anspruch verbrieft, zu dessen Geltendmachung die Innehabung des Papier notwendig ist (Wertpapier). Der Ladeschein **verbrieft** die **Verpflichtung** des ihn ausstellenden Frachtführers, das Gut an den durch das Papier in unterschiedlicher Weise legitimierten (vgl. § 444 Abs. 3) Empfänger **abzuliefern** und – selbst wenn im Papier nicht erwähnt – an den Ablieferungsanspruch **anknüpfende Sekundäransprüche** zu erfüllen. Die **Geltendmachung** des Ablieferungsanspruchs erfordert außer der förmlichen Legitimation durch das Papier die Innehabung des Papiers (§ 445). Die Verbriefung des Herausgabean-

1 Begr RegE (TRG 1998), BT Drs 13/8445, 83.
2 Vgl. dazu noch MünchKommHGB/*Herber*[2] § 444 aF Rn 4.
3 Geändert durch Gesetz zur Reform des Seehandelsrechts vom …, Art. 1 Ziff. 26, BR-Drs. 8/13 v. 11.1.2013, vgl. Begr RegE zu § 444a HGB-E, BT-Drucks. 17/10939, vom 12.7.2012, 58.
4 MünchKommHGB/*Herber*[3] Vor § 443 Rn 4, 5 (zur Neufassung der §§ 443 ff im Einzelnen).
5 Vgl. unten Rn 98.
6 BT Drs 17/10309, 57, 58 (dort noch § 444 HGB-E), BR-Drs. 8/13, 4 Ziff. 24.

spruchs erfolgt **unabhängig** davon, ob ein Frachtvertrag überhaupt abgeschlossen worden ist und ob der geschlossene Frachtvertrag nichtig oder bereits wieder erloschen ist[7] bzw. welches Schicksal frachtrechtliche Ansprüche etwa durch anderweitige Abtretung nehmen.[8]

3 Die **Ausstellung** des Ladescheins erfordert wie bei den Papieren nach § 363 Abs. 1 jedenfalls bei Orderpapieren (§§ 363–365, § 443 Abs. 2, § 444 Abs. 3) die **Kaufmannseigenschaft.** Der Gesetzgeber will damit den nicht-kaufmännischen Verkehr vor den besonderen Gefahren der Umlauffähigkeit der Orderpapiere schützen.[9] Denn der verbriefte Ablieferungsanspruch wird durch das wertpapierrechtlich übertragbare (begebbare) Wertpapier – jedenfalls in Gestalt des Inhaberladescheins und des Orderladescheins – handelbar.[10] Nicht vorliegen müssen die **Einschränkungen nach § 363 Abs. 1:** Der Inhaberladeschein kann sich auf die Leistung nicht-vertretbarer Sachen beziehen, und die Leistung darf von einer Gegenleistung abhängig gemacht werden.[11]

4 Der Ladeschein entspricht in der vorstehend beschriebenen Form und Funktion wirtschaftlich und rechtlich dem Konnossement des Seeverkehrs. Er soll vor allem dem Absender und seinen wertpapierrechtlichen Rechtsnachfolgern (Nachmänner) ohne Rücksicht auf die Dauer des Transports die **jederzeitige Verfügbarkeit über das Gut** ermöglichen. Während des Transports kann das Bedürfnis bestehen, das Eigentum am Gut zu übertragen oder es zu Finanzierungszwecken zu verpfänden. Der Gesetzgeber beabsichtigt eine erleichterte Übertragbarkeit des Herausgabeanspruchs durch Übertragbarkeit des ihn verbriefenden Umlaufpapiers und erleichtert damit zugleich die dingliche Verfügung über die auf dem Transport befindlichen und gegebenenfalls eingelagerten Güter, denn über die Güter kann nach Ausstellung eines Ladescheins zwar dinglich verfügt werden, ohne ein Schadenersatzrisiko des Verfügenden aber nur noch durch Begebung bzw. Übertragung des Ladescheins, wodurch die Wirkung der Übergabe des Gutes ersetzt (Traditionswirkung, § 448) und zugleich der verbriefte Herausgabeanspruch übertragen wird.[12]

5 Bei langen Transportzeiten ist diese Vorgehensweise zweckmäßig, daher auch in der Binnenschifffahrt. Dort ist der Ladeschein als sog. Flussladeschein (Bezeichnung auch als *Binnenkonnossement* oder *Flusskonnossement [inland water consignment note])* noch heute gebräuchlich. Bis zur Transportrechtsreform 1998 (TRG 1998) war er spezialgesetzlich in den §§ 72 bis 76 aF Binnenschifffahrtsgesetz geregelt. In der Rheinschifffahrt war die **Unterscheidung zwischen Ladeschein und Frachtbrief** bisher freilich nicht immer einfach. Denn für beide Papiere wird dort häufig der gleiche Formularsatz benutzt. Während das adressierte Formular als Frachtbrief angesehen wurde, war das an Order gestellte Papier das „Konnossement“ (Ladeschein).[13] Vielfach bestimmten Klauseln diese Unterscheidung ausdrücklich.[14] In der Binnenschifffahrt wurde zudem, soweit nicht AGB-Recht dem

[7] Staub/*Canaris*[4] § 363 Rn 64; *Ramming* TranspR 2006, 95, 99; *Koller*[8] § 443 Rn 5, 26; Ebenroth/Boujong/Joost/Strohn/*Schaffert*[3] § 444 Rn 1.

[8] Zum Verhältnis des wertpapierrechtlichen Auslieferungsanspruchs zum frachtvertraglichen Ablieferungsanspruch vergleiche auch unten bei § 443 Rn 8, 43, 55, 58 f, 69, 72 f, 81 und bei § 444 Rn 8, 27–32).

[9] Staub/*Canaris*[4] § 363 Rn 53.

[10] Vgl. unten § 443 Rn 4, 10, 71, 74, und § 448 Rn 6, 10.

[11] Staub/*Canaris*[4] § 363 Rn 54 (mit Kritik an dieser Einschränkung Rn 17, 18).

[12] Auf dessen Erfüllung der Frachtführer unter bestimmten Voraussetzungen von seiner frachtvertraglichen Verpflichtung gegenüber dem Absender und von seiner wertpapierrechtlichen Verpflichtung gegenüber dem Papierinhaber befreit wird (dazu unten II 4 Rn 61, 83–86).

[13] Staub/*Helm*[4] § 444 aF Rn 4, 5.

[14] Siehe zu diesen Fragen eingehend *Laeuen* 24 ff.

entgegenstand, die Schadenshaftung aus dem Ladeschein durch Freizeichnungen ganz ausgeschlossen und meist durch Transportversicherungen übernommen. Diese haben bei weitreichenden Freizeichnungen nur eingeschränkte Regressmöglichkeiten.[15] Die §§ 72 bis 76 aF BinSchG wurden mit Einführung der §§ 444 ff HGB (TRG 1998) aufgehoben. Für Freizeichnungen bildet seither § 449 die Grenze.

Im sonstigen inländischen Landtransport – außerhalb des Binnenschifffahrtsrechts – kommt dem Ladeschein keine praktische Bedeutung mehr zu. Wegen der dort vorherrschenden relativ kurzen Beförderungszeiten besteht nur ein wirtschaftlich geringes Bedürfnis, noch während des Transports über das Beförderungsgut zu verfügen.[16] Weil ein Teil der Funktionen des Ladescheins durch die Absenderausfertigung des Frachtbriefs erfüllt werden kann[17], beruht die Bedeutung des Ladescheins im Landtransport damit im wesentlichen auf der **Legitimationswirkung** zugunsten des formell legitimierten Papierinhabers und auf der **Traditionsfunktion** (Substitution der Übergabe des Besitzes am Gut) bei der Weiterveräußerung.[18] Mit dem TRG hatten auch das so genannte *Durchkonnossement (Through Bill of Lading oder Through B/L)*[19] und das *Multimodal Transport Konnossement*[20] als Wertpapier, das bei Multimodaltransporten (sehr häufig unter Einschluss einer Seestrecke[21]) eingesetzt wird, eine gesetzliche Regelung erfahren.[22] Durchkonnossemente können als Ladescheine begeben werden, die Ansprüche aus einem Multimodaltransport verbriefen.[23] 6

II. Wertpapierrechtliche Verpflichtung zur Ablieferung, Abs. 1

1. Gegenstand und Rechtsnatur. § 443 regelt in erster Linie die *formellen* Voraussetzungen der Ausstellung eines Ladescheins, während die grundsätzlichen *Wirkungen* der wertpapierrechtlichen Verpflichtung, ihre Verbriefungs- und damit mittelbar ihre Übertragungsformen in § 444 und weitere Wirkungen in den §§ 445 bis 448 geregelt sind. Die grundsätzlichen Wirkungen werden hier gleichwohl zum besseren Verständnis vorab dargestellt. 7

a) **Zwecke, Wirkungen, Gestaltungsvarianten.** Der Ladeschein ist die urkundliche Verpflichtung des ausstellenden Frachtführers (bzw. dessen ausführenden Frachtführers, § 437, § 444 Abs. 2, im Folgenden nur „Frachtführer“[24]), das Beförderungsgut an den aus dem Ladeschein materiell Berechtigten auszuliefern und ggf. weitere frachtvertragliche An- 8

15 Staub/*Helm*⁴ § 444 Rn 6.
16 MünchKommHGB/*Herber*³ § 443 Rn 8; Reg.Begr. 82.
17 Vgl. Staub/Helm⁴ § 444 aF Rn 2; § 426 Rn 62 ff, 72, 78.
18 Vgl. Staub/Helm⁴ § 444 aF Rn 6.
19 Beim Durchkonossement handelt es sich um eine wertpapierrechtliche Verbriefung des Herausgabeanspruchs, die über alle Teilstrecken des Transports durch verschiedene Frachtführer Gültigkeit hat.
20 Dabei handelt es sich um eine wertpapierrechtliche Verbriefung des Herausgabeanspruchs, die über alle Teilstrecken des Transports über verschiedene Transportmodi Gültigkeit hat.
21 Ebenroth/Boujong/Joost/Strohn/*Reuschle*³ § 452 Rn 43; *Looks* VersR 1999, 31, 41; MünchKommHGB/*Herber*³ § 443 Rn 35.
22 Bekannteste Erscheinung des Durchkonnossements ist das FIATA Multimodal Bill of Lading (FBL) des Internationalen Spediteurverbandes FIATA. Wirksamkeit bei Geltung deutschen Transportstatuts umstritten, MünchKommHGB/Herber § 443, 35.
23 *Koller*⁸ § 443 Rn 1. Ebenroth/Boujong/Joost/Strohn/*Reuschle*³ § 452 Rn 42 ff, zum Ganzen *Koller*⁸ § 452 Rn 49.
24 *Koller*⁸ §§ 443 ff spricht nunmehr fast durchweg von „Aussteller“.

sprüche zu erfüllen, § 444 Abs. 3 Satz 1. Die wertpapierrechtliche Verbriefung der frachtrechtlichen Ansprüche (namentlich des Ablieferungsversprechens) schafft im Rechtsverhältnis zwischen ausstellendem Frachtführer und dem wertpapierrechtlich Legitimierten (nicht notwendig der im Papier ursprünglich als Empfänger Bezeichnete, vgl. § 443 Rn 83, § 444 Rn 1, 3–5, 15) klare Leistungsbeziehungen. An die formelle Legitimation anknüpfende (§ 444 Abs. 3 Satz 2) Aktivlegitimation, Befreiungswirkung und Verfügungsmöglichkeit, inhaltliche Vermutungswirkung und Einwendungsbeständigkeit steigern die Umlauffähigkeit des Papiers und seinen Einsatz für die sachenrechtliche Übertragung des Gutes. Über die allgemein wertpapierrechtlichen Regelungen der §§ 363–365 hinaus ist der Ladeschein mit den §§ 443 ff im HGB spezialgesetzlich, aber nahezu inhaltsgleich normiert.

9 Eine **Vermutung der wahren (materiellen) Berechtigung** aus dem Ladeschein knüpft nach § 444 Abs. 3 Satz 2 an die formelle Legitimation. Zur Geltendmachung des Rechts sind die formelle Legitimation aus dem Papier und die Innehabung des Wertpapiers erforderlich.[25] Der Schuldner (Frachtführer) ist nur gegen Vorlage und Aushändigung des Ladescheins (dies ist eine allgemein-wertpapierrechtliche Wirkung bei allen Wertpapieren) zur Leistung verpflichtet. So regelt es auch § 445 Abs. 2 Satz 1. Das Aushändigungserfordernis ist bei einem Wertpapier als Mindestinhalt zwangsläufig mitvereinbart (vgl. § 371 Satz 1 BGB, § 364 Abs. 3, § 445 Abs. 2).

10 Das Gesetz unterscheidet dazu im gesamten Wertpapierrecht durchweg nach der **Art der Legitimation** zwischen Rekta- (oder Namens-), Inhaber- und Orderpapieren. Für die drei Papierarten sind verschiedene **Legitimations-** und **Übertragungsformen** und verschiedene **Rechtsscheinsregeln** vorgesehen. Der **Inhaberladeschein** lautet nur auf den Inhaber. Legitimierter Besitzer ist schlicht jeder Inhaber. Der Name des Berechtigten darf im Papier nicht aufgeführt sein, ebensowenig eine Orderklausel (§ 793 Abs. 1 Satz 1 BGB). Insoweit muss erkennbar sein, dass ein im Inhaberladeschein etwa namentlich aufgeführter Empfänger nur die Ablieferungsstelle und nicht den aus dem Ladeschein Berechtigten bezeichnet, der den Ladeschein kraft Begebungsvertrag originär oder gutgläubig erworben hat. Der **Orderladeschein** lautet erkennbar an Order einer bestimmt bezeichneten Person und bezeichnet auf diese Weise gem. § 443 Abs. 2 Satz 1, § 363 Abs. 1 Satz 1, Abs. 2 als Empfänger des Gutes[26] entweder unmittelbar den in der Orderklausel benannten Papierbesitzer oder denjenigen Papierbesitzer, auf den die Order des Erstbenannten durch Indossament verweist („an X oder dessen Order"; „an Order des X", „für mich an Order von").[27] Die **Orderklausel** ist ein Vermerk auf einem Orderpapier, der die Übertragung des Papiers durch den in der Klausel namentlich Bezeichneten auf einen anderen als den im Papier genannten Berechtigten durch weiteren Übereignungsvermerk ermöglicht (in der Regel auf der Rückseite eines Orderpapiers, **Indossament**) oder dies auch ausschließt. Die Worte „an Order" brauchen im Orderpapier nicht ausdrücklich verwendet zu werden. Es ist ausreichend jede Formulierung, die hinreichend deutlich werden lässt, dass die Primärleistung des Frachtführers (Ablieferung) an jeden durch ein Indossament ausgewiesenen Papierinhaber erfolgen soll.[28] Durch das Indossament überträgt der Indossant (ursprünglicher Inhaber) eines Orderpapiers das Eigentum an und damit die Rechte aus diesem Papier auf den im Indossament genannten Indossatar (neuen Inhaber). Formell legitimiert und kraft Vermutung des § 444 Abs. 3 Satz 2 Ziff. 2 dadurch berechtigt kann letztlich derjenige Papierbesitzer sein, der durch eine ununterbrochen auf den ursprünglichen Berechtigten

---

[25] Hueck/*Canaris* § 1 I.

[26] Wiederholt in § 444 Abs. 3, 2 Ziff. 2 Alt. 1.

[27] Sog. gekorenes Orderpapier, § 363 Abs. 2.

[28] ROHG 23, 293; Staub/*Canaris*[4] § 363 Rn 22; *Ulmer* Wertpapierrecht, 24 f; MünchKommHGB[5]/*Langenbucher* § 363 Rn 12.

weisende Kette von Übertragungsvorgängen (Indossamenten) als letzter Legitimierter ausgewiesen ist. Speziell bei Orderpapieren haben folglich Indossament bzw. Indossamentenkette die Legitimationsfunktion zu Gunsten des Gläubigers (gemäß § 365 HGB in Verbindung mit Art. 16 Abs. 1 WG). So regelt es auch § 444 Abs. 3 Satz 3 Ziff. 2. *Ohne* die Orderklausel (aber *mit* Bennennung des Empfängers) ist das Papier wieder ein bloßes Rektapapier. *Ohne* Benennung des zur Order Berechtigten ist der Ladeschein hingegen – so will es das Gesetz – als an Order des Absenders gestellt anzusehen, § 443 Abs. 2 Satz 2. Ist auch der Absender nicht erkennbar, ist der Ladeschein Inhaberladeschein (§ 793 BGB).[29] Die wertpapierrechtliche Verbriefung des Ablieferungsversprechens macht dieses Versprechen nach wertpapierrechtlichen Grundsätzen übertragbar. Das verbriefte Recht folgt – jedenfalls beim **Inhaberpapier** und beim **Orderpapier** – dem sachenrechtlichen Recht *an* dem Wertpapier („das Recht aus dem Papier folgt dem Recht am Papier“, Primat des Sachenrechts). Das Wertpapier und der in ihm verbriefte Anspruch sind dadurch **umlauffähig.** Es genügt hierfür nicht die Ausstellung als solche, sondern es ist seine wirksame Übertragung (Einigung und Übergabe) des indossierten Papiers (sog. Begebungsvertrag) erforderlich.[30] Wie bei allen Orderpapieren kommt aber auch die Übertragung eines blanko indossierten Orderladescheins (bloße Unterschrift des Übertragenden ohne an-Order-Benennung des Empfängers) in Betracht (§ 365 Abs. 1 HGB, Art. 13, 14 WG).

Rektapapiere haben die vorgenannte Legitimationsfunktion nicht. Der Rekta- (oder Namens-) ladeschein lautet *direkt* auf den Namen des Legitimierten. Legitimierter Besitzer ist, wer einen Ladeschein besitzt, der auf den Namen eben jenes Besitzers lautet. Berechtigt ist folglich nur der namentlich als Berechtigter Benannte. Er ist wie von der im Wertpapier ggf. als Empfänger bezeichneten Ablieferungsstelle zu unterscheiden. Übertragen wird beim Rektaladeschein die Forderung, und es folgt gemäß § 952 BGB das Papiereigentum der Forderungsinhaberschaft („das Recht am Papier folgt dem Recht aus dem Papier“). Es greift auch nicht die Vermutungswirkung des § 1006 BGB:[31] Der Besitzer des Papiers wird nicht als Eigentümer des Papiers vermutet. Da das Schuldrecht mangels Rechtsscheinstatbestandes (Es gibt keinen Besitz an einer Forderung!) keinen gutgläubigen Forderungserwerb zulässt, kommt auch kein gutgläubiger Erwerb der im Rektapapier verbrieften Forderung in Betracht.[32] 11

Wahre (materielle) Berechtigung und formelle Legitimation aus dem Ladeschein fallen in der Regel zusammen. Gleichwohl können sie speziell bei abhandengekommenen Inhaberpapieren und bei abhandengekommenen Orderpapieren mit Blankoindossament auseinanderfallen, wenn der Papierbesitzer nicht (mehr) der aus dem Ladeschein Berechtigte ist.[33] Je nach Art des Ladescheins wird dann mit unterschiedlichen Rechtsscheinsgrundsätzen korrigiert (dazu bei § 444 Rn 36, § 446 Rn 2, 21, 26, 28, § 449 Rn 28). 12

Eine für Orderpapiere weitere typische Wirkung ist die **Möglichkeit gutgläubigen Erwerbs** der verbrieften Forderung gemäß § 365 HGB in Verbindung mit **Art. 16 Abs. 2 WG,** d.h. auch abhandengekommener Wertpapiere. Der gutgläubige Erwerber braucht selbst sie nicht herauszugeben. Speziell Orderpapiere kennen die **gesteigerte Befreiungswirkung** zu Gunsten des Schuldners: Gemäß § 365 HGB in Verbindung mit **Art. 40 Abs. 3 WG** wird der Schuldner auch bei Leistung an einen Nichtberechtigten (aber wertpapierrechtlich förmlich dennoch legitimierten) grundsätzlich frei wird (während dies bei einem Rektapapier nicht 13

[29] *Koller*[8] § 443 Rn 17.
[30] RGZ 13 119, 120 f.
[31] Staub/*Canaris*[4] § 363 Rn 28; vgl. BGH WM 1972, 701.
[32] Näher dazu bei § 444 Abs. 3 und § 448.
[33] MünchKommHGB/*Herber*[3] § 445 Rn 3.

möglich ist; Ausnahme § 808 BGB), jedenfalls dann, wenn er weder arglistig noch grob fahrlässig ist. Charakteristisch ist der *gesetzliche* **Einwendungsausschluss** gemäß § 364 Abs. 2 HGB, inhaltlich jetzt gleich geregelt in § 447: Danach können nur bestimmte Gültigkeitseinwendungen, urkundliche Einwendungen und solche des Frachtführers direkt gegen den aus dem Ladeschein Berechtigten gegen den Anspruch aus dem Ladeschein erhoben werden.[34] Andere Einwendungen sind nicht möglich (vgl. dort Rn 2, 8, 15 ff, 23, 27).

14 Eine allgemeine wertpapierrechtliche Wirkung ist die gleichsam **gesetzliche** (also nicht notwendig vertragliche)[35] **Abbedingung der Regelung von § 407 BGB**, nach welcher im Gefolge einer Forderungszession gewöhnlich der gutgläubige (d.h. die Zession der Forderung nicht kennende) Schuldner durch Leistung etwa an den früheren Gläubiger frei wird. Ist ein Ladeschein oder ein anderes Wertpapier ausgestellt, so wird der Frachtführer (Schuldner) *nicht* durch Leistung an den früheren Gläubiger frei, wenn dieser nicht wenigstens (noch) formell legitimierter Inhaber des Papiers ist und das Papier an den Frachtführer zurückgibt. Dieser Grundsatz gilt für alle Wertpapierarten, auch für das Rektapapier.[36] Bei solcher Falschablieferung haftet der Frachtführer gem. § 445 Abs. 3 (der sachlich noch weitere Fälle regelt)[37] vielmehr dem aus dem Ladeschein wahren Berechtigten auf Schadenersatz. Der Primärleistungsanspruch auf Ablieferung wandelt sich in einen Sekundärleistungsanspruch auf Schadenersatz um. Wertpapierrecht geht vor rein forderungsrechtlichem Schuldnerschutz.

15 **Schutz gegen nachteilige Verfügungen des Absenders** erreicht der Empfänger zwar bereits durch die Ausgestaltung des *Frachtbriefs* zu einem Sperrpapier gemäß § 418 Abs. 4, 6. Für diesen Schutz allein wird kein Ladeschein benötigt.[38] Ist indes ein Ladeschein ausgestellt, bindet § 446 das Verfügungsrecht über das Gut und die Berechtigung zur Weisung darüber gleichwohl an die formelle Legitimation durch den Ladeschein (d.h., der Weisende muss nicht materiell berechtigt sein) bzw. letztverbindlich an die davon ggf. abweichende Berechtigung aus dem Ladeschein, falls der Frachtführer letzere kennt oder grob fahrlässig nicht kennt, und sanktioniert die Befolgung von Weisungen *ohne* Nachweis der formellen Berechtigung, § 446 Abs. 2 (vgl. ebd. Rn 14 ff, 21 ff).

16 Ein weiterer Vorteil des wertpapierrechtlichen Ablieferungsanspruchs im Ladeschein besteht darin, dass der durch das Wertpapier legitimierte gutgläubige Empfänger den Anspruch gegen den Frachtführer so erwirbt, *wie* er im Ladeschein *beschrieben* ist. Der Berechtigte erwirbt eine inhaltliche **wertpapierrechtliche Garantie** auf der Basis von widerleglichen und bei Gutgläubigkeit von Empfänger oder papiererwerbendem Dritten an die Richtigkeit der Angaben im Ladeschein auf der Basis von daran anknüpfenden unwiderleglichen **Vermutungen,** § 444 Abs. 1 und 2.[39]

17 Schließlich bewirkt die **Traditionswirkung** gemäß § 448, dass die wirksame Begebung des Papiers die Übergabe des Beförderungsgutes für Zwecke seiner Übereignung ersetzt. Beide Wirkungen (übertragbarer wertpapierrechtlicher Ablieferungsanspruch und Traditionswirkung) ermöglichen die Veräußerung oder die Verpfändung des auf dem Transport

---

[34] Staub/*Canaris*[4] § 363 Rn 29, 89 f (erreichbar auch durch Analogie zu § 405 BGB sowie durch rechtsgeschäftlichen Einwendungsverzicht).

[35] Staub/*Canaris*[4] § 363 Rn 26; vgl. aber RGZ 78, 100; 49, 153; 119, 119, 123.

[36] Staub/*Canaris*[4] § 363 Rn 6 und 20; Hueck/*Canaris* § 1 II 2b bb und 3 b; *Zöllner* § 3 IV 2: *Raiser* ZHR 102, 36f; näher unten bei § 445 Rn 12 f, 16 f, 23, 40 ff, 44, § 446 Rn 19.

[37] § 445 Abs. 3 dehnt die Ersatzpflicht auf Falschablieferung an nicht formell Legitimierte und an formell Legitimierte aus, die nicht materiell Berechtigte sind, falls der Frachtführer dies wenigstens grob fahrlässig nicht erkannte. Vgl. dazu § 445 Rn 28 ff, 38 ff, 50 ff.

[38] MünchKommHGB/*Herber*[3] § 446 Rn 11.

[39] MünchKommHGB/*Herber*[3] § 444 Rn 9.

befindlichen Gutes (entweder an den im Ladeschein benannten Empfänger oder an einen Dritten).

b) Verbriefung von Ansprüchen: Beförderung, Ablieferungsversprechen, Schadenersatz und sonstige Verpflichtungen. Für die **Entstehung** des wertpapierrechtlichen Ablieferungsversprechens ist maßgeblich und ausreichend, dass sich dieser Anspruch aus dem Gesamtinhalt der Urkunde ergibt (wörtliche Erklärung ist nicht notwendig), aber die Angabe im Papier, dass das Beförderungsgut *nur gegen* ***Rückgabe*** *des Papiers* ausgeliefert werden darf und muss.[40] § 445 Abs. 2 Satz 1 macht diese wertpapierrechtliche Rechtsfolge nochmals deutlich. Für Orderladescheine und Inhaberladescheine (§ 444 Abs. 3 Satz 2 Ziff. 1 und 2) ergibt sie sich bereits aus allgemeinem Wertpapierrecht (§ 364 Abs. 3 HGB, § 797 BGB) und wird in § 445 Abs. 2 Satz 1 nur – deklaratorisch – wiederholt.[41] Für Namensladescheine, die die Ablieferung direkt an den im Papier namentlich Bezeichneten verbriefen (Rektapapier, § 444 Abs. 3 Satz 2 Ziff. 3)), stellt § 445 Abs. 2 Satz 1 dies konstitutiv fest. Papiere, die den Namen des Empfängers ohne die Verpflichtung zur Auslieferung des Gutes an dieses erwähnen, sind freilich gar keine Rektapapiere, sondern bloße Empfangsbestätigungen.[42] **18**

In der Gesamtschau stehen die frachtvertragsrechtlichen Ansprüche im Vordergrund. Sinn der wertpapierrechtlichen Verbriefung ist es, dem Inhaber eine Rechtsstellung einzuräumen, wie er sie bei Bestehen des betreffenden Frachtvertrages hätte. Dabei ist ausreichend eine hypothetische Betrachtungsweise. Wie im Konnossementsrecht[43] und bei anderen kaufmännischen Güterpapieren verbrieft der Ladeschein nicht nur die **Forderung aus dem betreffenden Begebungsvertrag** (hier den **Ablieferungsanspruch** aus dem Frachtvertrag), sondern auch die **Folgeansprüche** wie etwa die vertraglichen Haftungsansprüche wegen verspäteter Ablieferung, wegen Nichtablieferung sowie wegen der Ablieferung des Gutes in beschädigtem Zustand. Der verbriefte Ablieferungsanspruch ist **Primäranspruch** gegen den *Frachtführer*. Ansprüche auf Schadenersatz bei Verlust, Beschädigung des Gutes oder verspäteter Lieferung sind **Sekundäransprüche** der verbrieften Ablieferungspflicht, die im Gesetz so bei den §§ 443 ff keine Erwähnung finden.[44] Die Sekundäransprüche stehen dem aus dem Ladeschein Berechtigten zu. Sie ergeben sich inhaltlich aus dem Frachtvertragsstatut[45] (also bei Geltung deutschen Rechts die Haftung des Frachtführers gemäß §§ 280 ff BGB bzw. §§ 425 ff HGB und der Anspruch auf das Surrogat gemäß § 285 BGB).[46] Das SRG hat hierzu mit § 519 Abs. 1 Satz 1 für das Konnossement und mit § 444 Abs. 3 Satz 1 für den Ladeschein die *Klarstellung* gebracht, dass die Ansprüche aus dem Frachtvertrag insoweit und solange, wie sie Gegenstand der Verbriefung im Wertpapier sind, nicht von einem anderen als dem aus dem Wertpapier Berechtigten geltend gemacht werden können.[47] **19**

---

40 MünchKommHGB/*Herber*³ § 443 Rn 4.

41 Enger MünchKommHGB/*Herber*³ § 443 Rn 4.

42 MünchKommHGB/*Herber*³ § 443 Rn 4.

43 Das Konnossementsrecht enthält Sonderregelungen in § 656 Abs. 2, 3; dazu *Prüßmann/Rabe*³ § 656 HGB Anm. C.

44 BGHZ 25, 250; MünchKommHGB/*Herber*³ § 443 Rn 38; *Koller*⁸ § 445 Rn 9.

45 Siehe BGHZ **25** 250, 257; *Prüßmann/Rabe*³ § 606 HGB Anm. D 3; Staub/*Helm*⁴ § 444 aF Rn 7.

46 Staub/*Canaris*⁴ § 363 Rn 57, § 364 Rn 5.

47 MünchKommHGB/*Herber*³ Vor § 513 Rn 31; § 519 Rn 10–17; für analoge Anwendung des § 444 Abs. 3 Satz 1 auf den ausführenden Frachtführer und auf außervertragliche Ansprüche Ebenroth/Boujong/Joost /Strohn/*Schaffert*³ § 444 Rn 8; *Koller*⁸ § 443 Rn 37, 40.

20 Die wertpapierrechtlich verbrieften Ansprüche orientieren sich inhaltlich an den Ansprüchen aus dem Frachtvertrag, sind rechtlich aber verselbständigt. Die Verselbständigung erfolgt durch den Begebungsvertrag.[48]Der Frachtvertrag selbst kann an Mängeln leiden oder auch unwirksam sein oder atypische Einschränkungen enthalten, die im Papier nicht zum Ausdruck kommen. Falls ein Frachtvertrag nicht abgeschlossen wurde oder unwirksam ist, ist maßgebend das Recht, das mangels besonderer Vereinbarung auf die dem Begebungsvertrag zugrundeliegende Beförderung anwendbar wäre, wenn für sie ein Frachtvertrag geschlossen worden wäre (vgl. unten V., Rn 92 ff).[49] Das Frachtvertragsstatut ergibt sich entweder durch Rechtswahl (Art. 3 Rom-I-VO) oder kraft objektiver Anknüpfung (Art. 5 Rom-I-VO)[50]. Einheitsrecht hat als zwingendes Recht Vorrang (bspw. CMR). Als auf die Ablieferung bezogen unterliegen diese Sekundäransprüche der analogen Anwendung der Legitimationswirkung in § 444 Abs. 3 und der analogen Anwendung des § 445 (Ablieferungspflicht; Schadenersatz bei Falschablieferung und Begrenzung der Ersatzpflicht)[51]. Mit dem im Ladeschein verbrieften Ablieferungsanspruch stehen dem Legitimierten also bis zur Widerlegung seiner materiellen Berechtigung auch die an die Stelle des Ablieferungsanspruchs tretenden Ersatzansprüche zu. Für diese kommt es nicht darauf an, wer materiell Geschädigter ist, denn auch der formell Aktivlegitimierte kann sie – gegebenenfalls im Wege der Drittschadensliquidation – geltend machen.[52]

21 **Besondere Beförderungsmodalitäten**, an denen sich Ansprüche ausrichten können, sind wenigstens im Begebungsvertrag zu vereinbaren. Eine Eintragung im Ladeschein ist nicht notwendig Wirksamkeitsvoraussetzung[53], kann aber zum Einwendungsausschluss (Herausgabe des Gutes nur gegen Ersatz der Schäden des Frachtführers) nach § 447 führen.

22 Selbst **Vindikations- und Bereicherungsansprüche** (§§ 985, 812 ff BGB) können mitverbrieft sein.[54] Gewöhnlich nicht verbrieft sind Ansprüche gegen den Empfänger auf Zahlung von **Fracht und Auslagen**; diese mit dem Ablieferungsverlangen des Empfängers (i.e. Geltendmachung des Ablieferungsanspruchs, ggf. nach vorhergehender unverbindlicher Besichtigung[55]) entstehenden Ansprüche regelt § 445 Abs. 1 Satz 2 gesetzlich.[56] Nach § 443 Abs. 1 sind ex lege nur die Verpflichtung zur Ablieferung als Primäranspruch (und daraus ableitbare Sekundäransprüche, s. oben Rn 19) verbriefbar. Soweit frachtvertragliche Rechte nicht im Ladeschein verbrieft sind, können sie aus dem Frachtvertrag geltend gemacht werden. In der Regel wird man annehmen können, dass mit der Übertragung des Ladescheins Ablieferungs- und Ersatzanspruch auf den Ladescheininhaber stillschweigend abgetreten werden, dass aber alle anderen Ansprüche aus dem Frachtvertrag auch nach Begebung eines Ladescheins beim Absender verbleiben.[57] Eine gesonderte Verbriefung der Ansprüche auf Zahlung von Fracht und Auslagen liegt hingegen dann vor, wenn sich diese

---

48 Staub/*Canaris*[4] § 363 Rn 57.

49 *Koller*[8] § 443 Rn 18 bei Rn 46.

50 VO (EG) Nr. 593/2008 des Europäischen Parlaments und des Rates vom 17. Juni 2008 über das auf vertragliche Schuldverhältnisse anzuwendende Recht (Rom I); ABl. L 177/6 v. 4.7.2008.

51 *Ramming* Handbuch Multimodaler Transport, Rn 849 (zu HGB aF); *Koller*[8] § 445 Rn 9.

52 Siehe dazu Staub/*Helm*[4] § 429 Rn 157 ff, § 447 aF Rn 3.

53 *Koller*[8] § 443 Rn 18 Rn 46; **aA** *Ramming* Handbuch Multimodaler Transport Rn 807.

54 **AA** *Schnauder* NJW 1991, 1642 f (Alleinverbriefung möglich).

55 Münchkomm HGB/*Herber*[3] § 421 Rn 37.

56 BGHZ 25, 300, 303; *Koller*[8] § 443 Rn 19; Münchkomm HGB/*Herber*[3] § 445 Rn 11; *ders.* § 521 Rn 166; RegBegr-SRG, 58.

57 So MünchKomm HGB/*Herber*[3] § 519 Rn 16 (für das Konossement); dort zit. Schaps/*Abraham* § 656 Rn 31.

Ansprüche aus dem Papier ergeben und der Empfänger durch Annahme dieses Papiers die Verpflichtung zur Zahlung übernommen hat.[58]

2. Wirksamwerden der wertpapierrechtlichen Verbriefung

a) **Konstruktion des Begebungsvertrages.** Der in einem *Ladeschein* verbriefte wertpapierrechtliche Ablieferungsanspruch entsteht auf Grund eines *Begebungsvertrags* zwischen dem Aussteller des Wertpapiers (Frachtführer) und dem (ersten) Nehmer, in dem sich der Aussteller zur Ablieferung an den (ersten) Nehmer bzw. an den von ihm später Benannten (an dessen Order) verpflichtet und in dem er den Ladeschein an den (ersten) Nehmer übereignet.[59] Zusätzlich ist der Ladeschein an diesen zu *übergeben*. Partner des Begebungsvertrages ist folglich im Grundsatz die Person, die (erster) Inhaber des Ablieferungsanspruchs werden soll (erster Nehmer). **23**

Uneinigkeit besteht in der Frage, ob der Begebungsvertrag bei Inhaber- und Orderladescheinen auch unmittelbar mit dem endgültigen Empfänger geschlossen werden können. Nach einer **Konstruktionsvariante** soll, wenn das Papier zunächst dem Absender real ausgehändigt wird, *damit sogleich* (!) ein Begebungsvertrag zwischen Frachtführer und Absender zu Gunsten des Empfängers geschlossen[60] sein. Der Begebungsvertrag stellt danach einen **berechtigenden Vertrag zwischen Frachtführer und Absender zu Gunsten des Empfängers** dar im Sinne von § 328 BGB.[61] Erster Nehmer wäre im Gefolge der drittschützenden Wirkung danach *unmittelbar* der benannte Empfänger und nicht der Absender. **24**

Es mag in der Regel gleichwohl wirtschaftlich sinnvoll sein, den Ladeschein zunächst an die Order des Absenders auszustellen, der ihn dann weiter an den Empfänger überträgt (indossiert). Denn in dieser Variante bleibt, wenn der Austausch Zahlung gegen Ware nicht – etwa durch Dokumentenakkreditiv – gesichert ist und der Empfänger den Kaufpreis noch nicht gezahlt hat, dem Absender die **Möglichkeit der Zurückbehaltung** des Ladescheins bis zur Kaufpreiszahlung durch den Empfänger erhalten. Solange der Absender den Ladeschein (als berechtigter, erster Nehmer) besitzt und noch nicht dem Empfänger übergeben hat, hat er jedenfalls eine gewisse Sicherheit, dass der Frachtführer das Gut nicht an den Empfänger abliefert, bevor dieser an den Absender geleistet hat (im Austausch gegen Begebung des Ladescheins).[62] Erhalten bleibt dem Absender auf diese Weise auch die Möglichkeit, den Ladeschein oder das Gut auf Dritte zu übertragen. **25**

Gegen die Konstruktion des Begebungsvertrages als berechtigenden Vertrag zugunsten des Empfängers hatte *Canaris*[63]zunächst mit überzeugenden Argumenten eingewendet, dass der Begebungsvertrag nicht nur auf die Begründung des verbrieften Rechts, sondern auch auf die Übereignung der Urkunde gerichtet sei. *Dingliche* Verträge zu Gunsten Dritter würden aber abgelehnt. Dem Empfänger den wertpapierrechtlichen Anspruch bereits mit der Aushändigung des Papiers an den Absender zu übertragen und nicht erst mit der Aushändigung des Papiers vom Absender an den Empfänger, sei eine dem Wertpapierrecht wesensfremde Konstruktion und erfordere womöglich die Geltendmachung eines dinglichen **26**

[58] MünchKomm HGB/*Herber*² § 444 aF Rn 30, *ders.* 3. Aufl. § 519 Rn 10–16.

[59] MünchKommHGB/*Herber*² § 444 aF Rn 34, *ders.* 3. Aufl. Vor § 513 Rn 23.

[60] Vgl. zum Konnossementsbegebungsvertrag BGHZ 33, 364, 367; BGHZ 98, 284, 286 = TranspR 1987, 29 = NJW 1987, 588; teilweise wurde auch von einem mehraktigen Erwerbstatbestand in Form eines Begebungsvertrags zugunsten des Empfängers und einer weiteren Begebung vom Absender an den Empfänger ausgegangen (so schon MünchKommHGB-*Dubischar* § 446 Rn 4).

[61] BGHZ 33, 364, 367; 98, 284, 286 f; *Brodmann* ZHR 70,9; *Wüstendörfer* 316; *Rabe* § 648 Rn 10; so auch *Koller*⁸ Rn 20, 21.

[62] So auch MünchKommHGB/*Herber*² § 444 aF Rn 33.

[63] Staub/*Canaris*⁴ § 363 Rn 58; ihm insoweit zustimmend *Koller*⁷ § 444 aF Rn 7.

Herausgabeanspruchs des drittbegünstigten Empfängers gegen den Absender nach den §§ 985, 952 BGB. Gravierender aber sei der Umstand, dass für die Bestimmung des Vertragsinhalts sowie für die Berücksichtigung von Mängeln auf die Person des Absenders als Partei des Begebungsvertrages abgestellt werden müsste, dass folglich der nach den §§ 328 ff BGB begünstigte Dritte das verbriefte Recht nur so erwürbe, wie es Frachtführer und Absender inhaltlich begründet hätten. Diese Konstellation belaste das Recht des Empfängers mit möglichen rechtsgeschäftlichen Mängeln (§§ 117, 118, 123 Abs. 1, Abs. 2 Satz 1 BGB). Seine Rechtsstellung würde durch die Konstruktion empfindlich beeinträchtigt. Um dies zu vermeiden, müsste der Begebungsvertrag in Ansehung möglicher Willensmängel insoweit für nicht maßgeblich ausgelegt werden.[64] Dies vertragsrechtlich zu bewerkstelligen, ohne die drittschützende Wirkung zu gefährden, dürfte sehr von der Art und Tragweite des Willensmangels abhängen.

27 Nach anderer Ansicht[65] sollte deshalb – mit Blick auf den endgültigen Empfänger – ein **mehraktiger Erwerbstatbestand** ablaufen: Auf einen ersten berechtigenden Begebungsvertrag zwischen Frachtführer und Absender zu Gunsten des Empfängers soll *danach* bei Inhaber- und Orderpapieren ein weiterer, dinglicher Begebungsvertrag zwischen dem Absender und dem Empfänger geschlossen werden: Durch ihn erst wird das Papier an den Empfänger übertragen und die wertpapierrechtliche Forderung erst zu diesem Zeitpunkt (!) zur Entstehung gebracht wird. Bei Rektapapieren soll diese Wirkung nur durch Übergabe des Papiers herbeigeführt werden können.

28 Der vorstehend beschriebene mehraktige Erwerbstatbestand wird andererseits als nicht systemkonform abgelehnt, wenn die wertpapierrechtliche Forderung des ersten Nehmers (des Empfängers) nicht bereits durch den Aussteller (Frachtführer), sondern erst durch eine weitere Person (nämlich den Absender) zur Entstehung gebracht werden soll. Originärer Rechtserwerb im Wege des Vertrags zu Gunsten Dritter werde hierdurch mit abgeleitetem Rechtserwerb im Wege der Rechtsübertragung undurchsichtig und dogmatisch wesenfremd kombiniert.[66] Dogmatisch klarer lässt sich ein **mehraktiger Erwerbsverlauf** wie folgt darstellen: **Erster Nehmer** und voller Erwerber des Ablieferungsanspruchs kann zunächst der **Absender**[67] selbst sein, indem der Aussteller (Frachtführer) den Ladeschein dem Absender (oder Ablader) selbst als **Inhaberladeschein** übergibt oder **an Order** des Absenders (oder Abladers) selbst stellt und dem Absender (oder Ablader) aushändigt und dieser den Inhaberladeschein oder den **Orderladeschein** (diesen mit Indossament) sodann durch eigenen Begebungsvertrag an den Empfänger weiterbegibt. Bis dahin ist der Absender Träger des Ablieferungsanspruchs. Hier können zunächst Absender (oder Ablader) **das volle Recht auf Ablieferung** für sich selbst erwerben und hernach das Papier mit den Vermutungswirkungen nach § 444 Abs. 2 (bei fehlender Bösgläubigkeit) auf den endgültigen Empfänger übertragen. Zurückbehaltungsrechte zugunsten von Versender/Absender können hier nur mit Inhaberladescheinen und Orderladescheinen gewahrt werden. Auch ist das Problem etwaiger Willensmängel im ersten Begebungsvertrag damit nicht beseitigt.

29 Um dogmatische Unklarheiten des mehraktigen Erwerbstatbestandes zu vermeiden und die wirtschaftlichen Interessen der Beteiligten aus dem zugrundeliegenden Austausch-

---

64 Staub/*Canaris*[4] § 363 Rn 90; so zuletzt auch *Koller*[8] § 443 Rn 20.

65 *Schnauder* NJW 1991, 1643; so bereits MünchkommHGB/*Dubischar* § 446 aF Rn 4; ihm offenbar folgend MünchKommHGB/*Herber*[2] § 444 aF Rn 34.

66 Staub/*Canaris*[4] § 363 Rn 60.

67 MünchKommHGB/*Herber*[2] § 444 aF Rn 34 als eine Gestaltungsvariante zuletzt bei *Koller*[8] § 443 Rn 20, 21.

verhältnis (z.B. Kaufvertrag) bestmöglich zu schützen, kann der Begebungsvertrag direkt mit dem **Empfänger geschlossen werden**, wenn ihm der Ladeschein vom Frachtführer oder vom Absender (oder Ablader), dem er (nur) ausgehändigt wurde, zugesendet wird, im Falle der Übersendung durch den Absender bzw. Ablader **als Boten des ausstellenden Frachtführers.**[68] Der Begebungsvertrag kommt auf diese Weise über den Absender als Boten aller relevanten Willenserklärungen unmittelbar zwischen ausstellendem Frachtführer und endgültigem Empfänger zustande, wenn dem Empfänger das Papier ausgehändigt wird oder wenn zwischen ihm und dem Absender ein Besitzmittlungsverhältnis vereinbart wird, zufolge dessen der Absender das Papier für den Empfänger besitzt. Weil der Begebungsvertrag zwischen ausstellendem Frachtführer und Empfänger geschlossen wird, kommt es für Mängel und für die Auslegung von Willenserklärungen beim Begebungsvertrag auf den Frachtführer und auf Empfänger (und nicht auf den Absender/Ablader) an. Der Empfänger würde damit zugleich Sacheigentümer. Auch in der Gestaltungsvariante, die den Absender als Boten des Ausstellers einsetzt, kann die Kaufpreiszahlung des Empfängers (Käufer) and den Absender/Versender (Verkäufer) durch Zurückbehaltung des Ladescheins wirkungsvoll gesichert werden.

Die Auseinandersetzung um die Konstruktion des Begebungsvertrages wurde beim Or- 30
derkonnossement und beim **Orderladeschein** maßgeblich deshalb geführt, weil durch Übertragung durch Indossament unter Ausschluss von Einwendungen gegen die durch das Papier begründeten Tatsachenvermutungen nur der gutgläubige Erwerber und nicht der erste Nehmer das Papier erwerben konnte.[69] Durch das SRG wird der erste Nehmer nun in gleicher Weise geschützt wie der Erwerber. Eine Auseinandersetzung über Konstruktion der Begebung und Vertragspartner des Begebungsvertrages ist aus diesem Grund daher bei Orderkonnossement und -Orderladeschein grundsätzlich obsolet geworden.[70] Beim **Rektaladeschein** ist der in das Papier eingetragene Empfänger erster Nehmer und wertpapierrechtlich geschützt. Ein abgeleiteter Erwerb vom eingetragenen Absender wäre nicht möglich. Der das Rektapapier entgegennehmende Absender schließt daher den Begebungsvertrag zugunsten des Empfängers oder reicht es als Bote an den Empfänger lediglich weiter.[71]

Für die **Gestaltungsvarianten** Inhaber-, Order-, Namenspapier, die § 444 Abs. 3 nennt, 31
stellt sich die Situation danach wie folgt dar: Bei einem **Inhaberladeschein** wird gemäß § 793 BGB ohnehin nur derjenige berechtigter Inhaber des Ablieferungsanspruchs, an den der Ladeschein begeben wird (durch Einigung und Übergabe des Papiers). Ohne (wirksamen) Begebungsvertrag kann sich der Papierbesitzer nicht auf Inhaberschaft und Berechtigung aus dem Papier berufen (§ 796 BGB; § 447). Mit der bloßen Benennung eines Empfängers im Inhaberladeschein wird mithin nur die Ablieferungsstelle bezeichnet.[72] Beim **Rektaladeschein** erfolgt die Begebung vom Frachtführer direkt an den namentlich benannten Berechtigten bzw. an den als Empfänger iSv § 408 Abs. 1 Ziff. 5 Benannten, vermittels Absender als Boten des ausstellenden Frachtführers. Ein Rektaladeschein kann nicht in wertpapierrechtlicher Form mehraktig übertragen werden. Hier ergibt nur die namentliche Bezeichnung des endgültigen Empfängers (und die Übergabe an ihn, ggf. auch über den Absender als Boten) Sinn. Ist der Empfänger im **Rektaladeschein** zwar namentlich

68 Staub/*Canaris*[4] § 363 Rn 59; *Ramming* Handbuch Multimodaler Transport Rn 839; Ebenroth/Boujong/Joost/Strohn/*Schaffert*[3] § 444 Rn 6; als weitere Gestaltungsvariante zuletzt bei *Koller*[8] § 443 Rn 20, 21.

69 Str, vgl. noch MünchKommHGB/*Herber*[2] § 444 aF Rn 36, 40; Staub/*Canaris* § 363 Rn 67.; *Wüstendörfer* Satz 316; *Rabe* § 647 Rn 8 ff; Schaps/*Abraham* § 647 Rn 4.

70 MünchKommHGB/*Herber*[3] Vor § 513 Rn 24.

71 MünchKommHGB/*Herber*[3] Vor § 513 Rn 25.

72 *Koller*[8] § 443 Rn 22; Rn 11.

benannt, der Ladeschein ihm aber noch nicht begeben und übertragen worden, fungiert der Empfänger ebenfalls nur als *Ablieferungsstelle*.[73] Beim **Orderladeschein** sind alle drei Konstruktionsvarianten durchführbar: als Begebungsvertrag mit Absender/Abladers (als erster Nehmer) an dessen Order, als Begebungsvertrag zwischen Aussteller und Absender/Ablader direkt zugunsten des Empfängers als erster Nehmer und als Begebungsvertrag zwischen Aussteller und Empfänger über Absender/Ablader als Boten. In allen Spielarten ist Übereignung des Ladescheins nach §§ 929 und seine Übergabe an den Berechtigten (erster Nehmer) erforderlich.

32 b) **Fehlen und Nichtigkeit des Begebungsvertrages.** Schwierigkeiten ergeben sich, wenn die Urkunde abhanden gekommen war oder Willensmängel auf Seiten des Ausstellers den Begebungsvertrag fehlerhaft oder nichtig gemacht hatten. Derartige Einwendungen gegenüber dem **Empfänger** lassen sich nicht mithilfe von § 363 Abs. 2 ausschalten. Es handelte sich dabei nämlich im Verhältnis zum Empfänger um *unmittelbare* Einwendungen, die er als wertpapierrechtlich Legitimierter gegen sich gelten lassen muss. Der Empfänger erwirbt die verbrieften Ansprüche gewöhnlich nicht im Wege der Rechtsnachfolge vom Absender, sondern sowohl nach der Botentheorie als auch in der Konstruktion eines Vertrages zu Gunsten Dritter *originär* als **erster Nehmer**. Er erwirbt den Ablieferungsanspruch mit vollen Rechten, wird aber bei einem Orderpapier nach allgemeinen wertpapierrechtlichen Grundsätzen nicht durch einen Einwendungsausschluss (gemeint sind typusbedingte Einwendungen des zwingenden und dispositiven Frachtrechts) geschützt.[74] *Allgemein wertpapierrechtliche Grundsätze* beschränken diesen Gutglaubensschutz gewöhnlich auf den erwerbenden Dritten (§ 364 Abs. 2), dem eine verbriefte Forderung wertpapierrechtlich übertragen wird (hier sogar in Ansehung des Abhandenkommens des vorgelegten Wertpapiers, Art. 16 Abs. 2 Wechselgesetz), und nehmen den ersten Nehmer von diesem Schutz aus. Dieser wird wegen seiner unmittelbaren Beziehung zum Aussteller (Frachtführer) nicht in gleicher Weise wie der dritte Erwerber als schutzwürdig angesehen.[75] Darin wurde in der Folge ein untragbarer Wertungswiderspruch gesehen. Die Parteien machten den Empfänger ja zum unmittelbaren und ersten Berechtigten aus dem Papier, um seine Stellung zu verstärken und nicht, um sie im Vergleich zu einem Indossatar (Dritterwerber) zu schwächen. Daher wurde eine Analogie zu § 364 Abs. 2 vorgeschlagen[76] und speziell für Rektapapiere bürgerlichrechtliche Hilfskonstruktionen entwickelt (Haftung des Ausstellers für Weitergabe und Vorlage des Papiers noch vor Abschluss eines Begebungsvertrages in Analogie zu § 172 Abs. 1 BGB bzw. Analogie zu § 405 BGB).[77]

---

73 *Koller*[8] § 443 Rn 11, 12, 22; MünchKommHGB/*Herber*[2] § 444 aF Rn 34.

74 Staub/*Canaris*[4] § 363 Rn 61, 64; *Koller*[8] Rn 32; ausgeschlossen hingegen waren schon bisher bei Inhaber- und Orderladescheinen wegen des möglichen gutgläubigen Erwerbs verbriefter Rechte solche Einwendungen des Frachtführers, die auf besondere vertragliche Abreden gestützt sind, die die Gültigkeit des Begebungsvertrages [Fehlen oder dem Frachtführer zurechenbare Unwirksamkeit] betreffen oder die dem Ladescheinverpflichteten in Ansehung des Gutes zustehen, *Koller*[7] § 444 Rn 7 („bei Order- und Inhaberladescheinen nach Rechtsscheinsregeln ohne Relevanz").

75 Dass dies nicht für den Ladeschein zu gelten hat, weist bereits *Canaris* zum alten Recht vor dem SRG 2013 für alle Ladescheinarten nach, Staub/*Canaris*[4] § 363 Rn 67 (einwendungsfreie Begründung des Rechts). Mit Rechtsscheinsgrundsätzen hat dies nach *Canaris* eigentlich nicht zu tun; so aber wohl *Koller*[7] § 444 aF Rn 7 aE (nur für Inhaber- und Orderladescheine); unklar *ders.*[8] § 434 Rn 32; vgl. *Herber* FS Thume, 177, 179 f jeweils mwN.

76 Staub/*Canaris*[4] § 363 Rn 61; i. Ergebnis zustimmend *Koller*[7] § 444 aF Rn 7; **aA** *Schnauder* NJW 1991 1644.

77 Staub/*Canaris*[4]§ 363 Rn 62.

Der Gesetzgeber hat nun in § 444 Abs. 2 Satz 1 den bislang in der Reichweite strittigen[78] Gutglaubensschutz auf den ersten Nehmer zwar erweitert, aber nur in Ansehung der *Beschreibung des Gutes im Ladeschein oder davon ausgehenden Vermutungswirkungen.* § 444 Abs. 2 Satz 1 bezieht nunmehr in der Neufassung des HGB durch SRG 2013 im Gegensatz zu § 444 Abs. 3 aF den benannten Empfänger *neben* dem Dritten in den Gutglaubensschutz in Ansehung der Eintragungen im Ladeschein ausdrücklich mit ein (also nicht iS einwendungsfreier *Begründung* des Rechts).[79] Dadurch soll insbesondere wie im Seefrachtrecht gewährleistet werden, dass auch der gutgläubige erste Nehmer (Empfänger selbst) eines Ladescheins geschützt wird.[80] Ausgeweitet wird dieser Schutz auf den ersten Nehmer *aller* Ladescheinarten, also auf den Nehmer des zuvor nicht vom Wortlaut des § 444 Abs. III 3 a.F. („übertragen") erfassten Rektaladescheins ebenso wie auf den ersten Nehmer von Inhaber- und Orderladeschein. 33

In gleicher Weise erhält nun § 447 dem Frachtführer nur **unmittelbare Einwendungen** (betr. Gültigkeit der Erklärungen im Ladeschein; betr. Einwendungen aus dem Inhalt des Ladescheins; betr. Einwendungen unmittelbar gegen den Ladescheinberechtigten) gegenüber dem wertpapierrechtlich Legitimierten, gleich welcher Ladescheinart.[81] Damit ist auch der erste Nehmer, dem der Ladeschein vom Frachtführer begeben wird, weiterhin nur diesen Einwendungen ausgesetzt.

c) **Übertragung.** (Vgl. dazu§ 444 VII) 34

d) **Aktivlegitimation (Empfänger, erster Nehmer, Dritte).** Die **formelle Aktivlegitimation** ergibt sich bei allen Ladescheinarten kraft Besitz des Ladescheins und Erfüllung der jeweils ladescheinspezifischen formellen Legitimation. Diese ergibt sich kraft unmittelbaren Besitzes (§ 854 BGB) beim Inhaberladeschein, kraft namentlicher Benennung oder urkundlicher Anzeige der Zession gemäß § 409 Abs. 1 Satz 2 BGB beim Rektaladeschein oder beim Orderladeschein durch Benennung in der Orderklausel oder durch ununterbrochene, auf den ersten Nehmer rückführbare Indossamentkette. Im Fall eines Blankoindossaments ist formell legitimiert wieder der bloße Inhaber des Ladescheins. In allen Fällen begründet die formelle Aktivlegitimation die Vermutung der materiellen Legitimation. 35

Materiell aktivlegitimiert ist bei allen Arten des Ladescheins der – nicht notwendig formell legitimierte – Gläubiger des verbrieften Ablieferunganspruchs. Der Ablieferungsanspruch kann erworben sein als erster Nehmer durch Begebungsvertrag vom Aussteller oder in der Folge von einem wertpapierrechtlich Berechtigten, durch gutgläubigen Erwerbe von Nichtberechtigten (bei Order- und Inhaberladeschein) sowie durch Rechtsgeschäft oder Universalsukzession.

e) **Passivlegitimation (Aussteller, Frachtführer, ausführender Frachtführer).** Der Aussteller jeden Ladescheintyps ist passivlegitimiert. Dies ist in der Regel der Frachtführer, bei Einsatz eines ausführenden Frachtführers iSv § 437 auch dieser, freilich mit der Verteidigungsmöglichkeit des § 444 Abs. 2 Satz 2 (vgl. dort). 36

---

[78] Dagegen noch Münchkomm HGB/*Herber*[2] § 444 aF Rn 33–35, Rn 40 (wünschenswert, aber mit Natur des Rektapapiers nicht vereinbar); für Gutglaubensschutz des ersten Nehmers aller Ladescheinarten schon Staub/*Canaris*[4] § 363 Rn 67 („einwendungsfreie Begründung des Rechts").

[79] Und mit den Reduktionen und Analogie, wie bei § 444 Rn 9, 51 beschrieben.

[80] RegBegr zu § 444a HGB-E, BT Drs. 17/10309, 58.

[81] Vgl. BegrRegE SRG BT-Drs. 17/10309, 58 (zu § 444a), 97, 98 (zu § 522); *Koller*[8] § 343 Rn 32, sowie Erl. zu § 444 Abs. 2, § 446 Abs. 1 und § 447.

37 f) **Weisungsbefugnis.** Der legitimierte Inhaber des Ladescheins ist im übrigen **gegen obstruktives Verhalten** anderer am Vertrag Beteiligter auch dadurch geschützt, dass er kraft Gesetzes das **Weisungsrecht** nach § 418 (§ 446 Abs. 1) hat. Nur der aus dem Ladeschein Berechtigte ist weisungsbefugt, § 446 Abs. 1 Satz 1. Seine Rechtsstellung wäre nämlich beeinträchtigt, wenn der Absender weiterhin befugt wäre, dem Frachtführer Weisungen zu erteilen (§ 418 Abs. 1 Satz 1), etwa indem er dem Frachtführer einen neuen Ablieferungsort vorgibt, der sich nicht aus dem Ladeschein ergibt (§ 418 Abs. 1 Satz 2). Das *ausschließliche* Weisungsrecht gemäß § 446 Abs.1 Satz 1 umfasst damit zwei Regelungen. Der Ladeschein begründet die unmittelbare Weisungsbefugnis des aus dem Ladeschein Legitimierten, und die frachtvertragliche Weisungsbefugnis des Absenders unter dem Frachtvertrag wird entsprechend beschränkt.[82] Der Frachtführer darf nicht den Weisungen des aus dem Ladeschein Berechtigten Folge leisten, sondern nur denjenigen des (formell) legitimierten Besitzers. Bei Auseinanderfallen von förmlicher Legitimation und Berechtigung muss er außerdem hinsichtlich der Berechtigung aus dem Ladeschein *gutgläubig* sein.[83] Der Absender kann nicht einmal mehr Leistung an den förmlich legitimierten Ladescheininhaber verlangen.[84] Die abdingbaren Vorschriften §§ 418 Abs. 1–3, 421 begründen keine gesicherte Rechtsposition. § 418 Abs. 2 Satz 1 und 2 HGB, aufgrund derer die Weisungsbefugnis erst mit der Ankunft des Gutes am Ablieferungsort auf den Empfänger übergeht, sind damit gegenstandslos.[85] (vgl. dazu § 446).

38 g) **Quittungsfunktion.** Mit der Bescheinigung der Ablieferung auf dem ihm ausgehändigten Ladeschein erhält der Frachtführer zugleich eine Quittung über die von ihm vorgenommene Ablieferung (vgl. dazu § 445 Abs. 2).

39 h) **Einwendungen, Einreden, Begrenzung.** Die Umlauffähigkeit des Ladescheins und die Vermutungswirkung seiner Angaben werden abgesichert durch eine in § 444 Abs. 1, 2 und § 447 näher beschriebene Einwendungsbeständigkeit. Gegen den wertpapierrechtlichen Ablieferungsanspruch erhoben werden können nur gültigkeitsbezogene, inhaltliche (bezogen auf den Ladeschein) und gegen den Ladescheinberechtigten persönlich bestehende Einwendungen. Als inhaltliche Einwendungen gelten auch solche aus dem Typus des (ggf nur gedacht) zugrundeliegenden Frachtvertrages ableitbare gesetzliche Einwendungen (vgl. dazu näher Rn 73 ff, 77 f und § 447)[86]. Im Übrigen gelten die durch Ladeschein begründeten Vermutungen, die der Frachtführer gegenüber einem gutgläubigen ersten Nehmer (Empfänger) und gutgläubigem Dritterwerber nicht widerlegen kann, § 444 Abs. 1, 2.

---

82 Häublein/Hoffmann-Theinert/*M. Kirchhof* Beck'scher Online-Kommentar HGB[11] § 446 Rn 1, 4; BT-Drs. 17/10309, 59, zu § 446; so schon MünchKommHGB/*Herber*[2] § 444 aF Rn 50; Ebenroth/Boujong/Joost/*Gass* § 444 aF Rn 19.

83 *Koller*[8] § 446 Rn 3; MünchKommHGB/*Herber*[3] § 446 Rn 6, § 520 Rn 3–7; Häublein/Hoffmann-Theinert/*M. Kirchhof* Beck'scher Online-Kommentar HGB[11] § 418 Rn 3; Ebenroth/Boujong/Joost /Strohn/*Schaffert*[2] § 444 aF Rn 12.

84 AA noch MünchKommHGB/*Herber*[2] § 444 aF Rn 50; unklar Häublein/Hoffmann-Theinert/*M. Kirchhof* Beck'scher Online-Kommentar HGB[11] § 418 Rn 3 („Ist ein Ladeschein ausgestellt worden, ist der dort Angegebene legitimiert (§ 446 Abs. 2). Das Weisungsrecht des Absenders erlischt, sobald das Gut *an der Ablieferungsstelle ankommt* und lebt wieder auf, wenn ein *Ablieferungshindernis* eintritt.")

85 *Ramming* TranspR 2006, 95, 101.

86 MünchKommHGB/*Herber*[3] § 443 Rn 5; *Koller*[8] § 447 Rn 9.

3. Ausstellung

40 a) **Vereinbarung und Übergabe. § 443 Abs. 1 Satz 1** legt den Schluss nahe, dass ein Ladeschein nur dann auszustellen ist, wenn die Parteien des Frachtvertrags dieses **vereinbart** haben. Eine Ausstellungspflicht ist – abweichend von § 513 Abs. 1 beim Konnossement („der Verfrachter hat ... auszustellen") – gesetzlich nicht begründet („kann"). Der Zeitpunkt der Aushändigung ist ebenfalls frei vereinbar.[87] Ohne eine dahingehende Vereinbarung ist anzunehmen, dass der Ladeschein bei oder zeitnah nach Übernahme des Gutes durch den Frachtführer dem Absender auszuhändigen ist.[88] Hierauf verweist indirekt § 443 Abs. 2 Satz 2, wonach der Ladeschein ohne Benennung des zur Order Berechtigten im Zweifel als an Order des Absenders gestellt anzusehen ist. Dadurch wird – statt des benannten Empfängers – dann der Absender erster Nehmer (Berechtigter) des Ladescheins. Dies ergibt aber nur Sinn, wenn der Ladeschein ihm und nicht einem Dritten übergeben worden ist.

41 Die Wertpapiereigenschaft wird nur dann begründet, wenn der **Wille zur Verbriefung** des Ablieferungsanspruchs **erkennbar** vorlag.[89] Wesenstypisch für Wertpapiere ist, dass die Geltendmachung des Ablieferungsanspruchs von der Innehabung der Urkunde abhängig gemacht wird. Die Leistung des aus dem Wertpapier Verpflichteten kann mit befreiender Wirkung für die Primärleistungsverpflichtung (Ablieferung) nur an den aus dem Papier Berechtigten bzw. der Vermutung des § 444 Abs. 3 Satz 2 folgend an den im Papier legitimierten Inhaber erbracht werden. Dies ist die zentrale Funktion des Wertpapiers. (Bei Falschablieferung erfolgt die Substitution des Primärleistungsanspruchs durch den Sekundärleistungsanspruch). **Orderklauseln** können freilich auch für andere vertragliche Willensbekundungen verwendet werden. So können sie die Möglichkeit einer Forderungsabtretung zum Ausdruck bringen, den Inhalt eines Bestätigungsschreibens[90] wiedergeben oder eine Quittung oder sonstige bloße Beweisurkunde[91] darstellen. Aus einer bloßen Orderklausel kann wegen dieser Zweckvielfalt ein ausschließlicher Wille zur Verbriefung offenbar nicht immer ohne weiteres geschlossen werden.

42 Die Verschiedenheit von möglichen Zwecken lässt es naheliegend erscheinen, beim Ladeschein wie bei den anderen in § 363 Abs. 2 genannten handelsrechtlichen Papieren stets im Wege der **Auslegung** zu ermitteln, was mit der Klausel intendiert ist, ob also wirklich eine Verbriefung im Sinne des Wertpapierrechts gewollt war. Andererseits soll dafür nicht die Formulierung sein notwendig, dass der Schuldner „nur gegen Aushändigung der Urkunde" leisten werde.[92] Das nimmt dem Wertpapierrecht formularmäßige Klarheit, die der Umlauffähigkeit gerade zugute kommt. Zwar gestattet Auslegung es, „alle relevanten Umstände des Falles zur Ermittlung des Parteiwillens heranzuziehen und Orderklausel und weitere Tatbestandsvoraussetzungen von § 363 als Indizien für einen Willen zur Schaffung eines umlauffähigen Papiers heranzuziehen. Doch sollte die Umlauffähigkeit und wertpapierrechtliche Klarheit auch nicht unnötig durch Auslegungsspielraum verwässert werden, der als Konsequenz die wertpapierrechtliche Verpflichtung des Frachtführers in Zweifel zieht und die gesetzliche Begrenzung von Einwendungen durch Auslegungsspielraum letztlich konterkariert. Demzufolge sollte eine Orderklausel ein unwiderlegliches Indiz für einen solchen Willen darstellen.

---

87 *Koller*[8] § 443 Rn 8.
88 *Koller*[8] § 443 Rn 6; § 425 Rn 17; *Ramming* Handbuch Multimodaler Transport, Rn 841.
89 Staub/*Canaris*[4] § 363 Rn 23.
90 Staub/*Canaris*[4] § 363 Rn 23; RGZ 119, 119, 121.
91 RGZ 118, 34, 38.
92 RGZ 78, 149; Staub/*Canaris*[4] § 363 Rn 23.

43 Trotz Eigenständigkeit von Frachtvertrag und Ladescheinverhältnis (s. unten Rn 55, 58, 69, 72) ist der Aussteller des Ladescheins in der Regel gleichzeitig Frachtführer und damit Vertragspartner eines Frachtvertrages. Frachtvertrag und Ladescheinverhältnis können uno actu geschlossen werden. Die Übernahme der Pflicht gegenüber dem Absender, einen Ladeschein auszustellen, kann zugleich den Abschluss eines Frachtvertrages mit ihm darstellen. Der Aussteller verspricht dem Absender, das Gut zum Bestimmungsort zu befördern und dort (nur) an den aus dem Ladeschein Berechtigten abzuliefern.[93] Das wiederum spricht für einen Begebungsvertrag zugunsten des Empfängers. Vertragspartner des Frachtführers ist beide Male der Absender.

44 Umstritten ist, ob eine Ausstellungspflicht beim Ladeschein über einen **Multimodal-Transport** mit Einschluss einer Seestrecke angenommen werden kann.[94] Denn nach § 513 besteht eine Pflicht des Verfrachters zur Ausstellung des Konnossements.[95] Und die RegBegr zum TRG hatte den Verzicht auf die Einführung einer Ausstellungspflicht im Landfrachtrecht nur mit der geringeren Bedeutung des Ladescheins im Binnentransport und explizit mit der Abweichung vom Binnenschifffahrtsrecht begründet.[96] Der Einschluss einer Seestrecke könnte diese Sichtweise relativieren. Der Gesetzeswortlaut ist indes eindeutig.[97] Eine Pflicht zur Ausstellung des Ladescheins kann daher im Multimodalfrachtvertrag, der bei Geltung deutschen Rechts gemäß § 452 Landfrachtrecht untersteht, ebenso wie im Binnenschifffahrtsfrachtvertrag nur vertraglich begründet werden.[98]

45 Soweit der Frachtführer einen Ladeschein an einen Dritten begibt, **ohne** dies durch entsprechende **Absprache** mit dem Absender vereinbart zu haben, hat er dem Absender oder dem Empfänger, falls diesem bereits eine frachtvertragliche Rechtsposition nach § 418 Abs. 1–3, § 421 zusteht, den daraus entstehenden Schaden zu ersetzen. Letzteres ist denkbar in den Fällen von § 418 Abs. 4, Abs. 6.[99] Vgl. unten Rn 72. Die Ausstellung des Ladescheins sollte daher mit dem Absender **abgestimmt** sein, wenn dieser nicht an ihn begeben wird oder an den frachtvertraglich bestimmten Empfänger begeben wird.

46 b) **Vorgeschriebener Inhalt und Form.** Wegen des **Inhalts** des Ladescheins nimmt **§ 443 Abs. 1 Satz 1** auf **§ 408 Abs. 1** Bezug, um auf diese Weise das Gesetz zu vereinfachen und eine einheitliche Ausgestaltung der im Transportverkehr gebräuchlichen Dokumente zu erreichen.[100] Die Vorschrift übernimmt teilweise das vor dem TRG 1998 geregelte Landfrachtrecht, teils mit Abweichungen vom Seefrachtrecht in der Fassung vor und nach dem Seerechtsänderungsgesetz 2013. Der Ladeschein soll die in § 408 Abs. 1 aufgeführten Angaben enthalten; Modifikationen je nach Ausprägung des Ladescheins sind zulässig.[101] Danach ist zwischen notwendigen und nicht notwendigen Angaben zu unterscheiden.

47 **Notwendige Angaben** für die Einsatzfähigkeit des Ladescheins sind das Ablieferungsversprechen gegen Vorlage des Ladescheins, das abzuliefernde Gut, die Ablieferungsstelle durch Ortsangabe und Meldeadresse (nicht notwendig ein Empfängername) sowie der Name des Frachtführers. Der Ladeschein hat **Ort und Tag der Aufstellung** aufzuführen, Name und Anschrift des **Absenders** sowie Name und Anschrift des **Frachtführers** (§ 408 Abs. 1 Nummer 1–3). Zu bezeichnen ist (Abs. 1 Nummer 4) abweichend von § 444 Ziff. 5

[93] *Ramming* TranspR 2006, 95, 100.
[94] So *Kopper* 53; **aA** MünchKommHGB/*Herber*[3] § 443 Rn 8.
[95] Ebenso § 72 Abs. 1 BinSchG aF vor der TRG-Reform.
[96] RegBegr BT Drs 17/10309 Satz 82.
[97] So schon MünchKommHGB/*Herber*[3] § 443 Rn 8.
[98] MünchKommHGB/*Herber*[3] § 443 Rn 8.
[99] So noch *Koller*[7] § 444 aF Rn 3; liberaler nun *Koller*[8] § 443 Rn 7 ff.
[100] So bereits BegrRegE, BT-Drucks. 13/8445, 82.
[101] Siehe unten zu Rn 48, 53 ff.

aF. die **Stelle der Übernahme** und die **Stelle der vorgesehenen Ablieferung** des Gutes, was gesetzlich gewollt sachlich enger ist als der Übernahmeort und der Ablieferungsort.[102] Wo die Angabe der betreffenden Ablieferungsstelle – anders als bei Landtransport – im einzelnen nicht möglich (etwa im Bestimmungshafen beim Multimodalverkehr oder im Binnenschiffsverkehr) ist, muss die Bezeichnung des betreffenden Ortes zusammen mit einer Meldeadresse ausreichen (in Anlehnung an § 408 Abs. 1 Ziff. 5).[103] Die Angabe der Meldeadresse erleichtert das Kontaktieren des Empfängers am Zielort und entspricht Seefrachtrecht (§ 515 Abs. 1 Ziff. 6). Die Absenderangabe kann problematisch sein, wenn ein Multimodalverkehr mit einer Seestrecke beginnt. Denn das Seerecht bestimmt § 515 Abs. 1 Ziff. 2 die Angabe des *Abladers* im Konnossement, nicht des Absenders.[104] Problematisch sein kann auch die nach § 408 Abs. 1 Ziffer 4 vorgesehene Bezeichnung des **Übernahmezeitpunktes** (Tag der Übernahme). Bestätigt wird hiermit lediglich die Übernahme des Beförderungsgutes durch den Frachtführer und nicht die Verladung auf das Beförderungsmittel. Im Seeverkehr wird hingegen im Konnossement die Verladung an Bord dokumentiert, weil in Akkreditivbedingungen häufig die Vorlage eines Bordkonnossements oder eines Übernahmekonnossements mit Bordvermerk (vergleiche § 514 Abs. 2) vorgesehen ist, das die Übernahme auf das Schiff dokumentiert. Die gleiche Wirkung für das Akkreditivgeschäft könnte beim Ladeschein jedoch dadurch erreicht werden, dass in ihm ebenfalls ein **Bordvermerk** („shipped on board vessel X") aufgenommen wird, auf den sodann der Gutglaubensschutz des Empfängers und dritter Papiererwerber erstreckt wird.[105]

Nicht notwendige Angaben sind Beförderungsstrecke- und Beförderungsart sowie der Empfänger des Gutes iSv § 408 Abs. 1 Satz 1 Ziff. 5. Sie können sich nämlich aus dem Frachtvertrag ergeben oder in den Begebungsvertrag aufgenommen sein. Die Angabe des **Namen des Empfängers** ergibt Sinn beim Ladeschein, der den Empfänger namentlich direkt bestimmt (Rektaladeschein). Beim Inhaberladeschein ist der Papierinhaber berechtigter Empfänger, seine Bezeichnung im Papier ist daher angezeigt. Für den Orderladeschein bestimmt § 443 Abs. 2 die Benennung derjenigen Person, an deren Order das Gut abgeliefert werden soll. Dies kann sowohl der erste Nehmer des Ladescheins sein, der diesen weiter überträgt, als auch der endgültige Empfänger direkt, der durch die Orderklausel zwar befugt ist, den Ablieferungsanspruch weiter zu übertragen, davon aber nicht Gebrauch macht, wenn er das Gut selbst in Empfang nehmen will. Ohne konkrete Bezeichnung der Beförderungsart ist die verkehrsübliche **Art der Beförderung** geschuldet; ohne Eintragung im Ladeschein gilt dies auch gegenüber dem gutgläubigen Erwerber des Ladescheins. Von der verkehrsüblichen Beförderungsart abfallende Abweichungen sollten daher tunlichst in den Ladeschein aufgenommen werden. Fraglich ist dann nur, ob diese den wertpapierrechtlichen Gutglaubensschutz erweitern.[106] Zwar intendiert der Gesetzgeber mit der Bezugnahme auf § 408 Abs. 1 eine einheitliche Ausgestaltung der im Transportverkehr gebräuchlichen Dokumente.[107] Doch knüpft der Gutglaubensschutz in § 444 Abs. 1 und Abs. 2 an die Angaben, wie sie im Ladeschein beschrieben sind. Es besteht auch kein Grund, den Gutglaubensschutz auf die in der Sollvorschrift § 408 Abs. 1 geregelten Angaben einzuengen. Mit seiner **Unterschrift** unter die von ihm selbst gemachten Angaben schafft der Frachtführer genau den Rechtsschein, an den er sich im Rechtsverkehr nach 48

102 Offener im Seerecht (§ 515 Abs. 1 Ziff. 5): Ablieferungshafen und Bestimmungsort. Abweichend auch § 444 Ziff. 5 aF.

103 MünchKommHGB/*Herber*[3] § 443 Rn 15.

104 Näher MünchKommHGB/*Herber*[3] § 443 Rn 13, 57 (gegen analoge Anwendung der seerechtlichen Bestimmungen, weil der nach SRG eingeführte Gutglaubensschutz für den ersten Nehmer ausreichend Schutz bietet).

105 So MünchKomm HGB/*Herber*[3] § 443 Rn 16.

106 Ablehnend *Koller*[7] § 444 aF Rn 4.

107 BegrRegE BT-Drucks. 13/8445, 82; *Koller*[7] § 444 aF Rn 4.

Maßgabe der wertpapierrechtlichen Bestimmungen festhalten lassen muss. Der Anknüpfungspunkt für den guten Glauben ist von ihm selbst geschaffen, und der Rechtsverkehr muss keinen Zweifel haben, dass eine im Ladeschein von § 408 gewählte Abweichung Verwirrung stiftet. Der Ladeschein kann Angaben zur Güterbeschreibung und Zahlung der Fracht (§ 408 Abs. 1 Nr. 6–10) enthalten. Der **Umfang und Menge** des zu befördernden Gutes ist beschreibbar nach Gewicht oder in anderer Weise, § 408 Abs. 1 Nr. 8. Eine weitere gesetzliche Spezifizierung der Maßgrößen wird nicht vorgenommen. Die Parteien haben insoweit Handlungsfreiheit. Sind Weisungen für die Güterbehandlung (§ 408 Abs. 1 Nr. 11), etwa durch Zoll und sonstige Ämter, im Ladeschein dokumentiert, kann sich der Empfänger am Empfangsort darauf berufen. Vereinbarungen über die Beförderung in einem **offenen Fahrzeug oder auf Deck** (§ 408 Abs. 1 Nr. 12) können Ersatzansprüche wegen Schäden, die eine solche Beförderung zurückgehen, ausschließen (§ 427 Abs. 1 Satz 2). Sind diese Vereinbarungen im Ladeschein dokumentiert, nehmen Sie an der Vermutungswirkung von § 444 Abs. 1 und 2. teil.

49 Schon nach den allgemeinen wertpapierrechtlichen Voraussetzungen ist für die Entstehung eines Wertpapiers die **Schriftform** erforderlich. Der Wortlaut von § 343 Abs. 1 spricht von Ausstellung des Papiers (ebenso § 363 Abs. 1). Leitend ist im Grundsatz § 126 BGB. Der Ladeschein ist vom Frachtführer gemäß § **443 Abs. 1 Satz 2** zu unterzeichnen. Anstelle der **eigenhändigen Unterschrift** (§ 126 Abs. 1 BGB) genügt gemäß § 443 Abs. 1 Satz 2, 2. Halbs. HGB deren Nachbildung wie beim Frachtbrief (§ 408 Abs. 2 Satz 3) durch Druck oder Stempel. Dies gilt auch bei Inhaberladescheinen (vgl. § 793 Abs. 2 Satz 2 BGB). Entscheidend ist die Faksimilierung (Nachbildung) der eigenhändigen Unterschrift. Ein normaler Stempel des Unternehmens reicht für eine Nachbildung nicht aus. Hierdurch sollen Fälschungen und Täuschungen über die Urheberschaft erschwert werden.[108] Eine elektronische Signatur iSv § 126a BGB ist der Unterschrift zwar gleichwertig, doch stellt sie nicht sicher, dass nur ein begebbarer Ladeschein produziert wird (vgl. unten IV. Rn 90, 91)

50 Eine **Vertretung** bei der Zeichnung (etwa durch den Fahrer oder Schiffer) ist gemäß § 164 BGB zulässig. Beim Fehlen der Vertretungsmacht kommt eine Genehmigung gemäß § 177 Abs. 1 BGB in Betracht.[109] **Fehlt die Unterschrift,** ist der Ladeschein gemäß § 125 Satz 1 BGB nichtig. Umdeutung gemäß § 140 BGB in ein anderes Wertpapier oder eine neben dem Frachtvertrag stehende schuldrechtliche Verpflichtung ist dann nicht möglich.[110]

51 c) **Bezeichnung des Empfängers.** Während der *frachtvertragliche* Empfänger (§ 408 Abs. 1 Satz 1 Ziff. 5) als Adressat der Ablieferung – als vertraglich Drittbegünstigter – Ablieferung- und Sekundärleistungsansprüche erwirbt (§ 421 Abs. 1, 2), stehen die *wertpapierrechtlich* verbrieften inhaltsgleichen Ansprüche dem aus dem Ladeschein Berechtigten zu (§ 444 Abs. 3), für den die formelle Legitimation die Vermutung der Berechtigung in sich trägt (§ 445 Abs. 1). „Empfänger" iSd § 443 Abs. 1 bezeichnet daher offenbar lediglich die Ablieferungsstelle.[111] Die Bezeichnung von „Empfänger" in § 444 Abs. 2 Satz 1 hat demgegenüber eine andere Funktion. Empfänger und Dritterwerber des Ladescheins kommen – als aus dem Ladeschein Berechtigte bzw. als legitimierte Besitzer des Ladescheins – nach § 444 Abs. 2 Satz 1 in den Genuss der inhaltlichen Richtigkeitsvermutung des Ladescheins, wobei für die Vermutung der Berechtigung nach § 444 Abs. 3 zur Gel-

108 RegBegr BT-Drucks. 13/8445, 37; MünchKommHGB/*Herber*³ § 443 Rn 28.

109 Vgl. RGZ 170, 233, 236; *Koller*⁸ § 443 Rn 13.

110 *Koller*⁸ § 443 Rn 17; Ebenroth/Boujong/Joost/Strohn/*Schaffert*³ § 444 Rn 5.

111 *Koller*⁸ § 443 Rn 11, 12.

tendmachung des Ablieferungs- und der Sekundäransprüche wiederum der Papierbesitz und die formelle Legitimation wirkt.[112] Nach teleologischer Reduktion von § 444 Abs. 2 Satz 1 partizipieren allerdings nicht an dieser Vermutung Absender oder Ablader, auf die der Ladeschein zunächst ausgestellt war, weil sie das Gut kennen und hinsichtlich abweichender Beschreibungen im Ladeschein daher nicht schutzwürdig sind, selbst wenn sie im Ladeschein als Empfänger bezeichnet werden.[113]

d) **Ausfertigungen.** Eine Ausstellung des Ladescheins in mehreren Ausfertigungen ist **52**
gesetzlich nicht vorgesehen. Im Gegensatz dazu sieht § 514 Abs. 3 beim Konnossement eine Ausfertigung in der vom Ablader gewünschten Zahl und § 408 Abs. 2 beim Frachtbrief eine Ausfertigung in drei vom Absender unterzeichneten Originalen vor. Es stellt sich die Frage, ob die unterschiedliche Vorgehensweise durch unterschiedliche Wertungen belegt ist. Die Gesetzesbegründung zur TRG-Reform 1998 hatte hierzu wiederum auf die im Landfrachtrecht grundlegend andere Transportsituation hingewiesen, wonach angesichts der kürzeren Beförderungszeiten die Verlustgefahr geringer sei und keine Notwendigkeit zur Veräußerung des Beförderungsgutes während der Beförderung bestehe. Die Zulassung mehrerer Ausfertigungen verkompliziere auch die Abwicklung der Ablieferung.[114] Über die Vergleichbarkeit von reinem Binnenverkehr, Multimodalverkehr und Seefrachtverkehr in Bezug auf die Notwendigkeit der Ausstellung mehrerer Ausfertigungen ist in der Folge trefflich gestritten worden.[115] Der Gesetzgeber hat auch mit dem SRG 2013 eine Pflicht zur Ausstellung mehrerer Konnossement-Ausfertigungen im Seefrachtverkehr festgehalten und ist damit jedenfalls Zweifeln[116] an einer zwingenden Notwendigkeit einer solchen Regelung insoweit entgegengetreten. Gleichzeitig hat er die Gelegenheit zur Korrektur beim Ladeschein vor dem Hintergrund der darüber geführten Auseinandersetzungen nicht wahrgenommen. Die Vereinbarung mehrerer Ausfertigungen von Ladescheinen bleibt aber möglich. Um Abwicklungsschwierigkeiten zu vermeiden kann vereinbart werden, dass das Gut nur gegen Vorlage *einer* Ausfertigung ausgeliefert werden darf.[117] So ist es für Konnossemente in § 521 Abs. 3 Satz 1 geschehen.

e) **Rechtsfolgen bei Fehlen einzelner Angaben.** Da es sich dabei lediglich um eine *Soll-* **53**
vorschrift handelt, hat das Fehlen der entsprechenden Angaben im Grundsatz keinen Einfluss auf die **Wirksamkeit** des Ladescheins. Etwas anderes gilt für bestimmte **Mindestangaben.** Da der Ladeschein für das Rechtsverhältnis zwischen dem Frachtführer und dem Empfänger maßgeblich ist, muss er neben dem Ablieferungsversprechen als solchem auch die für dessen Bestimmtheit notwendigen Angaben enthalten. Die umfasst vor allem die Ablieferungsstelle, das Gut sowie die Person des Frachtführers und des Empfängers. Die Angaben müssen jedenfalls hinreichend erkennbar sein.[118] Anzugeben ist die Pflicht zur Ablieferung des Gutes am Bestimmungsort, und zwar als Gegenstand der Verbriefung im Ladeschein. Deutlich sein sollte auch Pflicht des Frachtführers, dass die Ablieferung nur gegen Vorlage des Ladescheins erfolgt. Es reicht allerdings aus, dass diese Pflicht aus den Gesamtumständen im Wege der Auslegung des Papierinhalts ausreichend konkret zu ermitteln ist (etwa durch die Bezeichnung „Ladeschein").[119] Nicht erforderlich ist die wört-

112 So wohl auch *Koller*[8] § 443 Rn 11.
113 Vgl. § 444 Rn 9, 51; *Koller*[8] § 443 Rn 11, § 444 Rn 5. – So ist das Verständnis von Empfänger auch in § 448.
114 BegrRegE BT-Drucks. 13/8445, 82.
115 Vgl. *Rabe* TranspR 1998, 439 und MünchKomm HGB/*Herber*[3] § 443 Rn 9.
116 MünchKomm HGB/*Herber*[3] § 443 Rn 9.
117 So MünchKommHGB/*Herber*[3] § 443 Rn 9 aE.
118 *Koller*[8] § 443 Rn 17; Ebenroth/Boujong/Joost/Strohn/*Schaffert*[3] § 444 Rn 4; MünchKomm HGB/*Herber*[3] § 443 Rn 29.
119 So wohl auch *Koller*[7] § 444 aF Rn 4, 6. Ebenroth/Boujong/Joost/Strohn/*Gass* § 444 Rn 4.

liche Erwähnung der Ablieferungspflicht.[120] Dies ist ein wertpapierrechtliches Spezifikum. Freilich ergibt sich diese Konnexität für *alle* Gestaltungsarten des Ladescheins bereits aus § 445 Abs. 2, und zwar für Inhaberladescheine und Orderladescheine deklaratorisch, weil sie sich bereits aus dem allgemeinen Wertpapierrecht (§ 364 Abs. 3, § 707 BGB) ergibt. Für Rektapapiere (Namensladeschein) wirkt § 445 Abs. 2 dagegen konstitutiv. Wenn diese Mindestangaben fehlen, liegt *kein Ladeschein im Rechtssinne* vor.[121] Auf die **Nichtigkeitsfolgen** beim Fehlen bestimmter Angaben (fehlende Unterschrift, § 125 BGB) wurde bereits hingewiesen (siehe oben Rn 50). Soweit sich der Frachtführer zur Ausstellung des Ladescheins verpflichtet hat, begründet ein von ihm zu vertretendes Fehlen der übrigen Angaben seine Verpflichtung, dem Absender oder den gemäß § 328 BGB berechtigten Personen wegen Verletzung dieser Pflicht gemäß § 280 BGB, § 433 **Schadensersatz** zu leisten, sowie ein **Zurückbehaltungs- und Kündigungsrecht** gemäß § 273 BGB (wegen nicht geleisteten Schadenersatzes)[122] und § 415 Abs. 1 und Abs. 2 Satz 2 HGB (wegen nicht gezahlter Fracht und sonstiger Vergütung).[123] Gehaftet wird für den Schaden, der im Vertrauen auf die Richtigkeit der Angaben im Ladeschein entstanden ist (getätigte Aufwendungen; Kaufpreiszahlung), ohne Beschränkung nach § 431, aber beschränkt durch § 433 HGB und wieder unbeschränkt bei qualifiziertem Verschulden (§ 435).[124] Ein vertragsmäßiger Haftungsausschluss ist – auch durch Klauselwerke – möglich, § 449 wegen seiner Anwendung auf Güter- und Verspätungsschäden nicht anwendbar.

54 Für eine Abgrenzung der Gestaltungsvarianten des Ladescheins ist es notwendig, dass oder Lagerscheine für Dritte erkennbar an Order ausgestellt sind. Nur durch diesen Hinweis werden sie zu Orderpapieren (gekorenen Orderpapiere, § 363 Abs. 2). Gemäß § 443 Abs. 2 an Order ausgestellte Ladescheine sind allerdings in Inhaberladescheine (§ 793 BGB) **umzudeuten**, wenn sich aus ihnen für Dritte – auch mithilfe von § 443 Abs. 2 Satz 2 – nicht ersehen lässt, an wessen Order sie gestellt sind oder wenn sie ohne Empfänger- und Absenderangabe begeben werden.[125]

55 **4. Ladescheinverhältnis und Frachtvertrag.** Der Frachtführer als Aussteller des Ladescheins schuldet nach dem Ladeschein die Ablieferung des Gutes. Damit dient der Ladeschein zum einen der Bestimmung, wer Empfänger im Sinne des Frachtrechts ist. Für die weiteren zwischen dem Frachtführer und dem durch den Ladeschein legitimierten Empfänger bestehenden Rechtsbeziehungen ist der **Ladeschein** – nach Maßgabe der nachfolgenden Ausführungen **vorrangig – inhaltsbestimmend.**

56 **a) Berechtigung und Verpflichtung zur Ausstellung.** Aus § 443 Abs. 1 Satz 1 und § 444 Abs. 3 Satz 1 (verbriefte frachtvertragliche Ansprüche) lässt sich nur der *Typus der ver-*

---

[120] *Koller*[8] § 443 Rn 17 („ausreichend erkennbar"); **aA** offenbar Ebenroth/Boujong/Joost/Strohn/*Schaffert*[3] § 444 Rn 4 („Ablieferungsversprechen als solchem"); MünchKommHGB/*Herber*[3] § 443 Rn 30 (Für Rektaladeschein bestehe eine solche Hinweispflicht, weil sonst nur eine reine Beweisurkunde vorliegt.)

[121] *Koller*[7] § 444 aF Rn 6; MünchKommHGB/*Herber*[3] § 443 Rn 30 (Für Rektaladeschein bestehe eine solche Hinweispflicht, weil sonst nur eine reine Beweisurkunde vorliegt); Ebenroth/Boujong/Joost/Strohn/*Schaffert*[3] § 444 Rn 4.

[122] MünchKommHGB/*Herber*[3] § 443 Rn 12; *Koller*[8] § 443 Rn 19 (§ 445 Abs. 1 Satz 2 auch nicht analog).

[123] *Koller*[8] § 443 Rn 17.

[124] MünchKommHGB/*Herber*[3] § 444 Rn 12 (mit Hinweis auf Haftungsausschluss durch vertragliche „Unbenannt-Klauseln" in Bezug auf den Inhalt verschlossener und daher nicht einsehbarer Behältnisse).

[125] Vgl. *Koller*[7] § 443 aF Rn 4 und 6; Ebenroth/Boujong/Joost/Strohn/*Schaffert*[3] § 444 Rn 4.

briefbaren Ansprüche ableiten. Verbriefbar sind Ansprüche, auf die die frachtrechtlichen Bestimmungen der §§ 407 ff, 451, 452 ff unmittelbar oder mittelbar (etwa aus Speditionsrecht heraus) anwendbar sind. Ein wirksamer Fracht- oder Speditionsvertrag braucht aber nicht zustande gekommen zu sein. Folglich kann Aussteller des Ladescheins jeder sein, der nach dieser Typologie Frachtführer sein kann.[126] *Zur Berechtigung der Ausstellung eines Ladescheins bei Geltung von vereinheitlichtem Frachtvertragsstatut vgl. unten V Rn* 92 ff.

Der Frachtführer „kann" den Ladeschein gem. § 443 Abs. 1 Satz 1 ausstellen. Eine gesetzliche *Verpflichtung* zur Ausstellung besteht nicht. Eine individualvertragliche oder AGB-mäßige Verpflichtung zur Ausstellung kann freilich privatautonom – gegenüber Absender, Ablader oder Empfänger – eingegangen werden.[127] Der Zeitpunkt der Aushändigung des Ladescheins ist frei bestimmbar. Ohne solche Bestimmung bietet sich der Zeitpunkt der Übernahme des Gutes durch den Frachtführer an[128], weil der Inhaber des Ladescheins mit diesem das Verfügungsrecht über das Gut (§ 446) erwirbt. **57**

b) **Das Schicksal der Ansprüche aus Ladeschein und Frachtvertrag.** Das Verhältnis der Rechtsbeziehungen aus Frachtvertrag und Ladescheinverhältnis ist dogmatisch schwer erklärbar.[129] Die im bisherigen § 444 Abs. 4 angesiedelte Klarstellung der Maßgeblichkeit der Bestimmung des Frachtvertrags für das **Rechtsverhältnis zwischen Frachtführer und Absender** fällt in der Neufassung von § 443 ersatzlos weg. Diese Formulierung hatte auch nicht substantiell zur Klärung des Verhältnisses der Rechtsbeziehungen aus Frachtvertrag und Ladeschein gegenüber dem Absender beigetragen. Angesichts der dazu im Schrifttum[130] geführten Auseinandersetzungen und zahlreicher Deutungsversuche hätte eine Klärung freilich nahegelegen, doch finden sich auch im allgemeinen Wertpapierrecht (Wechselgesetz, Scheckgesetz) nur wenige Ausführungen zum Verhältnis der Rechtsbeziehungen zueinander. Um die Rechtsansprüche aus dem Frachtvertrag und dem Wertpapier zueinander stimmig zu machen, sind am besten die in Schrifttum und Rechtsprechung beschriebenen **konstruktiven Überlegungen** heranzuziehen. Ziel ist, zwischen den verschiedenen Leistungsbeziehungen dergestalt Widerspruchsfreiheit zu erreichen, dass das gesetzlich angelegte synallagmatische Verhältnis (primär: Beförderung und Ablieferung des Gutes gegen Zahlung) und daran anknüpfender Sekundäransprüche für die primär am Frachtvertrag Beteiligten letztlich unter Einschluss der mit dem Ladeschein intendierten Verkehrsfähigkeit des Ablieferungsanspruchs und des Beförderungsgutes realisiert wird. **58**

Durch Ausstellung und Begebung des Ladescheins entsteht eine zweite, nämlich wertpapierrechtliche Verpflichtung des Frachtführers gegenüber dem Wertpapierberechtigten *neben* seiner frachtrechtlichen Ablieferungsverpflichtung gegenüber dem Absender. Ablieferungsanspruch und daraus ableitbare, Folgeansprüche des aus dem Ladeschein Berechtigten gegen den Frachtführer ergeben sich folglich grundsätzlich aus dem Frachtvertrag (§ 421), sind aber zusätzlich wertpapierrechtlich gesondert verbrieft und in dieser Form grundsätzlich von den Ansprüchen aus dem zu Grunde liegenden Frachtvertrag **unabhän-** **59**

---

126 *Koller*[8] § 443 Rn 7; Ebenroth/Boujong/Joost/Strohn/*Schaffert*[3] § 444 Rn 8.

127 So bereits die Begr RegE (TRG) BT Drs. 13/8445, 82; *Ramming* Handbuch Multimodaler Transport Rn 841; weitergehend *Koller*[8] § 443 Rn 6 (auch ggü. Verkäufer).

128 *Koller*[8] § 443 Rn 6, § 425 Rn 17.

129 Siehe Staub/*Helm*[4] § 435 aF Rn 3; Staub/*Canaris*[4] § 363 Rn 41 ff (zum Konnossement BGHZ **25** 300, 301 und BGH VersR 1979 275, 276; siehe auch schon RGZ 145, 8 f; *Prüßmann/Rabe*[3] § 656 HGB Anm. 4; *Schaps/Abraham* § 656 Anm. 2.

130 MünchKommHGB/*Herber*[2] § 444 aF Rn 28–31, 49, 50; *ders.*[3] § 444 Rn 18–21, § 519 Rn 3–17; *Koller*[8], § 443 Rn 36–40.

gig.[131] Letztere bestehen nichtverbrieft fort, wenn und soweit mit Ladeschein vereinbar[132]. Die **Zahlungspflicht des Empfängers=Ladescheinberechtigen** ergibt sich sowohl aus Frachtvertrag als auch aus Gesetz (§ 445 Abs. 1 s. 2) – auf Vorlage des Wertpapiers.[133] Die wertpapierrechtlichen Vorschriften der §§ 443–447, die weitgehend den Regelungen für das Konnossement entsprechen, unterstellen die Rechtsbeziehungen zwischen dem Frachtführer und dem durch den Ladeschein bestimmten Empfänger *allein* dem Ladeschein. Der Ladeschein erfasst nur das Rechtsverhältnis zwischen Frachtführer und dem durch den Ladeschein bestimmten Empfänger. Die Rechtsbeziehungen zwischen Absender und Frachtführer werden vom Ladeschein nicht erfasst, nehmen an der **Beweiswirkung** des Ladescheins iSv § 444 Abs. 1 und 2 nicht teil[134] und ergeben sich zunächst allein aus dem Frachtvertrag.

60 Nebeneinander bedeutet für **Empfängerrechte**: Der Ladeschein soll dem aus ihm Berechtigten eine besonders geschützte Rechtsposition vermitteln. Dieser Rechtsposition kommt im Rechtsverkehr eine besondere Außenwirkung zu. Die geschützte Rechtsposition des Ladescheins ist daher ohne **Vorrang** gegenüber dem frachtvertraglichen Anspruch des Empfängers, dem eine solche Außenwirkung nicht zukommt, nicht denkbar. Der Anspruch aus dem Ladeschein kann wegen seiner mit der Verkehrsfähigkeit des Wertpapiers verbundenen Schutzwirkung für den Papiererwerber und der an den Legitimierten anknüpfenden ausschließlichen Aktivlegitimation (§ 444 Abs. 3 Satz 1: „nur“) dazu führen, dass **vertragliche Ansprüche** des frachtvertraglichen Empfängers auf Beförderung, Ablieferung und ggf. Schadenersatz (mit Wirkung für den ersten Nehmer bzw. für den zunächst begebungsvertraglich intendierten Empfänger) **verdrängt** werden.[135] Gleiches gilt für außervertragliche Ansprüche.[136] Der Abschluss eines Begebungsvertrages zwischen Frachtführer und einem Dritten schafft für die Parteien des Frachtvertrages folglich das Risiko, ihre Ansprüche auf Ablieferung und Folgeansprüche nicht mehr durchsetzen zu können.[137]

61 Nebeneinander bedeutet für **Absenderrechte**: Der frachtvertragliche Anspruch des Absenders auf Ablieferung erlischt nicht eo ipso durch Ausstellung eines Ladescheins. Gleiches gilt für den Anspruch gegen den Absender auf Zahlung der Fracht,[138] selbst wenn der Absender zugleich Empfänger und legitimierter Inhaber des Ladescheins ist. Durch die Verbriefung werden frachtvertragliche Absenderrechte also nicht sogleich in toto aufgehoben, sondern durch eine inhaltsgleiche Ladescheinverpflichtung insoweit gleichsam **verdrängt bzw. überlagert**. Der Begebungsvertrag wirkt als ein den Frachtvertrag abändernder Vertrag.[139] Der Absender darf in diesem Sinne Rechte gegen den Frachtführer aus dem Frachtvertrag nur geltend machen, wenn und soweit sie mit den Pflichten des Frachtführers aus dem Ladeschein **vereinbar** sind (vgl. Beschränkung des Verfügungsrechts des Absenders aus § 418 in § 446). Um die Rechtsstellung des aus dem Ladeschein Berechtigten

---

131 *Koller*[7] § 444 aF Rn 3, 9; Staub/*Canaris*[4] § 363 Rn 64.

132 Ebenroth/Boujong/Joost/Strohn/*Schaffert*[3] § 444 Rn 8; *Koller*[8] § 443 Rn 37.

133 MünchKommHGB/*Herber*[2] § 444 aF Rn 31.

134 Münchkomm HGB/*Herber*[2] § 444 aF Rn 31 (unter Hinweis darauf, dass im Seefrachtrecht der im Frachtbrief als Absender geführte Ablader häufig nicht der wirkliche vertragliche Absender ist und durch den Frachtvertrag nicht zur Zahlung verpflichtet wird, vgl. BGHZ 25, 300); *ders.*[3] § 444 Rn 19.

135 *Koller*[8] § 443 Rn 37; Begr RegE BT Drs. 17/10309, 94 (zu § 519). Bisweilen ist von Lähmung oder Überspielung die Rede.

136 *Koller*[8] § 443 Rn 37; *Ramming* Handbuch Multimodaler Transport Rn 859.

137 *Koller*[8] § 443 Rn 37; wohl auch Ebenroth/Boujong/Joost/Strohn/*Schaffert*[3] § 444 Rn 8 aE.

138 BGH KM 1 zu § 446 HGB; Ebenroth/Boujong/Joost/Strohn/*Schaffert*[2] § 444 Rn 11; *Koller*[7] § 444 aF Rn 25.

139 Ebenroth/Boujong/Joost/Strohn/*Schaffert*[3] § 444 Rn 8; *Koller*[8] § 443 Rn 37.

nicht zu gefährden, müssen die frachtvertraglichen Befugnisse des Absenders gegenüber dem Frachtführer beschränkt bzw. angepasst werden. (Zur Einschränkung bei geringerer Verbriefung als frachtvertraglicher Festlegung, bspw. hinsichtlich der Gütermenge vgl. unten Rn 69).[140] Das **Verfügungsrecht** des Absenders (§ 435 HGB) wird durch § 446 explizit **ausgeschlossen.** Die Erfüllung der Pflichten des Frachtführers gegenüber dem durch Ladeschein Berechtigten **befreit** den Frachtführer – insofern wie im Frachtvertragsrecht – auch gegenüber frachtvertraglichen Ansprüchen des Absenders.

Für die Beschränkung bzw. Verdrängung gibt es verschiedene Deutungsmöglichkeiten. **62**
Nach einer Lesart ist eine **Abtretung** des Anspruchs des Absenders aus dem Frachtvertrag auf Ablieferung des Gutes zusammen mit möglichen Sekundäransprüchen beabsichtigt, wenn die Übertragung des Ladescheins ihren Ausgang beim Absender nimmt.[141] Der frachtvertragliche Anspruch läuft stillschweigend im Wege der Abtretung mit dem Anspruch aus dem Ladeschein mit. Der Ladescheininhaber ist folglich nicht automatisch zugleich Empfänger im Sinne des Frachtvertrags.[142] Diese Identität kann erst durch eine begleitende Abtretung des frachtvertraglichen Ablieferungsanspruchs rechtsgeschäftlich herbeigeführt werden. Überträgt der Absender als erster Nehmer des Ladescheins diesen an den Empfänger oder an einen Dritten, so kann eine Abtretung des frachtvertraglichen Ablieferungsanspruchs in der Regel freilich sogar **stillschweigend** beabsichtigt sein.[143]

Erfolgte **keine** ausdrückliche oder keine stillschweigende **Abtretung**, ist zu fragen, welches Schicksal frachtvertragliche Ansprüche haben, wenn ein Ladeschein dem Empfänger entweder sogleich begeben wird oder zunächst an einen Dritten übertragen wird und der Frachtführer das Gut später gegen Aushändigung des Ladescheins dem Empfänger übergibt. Ohne Abtretung besteht das Recht des Absenders, frachtvertraglich Ablieferung an den Empfänger zu verlangen[144], neben dem wertpapierrechtlichen Ablieferungsanspruch des Empfängers als legitimierter Ladescheininhaber bzw. Berechtigter aus dem Ladeschein fort. Dieser inhaltsgleiche frachtvertragliche Ablieferungsanspruch des Absenders kollidiert inhaltlich nicht mit den Interessen des Ladescheininhabers, der auch frachtvertraglicher Empfänger ist, und braucht daher nicht künstlich ausgeschlossen werden.[145] Zu Abweichungen kommt es ohne Abtretung freilich dann, wenn der frachtvertraglich Drittbegünstigte nicht mit dem aus dem Ladeschein Berechtigten (in der Regel also dem legitimierten Ladescheininhaber) übereinstimmt. **63**

Nach anderer Lesart erfolgt die **Beschränkung** der Befugnisse des Absenders schon **von Gesetzes wegen** iS einer **Anpassung**[146] **bzw. Modifikation**[147]**/Überlagerung**[148] durch die §§ 443 bis 447 mittelbar, d.h. ohne besondere Anordnung der Einschränkung. **64**

Denkbar ist auch eine privatautonome **Modifizierung des Frachtvertrages** dergestalt, dass mit Begebung eines Ladescheins **vertraglich vereinbart** wird, jedenfalls die dispositiven frachtvertraglichen Ansprüche des Absenders (etwa auf Ablieferung an den Empfänger) untergehen zu lassen. Sie gehen unter bzw. werden konsumiert/verdrängt, soweit sie **65**

140 *Ramming* TranspR 2006, 95, 101; *Koller*[8] § 443 Rn 36.
141 MünchKommHGB/*Herber*[2] § 444 aF Rn 50; *ders.*[3] § 444 Rn 18–21; § 519 Rn 3–17.
142 MünchKommHGB/*Herber*[2] § 444 aF Rn 50; *ders.*[3] § 519 Rn 10, 16; **aA** *Ramming* TranspR 2006, 95,100; *Koller*[7] § 444 aF Rn 9.
143 MünchKommHGB/*Herber*[2] § 444 aF Rn 50; *ders.*[3] § 519 Rn 10, 16.
144 MünchKommHGB/*Herber*[2] § 444 aF Rn 50; **aA** *Ramming* TranspR 2006, 90,101.
145 MünchKommHGB/*Herber*[2] § 444 aF Rn 50 aE.
146 *Ramming* TranspR 2006, 95, 100.
147 MünchKommHGB/*Herber*[2] § 444 aF Rn 49.
148 MünchKommHGB/*Herber*[2] § 443 aF Rn 19; *ders.*[3] § 519 Rn 10.

mit den (vorrangigen) Ansprüchen aus dem Ladeschein (etwa nach Übertragung des Gutes auf einen Dritten) in Konflikt treten oder mit ihnen inhaltsgleich sind.[149] Denn über die Abrede des Frachtführers mit dem Absender, dass ein Ladeschein auszustellen ist, wird zwischen beiden in der Regel praktisch **stillschweigend** vereinbart, dass vertragliche Befugnisse des Absenders, die die Rechtsposition des Berechtigten aus dem Ladeschein beeinträchtigen können, zu Gunsten des Berechtigten **abbedungen** sind. Diese Beschränkungen des Frachtvertrages gelten danach aber nur, wenn und solange ein Ladeschein dann auch tatsächlich ausgestellt ist.[150]

66 Der Inhalt der durch den Ladeschein bestimmten (**wertpapierrechtlichen**) **Rechtsbeziehungen zwischen Frachtführer und Ladescheininhaber** kann auch **durch Vereinbarungen** unter diesen **geändert** und die Änderung durch Klauseln im Ladeschein vermerkt werden. Identität wertpapierrechtlicher und frachtvertraglicher Ansprüche wird dadurch aber nicht automatisch herbeigeführt. Werden im Ladeschein die zuvor detailliert ausgehandelten und schriftlich festgehaltenen **frachtvertraglichen Bedingungen** nicht übernommen, so sollen jene auch **nicht stillschweigend** durch die abweichenden Ladescheinbedingungen **geändert** werden können.[151] Was schon bei Personenidentität der frachtrechtlichen und wertpapierrechtlichen Rechtsbeziehungen nicht eo ipso gelingt, dürfte bei Personenverschiedenheit mangels Vollmacht erst recht nicht möglich sein. So ist der Unter- oder Zwischenfrachtführer nicht zu einer Änderung frachtvertraglicher Bestimmungen durch Ladeschein befugt (weil dies zu Lasten des den Ladeschein ausstellenden Hauptfrachtführers geht).[152] Ebenso sich kann der vom Frachtvertrag abweichende Inhalt des Ladescheins kraft guten Glaubens des ersten Nehmers (§ 444 Abs. 2 Satz 1) oder des dritten Erwerbers (§ 444 Abs. 2 Satz 1) gleichsam verselbständigen.[153]

67 Als weitere Wirkung der (stillschweigenden) **Anpassung des Frachtvertrages** an den ausgestellten Ladeschein und als notwendige Folge des Verkehrsschutzes, der dem Ladeschein zukommt, kann begriffen werden, dass der aus dem Ladeschein Berechtigte stets auch als Empfänger unter dem Frachtvertrag anzusehen ist.[154] Diese Sichtweise vermeidet die Gefährdung der Ausübung des im Ladeschein verbrieften Ablieferungsanspruchs, die dadurch entstehen kann, dass dem Frachtführer neben dem aus dem Ladeschein Berechtigten ein aus dem Frachtvertrag gleichermaßen berechtigter aber personen*verschiedener* Empfänger gegenübersteht.[155] Nur der Berechtigte aus dem Ladeschein ist nach dieser Lesart **anspruchsbefugt (aktivlegitimiert)**. § 421 ist insoweit nicht anwendbar; der Absender kann diese Ansprüche nicht (mehr) geltend machen. Schließlich führt die **Erfüllung** des wertpapierrechtlichen Ablieferungsanspruchs gegenüber dem wertpapierrechtlich legitimierten Empfänger zum **Erlöschen** des frachtvertraglichen Ablieferungsanspruchs.

68 Im Übrigen ist der *gesetzliche* Inhalt des Frachtvertrages auch für Ansprüche aus dem Ladeschein maßgeblich. Unabhängig von einer Abänderung des Frachtvertrages oder einer Abtretung frachtvertraglicher Ansprüche bestehen im Kontext der Ausstellung eines Lade-

---

[149] So offenbar *Koller*[8] § 443 Rn 37; bereits Voraufl. § 444 Rn 9; *Ramming* TranspR 2006, 95, 101; so wohl auch MünchKommHGB/*Herber*[2] § 444 aF Rn 50.

[150] *Ramming* TranspR 2006, 95, 100.

[151] Bsp. bei OLG Düsseldorf Transportrecht 1989, 329, 330; MünchkommHGB/*Herber*[2] § 444 aF Rn 54.

[152] So zutreffend bereits ROHG vom 15.9.1879, ROHG 25 342, 343 f.

[153] MünchKommHGB/*Herber*[2] § 444 Rn 54.

[154] *Ramming* TranspR 2006, 95, 100; *Koller*[7] § 444 aF Rn 9: *Helm* Frachtrecht I[2] Rn 4 (zu § 446 vor TRG 1998); **abw.** MünchKommHGB/*Herber*[2] § 444 aF Rn 52 („nicht notwendig, ... doch in aller Regel").

[155] *Ramming* TranspR 2006, 95, 100, 101.

scheins – wie dargelegt – der frachtvertragliche **Ablieferungsanspruch und etwaige Schadenersatzansprüche des Empfängers** nach § 421 fort.[156] Der Frachtführer schuldet nach dem Ladeschein (!) auch die Erfüllung frachtrechtlicher **Haftansprüche,** etwa die Haftung für die verspätete Ablieferung, für die Nichtablieferung (§ 425), für die Falschablieferung (§ 445 Abs. 3) sowie für die Ablieferung des Gutes im beschädigten Zustand, falls abweichend von der Beschreibung im Ladeschein, § 425. § 445 Abs. 1 und 2 nimmt das in seine Regelung auf. Voraussetzung ist ein frachtrechtlicher Verkehrshaftungsanspruch: Geht also z.B. das Gut verloren, *ohne* dass nach dem gesetzlichen Recht eine Haftung des Frachtführers gem. §§ 425 ff bestimmt ist (z.B. weil sich der Frachtführer nach § 426 entlasten kann), so besteht auch kein Anspruch aus dem Ladeschein.

Ist der durch den Ladeschein Legitimierte zugleich Empfänger im Sinne des Frachtvertrags, sei es originär, weil der Frachtvertrag durch Ausstellung des Ladescheins nur verstärkt (modifiziert) wurde, sei es infolge von Abtretung frachtvertraglicher Ansprüche an ihn, so kann der Empfänger auch nach Geltendmachung eines wertpapierrechtlichen Ablieferungsanspruchs solche **Ansprüche aus dem Frachtvertrag** geltend machen, soweit diese *nicht* durch Erfüllung des verbrieften Ablieferungsanspruchs erloschen sind. Die dargelegte Verdrängung bewirkt nämlich, dass frachtvertragliche Rechte von Absender oder Empfänger (§§ 418 Abs. 1–3, 3 421) nur soweit bestehen, als sie nicht inhaltlich im Ladeschein verbrieft und nicht von diesem verdrängt sind. Für eine komplette Verdrängung aller frachtvertraglichen Ansprüche durch den wertpapierrechtlichen Ablieferungsanspruch finden sich *bei gleichen Vertragsparteien von Frachtvertrag und Begebungsvertrag* im Gesetz jedenfalls keine Hinweise.[157] Dies ist nützlich, wenn die Angaben im Ladeschein die frachtvertraglichen Festlegungen übersteigen bzw. zugunsten des Ladescheinberechtigten verbessern (bspw. wird im Ladeschein eine größere Menge beförderten Gutes angegeben als im Frachtvertrag vereinbart ist). Bleiben die Angaben im Ladeschein hingegen hinter den frachtvertraglichen Festlegungen zurück (im Ladeschein wird eine geringere Menge beförderten Gutes angegeben als im Frachtvertrag vereinbart), so kann sich der Ladescheinberechtigte auf die frachtvertraglichen Festlegungen (als unmittelbar Berechtigter iSv § 421, kraft Abtretung oder kraft Modifikation des Frachtvertrages) berufen, freilich ohne die papierrechtlichen Beweiswirkungen.[158] Es kann folglich vorkommen, daß der Frachtführer bestimmte Leistungen vom legitimierten Ladescheininhaber nicht verlangen kann, weil sich diese nicht aus dem Ladeschein ergeben, während ihm insoweit der **Absender verpflichtet bleibt.**[159] Ferner ist es möglich, dass der Ladeschein **haftungsbeschränkende Klauseln** enthält, die für das Verhältnis Frachtführer – Absender **unwirksam** sind.[160] Die frachtvertraglichen Bestimmungen behalten folglich neben dem Ladescheinverhältnis eigenständig Geltung, *soweit* es nicht zu inhaltlichen Konflikten zwischen beiden Ansprüchen kommt. 69

In diesen Fällen gilt: Der Empfänger muss *insoweit* sowohl seine Aktivlegitimation aus dem Frachtvertrag darlegen als auch beweisen wie auch die frachtvertraglichen Vereinbarungen der Leistungen und Bedingungen, auf die er sich in Abweichung vom Ladeschein 70

156 MünchKommHGB/*Herber*[2] § 444 aF Rn 51.

157 *Koller*[8] § 443 Rn 36, 37; MünchKommHGB/*Herber*[2] § 444 aF Rn 51; **aA** *Kopper* 40; ähnlich *Ramming* TranspR 2006, 95,100.

158 MünchKommHGB/*Herber*[2] § 444 aF Rn 55; **aA** *Koller*[7] § 444 aF Rn 9 (frachtvertragliche Ansprüche gehen unter).

159 Staub/*Helm*[4] § 446 aF Rn 14. – Für Ansprüche auf Fracht und Vergütung nach § 421 Abs. 2 und 3 trifft freilich nun § 445 Abs. 1 und 2 schon die Regelung, dass der Frachtführer sie gegenüber dem durch den Ladeschein Legitimierten geltend machen kann.

160 BGHZ 71, 167 ff = VersR 1978 557, 559; Staub/*Helm*[4] § 446 aF Rn 14.

beruft.[161] (Diese Problematik macht deutlich, dass ein Fortbestand der frachtvertraglichen Ansprüche neben den wertpapierrechtlichen Ansprüchen notwendig ist). Ist die Haftung des Frachtführers aus dem Ladeschein gegenüber dem Empfänger bzw. Ladescheinberechtigten schärfer als die Haftung gegenüber dem Absender, können **Regressansprüche des Frachtführers gegenüber dem Absender/Ablader** in Betracht kommen.[162] Wird der Ladeschein nicht vom Absender, der Partner des Frachtvertrages ist, übernommen, sondern von einem Dritten *für* den Absender (zum Beispiel von dem Ablader), so wird dieser Dritte in der Regel **keine Vollmacht zur Änderung des Frachtvertrages** haben. Dies ist auch nicht nötig, wenn schon der Frachtvertrag die Ausstellung eines Ladescheins vorsieht. Haben sich die Vertragsparteien des Frachtvertrages darauf geeinigt, konsentieren sie auch die Modifizierung des Frachtvertrages durch den Ladeschein, etwa in Ansehung des Ablieferungsanspruchs gegen den Frachtführer.

71 Wirkungen hat die Ausstellung des Ladescheins im Hinblick auf die Beweiswirkung der Angaben im Ladeschein gegenüber einem gutgläubigen Empfänger (§ 444 Abs. 2, Schutz des Rechtsverkehrs) und im Hinblick auf die erleichterte Übertragbarkeit des Ablieferungsanspruchs auf gutgläubige Dritte (Umlauffähigkeit, Verkehrsfähigkeit). Frachtvertraglich festgelegte Pflichten und Bedingungen bleiben unberührt. Auf vom Frachtvertrag abweichende Angaben im Ladeschein kann sich der gutgläubige und durch das Wertpapier allein („nur") legitimierte Inhaber nach § 444 Abs. 2 ohne weitere Anforderungen berufen. Eine **inhaltliche Abweichung** der im Ladeschein dokumentierten Ansprüche und Bedingungen von den frachtvertraglichen Ansprüchen und Bedingungen ist wegen der durch das Wertpapier intendierten Umlauffähigkeit und des Schutzes des Rechtsverkehrs unbeachtlich. Beim Auseinanderfallen der Parteien von Frachtvertrag und Begebungsvertrag hat letzterer Vorrang (Totalverdrängung). Durch gutgläubigen Erwerb verfestigt sich der Inhalt eines hinsichtlich der Abladertatsachen unrichtigen Rechtsscheins. Es setzt sich dieser Rechtsschein gegenüber widersprechenden frachtvertraglichen Ansprüchen (soweit sie nicht bereits erloschen sind) durch. Aufgrund der potentiellen Verdrängungswirkung des Ladescheins zugunsten des aus ihm Berechtigten, begründen frachtvertragliche Ansprüche daher keine gesicherte Rechtsposition.[163] Dies ist das Risiko der Frachtvertragsparteien.

72 Die Unabhängigkeit des Frachtvertrages vom Ladescheinverhältnis bewirkt andererseits: Begibt der Frachtführer einen Ladeschein **ohne vorherige Absprache mit dem Absender**, ist er diesem zu **Ersatz** des daraus entstehenden **Schadens** verpflichtet (bereits oben Satz 21). Der Frachtvertrag ist nämlich nach § 157 BGB dahin auszulegen, dass der Frachtführer ohne entsprechende Abrede mit dem Absender nicht befugt ist, mit anderen Personen einen Begebungsvertrag über einen Ladeschein abzuschließen. Gem. §§ 280, 249 BGB ist er schadenersatzpflichtig. Der Absender ist so zu stellen, als sei das schadensbegründende Ereignis – die Begebung des Ladescheins an den Dritten – nicht eingetreten. § 433 ordnet für derlei Vermögensschäden eine Haftungsbegrenzung an, die unter den Voraussetzungen von § 435 durchbrochen werden kann. Schadenersatz kann unter diesen Umständen auch der **Empfänger** fordern, dem gem. § 444 Abs. 3 Satz 1 durch Ablieferung an

---

[161] MünchKommHGB/*Herber*[2] § 444 aF Rn 55.

[162] Siehe dazu BGHZ 60, 102; vgl. zuletzt LG Stuttgart TranspR 2001, 41, 44; aus der Literatur siehe Staub/*Helm*[4] § 446 aF Rn 14; *Abraham* Seerecht, 202 ff; *Schaps/Abraham* Anh. II. nach § 656; *Prüßmann/Rabe*[3] § 565 Anm. F.; *Koller*[8] § 445 Rn 8 bei Rn 22. – Im Seerecht spielt dies wegen der (sittenwidrigen) Ausstellung reiner Konnossemente gegen Revers eine international bedeutende Rolle.

[163] *Koller*[8] § 443 Rn 41; MünchKommHGB/*Herber*[2] § 444 aF Rn 54.

einen Ladescheinberechtigten (oder Dritten) im Falle des § 418 Abs. 4, 6 eine gesicherte frachtvertragliche Rechtsposition entzogen wird.[164] Der Frachtführer kann daher – ohne Beeinträchtigung der Umlauffähigkeit des Ladescheins – dem fortbestehenden Ablieferungsanspruch des Berechtigten oder (bei Falschablieferung an den Nichtberechtigten) dessen Schadenersatzanspruch ausgesetzt sein *und* dem Schadenersatzanspruch des Absenders bzw. des Empfängers.[165]

c) **Unabhängigkeit der Ansprüche aus Ladeschein und frachtvertragliche Prägung.** Das wertpapierrechtliche Ablieferungsversprechen ist wie dargelegt zu unterscheiden vom frachtvertraglichen Ablieferungsanspruch. Beide Ansprüche gegen den Frachtführer existieren nebeneinander. Nach § 444 Abs. 3 aF war für das Rechtsverhältnis zwischen dem Frachtführer und dem Empfänger der Güter in Bezug auf die Hauptleistungspflicht und Folgeansprüche nur der Ladeschein „maßgebend". Dieser Satz findet sich im Gesetz nicht mehr. Das in dem bisherigen § 444 Abs. 4 HGB angesprochene **Verhältnis** der wertpapierrechtlichen Rechtsbeziehung zwischen Frachtführer und Empfänger aus dem **Ladeschein** und der Rechtsbeziehung zwischen Frachtführer und Absender aus dem **Frachtvertrag** ist komplizierter, weil das frachtvertragliche Rechtsverhältnis zum Einen in Ansehung der wertpapierrechtlichen Wirkungen des Ladescheins **durch Abtretung** mit dem berechtigten Papierbesitzer **mitläuft oder inhaltlich umgestaltet wird** und zum Anderen in Ansehung nicht verbriefter Ansprüche aber fortbesteht. Das wirft die Frage nach dem Verhältnis der beiden Rechtsbeziehungen zueinander auf. Der im Ladeschein verbriefte Ablieferungsanspruch ist vom Frachtführer vorrangig zu befriedigen, der daraufhin von seiner Verpflichtung zur Ablieferung frei wird (Befreiungswirkung, Liberationsfunktion, s. unten Rn 82). Die dogmatischen Deutungsversuche im Schrifttum lassen sich durch die bisherige knappe gesetzliche Regelung nicht einfangen. Einzelheiten der Ausgestaltung dieses Rechtsverhältnisses (auch Ladescheinverhältnis) beschreiben die §§ 444–448. **73**

Im Ladeschein wird das Ablieferungsversprechen selbstständig begründet. Es ist in Entstehung, Inhalt und Fortbestand gleichsam von dem im konkreten Frachtvertrag begründeten Ablieferungsanspruch ***abstrahiert***,[166] und zwar für Zwecke der erleichterten **Übertragbarkeit** des Ablieferungsanspruchs (durch Anknüpfung an die Übertragbarkeit des Papiers), durch isolierte **Verfügbarkeit** über ihn und für eine gewisse (begrenzte) **Einwendungsbeständigkeit** (§ 447). Dieser Abstraktion liegt ein besonderes **Unabhängigkeitsverständnis** zugrunde, das sich nicht aus dem Wortlaut der Ladescheinvorschriften erschließt, sondern aus Sinn und Zweck des Wertpapierrechts. § 444 und seine Folgevorschriften sprechen von der Verbriefung frachtvertraglicher Ansprüche, die „nur" von dem aus dem Ladeschein Berechtigten geltend gemacht werden können. Die daraus mögliche Ableitung einer kausalen Konstruktion des Ladescheins würde den verbrieften Ladescheinanspruch (auf Beförderung, Ablieferung und ggf Schadenersatzansprüche) von Existenz und Fortbestand der causa Frachtvertrag abhängig machen.[167] Eine kausale Konstruktion stellt den Ersterwerber des Wertpapiers schutzlos, wenn der Frachtvertrag nicht besteht, wenn er unwirksam ist, wenn die Bezugnahme des Begebungsvertrages auf einen Frachtvertrag fehlgeht oder wenn die Ansprüche auf Beförderung und Ablieferung in Frachtvertrag und Ladeschein inhaltlich divergierend beschrieben werden. Der Ersterwerber wäre gem. § 447 Abs. 1 Satz 1 stets den unmittelbar gegen ihn gerichteten Einwendungen des Frachtführers **74**

---

164 *Koller*[8] § 443 Rn 41.

165 *Koller*[8] § 443 Rn 41.

166 BGHZ 73, 4, st. Rspr; Staub/*Canaris*[4] § 363 Rn 63 ff; *Mankowski* Seerechtliche Vertragsverhältnisse, 124, m. zahlr. Nachw.; *Herber* FS Raisch, 73; Münchkomm HGB/*Herber*[3] § 443 Rn 5.

167 So *Ramming* Handbuch Multimodaler Transport, Rn 843.

ausgesetzt (§ 447 Abs. 1 Satz 2 wäre nicht einschlägig) und Einwendungsbeständigkeit und Umlauffähigkeit des Ladeschein empfindlich beeinträchtigt.[168]

75 Die in § 363 Abs. 2 und in §§ 443 ff geregelten Wertpapiere verbriefen zwar eigene Ansprüche, die vorrangig vor dem zu Grunde liegenden frachtvertraglichen Anspruch zu erfüllen sind, aber die verbrieften Ansprüche sind auch nicht abstrakt im Sinne von §§ 780, 781 BGB oder im Sinne des Wechselgesetzes (geborene Orderpapiere). Die verbrieften Ansprüche beziehen sich vielmehr *inhaltlich* auf die Pflichten aus dem zu Grunde liegenden *Typus* (dem gedachten, nicht notwendig wirksamen Frachtgeschäft). Geschuldet aus dem Papier ist die Erfüllung der Herausgabepflicht konkret transportierter Sachen, nicht abstrakt die Herausgabe von im Papier bezeichneten Sachen schlechthin.[169] Es besteht also – anders als bei den geborenen Wertpapieren nach § 363 Abs. 1 – ein inhaltlicher Zusammenhang mit dem „Kausalgeschäft", der sich auf den Inhalt des Ablieferungsanspruchs, auf den Inhalt der Gegenleistung und der Folgeansprüche (Haftung) und auf Einwendungen von Wertpapierberechtigtem und Frachtführer auswirkt. Der Ladeschein verbrieft in dieser Hinsicht aber nur eine vom *gesetzlichen Typus* des Frachtvertrages *geprägte* Leistung, der gleichgerichtete frachtvertragliche Ansprüche „überlagert" und auf diese Weise eine Anspruchskonkurrenz verhindert (Liberationswirkung). Er ist nicht im strengen Sinne abstrakt, denn Einwendungen, die sich aus dem Typus des Frachtvertrages gesetzlich ergeben, können entgegengehalten werden.[170] Wegen dieser in der Gesamtschau hybriden Mischung aus Abstraktheit und Kausalbezug wird der Ladeschein auch gelegentlich als „halbkausales" Papier bezeichnet.[171]

75a Bei fehlendem oder unwirksamem Frachtvertrag besteht der wertpapierrechtlich verbriefte Anspruch fort.[172] Für die Geltendmachung der verbrieften Ansprüche ist es daher unerheblich, ob ein Frachtvertrag überhaupt abgeschlossen oder wirksam oder bestehen geblieben ist.[173] Eine Beendigung des Frachtvertrags nach § 324 BGB etwa wegen Fehlverhaltens des Absenders lässt die aus dem Ladeschein fließende Pflicht des Frachtführers zur Ablieferung unberührt.[174] Die wertpapierrechtlich verbrieften Ansprüche bestehen für den Empfänger unabhängig vom Frachtvertrag. Daher ist eine Kondiktion des im Ladeschein verbrieften Anspruchs nach § 812 bzw. die Erhebung der gegen den Ladescheinanspruch erhobenen Einrede der Bereicherung aus § 821 nur unter den Einschränkungen des § 447 – und nur gegen Rückgabe des Ladescheins – möglich.[175] Für die wertpapierrechtlichen Ansprüche **passivlegitimiert** ist nach wertpapierrechtlichen Grundsätzen der Aussteller des Ladescheins. Soweit der Frachtvertrag wirksam ist und der Frachtführer den Ladeschein ausgestellt hat, ist er bzw. der von ihm eingesetzte ausführende Frachtführer passivlegiti-

---

[168] Ebenso *Koller*[8] § 443 Rn 4 (iSe einer Reduzierung der Wirkung der § 443 ff auf eine bloße Veränderung der Aktivlegitimation frachtvertraglicher Absprüche gem. § 444 Abs. 3 Satz 1).

[169] Staub/*Canaris*[4] § 363 Rn 63 („wichtigste Besonderheit der in § 363 Abs. 2 genannten Papiere").

[170] MünchKommHGB/*Herber*[3] § 443 Rn 5; *Koller*[8] § 447 Rn 9; Ebenroth/Boujong/Jost/Strohn-*Hakenberg* § 364 Rn 10; Staub/*Canaris*[4] § 364 Rn 41, 43. Vgl. unten Rn 77.

[171] Vgl. Staub/*Canaris*[4] § 363 Rn 41; *Heymann/Honsell* Rn 5; *Vortisch/Bemm*[4] § 72 Rn 25, § 73 Rn 2; zum Konnossement siehe *Prüßmann/Rabe*[3] § 656 HGB Anm. A; *Schnauder* NJW 1991 1642 ff; MünchKommHGB/*Herber*[2] § 444 aF Rn 28; *ders.*[3] § 443 Rn 5; **aA** *Ramming* TranspR 2006, 95, 98.

[172] Staub/*Canaris*[4] § 363 Rn 66, 63, § 364 Rn 43.

[173] BGHZ 25, 300, 303; *Wüstendörfer*, 309; Rabe § 656 Rn 2; *Koller*[8] § 443 Rn 4, 5; *Ramming* TranspR 2006, 95, 99; Staub/*Canaris*[4] § 363 Rn 64.

[174] *Ramming* TranspR 2006, 95, 98.

[175] *Koller*[8] § 443 Rn 9 (Rückgriff von Empfänger oder Absender auf den Frachtvertrag nur gegen Rückgabe des Ladescheins, unter Berufung auf Hueck/*Canaris* Recht derWertpapiere[12] § 17 I 1 b, III (betr. Wechsel)).

miert. Gleiches gilt wegen vorstehend beschriebener Unabhängigkeit des wertpapierrechtlichen Anspruchs vom Frachtvertrag bei Unwirksamkeit des Frachtvertrages, wenn der Frachtführer der Aussteller des Ladescheins war. Die §§ 443 ff unterscheiden daher nicht klar zwischen passivlegitimierten Aussteller und Frachtführer. Sollte der Aussteller nicht der Frachtführer sein, muss der passivlegitimierte Aussteller die Erfüllung der wertpapierrechtlichen Ansprüche bewirken.[176]

Eine Unwirksamkeit der wertpapierrechtlichen Verpflichtung berührt nicht per se die Verpflichtung zur Ablieferung aus dem (wirksamen) Frachtvertrag. Freilich kann der ausgestellte und in Umlauf gebrachte Ladeschein auch bei Unwirksamkeit der wertpapierrechtlichen Verpflichtung einen Rechtsschein erzeugen, der dem darin benannten gutgläubigen Empfänger (oder sonstigen ersten Nehmer außer Absender und Ablader, vgl. § 444 Rn 5, 7 f, 11) oder dem ihn erwerbenden (gutgläubigen) Dritten einen Anspruch auf Geltendmachung des verbrieften Rechts und damit verbundener Folgeansprüche und dingliche Rechtspositionen (Traditionswirkung des Ladescheins, siehe unten Erl. zu § 448) verschafft. Auch in diesem Falle kann der frachtvertragliche Anspruch nicht mehr geltend gemacht werden, er wird verdrängt. 76

Dem Inhaber des Ladescheins (Empfänger oder Drittem) können vom Frachtführer mithin solche Einwendungen entgegengehalten werden, die sich **aus der *gesetzlichen* Regelung** des Frachtvertragsrechts ergeben (so genannte ***typusbedingte* Einwendungen**), d.h., die bestehen, wenn ein Frachtvertrag wirksam wäre. Sie sind daher nicht als drittwirkende Einwendungen aus dem Frachtrechtsverhältnis zu verstehen, sondern als *originäre* Einwendungen gegen das verbriefte Recht im Sinne von § 447, weil das verbriefte Recht „selbst frachtrechtlicher Natur ist" und „daher an die gesetzlichen Voraussetzungen und Einschränkungen einer frachtrechtlichen Herausgabeforderung gebunden ist."[177] Dies sind etwa **Haftungsbegrenzungen** (gegenüber Schadenersatzansprüchen). Gleiches gilt für **Einwendungen** des im Ladeschein Legitimierten (Empfänger, Dritter) gegenüber Ansprüchen des Frachtführers auf Zahlung von Fracht (Zurückbehaltung; Schadenersatz bei Güterschäden oder Güterverlust). Typusbedingte Einwendungen sind von der in § 447 formulierten wertpapierrechtlichen Begrenzung bzw. Ausschluss von Einwendungen des Frachtführers (Dies sind – wie im allgemeinem Wertpapierrecht – die aus der Urkunde selbst ersichtlichen Einwendungen, bestimmte absolute Einwendungen sowie solche direkt gegen den Empfänger gerichteten Einwendungen.) gegenüber dem verbrieften Anspruch mit umfasst (als aus dem Inhalt des Ladescheins). Konkret bedeutet dies: Der Aussteller des Ladescheins schuldet dem berechtigten Inhaber des Ladescheins die Ablieferung des Gutes *wie* ein Frachtführer. Dies umfasst die Modalitäten der Ablieferung und insbesondere die Frachtführerhaftung für Verlust, Nichtablieferung, Güterschäden und Lieferfristüberschreitung.[178] Der Pflichtenkreis bestimmt sich in erster Linie nach den im Ladeschein selbst enthaltenen Regelungen, nach den unmittelbar auf die Ablieferungspflicht aus dem Ladeschein anwendbaren gesetzlichen Ladescheinvorschriften der §§ 443–448 und nach den frachtvertraglichen Vorschriften des Frachtrechts, das auf die Beförderung zur Anwendung kommt, die nach dem Inhalt des Ladescheins der Ablieferung vorangehen soll. Von den *zwingend geltenden* Vorschriften dieses Frachtrechts können die Bestimmungen des Ladescheins und sein Inhalt nicht abweichen. Dies gilt sowohl für solche Vorschriften des Frachtrechts, die unmittelbar auf den in dem Ladeschein verbrieften Anspruch, als auch für solche, die lediglich auf den Frachtvertrag anwendbar sind. Nach diesen frachtrechtlichen Vorschriften sind die unter dem Ladeschein geschuldete Ablieferung des Gutes so- 77

[176] So wohl auch *Koller*[8] § 446 Rn 4.
[177] Staub/*Canaris*[4] § 363 Rn 66.
[178] *Ramming* TranspR 2006, 95, 98.

wie die Einwendungen des Ausstellers des Ladescheins zu beurteilen. Bei ihrer Ermittlung ist stets von der *gedachten* Beförderung vor Ablieferung auszugehen, wie sie sich aus den Angaben des Ladescheins ergibt. Grundsätzlich keine Rolle für den Ablieferungsanspruch und seine Folgeansprüche spielt damit die komplette Beförderung selbst, die der Aussteller *unter dem konkreten Frachtvertrag* entweder schuldet, und schon gar nicht die tatsächlich durchgeführte Beförderung.[179] Der tatsächlich zu Grunde liegende Frachtvertrag ist gerade *ohne* Bedeutung.

78 **Besondere Abreden aus dem Frachtvertrag** sind in den Grenzen von § 449 möglich. Sie braucht sich der Empfänger freilich nicht entgegenhalten zu lassen, wenn sie nicht – bei gleichzeitiger Beachtung des (halb)zwingenden und AGB-festen Frachtrechts (vgl. § 449)[180] – in den Begebungsvertrag (mit ihm oder dem sonstigen ersten Nehmer) aufgenommen wurden und auf sie nicht in dem Wertpapier **Bezug** genommen ist.[181] Gleiches gilt für Leistungsverweigerungsrechte des Frachtführers.[182] Im Ergebnis kann eine solche Bezugnahme zur Einschränkung der Selbständigkeit des im Ladeschein verbrieften Anspruchs führen. Im Einzelfall mag dies eine Frage der Auslegung der betreffenden Klausel in dem Ladeschein sein. Eine umfassende Bezugnahme im Sinne einer vollen Kausalität dürfte praktisch keinen Sinn ergeben, denn durch sie verliert der Ladeschein seinen Mehrwert. Aus der Bezugnahme auf einzelne Vereinbarungen des Frachtvertrages zu schließen, dass die Wirksamkeit des Frachtvertrages in toto Gültigkeitsvoraussetzung des Ladescheins ist, sollte aus dem gleichen Grunde abgelehnt werden.[183] Der Mehrwert des Ladescheins bleibt hingegen erhalten, wenn eine Bezugnahme auf den Frachtvertrag im Ganzen nur die Maßgeblichkeit seines Inhalts für den Inhalt des verbrieften Anspruchs herausstellen möchte, nicht aber die Wirksamkeit. Unabdingbare Rechte des Empfängers verdrängen freilich auch entgegenstehende Abreden aus dem Ladeschein.[184]

79 Zu beachten ist auch, dass **Bezugnahmen** auf den Frachtvertrag im Ladeschein als inhaltliche Einwendungen im Sinne von § 447 (§ 364 Abs. 2) angesehen werden können, dass insoweit also der in § 477 normierte Einwendungsausschluss aufgeweicht wird. Häufig kann nur im Wege der Auslegung bestimmt werden, ob durch eine solche Bezugnahme eine inhaltliche Einwendung gegen den Ladescheinanspruch gegen den verbrieften Anspruch geschaffen wird oder nicht. Allzu große Anforderungen dürften an die rechtsscheinzerstörende Wirkung nicht gestellt werden, zumal auch typusbedingte Einwendungen (vgl. oben Rn 32, 75, 77) als inhaltliche Einwendungen im Sinne von § 447 anzusehen sind (obwohl sie nicht aus dem Ladeschein selbst hervorgehen).[185] Eine solche Bezugnahme auf den Frachtvertrag schließt folglich den gutgläubigen einwendungsfreien Erwerb aus. § 364 Abs. 2 bzw. § 447 sind nicht anwendbar. Auch andere als die dort genannten Einwendungen können erhoben werden.

---

179 *Ramming* TranspR 2006, 95, 98 (mit dem Beispiel eines Multimodalvertrages, nur für dessen letztes Teilstück ein Ladeschein erstellt wurde. Für den Ladeschein ist dann das Frachtrecht des betreffenden Beförderungsmittels im letzten Teilstück maßgeblich, für den gesamten Frachtvertrag möglicherweise die §§ 452 ff – Anders liegen die Dinge indes bei einem Wertpapier, das durchgehend für alle Teilstrecken gestellt wurde, Durchkonnossement oder multimodal bill of lading.).

180 *Ramming* TranspR 2010, 397, 399; *ders.* TranspR 2010, 397, 402; Ebenroth/Boujong/Jost/Strohn/*Schaffert*[3] § 444 Rn 8; *Koller*[8] § 443 Rn 26.

181 Siehe BGH VersR 1968 390 = LM Nr. 1 zu § 446 HGB; OLG Hamburg VersR 1984 236 f (Schiedsabrede im Frachtvertrag nicht einbezogen).

182 BGH DB 1968, 1810; *Koller*[7] § 444 aF Rn 9; Staub/*Canaris*[4] § 363 Rn 63.

183 Ähnlich schon Staub/*Canaris*[4] § 363 Rn 68.

184 *Koller*[7] § 444 aF Rn 9; *Ramming* TranspR 1999, 325, 327.

185 Staub/*Canaris*[4] § 363 Rn 68.

Die **Möglichkeit eines gutgläubigen Erwerbs** gemäß § 365 in Verbindung mit Art. 16 Abs. 2 Wechselgesetzes besteht, ebenso die **Möglichkeit einer befreienden Leistung** an einen Nichtberechtigten gemäß § 365 in Verbindung mit Art. 40 Abs. 3 Wechselgesetz. Die in der Begründung des verbrieften Anspruchs zum Ausdruck kommende Selbständigkeit wird auch nicht durch den in § 447 formulierten wertpapierrechtlichen Ausschluss von Einwendungen (entspricht dem allgemeinen wertpapierrechtlichen Einwendungsausschluss in § 364 Abs. 2) widerlegt. Dieser ist nicht als einredefreier abgeleiteter Erwerb zu verstehen. Schon die Begründung des verbrieften Anspruchs erfolgt einredefrei.[186] **80**

Leider wird das Verhältnis der beiden Rechtsbeziehungen zueinander nicht ausreichend geklärt. Zutreffend ist die Erwägung, dass bei zwei verschiedenen Verträgen mit verschiedenen Vertragsschließenden nicht ihre Selbständigkeit, sondern ihre Unselbständigkeit zu begründen ist.[187] Der Vorrang des Ladescheinanspruchs lässt sich aus dem Regelwerk der §§ 443 ff nur mittelbar schließen. Für eine echte getrennte Beurteilung der Ansprüche aus Frachtvertrag und Ladeschein[188] ist mithin weder in der Gestaltungsvariante der stillschweigenden Abtretung noch in der Variante der gesetzlich angeordneten Modifikation des Frachtvertrages Platz noch ein Bedürfnis. Beide Rechtsbeziehungen unterstehen dem *gesetzlichen* Recht des Frachtvertrages. In diesem Sinne passt es, dass die Bestimmung von § 444 Abs. 4 alter Fassung in der Neufassung des § 443 schlicht gestrichen wurde. Die Verpflichtung zur Ablieferung des Beförderungsgutes, die Möglichkeit zur Verfügung darüber unter Ausschluss des Absenders und die Möglichkeit zur Erteilung nachträglicher Weisungen im Umgang mit dem Gut sind streng an die **Vorlage bzw. an die Rückgabe des Ladescheins,** also des Papiers, gebunden (§§ 445, 446). Die **Rechtsbeziehungen zwischen Absender und Frachtführer** werden durch den Ladeschein nicht erfasst.[189] **81**

5. Befreiungswirkung der Ablieferung. Die Ablieferung des Gutes gegen Rückgabe des Ladescheins bewirkt zugleich die Erfüllung der Verpflichtung auf Ablieferung aus Ladescheinverhältnis und der auf Ablieferung gerichteten Verpflichtung aus Frachtvertrag. Die **Befreiungswirkung** (auch Liberationswirkung)[190] zugunsten des Frachtführers ergibt sich aus dem Zusammenwirken der in § 444 Abs. 3 geregelten Empfangslegitimation mit den in § 445 Abs. 1 und 2 beschriebenen Rechten und Pflichten des legitimierten Papierbesitzers und des Frachtführers. Der Frachtführer wird durch Ablieferung an den aus dem Ladeschein formell Legitimierten (bereits bei fehlender Bösgläubigkeit des Frachtführers, § 445 Abs. 2 Satz 2; nicht erst bei unwiderlegter Vermutung der Berechtigung, § 444 Abs. 3 Satz 2) sowie durch Ablieferung an den aus dem Ladeschein Berechtigten jeweils gegen Rückgabe des Ladescheins gem. § 362 ff BGB von seiner Verpflichtung zur Leistung (Transport und Ablieferung) frei (und damit trifft ihn auch keine Haftung nach § 445 Abs. 3). Befreiungswirkung gem. §§ 362 ff BGB ergibt sich auch durch Leistung auf Sekundärleistungsansprüche (Schadenersatz). **82**

Zur sachgerechten Erfassung der Voraussetzungen der Befreiungswirkung sind die Normen der § 444 Abs. 3, § 445 Abs. 1–3 im Zusammenhang zu sehen. Ohne Rückgabe des Ladescheins wird der Frachtführer weder durch Leistung an den formell Legitimierten noch an den materiell Berechtigten von seiner Verpflichtung zur Leistung (Ablieferung und

---

186 Staub/*Canaris*[4] § 363 Rn 67.

187 Staub/*Canaris*[4] § 363 Rn 65.

188 So jedenfalls noch MünchKommHGB/*Herber*[2] § 444 aF Rn 51 („nicht lediglich … verdrängt"); *ders.*[3] § 444 Rn 19 („überlagert").

189 Ladeschein als Urkunde des Frachtvertrages, nicht als Urkunde zum Beweis über den Frachtvertragsinhalt, so Schaps/*Abraham* § 642 Rn 10; MünchKommHGB/*Herber*[3] § 444 Rn 7.

190 *Koller*[7] § 446 aF Rn 2 mwN; MünchKommHGB/*Herber*[3] § 445 Rn 3.

ggf Haftung gegenüber dem Berechtigten) frei. Der Wortlaut der Vorschriften deckt diese Voraussetzung nur unzureichend auf. Sie ergibt sich zum einen aus der Gesetzesbegründung, die eine Ausrichtung der in § 445 Abs. 3 geregelten Haftung an § 447 aF angibt. § 447 aF sah eine Pflicht zur Rückgabe des Ladescheins vor. Zum anderen führt eine Befreiung des Frachtführers ohne die Rückgabe des Ladescheins zu einem Wertungswiderspruch mit dem wertpapierrechtlichen Gutglaubenschutz. Denn ohne Rückgabe des Ladescheins an den Frachtführer besteht die Möglichkeit der Übertragung des Wertpapiers und des in ihr verbrieften Ablieferungsanspruchs an einen gutgläubigen Erwerber, dem der Frachtführer dann nach § 445 Abs. 3 haftet. Für die verschiedenen **Gestaltungsvarianten** des Ladescheins ergibt sich mithin:

83 a) **Namensladeschein.** Der Frachtführer wird durch Leistung an den im **Namensladeschein** genannten Empfänger – und zwar gegen Rückgabe des Ladescheins – in verschieden Konstellationen von seiner Schuld (Primärleistungsverpflichtung) **befreit,**

- falls der so formell legitimierte Empfänger auch materiell-rechtlich Inhaber des Ablieferungsanspruchs ist.
- wenn der so formell legitimierte Empfänger seinen Anspruch *vor* Ablieferung des Gutes an ihn *ohne Wissen* des Frachtführers und ohne Anzeige an den Frachtführer an einen Dritten **abgetreten** hatte, wenn er mithin seine materiellrechtliche Berechtigung zwar auf diesen Dritten übertragen hatte, aber selbst noch benannter Inhaber des Ladescheins ist und damit aus dem Ladeschein formell Legitimierter blieb (Leistung an den materiell Berechtigten).
- wenn die Übertragung der Forderung auf den Benannten gar nicht stattgefunden hatte (Leistung an den formell Berechtigten).
- Leistet der Frachtführer hingegen an einen anderen als den in dem Namensladeschein genannten, so wird er immer dann von seiner Primärleistungsverpflichtung befreit, wenn er damit entweder an den materiell Berechtigten oder an den formell Legitimierten leistet.

Die materielle Berechtigung ergibt sich – wegen des Primats der Forderung – aus der reinen Forderungsinhaberschaft. Die formelle Berechtigung ergibt sich aus der Legitimation kraft Benennung im Namensladeschein, aber auch aus einer bloßen Bezeichnung in einer Abtretungsurkunde oder in einer Urkunde über die erfolgte Zession des Ablieferungsanspruchs im Sinne von § 409 Abs. 1 BGB (Abtretungsanzeige).

84 b) **Orderladeschein.** Der Frachtführer wird durch Leistung an den im **Orderladeschein** (und zwar in der Orderklausel oder per Indossament) benannten Empfänger gegen Rückgabe des Ladescheins nur dann **befreit,** wenn der Empfänger materiell-rechtlich Inhaber des Ablieferungsanspruchs ist oder wenn er jedenfalls – ohne materiellrechtlich Berechtigter zu sein – Inhaber des Ladescheins (und damit formell legitimierter Besitzer) geblieben ist und der Frachtführer in Ansehung der fehlenden materiellen Berechtigung nicht im Sinne von Abs. 2 Satz bösgläubig ist.[191] Wertpapierrechtliche Legitimation und materiellrechtliche Berechtigung (d.h. Innehabung des Ablieferungsanspruchs) müssen also beim **ersten Nehmer** des Wertpapiers (ggf. dem Empfänger) zusammenfallen. Weil es durch ihn noch nicht zu einer Übertragung des Orderladescheins im Rechtsverkehr gekommen ist, können Divergenzen zwischen formellrechtlicher Legitimation aus dem Ladeschein und seiner materiellrechtlichen Berechtigung aus dem Begebungsvertrag noch nicht auftreten. Hat der Empfänger sein Recht ohne Indossament übertragen, wird der Frachtführer durch

[191] Ähnlich Ebenroth/Boujong/Joost/Strohn/*Schaffert*[3] § 446 Rn 4; *Koller*[7] § 446 aF Rn 2.

Leistung an ihn von seiner Verpflichtung zur Leistung frei, wenn der Empfänger Inhaber des Ladescheins geblieben war[192] und ihn dem Frachtführer zurückgibt. Auf § 407 BGB kann sich der Frachtführer dazu wegen des Vorlagezwangs nicht berufen.[193]

Dies ist anders, wenn der Orderladeschein ein **Indossament** enthält. Der Frachtführer wird in diesem Fall unter den in § 365 Abs. 1 HGB iVm. Art. 40 Abs. 3 WG genannten Voraussetzungen (Prüfung der Ordnungsmäßigkeit der *Reihe* der Indossamente, aber nicht der Echtheit der Unterschriften der Indossanten; Gutgläubigkeit) gegen Rückgabe des Ladescheins auch dann von seiner Schuld befreit, wenn er an den nur förmlich legitimierten Inhaber des Ablieferungsanspruchs leistet. Weist der Ladeschein ein Blankoindossament (Orderklausel nur mit Unterschrift des Indossanten ohne Bezeichnung des Indossatars) auf, ist sogar jeder Inhaber des Ladescheins gegenüber dem gutgläubigen Frachtführers legitimiert.[194] Dies gilt selbst dann, wenn der Ladeschein abhandengekommen war, § 935 Abs. 2 BGB, § 365 Abs. 1 HGB, Art. 16 Abs. 2 WG. Dies ist eine weitere Abweichung gegenüber den beim Namensladeschein geltenden Regeln. Der Grund dafür ist die Verkehrsfähigkeit des Orderladescheins, die nach erfolgter Übertragung auf einen Dritten nicht zu Divergenzen des wertpapierrechtlichen mit dem materiellrechtlichen Ablieferungsanspruch führen soll. **85**

c) **Inhaberladeschein.** Bei einem **Inhaberladeschein** ist gemäß § 793 Abs. 1 Satz 2 BGB der jeweilige Inhaber zum Empfang des Gutes legitimiert. Es legitimiert der bloße Papierbesitz. Der Frachtführer wird durch Leistung an den nur förmlich legitimierten Inhaber des Ablieferungsanspruchs jedoch dann nicht von seiner Verpflichtung zur Ablieferung **befreit**, wenn er dessen materielle Nichtberechtigung positiv kennt oder infolge grober Fahrlässigkeit nicht kennt.[195] Das Gesetz duldet hier die Abweichung von formellrechtlicher Legitimation und materiellrechtlicher Anspruchsberechtigung also jedenfalls dann, wenn der Frachtführer die Nichtberechtigung des Empfängers nur fahrlässig nicht kennt. Abhandenkommen hindert den Gutglaubenserwerb von Inhaberpapieren nicht, § 935 Abs. 2 BGB. Der Rechtsverkehr wird in besonderem Maße geschützt. **86**

III. Besonderheiten bei Orderpapieren, Abs. 2

§ 443 befasst sich in erster Linie mit Ausstellungsmodalitäten. Abs. 2 normiert daher die Sonderrolle des Orderladescheins und die Anforderungen an die Abfassung einer so genannten Orderklausel. Soll der Ladeschein „an Order" gestellt, d.h. als Orderpapier verkehrsfähig werden, so soll er den Namen desjenigen enthalten, an dessen Order das Gut abgeliefert werden soll. Erster Berechtigter Empfänger ist also der in der Orderklausel na- **87**

---

192 *Koller*[7] § 446 aF Rn 2; Ebenroth/Boujong/Joost/Strohn/*Schaffert*[3] § 446 Rn 4.

193 *Koller*[8] § 445 Rn 8a; § 443 Rn 39; Palandt/*Grüneberg*[75] § 407 Rn 2; **abw.** Staub/*Helm*[4] § 446 Rn 2; Ebenroth/Boujong/Joost/Strohn/*Schaffert*[3] § 445 Rn 1 (nur betr. Namensladeschein). – Anders der ausführende Frachtführer, der nicht weiß dass ein Ladeschein ausgestellt wurde und der auch selbst keinen Ladeschein ausgestellt hat. Er wird durch Leistung an den urspr. Endempfänger frei gem. § 407 BGB, ist durch § 444 Abs. 2 Satz 3 vor der Vermutungswirkung des Ladescheins geschützt und durch § 437 Abs. 1 Satz 2 vor nicht von ihm konsentierten Haftungserweiterungen sowie den gesetzlichen Schadensersatzbestimmungen der §§ 445 Abs. 3, 446 Abs. 2, die im Gefolge der wertpapierrechtlichen Verbriefung entstehen, geschützt, *Koller*[8] § 443 Rn 39.

194 *Koller*[7] § 446 aF Rn 2; MünchKommHGB/*Herber*[3] § 519 Rn 3; Ebenroth/Boujong/Joost/Strohn/*Schaffert*[3] § 446 Rn 4; BeckOK HGB/*Füller*[11] § 365 Rn 2–3.

195 Vgl. Palandt/*Sprau*[75] § 793 Rn 13 mwN.

mentlich Genannte selbst. Ausweislich der Orderklausel ist dieser aber befugt, die Ablieferung an einen Dritten, dem der Ablieferungsanspruch übertragen wird, durch Benennung des Dritten und seiner Unterschrift anzuordnen (insoweit dem Frachtführer also entsprechende „Order" zu geben: „an Order" oder „für mich an Order").[196] Entsprechende Weiterübertragungen erfolgen durch gleich strukturierte Unterschriften der jeweils Übertragenden auf der Rückseite des Wertpapiers (sog. Indossamente). Blankoindossamente (bloße Unterschrift des Übertragenden ohne Orderklausel) berechtigen den bloßen Papierinhaber zur Geltendmachung des verbrieften Anspruchs. Einzelheiten ergeben sich hier nach allgemeinem Wertpapierrecht, §§ 363–365 HGB in Verbindung mit Wechselgesetz. Wird der Name nicht angegeben, so ist der Ladeschein als an Order des Absenders gestellt anzusehen.

IV. Elektronische Aufzeichnung mit Ladescheinfunktion, Abs. 3 Satz 1

88 An die Stelle des bisherigen § 444 Abs. 3 ist in Übereinstimmung mit den Vorschriften für den Frachtbrief, das Konnossement und den Seefrachtbrief (§ 408 Abs. 3, § 516 Abs. 2, Abs. 3 und § 526 Abs. 4) in § 443 Abs. 3 eine Regelung getreten, die die Möglichkeit eröffnet, einen papiergebundenen Ladeschein durch eine elektronische Aufzeichnung zu ersetzen.[197] Erlaubt ist die Ausstellung eines elektronischen Ladescheins und Konnossements.[198] Mit wachsendem Einsatz elektronischer Medien im Geschäftsverkehr B to B und B to C wächst auch das Bedürfnis, die hierbei verwendeten und gesetzlich im Einzelnen geregelten Beförderungsdokumente durch entsprechende elektronische Dokumente zu ersetzen. Die Fragestellungen werden seit geraumer Zeit im Schrifttum diskutiert. Vereinzelte private Projekte zur Etablierung elektronischer und zertifizierter Dokumente (Bolero bill of lading)[199] hatten sich bereits etabliert. Angesichts des in Deutschland geltenden numerus clausus der Wertpapiere war bisher die Verwendung elektronischer Traditionspapiere nicht möglich. Dieses Hindernis soll durch die gesetzliche Neufassung in den §§ 443 Abs. 3 und § 516 Abs. 2 (für das Konnossement nach dem **Vorbild der Rotterdam-Regeln**) beseitigt werden. Der Begriff „Aufzeichnung" in beiden Vorschriften entstammt der deutschsprachigen Übersetzung der Rotterdam-Regeln. In ihrer englischen Fassung sprechen sie von „record". Weder für Konnossement noch für Ladeschein hat sich eine elektronische Form bisher etabliert.[200]

89 Ausweislich der Gesetzesbegründung setzt dies freilich voraus, dass die **Gleichwertigkeit der elektronischen Aufzeichnung** mit dem herkömmlichen papierenen Ladeschein gewährleistet ist. Die elektronische Aufzeichnung muss folglich die gleichen **Funktionen** wie der papierene Ladeschein erfüllen. Ferner müssen **Authentizität** (Unverfälschtheit der Urheberschaft) und inhaltliche **Integrität** (Unverfälschtheit des Inhalts) der Aufzeichnung stets gewährleistet sein. Diese Voraussetzungen sind ausdrücklich in die Vorschriften (jeweils Abs. 3) aufgenommen worden. Notwendig ist **Funktionsäquivalenz.** Die elektronische Aufzeichnung eines Ladescheins muss folglich wie beim Konnossement die **Legitimationsfunktion, die Beweisfunktion**, die **Instruktionsfunktion**, die **Sperrfunktion und** die

---

[196] Vgl. schon oben Rn 10.
[197] BT Drs 17/10309, 57, 58 (dort noch § 444), BR-Drs. 8/13, 4 Ziff. 24. Zu Bestrebungen, Konnossemente auf elektronischer Basis einzuführen, vgl. *Graf von Bernstorff* RIW 2001, 504, 508 ff; *Ramming* VersR 2002, 539, 540 f; *Geis* TranspR 2002, 89, 92.
[198] Begr zu § 516 Abs. 2 HGB, BT-Drs. 17/10309, 92, 93.
[199] Vgl. dazu *Graf* Diss. (2007); *Baier* Diss. (2008).
[200] MünchKommHGB/*Herber*³ § 443 Rn 32.

Traditionsfunktion erfüllen. Hierfür ist es notwendig, dass vereinheitlicht rechtssichere Voraussetzungen für Ausstellung, Schriftform und Unterzeichnung des elektronisch verfassten Dokuments, für seine Vorlage, für den Nachweis der formellen Legitimation, seine Begebung, Rückgabe sowie für seine Übertragung und Vernichtung formuliert werden. Weiterhin ist zu klären, wie nachträglich Vermerke oder Vorbehalte in die Aufzeichnung aufgenommen werden können, ohne die Authentizität und Integrität der Daten auch nur in Frage zu stellen.[201]

Erster Anknüpfungspunkt war bislang § 126a BGB: Soll die gesetzlich vorgeschriebene schriftliche Form durch die elektronische Form ersetzt werden (§ 126 Abs. 3), so muss der Aussteller dieser seinen Namen hinzufügen und das elektronische Dokument – unterschriftsersetzend – mit einer qualifizierten elektronischen Signatur nach dem Signaturgesetz versehen (Abs. 1). Bei einem Vertrag müssen die Parteien jeweils ein gleichlautendes Dokument in der in § 126a Abs. 1 bezeichneten Weise elektronisch signieren (Abs. 2). Das Meinungsbild im Schrifttum zu einer Anwendung auf Konnossemente war bisher äußerst kontrovers und beschränkte sich auf die Diskussion eher formaler und begrifflicher Anwendungstopoi.[202] Wenngleich die Begründung zum Formvorschriftenanpassungsgesetz handelsrechtliche Wertpapiere nicht nennt, steht der Gesetzeswortlaut nicht entgegen. Möglicherweise fängt § 126a die Problematik im Umgang mit elektronischen handelsrechtlichen Wertpapieren aber nicht in ausreichendem Maße ein. Regeln zur Herstellung der **Funktionsäquivalenz** von elektronischer Form mit papierenen Dokumenten sind bisher jedenfalls nicht in ausreichender Weise aufgestellt worden. Wegen des Wegfalls der Tangibilität mangels Verkörperung der Urkunde ist wichtig, die Schaffung valider Anknüpfungspunkte für die Legitimation mittels Inhaberschaft eines singulären Dokuments, für den Austausch Dokument gegen Gut und für den guten Glauben an die Berechtigung aus dem Dokument, ggf sogar ein Verzicht auf die Voraussetzung der Verkörperung einer rechtlichen Verpflichtung in einer gegenständlichen Urkunde, mithin den klassischen Sachbegriff.[203] Entscheidend wird sein, technisch die **Authentizität, Singularität** und **inhaltliche Integrität** zu dem Zeitpunkt vor und nach einem Übertragungsvorgang abzusichern. Es soll auch in Zukunft ausschließlich *ein* begebbares Exemplar des Ladescheins produziert werden können.[204] Hier sind Spezifika wie Wechsel des Datenträgers und Kopierbarkeit des elektronischen Dokuments zu berücksichtigen. **90**

Der Gesetzgeber schafft jetzt erste Klarheit. Im Vordergrund steht, dass die Authentizität und Integrität der Aufzeichnung stets gewährleistet sein müssen. Die §§ 443 Abs. 3 und 516 Abs. 2[205] sehen aber davon ab, zusätzlich vorzuschreiben, dass die Aufzeichnung in der elektronischen **Form nach § 126a BGB** erstellt werden muss. Unbeschadet der möglichen Untauglichkeit der Vorschrift für Urkunden nach § 363 HGB soll nach Auffassung des Gesetzgebers damit berücksichtigt werden, „dass derzeit vermehrt die Anforderungen an eine qualifizierte elektronische Signatur nach dem Signaturgesetz in Frage gestellt wer- **91**

[201] RegBegr zu § 443 Abs. 3 HGB, BT-Drs. 17/10309, 57, 58.

[202] Gegen eine Anwendbarkeit von §§ 123 Abs. 3, 126a BGB: *Geis* TranspR 2002, 89, 92; *Ramming* VersR 2002, 539 (Schriftform für Wertpapiere geboten „aus der Natur der Sache"); Heymann/*Horn* Rn 13, § 365 Rn 17; MünchKommBGB/*Hüffer* § 783 Rn 16; jurisPK-BGB/*Junker* § 126 Rn 82; **aA.** *Gehrke* m. Nachw. 202 ff; MünchKommBGB/*Einsele*[7] § 126 Rn 3; unklar jetzt MünchKommHGB/*Langenbucher* § 363 Rn 17 („Schriftform kann durch die *elektronische Form* gemäß §§ 126 Abs. 3 iVm. 126a BGB nicht ersetzt werden. Die fortschreitende Digitalisierung von Transport- und Lagerpapieren führt deshalb zu einem Bedeutungsverlust des § 363.").

[203] So schon *Gehrke*, 222.

[204] Ebenso *Koller*[8] § 443 Rn 13.

[205] In Abweichung vom Vorschlag der Sachverständigengruppe (§ 500 Abs. 2).

den, weil der Erwerb einer Signaturkarte und einer Signaturerstellungseinheit sehr aufwendig und teuer ist."[206] Durch die gewählte Formulierung soll **mehr Flexibilität** gewährt werden. Ebenso hat der Gesetzgeber vorerst von einer weitergehenden, detaillierten Regelung des elektronischen Ladescheins und Konnossements abgesehen. Ausreichende Erfahrungen mit der Verwendung elektronischer Ladescheine und Konnossemente in der Praxis stehen zurzeit nicht zur Verfügung. Mit der Neuregelung und der in Abs. 3 vorgesehenen Verordnungsermächtigung soll die Erstellung elektronischer Ladescheine und Konnossemente jedoch zumindest ermöglicht werden. Daher kann das Bundesministerium der Justiz im Einvernehmen mit dem Bundesministerium des Innern die vorgenannten Einzelheiten regeln.[207] Damit kann zugleich sichergestellt werden, dass sich funktionell die gleichen Maßstäbe wie für die herkömmliche wertpapierrechtliche Verbriefung von Ansprüchen und für Wertpapierfunktionen einheitlich herausbilden. Vor einer parteiautonomen Entwicklung von Standards (bspw. das Bolero-Projekt[208]) sollte zum Schutz des Rechtsverkehrs abgesehen werden.

V. Kollisionsrechtliche Besonderheiten und Einheitsrecht

92 Für Verträge, die nach dem 17.12.2009 geschlossen worden sind, gilt die Verordnung (EG) Nr. 593/2008 vom 17.06.2008 über das auf vertragliche Schuldverhältnisse anzuwendende Recht (Rom–I-VO).[209] Fraglich ist, nach welchem Recht Ansprüche aus dem Ladeschein zu beurteilen sind. Art. 1 Abs. 2 lit. d) der Rom-I-VO nimmt – wie zuvor § 37 Satz 1 Nr. 1 EGBGB und Art. 1 Abs. 2 Lit. c EVÜ – Verpflichtungen aus Wechseln, Schecks, Eigenwechseln und anderen handelbaren Wertpapieren vom Anwendungsbereich dieser Verordnung aus, soweit die Verpflichtungen aus diesen Wertpapieren aus deren Handelbarkeit entstehen (Bereichsausnahme).[210] Die Vorschrift gilt folglich nur für handelbare Papiere, d.h. Order-und Inhaberpapier, nicht aber für Rektapapiere. Aufgrund dieser Beschränkung des Anwendungsbereichs der vereinheitlichten Kollisionsnormen knüpft die herrschende Meinung **Ansprüche aus dem Ladeschein** im Wege der Auslegung objektiv, d.h. falls keine Rechtswahl getroffen wurde, an den **Bestimmungsort** der Beförderung an.[211]

Demgegenüber sind **Ansprüche aus dem Frachtvertrag objektiv nach Art. 5 Rom-I-VO** anzuknüpfen. In Bezug auf einen Vertrag über die Beförderung von Gütern ist – ohne Rechtswahl nach Artikel 3 – das Recht des Staates anzuwenden, in dem der Beförderer seinen gewöhnlichen Aufenthalt hat, sofern sich in diesem Staat auch der Übernahmeort oder der Ablieferungsort oder der gewöhnliche Aufenthalt des Absenders befindet. Sind diese Voraussetzungen nicht erfüllt, so ist das Recht des Staates des von den Parteien vereinbar-

[206] RegBegr zu § 516 Abs. 2 HGB, BT-Drs. 17/10309, 92, 93.

[207] Die Rechtsverordnung bedarf nicht der Zustimmung des Bundesrates, weil die in Artikel 80 Abs. 2 GG genannten Kriterien, die eine Zustimmung des Bundesrates erforderlich machen würden, nicht erfüllt sind.

[208] Dazu *Graf* Diss (2007); *Baier* Diss (2008); *Gehrke* 239 ff. Vgl. oben Rn 88.

[209] Für davor geschlossene Verträge gelten die Art. 27 EGBGB aF.

[210] Gleiches galt schon für Art. 37 Satz 1 Nr. 1 EGBGB, der durch Gesetz zur Anpassung der Vorschriften des Internationalen Privatrechts an die Verordnung (EG) Nr. 593/2008 vom 25.06.2009 (BGBl. I, 1574) mWv 17.12.2009 entfallen ist, und für Art. 1 Abs. 2 Buchst. c EVÜ.

[211] BGHZ 6, 127; 25, 255; Reithmann/Martini/*Mankowski* Internationales Vertragsrecht[6], Rn 1540 (Gewohnheitsrecht); *Kopper* 116 ff; *Ramming* TranspR 2006, 95, 100; *Koller*[7] § 444 aF Rn 1.

ten Ablieferungsorts anzuwenden. Die damit bewirkte **Spaltung der Anknüpfung** ist zu Recht auf Kritik gestoßen.[212] Gerade in der Vergangenheit war die Bestimmungsortanknüpfung des Ladescheins in Anlehnung an Erfüllungsortanknüpfung des Frachtvertrags erfolgt, um eine Einheitlichkeit des anwendbaren Rechts zu erreichen. Die **Übertragung der Vertragsanknüpfung** durch EU-Recht auf das Ladescheinverhältnis ergibt daher Sinn, hilfsweise durch Rechtswahl.[213]

Fraglich ist weiterhin, ob jedes **Frachtvertragstatut** die Ausstellung eines Ladescheins, dessen Vorrangigkeit vor frachtvertraglichen Ansprüchen und die aus der Handelbarkeit des Ladescheins folgende Änderung in der Person des Empfängers des Beförderungsgutes überhaupt zulässt. Ist das der Fall, bestimmt das Frachtvertragsstatut, was dem Anspruch aus dem Ladeschein inhaltlich entgegengehalten werden kann. Unterliegt der Frachtvertrag deutschem Recht, also den §§ 407 ff, so ergibt sich die **Zulässigkeit der Ausstellung** des Ladescheins mit diesen Folgen unproblematisch nach den §§ 443 ff. **93**

Die §§ 443 ff dürfen sich nicht zu international vereinheitlichtem Recht in Widerspruch setzen. Im **Warschauer Abkommen** und dem **Montrealer Übereinkommen** ist die wertpapierrechtliche Verbriefung eines Ablieferungsanspruchs nach Wertpapierstatut (das heißt bei Bestimmungsort Deutschland nach den §§ 443 ff HGB) explizit zugelassen (Art. 15 Abs. 3 WA, Art. 15 MÜ). Eigene kollisionsrechtliche Regelungen zum Wertpapierstatut finden sich in den Abkommen zwar nicht. Aber die grundsätzliche Zulässigkeit der wertpapierrechtlichen Verbriefung in den Abkommen erlaubt und erfordert jedenfalls zugleich eine Konkordanz mit den Ansprüchen aus Frachtvertrag mit der Folge, dass etwa die Erfüllung des wertpapierrechtlich verbrieften Anspruchs gem. § 444 Abs. 3 Satz 1 Vorrang hat und vom inhaltlich deckungsgleichen Anspruch aus Frachtvertrag befreit. **94**

Anders liegen die Dinge offenbar in der die internationale **Binnenschifffahrt** betreffenden **CMNI (Budapester Übereinkommen)**, die mit den Artikeln 11–13 eigene Regeln über Frachtbriefe enthält, die inhaltlich teils von den §§ 443 ff abweichen und ihnen – die Ausstellung eines Konnossements kann *vereinbart* sein – vorgehen. Die im **Seetransportrecht** (HR, HVR, Hamburg Regeln) geltenden Regeln zum Konnossement sind in das 5. Buch des HGB übernommen und durch das SRG aktualisiert. Widersprüche sind hier nicht zu erwarten. Im Zusammenhang mit Seetransporten kann ein ausgestellter Ladeschein die Funktionen des seerechtlichen Konnossements übernehmen.[214] **95**

Komplizierter liegen die Dinge im internationalen **Straßengütertransport** nach den Regeln der **CMR.** Die Artikel 12, 13 und 17 CMR und die §§ 443 ff sind nicht aufeinander abgestimmt. Ein Ladeschein-Ausstellungverbot ist der CMR nicht zu entnehmen, aber auch keine Ausstellungpflicht. Die in Art. 4 Satz 1 CMR angeordnete Ausstellung des Frachtbriefs schließt eine anderweitige *selbständige* Verbriefung des Ablieferungsanspruchs nicht aus, stellt sie aber selbst nicht dar.[215] Art. 12 CMR bestimmt zwingend (Art. 41 CMR), dass der Frachtführer eine Änderung in der Person des Empfängers nur bei entsprechender Weisung des Absender (Art. 13 CMR) akzeptieren muss. Besteht das Verfügungsrecht des Absenders nach Art. 12 Abs. 1 fort, kollidiert es mit der Umlauf- und Traditionsfunktion eines Ladescheins. Selbst wenn das Verfügungsrecht gemäß Art. 12 Abs. 2 oder 3 CMR durch Übergabe einer Zweitausfertigung des Frachtbriefs an den Empfänger oder **96**

212 MünchKommHGB/*Herber*[2] § 444 aF Rn 46, 47 (für gleiche Anknüpfung von Ladescheinverhältnis und Frachtvertrag); jetzt abschwächend *ders.*[3] Vor § 513 Rn 38, 39.

213 Münchkomm/*Herber*[2] § 444 aF Rn 48; *ders.*[3] Vor § 513 Rn 38, 39; so auch *Kopper* 123. – Für Einheitlichkeit auch *Basedow*, aber auf der Basis derAnknüpfung an den Bestimmungsort.

214 *Herber* Seehandelsrecht[2], 364; *Koller*[8] § 443 Rn 8.

215 *Ramming* TranspR 2006, 95, 101.

durch Frachtbriefvermerk an den Empfänger auf diesen übertragen worden ist, besteht die Kollision mit den vorgenannten Ladescheinfunktionen in abgeschwächter Form fort. Die §§ 443 ff können auch die in Art. 13 CMR bestimmte Empfangsberechtigung und Aktivlegitimation nicht überspielen. Empfänger im Sinne der CMR und legitimierter Ladescheininhaber können folglich verschiedene Personen sein.[216] Der gutgläubig an den durch Ladeschein legitimierten Empfänger abliefernde Frachtführer bleibt damit weiterhin den frachtvertraglichen Ansprüchen nach CMR ausgesetzt, weil die CMR normativ nicht den wertpapierrechtlich indizierten Wechsel des Empfängers und den Vorrang des Ladescheinanspruchs anerkennt.[217] Spiegelbildlich dazu haftet der Frachtführer gegenüber dem gutgläubigen Erwerber des Ladescheins aus § 445 Abs. 3, § 446 Abs. 2, wenn er zuvor an einen Empfänger im Sinne von Art. 13 CMR abliefert oder anderweitig Weisungen in Ansehung des Beförderungsgutes befolgt hatte, ohne sich den Ladeschein vorlegen zu lassen. Die Anwendbarkeit der §§ 443 f neben der CMR ist daher begrenzt.[218]

97 Es geht also ganz allgemein um die Problematik der Abstimmung des verbrieften Anspruchs mit den Rechten des Empfängers und des Frachtführers aus dem Frachtvertrag. Aus diesem Dilemma befreit den CMR-Frachtführer eine vertraglich vereinbarte Berücksichtigung der jeweils anderen vertraglichen Verpflichtungen nicht. So wird vorgeschlagen, dem Frachtführer im Rahmen des Begebungsvertrages zu erlauben, vorrangig die zwingenden CMR-Vorschriften zu beachten, also den **Begebungsvertrag** zu **modifizieren.**[219] Einwendungen aus dem Frachtvertrag kann der Frachtführer gegen einen gutgläubigen Erwerber des Ladescheins aber nicht erheben. Die Modifizierung müsste aus dem Ladeschein ersichtlich sein, um den guten Glauben des Ladescheinerwerbers an den Anspruchsvorrang zu zerstören. Damit wird die Handelbarkeit des Dokuments eingeschränkt. Umgekehrt wird erwogen, den **Frachtvertrag** schon bei Abschluss eines Begebungsvertrages derart zu **modifizieren**, dass die wertpapierrechtlichen Ansprüche eines legitimierten Papierinhabers durch den Frachtvertrag gar nicht infrage gestellt werden.[220] Ein der CMR unterliegender Frachtvertrag kann nicht auf diese Weise angepasst werden.[221] Eine ungehinderte Konkurrenz beider Ansprüche[222] wird wegen des damit gegen den Frachtführer entstehenden Risikos doppelter Berühmung mit Ablieferungs- und ggf. Folgeansprüchen nicht gewollt sein. Eine vertraglich abbedungene Vorrangigkeit der CMR-Vorschriften wiederum dürfte die wertpapierrechtlichen Ansprüche entwerten. Die Parteien von Fracht- und Begebungsvertrag (Frachtführer und Absender, Ablader) müssen insoweit eine **einzelfallbezogene Interessenabwägung** anstellen. Die vorstehenden Überlegungen gelten auch für die CIM.[223]

98 Für **multimodale Transporte** mit Seestreckeneinschluss werden regelmäßig sog. Durchkonnossemente oder multimodale Ladescheine („Through B/L") ausgestellt, die wegen ihrer Fähigkeit zum Dokumentenakkreditiv im internationalen Zahlungsverkehr besondere Verwendung finden. Auf den Multimodalvertrag kommt nach der Kollisionsregel des § 452

216 Vgl. zum Ganzen *Koller*[7] § 444 aF Rn 2a; *Ramming* TranspR 2006, 95, 102.

217 *Koller*[7] § 444 aF Rn 2a.

218 Enger nunmehr *Koller*[8] § 443 Rn 8 (keine Verdrängung eines int. Übk. durch lex posterior), weitergehend noch die Voraufl. § 444 Rn 2a („die Geltung der CMR nicht einschränken können"); **aA** *Ramming* TranspR 2006, 95, 101 (Ausstellung eines Ladescheins neben der CMR möglich).

219 *Koller*[8] § 443 Rn 8, dort Rn 17; *ders.*[7] § 444 Rn 2a; Ebenroth/Boujong/Jost/Strohn-*Schaffert*[3] § 444 Rn 1.

220 *Koller*[8] § 443 Rn 8; *ders.*[7] § 444 aF Rn 2a (Kollision mit CMR führt nicht zur Unwirksamkeit des Begebungsvertrags, selbst die Verpflichtungen aus CMR und Ladeschein miteinander unvereinbar sind).

221 *Ramming* TranspR 2006, 95, 102 (kollisionsrechtlicher Vorrang der CMR wegen Art. 3 Abs. 2 Satz 1 EGBGB; keine privatautonomen Anpassungen der zwingenden CMR wegen Art. 41 Abs. 1 CMR).

222 *Koller*[8] § 443 Rn 8 und dort Rn 17.

223 *Ramming* Handbuch Multimodaler Transport Rn 784 ff; *Koller*[8] § 443 Rn 8.

Satz 1 deutsches Frachtrecht zur Anwendung. Einheitsrecht kann hier streckenbezogen im Rahmen der §§ 452 ff Anwendung finden.[224] Die Frage einer Verdrängung der Ladescheinvorschriften der §§ 443 ff stellt sich insoweit nicht.[225] Sie kommen vielmehr zur Anwendung, denn das Durchkonnossement des Multimodaltransports ist trotz seiner Bezeichnung als „Konnossement" und der im Verhältnis zur oft kürzeren Landstrecke ggf überwiegenden Seestrecke ein Ladeschein. Daher ist trotz der mit dem SRG verbundenen Annäherungen zum Konnossementrecht auf die zum Seekonnossement weiterhin bestehen **Besonderheiten** hinsichtlich des **verbrieften Anspruchs** (abweichend von §§ 481 ff: Haftung des Befrachters (§ 414 Abs. 1) unabhängig vom Schadensort verschuldensunabhängig, aber abdingbar, § 449 Abs. 2 Satz 2; Güterschadens- und Verspätungshaftung des Frachtführers/Verfrachters bei nicht bekanntem Schadensort nach §§ 425 ff mit den gegenüber der seerechtlichen Haftung geltenden Besonderheiten[226], bei bekanntem Schadensort nach gem. § 452a berufenen Teilstreckenrecht, hier nach vorrangigem internationalem Übereinkommen CMR, CMNI oder WA/MÜ[227])[228] und seiner **wertpapierrechtlichen Ausgestaltung** (abweichend von §§ 513 ff: keine Ausstellungverpflichtung; nur eine Ausfertigung; Fehlen des Abladers; Zeitpunkt von Ausstellung und Aushändigung ungeregelt; Bordvermerk nicht verpflichtend; keine geltungserhaltende Auffangregelung bei Nicht- oder Falschbenennung des Frachtführers im Ladeschein; keine gesetzliche Vertretungsmacht des Kapitäns für Frachtführer/Verfrachter wie bei § 518; Fehlen einer § 525 Satz entsprechenden Klarstellung zur Nichtgeltung vertraglicher Haftungserleichterung gegenüber Dritten)[229] zu achten.

§ 444
Wirkung des Ladescheins. Legitimation

(1) Der Ladeschein begründet die Vermutung, dass der Frachtführer das Gut so übernommen hat, wie es im Ladeschein beschrieben ist; § 409 Abs. 2 und 3 Satz 1 gilt entsprechend.

---

224 *Ramming* Handbuch Multimodaler Transport Rn 1110, *Koller*[8] § 443 Rn 8; MünchKommHGB/*Herber*[3] § 452a Rn 39 ff – Bei der Anwendung besonderer Bedingungen (bspw. der von der FIATA empfohlenen FIATA-B/L) wird bisweilen die Rechtsanwendungsfrage erneut aufgeworfen, dazu MünchKommHGB/*Herber*[3] § 452a Rn 54 ff.

225 Staub/*Canaris*[4] § 363 Rn 83, 84 (analoge Anwendung von § 363 HGB auf Durchkonnossemente und kaufmännischen Lieferschein).

226 Haftung schon für das Außerachtlassen der äußersten Sorgfalt, § 427; engere Fassung der besonderen Haftungsausschlussgründe, § 427; Erstreckung der Frachtführerhaftung auf fremde Schiffsbesatzung als dessen Erfüllungsgehilfen; Regelbegrenzung der Güterschäden auf 8,33 SZR/kg mit formularmäßiger Reduktionsmöglichkeit auf 2 SZR/kg; Durchbrechung der Haftungsbeschränkung bei Leichtfertigkeit auch der Leute des Verfrachters, § 435; Formularmäßiger Ausschluss der Haftung für nautisches Verschulden und der Haftung bei qualifiziertem Verschulden nur für Schäden auf Seestrecke, § 512 Abs. 2 Nr. 1; keine verschuldensunabhängige Haftung bei unerlaubter Verladung an Deck außerhalb der Seestrecke, § 500; Haftung des ausführenden Frachtführers nur nach den Regeln des für den bekannten schadensort geltenden Teilstreckenrechts.

227 Bei Schadenseintritt auf der Seestrecke Haftung nach §§ 498 ff, aber ohne Modifikation des Art. 6 EGHGB, weil kein Konnossement nur für reine Seetransport (Vorgabe der HR) ausgestellt.

228 Näher MünchKommHGB/*Herber*[3] § 443 Rn 38 ff.

229 Näher MünchKommHGB/*Herber*[3] § 443 Rn 54 ff.

(2) Gegenüber einem im Ladeschein benannten Empfänger, an den der Ladeschein begeben wurde, kann der Frachtführer die Vermutung nach Abs. 1 nicht widerlegen, es sei denn, dem Empfänger war im Zeitpunkt der Begebung des Ladescheins bekannt oder infolge grober Fahrlässigkeit unbekannt, dass die Angaben im Ladeschein unrichtig sind. Gleiches gilt gegenüber einem Dritten, dem der Ladeschein übertragen wurde. Die Sätze 1 und 2 gelten nicht, wenn der aus dem Ladeschein Berechtigte den ausführenden Frachtführer nach § 437 in Anspruch nimmt und der Ladeschein weder vom ausführenden Frachtführer noch von einem für ihn zur Zeichnung von Ladescheinen Befugten ausgestellt wurde.

(3) Die im Ladeschein verbrieften frachtvertraglichen Ansprüche können nur von dem aus dem Ladeschein Berechtigten geltend gemacht werden. Zugunsten des legitimierten Besitzers des Ladescheins wird vermutet, dass er der aus dem Ladeschein Berechtigte ist. Legitimierter Besitzer des Ladescheins ist, wer einen Ladeschein besitzt, der

1. auf den Inhaber lautet,

2. an Order lautet und den Besitzer als Empfänger benennt oder durch eine ununterbrochene Reihe von Indossamenten ausweist oder

3. auf den Namen des Besitzers lautet.

Schrifttum

vgl. bei § 443

Übersicht

Parallelvorschriften

§§ 517, 519, 522 HGB.

I. Richtigkeitsvermutung der Angaben im Ladeschein, Abs. 1

1 § 444 Abs. 1 entspricht inhaltlich weitgehend dem bisherigen § 444 Abs. 3 Satz 2. Redaktionell wurde die Vorschrift dem § 517 Abs. 1 Satz 1 und dem § 522 angeglichen. Der von beiden Vertragsparteien unterzeichnete, ohne begründeten Vorbehalt (§ 409 Abs. 2) versehene Frachtbrief und der Ladeschein (§ 444 Abs. 1) begründen jeweils die **Vermu-**

tung, dass die Güter wie im Dokument beschrieben vom Frachtführer übernommen worden sind. Die Vermutungs*wirkung* des Ladescheins setzt ein gegenüber dem Empfänger (bzw. dem ersten Nehmer des Wertpapiers) und gegenüber einem Dritten[1] (als Papiererwerber).

§ 444 Abs. 1 ist damit zugleich eine Ausprägung der in § 364 Abs. 2 und § 447 angelegten Regelung über urkundliche Einwendungen. Außer Gültigkeitseinwendungen und persönlichen Einwendungen gegen den Empfänger/Papierwerber können vom Frachtführer gegen den Ablieferungsanspruch im Grundsatz nur Einwendungen aus dem Urkundsinhalt erhoben werden, letzteres aber eben nur eingeschränkt. ***Anknüpfungspunkt*** für Auseinandersetzungen über den Güterzustand ist also zunächst die **urkundliche Beschreibung** des Gutes als solches bzw. – bei Behältnissen – seines Inhalts. Die Vermutung wird aber nicht allein aus der Zustandsbeschreibung des übernommenen Gutes abgeleitet, sondern aus dem ***gesamten Inhalt*** **des Ladescheins.** Indem § 444 Abs. 1 auf § 409 Abs. 2 und 3 Satz 1 verweist, wird die **Reichweite** der Vermutung näher bestimmt.[2]

Güterbezogene Angaben sind alle Tatsachen, die sich aus dem Urkundsinhalt ergeben (§ 444 Abs. 1 und 2, § 364 Abs. 2). Dies sind im Ladeschein alle Beschreibungen des Gutes, seines Zustandes, seiner Art, Zeichen, Nummer, Anzahl, Umfang etc. Finden sich im Ladeschein hingegen keine ausdrücklichen Beschreibungen des Güterzustandes, so ist zu vermuten, dass das Gut und seine Verpackung in äußerlich gutem Zustand waren.[3] **2**

In Bezug auf die äußerlich schwer verifizierbaren Kriterien **Gewicht, Menge** und **Inhalt** der Frachtstücke trifft der in Bezug genommene § 409 Abs. 3 Satz 1 eine Ausnahmeregelung. Insoweit entfaltet der Ladeschein eine Vermutung über die Richtigkeit der gemachten Angaben nur dann, wenn der Frachtführer sie tatsächlich bei Übernahme des Gutes **geprüft** und das Prüfergebnis dann in den Ladeschein eingetragen hat.[4] Güter in einem *geschlossenen* Behälter oder Lademittel sind dessen Inhalt.[5] Die äußerlich gute Verfassung muss im Ladeschein nicht ausdrücklich erwähnt werden.[6] Schon das Fehlen eines Vorbehaltes begründet die Vermutung des guten Zustandes. Vermutungen über **inhaltliche Regelungen des Frachtvertrages** selbst werden durch den Ladeschein **nicht** begründet.[7]

II. Widerlegliche Vermutung

1. Grundsatz. Die durch den Frachtbrief begründete Vermutung ist immer widerleglich. Für den Ladeschein ist im Einzelnen wie folgt zu differenzieren: **3**

Vermutungen aus Beschreibungen im Ladeschein ***zu Gunsten*** **des Frachtführers** sind widerlegbar durch den Empfänger nach allgemeinen Beweisgrundsätzen (Vollbeweis). Vermutungen aus Beschreibung im Ladeschein ***zu Lasten*** **des Frachtführers** sind im Grundsatz durch den Frachtführer widerlegbar nach allgemeinen Beweisgrundsätzen.

---

1 *Koller*[8] § 444 Rn 6; Begr. RegE SRG, BR-Drs. 310/168, 171.

2 Ein Verweis auf § 409 Abs. 1 fehlt, weil der Ladeschein keine Urkunde über den Inhalt des Frachtvertrages ist, MünchKommHGB/*Herber*[3] § 444 Rn 7; *Schaps/Abraham* § 642 Rn 10 (für das Konnossement).

3 § 444 Abs. 1 in Verbindung mit § 409 Abs. 2 Satz 1; Begr RegE TRG, BT- Drs. 13/8445, 83; *Koller*[8] § 444 Rn 2, 4.

4 *Koller*[8] § 444 Rn 3, § 409 Rn 28.

5 *Koller*[8] § 444 Rn 2 (arg. e. contrario § 517 Abs. 1 Satz 2; auf einer Palette gestapelte Güter sind Inhalt der Palette, falls nicht ohne Abladung zählbar. Ansonsten kann Zählbarkeit der Güter ausschlaggebend sein.).

6 MünchKommHGB/*Herber*[3] § 444 Rn 5 (wie jetzt auch im Seerecht, § 517 Abs. 1 Satz 3, abweichend noch § 643 Nr. 8 aF – „apparent good order and condition“).

7 MünchKommHGB/*Herber*[3] § 444 Rn 7; *Koller*[7] § 444 Rn 10.

4 **2. Ausnahmen der Vermutung.** Die Vermutung greift nicht, wenn ein begründeter Vorbehalt ordnungsgemäß eingetragen ist, wenn der Frachtführer bei Ausstellung des Ladescheins nicht die erforderliche Überprüfung des Gutes vorgenommen hat oder wenn das Ergebnis einer nach § 409 Abs. 3 gebotenen Überprüfung des Gutes nicht in den Ladeschein eingetragen worden war.

5 Die Eintragung eines ***begründeten*** **Vorbehalts** in den Ladeschein im Sinne von § 409 Abs. 2 Satz 2 lässt die Vermutungswirkung des Wertpapiers nicht entstehen. Fraglich ist aber, ob die Vermutungswirkung der Angaben im Ladeschein damit nur durch *inhaltlich zutreffenden* Vorbehalt zerstört wird.[8] Im Rahmen von § 409 Abs. 2 Satz 2 muss in Ansehung von Frachtbriefangaben ein Vorbehalt jedenfalls *plausibel* sein und greifbare Anhaltspunkte haben, mithin *hinreichend konkretisiert* sein.[9] Fadenscheinige Vorbehalte sind dort unwirksam. Andererseits braucht der Vorbehalt dort inhaltlich nicht richtig zu sein.[10] Eine spätere inhaltliche Überprüfung des Vorbehalts findet nicht statt. Es liegt in der Natur der Sache, dass der Vorbehalt der Abwehr eines möglichen Anspruchs dient, weil eine Sachaufklärung, eine Prüfung des Gutes und damit eine zutreffende Beschreibung im Ladeschein zur Zeit der Übernahme real nicht möglich ist. Einem Missbrauch mit fadenscheinigen Vorbehalten kann durch das **Erfordernis der Plausibilität** unter Anknüpfung an greifbare oder plausible Anhaltspunkte wirksam begegnet werden. Tragfähige Anhaltspunkte für das erforderliche Maß für Plausibilität und Konkretisierung dürfte der im Rahmen des SRG mit § 444 abgestimmte § 517 Abs. 2 liefern, nach welchem sich aus dem Vorbehalt ergeben muss: Zustandsbeschreibung des Gutes bei Übernahme, Bezeichnung unrichtiger Angaben im Konnossement/Ladeschein und Richtigstellung und Grund der Annahme der Unrichtigkeit der Angabe. Eine Grenze für die Wirkungen eines Vorbehalts wird allerdings für objektiv falsche Vorbehalte und vorsätzliche falsche Angaben, also für vorgebliche Plausibilität, gezogen werden müssen. Insoweit muss dann wieder für den durch den Ladeschein gesetzten Rechtsschein gehaftet werden.[11]

6 Ein schutzwürdiges Vertrauen kann sich in der Regel auch dann nicht herausbilden und betätigt werden, wenn der Ladeschein einen **Vorbehalt mangelnder Kontrolle** enthält. Ausreichend ist etwa der Vorbehalt mit der Begründung, bei Übernahme des Gutes keine angemessenen Mittel zur Überprüfung gehabt zu haben. Auch ein Vorbehalt hinsichtlich der bei Übernahme der Güter ggf. **nicht möglichen Beschreibbarkeit** derselben (**Unbekanntklausel**) schließt die Haftung in der Regel aus.[12] Insoweit spielt es keine Rolle, ob der Vorbehalt **unzulässig** oder **inhaltlich unrichtig** war oder wenn gar der **Grund** für den Vorbehalt gar **nicht angegeben** worden war. Gegenbeweis der Beschreibbarkeit ist zulässig. Allerdings sieht § 517 Abs. 2 Ziff. 4 durchaus eine Pflicht zur Begründung vor, *weshalb* keine ausreichende Gelegenheit bestand, die Angaben im Dokument zu überprüfen. Auch insoweit sollte Wertungsgleichheit mit § 444 Abs. 1, 2 Halbsatz bestehen.

---

[8] So offenbar *Koller*[8] § 444 Rn 3; MünchKommHGB/*Herber*[3] § 444 Rn (unter Verweis auf § 517 Abs. 2).

[9] *Koller*[8] § 409 Rn 7, 9, 10 („nachvollziehbar konkretisiert", „weder anerkannt noch objektiv richtig"). – Vgl. § 517 Abs. 2 und RegE SRG, BR-DRs. 310/12.

[10] *Koller*[8] § 444 Rn 3; § 409 Rn 11, 20.

[11] *Koller*[8] § 409 Rn 7, 9, 31; § 444 Rn 4; *ders.* EWiR 1986, 1219, 1220 mwN § 826 BGB und Rechtscheinhaftung analog §§ 405, 172 BGB).

[12] BGHZ 33, 364.

III. Unwiderlegliche Vermutung, Abs. 2

1. Grundsatz: Gegenüber legitimierten Papierbesitzer Empfänger und Dritter, Abs. 2 Satz 1 Hs 1 und Satz 2. Vermutungen sind durch den Frachtführer unwiderlegbar gegenüber einem gutgläubigem Empfänger (bzw. erstem Nehmer)[13] oder gegenüber einem gutgläubigen Papiererwerber (Dritter).[14] Hier findet eine strikte Anknüpfung an den Urkundsinhalt statt. Die Unwiderleglichkeit der Vermutung knüpft den **guten Glauben des Empfängers oder erwerbenden Dritten**, der gegeben ist, wenn bei diesen weder Kenntnis noch grob fahrlässige Unkenntnis der Unrichtigkeit der Ladescheinangabe vorliegen. Hier sind die Maßstäbe von § 932 ff BGB, § 365 HGB für die Zerstörung von Rechtsschein nachgezeichnet. Der Erwerber braucht daher nicht mehr aktiv zu prüfen, ob die Vermutung durch Beweis inhaltlich entkräftet werden kann. Die Vermutung des § 444 Abs. 1, dass der Frachtführer die Güter wie im Ladeschein angegeben übernommen hat, wird nach § 444 Abs. 2 Satz 1– falls nicht entgegenstehende Vorbehalte oder Prüfergebnisse eingetragen sind (vgl. oben Rn 5 ff) – zur **Fiktion** gegenüber gutgläubigen Empfängern und gutgläubigen dritten Papiererwerbern, und zwar aller Ladescheinarten. Die Richtigkeitsfiktion wird zur Regel. Wie bei § 447[15] werden dem Frachtführer **Einwendungen** (auch frachtvertragliche) nur zugestanden, soweit sie als stützende Beschreibungen im Dokument an der Beweiswirkung teilnehmen; anderslautende oder im Ladeschein fehlende Beschreibungen werden im Wege unwiderleglicher Vermutung abgeschnitten. Der verbriefte Ablieferungsanspruch (mit den daran anknüpfenden Schadenersatzansprüchen) ist frachtrechtlicher Anspruch, dem u.a. gesetzliche Einwendungen aus dem Typus des Frachtvertrages unter eingeschränkten Bedingungen entgegengehalten werden können. In dieser Ausgestaltung weist der verbriefte Ablieferungsanspruch nicht vollständig den Charakter eines abstrakten Schuldversprechens im Sinne von § 780 BGB auf.[16] 7

Umstritten war *vor* dem SRG, ob dafür bereits der gute Glaube des *ersten Nehmers* ausreicht[17] oder ob eine wertpapierrechtliche Übertragung vom ersten Nehmer auf nachfolgende gutgläubige Erwerber notwendig ist.[18] § 444 Abs. 2 Satz 1 und 2 entspricht inhaltlich zwar noch weitgehend dem bisherigen § 444 Abs. 3 Satz 3 HGB, ist aber § 522 Abs. 2 angeglichen worden. Dadurch wird auch im Recht des Ladescheins im Hinblick auf die Wirkungen von Einwendungen nunmehr nicht mehr zwischen der **Begebung** des Ladescheins an den darin benannten Empfänger (d.h. *Entstehenlassen* des verbrieften Vermögensrechts durch Übertragung der Urkunde und des in ihr verbrieften Vermögensrechts auf den ersten Nehmer der Urkunde) und der **Übertragung**[19] des Ladescheins an einen Dritten durch Indossament oder, wie beim Inhaberladeschein durch Einigung und Übergabe (§ 929 8

---

13 *Koller*[8] § 444 Rn 5.

14 *Koller*[8] § 444 Rn 6.

15 *Koller*[8] § 444 Rn 5 (in Parallele zum Einwendungsausschluss gemäß § 447).

16 Daher Bezeichnung als „halb-kausales Wertpapier", Staub/*Canaris*[4] § 363 Rn 66; *Herber* Seehandelsrecht[2], 308; *ders.* MünchKommHGB[3] § 443 Rn 5. – Aber auch das abstrakte Schuldversprechen ist bei fehlender causa kondizierbar, daher eigentlich kausal.

17 So *Rabe* Seehandelsrecht[4] § 656 Rn 16 (jetzt § 517 und § 522); weitergehend Staub/*Canaris*[4] § 363 Rn 67 (einwendungsfreier Erwerb sogar ohne guten Glauben).

18 Vgl. [alle für § 444 aF] *Herber* Seehandelsrecht (Voraufl.), 302; *Czerwenka* TranspR 1988, 258; MünchKommHGB/*Herber*[2] § 444 Rn 40 (Herbeiführung des gutgläubigen Erwerbs iSv Abs. 3 Satz 3 aF erst nach Begebung zunächst an den Absender oder Ablader ohne Gutglaubensschutz und nachfolgend durch eine Weiterübertragung von dort auf den gutgläubigen Empfänger).

19 Der Sache nach sind freilich auch die Übertragungen auf Dritte Begebungsverträge mit der vorerwähnten sachenrechtlichen und schuldrechtlichen Komponente (Einigung und Übergabe des indossierten Papiers).

BGB) unterschieden. Wie im Seefrachtrecht[20] soll damit **auch der bei Begebung gutgläubige *erste* Nehmer** eines Ladescheins geschützt werden (vgl. § 447 Abs. 1)[21]. Die Vermutungswirkung gem. § 444 Abs. 1 besteht also im Verhältnis zwischen dem Frachtführer und dem bei Begebung gutgläubigen, im Ladeschein benannten Empfänger (als erster Nehmer) sowie zwischen dem Frachtführer und dem bei Begebung gutgläubigen dritten Erwerber.[22] Für die Vermutung zugunsten des Empfängers als erstem Nehmer reicht es dabei aus, dass der Begebungsvertrag zwischen Frachtführer und Empfänger über den Absender als Boten oder als Vertrag zwischen Frachtführer und Absender zugunsten des Empfängers geschlossen wird.[23]

9 Die Vorschrift ist **analog anzuwenden** auf solche erste gutgläubige Nehmer, die im Ladeschein nicht als Empfänger bezeichnet werden, aber in gleicher Weise wie der Empfänger Art und Qualität des Gutes nicht kennen.[24] Die Vorschrift soll hingegen **teleologisch zu reduzieren** sein für den Fall, dass Absender oder Ablader selbst im Ladeschein benannte Empfänger sind und an sie am Abladeort abgeliefert werden soll. Weil sie nämlich Art und Qualität des Gutes in der Regel besser kennen als der ausstellende Frachtführer, seien sie in Ansehung der Güterbeschreibung im Ladeschein nicht schutzwürdig. Es sollte ihnen daher die unwiderlegliche Vermutung, das Gut wie im Ladeschein übergeben zu haben, nicht zugute kommen.[25] Gleiches sollte auch gelten, wenn Absender oder Ablader zwar als erste Nehmer benannt werden, aber an eine Weiterübertragung (an den wirklichen Empfänger oder einen Dritten) geplant ist. Für den Absender erscheint mir dies einleuchtend. Ob aber auch der Ablader stets ein vergleichbares Herrschaftswissen hat, mag man aber bezweifeln.

10 Auf den guten Glauben des Dritten in Ansehung der Beschreibungen im Ladeschein kommt es hingegen dann gar nicht an, wenn bereits der Veräußerer des Ladescheins sich – gutgläubig – auf Unwiderleglichkeit der Vermutung berufen konnte. Der Veräußerer ist dann Berechtigter. Der Dritte muss nicht nochmals gutgläubig sein. Andernfalls würde das Erfordernis dauerhafter Gutgläubigkeit von Folgewerbern zur Entwertung des Ladescheins ihren Händen führen.[26]

11 **2. Ausnahme: Widerleglichkeit bei Kenntnis/Unkenntnis der Unrichtigkeiten der Angaben, Abs. 2 Satz 1 Hs 2.** Die Vorschrift korrespondiert mit den Gutglaubensregeln bei Inhaber- und Orderladescheinen. Der gute Glaube fehlte bei Inhaber- und Orderladescheinen bereits bisher entsprechend Artt. 10, 16 Abs. 2 WG im Falle grober Fahrlässigkeit. Bei Namensladescheinen schadete bisher entsprechend §§ 173, 405 BGB schon leichte Fahrlässigkeit, wobei allerdings nur unzureichend begründete Vorbehalte iSd. § 444 Abs. 1, § 409 Abs. 2 Satz 2 den guten Glauben nicht zerstörten.[27] Die Neufassung von § 444 benennt nun klar die Zerstörung guten Glaubens bei Kenntnis und grob fahrlässiger Unkenntnis der Unrichtigkeit der Ladescheinangaben. Nach dem Wortlaut der Vorschrift sind nun-

20 *Herber* Seehandelsrecht², 325; Begr. RegE SRG, BT-Drs. 17/10309, 97, 99.

21 „Dem aus dem Ladeschein *Berechtigten* kann der Frachtführer nur solche Einwendungen entgegensetzen, …"

22 Ebenroth/Boujong/Joost/Strohn/*Schaffert*³ § 444 Rn 8; *Koller*⁸ § 444 Rn 5; zur weitergehenden Vermutungswirkung zugunsten gutgläubiger Rechtsnachfolger des Empfängers gemäß § 444 Abs. 3 Satz 3 vgl. Ebenroth/Boujong/Joost/Strohn/*Schaffert*³ § 444 Rn 9, 10.

23 Vgl. oben § 443 Rn 23–31; ebenso *Koller*⁸ § 444 Rn 25.

24 *Koller*⁸ § 444 Rn 5.

25 So *Koller*⁸ § 444 Rn 5.

26 *Koller*⁸ § 444 Rn 6.

27 *Koller*⁷ § 444 aF Rn 18; Ebenroth/Boujong/Joost/Strohn/*Schaffert*³ § 444 Rn 10.

mehr alle Gestaltungsvarianten des Ladescheins von dieser Rechtsscheinswirkung erfasst (vgl. auch oben Rn 7).[28]

Die Vermutung der Beschreibung im Ladeschein wird widerleglich, wenn dem Empfänger/ersten Nehmer oder Dritten die Unrichtigkeit der Angaben bekannt oder grob fahrlässig unbekannt ist. Grobe Fahrlässigkeit liegt vor, wenn plausible oder gravierende Anhaltspunkte eine Überprüfung der Eintragungen oder Zweifel an ihrer Richtigkeit geraten erscheinen lassen. Eine Überprüfung muss dann freilich auch möglich sein.[29] In diesem Sinne vermögen wie dargelegt (oben Rn 5, 11) nur begründete Vorbehalte den guten Glauben und daran anknüpfend die Vermutungswirkung und Richtigkeitsfiktion zu zerstören. Unbegründete, nicht plausible oder nicht hinreichend substantiierte Vorbehalte begründen aber weder eine Prüfungspflicht noch führen sie zur Bösgläubigkeit im vorgenannten Sinne.[30] Diese muss vom Frachtführer dann anderweitig nachgewiesen werden. Die Vermutungswirkung wird selbst in diesen Fällen nicht eo ipso aufgehoben, sondern die Angaben im Ladeschein sind nur nach allgemeinen Beweisgrundsätzen dem Gegenbeweis zugänglich. Der Schutz des Empfängers/Erwerbers reicht allerdings nur so weit, wie die Vermutung reicht,[31] und Ansprüche des Erwerbers entsprechen daher grundsätzlich denen, die dem Empfänger zustehen.[32] **11a**

3. **Inanspruchnahme des ausführenden Frachtführers, Satz 3.** Satz 3 regelt wie auch § 522 Abs. 3 Satz 2 den Fall, dass der aus dem Ladeschein Berechtigte oder formell Legitimierte den ausführenden Frachtführer nach § 437 HGB in Anspruch nimmt. Ebenso wie bei der Ausstellung eines Konnossements soll dem **Schutzbedürfnis des ausführenden Frachtführers** der Vorrang vor den Interessen gut- gläubiger erster Nehmer und gutgläubiger Dritter eingeräumt werden, sofern der Ladeschein nicht von ihm selbst oder von seinem Vertreter (als einem zur Ausstellung von Ladescheinen Befugten) ausgestellt wurde,[33] er den Rechtsschein also nicht zurechenbar gesetzt hat. **12**

Für den Fall, dass der **ausführende Frachtführer** von dem aus dem Ladeschein Berechtigten oder von dem nur formell Legitimierten in Anspruch genommen wird, *unterstellt* § 444 Abs. 2 Satz 3 – entsprechend der ausdrücklichen Regelung in § 522 Abs. 3 Satz 1 mit Bezug auf § 509 –, dass auch in diesem Falle der ausführende Frachtführer die **Einwendungen geltend machen** kann, die dem vertraglichen Frachtführer nach Abs. 1 zustehen. Zwar findet sich eine § 522 Abs. 3 entsprechende Bestimmung in § 444 nicht ausdrücklich, doch gibt die Einschränkung der Vermutungswirkung gegenüber dem ausführenden Frachtführer in § 444 Abs. 2 Satz 3 ohne diesen „mitgedachten" Einwendungserhalt keinen Sinn. **13**

Der in § 444 Abs. 2 Satz 1 und 2 vorgesehene Gutglaubensschutz findet nach Satz 3 also grundsätzlich keine Anwendung, wenn der Ladeschein weder vom ausführenden Frachtführer selbst noch von einem für ihn zur Zeichnung Befugten ausgestellt wurde.[34] In diesem Fall soll der von dem aus einem Ladeschein Berechtigten oder nur formell Legiti- **14**

---

28 Begr RegE SRG BT-Drs. 17/10309, 58 (zu § 444); 97 (zu § 522); MünchKommHGB/*Herber*³ § 444 Rn 10; § 522 Rn 19 ff; Ebenroth/Boujong/Joost/Strohn/*Schaffert*³ § 444 Rn 10.

29 *Koller*⁸ § 444 Rn 5.

30 *Koller*⁸ § 444 Rn 5 aE.

31 *Koller*⁷ § 444 aF Rn 19; *ders.*⁸ Rn 6; Ebenroth/Boujong/Joost/Strohn/*Schaffert*³ § 444 Rn 10.

32 Vgl. *Koller*⁷ § 444 aF Rn 12–16 und 20–22; Ebenroth/Boujong/Joost/Strohn/*Schaffert*³ § 444 Rn 10.

33 Begr RegE zu § 444a HGB-E, BT-Drs. 17/10309, 58 Auf die Begründung zu § 522 Abs. 3 HGB- E wird verwiesen, der zudem auf § 509 Bezug nimmt.

34 Begr RegE zu § 522 HGB-E, BT-Drs. 17/10309, 97, 98.

mierten nach § 437 direkt in Anspruch genommene ausführende Frachtführer die **Vermutungen** nach Abs. 1 und Abs. 2 Satz 1 und 2 grundsätzlich auch dann **widerlegen** können, wenn der im Ladeschein benannte Empfänger oder der Erwerber (Dritter) in Ansehung der darin aufgeführten Angaben gutgläubig ist.[35] Angesichts der widerstreitenden Schutzbedürfnisse des ausführenden Frachtführers, der keinen wertpapierrechtlichen Rechtsschein gesetzt oder zu setzen veranlasst hat, einerseits und des gutgläubigen Empfängers oder gutgläubigen Erwerbers (Dritter) des Wertpapiers andererseits wird dem Schutz des ersteren grundsätzlich der Vorrang eingeräumt.[36] Damit steht dem ausführenden Frachtführer gegenüber der Eintragung im Ladeschein der Gegenbeweis offen.

15 Da die Unwiderleglichkeit der Vermutung auch bereits durch einen Vorbehalt des Frachtführers zerstört wird, mag der ausführende Frachtführer – ohne Gegenbeweis – auch versuchen, sich darauf zu berufen, dass er – hypothetisch – als Aussteller des Ladescheins/Hauptfrachtführer einen ordnungsgemäßen und wirksamen Vorbehalt eingetragen hätte.[37] Diesen Vortrag wird er freilich plausibilisieren müssen.

16 Anderes soll gelten, wenn der Ladeschein von einem für den ausführenden Frachtführer zur Zeichnung von Ladescheinen Befugten ausgestellt wurde, also beispielsweise von dem Kapitän des Binnenschiffs, dessen Reeder der ausführende Frachtführer ist, oder etwa von dem Fahrer des Beförderungsmittels zu Lande oder von dem Flugzeugführer. In diesem Falle ist dem Schutzbedürfnis des gutgläubigen Empfängers oder gutgläubigen Erwerbers der Vorrang eingeräumt,[38] denn der ausführende Frachtführer hat die Ausstellung zurechenbar mitveranlasst.

IV. Haftung des Frachtführers für unrichtige Angaben im Ladeschein

17 Die Vermutungswirkungen gemäß § 444 Abs. 1 und 2 können Ansprüche auf **Schadenersatz** gegen den Frachtführer begründen, wenn der Ladeschein *unrichtige* Angaben (§ 444 Abs. 1 in Verbindung mit § 408 Abs. 1 Nummer 6–8; etwa Schadensfreiheit, bestimmter Zustand, bestimmte Menge) über die Güter enthält oder wenn äußerlich erkennbare Mängel der Güter *nicht* in ihm vermerkt (etwa durch Vorbehalt iSv § 409 Abs. 2 Satz 2) sind. Die Richtigkeit von Angaben bzw. auch ihres Fehlens wird vermutet. Dem Frachtführer wird, wenn ihm die Widerlegung der Vermutung der Richtigkeit von Angaben bzw. Nichteintragen nicht gelingt bzw. wenn der Ersatzanspruch im Falle gutgläubigen Erwerbs des Ladescheins auf eine unwiderlegliche Vermutung gestützt ist (§ 444 Abs. 2), der Einwand abgeschnitten, dass er die Güter *nicht* wie im Ladeschein beschrieben in seine Obhut übernommen habe. Im Ergebnis wird er damit so behandelt, als seien die Güter erst während seiner Obhutzeit beschädigt worden oder verloren gegangen.[39] Wenn der **Frachtführer** diese **Vermutung** des § 444 Abs. 1 **nicht widerlegt, haftet** er folglich wegen Verlust oder Beschädigung nach §§ 425 ff **verschuldensunabhängig**, gesetzlich begrenzt nach §§ 431, 434 Abs. 1 und gem. § 435 unbegrenzt bei qualifiziert schuldhaftem Verhalten. Diese erstgenannte Rechtfolge ist Ausprägung seiner Obhutshaftung, die zweite die seines Verschuldens.

18 Für sonstiges, Vertragspartner oder Dritte schädigende Verhalten außerhalb der Obhut kommt *daneben* eine eigene **Haftung** des Frachtführers nach **allgemein schuldrechtlichen**

---

[35] Begr RegE zu § 522 HGB-E, BT-Drs. 17/10309, 97, 98.

[36] Begr RegE zu § 522 HGB-E, BT-Drs. 17/10309, 97, 98.

[37] *Koller*[8] § 444 Rn 7.

[38] Begr RegE zu § 522 HGB-E, BT-Drs. 17/10309, 97, 98.

[39] *Koller*[7] § 444 aF Rn 12, 20; *ders.*[8] § 444 Rn 4; MünchKommHGB/*Herber*[3] § 444 Rn 11, 12.

Grundsätzen in Betracht, etwa wegen **positiver Vertragsverletzung** gem. §§ 280 ff BGB oder wegen **Verschuldens bei Vertragsschluss (c.i.c.)** gemäß §§ 311 Abs. 2 und 3, 241 Abs. 2 BGB. So haftet der Frachtführer etwa dem Empfänger gegenüber, der nicht sein direkter Vertragspartner ist, wegen schuldhaft unrichtiger Ladescheinangaben auch auf Ersatz eines Vermögensschadens (etwa Aufwendungen des Empfängers im Vertrauen auf die unrichtigen Angaben im Ladeschein) nach den Grundsätzen des Verschuldens bei Vertragsschluss gegenüber Dritten (Grundsatz der Sachwalterhaftung bei eigenem wirtschaftlichen Interesse und Inanspruchnahme besonderen persönlichen Vertrauens, § 311 Abs. 3, § 241 Abs. 2 BGB).[40] Die Wertgrenze des Gutes ist nicht maßgebend. Freilich hat der aus dem Ladeschein Berechtigte hierfür das Verschulden des Frachtführers (als Aussteller des Ladescheins) ebenso zu beweisen wie die Höhe und die Kausalität des Schadens.[41] Gleiches gilt bei Verschulden eines Erfüllungsgehilfen des Frachtführers.

Soweit der Frachtführer vorsätzlich falsche Angaben macht, haftet er zudem deliktisch **19**
gemäß § 826 BGB. Vorbehalte und Unbekannt-Klauseln schützen insoweit nicht, wenn der Ladescheinberechtigte sich nachweisbar auf die Angaben im Dokument verlassen hat.[42]

Selbst wenn die **Widerlegung der Vermutung gelingt**, entfällt nur eine frachtrechtliche **20**
Haftung gemäß den §§ 425 ff; eine Haftung gegenüber dem Empfänger nach den genannten bürgerlich-rechtlichen Bestimmungen (Verschuldenshaftung, §§ 347 HGB, 278 BGB; § 433 HGB, abdingbar nach §§ 311 Abs. 2, 3 BGB) auch bleibt davon unberührt.[43] Verschulden des Frachtführers bei Angaben im Ladenschein (Überprüfung der Richtigkeit) und Schadenshöhe sowie -kausalität hat der Empfänger zu beweisen. Maßgeblich ist sein Vertrauensschaden, nicht der Erfüllungsschaden. Vertrauen auf die Richtigkeit der Ladescheinangaben wird durch klare Vorbehalte oder „unbekannt"-Vermerke zerstört. Die hierzu in § 409 Abs. 2 Satz 2 aufgeführte Qualifizierung des Vorbehalts scheint hierfür nicht erforderlich zu sein.[44]

Eine **Begrenzung dieser Haftung** durch § 431 findet nicht statt, weil es nicht um Gü- **21**
terschäden geht. Vertreten wird eine Begrenzung nach § 433 auf das Dreifache des Ersatzes bei Güterverlust[45], mit der möglichen Durchbrechung der Haftungsbegrenzung bei Leichtfertigkeit nach § 435.[46] Eine Haftungsbegrenzung iSv § 433 hängt indes davon ab, ob unrichtige Angaben im Ladeschein als eine Verletzung einer mit der Ausführung der Beförderung des Gutes zusammenhängenden Pflicht anzusehen sind und die Rechtsfolge des Schadenersatzes damit der Begrenzung nach § 433 unterliegt oder nicht. Der BGH hatte die Anwendung der Parallelvorschrift des § 660 aF in Ansehung unterschiedlicher Ausle-

---

40 BGH NJW 1987, 588, 589 = BGHZ 98, 284 (Seerecht) = TranspR 1986, 29; *Czerwenka* TranspR 1988,2 56,62; *Koller*[8] § 444 Rn 4; *ders.* TranspR 1994, 181, 187; vgl. *Rabe* Seehandelsrecht[4] § 656 Rn 38 ff (zu Konnossementsrecht); MünchkommHGB/*Herber*[3] § 444 Rn 12.

41 *Koller*[8] § 444 Rn 4; einschränkend BGHZ 99, 101,108; NJW 1986, 2757; abweichend *Rabe* Handelsrecht § 656 Rn 42.

42 *Koller*[8] § 444 Rn 4; *ders.*[8] Rn 4; Ebenroth/Boujong/Joost/Strohn/*Schaffert*[3] § 444 Rn 9.

43 Vgl. BGHZ 98, 284, 286, 290 = TranspR 1987, 29, 31 = NJW 1987, 588; *Czerwenka* TranspR 1988, 256, 261 f; *Koller*[8] § 444 Rn 4; *ders.* TranspR 1994, 181, 187; Ebenroth/Boujong/Joost/Strohn/*Schaffert*[3] § 444 Rn 9.

44 So schon *Koller*[7] § 444 aF Rn 14 (weil schon die wertpapierrechtliche Richtigkeit der Vermutung durch die Ladescheingabe formal und ohne Rücksicht auf konkret betätigtes Vertrauen begründet werden soll und daher durch einen solchen Vorbehalt zerstört werden kann. Die Richtigkeitsvermutung sollte daher auch durch einen in diesem Sinne unqualifizierten Vorbehalt zu Fall gebracht werden können. Bei § 409 Abs. 2 Satz 2 gehe es um den Schutz *konkreter* Vertrauensinvestitionen).

45 *Koller*[8] § 444 Rn 4.

46 MünchKommHGB/*Herber*[3] § 444 Rn 12; BGHZ 98, 284.

gungen im Schrifttum im Falle unrichtiger Konnossementsangaben unter Anwendung einer historischen Exegese der Haager Regeln und der Haag-Visby-Regeln sowie der deutschen Gesetzesbegründung zu § 660 aF abgelehnt und eine Haftungsbegrenzung mit der Begründung verneint, „daß die Haftungsbegrenzung des § 660 HGB lediglich die Schadensersatzansprüche gegen den Verfrachter aus dem Verlust oder der Beschädigung der Güter betrifft, hingegen nicht Ansprüche des legitimierten Konnossementsinhabers gegen den Verfrachter wegen eines unrichtigen „shipped-on-board-Vermerks" in dem Bordkonnossement. Die Haftung hierfür sei stets als eine von der Haftung für den Verlust oder die Beschädigung der Güter verschiedene behandelt worden.[47] So kann auch bei § 433 differenziert werden. § 433 ist folglich auf Schäden durch unrichtige Angaben im Ladeschein nicht anwendbar. Auch eine Begrenzung auf den Wert des angeblich übernommenen Gutes muss sich der Empfänger nicht entgegenhalten zu lassen.[48]

22 Wer sich Sicherheit über Haftungsbegrenzungen verschaffen möchte, kann dies vertraglich tun. Die Haftung für unrichtige Angaben im Ladeschein kann **vertraglich** sowie formularmäßig begrenzt oder auch **ausgeschlossen** werden. Formularmäßige Freizeichnungen unterstehen der zivilrechtlichen AGB-Kontrolle der §§ 305 ff, dürfen also dort bezeichnete Klauselverbote nicht verletzen (Freizeichnung etwa bei grob fahrlässigen Verhalten).[49]

§ 449 verhindert dies nicht, weil durch dort als änderungsfest beschriebene Regelungen nur die Haftung wegen Güterschäden und Lieferfristüberschreitung erfasst ist. § 444 selbst ist in § 449 Abs. 1 nicht aufgeführt. Soweit die Vorschrift im Rahmen der §§ 445 Abs. 3 und 446 Abs. 2 eine Rolle spielt, kann sich die Unabdingbarkeit dieser in § 449 Abs. 1 benannten Vorschriften aber dann auch auf § 444 auswirken.

23 Will der Frachtführer, der einen Ladeschein ausstellt, seine Haftung nach diesen Bestimmungen und zur Vermeidung eines Verschuldensvorwurfs vermeiden, hat er im Grundsatz die Richtigkeit seiner **Angaben selbst** zu **überprüfen**, soweit ihm dies zumutbar ist. Ungeprüfte Angaben („ins Blaue hinein") können hingegen schuldhaftes Handeln begründen. Gleiches gilt für ebensolche Vorbehalte hinein und für Unbekannt-Klauseln wider besseres Wissen.

24 Doch nicht jede vom wirklichen Güterzustand abweichende Beschreibung des Gutes im Ladeschein ist auf ein Verschulden des Frachtführers zurückzuführen. Ihn trifft **keine Prüfungspflicht** hinsichtlich der ihm **vom Absender gemachten Angaben**, selbst wenn diese von ihm in den Ladeschein aufgenommen wurden. Das Gesetz wird damit dem Umstand gerecht, dass der Güterzustand von außen oft nur schwer einschätzbar ist.

Die Möglichkeit eines Vorbehalts nach § 444 Abs.1 iVm § 409 Abs. 2 Satz 2 ist in erster Linie als **Obliegenheit** zur Prüfung der Güter zu begreifen und dient der Abwehr einer gegen ihn gerichteten Vermutung aus dem Ladeschein. Anders liegen die Dinge, wenn dem Frachtführer die **Mängel** des Gutes **ohne weiteres erkennbar** sind. In einem solchen Fall eines schuldhaft unterlassenen Vorbehalts im Ladeschein wird er sich die Vermutung der Richtigkeit der Angaben im Ladeschein entgegenhalten lassen müssen.

Mit einer so genannten **Reversverpflichtung**, die der Frachtführer sich vom Absender geben lässt (so genannter Abladerrevers), kann sich der Frachtführer gegen die Gefahr ab-

---

47 Vgl. BGHZ 34, 216, 218 = NJW 1961, 823; BGHZ 98, 284, 288 ff = TranspR 1987, 29, 30 f = NJW 1987, 588 (unter Hinweis auf BGHZ 33, 364, 368); *Czerwenka* TranspR 1988, 256, 261 f; *Koller* TranspR 1994, 181, 187 f; *ders.*7 § 444 aF Rn 13–15; Ebenroth/Boujong/Joost/Strohn/*Schaffert*3 § 444 Rn 9; **aA** MünchKommHGB/*Herber*2 Rn 43.

48 *Koller*7 § 444 aF Rn 13.

49 *Koller* TranspR 1994, 181, 188; *ders.*7 § 444 aF Rn 13, 15; MünchKommHGB/*Herber*3 § 444 Rn 12.

sichern, bei Unterlassung eines Vorbehalts im Ladeschein wegen der *Gütermenge* vom Empfänger in Anspruch genommen zu werden.[50] Anders mag freilich der Fall zu bewerten sein, dass sich der reversgesicherte Frachtführer bedingt vorsätzlich über die Interessen des aus dem Ladescheinberechtigten hinwegsetzt.[51]

Ist dem Frachtführer erkennbar, dass der Absender den Empfänger **vorsätzlich** zu **benachteiligen** trachtete, kommt ein Anspruch aus sittenwidriger Schädigung gem. § 826 BGB[52] nur dann in Betracht, wenn auch dem Frachtführer ein daraufhin gerichteter Vorsatz mit Schädigungsabsicht nachzuweisen ist. Dies dürfte selten der Fall sein.

Auf Kenntnis oder auf ein **Mitverschulden des Absenders** kann sich der Frachtführer für seine Entlastung bei eigener Verfehlung nicht berufen.[53] Unbeachtlich sind auch frachtvertragliche **Freizeichnungsklauseln**, wenn sie nicht in den Ladeschein aufgenommen worden sind. Etwas anderes kann nur dann gelten, wenn die Freizeichnung einem einschlägigen Handelsbrauch entspricht gemäß § 346. **25**

V. Legitimation zur Geltendmachung verbriefter frachtvertraglicher Ansprüche, Abs. 3

Die Vorschrift tritt an die Stelle des bisherigen § 444 Abs. 3 Satz 1, der am bisherigen § 656 Abs. 1 orientiert war, sowie an die Stelle des bisherigen § 446. **Abs. 3** ist dem neuen § 519 nachgebildet.[54] § 444 Abs. 3 regelt den in § 443 Abs. 1 angesprochenen und in § 445 Abs. 1 und 2 näher geregelten materiellen Ablieferungsanspruch aus dem Blickwinkel der mit dem Papierbesitz verbundenen **Empfangslegitimation**. **26**

1. Aktivlegitimation des aus dem Ladeschein Berechtigten; Verhältnis Ladeschein zu Frachtvertrag, Satz 1. Die Vorschrift dient – in Anlehnung an § 519 – der **Abgrenzung** zwischen den Ansprüchen aus dem **Frachtvertrag** und denen aus dem **Ladeschein** (vgl. dazu auch § 443 Rn 55–81). § 444 Abs. 3 Satz 1 bestimmt und ein Gegenschluss aus § 445 Abs. 1 ergibt, dass die *frachtvertraglichen Ansprüche*, soweit sie im Ladeschein verbrieft sind, (letztendlich*) nur* von dem aus dem Ladeschein *Berechtigten* geltend gemacht werden können, wobei die Vermutung der Berechtigung zugunsten des formell Legitimierten nach Abs. 3 Satz 2 die Aktivlegitimation auf letzteren ausdehnt (dazu sogleich Rn 33). Die abweichenden Formulierungen in § 444 Abs. 3 Satz 1 und in § 445 Abs. 1 und 2 zur Geltendmachung des Ablieferungsanspruch machen die klare Zuweisung der Aktivlegitimation an dem Berechtigten und die Aufwertung des formell Legitimierten durch die Berechtigungsvermutung nicht auf Anhieb deutlich (vgl. dazu auch § 445 Rn 2 ff). **27**

Durch die in Abs. 3 Satz 1 ausschließlich beim Ladescheinberechtigten angesiedelte Aktivlegitimation („nur“) soll insbesondere auch klargestellt werden, dass die durch Ausstellung und Begebung eines Ladescheins *wertpapierrechtlich* begründeten „frachtvertraglichen“ Ansprüche gleichsam verselbständigt sind und die herkömmlichen **Ansprüche aus dem Frachtvertrag *überlagern bzw. verdrängen*** (vgl. § 443 Rn 61, 75). Zu unterscheiden ist zwischen dem Empfänger als dem Drittbegünstigten aus dem zwischen Absender und Frachtführer abgeschlossenen *Frachtvertrag* und der Person, die bei Ausstellung eines La- **28**

---

50 MünchkommHGB/*Herber*[3] § 444 Rn 13 unter Hinweis auf BGH NJW 1973, 465; *Rabe* Seehandelsrecht[4] § 656 Rn 35 ff.

51 *Koller*[8] § 445 Rn 8; **abw.** LG Stuttgart TranspR 2001, 41, 44 (Seerecht).

52 So offenbar MünchkommHGB/*Herber*[3] § 444 Rn 13.

53 BGH NJW 1987, 588 f; *Koller*[7] 444 aF Rn 15.

54 Die Gesetzesbegründung verweist auf die Begründung zu § 519.

descheins zum Empfang des Gutes wertpapierrechtlich berechtigt ist. Für die Berechtigung maßgeblich ist in Ansehung letzterer, verbriefter Ansprüche *nur* der Ladeschein. Nur dem berechtigten Inhaber des Ladescheins steht gegen den Frachtführer damit ein **Ablieferungsanspruch** zu, der von dem der Beförderung zugrundeliegenden Frachtvertrag grundsätzlich **unabhängig** ist. Der Verkehrsschutz des Ladescheins wäre empfindlich beeinträchtigt, wenn auch weiterhin Personen zur Geltendmachung vertraglicher Ansprüche berechtigt blieben, die sich nicht durch Vorlage des Ladescheins legitimieren können.[55]

29 Zu den im Ladeschein **verbrieften *frachtvertraglichen* Ansprüchen** zählen insbesondere die **gesetzlich normierten Ansprüche** gegen den Frachtführer und gegen den ausführenden Frachtführer auf **Ablieferung** des Gutes sowie Ansprüche auf **Schadenersatz** wegen Güter- und Verspätungsschäden. Der genaue Inhalt des Primärleistungsanspruchs Ablieferung ergibt sich unmittelbar aus dem Ladeschein, etwa aus der darin enthaltenen Beschreibung des zur Beförderung übernommenen Gutes.

30 Sind *frachtvertragliche* Primäransprüche allerdings **nicht im Ladeschein verbrieft** sind, bleiben sie **unberührt.** Dies ist etwa der Fall, wenn im Ladeschein eine **geringere Ladungsmenge** angegeben ist als die Menge, die tatsächlich frachtvertraglich übernommen wurde, oder wenn im Ladeschein keine Angaben über bestimmte vertragliche **Nebenpflichten** oder über die frachtvertraglich einzuhaltende Lieferfrist enthalten sind.

Der Absender wie auch der Empfänger können die sich aus dem Frachtvertrag möglicherweise ergebenden **weitergehenden Rechte** geltend machen.[56] Sie sind dann nach allgemeinen Grundsätzen zu beweisen.

31 Der aus dem Ladeschein (ggf. kraft Vermutung) Berechtigte muss sich aber – unabhängig davon, ob er insoweit gutgläubig ist – nicht entgegenhalten lassen, dass etwa der Frachtvertrag nicht besteht oder dass im Rahmen des Frachtvertrags besondere Abreden getroffen worden waren. **Frachtvertragliche Abreden** lassen sich dem Anspruch aus dem Ladeschein (!) nur dann entgegenhalten, soweit auf sie im Ladeschein verwiesen wurde oder sie in die Vereinbarung zum Ladeschein aufgenommen worden sind (sonst Einwendungsausschluss nach § 447 Abs. 1.)[57]

32 Da der Frachtführer die Ablieferung an den Inhaber des Ladescheins nur entsprechend dem für die Beförderung maßgeblichen *Frachtrecht* schuldet und der Ablieferungsanspruch folglich in dieses Rechtsverhältnis eingebettet ist, kommen insoweit aber grundsätzlich auch die **„frachtvertragstypusbedingten" gesetzlichen Einwendungen** zur Anwendung (vgl. dazu schon § 443 Rn 12 und § 447 Rn 32, 79). Der Verkehrsschutz des Ladescheins wäre nur empfindlich beeinträchtigt, wenn der Frachtführer sich auf inhaltlich vom Typus des Frachtvertrages abweichende individualvertragliche Abreden stützen könnte. Weichen andererseits Abreden im Ladeschein vom Frachtvertrag ab, haben diese nur Gültigkeit, wenn sie unabdingbarem Frachtrecht (hier insbesondere dem § 449) nicht widersprechen.[58]

33 **2. Vermutung der Berechtigung aus dem Ladeschein zugunsten des Legitimierten, Satz 2.** Abs. 3 Satz 2 macht deutlich, dass der aus dem Ladeschein (materiell) Berechtigte

[55] Begr RegE zu § 519 HGB-E, BT Drs. 17/10309, 94, 95.

[56] *Herber* FS Thume, 177, 180 f mwN; Ebenroth/Boujong/Joost/Strohn/*Schaffert*[3] § 444 Rn 8.

[57] *Koller*[7] § 444 aF Rn 9, *ders.*[8] § 443 Rn 18; jeweils mwN; Ebenroth/Boujong/Joost/Strohn/*Schaffert*[3] § 444 Rn 8.

[58] BGHZ 25, 303; BGH DB 1968, 1809 f; *Koller*[7] § 444 aF Rn 9; *ders.*[8] § 443 Rn 18; *Ramming* TranspR 1999, 325, 327; Ebenroth/Boujong/Joost/Strohn/*Schaffert*[3] § 444 Rn 8.

und der formell legitimierte Besitzer des Ladescheins unterschiedliche Rechtsträger sein *können*. Der legitimierte Besitzer ist im Grundsatz nur formell aus dem Ladeschein berechtigt und nicht eo ipso aktivlegitimiert. Nach Satz 2 spricht aber eine gesetzliche **Vermutung** dafür, dass die nach Satz 3 als „legitimierter Besitzer des Ladeschein" formell ausgewiesene Person als diejenige anzusehen ist, die aus dem Ladeschein materiell berechtigt ist. Die Vermutung der materiellen Berechtigung knüpft damit an die formelle Legitimation. Satz 2 benennt mit letzterer den Anknüpfungspunkt für den guten Glauben an die Berechtigung aus dem Ladeschein. Die Vermutung ist – außer gegenüber gutgläubigen Erwerbern (§ 445 Abs. 2 Satz 2; § 446 Abs. 3 Satz 3) – durch Vollbeweis widerlegbar. Die Bestimmung ist § 365 Abs. 1 HGB in Verbindung mit Artikel 16 Wechselgesetz nachgebildet. Die Formulierung „zugunsten des Besitzers" ist an § 1006 Abs. 1 Satz 1 BGB orientiert[59] und legt – wertungsgleich mit den sachenrechtlichen Rechtsscheinsvorschriften der Anknüpfung der Eigentumsvermutung an den Sachbesitz – den Grundstein für den Schutz des Rechtsverkehrs, der die Umlauffähigkeit des Wertpapiers erhöht.

3. **Legitimierter Besitz des Ladescheins, Empfangslegitimation, Satz 3.** Die Vorschrift regelt die Rechtsstellung des Ladescheininhabers in weitgehender Anlehnung an § 446 Abs. 1 aF, beschreibt aber präzise die Typisierung der Empfangslegitimation nach den Grundarten der umlauffähigen Wertpapiere (Inhaber-, Order-, Rektapapier). Die ursprünglich nur bei Wertpapieren öffentlichen Glaubens (Order- und Inhaberpapiere) übliche Unterscheidung zwischen Rechtsinhaberschaft (Berechtigung) und Rechtsschein durch Legitimationswirkung wird damit auch auf den Rektaladeschein angewendet. **34**

Die enthaltene Definition des Begriffs „legitimierter Besitzer des Ladescheins" in Satz 3 orientiert sich an dem in § 364 verwendeten Begriff und geht auf die von der Sachverständigengruppe für das Konnossement in § 507 Abs. 1 vorgeschlagene Regelung zurück. Diese nicht nach Gestaltungsarten des Ladescheins trennende Wendung stellt damit klar, dass – parallel zum Konnossement – als Ladeschein im Sinne dieser Vorschrift nicht nur der Orderladeschein anzusehen ist, sondern auch der Inhaberladeschein und der Rektaladeschein (Namensladeschein). **34a**

Die **formelle Empfangslegitimation** aus dem Ladeschein ergibt sich nach wertpapierrechtlichen Grundsätzen für Namensladeschein (Rektaladeschein), Orderladeschein und Inhaberladeschein in verschiedener Weise und ist in § 444 Abs. 3 geregelt. **35**

Aus dem **Inhaberladeschein,** der keine namentlichen Benennungen enthält, ist jeder tatsächliche Besitzer der Urkunde zum Empfang des Gutes legitimiert (Ziff. 1). Aus dem **Orderladeschein** ist zum Empfang legitimiert, wer als Empfänger eingetragen ist oder wer seine Legitimation auf eine ununterbrochene, auf den ersten Nehmer zurückführende Indossamentenkette stützen kann. Notwendig ist desweiteren der Besitz der Urkunde (Ziff. 2). Die in Ziffer 2 verwendete Formulierung „durch eine ununterbrochene Reihe von Indossamenten ausweist" entspricht Artikel 16 Abs. 1 Satz 1 des Wechselgesetzes. Ebenso wie bei Anwendung von Artikel 16 Abs. 1 Satz 1 Wechselgesetz ist das Erfordernis, dass der Inhaber durch eine ununterbrochene Reihe von Indossamenten ausgewiesen sein muss, auch erfüllt, wenn das letzte Indossament ein Blankoindossament ist. Führt die Indossamentenkette auf einen ersten Nehmer zurück, der nicht Empfänger ist, kann es auf den Empfänger als ersten Legitimierten streng genommen nicht ankommen. Formell legitimiert ist daher auch der erste Nehmer des Ladescheins, selbst wenn er selbst nicht als Empfänger genannt ist oder wenn der Empfänger im Ladeschein gar nicht benannt ist.[60] Das Gesetz **35a**

[59] Begr RegE zu § 519 HGB-E, BT Drs 17/10309, 95.

[60] So schon *Koller*[8] § 444 Rn 10.

will damit offenbar klarstellen, dass die formelle Legitimation des ersten Nehmers auch dann gegeben ist, wenn der Ladeschein noch nicht durch Indossament übertragen wurde.[61] Aus dem **Namensladeschein** (***Rektaladeschein***) ist nur der namentlich eingetragene Empfänger legitimiert, und dies nur, solange er im Besitz der Urkunde ist (Ziffer 3). Allgemein kann die **formelle Legitimation** des Ladescheins durch Kraftloserklärung im Aufgebotsverfahren **beendet** werden.

36 Die **materielle Berechtigung** bezeichnet allein das Recht aus dem Ladeschein. Sie darf nicht mit der materiellen Berechtigung aus dem Frachtvertrag verwechselt werden.[62] Materielle Berechtigung und formelle Legitimation aus dem Ladeschein fallen in der Regel zusammen. Die materielle Berechtigung weicht von der formellen Legitimation dann ab, wenn der formell Legitimierte das Recht aus dem Wertpapier *nicht* materiell erworben hat. Dies ist etwa dann der Fall, wenn das Wertpapier dem Vorbesitzer und materiell Berechtigten verloren gegangen ist oder ihm gestohlen wurde. Der Finder oder Dieb kann durch Papierbesitz (Inhaberpapier) oder Fälschung der Eintragungen (beim Rektapapier durch Fälschung des Namens des Berechtigten und beim Orderpapier durch Fälschung der Orderklausel oder eines Indossaments oder beim Blankoindossament) formell legitimiert sein. Ein formell legitimierter Finder oder formell legitimierter Dieb ist nicht Inhaber des materiellen Anspruchs aus dem Wertpapier. Abhandengekommene Inhaberpapiere (§ 935 Abs. 2) oder Orderpapiere (§ 364 HGB, Art. 16 Abs. 2 WG[63]) können indes gutgläubig erworben werden. Der Ablieferungsanspruch entsteht dadurch beim gutgläubigen Erwerber des Ladescheins neu. Der Rechtsverkehr ist also auch in diesem Fall geschützt. Formelle Legitimation und materielle Berechtigung aus dem Ladeschein haben – soweit inhaltlich deckungsgleich – Priorität gegenüber dem rein schuldrechtlichen Anspruch aus dem Frachtvertrag (sog. Überlagerung, vgl. oben Rn 61, 75 und § 443 Rn 28).

VI. Übertragung des verbrieften Anspruchs

37 Die Übertragung des im Ladeschein verbrieften Anspruchs erfolgt nach den allgemeinen Grundsätzen des Wertpapierrechts. Anspruchsübertragung und ihre Wirkungen sind auch wiederum von den verschiedenen Gestaltungsvarianten des Ladescheins abhängig.

37a Beim Namensladeschein (**Rektaladeschein**) erfolgt die Rechtsübertragung gemäß § 398 BGB durch Abtretung des Ablieferungsanspruchs und Übergabe des Ladescheins, also nicht in wertpapierrechtlicher Form.[64] Hier folgt das Recht am Papier dem Recht aus dem Papier (dem Anspruch) entsprechend § 952 BGB; die Forderung steht also im Vordergrund

---

61 *Koller*[8] § 444 Rn 10.

62 MünchKommHGB/*Herber*[3] § 445 Rn 3.

63 Art. 16 WG: *(1) Wer den Wechsel in Händen hat, gilt als rechtmäßiger Inhaber, sofern er sein Recht durch eine ununterbrochene Reihe von Indossamenten nachweist, und zwar auch dann, wenn das letzte ein Blankoindossament ist. Ausgestrichene Indossamente gelten hierbei als nicht geschrieben. Folgt auf ein Blankoindossament ein weiteres Indossament, so wird angenommen, dass der Aussteller dieses Indossaments den Wechsel durch das Blankoindossament erworben hat.*
(2) Ist der Wechsel einem früheren Inhaber irgendwie abhanden gekommen, so ist der neue Inhaber, der sein Recht nach den Vorschriften des vorstehenden Absatzes nachweist, zur Herausgabe des Wechsels nur verpflichtet, wenn er ihn in bösem Glauben erworben hat oder ihm beim Erwerb eine grobe Fahrlässigkeit zur Last fällt.

64 Staub/*Helm*[4] § 444 Rn 3; zum Namenslagerschein BGH NJW 1979, 2037 f = WM 1979, 771 ff; *Koller*[8] § 444 Rn 6; Ebenroth/Boujong/Joost/Strohn/*Schaffert*[3] § 444 Rn 7.

(Primat der Forderung). Zessionsrecht lässt gutgläubigen Forderungserwerb nicht zu. Der Ablieferungsanspruch kann deshalb auch nicht gutgläubig einredefrei erworben werden.[65]

Beim **Orderladeschein** erfordert der Rechtsübergang (§§ 363–365, § 364 Abs. 1) grundsätzlich einen Begebungsvertrag. Es genügt hierfür nicht die Ausstellung des Wertpapiers als solche, sondern es ist seine wirksame Übertragung erforderlich.[66] Dazu gehören die **Einigung** über den Übergang des verbrieften Ablieferungsanspruchs und **Übergabe des indossierten Papiers** oder ein entsprechendes Übergabesurrogat. Wenn eine Übergabe des Ladescheins bereits erfolgt ist oder ein Übergabesurrogat bereits vorliegt, genügt zur Vollendung der Rechtsübertragung auch eine einfache Abtretung des verbrieften Anspruchs.[67] Kernbestandteil der Übertragung ist das Indossament auf dem Rücken des Wertpapiers (in dorso). Der Indossant überträgt das Papier auf den Indossatar. Der durch Indossament legitimierte Inhaber wird als Empfänger qualifiziert. Das Indossament ist gestaltbar als komplette, vom Indossant unterschriebene Orderklausel („für mich an Order von *Name des Indossatars …*") oder verkürzt als Angabe des Namens des Indossatars mit der Unterschrift des Indossanten oder ohne Namen des Indossatars als bloße Unterschrift des Indossanten (Blankoindossament, § 365 Abs. 1 HGB, Art. 13 Abs 2, 14 WG; Art. 16 Abs. 2 SchG). Jeder Inhaber eines blanko-indossierten Orderpapiers gilt dann als Berechtigter; weitere Indossamente sind nicht mehr erforderlich.[68] Nach **allgemeinen wertpapierrechtlichen Grundsätzen** ist auch beim Orderladeschein die Abtretung möglich[69]. Auch diese Rechtsübertragungsarten verschaffen dem Berechtigten die Empfängerstellung.[70] **38**

Für den **Inhaberladeschein** gelten die Bestimmungen über die Inhaberschuldverschreibung (§ 793 BGB). Die Übertragung erfolgt rein nach sachenrechtlichen Grundsätzen gemäß §§ 929 ff BGB: Das Recht aus dem Papier folgt dem Recht am Papier. Neben dem Begebungsvertrag (Einigung) genügt die Einigung am Papierübergang und Übergabe des Papiers.[71] Einwendungen und Schutz des guten Glaubens ergeben sich wie bei Orderpapieren.[72] **39**

§ 445
Ablieferung gegen Rückgabe des Ladescheins

(1) Nach Ankunft des Gutes an der Ablieferungsstelle ist der legitimierte Besitzer des Ladescheins berechtigt, vom Frachtführer die Ablieferung des Gutes zu verlangen. Macht er von diesem Recht Gebrauch, ist er entsprechend § 421 Absatz 2 und 3 zur Zahlung der Fracht und einer sonstigen Vergütung verpflichtet.

---

65 MünchKommHGB/*Herber*[2] § 444 aF Rn 33; *Koller*[8] § 444 Rn 6.

66 RG vom 22.10.1884, RGZ **13** 119, 120 f.

67 Vgl. § 364.

68 Das Blankoindossament durchbricht nicht die Lückenlosigkeit einer vorhandenen Indossamentenkette. Mit einem Blankoindossament allein oder am Ende einer ununterbrochenen Indossamentenkette ist der jeweilige Inhaber der Eigentümer des Papiers (Art. 16 Abs. 2 WG). Ein mit Blankoindossament versehenes Orderpapier kann folglich durch bloße Einigung und Übergabe übereignet werden, ohne dass es einer erneuten Indossierung bedarf (Art. 14 WG). Das Blankoindossament verwandelt deshalb sämtliche Orderpapiere in „technische" Inhaberpapiere und stellt sie den Inhaberpapieren gleich.

69 ROHG **25** 340 f; RGZ **119** 215, 217; siehe Staub/*Canaris*[4] § 363 Rn 111; Staub/*Helm*[4] § 447 Rn 8.

70 Allerdings gestaltet sich bei der Abtretung der Nachweis der Berechtigung schwieriger, da die Legitimationswirkung des Indossaments entfällt, *Schaps/Abraham* § 648 Anm. 5.

71 Vgl. § 363.

72 MünchKommHGB/*Herber*[2] § 444 aF Rn 41; *Koller*[8] § 444 Rn 6.

(2) Der Frachtführer ist zur Ablieferung des Gutes nur gegen Rückgabe des Ladescheins, auf dem die Ablieferung bescheinigt ist, und gegen Leistung der noch ausstehenden, nach § 421 Absatz 2 und 3 geschuldeten Zahlungen verpflichtet. Er darf das Gut jedoch nicht dem legitimierten Besitzer des Ladescheins abliefern, wenn ihm bekannt oder infolge grober Fahrlässigkeit unbekannt ist, dass der legitimierte Besitzer des Ladescheins nicht der aus dem Ladeschein Berechtigte ist.

(3) Liefert der Frachtführer das Gut einem anderen als dem legitimierten Besitzer des Ladescheins oder, im Falle des Absatzes 2 Satz 2, einem anderen als dem aus dem Ladeschein Berechtigten ab, haftet er für den Schaden, der dem aus dem Ladeschein Berechtigten daraus entsteht. Die Haftung ist auf den Betrag begrenzt, der bei Verlust des Gutes zu zahlen wäre.

Übersicht

Parallelvorschriften

§§ 364 Abs. 3, 521 HGB; § 797 BGB.

I. Allgemeines

1 Die Vorschrift wurde durch das Seerechtsänderungsgesetz 2013 komplett neu gefasst.[1] Die vorgeschlagene Neufassung des § 445 enthält Elemente aus den bisherigen § 446 Abs. 1 (in Abs. 1), § 445 (in Abs. 2) und § 447 (in Abs. 3) und dient in der Gesamtschau der Angleichung der Vorschrift an § 521 nF.[2] § 521 seinerseits beruht auf dem Vorschlag der Sachverständigengruppe (§ 508) und fasst die Regelungen aus den bisherigen §§ 614,

[1] Begr RegE, BT-Drucks. 17/10939, 58.

[2] BT-Drs. 17/10309, 58, zu § 445.

625, 648 Absatz 2, § 649 Absatz 1 und § 653 zusammen. Die Bestimmung regelt die Ablieferungspflicht und – befugnis des Frachtführers und die Quittierung der Leistung. Die Ablieferung des Gutes soll erst nach Ankunft am Ablieferort verlangt werden können und – wie bei § 421 – nur gegen Zahlung noch ausstehender Fracht und sonstiger Vergütung sowie Zug um Zug gegen Herausgabe des Ladescheins.[3] Bis zur Erbringung dieser Gegenleistungen steht dem Frachtführer ein Zurückbehaltungsrecht zu. Abs. 3 nimmt sodann Teile des alten § 447 auf. Damit regelt die Norm Schadenersatzansprüche des materiell Berechtigten bei Verletzung der Ablieferungspflicht und dadurch indirekt die Befreiungswirkung der Ablieferung an den legitimierten Empfänger sowie das Scheitern der Befreiungswirkung bei erkanntem oder grob fahrlässig nicht erkanntem Auseinanderfallen von formeller Legitimation und materieller Berechtigung aus dem Ladeschein. § 445 Abs. 3 muss mit Blick auf die Umlauffähigkeit von Ladescheinen und dem daraus resultierenden Verkehrsschutz freilich in Zusammenhang mit § 447 gesehen werden, der in gewissem Umfang einwendungsfesten Dritterwerb ermöglicht.[4]

II. Anspruch des legitimierten Besitzers auf Ablieferung, Abs. 1

1. Nach Ankunft an Ablieferungsstelle – Satz 1. Absatz 1 entspricht im Wesentlichen dem bisherigen § 446 Absatz 1 HGB und regelt, welche Rechte der formell durch den Ladeschein ausgewiesene Besitzer hat. Das Gesetz spricht in wertpapierrechtlicher Nomenklatur vom formell *legitimierten* Besitzer des Ladescheins und grenzt diesen damit von der materiellrechtlichen Rechtsinhaberschaft ab. **2**

Die Vorschrift des § 445 Abs. 1 wiederholt scheinbar den bereits in § 443 Abs. 1 Satz 1 und in § 444 Abs. 3 Satz 1 angesprochenen materiellen Ablieferungsanspruch aus Sicht des legitimierten Ladescheinbesitzers. Während § 443 Abs. 1 Satz 1 ohne Benennung des Aktivlegitimierten indes nur von der „Verpflichtung des Frachtführers zur Ablieferung" spricht, ist nach § 444 Abs. 3 Satz 1 *nur* der aus dem Ladeschein Berechtigte zur Geltendmachung der verbrieften frachtvertraglichen Ansprüche berechtigt, während nach § 445 Abs. 1 wiederum der legitimierte Besitzer des Ladescheins berechtigt ist. Diese wechselnden Aussagen in den Bestimmungen verstellen zunächst den Blick für die dahinter stehende gesetzgeberische Intention sowie für das **Verhältnis von materiellrechtlicher Rechtsinhaberschaft und formeller Legitimation und daraus fließender Rechte** zueinander,[5] das im Folgenden dargestellt werden soll. **2a**

§ 445 Abs. 1 bezeichnet die sog. **Empfangslegitimation des formell legitimierten Besitzers**[6], d.h. seine Berechtigung zum Empfang des Gutes. Der Ablieferungs*anspruch* des formell legitimierten Papierbesitzers (Abs. 1 Satz 1) korrespondiert mit der Ablieferungs*pflicht* (Abs. 2 Satz 1) und – befugnis (Abs. 2 Satz 2) des Frachtführers ihm gegenüber, wenn der Papierbesitzer seinen Verpflichtungen nachkommt. Pflicht und Befugnis zur Ablieferung sind aber nicht unbeschränkt. Ihre Einschränkung gemäß Abs. 2 Satz 2 bei Kenntnis oder grob fahrlässiger Unkenntnis des vom Empfänger personenverschiedenen, *materiell* aus dem Ladeschein *Berechtigten* macht das Verhältnis zum diesem indirekt deutlich: An den formell legitimierten Papierinhaber muss und darf der Frachtführer abliefern, wenn er über die von der formellen Legitimation abweichende materielle Berechtigung des Papierinhabers nicht in bösem Glauben ist, weil unter diesen Umständen aus der formellen **3**

[3] BT-Drs. 17/10309, 58, zu § 445.
[4] Dazu näher unten Rn 3, 15, 18, 35, 47a, 69 und § 446 2, 11.
[5] *Koller*[8] § 445 Rn 1 („*nicht konsequent*").
[6] *Koller*[8] § 445 Rn 2.

Berechtigung gemäß § 444 Abs. 3 Satz 1 die Vermutung der materiellen Berechtigung spricht oder weil liquide Beweise dafür vorliegen, § 445 Abs. 2 Satz 2.[7] Der Frachtführer wird also in seinem guten Glauben an die materielle Berechtigung des formell legitimierten Papierbesitzers geschützt und darin durch die an formelle Legitimation anknüpfende gesetzliche Vermutung der materiellen Berechtigung in § 444 Abs. 3 Satz 2 und durch die Befreiung von seiner Ablieferungspflicht gegenüber dem materiell Berechtigten unterstützt. Der gutgläubige Frachtführer wird dann im Grundsatz gegenüber dem personenverschiedenen, zur gleichen Zeit materiell Berechtigten frei.

4 Daneben *darf* der Frachtführer das Gut schuldbefreiend *stets* **an den materiell Berechtigten** abliefern, auch wenn dieser nicht formell legitimiert ist, das Papier nicht besitzt, der wertpapierrechtliche materielle Anspruch des Berechtigten aber besteht.[8] Eine normative Pflicht zur Vorlage des Papiers besteht insoweit nicht. Anders gewendet darf der Frachtführer an niemanden anders abliefern darf als an den Papierbesitzer, der kraft Vermutung der Legitimation und Gutgläubigkeit des Frachtführers oder durch eigene Beweisführung als der aus dem Ladeschein Berechtigte *erscheint* (Rn 3) oder von dem die Berechtigung durch Beweis, kraft Evidenz oder sonstwie *bekannt* ist.[9]

5 Damit wird das Verhältnis der Berechtigungen klarer: An den **formell legitimierten Besitzer** darf er nicht abliefern, wenn dieser **nicht materiell Berechtigter** ist und der Frachtführer dies weiß oder grob fahrlässig nicht weiß. Bei Fehlen schon der wertpapierrechtlich formellen Legitimation bzw. Nichtvorlage des Papiers und – alternativ dazu – ohne Beweisführung der materiellen Berechtigung dürfte der abliefernde Frachtführer wenigstens grob fahrlässig iSv § 445 Abs. 2 sein. Der Frachtführer leistet dann auf **eigenes Risiko**, dass der Leistungsempfänger nicht gemäß der gesetzlichen Vermutung auch wirklich der materiell Berechtigte ist und der materiell Berechtigte hernach Ersatzansprüche gegen ihn geltend macht, § 445 Abs. 3.[10] Materiellrechtliche Berechtigung aus dem Ladeschein stellt den *Kern der Anspruchsberechtigung* dar (§ 444 Abs. 3 Satz 1), die dem Vollbeweis zugänglich ist. An die in § 445 als auch in § 444 Abs. 3 Satz 2 geregelte formelle Legitimation und Papierbesitz knüpft nur die *Vermutung der Aktivlegitimation*, nicht die Anspruchsberechtigung selbst.[11] Gutgläubige Leistung auf diese Vermutung hin ist aber hinreichend und befreit den Frachtführer gegenüber dem materiell Berechtigten im Grundsatz zunächst[12] auch ohne Rückgabe des Ladescheins von der Ablieferungspflicht, 445 Abs. 3. Entlang hergebrachter wertpapierrechtlicher Maxime soll das Vertrauen des Rechtsverkehrs in die formelle Legitimation und Papierbesitz geschützt und der Rechtsverkehr und die Vertragsabwicklung erleichtert werden. Nur auf diese Weise kann von einer Aufwertung des formell Legitimierten zu einem Anspruchsberechtigten gesprochen werden.[13] Es wird folglich kein neues Verständnis von (etwa gespaltener) Rechtsinhaberschaft geschaffen. Mithin ist auch die Vermutung der Berechtigung des formell Legitimierten durch Beweis widerlegbar,[14] und zwar vom materiell Berechtigten als auch vom Frachtführer selbst. Ohne gegenteilige hinreichende Beweise darf der Frachtführer hingegen der Vermutung vertrauen.[15]

---

[7] RGZ 114, 365 (Wechselrecht); Baumbach/Hefermehl/*Schäfer*[22] WG und SchG, Art. 16 WG Rn 14 mwN; *Koller*[8] § 445 Rn 1, Rn 1.

[8] Wofür letztendlich ausreichende Beweise vorgelegt werden können, *Koller*[8] § 445 Rn 4.

[9] *Koller*[8] § 445 Rn 4.

[10] MünchKommHGB/*Herber*[3] § 445 Rn 3.

[11] *Koller*[8] § 445 Rn 2; Häublein/Hoffmann-Theinert/M. *Kirchhof* Beck'scher Online-Kommentar HGB[11] § 445 Rn 3.

[12] Nicht jedoch gegenüber dem gutgläubigen Erwerbers des in Umlauf gebliebenen Papiers, § 447, soweit möglich (so bei Order- und Inhaberladeschein).

[13] *Koller*[8] § 445 Rn 1, 2.

[14] So auch *Koller*[8] § 445 Rn 2.

[15] **Abw.** Koller[8] § 445 Rn 2 (Frachtführer muss und darf nicht versuchen, die materielle Berechtigung zu klären).

Ohne sie sollte er freilich nicht aktiv die materielle Berechtigung zu klären versuchen, um nicht die Wirkung der Vermutung und den Ablieferungsanspruch des formell legitimierten Besitzers gem. § 445 Abs. 1 Satz 1 selbst zu unterlaufen.

Zur Frage, ob die Rückgabe des Ladescheins weitere Voraussetzung der Schuldbefreiung ist oder ob die auch ohne Rückgabe eingetretene Schuldbefreiung durch gutgläubigen, nach § 447 einwendungsbeständigen Erwerb des nicht weitergegebenen Ladeschein aufgehoben wird, vgl. unten Rn 11–20, 23, 27a, 54.

Bei **Fehlen formeller und materieller Berechtigung** des Papierbesitzers (etwa, weil die namentliche Benennung im Rektaladeschein fehlt oder weil der Papierbesitzer das verbriefte Recht nur durch Zession erworben hatte; oder wenn die Legitimation durch ununterbrochene Indossamentenkette fehlt, weil der Orderladeschein kraft Gesetzes[16] erworben worden war), darf der Frachtführer an diesen nicht abliefern. Die **Primärleistungsverpflichtung** in Gestalt des wertpapierrechtlichen Ablieferungsanspruchs des materiell aus dem Ladeschein Berechtigten *erlischt nicht* bei Leistung an einen anderen als den formellen Legitimierten, wenn dieser andere materiell nicht berechtigt ist. Der Frachtführer kann in diesem Fall zwar dann, wenn er den Ladeschein vom Besitzer zurückerhalten hat, von einem Dritten nicht mehr aus dem Ladeschein in Anspruch genommen werden, weil dieser den verbrieften Anspruch ohne den Ladeschein nicht einwendungsfrei gutgläubig erwerben konnte.[17] Freilich bleiben auch in diesem Fall Haftungsansprüche des Berechtigten gegen ihn gemäß § 445 Abs. 3 Satz 1, Alt. 1. und Alt. 2.[18] 6

Absatz 1 Satz 1 hat § **521 Absatz 1 Satz 1** zum Vorbild und regelt, wie jener für das Konnossement (entsprechend den Rechten des Empfängers nach Seefrachtvertrag in § 494 Absatz 1 Satz 1), dass der legitimierte Besitzer des Ladescheins die Ablieferung des Gutes nur dann verlangen kann, wenn das Gut **an der Ablieferungsstelle angekommen** ist. Dies entspricht den Rechten des Empfängers nach § 421 Absatz 1 Satz 1.[19] Die Ablieferungsstelle kann durch Weisung des Berechtigten geändert werden, § 446. 7

2. Gegen Zahlung von Fracht und sonstiger Vergütung entspr. § 421 Abs. 2, 3 – Satz 2. 8
Abs. 1 regelt Ansprüche und Pflichten des legitimierten Besitzers. Macht der legitimierte Besitzer des Ladescheins nach Ankunft des Gutes seinen Ablieferungsanspruch nach Satz 1 geltend, muss er nach Satz 2 – entsprechend § 421 Absatz 2 und 3 – an den Frachtführer Zug um Zug die noch **ausstehende Fracht** zahlen. Der Anspruch entspringt ursprünglich dem Frachtvertrag, hat sich aber durch Ausstellung des Ladescheins gegenüber dem frachtrechtlichen Anspruch in der zu § 443 (Rn 15, 20, 66, 78, 81, 96) beschriebenen Weise verselbständigt. Bei Ausstellung des Ladescheins wird häufig kein Frachtbrief ausgestellt. Auf die Ausstellung eines Frachtbriefs, der üblicherweise Frachtangaben enthält, kommt es für die Wirkung des Ladescheins auch nicht an – ebensowenig wie auf die Wirksamkeit des Frachtvertrages.[20] Der Ladeschein muss in der Regel gem. § 443 Abs. 1, § 408 Abs. 1 Nr. 9 die Fracht aufführen. Bei Fehlen einer Angabe im Ladeschein gilt die *übliche* Fracht.[21]

Entsprechend § 421 Abs. 3 muss der legitimierte Ladescheinbesitzer auch eine **sonstige ausstehende Vergütung** leisten. Mit sonstiger Vergütung gemeint sind hier ein **Standgeld** nach § 412 Abs. 3 für eine Verzögerung über die Entladezeit hinaus, deren Ursache dem Frachtführer nicht zuzurechnen ist, sowie gem. § 420 Abs. 4 ein Standgeld bei Überschrei- 9

[16] Gem. UmwG oder kraft Personengesellschaftsrecht, vgl. *Koller*[8] § 445 Rn 4 (Rn 9).
[17] *Koller*[8] § 445 Rn 4.
[18] Unklar *Koller*[8] § 445 Rn 4.
[19] Vgl. Begr RegE zu § 445 HGB-E, BT-Drs. 17/10939, 58.
[20] Vgl. oben § 443 Rn 75a, 78; *Koller*[8] § 443 Rn 4 f; § 445 Rn 5.
[21] BGHZ 25, 300, 3004 (zu § 614).

tung der Ladezeit und angemessene Vergütung für eine **Verzögerung** nach Beginn der Beförderung und vor Ankunft des Gutes an der Ablieferungsstelle, die ebenfalls auf Gründen beruht, die nicht dem Frachtführer, sondern dem Absender zurechnen sind.

10 Andere Pflichten werden dem Besitzer des Ladescheins nicht auferlegt. Mit Ausstellung eines Ladescheins soll jeder, der mit ihm wertpapierrechtlich die Ablieferung des Gutes verlangt, **nur bestimmte, im Gesetz genau umschriebene Verpflichtungen** übernehmen und nicht durch weitere Gegenforderungen unkalkulierbaren Risiken ausgesetzt sein. Der gleiche Rechtsgedanke findet sich in § 421 und in § 494. Denn nach Einschätzung des Gesetzgebers könnte es für den legitimierten Besitzer des Ladescheins mit erheblichen Schwierigkeiten verbunden sein, sich vor Geltendmachung des verbrieften Ablieferungsanspruchs über den konkreten Umfang auf ihn zukommender weiterer Verpflichtungen zu informieren. Dieser ist aus dem Ladeschein für dessen Besitzer nicht unmittelbar erkennbar. Außerdem hat selbst der legitimierte Besitzer auf den Inhalt des Ladescheins regelmäßig keinen Einfluss. Eine dahingehende Informationspflicht erschien dem Gesetzgeber daher zu weitgehend. In gleicher Weise verfährt der Gesetzgeber in § 521 Abs. 1 Satz 1.[22] Das neue Recht macht hier eine Abkehr von den Regelungen der bisher geltenden § 614 Absatz 1 in Verbindung mit § 625 HGB. In Ansehung von Fracht und Vergütung passivlegitimiert sind – analog § 421 Abs. 4 – Absender und Empfänger als Gesamtschuldner. Die Zahlung des Absenders an den Frachtführer befreit den Empfänger daher von seiner Verpflichtung gegenüber dem Frachtführer aus § 445 Abs. 1 Satz 2.

III. Pflicht des Frachtführers zur Ablieferung, Abs. 2

11 **1. Leistungsverweigerungsrecht – Ablieferung nur gegen Rückgabe des Ladescheins mit Bescheinigung der Ablieferung – Satz 1 HS. 1.** Abs. 2 regelt Ansprüche und Pflichten des Frachtführers und ist § 521 Abs. 2 HGB nachgebildet. Abs. 2 Satz 1 bestimmt spiegelbildlich zu Abs. 1, dass der Frachtführer zur Ablieferung des Gutes ***nur* Zug um Zug** gegen Rückgabe des *quittierten Ladescheins*, gegen Zahlung der nach Maßgabe des § 421 Absatz 2 und 3 HGB noch geschuldeten *Fracht* und sonstigen *Vergütung* (im Falle einer Beförderungsverzögerung, s.o. Rn 9) verpflichtet ist. Damit stellt das Gesetz klar, dass der Frachtführer auch aus dem Ladescheinverhältnis **berechtigt** ist, die **Ablieferung** des Gutes so lange zu **verweigern**, bis er die ihm zustehenden Leistungen enthält.

Die Regelung ist Ausdruck eines allgemeinen wertpapierrechtlichen Grundsatzes.[23] Sie entspricht im Wesentlichen dem bisherigen § 445 und lehnt sich an den bisherigen § 614 Absatz 2 HGB sowie im Seefrachtrecht an den neuen § 521 Abs. 2 Satz 1 und an den neuen § 494 Absatz 1 Satz 1 an. Die – spiegelbildliche Bestimmung des Rechts des Papierbesitzers in Abs. 1 und der Pflicht des Frachtführers in Abs. 2 hat vermutlich nur den Zweck, die Einschränkung der Befreiungswirkung der Ablieferung an den nur förmlich legitimierten Besitzer, aber nicht materiellrechtlich Berechtigten für den Fall einzuleiten, dass der Frachtführer insoweit bösgläubig war.

12 Die Vorschrift des § 445 Abs. 2 Satz 1 begründet nach ihrem Wortlaut **keine Pflicht** des Frachtführers **zur Leistungsverweigerung**, sondern lediglich ein **Recht,** das Gut bis zur Rückgabe des Ladescheins und Leistung ausstehender Zahlungen zurückzubehalten. Im Hinblick auf die Haftungsregelung des § 445 Abs. 3 könnte die **Einforderung der Rückgabe** des Ladescheins als **Obliegenheit** des Frachtführers verstanden werden, sich vom Ri-

[22] Begr RegE zu § 521 HGB-E, BT Drs. 17/10939, 95.

[23] Begr RegE (TRG 1998), BT Drs. 13/8445, 84.

siko etwa der weiteren Inanspruchnahme durch einen gutgläubigen Papiererwerber zu befreien.

Bereits im Zusammenhang mit § 445 aF war im Schrifttum vertreten worden, mit Blick auf die Schadensersatzansprüche des berechtigten Inhabers liege nach § 447 aF lediglich eine ***Obliegenheit** des Frachtführers* vor, die Ablieferung *nur* gegen Herausgabe des Ladescheins vorzunehmen. Zur Begründung wurde ausgeführt, den Frachtführer schützte beim Namensladeschein wegen des Primats der Forderung[24] in ausreichender Weise § 407 BGB, wenn er auch noch *nach* Zession gutgläubig (wonach – enger als in § 445 Abs. 3 – nur Kenntnis der zuvor erfolgten Abtretung schadet) an den Altgläubiger befreiend leiste.[25]

Nach anderer Auffassung lag eine ***Verpflichtung*** des Frachtführers vor, die Ablieferung nur gegen Herausgabe des Ladescheins vorzunehmen. Diese Pflicht war aus der Bestimmung des § 446 aF und aus der Schadenersatzpflicht des Frachtführers nach § 447 aF bei Verletzung dieser Pflicht (enger nunmehr § 445 Abs. 3) geschlossen worden. Nach dieser Auffassung sollte der berechtigte Inhaber jeder Ladescheinvariante darauf vertrauen können, dass – gegen Rückgabe des Ladescheins – nur an ihn befreiend geleistet werden kann.[26] Ein besonderer Schutz des Frachtführers durch § 407 BGB[27] dergestalt, dass er noch nach Zession der im Namensladeschein verbrieften Forderung[28] an den Altgläubiger befreiend leisten können soll, sollte es danach nicht geben. **13**

Schon der **Gesetzeswortlaut** von § 445 aF las sich indes wie ein Leistungsverweigerungs*recht*. Eine *rechtliche* Verpflichtung zur „Ablieferung nur gegen Rückgabe" bestand danach nicht. Auch der jetzt reformierte Abs. 2 knüpft die Verpflichtung zur Ablieferung an die Rückgabe des Ladescheins und an die Erbringung von Gegenleistungen und gewährt damit ein **Leistungsverweigerungs*recht***. Auch knüpft der Wortlaut in Abs. 3 die Schadensersatzverpflichtung des Frachtführers nicht schon an den Schaden aus versäumter Rückgabe des Ladescheins, sondern an den Schaden, der dem Berechtigten aus der Ablieferung an einen Dritten, der weder legitimierter Besitzer noch aus dem Ladeschein Berechtigter ist, entsteht, oder der durch die bösgläubige Ablieferung an den bloß Legitimierten entsteht, Abs. 2, 3 („daraus"). Dies erlaubt den Rückschluss auf ein Leistungsverweigerungs*recht* des Frachtführers mit der Folge der Rückforderungs*obliegenheit*. **14**

Die **Gesetzesbegründung** indes führt dazu aus, dass der Regelungsgehalt des alten § 447 nicht geändert werden solle, soweit sich danach die Schadensersatzverpflichtung *an die fehlende Rückgabe des Ladescheins* knüpfte.[29] Verwiesen wird sodann weiter auf die Begründung zu § 521 Abs. 4 mit einer Regelung zur *„Haftung des Verfrachters, wenn sich der Verfrachter das Konnossement nicht zurückgeben lässt und daher das Gut einem anderen als dem aus dem Konnossement Berechtigten abliefert"*. Abweichend von Art. 47 Abs. 2 der Rotterdam-Regeln sollte mit § 521 Abs. 4 keine Regelung getroffen werden, *„die es dem Verfrachter gestattet, auch ohne Rückgabe des Konnossements das Gut abzuliefern und da-* **15**

---

[24] Die Forderung steht bei Rektapapier im Vordergrund, das heißt, das Recht am Papier folg dem Recht aus dem Papier.

[25] Ebenroth/Boujong/Jost/Strohn/*Schaffert*[2] § 445 Rn 1; MünchKommHGB/Herber[2] § 445 Rn 7.

[26] Vgl. *Koller*[7] § 445 aF Rn 3; zum Ganzen Häublein/Hoffmann-Theinert/*M. Kirchhof* Beck'scher Online-Kommentar HGB[11] § 445 Rn 13 ff.

[27] Der Erwerber einer Forderung (Zessionar) kann bei stiller Zession an ihn wegen § 407 BGB (es gilt das Primat des Forderungsrechts) nicht darauf vertrauen, dass nur an ihn befreiend geleistet werden kann. Dem Schuldner schadet bei Leistung an den Altgläubiger (Zedent) nur positive Kenntnis von der Abtretung des Anspruchs.

[28] Folgt die Zession der Ablieferung nach, erwirbt der Zessionar die Forderung vom Nichtberechtigten nicht gutgläubig.

[29] BT-Drs. 17/10309, 58, zu 445. – Dies tut sie indes nur mittelbar.

mit seine Verpflichtungen zu erfüllen. ... Denn ein Konnossement, das ... ausdrücklich bestimmt, dass das Gut ohne Rückgabe des Konnossements abgeliefert werden darf, dürfte von der Praxis kaum akzeptiert werden, weil es für die akkreditivmäßige Abwicklung von Außenhandelsgeschäften nicht geeignet ist."[30] Abweichend vom **Gesetzeswortlaut** des § 445 Abs. 3 (nur Leistungsverweigerungs*recht*; Schadenersatzpflicht nur in den zwei dort genannten Fällen, sonst Liberationswirkung der Ablieferung) geht die **Gesetzesbegründung** also offenbar weiterhin von einer **Koppelung der Ablieferung an die Rückgabe des Papiers** aus. Gesetzestext und Gesetzesbegründung zu § 445 weisen damit sowohl in der Rückgabefrage als auch beim schadensauslösenden Moment in verschiedene Richtungen. Zugleich wird in der Gesetzesbegründung mit der Beibehaltung der Knüpfung der Schadensersatzverpflichtung an die fehlende Rückgabe ein Hinweis auf die fortbestehende Möglichkeit gutgläubigen Erwerbs des umlauffähigen Papiers im Falle der – durchaus möglichen – Nichtrückgabe und Nichtquittierung bei Ablieferung gegeben und damit auf das für den Frachtführer verbundene Risiko erneuter Inanspruchnahme. Lässt sich der Frachtführer bei der (grds. befreienden) Ablieferung des Sendungsgutes an einen formell oder materiell Berechtigten den Ladeschein **nicht herausgeben und die Ablieferung darauf auch nicht vermerken**, so kann dieser (jedenfalls bei Order- und Inhaberladeschein) noch ***an einen Dritten weiter übertragen* werden, der von der bereits erfolgten Ablieferung keine Kenntnis hat.** Der **Ablieferungsanspruch** kann dadurch *nach* erfolgter Ablieferung durch gutgläubigen Papiererwerb **neu entstehen.** Nichtrückgabe des Ladescheins bei Ablieferung des Gutes setzt den Frachtführer bei diesen Papierarten daher dem **Risiko neuer Inanspruchnahme** durch den gutgläubigen Papiererwerber aus. Die zuvor erfolgte Ablieferung mag eine Durchsetzung des neuen Ablieferungsanspruchs erschweren oder vereiteln. Offen wird ein solcher Anspruchserwerb *nach* Ablieferung in der Gesetzesbegründung aber nicht klar thematisiert (str., ob Ersatz nach § 445 Abs. 3 oder §§ 425 ff, vgl. unten Rn 16, 24, 35, 42a, 47b, 51 f, 57, 64).[31] Im Schrifttum wird dazu angenommen, dass mit einer Verpflichtung zur Vorlage (und faktisch auch Rückgabe) gerade davor geschützt werden soll, dass der Ladeschein nach der Ablieferung des Gutes in Umlauf bleibt (bei Order- und Inhaberladeschein) und § 447 den Einwand der Erfüllung durch Ablieferung gegenüber dem (gutgläubigen) Papiererwerber abschneidet.[32] MaW, die Verknüpfung von Ablieferung mit Vorlage und Rückgabe des Ladescheins schützt, wenn sie beachtet wird (!), den Frachtführer solcher **erneuter Inanspruchnahme.** Die Schadenersatzpflicht nach § 445 Abs. 3 erfasse auch diesen Fall. Gerade wegen der ihm dadurch nach § 445 Abs. 3 drohenden Schadensersatzverpflichtung wird der Frachtführer *regelmäßig* die Ablieferung von der Herausgabe des Ladescheins (einhergehend mit einer Legitimationsprüfung) abhängig machen, wozu er nach §§ 445 Abs. 2 Satz 1 auch berechtigt ist.[33]

16 **Ablieferung nur gegen Rückgabe des Ladescheins** ergibt sich folglich nicht primär als Rechtspflicht, sondern **faktisch** erst aus der Verpflichtung zum Ersatz des Schadens (§ 445

---

30 BT-Drs. 17/10309, 96, zu § 521.

31 Häublein /Hoffmann-Theinert/M. *Kirchhof* Beck'scher Online-Kommentar HGB[11] § 445 Rn 26.

32 *Koller*[8] § 445 Rn 3, 7; Ebenroth/Boujong/Jost/Strohn/*Schaffert*[2] § 447 Rn 3; Häublein/Hoffmann-Theinert/M. *Kirchhof* Beck'scher Online-Kommentar HGB[11] § 445 Rn 26, 27.

33 *Koller*[8] § 445 Rn 3; Häublein/Hoffmann-Theinert/M. *Kirchhof* Beck'scher Online-Kommentar HGB[11] § 445 Rn 23. – Nach anderer, enger an den Gesetzeswortlaut anknüpfenden Auffassung erfasst § 445 Abs. 3 nicht den Schaden des gutgläubigen Erwerbers. Ein nach Ablieferung auf gutgläubige Dritte übertragener Ladeschein sei vielmehr wertlos. Ein neuer Ablieferungsanspruch entstehe nicht, ebensowenig ein Ersatzanspruch nach § 425 ff. Liquidierbar sei nur der Vertrauensschaden des Erwerbers, MünchKommHGB/*Herber*[3] 445 Rn 16 und 521 Rn 27; ders. Voraufl., § 447 aF Rn 4. Vgl. dazu auch unten Rn 46.

Abs. 3 bzw. §§ 425 ff), der dem Berechtigten – etwa durch einwendungsbeständigen Papiererwerb – entsteht (§ 447 nF, § 447 Satz 1 aF). Der dadurch ausgelöste Zwang stellt für den Frachtführer fraglos einen erheblichen ***Anreiz*** dar, sich (durch das Verlangen nach der Rückgabe des Ladescheins) noch einmal zu vergewissern, dass er tatsächlich an den richtigen Empfänger abliefert, und sich den Ladeschein zurückgeben zu lassen.[34] Die bloße Vorlage des Ladescheins befreit nicht von den Risiken der Umlauffähigkeit (von Inhaber- und Orderladeschein).[35] Ob eine Rechtspflicht des Frachtführers im Verhältnis zum Inhaber des Ladescheins angenommen werden kann, nur gegen Herausgabe des Ladescheins abzuliefern oder ob es sich lediglich um eine **Obliegenheit** handelt, ist mithin nicht entscheidend, sondern kann als bloße Wirkung einer wertenden Betrachtung der vorgenannten Bestimmungen ermittelt werden.[36] Für das Verhältnis des Frachtführers zum Inhaber des Ladescheins ist letztlich die **Kernfrage** allgemein das in der Problematik von Pflicht und Obliegenheit diskutierte **Verhältnis *der Bestimmungen*** *in Abs. 2 und 3* (Befreiung durch gutgläubige Ablieferung an formell Legitimierten, schon grobe Fahrlässigkeit schadet) zu der *Schuldnerschutzregelung des* § 407 BGB einerseits (Befreiung durch Leistung an Altgläubiger, nur Kenntnis der Zession schadet) und zu § 447 (d.h. zum Abschneiden jeglichen Erfüllungseinwandes gegenüber Papiererwerbern) andererseits. Entscheidend ist, ob durch § 407 BGB etwa beim Namensladeschein die Befreiung des Frachtführers durch endgültige Ablieferung an den Altgläubiger oder ob durch die §§ 445 ff der Schutz des Vertrauens des Inhabers auf die ihm durch den Besitz am Ladeschein eingeräumte *formelle Berechtigung* Vorrang haben sollen. Im Vordergrund der Regelungen in Abs. 2 und 3 steht – auch mit Blick auf § 447, welches ***Risiko*** der *Frachtführer* mit einer Ablieferung ohne Vorlage/Herausgabe/Ablieferungsvermerk des Ladescheins im Hinblick auf die Umlauffähigkeit bzw. Einwendungsbeständigkeit bestimmter Ladescheine eingeht –, ob und unter welchen Voraussetzungen der Frachtführer von seiner Verpflichtung zur Ablieferung frei wird und welche *Ansprüche* letztlich der materiell berechtigte *Inhaber des Ladescheins* gegen den Frachtführer geltend machen kann, wenn der Frachtführer die Ablieferung des Gutes vornimmt und der materiell berechtigte Inhaber des Ladescheins das Gut daher nicht erhält.[37] **Abs. 2, § 447** und der hieraus folgende Schutz des *„berechtigten"*, nicht nur formell legitimierten Inhabers in **Abs. 3** gehen in Ansehung der beschriebenen Risikoverteilung speziell dem § 407 BGB **als lex specialis** jedenfalls dann vor, wenn das Papier vom Empfänger *vor* (bei allen Ladescheinarten) Ablieferung weitergegeben worden war.[38] Die Ablieferung ohne Rückgabe oder gar Vorlage des Ladescheins nimmt der Frachtführer wie dargelegt (vgl. oben Rn 15) auf sein **eigenes Risiko** vor, an Personen zu leisten, die zur Zeit der Ablieferung des Gutes ihre wertpapierrechtlich verbrieften Rechte durch Zession (beim Namensladeschein: des Forderungsrechts, dem das Papiereigentum nachfolgt, § 952 BGB) beziehungsweise Übertragung des umlauffähigen Papiers (dem die verbriefte Forderung nachfolgt) bereits an Dritte übertragen hatten und folglich zu Empfang des Gutes nicht mehr aktivlegitimiert waren. Diese nach Zession/Übertragung erfolgende Ablieferung an

---

34 BT-Drs. 17/10309, 86, zu § 522. So auch schon *Koller*[8] § 445 Rn 3 („mittelbar"), der hierin auch den Zweck des Vorlage- und faktischen Rückgabezwangs sieht.

35 So aber offenbar Häublein/Hoffmann-Theinert/*M. Kirchhof* Beck'scher Online-Kommentar HGB[11] § 445 Rn 14.

36 So schon Häublein/Hoffmann-Theinert/*M. Kirchhof* Beck'scher Online-Kommentar HGB[11] § 445 Rn 15.

37 Häublein/Hoffmann-Theinert/*M. Kirchhof* Beck'scher Online-Kommentar HGB[11] § 445 Rn 15.

38 Bea. aber abweichend vom Erwerb des Namensladescheins vom Berechtigten wegen des nicht möglichen gutgläubigen einredefreien Erwerbs für das Verhältnis der §§ 404 ff BGB zu § 447 unten die Ausführungen zu § 447.

den Altgläubiger, der keinen Papierbesitz hatte[39], befreit den Frachtführer also nicht (weil ohne Papierbesitz grobe Fahrlässigkeit des Frachtführers vorliegt, § 445 Abs. 3) und setzt ihn der Schadenersatzpflicht gegenüber dem Berechtigten aus.[40] Wenn der Altgläubiger nicht papierlos ist, darf der Frachtführer auch sonst nicht grob fahrlässig sein, denn § 445 gilt vorrangig für alle Ladescheinarten.

17 Der Frachtführer wird auf diese Weise beim **Namensladeschein** nicht unzumutbar belastet. Er selbst hat den Namensladeschein ausgestellt und kennt den namentlich darin benannten Empfänger. Der Frachtführer kann daher auch dem berechtigten Inhaber des Namensladescheins eine nachfolgende Ablieferung an den jedenfalls *papierlosen* Altgläubiger nicht gemäß § 407 BGB entgegenhalten. Ein Schutz des Frachtführers durch § 407 BGB findet in dieser Situation wegen § 445 Abs. 3 nicht statt (wohl aber der nach § 445 Abs. 2 mit den stärkeren Anforderungen an Gutgläubigkeit). Eine *nach* Zession erfolgte Ablieferung an den namentlich im Ladeschein genannten Empfänger, ohne die Herausgabe des Ladescheins zu verlangen, erfolgt daher auf **eigenes Risiko** des Frachtführers, vom berechtigten Inhaber später noch auf Schadenersatz in Anspruch genommen zu werden.

18 Bei den übrigen Erscheinungsformen des Ladescheins (**Orderladeschein, Inhaberladeschein**) muss er wegen der Möglichkeit der Übertragung auf Dritte ohnehin damit rechnen, von dem Dritten noch in Anspruch genommen zu werden, wenn er vom Empfänger des Gutes nicht zuvor die Herausgabe des Ladescheins verlangt hatte. Denn ohne Rückgabe bzw. Vermerk der Ablieferung auf dem vorgelegten Papier kann der **Order- oder Inhaberladeschein auch nach der Ablieferung weiter in Umlauf gesetzt** und gutgläubig erworben werden mit der Folge, dass der Ablieferungsanspruch gegen den Frachtführer vom gutgläubigen Erwerber geltend gemacht wird und dem Frachtführer der Einwand der Erfüllung durch Ablieferung an den formell legitimierten Empfänger oder an den Forderungsprätendenten gemäß § 447 abgeschnitten wird.[41] Die Risikoverteilung ist auch hier eindeutig. Ohne Rückgabe des Ladescheins tritt **keine Befreiung** von *jeglichem* Ablieferungsanspruch ein.[42] Denn mit einer solchen Befreiungswirkung ohne Rückgabe des Ladescheins wäre der Schutz des gutgläubigen Erwerbers des weiter im Umlauf befindlichen Ladescheins (mit seinem neu entstandenen Ablieferungsanspruch) nicht zu bewerkstelligen. Diese Schutzfunktion (und nicht nur die Vorlage) spricht für ein Recht des Frachtführers, die Rückgabe des Ladescheins Zug um Zug gegen Ablieferung des Gutes oder jedenfalls den Ablieferungsvermerk auf dem Papier zu verlangen,[43] um spätere Inanspruchnahmen durch berechtigte Erwerber auszuschließen. Diese Gleichbehandlung aller Ladescheinarten ist für den Frachtführer zieldienlich.[44]

19 Zum **Beweis der Ablieferung** kann der Frachtführer einen **Quittungsvermerk** („auf dem die Ablieferung bescheinigt ist“) auf dem Ladeschein verlangen, Abs. 2 Satz 1.[45] Er ist möglich, aber nicht notwendig. Denn schon mit der Rückgabe des Ladescheins allein erwirbt der Frachtführer/Aussteller die formelle Berechtigung aus dem Ladeschein. Der Quittungsvermerk bescheinigt dem Frachtführer freilich, dass er seine Verpflichtung zur Ablieferung auch erfüllt hat.[46] Der Nachweis der Ablieferung kann so über den Besitz des

---

[39] Sonst Befreiung des Frachtführers durch Ablieferung an den formell Legitimierten, § 445 Abs. 2 Satz 2.

[40] Häublein/Hoffmann-Theinert/*M. Kirchhof* Beck'scher Online-Kommentar HGB[11] § 445 Rn 16.

[41] Ebenso *Koller*[8] § 445 Rn 3.

[42] Vgl. Begr RegE zu § 444a HGB-E, BT-Drs 17/10309, 58, l. Sp (zu Nr. 24); Begr RegE zu § 445 HGB-E, aaO, 58, r Sp und Begr RegE zu § 521 Abs. 4 HGB-E, aaO, 96, r Sp.

[43] So auch *Koller*[8] § 445 Rn 3.

[44] Vorige Note.

[45] Parallele zu Art. 39 Abs. 1 WG.

[46] *Koller*[8] § 445 Rn 3; MünchKommHGB/*Herber*[3] § 445 Rn 8.

zurückerhaltenen Ladescheins hinaus liquide auch gegenüber anderen Forderungsprätendenten und gegenüber materiell Berechtigten erbracht werden. Auch kann eine nachträgliche Quittierung des zurückgegebenen Ladescheins verlangt werden.[47]

Die **nicht sofortige Rückgabe** des Ladescheins ist allerdings denkbar. Erstreckt sich die **Ablieferung** nämlich über einen längeren Zeitraum oder erfolgt sie gleichsam sukzessiv **in mehreren Teilen**, unterläuft eine zu frühe Herausgabe des Ladescheins durch den Empfänger (etwa zu Beginn der Ablieferung) die mit dem Wertpapier verbundene Sicherungsfunktion, läuft also den Interessen des Empfängers zuwider. Bei zeitlich gestreckten Ablieferungen (Teilablieferungen), während derer der Empfänger den Ladeschein noch behält (und folglich das dem Frachtführer nicht ohne weiteres zurechenbare Risiko der Umlaufsetzung eine *noch nicht* mit Teilliefervermerk versehenen Ladescheins an [gutgläubige] Dritte besteht), wäre die oben (Rn 15, 16) diskutierte Pflicht zur **Rückgabe/Rücknahme des Ladescheins** nur schwer durchzuhalten. Vielmehr hat der Empfänger in solch einem Fall den Ladeschein bei Beginn der Ablieferung dem Frachtführer lediglich vorzuweisen (zum Beweis seiner Empfangslegitimation) und erst am Ende der letzten Teillieferung (also nach insgesamt vollständiger Ablieferung) zurückzugeben.[48] Damit der abliefernde Frachtführer seinerseits nicht am Ende der (oder eines Teils der) Ablieferung weiterhin einem ungekürztem Ablieferungsanspruch – ggf. eines gutgläubigen Erwerbers – auf das (ganze) Gut ausgesetzt ist, hat der Empfänger auf Verlangen abgrenzbar erbrachte Teilleistungen auf dem Ladeschein zu bestätigen (Quittungsvermerk) sowie entsprechende **Teilquittungen** (analog §§ 371 BGB, 364 Abs. 3 HGB)[49] auszustellen oder analog § 475e eine vom Frachtführer vorzunehmende **Teilabschreibung** vornehmen zu lassen und diese zu unterschreiben.[50] Andererseits schützt eine sofortige Rückgabe des Ladescheins an den Frachtführer mit dem Vermerk eines **Vorbehalts** den Empfänger nicht hinreichend vor Rechtsnachteilen.[51] § 445 Abs. 2 ist Ausdruck eines für Orderpapiere bereits in § 364 Abs. 3 HGB und für Inhaberpapiere in § 797 BGB niedergelegten allgemeinen wertpapierrechtlichen Grundsatzes. Der Inhaber eines **Orderladescheins** kann danach Ablieferung **nur Zug um Zug gegen Aushändigung** des quittierten Ladescheins verlangen, § 364 Abs. 3. Auch der Inhaber eines **Inhaberladescheins** kann vom Frachtführer Ablieferung nur gegen Aushändigung des Ladescheins verlangen, § 797 BGB. § 445 Abs. 2 erstreckt die vorgenannten Pflichten auf **Namensladescheine.**[52] Denn der Frachtführer hat nicht nur wegen des möglichen Gutglaubenserwerbs umlauffähiger Order- und Inhaberpapiere, sondern auch dort, wo ein gutgläubiger Erwerb des Anspruchs nicht möglich ist (also beim Namensladeschein sowie dann, wenn bei verkehrsfähigen Wertpapieren die Gutglaubensvoraussetzungen nicht gegeben sind), ein Interesse daran, das kraft formeller Legitimation gegen ihn zeugende Beweisstück entweder mit **Bescheinigung der Ablieferung** zurückzubekommen oder **Teilleistungen** auf dem Ladeschein zu vermerken. Gelangt der Frachtführer nämlich in den Besitz des Namensladescheins, so steht dem namentlich Benannten nicht mehr der wertpapier- 20

47 *Koller*[8] § 445 Rn 3.
48 *Koller*[8] § 445 Rn 3.
49 *Koller*[8] § 445 Rn 3; Staub/*Helm*[4] § 448 aF Rn 3; Heymann/*Schlüter* § 445 aF Rn 4 mwN; Ebenroth/Boujong/Joost/Strohn/*Schaffert*[3] § 445 Rn 2; Häublein/Hoffmann-Theinert/*M. Kirchhof* Beck'scher Online-Kommentar HGB[11] § 445 Rn 18.
50 *Koller*[8] Rn 3; Baumbach/Hopt-*Merkt*[35] HGB § 445 aF Rn 1; MünchKommHGB/*Herber*[3] § 445 Rn 8, 9; Ebenroth/Boujong/Joost/Strohn/*Schaffert*[3] § 445 Rn 2; **aA** Oetker/*Paschke* HGB § 445 aF Rn 3. – Ebenso verschaffen Vermerke über erteilte und befolgte Weisungen iSv § 446 Schutz von Ansprüchen von Dritterwerbern, vgl. § 446 Rn 11, 15, 19.
51 Ebenroth/Boujong/Joost/Strohn/*Schaffert*[3] § 445 Rn 2; **aA** Heymann/*Schlüter* § 445 aF Rn 4.
52 Ebenroth/Boujong/Joost/Strohn/*Schaffert*[3] § 445 Rn 1; *Koller*[8] § 445 Rn 3.

rechtliche Beweis für das Bestehen eines Ablieferungsanspruchs zur Verfügung. § 445 Abs. 2 wirkt beim **Namensladeschein** folglich **konstitutiv**.

21 **Beschädigung des Gutes** oder zur Minderung berechtigende **Schlechtleistung** stehen der Teilleistung entsprechend Art. 39 Abs. 3 WG gleich. Auch in diesen Fällen kann der berechtigte Empfänger den Ladeschein behalten, da er diesen zum Nachweis seiner Anspruchsberechtigung für die *Geltendmachung der Schadensersatzansprüche* aus §§ 425 ff benötigt.[53] Er hat die Beschädigung bzw. Minderleistung zu quittieren oder vom Frachtführer eine Teilabschreibung vornehmen zu lassen.[54]

22 **Weigert** sich der Inhaber des Ladescheins, das Gut in Empfang zu nehmen, besteht ein **Ablieferungshindernis.** Ist ein Ladeschein ausgestellt, fällt das Verfügungsrecht dann nicht automatisch an den Absender zurück. In diesem Fall kann der Frachtführer das Gut dem Absender nicht aushändigen, ohne dass es zur Vorlage des Ladescheins kommt.[55]

23 Gehen Inhaber- oder Orderladeschein **verloren** oder ist eine an sich gebotene Rückgabe nicht möglich, so sind die Ladescheine nach §§ 799, 800 BGB (Inhaberladeschein) bzw. nach § 365 Abs. 2 HGB (Orderladeschein) nach Einleitung eines **Aufgebotsverfahrens** für **kraftlos zu erklären.**[56] Beim Verlust eines Namensladescheins ist kein Aufgebotsverfahren analog § 808 Abs. 2 Satz 2 BGB, § 365 Abs. 2 HGB und daher **keine förmliche Kraftloserklärung** vorgesehen.[57] Sie wird jedoch in Analogie zu den §§ 799, 800 BGB vereinzelt gefordert.[58] Zur Absicherung des Frachtführers wird im Schrifttum schließlich auch die *privaturkundliche Bestätigung des materiell Berechtigten* (Ausstellung einer entsprechenden **Garantieerklärung**) für ausreichend erachtet,[59] mit der Begründung, der Frachtführer sei in der Praxis regelmäßig zur Ablieferung gegen eine solche Bestätigung an den im Namensladeschein Angegebenen bereit.[60] Rechtssicherheit bietet eine solche Bestätigung dem Frachtführer aber im Ergebnis nur im Zusammenwirken mit den Schuldnerschutznormen der §§ 404 ff BGB. Auf eine Befreiungswirkung durch Leistung an den Zedenten gemäß § 407 BGB allein wird sich der Frachtführer wegen des Vorlagezwangs aber nicht berufen können.[61] Daher ist das Erfordernis eines Aufgebotsverfahrens auch für den Namensladeschein zu befürworten.[62]

---

53 MünchKommHGB/*Herber*² § 445 aF Rn 5.

54 *Koller*⁸ § 445 Rn 3; Häublein/Hoffmann-Theinert/*M. Kirchhof* Beck'scher Online-Kommentar HGB¹¹ § 445 Rn 19.

55 Begr RegE BT zu § 445 HGB-E, Drs. 17/10309, 59 r Sp (zu § 446); *Koller*⁸ § 445 Rn 3 Rn 5; **aA** OLG Hamburg Transportrecht 2003, 400, 401 = VersR 2004, 494 (zu § 656 a.F.); *Koller* Voraufl. § 445 aF Rn 2; MünchkommHGB/*Herber*³ § 445 Rn 10, Voraufl. Rn 6; Ebenroth/Boujong/Joost/Strohn/*Schaffert*³ § 445 Rn 1; Häublein/Hoffmann-Theinert/*M. Kirchhof* Beck'scher Online-Kommentar HGB¹¹ § 445 Rn 21 (Bei einer *Annahmeverweigerung* durch den berechtigten Inhaber des Ladescheins kann der Frachtführer ohne Vorlage des Papiers die Sendung an den Absender ausliefern).

56 So *Rabe* Seehandelsrecht⁴ § 648 aF Rn 6; *Koller*⁸ § 445 Rn 3 (verallgemeinernd für alle Ladescheine).

57 Ebenroth/Boujong/Joost/Strohn/*Schaffert*³ § 445 Rn 1, 3; MünchkommHGB/*Herber*³ § 445 Rn 20.

58 *Koller*⁸ § 443 Rn 35 (Inhaberladeschein § 799 f BGB; Orderladeschein § 365 Abs. 2 HGB; Namensladeschein analog § 808 Abs. 2 BGB, § 365 Abs. 2 HGB); Hueck/*Canaris* Recht der Wertpapiere¹² § 1 I 5, § 27 VII 2c.

59 *Fremuth*/Thume § 445 Rn 4; MünchKommHGB/*Herber*² § 445 Rn 7; **aA** Baumbach/Hopt/*Merkt*³⁵ § 445 Rn 1; Ebenroth/Boujong/Joost/Strohn/*Schaffert*³ § 445 Rn 1.

60 MünchKommHGB/*Herber*² § 445 Rn 7, 3; Ebenroth/Boujong/Joost/Strohn /*Schaffert*² § 445 aF Rn 2; Andresen/*Valder* Rn 3.

61 Vgl. oben § 443 Rn 84, § 445 Rn 12 f, 16 f, 27, 41 ff.

62 Wie schon *Koller*⁷ § 445 aF Rn 3; Häublein/Hoffmann-Theinert/*M. Kirchhof* Beck'scher Online-Kommentar HGB¹¹ § 445 Rn 20.

Darüber hinaus kann es auch sinnvoll sein, den Frachtführer durch **Hinterlegung** des Ladescheins oder durch Leistung einer **Sicherheit** iSv §§ 232 ff BGB (§ 365 Abs. 2 Satz 2) dagegen abzusichern, dass gegen ihn trotz (teilweiser) Ablieferung des Gutes oder nach Einleitung eines Aufgebotsverfahrens weiterhin der Ablieferungsanspruch aus dem Ladeschein (ganz) erhoben wird[63] oder der Ladeschein ihm nicht zurückgegeben, sondern weiter übertragen und der Ablieferungsanspruch bzw. ein Schadenersatzanspruch nach § 445 Abs. 3 bzw. §§ 425 ff später von dritter Seite erneut erhoben wird. Dies dürfte freilich allenfalls in besonders gelagerten Ausnahmefällen[64] geboten sein, etwa dann, wenn der den Frachtführer einfacher absichernde Vermerk von Teilleistungen auf dem Ladeschein oder die Ausstellung von Teilquittungen aufgrund der tatsächlichen Abläufe der Dinge technisch nicht möglich oder nur schwer bzw. aufwendig zu bewerkstelligen ist. Ohne Sicherheitsleistung während der Durchführung des Aufgebotsverfahrens entsteht ein Ablieferungshindernis.[65] **24**

Die Neuregelung des § 445 übernimmt in den Abs. 1 bis 3 die Bestimmungen des § 521 Abs. 1, 2 und 4, nicht aber die des § 521 Abs. 3. Darin ist der Fall geregelt, dass ein Konnossement **in *mehreren* Ausfertigungen ausgestellt** ist und dass sich *mehrere* legitimierte Besitzer beim Frachtführer melden. Nicht übernommen wurde für Ladescheine die Anregung[66], die Ablieferungspflicht an die Vorlage *einer* Ausfertigung anzuknüpfen und bei der Vorlage mehrerer Ausfertigungen durch verschiedene Papierbesitzer dem Frachtführer die **Hinterlegung** des Gutes zu gestatten. Dabei kann es in der Praxis durchaus vorkommen, dass Ladescheine in mehrfacher Ausfertigung ausgestellt werden. Haben etwa Multimodal-Beförderungen auch eine Seebeförderung zum Gegenstand, so sind Mehrfachausfertigungen von Multimodal-Ladescheinen denkbar. Auch für den Frachtbrief lässt es § 408 Abs. 2 zu, dass mehrere Ausfertigungen ausgestellt werden. Zwar ist die Ausstellung mehrerer Ausfertigungen eines Ladescheins in § 445 HGB nicht vorgesehen. Gleichwohl steht die Vorschrift der Ausstellung mehrerer Ausfertigungen auch nicht entgegen. Weil der Frachtführer die Situation von sich aus nicht klären kann, wäre es sinnvoll gewesen, wenigstens eine Klarstellung vorzunehmen. **25**

2. Gegen Leistung der nach § 421 Abs. 1 und 2 geschuldeten Zahlungen – Satz 1 Hs. 2. **26**
Nach Satz 1 ist der Frachtführer auch bei Vorlage des Ladescheins nur dann zur Ablieferung verpflichtet, wenn an ihn die noch **ausstehenden Zahlungen** geleistet werden. Andernfalls hat er ein Zurückbehaltungsrecht. Dies entspricht inhaltlich den Regelungen in § 521 Absatz 2 Satz 1 in Verbindung mit § 494 Absatz 2 und 3 HGB.

Abweichend vom Vorschlag der Sachverständigengruppe (§ 508 Absatz 1) beschränkt **Absatz 2 Satz 1** dieses **Zurückbehaltungsrecht** nicht auf den Fall, dass nur die aus dem Ladeschein *ersichtliche* Fracht nicht gezahlt wird. Dem Gesetzgeber schien eine von § 494 Absatz 2 und 3 HGB abweichende Sonderregelung über die Frachtzahlungsverpflichtung bei Ausstellung eines Ladescheins nicht sachgerecht.[67] Wie in § 614 aF und dem neuen § 521 räumt daher Absatz 2 Satz 1 dem Frachtführer allgemeiner auch dann ein Zurückbehaltungsrecht ein, wenn ihm die *noch ausstehende* Fracht nicht gezahlt wurde. Diese braucht nicht **aus dem Ladeschein ersichtlich zu sein.**

---

63 *Rabe* Seehandelsrecht[4] § 648 HGB Rn 6; Heymann/*Schlüter* § 445 Rn 4; *Fremuth*/Thume § 445 Rn 2; *Koller*[8] § 445 Rn 3 (ohne Sicherheitsleistung entsteht ein Ablieferungshindernis).

64 Ebenroth/Boujong/Joost/Strohn/*Schaffert*[3] § 445 Rn 2 („nur in besonders gelagerten Ausnahmefällen“).

65 *Koller*[8] § 445 Rn 3.

66 DVIS-Stellungnahme Rn 31, 32 zu § 445 HGB-RefE.

67 Begr RegE zu § 494 HGB-E, BT-Drs 17/10309, 76; ebd. zu § 445 HGB-E, 58; ebd. zu § 521 HGB-E, 95, 96.

27 **3. Keine Ablieferung bei Kenntnis oder grob fahrlässiger Unkenntnis des Frachtführers von der materiellen Nichtberechtigung – Satz 2.** Denkbar ist, dass dem Frachtführer der Ladeschein durch einen formell legitimierten Besitzer vorgelegt wird, der nicht materiell aus dem Ladeschein Berechtigter ist (vgl. oben II. 1.). Für diesen Fall bestimmt **Satz 2** (und zwar nach dem Vorbild von § 521 Absatz 2 Satz 2 HGB), dass der Frachtführer das Gut (nur dann) **nicht dem formell legitimierten Besitzer abliefern darf**, wenn ihm bekannt oder infolge grober Fahrlässigkeit unbekannt ist, dass der legitimierte Besitzer des Ladescheins nicht aus dem Ladeschein materiell berechtigt ist.

27a Aus der Bestimmung lässt sich schließen, dass der Frachtführer also nicht grundsätzlich verpflichtet, die materielle Berechtigung des legitimierten Besitzers zu prüfen; es gibt auch keine Prüfobliegenheit. Der gutgläubige Frachtführer kann daher das Gut grundsätzlich **dem legitimierten Besitzer abliefern, der nicht materiell Berechtigter ist.**[68] **Schuldbefreiende Wirkung** tritt in diesem Fall ein, auch wenn dem Frachtführer der Ladeschein nicht zurückgegeben wird (arg e §§ 445 Abs. 2 Satz 2, Abs. 3 Satz 1).[69] Der an die formelle Legitimation anknüpfende gute Glaube (an die Berechtigung aus dem Ladeschein, vgl. die Vermutung gem. § 444 Abs. 3) wird hingegen zerstört und die schuldbefreiende Wirkung tritt nicht ein, wenn dem Frachtführer bekannt ist oder infolge grober Fahrlässigkeit unbekannt ist, dass der legitimierte Besitzer nicht der aus dem Ladeschein materiell Berechtigte ist. Abs. 2 Satz 2 lehnt sich hier an den wertpapierrechtlichen Maßstab des Art. 40 Abs. 3 WG an. Der für grobe Fahrlässigkeit leitende Maßstab wird im Schrifttum diskutiert. Die Vermutungswirkungen zugunsten des legitimierten Papierbesitzers sind umso stärker, als die Anforderungen an grobe Fahrlässigkeit hochgeschraubt werden. Dies gelingt, wenn man grobe Fahrlässigkeit des Frachtführer/Aussteller erst dann als gegeben ansieht, wenn ihm liquide Beweise zur Verfügung stehen, um auch in einem Rechtsstreit die Vermutung zu widerlegen.[70] Dies dürfte bei erkennbar fehlendem Papierbesitz des Empfängers ohne weiteres der Fall sein. Freilich leidet unter hohen Fahrlässigkeitsanforderungen die Rechtsstellung des materiell Berechtigten wie auch die Wertungsgleichheit des Sorgfaltsmaßstabes im Allgemeinen. Ernstliche, sich aufdrängende Zweifel an der Berechtigung des Papierbesitzers sollten daher schon ausreichen, um die Vermutungswirkung zu zerstören.

IV. Haftung bei Falschablieferung, Abs. 3

28 Der Frachtführer ist dem Wortlaut nach zwar nur *berechtigt*, die Ablieferung von der Vorlage und Rückgabe des Ladescheins und der Quittierung erbrachter Leistung abhängig zu machten. Faktisch erwächst für ihn daraus aber ein Zwang.[71]Ohne *Vorlage* des Ladescheins scheitert schon die formelle Legitimation des Empfängers und die daran anknüpfende Vermutung seiner materiellen Berechtigung, ohne welche der Frachtführer grob fahrlässig das Risiko der Falschablieferung an Personen eingeht, die entweder nie zum Empfang aktivlegitimiert waren oder die ihre Rechte zum Zeitpunkt der Empfangnahme

---

[68] Begr RegE zu § 521 HGB-E, BT Drs. 17/10309, Satz 96 l. Sp (Für das Konnossement, dem § 445 nachempfunden ist. Mit klarstellender Abgrenzung zu Art. 47 Abs. 2 Rotterdam Regeln (dort Liberationswirkung ohne Rückgabe des Konnossements)).

[69] Arg. e Begr RegE zu § 445 HGB-E, BT Drs. 17/10309, 58 r Sp (§ 445 Abs. 3 entspricht § 447 aF). – Freilich vorbehaltlich gutgläubigen Erwerbs durch Dritte, denen gegenüber der Erfüllungseinwand des Frachtführers gem. § 447 abgeschnitten ist.

[70] So *Koller*[8] § 445 Rn 3; **aA** offenbar *Ramming*, RdTW 2015, 8 (11 f).

[71] Rechtlich aber keine Pflicht, vgl. oben Rn 19, 20; *Koller*[8] § 445 Rn 3.

mit dem umlauffähigen Order- oder Inhaberladeschein bereits auf Dritte übertragen hatten.[72] In beiden Fällen wird der letztlich materiell Berechtigte seinen primären Ablieferungsanspruch nicht leicht durchsetzen können. Durch die Schadensersatzregelung in § 445 Abs. 3 wird der berechtigte Inhaber folglich vor einer übereilten Ablieferung durch den Frachtführer an einen nichtberechtigten Empfänger geschützt. Dem Wortlaut nach bleibt § 445 Abs. 3 wie dargelegt (vgl. oben Rn 15, 16) hinter § 447 aF zurück, nämlich soweit § 447 aF *allgemein* die Haftung des Frachtführers für den Schaden regelte, der aus der Ablieferung *ohne Rückgabe* des Ladescheins entstand, wohingegen die Tatbestände in Abs. 3 enger sind. Keine Haftungsfolge zieht nach sich die Ablieferung an den formell Legitimierten, der zugleich materiell Berechtigter ist, und an den formell nicht Legitimierten, der zugleich materiell Berechtigter ist. In allen anderen Fällen knüpft die Ersatzregelung an den Schaden des Berechtigten aus der in Absatz 3 näher bezeichneten *Falschablieferung*, die es zu differenzieren gilt (folgend 1.–3.). Die Beurteilung von Befreiungswirkung, Entstehung materieller Berechtigung und Schadensentstehung hängt in jeder Variante im Einzelnen von der Art des Ladescheins ab.

1. Ablieferung an anderen als formell legitimierten Papierbesitzer – Satz 1, Alt. 1. Absatz 3 Satz 1, Alt. 1 folgt dem Vorbild des § 521 Absatz 4 HGB. Wörtlich geregelt ist dort zunächst der Fall, dass der Frachtführer das Gut an den **formell nicht legitimierten Papierbesitzer** abliefert (Satz 1 Alt. 1: „einem anderen als dem legitimierten Besitzer …").[73] Dieser kann materiell berechtigt sein (Rn 30 ff) oder nicht (unten Rn 38 ff, 50 ff). **29**

Denkbar ist in dieser Konstellation die **Ablieferung an den nur materiell Berechtigten,** der nicht formell legitimiert ist. Die Befreiungswirkung durch Leistung an diesen materiell Berechtigten ist möglich, sofern seine Berechtigung dem Frachtführer bekannt ist und durch Vollbeweis anderweitig nachgewiesen wird.[74] Hieraus ergibt sich dann praktisch die Nichtberechtigung des „bloß" formell aus dem Ladeschein Legitimierten. Ein Schadenersatzanspruch des bloß Legitimierten scheitert an § 445 Abs. 3, wenn die für ihn sprechende Vermutung der Rechtsinhaberschaft liquide widerlegt werden kann.[75] Er hat keinen eigenen Schaden; für eine Drittschadensliquidation fehlen die Voraussetzungen.[76] Ohne Bedeutung ist es, wenn der Frachtführer den Berechtigten irrtümlich oder zu recht für *förmlich* legitimiert hielt. **30**

a) **Namensladeschein.** Der Frachtführer wird von seiner Schuld zur Ablieferung befreit, wenn er das Gut an den im Namensladeschein namentlich Benannten abliefert oder an den berechtigten Empfänger, der zwar nicht im Ladeschein namentlich benannt ist, aber durch wirksame Abtretung des Ablieferungsanspruchs forderungsrechtlich Rechtsnachfolger geworden oder in einer Abtretungsurkunde oder Urkunde iSd. § 409 Abs. 1 BGB als neuer Anspruchsinhaber bezeichnet worden ist.[77] Der materiell Berechtigte ist immer zum Empfang befugt. Zur Schuldbefreiung bei Ablieferung an ihn kommt es unabhängig davon, ob der Frachtführer sich den Namensladeschein zurückgeben lässt.[78] Auch wird nicht jeder nur materiell-rechtlich Berechtigte das auch können. Denn beim Namensladeschein steht nur der Anspruch im Vordergrund, den der materiell Berechtigte durch Zession erworben hat. Der Zessionar erwirbt gemäß § 952 BGB das Papiereigentum gesetzlich. **31**

---

72 *Koller*[8] § 445 Rn 3.

73 Der in dem bisherigen § 447 HGB zusammen mit der Falschablieferung geregelte Fall der Ausführung einer *Weisung* ohne Vorlage eines Ladescheins wird nach dem Vorbild des § 520 Abs. 1 gesondert in § 446 Absatz 2 geregelt.

74 *Koller*[8] § 445 Rn 3.

75 *Koller*[8] § 445 Rn 7.

76 *Koller*[8] § 445 Rn 7.

77 RGZ 122, 221, 224; *Koller*[8] § 443 Rn 28, § 445 Rn 7; Ebenroth/Boujong/Joost/Strohn/*Schaffert*[3] § 446 Rn 3.

78 RGZ 122, 221, 224; *Koller*[8] § 445 Rn 7.

32 Hat der Frachtführer den Ablieferungsanspruch erfüllt (§ 362 BGB), ist dieser erloschen (Ausnahme § 409 BGB, Einwendungsausschluss).[79] Daher kann das Eigentum an dem Ladeschein, das gemäß § 952 BGB gewöhnlich dem verbrieften Anspruch folgt, nicht auf den abliefernden Frachtführer übergehen. Eigentümer des Ladescheins bleibt in dieser Konstellation der Inhaber des Ladescheins. Der Frachtführer kann vom Inhaber lediglich Übereignung des Ladescheins nach § 371 BGB iVm § 445 Zug um Zug gegen Ablieferung der Sendung verlangen.[80] Der formelle Besitzer des Ladescheins kann **keinen Schaden** geltend machen.[81] Lässt sich der Frachtführer den Ladeschein jedoch nicht herausgeben, so kann es zu der beschriebenen *isolierten Eigentumsübertragung* an dem Ladeschein durch Dritte kommen.[82]

33 Wenn der Namensladeschein *nach* der Ablieferung des Gutes an den Berechtigten (d.h. nach Erlöschen des Ablieferungsanspruchs) vom diesem nicht an den Frachtführer zurückgegeben, sondern weiter „übertragen“ wird, erlangt der folgende dingliche Erwerber des Ladescheins (Eigentumserwerb durch § 929 BGB und Begebungsvertrag; nicht durch § 952 BGB) vom dann Nichtberechtigten mangels Möglichkeit des gutgläubigen Forderungserwerbs keinen Ablieferungsanspruch. Bei Namenspapieren gibt es nach wertpapierrechtlichen Grundsätzen keinen gutgläubigen Erwerb des – nicht bestehenden – Ablieferungsanspruchs. Folglich erwirbt der Erwerber des Namensladescheins in dieser Situation *keine* materielle Berechtigung in Ansehung des Ablieferungsanspruchs, und folglich kann „daraus“ (durch die Nichterfüllbarkeit des Anspruchs) auch kein Schaden für ein „aus dem Ladeschein Berechtigten“ entstehen. Die Befreiungswirkung der Ablieferung ist dauerhaft. Der Erwerber ist nicht schutzwürdiger als der Frachtführer.[83]

Der Erwerber geht beim Namensladeschein vielmehr das *Risiko*, ggf. einen Anspruch nicht zu erwerben, gleichsam bewusst ein, da er aufgrund der namentlichen Benennung des Empfängers davon ausgehen muss, dass das Papier nicht umlauffähig ist, folglich die wertpapierrechtlichen Bestimmungen über den gutgläubigen Erwerb nicht gelten können. Eine besondere Schutzwürdigkeit, ihm mit dem Frachtführer einen Dritten für das (im Zweifel vorsätzliche) Fehlverhalten des von ihm gewählten Vertragspartners haften zu lassen, ist aus diesen Gesamtumständen nicht ableitbar. Der Erwerber, der den Namensladeschein, nicht aber den darin verbrieften Ablieferanspruch erhält, kann sich nur an *seinen* (unredlichen) Vertragspartner halten.[84]

Da der Untergang des Ablieferanspruchs durch Erfüllung einen nachfolgenden gutgläubigen Erwerb vereitelt, fehlt es beim Erwerber des Eigentums am Namensladeschein am Tatbestandsmerkmal des aus dem Ladeschein *Berechtigten*. Für diesen Erwerber ergibt sich aus § 445 Abs. 3 kein Ersatzanspruch. Sondervorschriften des Wertpapierrechts, wie sie für Order- und Inhaberladeschein existieren, fehlen für den Namensladeschein. Für die im Schrifttum geäußerte Gegenansicht[85] geben weder § 445 Abs. 3 noch der bisherige § 447 eine gesetzliche Stütze.

---

79 Ebenroth/Boujong/Joost/Strohn/*Schaffert*[3] § 446 Rn 3; *Koller*[8] § 445 Rn 7.

80 Palandt/*Bassenge*[75] § 952 Rn 4 mwN.; Ebenroth/Boujong/Joost/Strohn/*Schaffert*[3] § 447 Rn 3(zu § 445 nF); *Koller*[8] § 445 Rn 7; Häublein/Hoffmann-Theinert/*M. Kirchhof* Beck'scher Online-Kommentar HGB[11] § 445 Rn 29.

81 *Koller*[7] § 447 aF Rn 2 aE.

82 Ebenroth/Boujong/Joost/Strohn/*Schaffert*[2] § 447 aF Rn 3; Häublein/Hoffmann-Theinert/*M. Kirchhof* Beck'scher Online-Kommentar HGB[11] § 445 Rn 29.

83 Im Erg. auch MünchKommHGB/*Herber*[2] § 447 aF Rn 4; Häublein/Hoffmann-Theinert/*M. Kirchhof* Beck'scher Online-Kommentar HGB[11] § 445 Rn 30.

84 MünchkommHGB/*Herber*[2] § 447 aF Rn 4; Häublein/Hoffmann-Theinert/*M. Kirchhof* Beck'scher Online-Kommentar HGB[11] § 445 Rn 30.

b) **Orderladeschein.** Die **Empfangslegitimation** des Inhabers des Orderladescheins ergibt sich losgelöst von § 445 bereits aus § 365 Abs. 1 iVm § 16 WG, wenn und soweit die Berechtigung durch eine geschlossene Kette von Indossamenten nachgewiesen ist und der Frachtführer nicht grob fahrlässig handelt (§ 365 Abs. 1 iVm § 40 WG).[86] Bei Ablieferung an den materiell aus einem Orderladeschein berechtigten und dort aufgeführten Empfänger wird der Frachtführer von seiner Schuld **befreit**[87], und zwar im Grundsatz auch dann, wenn er sich den Ladeschein nicht zurückgeben oder die Ablieferung nicht bescheinigen lässt.[88] Dies gilt auch für den Fall der Übertragung des Anspruchs durch einfache Abtretung. **34**

Wird der nicht zurückgegebene Ladeschein allerdings *nachfolgend* an einen gutgläubigen Dritten indossiert wird, entsteht dadurch beim Dritten der Ablieferungsanspruch neu (vgl. oben Rn 15, 18, und § 444 Rn 36). Formelle Legitimation und neue materielle Berechtigung fallen dadurch beim Dritten zusammen. Gleiches gilt im Falle eines Blankoindossaments für jeden *Inhaber* des Orderladescheins. Dem Ablieferungsanspruch des Dritten gegenüber kann sich der Frachtführer gemäß § 364 Abs. 2 nicht auf die bereits erfolgte Ablieferung berufen. Er kann das Gut freilich auch nicht ein zweites Mal abliefern. Mithin hat er dem Dritten den daraus entstehenden Schaden gemäß § 445 Abs. 3 bzw. §§ 425 ff (vgl. unten Rn 46 f, 47a, b) zu ersetzen. **35**

Fordert der Besitzer des Orderladescheins Ablieferung des Gutes und kann er den Ladeschein zurückgeben, ist er aber im Ladeschein nicht durch Indossament formell legitimiert, weil er den Ladeschein *kraft Gesetzes* erworben hatte, wird der Frachtführer durch Ablieferung an ihn (als Berechtigten) frei, ohne von späteren Papiererwerbern einwendungsfrei in Anspruch genommen werden zu können.[89] **36**

c) **Inhaberladeschein.** Die Rechtslage beim Inhaberladeschein entspricht der beim Orderladeschein[90]: Die Ablieferung an den materiell Berechtigten befreit den Frachtführer von seiner Ablieferverpflichtung.[91] Aber der bloße Papierbesitz des Inhabers verschafft die formelle Empfangslegitimation (legitimierten Besitz) gem. § 445 Abs. 1 iVm § 443 Abs. 3 (wie auch beim Blankoindossament des Orderladescheins) und Ablieferung an ihn befreit von der Verpflichtung, § 793 Abs. 1 Satz 2 BGB.[92] Nach Ablieferung des Gutes an den Inhaber und damit (eigentlich) verbundener Befreiungswirkung (§ 793 Abs. 1 Satz 2 BGB) schützt die begrenzte Einwendungsmöglichkeit nach § 796 BGB bzw. § 447 den späteren gutgläubigen Erwerber des nicht zurückgegebenen, noch umlaufenden Papiers. Die Befreiungswirkung wird dadurch praktisch wieder aufgehoben. **37**

2. **Ablieferung an den nur formell legitimierten, aber nicht aus dem Ladeschein Berechtigten – Satz 1 Alt. 2. Absatz 3 Satz 1, Alt. 2** mit seiner Bezugnahme auf den Fall des **38**
Abs. 2 Satz 2 (Ablieferung „an einen anderen als dem aus dem Ladeschein Berechtigten) meint hingegen den anderen, in Abs. 2 geregelten Fall des Auseinanderfallens der Rechts-

---

[85] „in Durchbrechung der allgemeinen Grundsätze der Namenspapiere durch § 447 (aF) HGB geschützt", *Koller*[7] § 447 aF Rn 2, 5 und 9; Ebenroth/Boujong/Jost/Strohn/*Schaffert*[3] § 447 Rn 3 (zu § 445 nF).

[86] Ebenroth/Boujong/Jost/Strohn /*Schaffert*[2] § 447 aF Rn 4.

[87] *Koller*[7] § 446 aF Rn 2; Häublein/Hoffmann-Theinert/*M. Kirchhof* Beck'scher Online-Kommentar HGB[11] § 445 Rn 7.

[88] Häublein/Hoffmann-Theinert/*M. Kirchhof* Beck'scher Online-Kommentar HGB[11] § 445 Rn 7.

[89] *Koller*[8] § 445 Rn 4 bei Rn 9.

[90] *Koller*[7] § 447 aF Rn 4, 7 und 8; Ebenroth/Boujong/Joost/Strohn/*Schaffert*[3] § 447 Rn 9 (zu § 445 nF).

[91] Häublein/Hoffmann-Theinert/*M. Kirchhof* Beck'scher Online-Kommentar HGB[11] § 445 Rn 7.

[92] Vorige Note, Rn 8.

stellungen formeller Legitimation und materieller Berechtigung, maW den Fall, dass der Frachtführer an den formell legitimierten Papierbesitzer abliefert, wissend oder grob fahrlässig unwissend, dass der Empfänger **nicht der aus dem Ladeschein Berechtigte** ist. Schadensersatzansprüche nach § 445 Abs. 3 zu Gunsten des Inhabers des Ladescheins können sich nicht ergeben, da die Ablieferung an ihn gerade mit Blick auf seine formelle Legitimation erfolgt, so dass diesem ein Schaden nicht entsteht.[93]

39 a) **Namensladeschein.** Hat der Frachtführer einen Namensladeschein gem. § 444 Abs. 3 Ziff. 3 auf den vertraglich vereinbarten Empfänger ausgestellt, ergibt sich zunächst aus der namentlichen Benennung des Empfängers im Ladeschein, wem der Anspruch auf die Ablieferung zusteht.[94] Anschließende Übertragungshandlungen können diese Berechtigung ändern. Liefert der Frachtführer das Gut an den im Namensladeschein eingetragenen und daher legitimierten Empfänger ab, wird der Frachtführer von seiner Schuld befreit, wenn der Empfänger noch Inhaber (Besitzer) des Ladescheins war und ihn vorlegt.

40 aa) **Zession vor Ablieferung.** Der Frachtführer wird von seiner Schuld durch Leistung an den im Ladeschein benannten Empfänger auch dann befreit, wenn der Empfänger seinen Anspruch *zuvor* ohne Wissen des Frachtführers und ohne Anzeige an diesen **abgetreten** hatte, aber noch Inhaber des Ladescheins ist und ihn bei Ablieferung vorlegt.[95] Der Empfänger ist in dieser Situation zwar nicht mehr berechtigt, aber noch legitimiert, und der Frachtführer insoweit idR nicht bösgläubig iSv § 445 Abs. 3. Auch § 407 BGB würde zum gleichen Ergebnis führen (nur Kenntnis der Zession schadet).

41 bb) **Empfänger im Besitz des Ladescheins.** Hatte der Empfänger *vor* der Ablieferung des Gutes den Ablieferungsanspruch – für den Frachtführer unerkennbar – abgetreten, stellt sich die Frage der Befreiungswirkung, wenn der Empfänger bei Inempfangnahme des Gutes *noch im Besitz des Ladescheins*, darin namentlich benannt war und der Frachtführer in Ansehung der abweichenden materiellen Berechtigung iS von § 445 Abs. 2 und iS von § 407 BGB gutgläubig war, weil er von der Zession und damit von der Nichtberechtigung des Empfängers keine Kenntnis hatte. Der Zessionar des Ablieferungsanspruchs hatte den Ablieferungsanspruch vom Berechtigten nach § 398 BGB und damit gem. § 952 BGB das Eigentum am Papier erworben. Die Ablieferung an den Zedenten schadet dem Frachtführer nicht, wenn der Empfänger zur Zeit der Ablieferung noch Inhaber eines ihn formell legitimierenden Ladescheins ist. Der insoweit *gutgläubige* Frachtführer wird durch Ablieferung an ihn frei. Dies ist keine Folge allein von § 407 BGB, sondern wegen der Anknüpfung an die formelle Legitimation eine Folge von § 445 Abs. 2. Eine Haftung nach Abs. 3 entfällt (sonst ergäbe die Befreiungswirkung bei Gutgläubigkeit nach Abs. 2 keinen Sinn), weil der Frachtführer auch sonst nicht grob fahrlässig ist. Die Bestimmungen der §§ 407 und 445 Abs. 3 kommen hier zum gleichen Ergebnis. Weil ein anderer Sorgfaltsverstoß des Frachtführers aber prinzipiell nicht auszuschließen ist, sollte der Bestimmung mit den engeren Voraussetzungen für Bösgläubigkeit (§ 445 Abs. 3) der Vorzug gegeben werden.

42 cc) **Empfänger nicht im Besitz des Ladescheins.** Hatte der Empfänger *vor* der Ablieferung des Gutes den Ablieferungsanspruch für den Frachtführer unerkennbar (d.h. ohne

---

93 Häublein/Hoffmann-Theinert/M. *Kirchhof* Beck'scher Online-Kommentar HGB[11] § 445 Rn 25.

94 Häublein/Hoffmann-Theinert/M. *Kirchhof* Beck'scher Online-Kommentar HGB[11] § 445 Rn 4.

95 Dazu näher *Koller* FS Richardi (2007) 1121,1128 ff; *ders.*[7] § 446 aF Rn 2; Ebenroth/Boujong/Joost/Strohn/*Schaffert*[3] § 446 Rn 3; Andresen/*Valder* Speditions-, Fracht- und Lagerrecht, § 446 Rn 3.

Wissen des Frachtführers und ohne Anzeige der Abtretung[96]) abgetreten und war der Empfänger bei Ablieferung an ihn aber *nicht im Besitz* eines ihn formell legitimierenden Ladescheins, stellt sich hierfür die Frage der Befreiungswirkung nach § 407 BGB.[97]

Der Zessionar muss die Leistung an den Zedenten bei Nichtkenntnis des Schuldners von der Zession nach § 407 BGB zwar gegen sich gelten lassen, nach § 445 Abs. 3 ist aber der aus dem Ladeschein Berechtigte (und das ist er hier) vor Falschablieferung geschützt. Fraglich ist, ob sich für die hier beschriebene Fallkonstellation der forderungsrechtliche Schuldnerschutz des § 407 BGB oder der wertpapierrechtliche Rechtsschutz der § 445 ff HGB durchsetzen. Bei Ablieferung an den papierlosen Zedenten führt § 407 BGB wie dargelegt nicht zur Befreiung des Frachtführers von der Verpflichtung zur Leistung an den Zessionar. Der Frachtführer wusste von der Ausstellung des Ladescheins. Er hätte folglich ohne Vorlage des Namensladescheins nicht abliefern dürfen (die Legitimation fehlt). Insoweit hat er zu vertreten, dass der wertpapierrechtlich Berechtigte das Gut nicht bekommt. Dies ist ihm als grobe Fahrlässigkeit zurechenbar. § 407 BGB setzt sich in diesem Fall nicht gegenüber Wertpapierrecht und dem daraus fließenden Vorlagezwang durch.[98] Der Frachtführer wird dadurch schon nach § 425 Abs. 1 wegen Verlust des Gutes ersatzpflichtig. Der ggf. in Anspruchsgrundlagenkonkurrenz hinzutretende § 445 Abs. 3 Satz 1, Alt. 2 (grobe Fahrlässigkeit) verstärkt diesen Schutz durch seine Unabdingbarkeit in § 449 Abs. 1 Satz 1 und 2.[99] **42a**

dd) Zession nach Ablieferung. Bei Zession *nach* Ablieferung tritt die Befreiungswirkung nach § 444 Abs. 3 – mangels Rücknahmepflicht (vgl. oben Rn 15, 16, 20) – auch dann ein, wenn sich der Frachtführer den Ladeschein *nicht* hat zurückgeben oder die Ablieferung *nicht* hat bescheinigen lassen.[100] Denn der *spätere* dingliche „Erwerber“ des Namensladescheins ist in diesem Fall wertpapierrechtlich auch bei eigener Gutgläubigkeit an die Rechtsinhaberschaft des Zessionars nicht iSv §§ 398, 952 BGB geschützt (vgl. oben Rn 26): Er erwirbt die – bereits erloschene – Forderung nicht nochmals – auch nicht gutgläubig – neu und damit auch keine materielle Berechtigung, aus der sich gem. § 445 Abs. 3 ein schützenswerte Rechtsposition ableiten lässt.[101] **43**

b) Orderladeschein. Leistung an den materiell aus dem Ladeschein Berechtigten befreit. Wenn der Frachtführer an den lediglich formell (durch ein Indossament) legitimierten Inhaber des Ladescheins leistet, erlischt der Ablieferungsanspruch gemäß § 365 Abs. 1 **44**

96 Dazu näher *Koller* Festschrift Richardi (2007) 1121,1128 ff; *ders.*[7] § 446 aF Rn 2.

97 So *Fremuth*/Thume § 445 aF Rn 4; Hein/Eichhoff/Pukall/Krien/*Andresen* Rn 3; Andresen/Valder, Speditions-, Fracht- und Lagerrecht, § 445 Rn 3; **aA** *Koller*[7] § 445 aF Rn 3 (Ausschluss des § 407, arg. e §§ 446 II 2, 447 Satz 1 aF: der Erwerber eines Ladescheins soll auch beim Namensladeschein sichergehen können, dass nur an ihn befreiend geleistet werden kann); Baumbach/Hopt/*Merkt*[35] § 445 Rn 1; Ebenroth/Boujong/Joost/Strohn/*Schaffert*[3] § 445 Rn 1, *Oetker*/*Paschke* § 445 Rn 1.

98 *Koller*[8] § 445 Rn 8a (schon prinzipiell gegen die Anwendbarkeit von § 407 BGB); aA offenbar Häublein/Hoffmann-Theinert/*M. Kirchhof* Beck'scher Online-Kommentar HGB[11] § 445 Rn 5; Ebenroth/Boujong/Joost/Strohn /*Schaffert* [2] § 446 aF Rn 3.

99 So schon Koller[7] § 447 aF Rn 5; vgl. unten § 446 Rn 64.

100 Abw. (verallgemeinernd) *Koller*[8] § 445 Rn 6; *ders.* Voraufl. § 447 aF Rn 5; Ebenroth/Boujong/Joost/Strohn/*Schaffert*[3] § 447 Rn 4(zu § 445 nF).

101 Wie hier MünchkommHGB/*Herber*[2] § 447 aF Rn 4; Häublein/Hoffmann-Theinert/*M. Kirchhof* Beck'scher Online-Kommentar HGB[11] § 445 Rn 29, 30; **aA** Koller[7] § 447 aF Rn 5; Ebenroth/Boujong/Joost/Strohn/*Schaffert*[3] § 447 Rn 3, 4 (zu § 445 nF).

HGB iVm. Art. 40 Abs. 3 WG nur dann, wenn der Frachtführer im Sinne der letzteren Bestimmung hinsichtlich der materiellen Berechtigung des formell Legitimierten gutgläubig war (gleiche Wertung wie bei § 445 Abs. 3, Satz 1). Hat der Empfänger des Gutes sein Recht aus dem Papier zuvor ohne Indossament auf einen Dritten (also durch einfache Abtretung) übertragen, so wird der Frachtführer durch Ablieferung an den Zedenten gem. § 407 frei, wenn der Zedent bei Ablieferung des Gutes noch Inhaber des Orderladescheins geblieben ist.[102] Der berechtigte Erwerber/Zessionar, der seinen Ablieferungsanspruch durch die Ablieferung an den Altgläubiger wieder verloren hat, kann vom Frachtführer keinen Schadenersatz verlangen, obwohl der Frachtführer sich den Ladeschein bei der Ablieferung nicht hatte zurückgeben lassen. Denn die Nichtrückgabe des Ladescheins ist für den Rechteerwerb des Dritten (Zession) nicht kausal gewesen, weil er nicht Papierinhaber wurde (Primat des Forderungsrechts).

45 Anders liegen die Dinge im Falle der Ablieferung an den formell oder materiell Legitimierten ohne Rückgabe des Orderladescheins gemäß § 445 Abs. 3 nur gegenüber einem Dritten, der den Ladeschein selbst auch den hierin *verbrieften Anspruch auf Ablieferung* (gutgläubig nach § 364 Abs. 2 iVm Art. 16 Abs. 2 WG bzw. §§ 932 ff BGB) *nach* der Ablieferung des Gutes an dem Empfänger durch *Indossament*, nicht durch bloße Abtretung und Übergabe (sonst wie Namensladeschein, seinerseits gutgläubig erworben hat, weil der Dritte dann kraft guten Glaubens den **Ablieferungsanspruch neu erwirbt** und dadurch materiell berechtigt ist.[103] Die Nichtrückgabe ist hier kausal für den Schaden des Dritten (Primat des Wertpapierrechts).[104]

46 Kann sich der Frachtführer wirksam auf die **Befreiungswirkung** der Ablieferung berufen, haftet er nicht. Über die **Befreiungswirkung** der Ablieferung gegenüber einen gutgläubigen Erwerber des nicht zurückgegebenen Ladescheins und über die **Rechtsfolge** des Schadenersatzes bestehen indes angesichts von **Abweichungen zwischen Gesetzestext und Gesetzesbegründung** (vgl. oben Rn 15) Unklarheit. Hiermit verbindet sich die Frage, auf welcher Grundlage der gutgläubige Erwerber seinen Schaden gegen wen liquidieren kann. Nach dem **Wortlaut** von § 445 Abs. 3 und § 521 Abs. 4 haftet der Frachtführer durch Ablieferung an den Legitimierten, aber nicht Berechtigten bei Bösgläubigkeit nach § 445 Abs. 3. Ist er hingegen gutgläubig, wird er – und zwar auch ohne Rückgabe des Ladescheins – frei. Daraus wird im Schrifttum zum Teil auf Wertlosigkeit des weiter im Umlauf befindlichen Ladescheins geschlossen.[105] Ein gutgläubiger Erwerber erleide lediglich einen – über § 280, 249 BGB (und nicht über § 445 Abs. 3) konstruierbaren[106] und liquidierbaren – **Vertrauensschaden**[107] (gegen den Veräußerer?), gegen den Frachtführer (im Falle einer Nebenpflichtverletzung?[108]).[109]

---

[102] Häublein/Hoffmann-Theinert/*M. Kirchhof* Beck'scher Online-Kommentar HGB[11] § 445 Rn 7; *Koller*[8] § 445 Rn 8; *Koller*[7] § 446 aF Rn 2 (Berufung des Frachtführers auf Befreiung von seiner Verpflichtung nach § 407 BGB).

[103] *Koller*[8] Rn 3, § 447 Rn 9.

[104] Ebenso bei Inhaberladescheinen.

[105] Vgl. oben Rn 15.

[106] Etwa bei unrichtiger Ausstellung des Ladescheins oder zurechenbarer Setzung des Rechtscheins durch den Veräußerer des Ladescheins und den Frachtführer durch Nichtrückgabe und fehlenden Ablieferungsvermerk.

[107] MünchKommHGB/*Herber*[3] § 445 nF Rn 16; § 521 nF Rn 24, 27; Voraufl. § 447 aF Rn 4. Gl. – Oben Rn 15.

[108] Fraglich ist allerdings, worin diese gegenüber dem Dritterwerber gesehen werden kann (ob in der Ablieferung ohne Vorlage bzw. Rückgabe des Ladescheins oder ohne Abliefervermerk im Ladeschein).

[109] MünchKommHGB/*Herber*[3] § 445 Rn 16, 17 (in der Haftung auf das Dreifache des Betrages, der bei Verlust des Gutes zu zahlen wäre,

Nach der **Gesetzesbegründung** besteht trotz gutgläubiger (a.e. Abs. 3 Satz 1, Alt. 2) Ablieferung an den Legitimierten ein stärkerer Schutz des gutgläubigen Erwerbers des nicht zurückgegebenen umlauffähigen Ladescheins über § 447, der den Einwand der Erfüllung abschneidet.[110] Der Frachtführer wird ohne Rückgabe des Ladescheins (anders als nach den Rotterdam-Regeln) in zurechenbarer Weise nicht frei, weil er den Papierumlauf nicht unterbunden hat. Der neue Papiererwerber kann den neuen Ablieferungsanspruch gegen den Frachtführer nicht mehr durchsetzen. Die Gesetzesbegründung, die auf die Ersatzregelung des § 447 aF verweist, geht offenbar von der Liquidierbarkeit solcher Schäden über § 445 Abs. 3 aus, dessen Wortlaut den Fall aber nicht deckt.[111] **47**

Weil der Gutglaubenserwerb der fraglichen Ladescheine zum Neuerwerb des eigentlich untergegangenen Ablieferungsanspruches führt, handelt es sich bei dem Erwerber um einen *aus dem Ladeschein (materiell) Berechtigten.* Ob sich für ihn auch ein Schadensersatzanspruch nach § 445 Abs. 3 ergibt[112], ist aber zunächst fraglich, weil dies nach Abs. 2 die fehlende Legitimation des Empfängers bzw. die Bösgläubigkeit des Frachtführers über die materielle Nichtberechtigung des Empfängers *bei Ablieferung* voraussetzt. Bei Ablieferung kann förmliche Legitimation bzw. Gutgläubigkeit bestanden haben. Grobe Fahrlässigkeit könnte lediglich bei Nichtvorlage des Ladescheins durch den Empfänger angenommen werden, mangels gesetzlicher Bestimmung nicht aber ohne weiteres schon bei fehlender Rückgabe. Freilich ist auch die fehlende Vermerkung der Ablieferung auf dem Ladeschein für einen gutgläubigen Dritterwerb mitursächlich. **47a**

Mit Blick darauf hat zurechenbares Verhalten des Frachtführers den Rechtsschein eines den Ablieferungsanspruch verbriefenden und gutgläubig erwerbbaren Ladescheins gesetzt. Der Gesetzgeber hat mit § 445 Abs. 3 gerade die Beschädigung der Interessen des Berechtigten durch Frachtführerverhalten schützen wollen, wie sie § 447 aF nur klarer geregelt hatte. Im Analogieschluss erscheint daher eine entsprechende Anwendung von § 445 Abs. 3 vertretbar.

Wer dem nicht folgen mag, findet in den §§ 425 ff für den aus Güterverlust rührenden **vollen Erfüllungsschaden** eine weitere Stütze, die jedenfalls neben § 445 Abs. 3 eine Anwendung finden. Die Unmöglichkeit der Erfüllung des Ablieferungsanspruchs des Dritterwerbers (eben wegen bereits erfolgter Ablieferung) könnte als Güterverlust qualifiziert werden.[113]Zweifelsfrei erscheint auch das freilich nicht. Weil nämlich dadurch gegen den Frachtführer ein neuer frachtrechtlicher Ablieferungsanspruch zur Entstehung gelangt ist, der wegen einer *bereits erfolgten* (ggf. nicht einmal falschen) Ablieferung nicht durchsetzbar ist, ist auch der in § 425 normierte Fall des Güterverlusts als Ausprägung unmöglicher Erfüllung nicht genau getroffen und die Bestimmung eher über einen Analogieschluss anwendbar.[114] Haftungsbegrenzungen und Abdingbarkeit der beiden Ansprüche weichen voneinander ab (vgl. unten Rn 64). **47b**

---

begrenzt, § 433, durchbrechbar nur unter den Voraussetzungen von § 435 (Vorsatz oder Leichtfertigkeit); Ebenroth/Boujong/Joost/Strohn /*Schaffert*[2] § 447 aF Rn 12; Fremuth/Thume/*Fremuth* § 447 aF Rn 6; **aA** *Koller*[8] § 445 Rn 8a.

110 Vgl. oben Rn 37, 47; zust. *Koller*[8] § 445 Rn 3.

111 Begr S. 58/96; ebenso offenbar *Koller*[8] § 445 Rn 3, 7.

112 Häublein/Hoffmann-Theinert/*M. Kirchhof* Beck'scher Online-Kommentar HGB[11] § 445 Rn 28 („zweifellos").

113 Häublein/Hoffmann-Theinert/*M. Kirchhof* Beck'scher Online-Kommentar HGB[11] § 445 Rn 28; *Koller*[8] Rn 8a, § 447 Rn 9.

114 Ähnlich schon MünchKommHGB/*Herber*[2] § 447 aF Rn 4, *ders.*[3] § 445 Rn 16, 17; der den Schaden des gutgläubigen Erwerbers aber offenbar nur in dessen Aufwendung sieht (Vertrauensschaden; Ladeschein „wertlos") und eine Liquidation über § 280 BGB (gegen wen?) in Betracht zieht.

48 Der ohne Rückgabe des Ladescheins abliefernde Frachtführer haftet folglich nicht nur dann, wenn er von vorneherein nicht befreiend geleistet hat[115] (er also noch aus dem Ladeschein verpflichtet ist, das Gut aber an den formell *und* materiell aus dem Ladeschein Berechtigten nicht mehr leisten kann), sondern auch dann, wenn nach seiner zunächst befreienden Ablieferung ein materiellrechtlicher Anspruch aus dem Ladeschein erst dadurch neu entsteht, dass ein gutgläubiger Erwerb des Papiers stattfindet (in Ansehung des Ladescheins Vertrauen betätigt wurde) und der Frachtführer (als Aussteller) aus dem Ladeschein erneut verpflichtet wird,[116] er das Gut aber nicht *mehr* an den neuen Berechtigten leisten kann.[117]

49 c) **Inhaberladeschein.** Beim Inhaberladeschein ist der Inhaber schon durch bloßen Papierbesitz gem. § 793 Abs. 1 Satz 2 BGB (wie auch beim Blankoindossament des Orderladescheins) formell empfangslegitimiert iSv. § 445 Abs. 1 iVm § 443 Abs. 3. Beim Inhaberladeschein werden gutgläubige Erwerber folglich schon durch § 796 BGB geschützt. Die Rechtslage entspricht im Ergebnis derjenigen beim Orderladeschein.[118] § 445 Abs. 2 und 3 zeichnen sie nach.

50 3. **Ablieferung an einen Dritten, der weder formell legitimiert noch materiell berechtigt ist (Abs. 3 Satz 1 Alt. 1 und 2).** Auf den ersten Blick scheint der Wortlaut mit seinen beiden Alternativen („oder“) nicht die Ablieferung an einen Dritten zu erfassen, der ***weder* formell Legitimierter *noch* aus dem Ladeschein materiell Berechtigter** ist. Indes mag der Gesetzgeber diesen Fall in der Sache der ersten Variante zugerechnet haben, denn die Ablieferung an den formell nicht Legitimierten ist für den materiell Berechtigten nur schadenstrachtig, wenn er nicht der Empfänger ist, oder anders gewendet, wenn der Empfänger zugleich nicht der materiell Berechtigte ist. Und ein anderer als der materiell Berechtigte (2. Variante) kann auch jeder Dritte (scil. auch ein nicht formell Legitimierter) sein. Satz 1 Alt. 1 erfasst daher den weiteren Fall zugleich fehlender materieller Berechtigung und Satz 1 Alt. 2 erfasst den weiteren Fall zugleich fehlender formeller Legitimation. Die Ersatzregelung knüpft an den Schaden des Berechtigten. Die Frage seines Schadens ist verknüpft mit der Frage, ob die Ablieferung selbst den Frachtführer befreit und damit ein Rechtsverlust des Berechtigten einhergeht oder ob mit dem Erwerb des nicht zurückgegebenen umlauffähigen Ladescheins eine Rechtsposition erworben wird, die gegenüber dem Frachtführer auch nach Ablieferung noch geltend gemacht werden kann.

51 a) **Namensladeschein** Wenn der Empfänger bei der Ablieferung des Gutes an ihn zwar noch im Namensladeschein eingetragen, aber nicht mehr der Inhaber des Ablieferungsanspruchs und auch nicht mehr Inhaber des Ladescheins (d.h. Papierbesitzer) war, ist er weder materiell berechtigt noch formell legitimiert. Der Frachtführer, der die Abtretung nicht kennt, kann an den formal nicht legitimierten Papierbesitzer nicht befreiend leisten, § 445 Abs. 2.

Auch der Empfänger, der zwar Inhaber des Namensladescheins, aber nicht eingetragen ist, ist weder materiell berechtigt noch formell legitimiert. Durch Ablieferung an ihn kommt es für den materiell-rechtlichen Inhaber des Ablieferungsanspruchs zum **Verlust des Gutes.** Der Frachtführer, der in einem solchen Fall – trotz Rückgabe des Ladescheins – gemäß § 444 Abs. 3, § 445 Abs. 1, 2 nicht durch Befreiungswirkung geschützt wird, haftet

[115] Ebenroth/Boujong/Joost/Strohn/*Schaffert*³ § 447 Rn 2, 5, 7, 8, 9 (zu § 445 nF).

[116] Ebenroth/Boujong/Joost/Strohn/*Schaffert*³ § 447 Rn 2, 6, 7, 9 (zu § 445 nF).

[117] Im Ergebnis so auch Häublein/Hoffmann-Theinert/*M. Kirchhof* Beck'scher Online-Kommentar HGB¹¹ § 445 Rn 28.

[118] *Koller*⁷ § 447 aF Rn 4, 7 und 8; Ebenroth/Boujong/Joost/Strohn/*Schaffert*³ § 447 Rn 9 (zu § 445 nF).

gemäß § **425 Abs. 1**. Er ist nicht durch seinen guten Glauben an die Empfangszuständigkeit (ggf. des früheren Inhabers des Ladescheins) geschützt.[119] An einen weder durch Ladeschein noch materiell Legitimierten kann allenfalls unter den Voraussetzungen des § 409 BGB befreiend geleistet werden.[120]

In **Anspruchsgrundlagenkonkurrenz** zu §§ 425 ff tritt die Haftung nach § **445 Abs.** 3 gegenüber berechtigten (!) Erwerbern des Namensladescheins bzw. der darin verbrieften, bestehenden Forderung (durch Zession) hinzu.

Ein **Verlust** iSd. § 425 Abs. 1 liegt im Übrigen auch dann vor, wenn der Frachtführer sich den (Original-) Namensladeschein im vorstehend beschriebenen Szenario (Ablieferung des Gutes bei einem in dem Ladeschein nicht eingetragenen und aus diesem Grund auch nicht gemäß § 444 Abs. 3, § 445 Abs. 1 empfangslegitimierten Empfänger, der auch nicht der materiell-rechtliche Inhaber des Ablieferungsanspruch war) hat zurückgegeben lassen.

b) **Orderladeschein.** Der Frachtführer haftet in gleicher Weise gemäß den soeben dargestellten Grundsätzen wegen des Verlusts des Gutes (auch) nach § 425 Abs. 1.[121] **52**

c) **Inhaberladeschein.** Beim Inhaberladeschein werden gutgläubige Erwerber durch § 796 BGB geschützt. Die Rechtslage entspricht im Ergebnis daher derjenigen beim Orderladeschein.[122] **53**

4. Verschuldensunabhängige Haftung, Schaden, Abs. 3 Satz 1. Der dem aus dem Ladeschein Berechtigten entstehende **Schaden** kann darin bestehen, dass das Gut ihm *nicht mehr* abgeliefert werden kann, sei es etwa wegen Verlustes oder Zerstörung oder sei es, dass es zuvor an den – ggf. nur – formell legitimierten Empfänger mit schuldbefreiender Wirkung[123] (arg. e. § 445 Abs. 2 Satz 2, also nicht bei Bösgläubigkeit) abgeliefert wurde und der vorgelegte Ladeschein nach schuldbefreiender Ablieferung des Gutes an den formell und materiell Berechtigten dem Frachtführer nicht zurückgegeben wurde, sondern weiter im Umlauf bleibt. Der Dritte, der daraufhin den nicht an den Frachtführer zurückgegebenen Ladeschein (und damit den wertpapierrechtlich verbrieften Anspruch als das „Recht aus dem Papier") gutgläubig erwirbt und aus dem Ladeschein Berechtigter wird,[124] soll geschützt werden. **54**

Für den Fall der Ablieferung des Gutes an den Nichtberechtigten[125] begründet **Absatz** 3 eine dem § 522 Absatz 2 HGB entsprechende **verschuldensunabhängige**, jedoch der Höhe nach beschränkte **Haftung** des Frachtführers gegenüber dem Berechtigten. Wie schon zuvor § 447 Satz 2 a.F. trifft die Neuregelung in § 445 Abs. 3 zwar keine explizite Aussage dazu, ob die dort angeordnete Haftung verschuldensunabhängig ist. Aus dem Umstand, dass nur eine begrenzte Haftung angeordnet ist, war aber bereits für § 447 Satz 2 a.F. teil- **55**

---

119 Ebenroth/Boujong/Joost/Strohn/*Schaffert* 2 § 447 aF Rn 5; *Koller*8 § 445 Rn 8; Häublein/Hoffmann-Theinert/*M. Kirchhof* Beck'scher Online-Kommentar HGB11 § 445 Rn 6.

120 Ebenroth/Boujong/Joost/Strohn/*Schaffert*2 § 446 aF Rn 3; Häublein/Hoffmann-Theinert/*M. Kirchhof* Beck'scher Online-Kommentar HGB11 § 445 Rn 5.

121 Ebenroth/Boujong/Joost/Strohn/*Schaffert*3 § 447 Rn 8 (zu § 445 nF).

122 *Koller*7 § 447 aF Rn 4, 7 und 8; Ebenroth/Boujong/Joost/Strohn/*Schaffert*3 § 447 Rn 9 (zu § 445 nF).

123 Reg Begr. zu § 521 HGB-E, BT Drs 17/10309, 89.

124 Möglich nur bei Inhaberladeschein und Orderladeschein, nicht beim Rektaladeschein, weil die durch diesen geschützte Rechtsposition, eine Forderung, nicht gutgläubig erworben werden kann. Vgl. oben § 444 bei Fn. 65.

125 Hauptursache des Schadens ist, dass sich der Frachtführer den Ladeschein nicht zurückgeben lässt und daher das Gut im Ergebnis einem anderen als dem aus dem Ladeschein Berechtigten abliefert wird.

weise geschlossen worden, dass für die Fälle eines fehlerhaftem Umgangs mit dem Ladeschein eine verschuldensunabhängige Haftung statuiert ist.[126] Ausweislich der Gesetzesbegründung ist dies für § 445 Abs. 3 nunmehr bestätigt.[127] Interessenlage und Wertung dieser Bestimmung entsprechen der Regelung über die Ausführung von Weisungen *ohne* Vorlage des Konnossements.[128] Entsprechend § 426, der im Rahmen von § 445 Abs. 3 Satz 1 analog anzuwenden ist, ist eine **Haftungsbefreiung** denkbar. Der Frachtführer hat die Möglichkeit nachzuweisen, dass er den Schaden selbst bei größter Sorgfalt **nicht hätte vermeiden können.**[129] Ein solcher Anwendungsfall des § 426 liegt vor, wenn der dem Frachtführer bei der Ablieferung übergebene Ladeschein völlig unerkennbar gefälscht war.[130] Hat der formell nicht Legitimierte den Ladeschein zurückgegeben und seine materielle Berechtigung glaubhaft (aber nicht zutreffend) nachgewiesen, ist auch dies ein Fall von § 426.[131]

56 Der materiell Berechtigte kann im Rahmen von Abs. 3 Ersatz aller **Schadensarten** im Sinne von § 249 ff BGB geltend machen, nicht nur Wertersatz.[132] Die Nichtablieferbarkeit des Gutes an den aus dem Ladeschein Berechtigten ist im weiteren Sinne **Verlustschaden.** Kann das abzuliefernde Gut nicht, wie vorgesehen, vom Berechtigten verwertet oder eingesetzt werden, handelt es sich um **wirtschaftlichen Folgeschaden.**[133] Kann das Gut im Nachgang zur falschen Ablieferung noch sichergestellt und dem Berechtigten verschafft werden, ist ein **Verzögerungsschaden** denkbar. Auf alle aus der Verletzung der verbrieften Ablieferungspflicht ableitbare und Schadenersatzansprüche dürften die §§ 444 Abs. 3 und 445 entsprechend anwendbar sein.[134]

57 5. **Begrenzung der Ersatzpflicht – Abs. 3 Satz 2.** Die Haftung ist nach Satz 2 ferner auf den Betrag begrenzt, der **bei Güterverlust** zu zahlen wäre. Begrenzungskriterien dafür sind grundsätzlich der **Wert des Gutes** (§ 429) und die **summenmäßige Begrenzung** aus § 431. Nach den gem. §§ 249 ff BGB zu ersetzenden Schadenspositionen kann er freilich zu abweichenden Ansprüchen (**Vermögensschäden statt nur Wertersatz**) führen,[135] die von §§ 425 ff bei Güterverlust nur im Falle des § 435 zu ersetzen wären.[136] Der Verweis auf die

---

[126] Vgl. Ebenroth/Boujong/Joost/*Gass* § 447 aF Rn 2 und 7; *Fremuth*/Thume § 447 Rn 3; Baumbach/Hopt/*Merkt*[35] § 447 Rn 1; Ebenroth/Boujong/Joost/Strohn/*Schaffert*[3] § 447 Rn 1 (zu § 445 nF).

[127] Begr RegE zu § 445 HGB-E, BT Drs. 17/10309, 58; ebd. zu § 521 HGB-E,96.

[128] Abweichend von Artikel 47 Absatz 2 der Rotterdam-Regeln soll für das Konnossement freilich keine Regelung getroffen werden, die es dem Verfrachter gestattet, auch ohne Rückgabe des Konnossements das Gut abzuliefern und damit seine Verpflichtungen zu erfüllen. Denn ein Konnossement, das, wie es die Rotterdam- Regeln vorschreiben, ausdrücklich bestimmt, dass das Gut ohne Rückgabe des Konnossements abgeliefert werden darf, dürfte von der Praxis kaum akzeptiert werden, weil es für die akkreditivmäßige Abwicklung von Außenhandelsgeschäften nicht geeignet ist.

[129] *Koller*[8] § 447 Rn 8 mit Hinweis auf Staub/*Helm*[4] § 447 aF Rn 13 und § 433 Rn 33; Ebenroth/Boujong/Joost/Strohn/*Schaffert*[3] § 447 Rn 1 (zu § 445 nF).

[130] *Koller*[8] § 445 Rn 8; Staub/*Helm*[4] § 447 aF Rn 13; § 433 Rn 33; Ebenroth/Boujong/Joost/Strohn/*Schaffert*[3] § 447 (zu § 445 nF) Rn 1,5; **aA** Baumbach/Hopt/*Merkt*[35] § 447 Rn 1.

[131] *Koller*[8] § 445 Rn 8.

[132] *Koller*[8] § 445 Rn 8a; MünchKommHGB/*Herber*[2] § 447 aF Rn 3; Häublein/Hoffmann-Theinert/*M. Kirchhof* Beck'scher Online-Kommentar HGB § 445 Rn 32.

[133] *Koller*[8] § 445 Rn 8a.

[134] *Ramming* Handbuch Multimodaler Transport, Rn 848; *Koller*[8] § 445 Rn 9.

[135] *Koller*[8] § 445 Rn 8a; Häublein/Hoffmann-Theinert/*M. Kirchhof* Beck'scher Online-Kommentar HGB[11] § 445 Rn 24.

[136] *Koller*[7] § 447 aF Rn 6 (wo allerdings im letzten Satz zwischen den Wörtern „hat" und „zurückgeben" wohl das Wort „nicht" vergessen wurde); *Koller*[8] Rn 8a, § 447 Rn 9; Ebenroth/Boujong/Joost/Strohn/*Schaffert*[3]

Begrenzung der Haftung auf den Betrag bei Güterverlust lässt die Anwendbarkeit der für Vermögenschäden weitergehenden Haftung nach § 433 (Begrenzung auf das Dreifache von Güterverlust), nicht zu.[137] Für eine Besserstellung des gutgläubigen Papiererwerbers besteht auch kein sachlicher Grund.

Je nach Bezug des Ladescheins für die Parteien des Begebungsvertrags sind ohne Parteivereinbarung maßgeblich die **Haftungsbegrenzungen** und **Haftungshöchstsummen** gemäß §§ 429 ff, § 431 Abs. 1, 2 und 4 (deutsches Landfrachtrecht), gemäß Artt. 15 § 3, Art 19 § 6 und 7, Artt. 30, 32–35 CIM (internationaler Eisenbahntransport), gemäß Artt. 22, 25 WA 1955 bzw. Artt. 22 MÜ (internationaler Lufttransport)[138], die Artt. 20 ff CMNI (internationaler Binnenschiffstransport) oder die Artt. 4 § 5 lit. e (HVR), die Artt. 6 ff (Hamburg Rules). Vorrangig sind maßgeblich die im Frachtvertrag wirksam getroffenen abweichenden Vereinbarungen, soweit die Erkennbarkeit für die Parteien des Begebungsvertrags gegeben ist.[139] Zu Lasten der aus dem Ladeschein Berechtigten können abweichende Vereinbarungen aus Gründen des Verkehrsschutzes nicht vereinbart werden. 58

Geht das Gut nur **teilweise verloren**, ist gemäß § 431 Abs. 2 eine Begrenzung der Haftung auf den verlorenen Teil möglich. Dies wird der Fall sein, wenn nur Teile des beförderten Gutes ausgeliefert worden sind, ohne dass dies auf dem Ladeschein vermerkt wurde (sog. Abschreibung).[140] 59

Ist ein **Multimodalvertrag geschlossen**, so ist im Einzelfall zu ermitteln, welche Haftungsbegrenzung für die betreffende Strecke, auf der das Schadensereignis eintritt, maßgebend ist. Einschlägig sind insoweit die §§ 452, 452a mit den für die betreffenden Streckenabschnitte geltenden besonderen Rechtsbestimmungen (vgl. oben § 443 Rn 98). 60

Zulässige Haftungsgrenzen gelten auch für **außervertragliche** Ansprüche.[141] 61

Die in § 445 Abs. 3 Satz 2 vorgesehene **Begrenzung des Schadensersatzanspruchs** auf den Betrag dessen, was bei Verlust des Gutes zu zahlen wäre, entspricht wertungsmäßig der Begrenzung der normalen Frachtführerhaftung. Die Haftungsregelung soll die von dem Wertpapier für seinen rechtmäßigen Inhaber ausgehende Schutzwirkung zwar zunächst verstärken. Die Haftungsbestimmung dient dem **Interesse des aus dem Wertpapier Berechtigten.**[142] Eine **Beschränkung der Haftung** widerspricht an sich diesem Zweck. Sie widerspricht an sich sogar in toto der Schutzrichtung der Verbriefung des Ablieferungsanspruchs in einem umlauffähigen Wertpapier, gegen das nur begrenzt Einwendungen geltend gemacht werden können, und das den guten Glauben des Rechtsverkehrs an das Recht des legitimierten Papierbesitzers in der Weise schützt, dass der gutgläubige Erwerber des wertpapierrechtlich verbrieften Anspruchs der aus dem Papier materiell Berechtigte wird. Eine unbegrenzte wertpapierrechtliche Haftung passt jedoch nicht zur begrenzten Frachtführerhaftung.[143] 62

---

§ 447 Rn 7 (zu § 445 nF); Häublein/Hoffmann-Theinert/*M. Kirchhof* Beck'scher Online-Kommentar HGB[11] § 445 Rn 28.

137 AA MünchKommHGB/*Herber*[2] § 447 aF Rn 6; MünchKommHGB/*Herber*[3] § 445 Rn 17 (für den Anspruch des Dritterwerbers aus § 280 BGB).

138 *Ramming* TranspR 2006, 95, 98; *Koller*[7] § 447 aF Rn 14.

139 *Fremuth*/*Thume* Rn 7 f; *Koller*[7] § 447 aF Rn 14; Ebenroth/Boujong/Joost/Strohn/*Schaffert*[3] § 447 Rn 12 (zu § 445 Abs. 3 und § 446 Abs. 2 nF); MünchKommHGB/*Herber*[2] § 447 aF Rn 8.

140 MünchKommHGB/*Herber*[2] § 447 aF Rn 8; *Koller*[7] § 447 aF Rn 14.

141 Fremuth/Thume Rn 5; MünchKommHGB/*Herber*[2] § 447 aF Rn 8.

142 Vgl. Begr RegE TRG, BT-Drucks. 13/8445, 85; Ebenroth/Boujong/Joost/Strohn/*Schaffert*[3] § 447 Rn 1 (zu § 445 nF).

143 MünchKommHGB/*Herber*[2] § 447 aF Rn 2, 8; *Koller*[8] Rn 8a; Ebenroth/Boujong/Joost/Strohn/*Schaffert*[2] § 447 aF Rn 12; Häublein/Hoffmann-Theinert/*M. Kirchhof* Beck'scher Online-Kommentar HGB § 445 Rn 31.

63 Im Hinblick auf die Bedeutung des Ladescheins wird den Frachtführer freilich möglicherweise ein **qualifiziertes Verschulden** iSd. § 435 treffen, wenn er das Gut abliefert, ohne sich dabei zugleich den Ladeschein zurückgeben zu lassen.[144] Dies mag die Haftungsbegrenzung nach Abs. 3 Satz zwei für eine Vielzahl von Fällen bedeutungslos erscheinen lassen[145], denn der Frachtführer, der einen Ladeschein ausgestellt hat, kennt die daran anknüpfenden Rechte und Pflichten. *Herber* beklagt die daraus resultierende Bedeutungslosigkeit der Haftungsbeschränkung in Satz 2 und fordert bei Ablieferung ohne Vorlage oder Rückgabe des Ladescheins zugleich eine Leichtfertigkeit bei der *Ausführung des Frachtvertrages*, die bei Schadenersatzansprüchen wegen Verlust, Beschädigung oder Verspätung zur Durchbrechung der Haftungsgrenzen führt[146]. Bei bloßer Verletzung der Rückgabeverpflichtung wäre damit eine Durchbrechung der Haftungsbeschränkung freilich ganz ausgeschlossen. Jedenfalls ergibt es Sinn, die geforderte Leichtfertigkeit nicht an den bloßen Verzicht auf Rückgabe des Ladescheins allein zu knüpfen, sondern an zusätzliche Verhaltensmerkmale.

V. Abdingbarkeit

64 Die Schadensersatzpflicht nach § 445 Abs. 3 ist wegen § 449 Abs. 1 Satz 2 nicht durch vertragliche Vereinbarung abdingbar, auch nicht durch entsprechende Eintragung im Ladeschein. Insoweit bietet die Vorschrift berechtigten Papierinhabern – auch gutgläubigen Dritten – weitergehenden Schutz als die §§ 425 ff, die in den Grenzen des § 449 durch *AGB* oder *Individualvereinbarung* abbedungen werden können.[147]

§ 446
Befolgung von Weisungen

(1) Das Verfügungsrecht nach den §§ 418 und 419 steht, wenn ein Ladeschein ausgestellt worden ist, ausschließlich dem legitimierten Besitzer des Ladescheins zu. Der Frachtführer darf Weisungen nur gegen Vorlage des Ladescheins ausführen. Weisungen des legitimierten Besitzers des Ladescheins darf er jedoch nicht ausführen, wenn ihm bekannt oder infolge grober Fahrlässigkeit unbekannt ist, dass der legitimierte Besitzer des Ladescheins nicht der aus dem Ladeschein Berechtigte ist.

(2) Befolgt der Frachtführer Weisungen, ohne sich den Ladeschein vorlegen zu lassen, haftet er dem aus dem Ladeschein Berechtigten für den Schaden, der diesem daraus entsteht. Die Haftung ist auf den Betrag begrenzt, der bei Verlust des Gutes zu zahlen wäre.

---

144 *Koller*[8] § 445 Rn 8a; *Ramming* RdTW 2015, 8, 12; Baumbach/Hopt/*Merkt*[35] § 447 Rn 1; Ebenroth/Boujong/Joost/Strohn/*Schaffert*[3] § 447 Rn 1 (zu § 445 nF); Häublein/Hoffmann-Theinert/*M. Kirchhof* Beck'scher Online-Kommentar HGB § 445 Rn 32; **aA** MünchKommHGB/*Herber*[2] § 447 aF Rn 7 (§ 435 grds nicht anwendbar). Die Rücknahme des Ladescheins ist zwar keine Verpflichtung, sondern eine Obliegenheit des Frachtführers, vgl. oben § 445 Rn 12 ff, 15 f, 20, 43, gleichwohl kann sie schadensursächlich sein und damit Anknüpfungspunkt für qualifiziertes Verschulden.

145 Ebenroth/Boujong/Joost/Strohn/*Schaffert*[3] § 447 Rn 1, 5, 12 (zu § 445 und 446 nF).

146 MünchKommHGB/*Herber*[2] § 447 aF Rn 7.

147 Ebenroth/Boujong/Joost/Strohn/*Schaffert*[2] § 447 aF Rn 5; Häublein/Hoffmann-Theinert/*M. Kirchhof* Beck'scher Online-Kommentar HGB[11] § 445 Rn 24, 33.

Übersicht

Schrifttum

Schnauder Sachenrechtliche und wertpapierrechtliche Wirkungen der kaufmännischen Traditionspapiere, NJW 1991, 1642–1649; *Ramming* Fixkostenspedition – CMR – FBL, TranspR 2006, 95; *ders.* Die Auswirkungen des SHR-ReformG auf das Recht der multimodalen Beförderung, RdTW 2014, 421–436; *ders.* Die Berechtigung aus Konnossement, Ladeschein und Lagerschein – legitimierter Besitz, (tatsächlich) Berechtigter und Empfänger, RdTW 2015, 8–13.

Parallelvorschrift: § 520

I. Verfügungsrecht des legitimierten Papierbesitzers, Abs. 1 Satz 1

Abs. 1 Satz 1 bestimmt für *alle* Ladescheinarten[1], wer bei Ausstellung eines Ladescheins **verfügungsberechtigt über das Gut** ist. Vorbild ist § 520 Abs. 1 – mit dem allerdings zu Konnossementen bestehenden Unterschied der *singulären* Ausfertigung. Im bisher geltenden Recht fand sich eine vergleichbare Bestimmung in § 446 Abs. 2 Satz 1 aF HGB. § 446 Abs. 1 nF enthält nun für den Fall, dass ein Ladeschein ausgestellt ist, eine **Sonderregelung** zu dem in den §§ 418 und 419 geregelten Verfügungsrecht des *Absenders*, das besteht, nachdem der Frachtführer das Gut übernommen hat. Betroffen von ihr sind *jegliche* Verfügungen (Weisungen) iSv §§ 418, 419.[2] Typische Verfügung ist die Weisung zur Rückgabe des Gutes an den Absender oder zur Ablieferung an einen anderen als den durch den Ladeschein (noch) legitimierten Empfänger. 1

Für die Weisung **passivlegitimiert** ist nach wertpapierrechtlichen Grundsätzen grundsätzlich der Aussteller des Ladescheins.[3] Die §§ 443 ff unterscheiden nicht klar zwischen passivlegitimiertem Aussteller und Frachtführer. Soweit der Frachtvertrag wirksam ist und der Frachtführer den Ladeschein ausgestellt hat, ist der vertragliche Frachtführer bzw. der 2

[1] Geändert durch Gesetz zur Reform des Seehandelsrechts vom ..., Art. 1 Ziff. 26, BR-Drs. 8/13 v. 11.1.2013, vgl. Begründung der BReg, BT-Drucks. 17/10939, vom 12.7.2012, 58, 59.

[2] MünchKommHGB/*Herber*[3] § 446 Rn 4; abw. *Koller*[8] § 446 Rn 2 (eigenständige Weisungsrechte, die ähnlich den Weisungsrechten der §§ 418 ff *ausgestaltet* sind, die dem Ladeschein als abstraktem typuskausalem Wertpapier *Rechnung tragen*).

[3] *Koller*[8] § 446 Rn 3, 4; Häublein/Hoffmann-Theinert/*M. Kirchhof* Beck'scher Online-Kommentar HGB[11] § 446 Rn 5.

von ihm eingesetzte ausführende Frachtführer passivlegitimiert.[4] Sollte der Aussteller nicht mit dem Frachtführer personenidentisch ein oder der Frachtvertrag unwirksam sein (was auf den im Ladeschein verbrieften Anspruch keine Auswirkung hat), muss der passivlegitimierte Aussteller die Erfüllung der wertpapierrechtlichen Ansprüche bewirken.[5] Der gemäß Weisung abliefernde Frachtführer wird – vorbehaltlich gutgläubigen einwendungsfreien (§ 447) Dritterwerbs[6] – von seiner Pflicht zur Ablieferung frei. Bei Befolgen einer wirksamen Weisung stehen dem Passivlegitimierten seinerseits – in Analogie zu den §§ 445 Abs. 1 Satz 2, 418 Abs. 1, 419 Abs. 1 – **Aufwendungsersatz- und Vergütungsansprüche** gegen den die Weisung Erteilenden zu.[7]

3 Der durch Weisung **von einer formell oder materiell berechtigten Person** neu benannte Empfänger des Gutes wird unmittelbar durch diese Verfügung *frachtrechtlich* **empfangsberechtigt** iSv §§ 421, 418 Abs. 1. *Wertpapierrechtlich* empfangsberechtigt wird der neue Empfänger erst nach wertpapierrechtlicher Übertragung des verbrieften Ablieferungsanspruchs auf ihn.[8] Ist auch dies geschehen, wird der frachtrechtliche Ablieferungsanspruch durch den verbrieften Ablieferungsanspruch überlagert bzw. verdrängt.[9]

4 Die weisungsgemäße Ablieferung des Gutes an die empfangsberechtigte Person (auch zur Ein- oder Zwischenlagerung)[10] führt im Grundsatz nicht zum Verlust des Gutes iSv § 425. Der Ablieferungsanspruch erlischt. Zu diesem Zweck braucht der Ladeschein bei Ablieferung auch nicht an den Frachtführer zurückgegeben zu werden.[11] Auch die Befolgung der Weisung ist – abweichend vom bisherigen § 447 – wirksam schon auf **Vorlage des Ladescheins** durch den Verfügungsberechtigten hin. Der materiell Berechtigte erleidet durch die so verfügte Ablieferung an die empfangszuständige Person **keinen Schaden.**

5 Satz 1 bestimmt, dass das in den §§ 418 und 419 geregelte **Verfügungsrecht** nach Ausstellung eines Ladescheins *ausschließlich* demjenigen zusteht, der **legitimierter Besitzer des Ladescheins** im Sinne der §§ 443, 444 Abs. 3 Satz 3 ist. Es handelt sich aufgrund dieser Anknüpfung um ein Weisungsrecht eigener Art, das dem in §§ 418 f geregelten Recht ähnlich ausgestaltet ist.[12] *Materiell verfügungsberechtigt* ist im Grundsatz zwar der jeweilige *materiellrechtliche* Inhaber des verbrieften Ablieferungsanspruchs. Dies spielt im Zusammenhang mit dem Verfügungsrecht nach § 446 indes im Grundsatz keine Rolle mehr. Denn das Gesetz knüpft die Pflicht zur Weisungsbefolgung nach § 446 Abs. 1 Satz 1 ausschließlich an die *formelle* Berechtigung kraft Ladescheins („ausschließlich dem legitimierten Besitzer"), d.h. an die formelle Empfangslegitimation gemäß § 444 Abs. 3, mit der die Vermutung zur materiellen Berechtigung verbunden ist. Der formell Berechtigte verdrängt sowohl den Absender in dessen *frachtvertraglichem* Weisungsrecht[13] wie auch – bei Gutgläubigkeit des Angewiesenen – den aus dem Ladeschein materiell Berechtigten.[14] Einem Dritten

---

[4] Gleiches gilt wegen vorstehend beschriebener Unabhängigkeit des wertpapierrechtlichen Anspruchs vom Frachtvertrag bei Unwirksamkeit des Frachtvertrages, wenn der Frachtführer der Aussteller des Ladescheins war, vgl. § 443 Rn 61, 75.

[5] So im Ganzen wohl auch *Koller*[8] § 446 Rn 4, der bei den §§ 443 ff durchweg vom Aussteller spricht („hat ... dafür zu sorgen, daß entsprechend der Weisung verfahren wird."). – In dieser Kommentierung sei immer vom Frachtführer die Rede.

[6] Vgl. schon § 445 Rn 72, 73.

[7] *Koller*[8] § 446 Rn 8.

[8] *Koller*[8] § 446 Rn 2 (**abw.** ebd. Rn 6: Änderung des verbrieften Ablieferungsanspruchs durch die Weisung).

[9] *Koller*[8] § 446 Rn 6; § 443 Rn 37; vgl. § 443 Rn 1, 47, 47a.

[10] *Koller*[8] § 446 Rn 6.

[11] *Koller*[8] § 446 Rn 2, Rn 3.

[12] *Koller*[8] § 446 Rn 2.

[13] BT-Drs. 17/10309, 59, zu § 446 (auch bei Ablieferungshindernissen); Häublein/Hoffmann-Theinert/*M. Kirchhof* Beck'scher Online-Kommentar HGB[11] § 446 Rn 1.

[14] Begr RegE zu § 520, BT-Drs 17/10309, 95 (zu § 520); *Koller*[8] § 446 Rn 3 (für

steht das Weisungsrecht nicht zu, auch wenn seine materielle Berechtigung aus dem Ladeschein bekannt oder liquide beweisbar ist.[15] Damit begründet die formelle Legitimation die Vermutung materieller Berechtigung auch in Ansehung der Verfügungsbefugnis. Dies widerspricht eigentlich § 444 Abs. 3 Satz 1, wonach die im Ladeschein verbrieften frachtvertraglichen Ansprüche *nur* von dem aus dem Ladeschein Berechtigten geltend gemacht werden können[16], und es widerspricht auch § 446 Abs. 1 Satz 3 a.E., wonach (nur) Kenntnis oder grob fahrlässige Unkenntnis von der Berechtigung eines vom Legitimierten *personenverschiedenen* Dritten schadet. Dem folgend erschiene daher die Anbindung des Weisungsrechts an die materielle Berechtigung – wertungsgleich zu der Regelung in § 445 Abs. 2 und 3 – durchaus ausreichend. Ähnlich wie bei § 418 Abs. 4 und § 419 Abs. 1 Satz 2 soll aber – offenbar aus Gründen des Rechtsschutzes im Rechtsverkehr (Verkehrsfähigkeit des Papiers) – das formelle Moment für Befolgung von Weisungen überwiegen.[17] Das Weisungs-/Verfügungsrecht steht also nur demjenigen zu, der die Legitimationsvoraussetzungen der betreffenden Wertpapierart erfüllt, d.h. der sich allein durch den Besitz eines Inhaberladescheins, den Besitz eines Rektaladescheins, in dem er als Empfänger benannt ist, oder durch den Besitz eines Orderladescheins *ausweist*, in dem er als Empfänger benannt oder durch eine ununterbrochene Reihe von Indossamenten als Berechtigter ausgewiesen ist, auch wenn das letzte Indossament ein Blankoindossament ist.[18]

Anders als in § 446 Abs. 2 Satz 1 HGB aF wird in § 446 Abs. 1 jetzt auch auf § 419 ver- **6**
wiesen (der seinerseits auf § 446 Bezug nimmt). Hierdurch soll klargestellt werden, dass nach Ausstellung eines Ladescheins das wertpapierrechtliche Verfügungsrecht auch bei einem Beförderungs- oder Ablieferungshindernis *nicht automatisch* an den Absender zurückfällt.[19] Das eine Weisung auslösende Motiv (Beförderungs- oder Ablieferungshindernis oder sonstige autonome Weisung) und die Urheberschaft der Weisung (Frachtführer oder Aussteller) sind für die vorstehend beschriebenen Wirkungen unerheblich.[20]

Das Verfügungsrecht setzt ebenso wie die formelle Empfangslegitimation einen **wirk-** **7**
samen *Begebungsvertrag* zugunsten des Verfügungsberechtigten voraus.[21] Der im Ladeschein verbriefte Ablieferungsanspruch und damit auch das das Weisungsrecht des Absenders gemäß § 418 und § 419 verdrängende **wertpapierrechtliche Weisungsrecht** gemäß § 446 Abs. 1 entstehen erst bei dem, dem der Ladeschein begeben wurde.[22] Nach § 446 Abs. 1 erhält der neue Ladescheininhaber damit die frachtrechtlichen Verfügungsrechte. Absender und frachtvertraglich begünstigter Empfänger haben nach Weiterbegebung des Ladescheins keine Möglichkeit mehr, dem Erwerber des Ladescheins den Ablieferungsanspruch oder Schadensersatzansprüche zu entziehen. Dies gilt auch schon vor Ankunft des

Weisungsrecht des Berechtigten nach Einleitung des Aufgebotsverfahrens und Sicherheitsleistung); MünchKommHGB/*Herber* § 446 Rn 3.

15 *Koller*[8] § 446 Rn 3; Koller/Kindler/Roth/Morck/*Koller* HGB § 448 Rn 2 („*die materielle Berechtigung genügt nicht; andererseits schadet die Offensichtlichkeit fehlender materieller Berechtigung. Die Befolgung von Weisungen materiell Nichtberechtigter ohne ausreichende formelle Legitimation oder von Personen, die offensichtlich nichtberechtigt sind oder ohne Vorlage des Ladescheins, löst Ersatzansprüche wie bei einer Ablieferung an den formell Nichtlegitimierten aus (§ 446 Abs. 2).*")

16 Ebenso schon *Koller*[8] § 446 Rn 3.

17 Die Gesetzesbegründung klärt diesen Punkt nicht auf.

18 Begr RegE zu § 520, BT-Drs 17/10309, 95 (zu § 520).

19 Begr RegE BT-Drs. 17/10309, 58 (zu § 446).

20 *Koller*[8] § 446 Rn 2.

21 Ebenroth/Boujong/Joost/Strohn/*Schaffert*[2] § 446 aF Rn 6.

22 *Koller*[7] § 446 aF Rn 3; Ebenroth/Boujong/Joost/Strohn/*Schaffert*[2] § 446 aF Rn 6.

Gutes am Bestimmungsort. Der Ladescheininhaber erhält somit alle Verfügungsrechte, die Absender und frachtvertraglicher Empfänger haben können.[23]

8 Die Neufassung des § 446 Abs. 1 unterscheidet ferner nicht mehr zwischen bestimmten Inhalten der Weisung. Die § 447 Satz 1 und § 446 Abs. 2 Satz 1 alter Fassung trafen noch eine Unterscheidung zwischen der Weisung zur *Rückbeförderung* und der Weisung, *an einen Dritten abzuliefern.* Die Neufassung ist neutral formuliert und erfasst damit flexibel **alle möglichen Weisungen. Inhalt und Grenzen** des Weisungsrechts entsprechen den im Rahmen der §§ 418, 419 entwickelten Befugnissen.[24] Inhaltlich sind *Weisungen „über das Gut"* zulässig und auf dieses begrenzt. Die Beförderung zusätzlicher oder anderer Güter als im Frachtvertrag vorgesehen kann deshalb nicht angewiesen werden. Beförderungsbezogene Inhalte zulässiger Weisungen werden in Abs. 1 Satz 2 beispielhaft aufgezählt: anderer Empfänger, andere Ablieferungsstelle, anderer Bestimmungsort.[25] Typisch sind Fälle, in denen Beförderungs- oder Ablieferungshindernisse iSv § 419 der ordnungsgemäßen Erfüllung des Frachtvertrages entgegenstehen. So wie in Art. 14 CMR hat der Frachtführer bei Vorliegen solcher Hindernisse in erster Linie Weisungen beim verfügungsberechtigten Absender oder Empfänger einzuholen (Abs. 1).

9 Hat der wertpapierrechtlich nicht legitimierte Absender den Ladeschein noch gar nicht übertragen und folglich noch in eigenen Händen, ist der im Ladeschein verbriefte Ablieferungsanspruch im Regelfall noch nicht entstanden und es steht die ***frachtrechtliche* Verfügungsberechtigung** im Vordergrund. Dies gilt sowohl dann, wenn man den Begebungsvertrag als zwischen dem Frachtführer und dem Empfänger – so wie beim Frachtvertrag – geschlossen ansieht, bei dem der *Absender als Bote der Vertragserklärungen* fungiert, als auch dann, wenn man den Begebungsvertrag als *Vertrag* des Frachtführers mit dem Absender *zu Gunsten* des im Ladeschein benannten Empfängers ansieht, letzerem das Papier aber noch nicht übergeben wurde. In beiden Fällen ist der wertpapierrechtliche Ablieferungsanspruch *vor* der Übertragung des Ladescheins auf den Empfänger noch nicht entstanden. Frachtvertraglich (!) verfügungsberechtigt ist daher in dieser Situation noch der **Absender** gemäß § 418 Abs. 1 und bei Ankunft des Gutes am Bestimmungsort gemäß § 418 Abs. 2 Satz 2 der **Empfänger.** Auch das unmittelbar sich aus § 418 Abs. 1 oder aus § 418 Abs. 2 Satz 2 ergebende Verfügungsrecht setzt die Vorlage des Ladescheins voraus. Ist der Absender hingegen erster Nehmer, d.h. in der Orderklausel eines Ladescheins selbst benannt (an oder des Absenders) oder befindet sich ein Inhaberladeschein noch in seinem Besitz[26], so ist er auch nach Wertpapierregeln formell (und materiell) verfügungsberechtigt.

II. Weisungsbefolgung nur gegen Vorlage des Ladescheins, Abs. 1 Satz 2

10 Der Ladeschein ist ein **Sperrpapier,** d.h. Weisungen darf der Frachtführer nach Satz 2 **nur nach Vorlage** des Ladescheins durch den Weisenden ausführen, § 446 Abs. 2 Satz 3. Verweigern kann er die Ausführung der Weisung nach den §§ 418, 419[27] und muss er, falls es bei der Weisung nicht zur Vorlage des Ladescheins durch den Weisenden[28] kommt. Dem

---

[23] Staub/*Helm*[4] § 447 aF Rn 10.
[24] *Koller*[8] § 418 Rn 3, 5f, 7 ff, § 419 Rn 2 ff.
[25] Zu Inhalt und Grenzen *Oetker* HGB[4], § 418 Rn 1, 3, 5; Koller/Kindler/Roth/*Morck* HGB[8] § 419 Rn 1.
[26] Vgl § 443 Rn 28.
[27] So MünchKommHGB/*Herber*[3] § 446 Rn 6.
[28] Begr RegE BT-Drs. 17/10309, 95 (zu § 520). – Der Wortlaut spricht freilich von „nur *gegen* Vorlage ... *ausführen*" und konnotiert damit – ungewollt? – auch Vorlage bei der Ablieferung bzw. Rückgabe.

Frachtführer steht in diesem Fall ein Leistungsverweigerungsrecht zu, das sich gleichsam aus der Verpflichtung gemäß § 446 Abs. 1 Satz 2 und als Rückschluss aus der Haftungsregelung des Abs. 2 Satz 1 ergibt.[29] Die Pflicht zur Vorlage des Ladescheins bei Weisung soll dem Frachtführer die Nachprüfung der Legitimation des Weisenden ermöglichen. Der Frachtführer soll darauf vertrauen dürfen, dass der Weisende aus dem Ladeschein materiell berechtigt ist. Er soll die Gelegenheit bekommen, die Echtheit des Papiers zu prüfen und die erteilte Weisung in den Ladeschein einzutragen.[30] Zur Aushändigung oder Rückgabe des Ladescheins an den Angewiesenen braucht es in Abweichung von § 445 bei der Weisung nicht zu kommen.[31] Die Beschränkung auf die Pflicht zur Vorlage (statt Rückgabe gem. § 446 Abs. 2 Satz 2 aF) des Ladescheins berücksichtigt ferner die Interessen des aus dem Ladeschein Legitimierten bzw. Berechtigten, nicht sogleich das Verfügungsrecht ganz aus der Hand zu geben (relevant etwa bei nur teilweiser Befolgung des Weisungsrechts durch den angewiesenen Frachtführer) oder die spätere Ablieferung des Gutes gegen Rückgabe des (ggf. weiterbegebenen) Ladescheins abzusichern. Vorbild hierfür ist wiederum § 520 Abs. 1 Satz 2.[32] Abweichend von § 520 Abs. 2 Satz 2 ist eine Pflicht zur Vorlage *sämtlicher* Ausfertigungen allerdings nicht vorgesehen[33], denn beim Ladeschein werden im Gegensatz zum Konnossement nicht mehrere Ausfertigungen produziert.

Wird die Ablieferung des Gutes an einen Dritten verlangt, sichert die bloße Vorlage (statt Aushändigung) des Ladescheins bei der Weisung den Frachtführer allerdings nicht ausreichend gegen Inanspruchnahme durch spätere Papiererwerber.[34] Entscheidend ist, dass die Vorlage des Ladescheins die Möglichkeit zur **Eintragung eines entsprechenden Vermerks** gibt.[35] Der Verfügungsberechtigte hat nach Befolgung der Vorlagepflicht und Eintragung eines solchen Vermerks nicht die Möglichkeit, unter Vorlage des Dokuments weitere abweichende Weisungen zu erteilen oder Übertragungen vorzunehmen.[36] Gegen den einwendungsfreien gutgläubigen Dritterwerb des umlauffähigen Ladescheins nach der Weisung kann sich der angewiesene und zwischenzeitlich abliefernde Frachtführer nur schützen, indem er die Weisung in den vorgelegten Ladeschein eintragen lässt und auf diese Weise die Umlauffähigkeit des Papiers einschränkt. Der einwendungsfreie Dritterwerb iSv § 447 ist bei eingetragener Weisung nicht möglich.[37] Jedenfalls wegen der Umlauffähigkeit von Inhaber- und Orderladeschein kann der Frachtführer bei einer Erteilung der Weisung *ohne* Vorlage nicht damit rechnen, dass der Verfügende (noch) der aus dem Ladeschein Berechtigte ist oder dass nicht zwischenzeitlich abweichende Weisungen gegeben wurden. Ohne Vorlage und Vermerk unternimmt der Frachtführer die spätere Ablieferung des Gutes an diesen Dritten – ebenso wie auch sonst bei der Ablieferung ohne Rückgabe des Ladescheins – immer auf eigenes Risiko. 11

29 Häublein/Hoffmann-Theinert/*M. Kirchhof* Beck'scher Online-Kommentar HGB[11] § 446 Rn 2.

30 *Koller*[8] § 446 Rn 3, 9.

31 MünchKommHGB/*Herber*[3] § 446 Rn 7; *Koller*[8] § 446 Rn 3.

32 Die vor der Reform notwendige Referenzierung der Vorlagepflicht auf eine Analogie zu § 418 Abs. 4 erübrigt sich damit, *Koller*[7] § 446 aF Rn 3; Ebenroth/Boujong/Joost/Strohn/*Schaffert*[2] § 446 aF Rn 6; MünchKommHGB/*Herber*[2] § 446 aF Rn 8.

33 Durch diese Regelung wird sichergestellt, dass der Ablader, dem der Verfrachter nach § 513 Abs. 1 ein Konnossement ausgestellt hat, nicht mehr uneingeschränkt in die Beförderung eingreifen und etwa die Auslieferung des Gutes in einem Zwischenhafen verlangen kann, wenn er bereits ein Exemplar des Konnossements aus den Händen gegeben hat. Vorbild für die Sätze 1 und 2 ist der bisherige § 654 Abs. 1 und 2.

34 So aber *Koller*[7] § 446 aF Rn 4.

35 *Koller*[8] § 446 Rn 3 Rn 6.

36 So noch *Koller*[7] § 446 aF Rn 4; dagegen schon MünchkommHGB/*Herber*[2] § 446 aF Rn 10.

37 *Koller*[8] § 446 Rn 3, Rn 6.

III. Weisungen des materiell Nichtberechtigten bei Vorlage des Ladescheins, Abs. 1 Satz 3, Gutglaubenschutz

12 Der Frachtführer darf Verfügungen nur dessen befolgen, der formell legitimiert ist, mag er materiell berechtigt sein oder nicht. Nach Abs. 1 Satz 3 darf der Frachtführer jedoch auch Weisungen eines formell legitimierten Besitzers dann nicht ausführen, wenn dieser *nicht* zugleich der materiell aus dem Ladeschein Berechtigte ist *und* wenn der Frachtführer von dieser materiellen Nichtberechtigung Kenntnis oder auf Grund grober Fahrlässigkeit keine Kenntnis hat (vgl. Rn 5).[38] Abs. 1 **Satz 3** knüpft – ebenso wie § 445 Abs. 3 – an die Regelung in § 444 Abs. 3 (seehandelsrechtliche Parallele in § 519 Satz 2) an, wonach zugunsten des legitimierten Besitzers widerleglich vermutet wird, dass dieser auch der materiell Berechtigte aus dem Ladeschein ist. Dementsprechend ist der Frachtführer selbst dann befugt, die Weisung auszuführen, wenn die Weisung von einem formell legitimierten, aber materiell Unberechtigten erteilt wird und die an die formale Legitimation anknüpfende Vermutung der Berechtigung nicht durch Bösgläubigkeit erschüttert ist.[39] Verfügt ein formell Berechtigter, der materiell nicht berechtigt ist, durch Weisung, so darf also der gutgläubige (!) Frachtführer die Weisung mit Wirkung *gegen* den materiell Berechtigten befolgen.[40] Der Frachtführer wird folglich in seinem guten Glauben an die materielle Berechtigung des formell Legitimierten (und nur dann) also von seiner Verpflichtung zur Ablieferung frei, wenn er auf Weisung des Papierbesitzers abliefert, an den der Ladeschein indossiert ist (Orderladeschein) oder der als der Berechtigter namentlich benannt ist (Namensladeschein) oder der ein Inhaberpapier besitzt. Er handelt hingegen – im Grundsatz – nicht rechtmäßig, wenn er Weisungen eines bloß materiell Verfügungsberechtigten, d.h. eines nicht formell Legitimierten folgt.[41] Hier zeigt sich das gleiche Grundmuster wie in § 445 Abs. 2.

13 Ein Auseinanderfallen von formeller und materieller Berechtigung ist etwa denkbar, wenn der Ladeschein dem materiell Berechtigten abhanden gekommen ist und der aktuelle Papierbesitzer durch den Papierbesitz selbst legitimiert (aber eben nicht materiell berechtigt) ist. Dies wird freilich nur beim Inhaberladeschein der Fall sein. Der Rektaladeschein, der den berechtigten Empfänger namentlich bezeichnet und der wegen des Primats des Forderungsrechts nicht gutgläubig erworben werden kann, müsste zu Gunsten des Papierbesitzers schon gefälscht worden sein (aber absolute Einwendung möglich, Artt. 7, 69 WG, vgl. § 447 Rn 9, 19). Gleiches gilt für den Orderladeschein in Ansehung der Orderklausel.

IV. Haftung gegenüber dem materiell Berechtigten

Gesetzeswidrig befolgte Weisungen können beim materiell Berechtigten zu Schäden führen.

---

[38] Der für den Frachtführer geltende Redlichkeitsmaßstab ist durchgängig dem Artikel 40 Abs. 3 Wechselgesetz entlehnt (Arglist; grobe Fahrlässigkeit). – Für das Seehandelsrecht findet eine Parallelvorschrift sich in § 520 Abs. 1 Satz 3.

[39] MünchKommHGB/*Herber*[3] § 446 Rn 5, 6; § 445 Rn 5; § 520 Rn 7.

[40] MünchkommHGB/*Herber*[2] § 446 aF Rn 9; *Koller*[7] § 446 aF Rn 3.

[41] Anders zum alten Recht *Koller*[7] § 446 aF Rn 3.

1. Bei Befolgung von Weisungen ohne Vorlage des Ladescheins, Abs. 2 Satz 1

a) **Weisung des materiell Nichtberechtigten.** Eine Weisung zur Leistung an einen Dritten, die von **einer weder formell noch materiell berechtigten Person** stammt, begründet grundsätzlich keine Empfangszuständigkeit des Dritten. 14

Gleiches gilt für eine Weisung des nur formell Legitimierten **ohne Papiervorlage.** Für die Wirksamkeit der Weisung ist – abweichend vom bisherigen § 447 – nur die Vorlage des Ladescheins und nicht bereits seine Rückgabe notwendig. Die in Abs. 2 Satz 1 getroffene Regelung begründet eine **Haftung des Frachtführers** in den Fällen, in denen er eine Weisung befolgt, ohne sich den Ladeschein *vorlegen* zu lassen. Eine solche Weisung darf nicht befolgt werden. Bereits in § 418 Abs. 6 HGB findet sich eine ähnliche Haftungsregelung für den Fall der Ausstellung eines Frachtbriefs mit Sperrvermerk. Die seefrachtrechtliche Parallelregelung für das Konnossement (bisher in § 654 Abs. 3) findet sich jetzt in § 520 Abs. 2. Eine ähnliche Haftungsregelung wie in § 446 Abs. 2 findet sich für Falschablieferung in § 445 Abs. 3. § 446 ist an den bisherigen § 447 angelehnt. Anders als dort nennt § 446 Abs. 2 jedoch nicht ausdrücklich nur den Fall der Befolgung einer Weisung zur Rückgabe oder zur Ablieferung des Gutes ohne Vorlage des Ladescheins, sondern meint unterschiedslos *jede* Weisungsbefolgung ohne Vorlage des Ladescheins. Klarer auch als § 447 Satz 1 aF („rechtmäßiger Besitzer") bezeichnet Abs. 2 Satz 1 – ausgehend von der Unterscheidung in formelle und materielle Berechtigung in Abs. 1 – allgemein den schadensträchtigen Fall der Abweichung des nur formell legitimierten Papierbesitzes von der materiellen Berechtigung aus dem Ladeschein und benennt als Aktivlegitimierten des Schadensersatzanspruchs letztlich den aus dem Ladeschein *materiell* Berechtigten, wobei gegenüber dem gutgläubigen Frachtführer für die Aktivlegitimation gem. § 444 Abs. 3 Satz 2, 3 die formelle Legitimation des Anspruchsstellers ausreicht.[42] 14a

Die Regelung des § 446 Abs. 2 Satz 1 knüpft im Ergebnis praktisch an die Nichtausübung des Leistungsverweigerungsrechts an und maßgeblich daran, dass das Vertrauen des Frachtführers in die materielle Berechtigung des formell Legitimierten nur dann Schutz verdient, wenn die Rechtsstellung des Weisenden durch Einsicht in den Ladeschein überprüft werden konnte. Die Haftungsregelung verstärkt damit die von dem Wertpapier für den formell verfügungsberechtigten Inhaber ausgehende Schutzwirkung (§ 444, 445) in den Bereich der Weisungsbefolgung hinein.[43] Legitimation und Ablieferungspflicht auf Weisung hin finden durch § 446 Abs. 2 also eine haftungsrechtliche Absicherung. Das bisherige Recht hielt dafür allerdings an der allgemeinen verschuldensabhängigen Haftung des Frachtführers fest. Abs. 2 **Satz 1** begründet nun eine **verschuldensunabhängige Haftung** des Frachtführers für sein besonders schadensträchtiges Verhalten gegenüber dem aus dem Ladeschein materiell Berechtigten.[44] 14b

Bei **Weisung ohne Papiervorlage** ist eine ***befreiende*** **Leistung** an benannten Empfänger nur noch dann möglich, wenn zugunsten des abliefernden Frachtführers die Liberationswirkung gemäß § 444 Abs. 3 wirkt, wenn also der benannte Empfänger selbst materiell Berechtigter oder wenigstens aus dem Ladeschein formell Legitimierter ist und der Abliefernde nicht bösgläubig war. **War der** benannte **Empfänger selbst materiell Berechtigter,** so entsteht ihm – unbeschadet etwaiger fehlender formeller Legitimation – kein Schaden. Das Fehlen der materiellen Berechtigung beim Weisenden ist irrelevant. Der materiell aus 15

---

42 *Koller*[8] § 446 Rn 9.

43 *Koller*[7] § 447 aF Rn 1.

44 RegBegr BT Drs. 17/10309, 95 (zu § 520); wie hier offenbar Baumbach/Hopt/*Merkt*[35] § 447 Rn 1; anders noch *Koller*[7] § 447 aF Rn 1; Staub/*Helm*[4] § 447 Rn 13; § 433 Rn 33; Ebenroth/Boujong/Joost/Strohn/*Schaffert*[2] § 447 aF Rn 1.

dem Ladeschein Berechtigte kann sich dann nicht auf die Rechtswidrigkeit der Weisung berufen.[45]

Ohne Vorlage/Rückgabe des Ladescheins durch diesen benannten Empfänger leistet der Frachtführer an ihn auf vorangegangene Weisung ohne Papiervorlage (und eines entsprechenden Vermerks) hin aber letztlich auch auf eigenes Risiko. Ist der benannte Empfänger *nicht* durch den Ladeschein formell legitimiert, so wird der Frachtführer durch Leistung an ihn (als Nichtberechtigten) – mangels wirksamer Weisung – nicht befreit und haftet gegenüber dem aus dem Papier Berechtigten, selbst wenn der nichtlegitimierte Empfänger ihm den Ladeschein zurückgibt.[46]

16 b) **Weisung des materiell Berechtigten.** Auch die **Weisung des materiell Berechtigten ohne Vorlage des Ladescheins** ist im Grundsatz nicht wirksam. Die Berufung des materiell Berechtigten auf die Rechtswidrigkeit seiner Weisung ist aber nach dem zivilrechtlichen Grundsatz von Treu und Glauben (§ 242 BGB) treuwidrig, weil widersprüchlich.[47] Ein etwaiger eigener Schaden (welcher?) wäre nicht liquidierbar.

2. Bei Befolgung von Weisungen mit Vorlage des Ladescheins

a) Weisung ist wirksam durch den Verfügungsberechtigten erfolgt

17 aa) **Weisung – Ablieferung – Übertragung.** Wenn der Ladeschein – bzw. beim Namensladeschein der (vermeintliche) Ablieferungsanspruch ***nach*** der wirksam verfügten **Ablieferung** des Gutes an den nach der Weisung Empfangsberechtigten noch weiter auf einen Dritten **übertragen** wird, war der Ablieferungsanspruch zur Zeit der Übertragung (abw. vom alten Recht auch ohne Rückgabe des Ladescheins) erloschen. Der Erwerber des **Order- oder Inhaberladescheins** erwirbt in dem nachfolgenden Übertragungsvorgang einen Ablieferungsanspruch gutgläubig neu und wäre durch § 447 gegen den Einwand der Schuldbefreiung kraft vorheriger Ablieferung geschützt mit der Folge eines Ersatzanspruchs des Neuerwerbers (als Berechtigter) aus § 445 Abs. 3. Dieser Anspruch steht – bei Qualifikation der Unmöglichkeit der Erfüllung als Güterverlust[48] – neben den – nach § 449 Abs. 1 Satz 2 nur eingeschränkt abdingbaren – Haftungsfolgen der § 425 ff[49] Der gutgläubige Erwerb ist nicht allein durch die Vorlage des Ladescheins bei Weisung abwendbar, denn der Ladeschein bleibt in Umlauf. Doch ist der Frachtführer dadurch nicht schutzlos. Er kann durch die Eintragung der erfolgten Weisung in den im bei Weisung vorgelegten Ladeschein den guten Glauben des Erwerbers zerstören und den nachträglichen gutgläubigen Erwerb des Ablieferungsanspruchs verhindern. Einem Anspruch des Papiererwerbers aus § 445 Abs. 3 ist er dann nicht ausgesetzt.

17a Der Erwerber eines **Namensladescheins** kann den durch vorherige Ablieferung erloschenen Ablieferungsanspruch nicht gutgläubig erwerben. Er wird nicht Berechtigter. Schadenersatzansprüche gegen den Frachtführer kommen daher weder über die §§ 425 ff noch über § 446 Abs. 2 in Betracht, noch dürfte wegen der erkennbar fehlenden Umlauffähigkeit des Wertpapiers sein Vertrauensschaden über § 280 BGB (durch den Veräußerer) liquidierbar sein.[50]

---

45 *Koller*[8] § 446 Rn 9, 10.

46 Vgl. *Koller*[7] § 447 aF Rn 13; Ebenroth/Boujong/Joost/Strohn/*Schaffert*[3] § 447 aF Rn 11.

47 *Koller*[8] § 446 Rn 10.

48 Vgl. dazu § 445 Rn 47b.

49 Ebenroth/Boujong/Joost/Strohn/*Schaffert*[3] § 447 aF Rn 10; *Koller* [7] § 447 aF Rn 8.

50 Nach altem Recht wurde der Erwerber aber – insoweit in Durchbrechung der bei Namenspapieren ansonsten geltenden Grundsätze – im Falle seiner Gutgläubigkeit durch § 447 aF geschützt, *Koller*[8] Rn 2 und 9; Ebenroth/Boujong/Joost/Strohn/*Schaffert*[3] § 447 Rn 3; nicht eindeutig MünchKommHGB/*Herber*[3]

bb) Weisung – Übertragung – Ablieferung. Wenn ***nach*** der Erteilung der auf Vorlage des Ladescheins wirksamen Weisung, aber *vor* der sie befolgenden Ablieferung des Gutes die Übertragung des Ladescheins (des darin verbrieften, Ablieferungsanspruchs) an einen Dritten erfolgt, erwirbt dieser den noch nicht erloschenen (!) Ablieferungsanspruch vom Berechtigten. Dies gilt bei allen drei Ladescheinarten. Der Erwerber von **Order- und Inhaberladeschein** braucht sich die Weisung gem. § 364 HGB bzw. § 796 BGB sowie § 447 HGB nicht eo ipso entgegenhalten zu lassen. Die weisungsgemäße Ablieferung führt für den zwischenzeitlich rechtmäßigen Erwerber aller Ladescheinarten zum Verlust des Gutes und damit auch zur – anders als im Fall des § 447 aF und nunmehr § 446 Abs. 2 nicht vom guten Glauben des Erwerbers abhängigen – Haftung des Frachtführers gem. § 425 Abs. 1 HGB.[51] **18**

Auch beim **Namensladeschein** modifiziert die auf Vorlage des Ladescheins wirksame Weisung nur die Ablieferungspflicht des Frachtführers durch Bestimmung eines anderen Empfangsberechtigten. Der Frachtführer leistet damit auf die verbriefte Forderung. Sie steht im Vordergrund. Aber auch der zwischenzeitliche (nach wirksamer Weisung, aber vor Ablieferung) Erwerber des Namensladescheins erwirbt den verbrieften Ablieferungsanspruch einwendungsfrei (§ 447), weil der Erwerb einer *bestehenden* Forderung rechtlich möglich ist. Die Forderung war nicht schon durch Weisung erloschen. Der Erwerber des Ladescheins muss sich die wirksame Weisung nicht gemäß § 404 BGB entgegenhalten lassen. Denn die Weisung wirkt nicht wertpapierrechtlich auf die Inhaberschaft der Forderung. Die Vorlage des Ladescheins bei Weisung verhindert nicht die Übertragung des verbrieften Anspruchs. Die Eintragung der Weisung hindert den abgeleiteten Erwerb vom noch Wertpapierberechtigten nicht. Die Verkehrsfähigkeit der Wertpapiere kann nicht durch entsprechende Anwendung von § 407 BGB unterlaufen werden. Tauglichen Schutz vor einwendungsbeständigem wertpapierrechtlichem Erwerb gem. § 447 erfährt der Frachtführer auch hier durch Vermerk der Weisung auf dem Ladeschein. Die darauf beruhende abweichende Empfangsberechtigung kann dem Erwerber als sich unmittelbar aus dem Ladeschein ergebende Einwendung entgegengehalten werden. **19**

b) Weisung des materiell Berechtigten, der nicht formell legitimiert ist. So wie die Berufung des materiell Berechtigten auf die mangels Vorlage des Ladescheins rechtswidrige Weisung als treuwidrig qualifiziert wird (vgl. oben Rn 16),[52] wird auch die Berufung des materiell Berechtigten, der sich (trotz Vorlage des Ladescheins) auf seine fehlende formelle Legitimation beruft, beurteilt. **20**

3. Bei Weisungen eines *materiell* Nichtberechtigten, Abs. 2 Satz 1 analog. Befolgt der Frachtführer die **Weisung eines (trotz formeller Legitimation) materiell Nichtberechtigten** ohne Prüfung der Legitimation (d.h. **ohne Vorlage des Ladescheins** oder bei Vorlage eines unechten Ladescheins), ist § 446 Abs. 2 vom Wortlaut klar her anwendbar (vgl. oben IV. 1. a), Rn 14). Er ist entsprechend anwendbar, wenn sich der Frachtführer den Ladeschein zwar hat vorlegen lassen, ihm aber die Nichtberechtigung des die Weisung Erteilenden bekannt oder grob fahrlässig unbekannt war.[53] Bei Gutgläubigkeit des Angewiesenen hingegen ist die Weisung des materiell Nichtberechtigten mit formeller Legitimation und Vorlage des Ladescheins wirksam. **21**

§ 445 Rn 16, 17. § 445 Abs. 3 und § 446 Abs. 2 geben diesen Schutz dem Wortlaut nach nicht her (anders die RegBegr), Vgl. § 445 Rn 47; MünchKommHGB/*Herber*[3] Rn 6, 17.

51 *Koller*[7] § 447 aF Rn 11; **aA** Ebenroth/Boujong/Joost/Strohn/*Schaffert*[2] § 447 aF Rn 11 (abweichend für Namensladeschein Ersatzpflicht nach § 446 Abs. 2).

52 *Koller*[8] § 446 Rn 10.

53 *Koller*[8] § 446 Rn 11.

22 **4. Bei Nichtbefolgen oder Missachtung der Weisung.** Wird die Weisung vom Frachtführer bzw. dem von ihm personenverschiedenen Aussteller des Ladescheins – gleich ob bösgläubig oder nicht – nicht befolgt oder von ihr abgewichen, hat der aus dem Ladeschein Berechtigte einen Schadenersatzanspruch gegen den Frachtführer bzw. Aussteller gem. §§ 425 ff.[54]

23 **5. Begrenzung der Ersatzpflicht, Abs. 2 Satz 2. Satz 2** bestimmt, dass die Haftung auf den Betrag **begrenzt** ist, der bei **Verlust des Gutes** zu zahlen wäre. Die Regelung entspricht dem bisher geltenden § 447 Satz 2 HGB[55] und findet Parallelen in § 445 Abs. 3 Satz 2 und in § 520 Abs. 2 Satz 2).[56] Ersatzfähig sind alle Schäden im Sinne der §§ 249 ff BGB sowie auch Folgeschäden. Die vorgesehene Begrenzung des Schadensersatzanspruchs entspricht der Begrenzung der normalen Frachtführerhaftung. Eine unbegrenzte wertpapierrechtliche Haftung passt nämlich nicht zur begrenzten Frachtführerhaftung.[57] Ausgangspunkt ist der Wertersatz gem. § 429[58], der summenmäßig zu begrenzen ist. Maßgeblich für die Begrenzung sind ggf. die **Haftungshöchstsummen** gemäß § 431 Abs. 1, 2 und 4 oder, soweit nicht § 449 entgegensteht[59], die im Frachtvertrag wirksam getroffenen Vereinbarungen, wenn und soweit die frachtvertraglichen Vereinbarungen für die Parteien des Begebungsvertrags erkennbar sind.[60] Wenn der Ladeschein für die Parteien des Begebungsvertrags (§ 444 Rn 6) erkennbar auf einen Lufttransport bezogen ist, finden sich Haftungshöchstsummen in den Artt. 22, 25 WA 1955 bzw. Art. 22 MÜ.[61] Gleiches gilt für die Haftungsbegrenzungen in der CMR (Artt. 23, 25), der CIM (Artt. 30 ff) und der CMNI (Art. 20). Werden nur Teile des Gutes abgeliefert, ohne dass dies auf dem Ladeschein vermerkt wird, ergibt sich die Haftung für daraus entstehende Schäden und mithin die Haftungshöchstsumme aus den **Regeln des Teilverlustes**, § 431 Abs. 2.[62]

24 Der vorgesehenen Begrenzung des Schadensersatzanspruchs auf den Betrag dessen, was bei Verlust des Gutes zu zahlen wäre, wird allerdings in den meisten Fällen keine praktische Bedeutung zukommen, weil die **Haftungsgrenzen** im Falle qualifizierten Verschuldens gem. § 435 **durchbrochen** werden. Parallele Durchbrechung finden sich in den Übereinkommen (vgl. oben § 443 Rn 92–97). Qualifiziertes Verschulden dürfte in der Regel anzunehmen sein, wenn der Frachtführer eine Weisung befolgt, ohne sich den Ladeschein vorlegen zu lassen.[63] Denn mit der Ausstellung des Ladescheins durch ihn setzt der Frachtführer die Geltung der wertpapierrechtlichen Vorschriften selbst in Gang. Die Begrenzung der Haftung in Abs. 2 Satz 2 findet ihre Entsprechung nunmehr auch in **§ 418 Abs. 6 Satz 2.** Diese Anpassung an Frachtrecht bewirkt, dass der zwischen § 447 Satz 2 aF und § 418

---

54 *Koller*[8] § 446 Rn 7.

55 Eine vergleichbare Regelung findet sich für das Konnossement in Artikel 52 Abs. 4 der Rotterdam-Regeln.

56 Und abweichend vom Vorschlag der Sachverständigengruppe zu § 507 Abs. 2 Satz 4.

57 Das bei MünchKommHGB/*Herber*[2] § 447 aF Rn 2 geschilderte Problem entfällt, weil das Gesetz eine klare Trennung der Haftungsregelungen für Ablieferung ohne Rückgabe des Ladescheins § (445 Abs. 3) und Befolgung von Weisungen ohne Vorlage des Ladescheins vorsieht. (§ 446 Abs. 2). Das zwischen § 447 und § 446 alter Fassung aufgedeckte Konkurrenzverhältnis besteht nicht mehr.

58 AA MünchKommHGB/*Herber*[2] § 447 aF Rn 3 (widersprüchlich dazu Rn 6).

59 *Koller*[8] § 446 Rn 1.

60 *Fremuth*/Thume Rn 7 f; *Koller*[7] § 446 aF Rn 14; Ebenroth/Boujong/Joost/Strohn/*Schaffert*[2] § 446 aF Rn 12; *Basedow* TranspR 1998, 58, 59.

61 *Ramming* TranspR 2006, 95, 98; *Koller*[7] § 446 aF Rn 14; Ebenroth/Boujong/Joost/Strohn/*Schaffert*[2] § 446 aF Rn 12.

62 *Koller*[7] § 447 aF Rn 14.

63 *Koller*[7] § 447 aF Rn 14; Baumbach/Hopt/*Merkt*[35] § 447 Rn 1; MünchKommHGB/*Herber*[2] § 447 aF Rn 7 (grundsätzliche Unanwendbarkeit von § 435).

Abs. 6 Satz 2 aF aufgetretene Wertungswiderspruch (beschränkte Haftung bei unberechtigter Befolgung einer Weisung auf Ablieferung, unbeschränkte Haftung bei unberechtigter Befolgung anderer Weisungen)[64] beseitigt ist.

§ 447
Einwendungen

(1) Dem aus dem Ladeschein Berechtigten kann der Frachtführer nur solche Einwendungen entgegensetzen, die die Gültigkeit der Erklärungen im Ladeschein betreffen oder sich aus dem Inhalt des Ladescheins ergeben oder dem Frachtführer unmittelbar gegenüber dem aus dem Ladeschein Berechtigten zustehen. Eine Vereinbarung, auf die im Ladeschein lediglich verwiesen wird, ist nicht Inhalt des Ladescheins.

(2) Wird ein ausführender Frachtführer nach § 437 von dem aus dem Ladeschein Berechtigten in Anspruch genommen, kann auch der ausführende Frachtführer die Einwendungen nach Abs. 1 geltend machen.

Übersicht

Parallelvorschriften

§ 522 HGB, § 364 Abs. 2 HGB, § 797 BGB

I. Allgemeines

Auch § 447 erhält durch das SRG eine neue Gestalt.[1] Die in dem bisherigen § 447 HGB enthaltenen Regelungen über die Haftung bei Ablieferung und Weisungsbefolgung ohne Ladeschein wurden nach dem Vorbild des Konnossementsrechts in die § 445 Abs. 3 und 1

[64] Dazu MünchKommHGB/*Herber*[2] § 447 aF Rn 5; *Koller*[7] § 447 aF Rn 14.

[1] Geändert durch Gesetz zur Reform des Seehandelsrechts vom. 20.04.2013 BGBl. I, 831 (Nr. 19); Geltung ab 25.04.2013; Art. 1 Ziff. 26, BR-Drs. 8/13 v. 11.1.2013, vgl. Begr RegE, BT-Drucks. 17/10939, 59.

§ 446 Abs. 2 aufgenommen. Nach dem **Vorbild des ebenfalls neuen § 522,** auf dessen Begründung der Gesetzgeber in der Begründung zu § 447 ausdrücklich Bezug nimmt, erhält das Gesetz für den Ladeschein in allen seinen Ausprägungen (Order-, Inhaber-, Rektaladeschein) in § 447 nunmehr erstmals eine eigene Regelung der Einwendungen des Frachtführers, die entsprechend dem Konnossementrecht weitgehend (Ausnahme: Einwendungen zulässig gegen Ansprüche des ersten Nehmers [Berechtigten] aus Rektaladeschein) dem klassischen **wertpapierrechtlichen Einwendungsschema** in Anlehnung an § 364 Abs. 2 entspricht. **Abs. 1 Satz 1** regelt, welche Einwendungen der Frachtführer dem aus dem Ladeschein Berechtigten entgegenhalten kann.

Satz 2 befasst sich mit **Verweisungen** im Ladeschein auf außerhalb des Ladescheinverhältnisses getroffenen Vereinbarungen. Hier ist trotz des klaren Wortlauts zu differenzieren (vgl. unten Rn 24 ff): Die dem § 522 Absatz 2 entsprechende Regelung über die gegenüber gutgläubigen Erwerbern **unwiderlegliche Vermutung** der in dem Beförderungsdokument gemachten Angaben findet sich jetzt in § **444 Abs. 2,** um die im 4. Buch des Handelsgesetzbuchs gewählte Systematik zu erhalten. *Solche* Angaben können als Einwendungen oder Einreden mit zu beachten sein.

§ 447 **Abs. 2** regelt – wiederum nach dem Vorbild des § 522 Abs. 3 Satz 1 HGB und unter Verweisung auf dessen Begründung – Sonderbestimmungen, wenn ein **ausführender Frachtführer** von dem aus dem Ladeschein Berechtigten in Anspruch genommen wird. Diese Regelung ist im Ladescheinrecht neu.

2 § 447 kann durch Allgemeine Geschäftsbedingungen abbedungen werden, denn die Vorschrift ist in § 449 nicht aufgeführt. Eine **Abbedingung** bewirkt allerdings, dass Ladescheine ihren Charakter als Wertpapiere verlieren. Dies gilt nicht nur für Orderladescheine und Inhaberladescheine[2], sondern auch für Rektaladescheine, die nach dem Willen des Reformgesetzgebers durch § 447 in Ansehung des Einwendungsausschlusses jedenfalls im Verhältnis zum ersten Nehmer den anderen Ladescheinen gleichgestellt werden sollen (vgl. unten Rn 11, 14, 16 f).

II. Einwendungen, Abs. 1

3 **1. Systematik der Einwendungen.** § 447 regelt wie § 522 Abs. 1 ohne Unterscheidung für alle Ladescheinarten die **Befugnis des Frachtführers** (wertpapierrechtlich als Aussteller des Ladescheins), gegenüber dem aus dem Ladeschein Berechtigten, der Ansprüche aus dem Ladeschein geltend macht, Einwendungen zu erheben. Einwendungen in diesem Sinne erfasst in weiter Normauslegung auch Einreden.[3]

4 **Abs. 1 Satz 1** lehnt sich wie § 522 Abs. 1 als Sondervorschrift der Ladepapiere eng an die allgemeine wertpapierrechtliche Vorschrift des § 364 Abs. 2 HGB an[4] und normiert den bisher im Ladescheinrecht des 4. Buches des HGB und den bisher im Konnossementsrecht des 5. Buches nicht ausdrücklich aufgeführten Grundsatz, dass der aus dem Wertpapier verpflichtete Frachtführer bzw. Verfrachter (Beförderer) dann, wenn das Wertpapier in Umlauf gegeben wurde, dem daraus Berechtigten „nur" solche Einwendungen entgegengehalten kann, die die **Gültigkeit der urkundlichen Erklärung** betreffen, die sich **aus dem Inhalt der Urkunde** ergeben und die dem Beförderer **unmittelbar gegen den aus dem Wertpapier Berechtigten** zustehen.

2 So *Koller*[8] § 447 Rn 1.

3 Oetker/*Maultzsch* HGB § 364 Rn 14; *Koller*[8] § 447 Rn 3.

4 Begr RegE zu § 522 Abs. 1, BT-Drucks. 17/10939, Satz 96 – wörtlich nahezu übereinstimmend § 784 Abs. 1, § 796 BGB.

Dogmatische Grundlage der in § 447 geregelten Einwendungsbeständigkeit der im Ladeschein verbrieften Ansprüche ist die **Rechtsscheinstheorie** und weder die Offertentheorie (Haftungsangebot des Schuldners durch Ausstellung bzw. Begebung) noch die Kreationstheorie (Haftung allein aufgrund der Schaffung des Wertpapiers)[5]. Es kommt auf die Zurechenbarkeit des *Realaktes* an, durch den der (Schein-)tatbestand des Bestehens des verbrieften Anspruchs gesetzt wird. Diese Setzung eines Rechtsscheins wertpapierechtlicher Haftung muss dem Aussteller des Ladescheins (und im Gefolge damit dem von Ladescheininhaber/-berechtigten in Anspruch genommen Frachtführer) zurechenbar sein. Die Anknüpfung an einen mit der Ausstellung des Ladescheins zurechenbar gesetzten Rechtsschein hat zur Folge, dass die in Abs. 1 Satz benannten Einwendungsarten des Frachtführers/Ausstellers in ihrer Wirkung nicht vom bösen Glauben des Erwerbers/Berechtigten abhängig sind (sondern sie sowohl bös- ebenso wie gutgläubigen Erwerbern/Berechtigten entgegengesetzt werden können) und dass der im **Umkehrschluss** ableitbare *Ausschluss* aller *anderen* als dort benannten Einwendungsarten nur zugunsten gutgläubiger Erwerber/Berechtigter wirkt (die subjektive Reichweite ihrer Wirkung als begrenzt wird).[6] In eben diesem Umkehrschluss aus Abs. 1 Satz 1 ergibt sich also, dass andere als die dort genannten Einwendungsarten dem durch den Ladeschein Berechtigten bei (je nach Einwendung zu differenzierender, vgl. unten Rn 6, 7, 21, 27) Bösgläubigkeit sehr wohl entgegengesetzt werden können. Die einhellig im Schrifttum geäußerte **Kritik** am Wortlaut der Vorschriften 364 Abs. 2 HGB und § 797 BGB („nicht hinreichend durchdacht und korrekturbedürftig“[7]), insbesondere daran, dass das Abs. 1 zugrundeliegende dogmatische Fundament der Rechtsscheinshaftung im Wortlaut nicht hinreichend zum Ausdruck kommt, und dass die in diesen Normen genannte Gültigkeitseinwendung als unscharfes Kriterium den Blick auf die eigentlich beabsichtigte Systematik verstellt[8], hatte im Schrifttum zu schlüssigen Systematisierungen (im folgenden nachgezeichnet) geführt, den Reformgesetzgeber des SRG jedoch nicht zu einer entsprechenden Klarstellung veranlasst. Er belässt es bei der begrifflichen Übereinstimmung der neuen Vorschriften § 447 und § 522 mit §§ 364 Abs. 2 und mit § 797 BGB[9], offenbar weil dazu die Dogmatik im Schrifttum hinreichend geklärt ist und eine begriffliche Abweichung nur zu neuer Verwirrung führen würde. **4a**

Abs. 1 Satz 1 befasst sich nur mit Einwendungen und Einreden gegen den aus den Ladeschein Berechtigten. Daneben hat der Frachtführer das Recht, **die materielle Berechtigung** eines (bloß) formell legitimierten Besitzers **ganz in Frage zu stellen.**[10] Insoweit sind die besonderen Bestimmungen zur Unterscheidung von materieller Berechtigung von formeller Legitimation zu beachten (§ 444 Abs. 3, 445 Abs. 3, 446 Abs. 2; parallel § 520 Abs. 1 Satz 3 und § 521 Abs. 2 Satz 2). Der Frachtführer kann die Vermutung der Berechtigung des legitimieren Besitzers widerlegen.[11] Bereits an der Legitimation des Anspruchs- **4b**

[5] Sie schützt nicht vor Mängeln beim Kreationsakt selbst, Staub/*Canaris*[4] § 364 Rn 25 bei Rn 40.

[6] Staub/*Canaris*[4] § 364 Rn 27, 33, 35. Analog Art. 17 WG und § 22 ScheckG (für persönliche Einwendungen; Arglisteinwand); analog zu Art. 10 WG (Unvollständigkeit der Urkunde bei Begebung; grobe Fahrlässigkeit) und Art. 16 Abs. 2 WG (Abhandenkommen der Urkunde; grobe Fahrlässigkeit).

[7] Staub/*Canaris*[4] § 364 Rn 32, 34, 35.

[8] Kritisch schon Staub/*Canaris*[4] § 364 Rn 31; MünchKommHGB/*Langenbucher*[2] § 364 Rn 24.

[9] Mit leichten Abweichungen in der Gesetzesbegründung (zu § 522) zur Behandlung des Empfängers als erster Nehmer,

[10] BT-Drs. 17/10309, 96, zu § 522; *Koller*[8] § 447 Rn 2; MünchKommHGB/*Herber*[3] § 522 Rn 4.

[11] Etwa, wenn der Ladeschein dem materiell Berechtigten abhanden gekommen ist oder

stellers fehlt es dann, wenn Erklärungen im Ladeschein erkennbar ungültig sind oder sogar zur Ungültigkeit des Ladescheins führen.[12]

5 Auf dem Fundament des zurechenbar gesetzten Rechtsscheins wertpapiermäßiger Haftung ergibt sich folgende **Systematik:** Möglich und brauchbar ist eine Differenzierung nach der **Rechtsfolge:** Die in Abs. 1 Satz 1 aufgeführten **absoluten**[13] Einwendungen betreffend die **Gültigkeit** des Ladescheins[14] oder sich aus dem **Inhalt** des Ladescheins[15] ergebende Einwendungen kann der Schuldner nach der Anordnung in Satz 1 *jedem* (d.h. also auch dem gutgläubigen) Ladescheinberechtigten ohne Ansehung von dessen Gutgläubigkeit entgegensetzen. Gleiches gilt für **persönliche** Einwendungen, freilich nur aus dem betreffenden bilateralen schuldrechtlichen Verhältnis (des Frachtführers/Austellers unmittelbar zu dem aus dem Ladeschein Berechtigten, d.h. zum Partner des Begebungsvertrages bzw. des diesem zugrundeliegende Kausalverhältnisses, unmittelbar zum ersten Nehmer und unmittelbar zu jedem Folgeerwerber des Ladescheins), aus dem sie entspringen. Auch sie sind in diesem Sinne „absolut".

6 Einwendungen betreffend die **Gültigkeit** des Ladescheins oder sich aus dem **Inhalte** des Ladescheins ergebende Einwendungen sind allgemein nicht ausschlussfähig und voll veräußerungsbeständig. Gleiches gilt für die aus § 364 Abs. 2, § 447 Abs. 1 Satz 1 zu entwickelnde Einwendung, den **Rechtsschein** wertpapiermäßiger Haftung **nicht zurechenbar veranlasst** zu haben. Gleichfalls nicht ausschlussfähig, aber eben nicht veräußerungsbeständig sind die o.g. **unmittelbar** gegen den aus dem Ladeschein Berechtigten zustehenden, **persönlichen** Einwendungen. Sie bestehen gegenüber dem jeweiligen Ladescheinberechtigten. Sie gehen aber bei Übertragung des Ladescheins im Grundsatz unter und wirken – je nach Art der Einwendung – nur ausnahmsweise (je nach Ausprägung seiner Bösgläubigkeit) gegen den Erwerber (vgl. unten Rn 7, 10, 21, 27). Sie werden gegenüber Erwerbern daher zu „relativen" Einwendungen (dazu sogleich).

7 **Relative** Einwendungen[16] können nur zugunsten gutgläubiger Erwerber/Berechtigter präkludiert werden; gegenüber bösgläubigen Erwerbern wirken sie immer. Zu unterscheiden ist hier nach den **Anforderungen an guten Glauben** des Erwerbers. Gegenüber Einwendungen des Schuldners aus seinen persönlichen (schuldrechtlichen) Beziehungen zum Erwerber/Berechtigten schadet analog Art. 17 WG, § 22 ScheckG nur bewusstes Handeln zum Nachteil des Schuldner. Gegenüber Einwendungen in Bezug auf die Wirksamkeit (den Bestand) des verbrieften Rechts schadet analog Artt. 10 und 16 Abs. 2 WG schon grobe Fahrlässigkeit.

8 In der Gesamtschau richtet die Systematik der wertpapierrechtlichen Einwendungslehre hier nach der Rechtsfolge der Ausschlussfähigkeit und der Veräußerungsbeständigkeit.[17]

---

der Erwerb des Ladescheins wegen Geschäftsunfähigkeit des Veräußerers unwirksam war.

12 OLG Rostock, TranspR 2001, 264; MünchKommHGB/*Herber*[3] § 522 Rn 7.

13 Die Bezeichnung „absolut" ist im Schrifttum gebräuchlich (häufig synonym mit „dinglich") zur Bezeichnung der vollen Veräußerungsbeständigkeit gegenüber gutgläubigen Erwerbern, die Bezeichnung „relativ" zur Bezeichnung der begrenzten Veräußerungsbeständigkeit gegenüber gutgläubigen Erwerbern.

14 Deren Sinnhaftigkeit (unscharf schon der Bezug „betreffend") im breiten Schrifttum in Frage gestellt wird, vgl. von Staub/*Canaris*[4] § 364 Rn 31, vgl. dazu unten bei Rn 9 ff.

15 Dazu unten Rn 11 ff.

16 Siehe unten Rn 10, 20, 21.

17 Mit dieser Systematik anzutreffen ist die Differenzierung nach Einwendungsgegnern (Partner des Begebungsvertrages, aus dem Ladeschein Berechtigter und Zweit- und Folgeerwerber), vgl. *Koller*[8] § 447 Rn 4 ff. Weil sich die Einwendungen darin teilweise überschneiden, ist diese Differenzierung weniger trennscharf.

Wann die absolute oder die relative Wirkung eintritt, ergibt sich nach den in Abs. 1 genannten *tatbestandlichen* Merkmalen bzw. im Umkehrschluss dazu (sogleich unter 2 und 3). § 447 gilt nach Auffassung des Gesetzgebers für alle drei Ladescheinarten.[18] Für den **Inhaberladeschein,** der wertpapiermäßig durch Übereignung (§§ 929 BGB) übertragen wird, ergeben sich gar keine Abweichungen. § 796 BGB wird durch § 447 verdrängt. Durch die Formulierung „dem aus dem Ladeschein Berechtigten" soll dabei wie in § 522 klargestellt werden, dass hierunter nicht nur der Zweiterwerber des Ladescheins fällt, sondern auch der im Ladeschein namentlich benannte Empfänger, an den der **Rektaladeschein** begeben wurde. Für den Rektaladeschein ist dies aber sogleich wieder einzuschränken, weil der Einwendungsausschluss des § 447 wegen des Primats des Forderungsrechts nicht entgegen Gesetzeswortlaut und Gesetzesbegründung durch § 404 BGB unterlaufen wird. Denn der Frachtführer (als Aussteller des Rektaladescheins) kann bei bloßer Abtretung der darin verbrieften Forderung seine Einwendungen gegen Ansprüche aus dem Begebungsvertrag gegen den Zessionar der Forderung (also Erwerbern gegenüber) geltend machen. Auch der Rektaladeschein wird zwar begeben, kann allerdings nicht wertpapiermäßig, sondern nur forderungsmäßig vom ersten Nehmer durch Abtretung oder im Wege der Universalsukzession weiter übertragen werden. Nach allgemeinem Wertpapierrecht findet der **Einwendungsausschluss** bei Rektapapieren gegenüber (Zweit-)*Erwerbern* keine Anwendung, § 404 BGB ist dort also anwendbar.[19] Dies gilt auch für den Fall, dass der benannte erste Nehmer (Absender oder Ablader oder Empfänger) die Forderung abtritt (vgl. aber unten 2.c, Rn 15, 17f). Der Frachtführer kann sich gegenüber dem Zessionar auf seine (umfassenden) Einwendungen und Einreden aus dem Begebungsvertrag[20] berufen.

2. Nicht ausschlussfähige (absolute) Einwendungen, Abs. 1 Satz 1

a) **Einwendungen, die die Gültigkeit der Erklärung in der Urkunde selbst betreffen.** 9
Die gesetzliche Formulierung ist ungenau. Abzugrenzen ist hier von Einwendungen *aus* der urkundlichen Erklärung (Inhalt oder Form), die als eigene Einwendungsart (*inhaltliche* Einwendungen) in § 447 Abs. 1 Satz 1 bereits besonders genannt sind (dazu sogleich b)). Formmängel, unzulässige Zusätze, lückenhafte Indossamentenketten oder die Ungültigkeit eines Indossaments dürften hierzu zählen. Einwendungen hingegen, die die Gültigkeit der Erklärung in der Urkunde selbst „betreffen", müssen *außerhalb* der Urkunde liegende Umstände sein. Insoweit kommt es für die wertpapiermäßige Haftung des Schuldners – wie oben dargelegt – nicht in erster Linie auf die Erklärung *in* der Urkunde, sondern auf den Realakt an, durch den der Rechtsschein des Bestehens wertpapierrechtlicher Verpflichtung gesetzt wird.[21] Es geht also in erster Linie um Ereignisse, die die Wirksamkeit des Begebungsvertrages *beeinflussen*. Sie müssen dem Wertpapierschuldner zudem nicht zurechenbar sein. Nur die dem Schuldner nicht zurechenbaren (weil nicht beeinflussbaren) Einwendungen sind auch einem *gutgläubigen* Erwerber entgegensetzbar und damit „absolut". In

---

18 Begr RegE, BT-Drucks. 17/10939 Satz 59 (zu § 447), 96 (zu § 522).

19 So auch *Koller*[8] § 447 Rn 12, der den Fall des Begebungsvertrags mit Absender oder Ablader zugunsten eines Dritten dem Zweiterwerb des Dritten (mit der Folge von § 404 BGB) in dieser Hinsicht gleichstellt. Im Übrigen können dem im Rektaladeschein direkt benannten Empfänger als Partner des Begebungsvertrages ohnehin alle Einwendungen aus diesem Vertrag entgegengehalten werden.

20 Zustandekommen, Wirksamkeit, Inhalt, Erlöschen des Begebungsvertrages, Erfüllung des verbrieften Anspruchs sowie Einwendungen aus dem Kausalverhältnis unmittelbar zum Partner des Begebungsvertrages (§ 447 Satz 1 Alt. 3, etwa über § 821 BGB (wegen Leistung auf eine Nichtschuld bei unwirksamer Vereinbarung), dazu *Koller*[8] § 447 Rn 4, dort Rn 12, § 443 Rn 9 (mit dem Hinweis, dass § 447 Abs. 1 Satz 2 entsprechend eng auszulegen sein soll).

21 Staub/*Canaris*[4] § 364 Rn 32.

dieser Weise **nicht zurechenbar** und auch einem gutgläubigen Erwerber entgegensetzbar sind Unwirksamkeitsursachen, auf die der Schuldner/Frachtführer keinen Einfluss hat (Zwang, Fälschung der Unterschrift des Frachtführers, mangelnde Vertretungsmacht, fehlende Zurechnungsfähigkeit, etc., vgl. auch unten d), Rn 19 ff).[22]

10 **Zurechenbar** sind hingegen *beeinflussbare* Unwirksamkeitsursachen (**Wirksamkeitseinwendungen**, s. unten 3. a), b), Rn 21, 22), denn hierfür setzt der Schuldner als Vertragspartner mit einen Grund), etwa die Unwirksamkeit des Begebungsvertrages wegen erfolgter Anfechtung, wegen Gesetzes- oder Sittenwidrigkeit oder wegen Formmangels, Unwirksamkeit der wertpapierrechtlichen Verpflichtung wegen Erfüllung,[23] sowie **persönliche Einwendungen** wie Fehlen, Nichtigkeit oder Wegfall des Kausalgeschäfts[24] (mit der Folge der §§ 812 Abs. 2, 821 BGB gegenüber den Anspruch aus dem Ladeschein), besondere Abreden (aus Sicherungsvertrag, Schiedsabrede, Stundung), Aufrechnung und Rechtsmissbrauch. Solche an sich zurechenbaren Einwendungen wirken absolut (also auch gegenüber gutgläubigen Einwendungsgegnern/Erwerbern) nur in dem von Abs. 1 Satz 1 gesetzten engen Rahmen. Außerhalb dieses Rahmens wirken sie nur relativ, setzen sich folglich nur gegenüber (in unterschiedlicher Ausprägung, vgl. Rn 7) bösgläubigen Einwendungsgegnern/Erwerbern durch (vgl. auch unter Rn 18).[25]

11 b) **Einwendungen aus Inhalt und Form der Urkunde.** Lassen sich Einwendungen aus dem Papier ohne weiteres (also bei sachgerechter Prüfung durch einen ordentlichen Erwerber) selbst entnehmen (etwa: Formmängel, unzulässige Zusätze, lückenhafte Indossamentenkette, der Einwand des Fehlens einer Schiedsabrede[26], eine Prorogation oder einer Kollisionsregel zur Anwendung eines bestimmten Rechts, auf die Urkunde gesetzte Vermerke [Stundung, Teilleistung]; zu urkundlichen Bezugnahmen auf das Kausalverhältnis vgl. unten Rn 13, 21, 25)[27], ist gar kein äußerer Scheintatbestand gegeben.[28] Inhaltlich auf das Fehlen oder das Vorhandensein *urkundlicher* Eintragungen gestützte Einwendungen sind daher nicht präklusionsfähig, auch nicht gegenüber Gutgläubigen. Sobald der Frachtführer den Ladeschein in Umlauf gibt, sollen Einwendungen nur noch im Umfang des Abs. 1 geltend gemacht werden können. Der aus dem Ladeschein berechtigte Empfänger soll sich darauf verlassen können, dass sich sein Anspruch nach dem Inhalt des Ladescheins und seiner unmittelbaren Beziehung zum Frachtführer richtet, und dass ihm nicht Einwendungen aus der Rechtsbeziehung zwischen Absender und Frachtführer entgegengehalten werden, die er nicht kennt.[29] Dieser für das Orderpapier bereits in § 364 Abs. 2 niedergelegte Grundsatz wird in § 447 für den Ladeschein (und in § 522 für das Konnossement) nunmehr ausdrücklich in das Frachtrecht für **alle Ladescheine** übernommen. Er findet mithin Anwendung sowohl auf Order-, als auch auf Inhaber- und Rektapapiere.[30] Geschützt wird außerdem neben dem vom ursprünglich berechtigten Empfänger Erwerbenden auch der Empfänger, der als erster im Ladeschein aufgeführt wird (erster Nehmer, a.e. „aus dem Ladeschein Berechtigten").[31]

---

22 MünchKommHGB/*Herber*[3] § 522 Rn 6.

23 Staub/*Canaris*[4] § 364 Rn 31, 35, 51 ff.

24 Mit der Verpflichtung zur Ausstellung eines Ladescheins, bspw. Frachtvertrag oder Kaufvertrag.

25 Zur historischen, systematischen und terminologischen Kritik vgl. Staub/*Canaris*[4] § 364 Rn 31, 32.

26 MünchKommHGB/*Herber*[2] § 444 aF Rn 37 (analoge Anwendung auf den Ladeschein).

27 MünchKommHGB/*Herber*[3] § 522 Rn 9.

28 Staub/*Canaris*[4] § 364 Rn 30; *Hueck/ Canaris*[12] (1986) § 9 I 2 b; Ebenroth/Boujong/ Jost/Strohn/*Hakenberg*[2] § 364 Rn 8; *Koller*[8] § 447 Rn 7.

29 Häublein/Hoffmann-Theinert/*M. Kirchhof* Beck'scher Online-Kommentar HGB[11] § 447 Rn 2.

30 BT-Drs.17/10309, 96, zu § 522.

12 Zu den Einwendungen, die sich aus dem Inhalt des Ladescheins ergeben, gehören auch solche, die dem Frachtführer nach den gesetzlichen Regelungen über den Stückgutfrachtvertrag zustehen (**frachtvertragstypusbedingte Einwendungen**), weil der verbriefte Anspruch ein frachtrechtlicher ist.[32] Die wertpapiermäßige Verbriefung des Anspruchs ist anders als beim Wechsel bei Ladeschein, Konnossement und Lagerschein sowie bei Transportversicherungspolice vertragstypusbezogen.[33] Der Schuldner kann dem Inhaber des Papiers alle jene Einwendungen entgegensetzen, die sich aus der *gesetzlichen* Regelung des betreffenden Vertrags*typus* (nicht aus der konkreten vertraglichen Vereinbarung!) ableiten lassen. Diese Einwendungen sind als inhaltliche Einwendungen zu qualifizieren, denn aus dem Typus bzw. der Natur des verbrieften Anspruchs (bspw. Frachtvertrag), also dem Inhalt der Urkunde, ergibt sich für den aus dem Ladeschein Berechtigten und für jeden Erwerber, dass mit ihrem Bestehen gerechnet werden muss (d.h. kein einredefreier Erwerb der Urkunde, weil für guten Glauben insoweit keine Anknüpfungsbasis besteht).[34] Solche vertragstypusbedingte Einwendungen sind alle aus gesetzlichen Bestimmungen über die Haftung des Frachtführers ableitbaren Rechte und Verteidigungen des Frachtführers (etwa bei schuldlosem Verlust der Ladung Entlastung nach § 429; gesetzliche Haftungsbeschränkung; Sittenwidrigkeit; allgemein anwendbare Rechtsvorschriften; Unwirksamkeit der AGB-Klauseln), Ansprüche des Frachtführers auf Zahlung von Fracht, sonstige Transportkosten, Standgelder; auch mittelbar aus dem Papier entnehmbare Einwendungen (Einrede der Verjährung)[35]; nicht vertrags*typus*bedingt sind besondere vertragliche Abreden und für *alle* Verträge allgemein geltende Unwirksamkeitsgründe und Einreden[36].

13 c) **Unmittelbar nur gegen den Berechtigten zustehende Einwendungen.** Unmittelbare Einwendungen gegen den aus dem Papier Berechtigten sind nicht präklusionsfähig, weil es an einem Verkehrsschutzbedürfnis des Papierinhabers fehlt.[37] Unmittelbaren Einwendungen liegt kein wertpapierrechtlicher Übertragungsvorgang im Sinne eines Verkehrsgeschäfts (Veräußerungsgeschäft über das Papier) zugrunde.[38] Dies gilt für Einwendungen aus der Rechtsbeziehung zum Partner des Begebungsvertrages, d.h. dem ersten Nehmer des Papiers, zum Zessionar der verbrieften Forderung (Rechtserwerber durch Forderungsabtretung gem. § 398 BGB, so bei Rektapapier) und zum Erben von Papier und verbriefter Forderung (Rechtserwerber von Todes wegen, § 1922 BGB). Ihnen gegenüber sind die unmittelbaren Einwendungen auch bei Gutgläubigkeit des Einwendungsgegners nicht ausgeschlossen. Mögliche unmittelbare Einwendungen sind Unwirksamkeit oder Erlöschen des Begebungsvertrages, Erlöschen, Verzicht, Stundung der Forderung aus dem Begebungsvertrag oder aus dem Kausalverhältnis des wertpapierrechtlichen Anspruchs (Frachtvertrag oder sonstiges Grundgeschäft, in dem sich der Frachtführer zur Ausstellung eines Ladescheins verpflichtet)[39], bei dessen Unwirksamkeit dem Aussteller/„Frachtführer" die bereicherungsrechtliche Einrede der ungerechtfertigten Bereicherung gemäß §§ 812 Abs. 2, 821 BGB zusteht, sowie weitere Einwendungen aus diesem Grundgeschäft.[40]

---

31 BT-Drs.17/10309, 96, zu § 522; Häublein/Hoffmann-Theinert/*M. Kirchhof* Beck'scher Online-Kommentar HGB[11] § 447 Rn 2.

32 Insbes. solche aus den §§ 426, 427, 431 etc bleiben dem Frachtführer erhalten, BT-Drs. 17/10309, 96, zu § 522); Häublein/Hoffmann-Theinert/*M. Kirchhof* Beck'scher Online-Kommentar HGB[11] § 447 Rn 4; MünchkommHGB/*Herber*[3] § 522 Rn 8.

33 Staub/*Canaris*[4] § 364 Rn 43.

34 Staub/*Canaris*[4] § 364 Rn 43.

35 Staub/*Canaris*[4] § 364 Rn 41.

36 Staub/*Canaris*[4] § 364 Rn 43 aE.

37 Staub/*Canaris*[4] § 364 Rn 30; *Hueck/Canaris*[12] (1986) § 9 I 2 b.

38 Staub/*Canaris*[4] § 364 Rn 35, 37.

39 *Koller*[8] § 447 Rn 4, § 443 Rn 9.

40 Hueck/*Canaris* Recht der Wertpapiere[12] § 17 I 1 b (betr. Wechsel). Absender und Empfänger ist der Rückgriff auf frachtvertragliche

14 Im Gegensatz zu § 364 Abs. 2 trifft § 447 Abs. 1 Satz 1 eine Bestimmung für Einwendungen gegen Ansprüche nicht des bloß legitimierten Besitzers der Urkunde, sondern **unmittelbar gegen Ansprüche des *Berechtigten*** aus der Urkunde. Im Verhältnis zum Partner des Begebungsvertrages wirken Einwendungen aus diesem Vertragsverhältnis einleuchtend unmittelbar. Fraglich ist, ob sie auf den **Dritten** durchschlagen, *zu dessen Gunsten* der Begebungsvertrag geschlossen worden ist. Betroffen ist häufig der Empfänger als erster Nehmer. Im Grundsatz wirken Einwendungen und Einreden des Versprechenden durch § 334 nämlich auch gegenüber dem Drittbegünstigten. Folglich wirkten die Einwendungen und Einreden des Ausstellers/Frachtführers gegenüber seinem Partner des Begebungsvertrages bereits durch § 334 BGB auch gegen den aus dem Begebungsvertrag begünstigten Dritten. Der **BGH** hatte jedoch aus der Umlauffunktion frachtrechtlicher Orderpapiere (!) die Nichtanwendbarkeit von § 334 BGB hergeleitet.[41] Der im Papier benannte Empfänger sei in Ansehung solcher Einwendungen wie ein Zweiterwerber des Ladescheins zu behandeln, demgegenüber die Einwendungen des Ausstellers gegenüber seinem Partner des Begebungsvertrages bei Gutgläubigkeit des Empfängers ausgeschlossen seien.[42]

15 Im Ergebnis wurde dem BGH im **Schrifttum** beigetreten mit der Erwägung, trotz fehlenden Umlaufs und daraus eigentlich resultierender *unmittelbarer* Einwendung gegen den Empfänger, an dessen Order das Papier gestellt und der dadurch erster Nehmer werde, müsse dessen Rechtsstellung nach dem mutmaßlichen Parteiwillen eher gestärkt werden. Der Empfänger dürfe nicht schlechter stehen, als wenn das Papier zunächst an die eigene Order des Absenders bzw. Abladers (ohne Angabe des Empfängers, § 443 Abs. 2 Satz 2) gestellt und von diesem erst dann an den Empfänger – gleichsam als Zweiterwerber – indossiert worden wäre (mit der Folge des beginnenden Umlaufs). Interessenlage und mutmaßlicher Parteiwille geböten daher einen Einwendungsausschluss auch zu Gunsten des Empfängers in der Stellung als erster Nehmer, die mangels Umlaufs eigentlich eine geringere Schutzbedürftigkeit bewirkt, zuzulassen.[43]

16 Die in der Begründung des Gesetzgebers zu § 447 HGB-E verwendete Formulierung „dem aus dem Ladeschein (bzw. Konnossement, § 522) Berechtigten" schafft vor dem Hintergrund dieser Auseinandersetzung leider nicht volle Klarheit. Ausweislich der Gesetzesbegründung zu § 522 soll mit ihr klargestellt werden, dass unmittelbare Einwendungen nicht nur – wenn das Papier in Umlauf gegeben wurde – dem **Zweiterwerber** des Wertpapiers (Nehmer) entgegengehalten werden können, sondern auch gegenüber demjenigen, an den das Wertpapier *erstmalig begeben* wurde (**erster Nehmer**), etwa dem in dem Dokument benannten **Empfänger** (Anm.: insoweit ist es freilich noch nicht im Umlauf). Hierdurch werde die Gleichstellung des Rekta- mit dem Inhaber- und dem Orderpapier erreicht.[44] Eine Reaktivierung der Wirkung von § 334 BGB gegenüber dem ersten Nehmer ist damit aber offenbar nicht gemeint.[45]

17 An der **Schutzbedürftigkeit** des begebungsvertraglich drittbegünstigten Empfängers als erster Nehmer bestehen freilich Zweifel. Zwar kann er die dem Schuldner des wertpapiermäßig verbrieften Ablieferungsanspruchs (hier: der Frachtführer) gegen seinen Vertrags-

---

Ansprüche wegen der Überlagerung durch die wertpapierrechtlichen Ansprüche nur nach Rückgabe des Ladeschein möglich, *Koller*[8] § 443 Rn 9; Hueck/*Canaris* Recht der Wertpapiere[12] § 17 III.

[41] BGHZ 98, 284, 286 f; kritisch Staub/*Canaris*[4] § 363 Rn 58 ff.

[42] Dies gilt natürlich erst Recht für den durch Indossament bestimmten Empfänger.

[43] Staub/*Canaris*[4] § 164 Rn 39; zustimmend iE *Koller*[8] § 447 Rn 5.

[44] BT-Drs. 17/10309, 96, zu § 522.

[45] So iE auch *Koller* 8 § 447 Rn 5 („unmittelbar" in § 447 Abs. 1 Satz 1 erfasse nur die Parteien des Begebungsvertrages und sonstige nicht durch Dritte vermittelte Beziehungen.)

partner des Begebungsvertrages (Absender oder Ablader) bzw. des Frachtvertrages (Absender) zustehenden Einwendungen in der Regel nicht kennen. Aber für den ersten Nehmer hat auch noch kein Umlauf bzw. Verkehrsgeschäft stattgefunden. Dispositionen hat der – drittbegünstigte – Empfänger nicht getätigt. Als Papiererwerber vom Absender oder vom Ablader – also als erster Nehmer – steht der Empfänger dem Zweiterwerber zwar nahe. Doch inwieweit macht es einen Unterschied, ob der Empfänger durch Absender als Boten unmittelbar Partner des Begebungsvertrages wird (dann wirken Einwendungen aus dem Begebungsvertrag unmittelbar gegen den Empfänger) oder nur Drittbegünstigter ist (dann nicht)?

Da der Gesetzgeber die vertragliche Konstruktion des Begebungsvertrages (Vertragsschluss mit dem Empfänger direkt durch Absender als Boten oder durch vertragliche Drittbegünstigung) bewusst offen gelassen hat und den Empfänger als ersten Nehmer zum Berechtigten aus dem Ladeschein werden lässt, kann die Grenzlinie für den Einwendungsausschluss nicht entlang dieser konstruktiven Unterscheidung verlaufen.

Was ist also gesetzlich intendiert? Der Gesetzgeber beabsichtigt eine Gleichbehandlung **18** von Rektapapieren mit Orderpapieren und Inhaberpapieren. Er will nur *unmittelbar* gegen den Empfänger (als erster Nehmer) gerichtete Einwendungen wirken lassen und nicht solche, die der Schuldner/Aussteller/Frachtführer gegen seinen Partner des Begebungsvertrages (Vormann) hat. So wie der Frachtführer gegenüber dem gutgläubigen Zweiterwerber keine Einwendungen aus dem Rechtsverhältnis zu seinem Vormann (Absender) erheben kann, so soll er auch gegenüber dem ersten Nehmer stehen. Das schließt unmittelbare Einwendungen gegen den Anspruch des Berechtigten auf jeder Stufe und für alle Wertpapierarten freilich nicht aus.[46] Für Rektapapiere bleibt es allerdings gegenüber allen Zessionaren der abgetretenen Forderung (also gegenüber Zweit- und Folgeerwerbern) bei § 404 BGB, also dem Erhalt der Einwendungen des Schuldners (Frachtführer) gegen den Zedenten. Einen gutgläubigen, einredefreien Forderungserwerb im Umlauf des Rektapapiers gibt es nicht. In Ansehung unmittelbarer Einwendungen gegen den jeweils Papierberechtigten werden alle Wertpapierarten gleichbehandelt. Zu einer Reaktivierung des § 334 gegenüber dem ersten Nehmer führt dies aber bei keiner Wertpapierart. Die Sonderstellung des drittbegünstigten Empfängers lässt sich weniger mit seiner eigenen Schutzbedürftigkeit als mit dem generellen Schutz der Umlauffähigkeit und Einwendungsbeständigkeit von umlauffähigen Papieren begründen. Die vom Gesetzgeber intendierte Gleichbehandlung aller Wertpapierarten führt also speziell beim Rektapapier ebenfalls zum Ausschluss von § 334, obwohl dies weder durch Schutzbedürftigkeit des Empfängers noch durch Schutzbedürftigkeit der Umlauffähigkeit des Rektapapiers begründet werden kann. Der Verweis des Gesetzgebers auf die enge Anlehnung an die der papierrechtliche Vorschrift des § 164 Abs. 2 lässt aber vermuten, dass hier kein tiefer Eingriff in die Architektur der Einwendungslehre beabsichtigt war. Nicht einmal Art. 17 WG (bewusstes Handeln zum Nachteil des Schuldners) schadet dem ersten Nehmer, denn die Bestimmung ist auf spätere Erwerber (Folgeerwerber) zugeschnitten. Absender und Ablader sind aber nicht frühere Inhaber iSv Art. 17 WG: Der erste Nehmer erhält ein selbständiges Versprechen. Ein abgeleiteter Erwerb findet nicht statt.[47] Eine **Einschränkung** dieser Einwendungsbeständigkeit gegenüber dem ersten Nehmer mag sich aus dem **Gedanken des Rechtsmissbrauchs** (§ 242 BGB) und der **sittenwidrigen Schädigung** (§ 826 BGB) ergeben, wenn der Empfänger bei Erwerb des im Ladeschein verbrieften Anspruchs Kenntnis vom Mangel des Frachtvertrages hat und davon, dass dies dem Aussteller des Ladeschein unbekannt ist.[48]

---

46 Welche auch immer dies dann noch sein mögen.

47 Staub/*Canaris*4 § 363 Rn 67.

48 Staub/*Canaris*4 § 363 Rn 67.

19 **d) Einwendung des nicht zurechenbar veranlassten Rechtsscheins.** Der Schuldner der wertpapiermäßig verbrieften Forderung kann für Entstehung des Rechtsscheins des Bestehens einer verbrieften Forderung nicht verantwortlich gemacht werden, wenn er diesen gar nicht veranlasst hat. Er hat die Entstehung des Rechtsscheins dann weder schuldhaft verursacht, noch trifft ihn in irgendeiner Weise eine Einstandspflicht, die Entstehung des Rechtsscheins zu verhindern oder das Risiko der Entstehung zu verringern.[49] Hierzu gehören die erzwungene Ausstellung der Urkunde[50], fehlende Zurechnungsfähigkeit aufgrund fehlender oder beschränkter Geschäftsfähigkeit, die nicht durch Zustimmung des gesetzlichen Vertreters oder vormundschaftsgerichtliche Genehmigung geheilt wurde[51], die Ausstellung der Urkunde durch einen (dem Schuldner) nicht zurechenbaren Vertreter ohne Vertretungsmacht[52], die Fälschung der Unterschrift des vermeintlichen Ausstellers[53], inhaltliche Verfälschung sowie die Ermöglichung der Verfälschung durch Schaffung eines erhöhten Verfälschungsrisikos (Offenlassen von Freiräumen auf dem Papier, Blankettmissbrauch[54] und Vervollständigung eines formnichtigen Papiers.[55] Im Gesetz ist die Einwendungsart nicht explizit genannt.

20 **3. Ausschlussfähige, beschränkt veräußerungsbeständige (relative) Einwendungen, Rückschluss aus Abs. 1 Satz 1.** Die im Umkehrschluss zu Abs. 1 Satz 1 nur gegenüber bösgläubigen Erwerbern ausschlussfähigen Einwendungen finden je nach ihrem Ursprung unterschiedliche Hürden bei Zweiterwerbern und Folgeerwerbern.[56]

21 **a) Wirksamkeitseinwendungen.** Wirksamkeitseinwendungen richten sich **gegen die Wirksamkeit des verbrieften Rechts** und liegen damit gleichsam auf der dinglichen Ebene.[57] Sie bringen die Verpflichtung aus dem Papier und nicht lediglich das Kausalverhältnis zum Erlöschen. Ihre wichtigsten Fälle sind das **Fehlen** und die **Unwirksamkeit** des **Begebungsvertrages, seine Gesetzes- und Sittenwidrigkeit sowie Erfüllung und Erfüllungssurrogate.**[58] Weitere Wirksamkeitseinwendungen sind **der Blankettmissbrauch.**[59] Anders als die aus Rechtsbeziehungen zum Ladescheinberechtigten nicht ausschlussfähigen (also absoluten) Einwendungen (vergleiche oben Rn 13 ff), die bilateral nicht ausschlussfähigen (ebenfalls absoluten) unmittelbaren Einwendungen (vgl. oben Rn 9 ff, 11 ff) und die (absoluten) Einwendungen des nicht zurechenbar veranlassten Rechtsscheins (Rn 19) wirken Wirksamkeitseinwendungen nicht auch gegenüber dem gutgläubigen Erwerber des Papiers, sondern nur gegenüber dem bösgläubigen Erwerber, sind also in diesem Sinne „relativ“. Durch die Schaffung der Urkunde hat der Aussteller einen **Rechtsschein** wertpapiermäßiger Haftung

---

49 Staub/*Canaris*[4] § 364 Rn 35; MünchKommHGB/*Langenbucher*[2] § 364 Rn 24; 31–39.

50 Staub/*Canaris*[4] § 364 Rn 45; *Zöllner* Wertpapierrecht § 21 IV 1 d; MünchKommHGB/*Langenbucher*[2] § 364 Rn 32.

51 Ebd.

52 Ebd; MünchKommHGB/*Langenbucher*[2] § 364 Rn 35.

53 Staub/*Canaris*[4] § 364 Rn 46; MünchKommHGB/*Langenbucher*[2] § 364 Rn 37.

54 RGZ 164, 10, 12; Staub/*Canaris*[4] § 364 Rn 47; Bambach/Hefermehl/Casper WG/SchG[23] (2008) Art. 69 WG Rn 16 f; *Zöllner* Wertpapierrecht[15] (1987) § 12 VIII 2; **aA** MünchKommHGB/*Langenbucher*[2] § 364 Rn 38 (mangels Drittbezugs).

55 Ebd.

56 Die unmittelbar gegenüber dem Ladescheinberechtigten zu erhebenden persönlichen Einwendungen sind in diesem Verhältnis nicht ausschlussfähig, vgl. oben Rn 5, 6, 7, 10.

57 Staub/*Canaris*[4] § 364 Rn 36, 50; MünchKommHGB/*Langenbucher*[2] § 364 Rn 41–45.

58 Hueck/*Canaris*[12] (1986) § 9 II 4c; MünchKommHGB/*Langenbucher*[2] § 364 Rn 43; Staub/*Canaris*[4] § 364 Rn 55; str., ebd (Rn 90).

59 MünchKommHGB/*Langenbucher*[2] § 364 Rn 17; Staub/*Canaris*[4] § 364 Rn 52.

gesetzt, der ihm **zugerechnet** wird und der durch das Fehlen oder die Unwirksamkeit des Begebungsvertrages gegenüber gutgläubigen Erwerbern nicht zerstört wird.[60] Allerdings schadet dem Erwerber des Papiers analog Artt. 10, 16 Abs. 2 WG bereits grobe Fahrlässigkeit. Die Wirksamkeitsmängel betreffen den Bestand des verbrieften Rechts, haben daher Gewicht und sind vom Erwerber stärker zu beachten.[61]

b) **Persönliche Einwendungen.** Persönliche Einwendungen können auch aus der schuldrechtlichen (nämlich der frachtvertraglichen) Beziehung des Ausstellers (Frachtführer) zum Absender rühren. Sie berühren das verbriefte Recht nicht unmittelbar, lassen es folglich unberührt und gehen den Erwerber des Papiers grundsätzlich nichts an.[62] Beispiele sind das **Fehlen, die Nichtigkeit und der Wegfall des Grundgeschäfts**, d.h. des Frachtvertrages; besondere Abreden zwischen Frachtführer und Absender (Beispiele: Einrede aus dem Sicherungsvertrag; Schiedsgerichtsvereinbarung; Stundung). Erwerber und auch der Empfänger als erster Nehmer wissen davon in der Regel nichts. Persönliche Einwendungen iSv Art. 17 WG sind in § 447 nicht erwähnt (betr. u.a. Einwendungen aus dem zugrundeliegenden Kausalverhältnis). Jedenfalls bei § 364 Abs. 2 besteht Einigkeit, dass der Tatbestand der Vorschrift durch eine Analogie zu Art. 17 WG, § 22 ScheckG zu erweitern ist (bei denen nur bewusstes Handeln zum Nachteil des Schuldners schadet).[63] Wegen der vom Gesetzgeber intendierten Anlehnung an § 364 Abs. 2 dürfte auch für § 447 so zu verfahren sein. Erwerbern des Ladescheins sowie dem Empfänger als erster Nehmer (s. oben Rn 11) können solche Einwendungen daher analog Art. 17 WG, § 22 ScheckG nur dann entgegengehalten werden, wenn diese beim Erwerb des Papiers bewusst zum Nachteil des Schuldners der wertpapiermäßig verbrieften Forderung (hier des ausstellenden oder ausführenden Frachtführers) gehandelt haben. 22

4. **Abgrenzung: Einwand mangelnder Übereinstimmung der übernommenen Güter mit den Angaben im Ladeschein.** Beim Ladeschein ist der Frachtführer als Aussteller derjenige, von dem die Angaben über das Gut in dem Papier stammen, zugleich der Haftende.[64] Keine Einwendung, sondern eine Konkretisierung des im Ladeschein verbrieften Anspruchs normiert § 444 Abs. 1 und 2 in Bezug auf die **Beschreibung der Güter im Ladeschein.** Weichen Inhalt des Ladescheins und Beschaffenheit der zu liefernden Güter voneinander ab, so spricht im Verhältnis schon zwischen Berechtigten und Frachtführer eine **Vermutung** für die Übereinstimmung der Beschaffenheit der Güter mit den Angaben im Ladeschein. Die Vermutung wirkt gegenüber dem im Ladeschein benannten Empfänger als erstem Nehmer (an den der Ladeschein begeben wurde) wie gegenüber jedem Folgeerwerber („Dritten, dem der Ladeschein übertragen wurde"). Die Vermutung muss mit normalen beweisrechtlichen Mitteln widerlegt werden. Sie ist unwiderleglich bei gutem Glauben des ersten Nehmers bzw. dessen Folgeerwerbern. Die Angaben im Ladeschein werden nicht als Einwendungen qualifiziert. In der Sache fungiert die Regelung in § 444 Abs. 1 und 2 indes wie ein Einwendungsausschluss, der mit der Hürde der groben Fahrlässigkeit den Wirksamkeitseinwendungen der Kategorie der ausschlussfähigen Einwendungen nahesteht.[65] Weil der Rektaladeschein nicht wertpapierrechtlich, sondern forderungsrechtlich übertragen wird, besteht daher die Möglichkeit des Einwendungsausschlusses gemäß § 444 23

---

60 Staub/*Canaris*[4] § 364 Rn 51.
61 Staub/*Canaris*[4] § 364 Rn 36.
62 Staub/*Canaris*[4] § 364 Rn 36; MünchKommHGB/*Langenbucher*[2] § 364 Rn 46.
63 Staub/*Canaris*[4] § 364 Rn 33 mwN Rn 54, 34.
64 Staub/*Canaris*[4] § 363 Rn 45, 37 ff (wegen der ähnlichen Interessenlage mit analoger Anwendung von § 363 Abs. 2 und der Vorschriften über Ladeschein und Lagerschein auf den kaufmännischen Lieferschein).
65 Staub/*Canaris*[4] § 354 Rn 60 aE.

Abs. 2 bei gutgläubigem Erwerb durch Dritte nicht.[66] Die Wirkungen des § 444 Abs. 2 sollten nicht weiter gehen als die Wirkungen von § 447.

III. Urkundliche Bezugnahmen auf vertragliche Abreden, Abs. 1 Satz 2

24 Das Nebeneinander von wertpapierrechtlichem Auslieferungsanspruch und frachtvertraglichem Ablieferungsanspruch kann zu **inhaltlichen Abweichungen**[67] zwischen beiden Ansprüchen führen. Um dies zu vermeiden, wird in Anlehnung an das Konnossementrecht[68] zum Einen vorgeschlagen, schon bei Abschluss des Frachtvertrags vorhersehbare **Ladescheinbedingungen** im Wege der Auslegung des Frachtvertrages als allgemeine Beförderungsbedingungen **auf den Frachtvertrag ausstrahlen** zu lassen. Vertragsrechtlich steht dem nichts entgegen; freilich ist die Vertragsauslegung abzusichern.

25 Fraglich war zum anderen, ob durch klare **Inkorporationsklauseln** im Ladeschein die Übereinstimmung des Ladescheins seinerseits mit der frachtvertraglichen Vereinbarung deutlich erkennbar herbeizuführen ist[69] (weitere Beispiele: Geltung vertraglicher Schiedsklauseln und Gerichtstandsklauseln auch für den wertpapierrechtlichen Anspruch).[70] Hier bestand im **Schrifttum** seit langer Zeit ein unklares Bild.[71] Vertragliche Abreden aus dem Kausalverhältnis, auf die in der Urkunde ausdrücklich, unzweideutig und klar[72] Bezug genommen wurde und von denen der verbriefte Anspruch abhängig gemacht wird, sollten zulässig sein. Generelle Verweise sollen hingegen nicht reichen. Eine pauschale Bezugnahme auf das Kausalverhältnis soll vertragliche Abreden gegenüber dem Papierwerber nur dann wirksam machen, wenn die verwiesenen vertraglichen Bestimmungen nach Gegenstand und Inhalt auch auf den Empfänger anwendbar seien[73], wenn sich die Verweisungen auf öffentlich zugängliche und objektiv feststehende Quellen bezögen[74] oder wenn die Inkorporation nicht unüblich ist und der Erwerber auf Grund der Bezugnahme mit der Abrede rechnen musste.[75]

26 Die entgegengesetzte Ansicht des **BGH** aus dem Jahre 1958[76] stützte sich seinerzeit auf den Willen des historischen Gesetzgebers[77], dass die Aufhebung des damals geltenden § 651 Abs. 2 („*Die nicht in das Konnossement aufgenommenen Bestimmungen des*

---

[66] *Koller*[8] § 447 Rn 12 (unter Hinweis auf Gesetzesbegründung zu SRG 2013, § 447); *Koller*[7] § 444 aF Rn 17 (auch bei Rektaladeschein, weil RegBegr zu TRG 1998 nicht zwischen Ladescheinarten differenziere und ein Bedürfnis nach Vertrauensschutz bestehe); **aA** (noch zum alten Recht) Staub/*Canaris*[4] § 364 Rn 62; § 363 Rn 67; MünchKommHGB/*Herber*[2] § 444 aF Rn 33, 35 f,41 (wünschenswert, aber mit Natur des Rektapapiers nicht vereinbar).

[67] Ebenroth/Boujong/Jost/Strohn/*Gass* § 444 aF Rn 17.

[68] *Döser* Inkorporationsklauseln in Konnossementen (2005); MünchkommHGB/*Herber*[2] § 444 aF Rn 53.

[69] MünchkommHGB/*Herber*[2] § 444 aF Rn 53; *Rabe* Seehandelsrecht[4] (2000) vor § 556 Rn 62. – Die Herbeiführung der Identität beider Ansprüche gelingt jedoch nicht immer: MünchkommHGB/*Herber*[2] § 444 aF Rn 54.

[70] MünchKommHGB/*Herber*[2] § 444 aF Rn 53.

[71] Nachw. bei MünchKommHGB/*Herber*[3] § 522 Rn 13, 14.

[72] OLG Hamburg VersR 1984,236; MünchKommHGB/*Herber*[2] § 444 aF Rn 37.

[73] *Schaps* Das Deutsche Seerecht, Bd. 1[2] (1921), 543, zit. bei MünchKommHGB/*Herber*[3] § 522 Rn 13.

[74] *Pappenheim* Handbuch des Seerechts (1918), 292f, zit. bei MünchKommHGB/*Herber*[3] § 522 Rn 14.

[75] Staub/*Canaris*[4] § 364 Rn 44 a.E., § 363 Rn 68 a.E., Rn 74 aE.

[76] BGHZ 29, 120 ff.

[77] Gesetz zur Änderung von Vorschriften des Handelsgesetzbuchs über das Seefrachtrecht vom 10.08.1937 (SFrG; RGBl. 1937 I 891).

Frachtvertrags sind dem Empfänger gegenüber unwirksam, sofern nicht das Konnossement ausdrücklich auf sie Bezug nimmt.") durch Gesetz vom 10. August 1937[78] nicht zu einer Änderung des bisherigen Rechtszustands führen sollte.[79] Die Bezugnahme auf die Bestimmungen einer Charterparty mit Schiedsklausel ohne besondere Erwähnung der Schiedsklausel im Konnossement sollte für eine Inkorporation dieser Klausel reichen. Der Empfänger sei gehalten sich den Vertrag zu beschaffen, wenn er Einzelheiten der Wirkungen für seinen wertpapierrechtlichen Anspruch erfahren wolle. Die nachfolgend nicht endende Diskussion der Kriterien für eine wirksame Inkorporation vertraglicher Bestimmungen in das Konnossement führte sodann speziell für den Fall der begebungsvertraglichen Schiedsvereinbarung zur Regelung in § 1031 Abs. 4 ZPO, die eine ausdrückliche Bezugnahme auf die Schiedsklausel im Grundgeschäft fordert.

In Ergänzung zu Abs. 1 Satz 1 bestimmt **Abs. 1 Satz 2** (wie in § 522) indes nunmehr, **27**
dass eine Vereinbarung, auf die im Wertpapier lediglich pauschal verwiesen wird (**Inkorporationsklauseln**), nicht Inhalt des Wertpapiers ist. Diese Vorschrift hat vor allem Bedeutung für Klauseln in einer Urkunde, die etwa durch die Formulierung „*All terms and conditions of the Charter Party are herewith incorporated*" auf einen Chartervertrag verweisen. Einwendungen, die sich aus einer solchen Vereinbarung ergeben, sind nach Abs. 1 Satz 2 nicht automatisch als Einwendungen anzusehen, die sich aus dem Inhalt der Urkunde ergeben.

Der Gesetzgeber führt zur Begründung aus, dass eine generelle Verweisung im Ergebnis dazu führt, dass sich jeder, dem ein Ladeschein oder ein Konnossement übertragen wird, den Vertrag, auf den im Wertpapier Bezug genommen wird, besorgen und daraufhin untersuchen müsste, welchen Einwendungen des Beförderers er aufgrund dieses Vertrags möglicherweise ausgesetzt ist. Eine Referenzierung des Urkundsinhalts auf außer ihr liegende Umstände unterläuft jedoch den Zweck des wertpapierrechtlichen Einwendungsausschlusses, den Erwerber des Dokuments zu schützen, und schwächt in der Folge die Umlauffähigkeit des Papiers.[80] Auf den guten Glauben des Empfängers kommt es für diese Spielart der Einwendungsbeständigkeit nicht an, d.h. positive Kenntnis oder grob fahrlässige Unkenntnis eines Einwandes aus dem Frachtvertrag schaden nicht, wenn der Einwand nicht in die Urkunde eingetragen ist.[81] Folgerichtig wurde mit der Normierung der schärferen, nunmehr für jede Klausel geltenden Einbeziehungsregeln des § 522 Abs. 1 Satz 2 und des § 447 Abs. 1 Satz 2 die Sonderbestimmung in § 1031 Abs. 4 ZPO auch wieder aufgehoben, weil ihr Regelungsgegenstand von den neuen Bestimmungen erfasst ist. Daraus ergibt sich im Rückschluss die Auslegung von Abs. 1 Satz 2, dass vertragliche Vereinbarungen (Haftung, Schiedsklausel etc.) in den Ladeschein genau aufzunehmen oder jedenfalls zu umschreiben sind. Wenn auch nicht alle Einzelheiten der Klausel des Vertrages aufgenommen zu werden brauchen,[82] reicht die reine Bezugnahme auf den Vertrag oder ein Bedingungswerk nicht aus. Bestimmungen wie die ADSp oder andere AGB dürften daher

---

78 RGBl. I, 891.

79 BGHZ 29, 120, 122; VersR 1967, 156; LG Hamburg versR 1975, 1121; Schaps/*Abraham* § 656 Rn 2; *Rabe* § 656 Rn 3.

80 Abs. 1 Satz 2 steht im Einklang mit der bereits zu § 796 BGB vertretenen Auffassung, wonach Einwendungen aus besonderen vertraglichen Abreden in einem schuldrechtlichen Grundverhältnis selbst dann, wenn in der Urkunde auf dieses Verhältnis (nur) *Bezug* genommen wird, dem Inhaber der Urkunde regelmäßig nicht entgegengehalten werden können.

81 Staub/*Canaris*[4] § 363 Rn 45.

82 So wohl auch MünchKommHGB/*Herber*[3] § 522 Rn 10, 15f (mit rechtvergleichender Diskussion des Charterkonnossements); *Herber* Seehandelsrecht, 298; *Thomas/Putzo* § 1031 ZPO Rn 7.

nicht mehr durch bloße Verweisung im Ladeschein zum Inhalt der Rechtsbeziehung zum Ladescheinberechtigten gemacht werden können.[83]

Die Bestimmung in Abs. 1 Satz 2 entspricht insoweit der zu § 796 BGB vertretenen Auffassung, wonach Einwendungen aus besonderen, in dem schuldrechtlichen Grundgeschäft getroffenen Abreden dem Inhaber der Urkunde regelmäßig nicht entgegengehalten werden können, und zwar selbst dann nicht, wenn in der Urkunde auf dieses Verhältnis (scil. pauschal) Bezug genommen wird.[84] Gegenüber Folgeerwerbern wirken persönliche Einwendungen aus dem Grundgeschäft (Frachtvertrag) nur analog Art. 17 WG, wenn der Erwerber bewusst zum Nachteil des Ausstellers handelt. **Unabdingbares Frachtrecht** (§ 449) allerdings verdrängt abweichende vertragliche Abreden im Ladeschein.[85]

28 Andererseits ist eine **enge Auslegung des § 447 Abs. 1 Satz 2 geboten:** Sie ist ableitbar aus der Veräußerungsbeständigkeit absoluter Einwendungen zum Ladescheinberechtigten, der zugleich Partner des Begebungsvertrages ist. Weil im Rahmen dieser unmittelbaren Beziehung kein Anlass besteht, einem besonderen Vertrauen Dritter oder der Umlauffunktion von Order- und Inhaberladeschein durch einen Einwendungs*ausschluss* Rechnung zu tragen, muss es erst recht möglich sein, sich in diesem Verhältnis auf Vereinbarungen zwischen Frachtführer und einem solchen Ladescheinberechtigtem zu berufen, die nicht im Ladeschein dokumentiert sind. § 447 Abs. 1 Satz 2 bezieht sich daher nicht auf die Fallgruppe der unmittelbaren Beziehungen des § 447 Abs. 1 Satz 1 Alt. 3.[86]

IV. Einwendungserhalt für den ausführenden Frachtführer, Abs. 2

29 Der ausführende Frachtführer haftet – wie der ausführende Verfrachter im Konnossementrecht – vertraglich wie der vertragliche Frachtführer (§ 437) und wertpapiermäßig wie ein Aussteller des Ladescheins (§ 443). Aus dem Ladeschein muss dies nicht ersichtlich sein.[87] Auch dem ausführenden Frachtführer gegenüber gelten die gesetzlichen Vermutungen aus § 444 Abs. 2 Satz 1 und 2. Folglich soll er die wertpapierrechtlich festgelegten Verteidigungsmöglichkeiten des vertraglichen Frachtführers haben. Abs. 2 eröffnet diese Möglichkeit gegenüber dem aus dem Ladeschein Berechtigten bzw. formell Legitimierten. Eigene Einwendungen des ausführenden Frachtführers werden durch § 447 Abs. 1 ohnehin nicht erfasst und folglich auch nicht ausgeschlossen.[88] Die Vorschrift steht damit im Einklang mit der Bestimmung in § 444 Abs. 2 Satz 3, wonach der ausführende Frachtführer auch vor der Entstehung der unwiderleglichen Vermutung gem. § 444 Abs. 2 Satz 1 in Bezug auf das Gut schützt ist, wenn er an der Ausstellung des Ladescheins nicht selbst (oder vermittels Vertreters) mitgewirkt hat.[89]

[83] Häublein/Hoffmann-Theinert/*M. Kirchhof* Beck'scher Online-Kommentar HGB[11] § 447 vor Rn 1, Rn 3.

[84] Begr RegE BT Drs. 17/10309, 97.

[85] *Koller*[8] § 447 Rn 1; *Ramming* TranspR 1999, 325, 327.

[86] Zu Recht schon *Koller*[8] § 447 Rn 4, Rn 12.

[87] MünchKommHGB/*Herber*[3] § 447 Rn 6.

[88] *Koller*[8] § 447 Rn 10.

[89] Häublein/Hoffmann-Theinert/*M. Kirchhof* Beck'scher Online-Kommentar HGB[11] § 447 Rn 5; MünchKommHGB/*Herber* § 447 Rn 6.

§ 448
Traditionswirkung des Ladescheins

Die Begebung des Ladescheins an den darin benannten Empfänger hat, sofern der Frachtführer das Gut im Besitz hat, für den Erwerb von Rechten an dem Gut dieselben Wirkungen wie die Übergabe des Gutes. Gleiches gilt für die Übertragung des Ladescheins an Dritte.

Übersicht

Schrifttum

Gursky Wertpapierrecht (2007); *Holzhammer* Allgemeines Handelsrecht und Wertpapierrecht (1998); *Hueck/Canaris* Recht der Wertpapiere (12. Aufl., 1986); *Konow* Frachtbrief – Ladeschein – Frachtbriefdoppel, DB 1972, 1613; *Kopper* Der multimodale Ladeschein im internationalen Transportrecht (2007); *Schnauder* Sachenrechtliche und wertpapierrechtliche Wirkungen der kaufmännischen Traditionspapiere, NJW 1991, 1642; Staub/*Canaris* Großkommentar HGB (4. Aufl., 2004) § 363 HGB.

Parallelvorschriften

§§ 475g, 524 HGB, § 650 aF. HGB

I. Traditionswirkung

1. Surrogat für Übergabe bzw. Verpfändungsanzeige und sachenrechtliche Übertragung. Die Vorschrift regelt – bezogen auf Übereignung und Verpfändung des Gutes – neu **1**
für alle Arten des Ladescheins die **sachenrechtliche Wirkung** (Traditionswirkung) seiner **Begebung an den ersten Nehmer**[1] und für Order- und Inhaberladeschein die sachenrechtliche Wirkung seiner weiteren **Übertragung auf Dritte** (Umlauf). Begebung bzw. Übertragung des Wertpapiers haben für den Erwerb von dinglichen Rechten (Übereignung, Verpfändung) an dem Beförderungsgut die gleichen **Wirkungen** wie in Ansehung des Rechteer-

[1] Ebenso wie die Möglichkeit gutgläubigen Erwerbs (§ 444 Abs. 2).

werbs an dem Gut die Übergabe des Gutes (Besitzverschaffung). Begebung und Übertragung können wirken als **Surrogat der Übergabe** des Gutes nach §§ 929 ff bzw. als Surrogat der Übergabe nach § 1205 Abs. 1 oder **der Anzeige seiner Verpfändung** nach § 1205 Abs. 2 BGB. Als Konsequenz steht die Übergabe des Papierbesitzes der Besitzübergabe des Gutes bzw. Besitzübergabesurrogaten (im Falle des mittelbaren Besitzes des Veräußerers, §§ 930, 931, 1205 Abs. 2) gleich.

2 § 448 stellt nur ab auf *Begebung* und *Übertragung* des Ladescheins als die die Besitzübergabe ersetzenden Bestandteile der Rechtsübertragung bzw. als Anknüpfungspunkte für guten Glauben an die dingliche Berechtigung des Veräußerers am Gut. Im Gegensatz zu § 448 aF reicht also die einfache Übergabe des Ladescheins dafür nicht mehr aus.[2] Die Traditionswirkung von § 448 bewirkt nur die Sacheübergabefiktion oder – unter erweiternder Auslegung der Bestimmung – die Fiktion eines Sachübergabesurrogats. Alle weiteren Voraussetzungen für den Erwerb oder den gutgläubigen Erwerb des dinglichen Rechts bleiben von § 448 unberührt. Dies sind insbesondere die Voraussetzungen der nach § 448 notwendigen **Inbesitznahme** des Gutes durch den Frachtführer, die für eine Rechtsübertragung bestehende Notwendigkeit einer **dinglichen Einigung**[3] zwischen Veräußerer und Erwerber, die dingliche **Berechtigung** des über das Gut Verfügenden oder, falls sie fehlt, die Voraussetzungen eines auf die dingliche Berechtigung bezogenen **guten Glaubens** bzw. der Umstand des **Abhandenkommens,** der den Gutglaubenserwerb des Gutes ausschließt (§ 935 BGB).[4] Trotz Begebung oder Übertragung des Ladescheins kann folglich der Eigentums- oder Pfandrechtserwerb am Fehlen von weiteren Wirksamkeitsvoraussetzungen oder am Abhandenkommen[5] des betreffenden Gutes scheitern. Für die **Übertragung des Eigentums** am Gut vom Berechtigten nach § 929 bedarf es folglich neben der Begebung oder Übertragung des Ladescheins einer Einigung. Auch für die Begründung eines Pfandrechts nach § 1205 Abs. 1 Satz 1 BGB bedarf es neben der Begebung oder Übertragung des Ladescheins der Einigung. Für die **Begründung eines Pfandrechts** nach § 1205 Abs. 2 durch Einräumung des mittelbaren Besitzes bedarf statt der Verpfändungsanzeige der Begebung oder Übertragung des Ladescheins und der Einigung.[6]

3 Die im SRG 2013[7] erfolgte Änderung von § 448 a.F. dient der Anpassung der Regelung an § 524[8], der die Traditionsfunktion des Konnossements regelt, und an § 475g im Lagerrecht. Auch in diesen Normen wird der Begriff „Übergabe" durch die Formulierungen „Begebung ... an den darin benannten Empfänger" und „Übertragung ... an Dritte" ersetzt. Die Anknüpfung der Traditionswirkung an Begebung und Übertragung des Wertpapiers macht – genauer als die bloße Übergabe des Ladescheins – die Einigung und Übergabe

---

[2] So noch instruktiv (für altes Recht) MünchKommHGB/*Herber*[2] § 448 aF Rn 4.

[3] MünchKommHGB/*Herber*[2] § 448 aF Rn 7; *Koller*[8] § 448 Rn 1; Schlegelberger/*Hefermehl* HGB[5] § 363 Rn 54; § 366 Rn 56; *Hueck/Canaris* Recht der Wertpapiere[12], 201.

[4] Schlegelberger/*Hefermehl* HGB[5] § 363 Rn 54, 56; § 366 Rn 56; Baumbach/Hopt/*Merkt*[36] § 448 Rn 3 f mwN; *Hueck/Canaris* Recht der Wertpapiere[12], 201; Staub/*Canaris*[4] § 363 HGB Rn 165 (mwN Rn 180), 105, 111, 114; MünchKommHGB/*Herber*[2] § 448 aF Rn 7; Ebenroth/Boujong/Joost/Strohn/*Schaffert*[2] § 448 aF Rn 1; *Koller*[8] § 448 Rn 1.

[5] Vgl. unten Rn 21, 26, 28.

[6] *Koller*[8] § 448 Rn 4, 5; MünchkommHGB/*Herber*[2] § 448 aF § Rn 8.

[7] Geändert durch Gesetz zur Reform des Seehandelsrechts vom 20.4.2013, Art. 1 Ziff. 26, BR-Drs. 8/13 v. 11.1.2013, vgl. Begründung der BReg, BT-Drucks. 17/10939, vom 12.7.2012, 59.

[8] § 524 geht zurück auf den Vorschlag der Sachverständigengruppe (§ 506) und beruht auf dem bisherigen § 650 HGB. Begr RegE zu § 448, BR-Drs. 17/10309/12 v. 12.7.2012, 59. Zur Entstehungsgeschichte eingehend MünchKommHGB/*Herber*[3] § 524 Rn 3, 4.

des (wo nötig indossierten) Wertpapiers, d.h. die *materiellrechtliche* Übertragung des wertpapierrechtlichen Ablieferungsanspruchs an den Empfänger oder auf Dritte zur Voraussetzung des Übergabesurrogats nach § 448.[9] Damit wird Gleichlauf ermöglicht zwischen der dinglichen Verfügung über das Beförderungsgut und der wirksamen Begründung bzw. Übertragung des wertpapiermäßig verbrieften Herausgabeanspruchs, gleich, ob es sich bei der Verfügung über das Gut um eine herkömmliche Übereignung des Gutes, seine Sicherungsübereignung oder seine Verpfändung handelt. Dieser Gesichtspunkt war nach bisherigem Recht streitig gewesen.[10] Die Bestimmung des § 448 wurde in dieser veränderten Form ansonsten beibehalten, weil sie als traditionell wertpapierrechtliche Regelung insoweit auch **Klarstellungsfunktion** hat.[11]

Auf die Möglichkeit, das Eigentum auch **nach allgemeinen sachenrechtlichen Regeln** zu **4**
übertragen, also etwa gemäß § 929 Satz 1 BGB durch Einigung und Übergabe des Gutes bzw. gem. §§ 929, 931 BGB durch Abtretung des Herausgabeanspruchs (und dadurch, dass der Frachtführer seinen Besitzwillen auf den Erwerber umstellt und für diesen besitzt), hat die (zusätzliche) Ausstellung des Ladescheins zunächst keinen Einfluss.[12] Streng genommen bedarf es für den Grundfall des Sacherwerbs vom dinglich Berechtigten und des Ladescheinerwerbs von dem aus dem Ladeschein Legitimierten – bei fortbestehendem Fremdbesitz des Frachtführers – nicht des Ersatzes der Gutsübergabe durch Begebung bzw. Übertragung des wertpapierrechtlichen Herausgabeanspruchs gemäß § 448. Denn wenn der Erwerber des Ladescheins den *Besitz* am Gut erwirbt, erfolgt der Eigenumsübergang nach § 929 BGB. Und wenn der Erwerber des Ladescheins mit dem Ladeschein den *Auslieferungsanspruch* gegen den Frachtführer erwirbt (§§ 444, 445)[13], kann er schon gemäß § 931 BGB Eigentümer werden. In beiden Fällen geschieht dies, ohne dass eine besondere Traditionswirkung (i.e. Übergabeersatz) vermittels § 448 nötig ist.[14] Gleiches gilt für sachenrechtlichen Erwerb vom Nichtberechtigten (vgl. unten Rn 23 ff).

Trotz ihrer materiellrechtlichen Eigenständigkeit kann die sachenrechtliche Übertra- **5**
gung des Gutes von der wertpapierrechtlichen Übertragung der verbrieften Forderung gleichwohl nicht in jedem Fall völlig losgelöst betrachtet werden. Weil bei Inhaber- und Orderpapieren wegen deren Verkehrsfähigkeit (für sie gilt das Primat des Sachenrechts) der wertpapiermäßig verbriefte Herausgabeanspruch schlechthin untrennbar mit der Innehabung der Urkunde verbunden ist, sollen sachenrechtliche Verfügungen über das Gut durch den Berechtigten durch **Abtretung eines bürgerlichrechtlichen Herausgabeanspruchs** (nach §§ 929, 931 BGB) zum Schutz der Verkehrsfähigkeit des ausgestellten Ladescheins nur dann möglich sein, wenn auch der Inhaber- oder Orderladeschein an den Erwerber des Gutes übergeben wurde (sog. „**Sperrwirkung**" des ausgestellten Traditionspapiers gegen-

---

9 So schon grundlegend gefordert von Staub/*Canaris*[4] § 363 Rn 103, 163, der die Anknüpfung allein an die Übergabe als nicht durchdacht bewertet ansah.

10 Wortlautargument; bloße Betrachtung der Besitzebene, so MünchKommHGB/*Herber*[2] § 448 aF Rn 4, Baumbach/Hopt/*Merkt*[36] § 448 Rn 3; **aA** Staub/*Canaris*[4] § 363 Rn 106, 163: Übereignung des Ladescheins u. Übertragung des wertpapierrechtlichen Herausgabeanspruchs.

11 Begründung des Regierungsentwurfs, BT-Drucks. 13/8445, 85.

12 *Koller*[8] § 448 Rn 1; Ebenroth/Boujong/Joost/Strohn/*Schaffert*[2] § 448 aF Rn 1; MünchKommHGB/*Herber*[2] § 448 aF Rn 10; *ders.*[3] § 524 Rn 20; speziell zum letzteren Fall Hueck/*Canaris* Recht der Wertpapiere[12] § 23 II 4. Einschränkend sogl. Rn 14.

13 Strenggenommen verbrieft der Ladeschein den Auslieferungsanspruch gegen den *Aussteller*, das Gesetz selbst spricht indes vom Frachtführer; vgl. die Klarstellung bei *Koller*[8] § 448 Rn 1, Rn 3, der konsequent bei der wertpapierrechtlichen Nomenklatur des Ausstellers bleibt.

14 *Koller*[8] Rn 4, 5; MünchKommHGB/*Herber*[2] § 448 aF Rn 10.

über der bürgerlichrechtlichen Übereignung des Gutes).[15] Zutreffend muss daher zu einer bürgerlichrechtlichen Übertragung des Herausgabeanspruchs, wenn er (zugleich) in einem Umlaufpapier verbrieft ist, aus Gründen des Verkehrsschutzes die *Übergabe* des Papiers hinzukommen; weder Übereignung des Papiers noch seine wertpapierrechtliche Übertragung sind in diesem Fall notwendig.[16] Bei Erwerb des Gutes vom Berechtigten nach §§ 929, 931 BGB soll damit ein Auseinanderfallen von Aktivlegitimation hinsichtlich des Herausgabeanspruchs und von Wertpapierbesitz vermieden werden. Eine Übergabe des Ladescheins an den Erwerber des Gutes ist nur dann nicht notwendig, wenn das Papier dem Aussteller zurückgegeben[17] worden war (und die wertpapierrechtliche Verbriefung dadurch erlosch und daher eben nicht mit der Übereignung des Gutes mitlaufen muss).[18]

6 Bei Namens- (Rekta-)papieren gibt es diese Notwendigkeit nicht. Der im **Rektaladeschein** verbriefte Ablieferungsanspruch ist nur forderungsrechtlich übertragbar durch Abtretung und nicht sachenrechtlich bzw. wertpapiermäßig durch Begebung des Papiers, das den Empfänger direkt namentlich benennt (Primat des Forderungsrechts); das Papiereigentum folgt der Forderungsinhaberschaft nach § 952 BGB. Eine Weiterübertragung allein des Papiers ist wegen der Einzigartigkeit der Benennung nicht möglich; es ist nicht umlauffähig. Das Recht zu einer Verfügung über das Gut nach §§ 929, 931 BGB durch Abtretung eines Herausgabeanspruchs bleibt von der wertpapierrechtlichen Verbriefung des Herausgabeanspruchs zugunsten des namentlich Benannten im Namenspapier unberührt,[19] ja die wertpapierrechtliche Verbriefung kann wegen der namentlichen Benennung des Berechtigten nicht einmal weiterübertragen werden. Zu einer Gefährdung des Rechtsverkehrs durch gespaltenen Rechtserwerb am Gut (bürgerlichrechtlich) und am Wertpapier (gutgläubig wertpapierrechtlich) kann es hier nicht kommen.

7 2. **Rechtskonstruktive Begründung der Traditionswirkung.** Die konstruktive Begründung der Traditionswirkung war schon für § 448 aF umstr.[20] Nach der *relativen Theorie* stellt § 448 nur eine eigene Formulierung der im BGB geregelten Erwerbsformen (§§ 931, 924, 936, 1205 Abs. 2 BGB) dar.[21] Nach der *absoluten Theorie* tritt sie als eigenständige Erwerbsform hinzu und macht die nicht an Einigung und Übergabe geknüpften Übertra-

---

[15] RGZ 119, 215, 218 (für Ladeschein); BGHZ 49, 160, 163 = NJW 1968, 591, 592 (betr. Lagerschein); BGH NJW 1979, 2037, 2038; MünchKommHGB/*Herber*[2] § 448 aF Rn 10; ders.[3] § 524 Rn 20; *Koller*[8] § 448 aF Rn 1; Ebenroth/Boujong/Joost/Strohn/*Schaffert*[2] § 448 aF Rn 1; *K. Schmidt* HandelsR § 23 III 4. kritsch zur dogmatischen Notwendigkeit der Sperrwirkung von Staub/*Canaris*[4] § 363 Rn 144, 145.

[16] RGZ 119, 215, 217 f; BGHZ 49, 160, 162 f; BGH LM Nr. 1 zu § 931 BGB (Untrennbarkeit von Herausgabeanspruch und Papier; Natur der Traditionspapiere); Staub/*Canaris*[4] § 363 Rn 142 (allgemeines wertpapierrechtliches Prinzip), kritisch Rn 144, 145.

[17] BGHZ 68, 18 = NJW 1977, 499 (Konnossement); Staub/*Canaris*[4] § 363 Rn 142 f; MünchKommHGB/*Herber*[2] § 448 aF Rn 10; *ders.*[3] § 524 Rn 20.

[18] So die Rspr BGHZ 49, 162 f; BGH NJW 1977, 499 f; im Ergebnis auch MünchKommHGB/*Herber*[2] § 448 aF Rn 10, Rn 17 und 18; vgl. Koller[8] § 448 Rn 1; krit. Staub/*Canaris*[4] § 363 Rn 142 ff.

[19] *Koller*[8] § 448 Rn 1; *Hueck*/*Canaris* Recht der Wertpapiere[12], § 23 II 4 mwN; Staub/*Canaris*[4] § 363 Rn 146; **aA** BGH NJW 1979, 2037 f (betr. Namenslagerschein); MünchKommHGB/*Herber*[2] § 448 aF Rn 10; *K. Schmidt* HandelsR § 23 III 4.

[20] Überblick bei Staub/*Canaris*[4] § 363 Rn 95 ff; *Schnauder* NJW 1991, 1642, 1645 ff; *Koller*[7] § 448 aF Rn 2; *ders.*[8] § 448 Rn 3; § 524 Rn 2; *Kopper* 34 ff; Schlegelberger/*Hefermehl* HGB[5] § 363 Rn 48 ff; MünchKommHGB/*Herber* [3] § 524 Rn 5, 6.

[21] Staub/*Canaris*[4] § 363 Rn 96 ff.

gungsformen (§§ 934, 936 Abs. 3, § 1205 Abs. 2 BGB) obsolet.[22] Nach der *Repräsentationstheorie* repräsentiert das Papier – im Rahmen einer selbständigen Übereignungsform nach § 929 BGB – den mittelbaren Besitz am Gut, wobei der aus dem Papier Verpflichtete (idR der Frachtführer) dem berechtigten Papierinhaber den Besitz am Gut mittelt.[23] Nach der *modifizierten, wertpapierrechtlich fortgebildeten relativen Theorie* hat der Erwerb des verbrieften Herausgabeanspruchs die gleichen Wirkungen wie die Erlangung des Besitzes an den Gütern, ohne dass mit dem Herausgabeanspruch zugleich der mittelbare Besitz erlangt werden muss, d.h. weder Veräußerer, Verpflichteter noch Erwerber müssen (mittelbaren) Besitz haben.[24] Weil dies bereits Folge der Übertragung des wertpapierrechtlichen Herausgabe-/Ablieferungsanspruchs ist, hätte es einer besonderen Regelung der Übertragung der Besitzverhältnisse am Gut in § 448 und § 524 eigentlich nicht bedurft.[25] Die Begebung des Ladescheins bedeutet daher nach *bei rein wirtschaftlicher Betrachtung* die Schließung eines wirksamen Begebungsvertrages (Einigung über Entstehung des wertpapierrechtlichen Anspruchs) mit dem Erwerber des Ladescheins und Besitzverschaffung am Ladeschein mit der Wirkung, dass für Zwecke der Eigentumsübertragung am Gut die Papierübergabe als Verschaffung des unmittelbaren Besitzes am Gut angesehen wird.[26] Die Übertragung des unmittelbaren Besitzes am Gut wird fingiert.[27] Die Neufassung stellt dies nun klar.

II. Voraussetzungen und Grenzen

8 **1. Begebung des Ladescheins an legitimierten Empfänger, Satz 1.** Nach **Satz 1** steht die **Begebung** des Ladescheins an den darin benannten **Empfänger** für den Erwerb von Rechten an dem Gut der Übergabe des Gutes gleich. Ebenso wie § 522 Abs. 2,[28] auf den die Begründung zu § 448 Bezug nimmt, erfasst Satz 1 den Fall der **Begebung** des Ladescheins.[29] **Begebung** ist jedenfalls nach der Gesetzesvorstellung – in Abgrenzung zur Übertragung gem. Satz 2[30] – *Begründung* der verbrieften wertpapierrechtlichen Verpflichtung zur Herausgabe an den Papierinhaber durch Einigung über die Forderungsentstehung mit dem und durch Übergabe des – ggf. indossierten – Papiers an den Empfänger als ersten Inhaber des Wertpapier (erster Nehmer). Erster Nehmer ist folglich derjenige, dem gegenüber die wertpapierrechtliche Verpflichtung zuerst zur Entstehung gebracht wird – in der Regel der Empfänger. Der **Orderladeschein** wird an die Order des Empfängers als erster Nehmer gestellt. Es kann dies aber auch der Absender oder der Ablader sein.[31] Beim **Rektaladeschein** ist der darin namentlich genannte Empfänger erster Nehmer des Ladescheins. Beim **Inhaberladeschein** ist erster Nehmer der erste tatsächliche Inhaber nach dem Aussteller. Auf die Rechtskonstruktion des Begebungsvertrages als direkter Vertrag mit dem Empfänger (ver-

---

22 Staub/*Canaris*[4] § 363 Rn 99 ff.

23 Staub/*Canaris*[4] § 363 Rn 101 ff.

24 Staub/*Canaris*[4] § 363 Rn 103, 158; *Hueck/Canaris* Recht der Wertpapiere[12], § 23 I 1; Staub/*Canaris*[4] § 363 Rn 158; *Koller*[8] § 448 Rn 3; Ebenroth/Boujong/Joost/Strohn/*Schaffert*[2] § 448 aF Rn 2.

25 MünchKommHGB/*Herber*[3] § 524 Rn 5.

26 MünchKommHGB/*Herber*[3] § 524 Rn 6.

27 Und ermöglich damit die Übertragung des Gutes nach § 929 BGB, MünchKommHGB/*Herber*[3] § 524 Rn 6.

28 § 522 betrifft die Einwendungen des Verfrachters bei gutgläubigem Erwerb des Konnossements.

29 Ausf. MünchKommHGB/*Herber*[3] § 524 Rn 8 ff.

30 Der eigentlich auch ein Begebungsvertrag (Einigung und Übergabe des Papiers) zugrundeliegt, MünchKommHGB/*Herber*[3] § 524 Rn 9.

31 Zutr. *Koller*[8] § 448 Rn 2, Rn 8; MünchKommHGB/*Herber*[3] § 524 Rn 9.

mittels Absender oder Ablader als Boten) oder als Vertrag mit dem Absender oder Ablader zugunsten des Empfängers kommt es nicht an.[32]

9 2. **Übertragung des Ladescheins auf Dritten, Satz 2. Satz 2** regelt das Übergabesurrogat für den Fall, dass der Ladeschein nach Begebung an den ersten Nehmer von diesem **an Dritte wertpapiermäßig übertragen** wurde. Hierunter fällt sowohl die Übertragung eines **Orderladescheins** durch Einigung über den Übergang des Papiereigentums[33] und Übergabe des indossierten Papiers, als auch die Übertragung des **Inhaberladescheins** durch Einigung über den Übergang des Papiereigentums und Übergabe des Papiers (§ 929 BGB).[34]

Eine Traditionswirkung gem. § 448 ist in diesem Fall möglich, aber nicht erforderlich. Nicht gehindert ist auch die dingliche Verfügung des Berechtigten über das Beförderungsgut **gem. § 931 BGB** (bei Bestehen eines Besitzmittlungsverhältnisses). Eine Traditionswirkung gem. § 448 ist in diesem Fall ebenfalls möglich, aber nicht erforderlich. Ebensowenig gehindert ist der **Erwerb vom Nichtberechtigten** gem. **§ 934 Alt. 1 BGB** mit Abtretung des Herausgabeanspruchs (bei Bestehen eines Besitzmittlungsverhältnisses) und gem. **§ 934 Alt. 2 BGB** (bei Nichtbestehen eines Besitzmittlungsverhältnisses am Gut, vgl. sogleich Rn 13.) mit Besitzerwerb. Besteht mangels Besitzmittlungswillens des Frachtführers, der Eigenbesitz ausübt, ein Besitzmittlungsverhältnis am Gut vor Übertragung der verbrieften Forderung nicht, scheitern sowohl der Erwerb vom Berechtigten nach § 931 BGB wie für den Erwerb vom Nichtberechtigten nach § 934 Alt. 1 BGB.[35] Möglich bleibt dann nur der Erwerb nach § 934 Alt. 2 BGB bzw. die Traditionswirkung nach § 448.

10 Wegen fehlender Übertragbarkeit kann beim **Rektaladeschein** die Traditionswirkung nicht helfen.[36] Die fehlende wertpapierrechtliche Übertragungsmöglichkeit nimmt dem **Rektaladeschein** die Anknüpfbarkeit des guten Glaubens an die Sachübergabe und damit die Möglichkeit zur Ersetzung der Sachübergabe (Traditionsfunktion).[37] Die Zession der bestehenden Forderung belässt aber die Erwerbsmöglichkeit vom Berechtigten (§ 931 BGB) und vom Nichtberechtigten (§ 934 Alt. 1 BGB bei Besitzmittlung). **Gutgläubiger Erwerb** *nicht* bestehender Forderungen ist nicht möglich, ebensowenig daher ein gutgläubiger Erwerb des im Rektaladeschein verbrieften, aber nicht bestehenden Ablieferungsanspruchs. Der Erwerb des Gutes eröffnet sich vor solchem Hintergrund des scheiternden Anspruchserwerbs nur nach §§ 931, 934 Alt. 2 BGB durch konkreten Besitzerwerb am Gut.[38]

11 3. **Durch den Frachtführer übernommenes Gut, Besitz am Gut.** Voraussetzung für die in Satz 1 und 2 angeordnete Traditionswirkung ist, dass der **Frachtführer** im Zeitpunkt der Begebung bzw. Übertragung des Ladescheins noch den **Besitz am Gut** hat. Der im Wertpa-

---

[32] D.h. an denjenigen, der gemäß § 444 Abs. 3 Satz 1, § 445 Abs. 1 Satz 1 zum Empfang des Gutes *formell* legitimiert ist. – einschränkend *Koller*[8] § 448 Rn 2, 4 Rn 17 (nicht gemeint sind Empfänger gem. § 443 Abs. 1 iV, § 408 Abs. 1 s. 1 Ziff. 5); im Erg. auch MünchKommHGB/*Herber*[3] § 524 Rn 9. Durch die Ausrichtung der Traditionswirkung an der Begebung *an den benannten Empfänger* sowie an der weiteren Übertragung erscheint eine erweiternde Auslegung der Norm auf *zweite* Begebungen m.E. praktisch nicht notwendig), **aA** MünchKommHGB/*Herber*[3] § 524 Rn 9, 10.

[33] Abw. von § 650 aF, der nur die „Übergabe" nannte.

[34] Häufig *auch* als Begebungsvertrag (= Übertragung in wertpapiermäßiger Form) bezeichnet, *Koller*[8] § 448 Rn 5; näher MünchKommHGB/*Herber*[3] § 524 Rn 13 ff, 16 ff.

[35] Einzelheiten bei *Koller*[8] Rn 5, 6.

[36] MünchKommHGB/*Herber*[3] § 524 Rn 13.

[37] Begr RegE SÄG zu § 524, BR-Drs. 17/10309/12 v. 12.7.2012, 98 f; *Koller*[8] § 448 Rn 6.

[38] Einzelheiten bei Rn 13, 22, 25, 30.

pier verbriefte Herausgabeanspruch gegen den Frachtführer basiert nämlich ganz entscheidend auf dessen Besitz am Beförderungsgut. Nur dann kann der Anspruch auf den Erwerber übergehen.[39] Die Übertragung des wertpapierrechtlichen Herausgabeanspruchs gegen den besitzenden Frachtführer wiederum ist die Grundlage für die Gleichsetzung mit der Sacheübergabe, an welche die gesetzlichen dinglichen Rechtswirkungen (Eigentumserwerb; Verpfändung; gutgläubiger Erwerb) geknüpft werden. Der Frachtführer muss das Gut also übernommen und den Besitz hieran bis zur Begebung bzw. Übertragung des Ladescheins und bis zur Übereignung oder Verpfändung des Gutes, für die die Traditionswirkung des Ladescheins Bedeutung entfalten soll, weder aufgegeben noch verloren haben. Gemeint ist Besitz iS der §§ 854, 868 BGB, d.h. außer der tatsächlichen Herrschaftgewalt (§ 854 Satz 1 BGB) reicht mittelbarer Besitz in einer der in § 868 BGB genannten Formen aus.

Besitzverlust des Frachtführers führt zum Erlöschen des Herausgabeanspruchs gegen 12
ihn. **Verliert** der Frachtführer den **Besitz** am Beförderungsgut vor Begebung oder Übertragung des Ladescheins, so ist für die Traditionswirkung gemäß § 448 kein Raum mehr.[40] Die Vorschrift ist analog anzuwenden, wenn der Frachtführer (Aussteller) den Besitz erst nach Begebung oder Übertragung des Ladescheins begründet, aber die Übereignung oder Verpfändung des Gutes erst nach Besitzerlangung des Frachtführers vorgenommen wird und jene zur Zeit der Übereignung noch andauert.[41]

Komplizierter liegen die Dinge, wenn der Frachtführer zwar noch unmittelbaren Besitz 13
am Beförderungsgut hat, jedoch seinen Besitzmittlungswillen gegenüber dem Veräußerer nach außen erkennbar aufgibt und sich zum **Eigenbesitzer** (etwa als Ausdruck einer Unterschlagung) macht. Nicht notwendig ist dafür eine Erklärung oder Handlung gegenüber dem mittelbaren Besitzer.[42]

Nach einer Ansicht ist § 448 dann gar nicht anwendbar[43], denn durch Aufgabe des Be- 13a
sitzmittlungswillens des unmittelbaren Besitzers erlösche das vertraglich begründete Besitzmittlungsverhältnis zwischen Frachtführer und Veräußerer.[44] Damit gingen die rein tatsächlichen Besitzverhältnisse zwischen Frachtführer und Inhaber des Ladescheins verloren, an die § 448 mit der Sacheübergabefiktion der Begebung oder Übertragung des Ladescheins für dingliche Rechtswirkungen am Beförderungsgut anknüpft. *Herber* konzediert zu Recht, dass der Herausgabeanspruch zwar unabhängig von einem Besitzmittlungsverhältnis bestehe und die Traditionswirkung nur dann einen eigenständigen Sinn habe, wenn es auf den mittelbaren Besitz nicht ankomme. § 448 stelle jedoch nicht auf Verkehrsschutz und Vertrauensschutz hinichtlich des Herausgabeanspruchs ab, sondern stelle auf die rein tatsächlichen Besitzverhältnisse ab.[45] Denkbar bleibt freilich – ohne Bestehen eines Besitzmittlungsverhältnisses[46] – ein gutgläubiger Erwerb vom nichtberechtigten Veräußerer nach § 934 Alt. 2 BGB.[47]

---

39 So schon grundlegend Staub/*Canaris*[4] § 363 Rn 164, 121, 129, 131.

40 Koller[8] § 448 aF Rn 4; MünchkommHGB/*Herber*[2] § 448 aF Rn 3; Hueck/*Canaris* Recht der Wertpapiere[12], § 23 I 3b; Schlegelberger/*Hefermehl* HGB[5] § 363 Rn 52.

41 *Koller*[8] § 448 Rn 4.

42 BGH NJW 2005, 539; Palandt/*Bassenge*[75] § 868 § Rn 17.

43 Ebenroth/Boujong/Joost/Strohn/*Gass* § 448 aF Rn 3; *Fremuth/Thume* Rn 2; so noch MünchKommHGB/*Herber*[2] § 448 aF Rn 3.

44 Palandt/*Bassenge*[75] § 868 Rn 17 und Rn 7.

45 MünchKommHGB/*Herber*[2] § 448 aF Rn 3; ebenso ders.[3] § 524 Rn 7.

46 Ein weiterer Fall fehlenden Besitzmittlungsverhältnisses ist im Fall der zweifachen Zession gegeben, wenn etwa der nichtberechtigte Veräußerer durch Zession an den Erstzessionar mittelbaren Besitz an diesen verliert und bei Zession an den gutgläubigen Zweitzessionar nicht mehr mittelbarer Besitzer für Zwecke des § 934 Alt. 1 BGB ist, vgl. Staub/*Canaris*[4] § 363 Rn 144.

47 Ein gutgläubiger Erwerb wäre gemäß § 934 Alt. 2 BGB möglich, wenn der nichtberech-

13b Nach anderer Auffassung ist § 448 (offenbar schon mit der Folge des Erwerbs nach § 929 BGB) anwendbar[48]: Danach besteht der wertpapierrechtliche Herausgabeanspruch bei seiner Verbriefung in einem verkehrsfähigen Wertpapier (jedenfalls bei Inhaber- und Orderpapieren) fort; in dieser Weise werde der Empfänger bzw. Erwerber des Wertpapiers auch in seinem *Vertrauen* darauf geschützt, dass ein Besitzmittlungsverhältnis zum Frachtführer fortbestehe[49] bzw. der wertpapierrechtliche Hrausgabeanspruch bestehe unabhängig vom Besitzmittlungswllen des Verfrachters und die Traditionswirkung mache einen selbständigen Sinn auch nur, wenn es auf den mittelbaren Besitz des Veräußerers nicht ankomme.[50] Wenn der Frachtführer nach der Übernahme des Gutes den Besitzmittlerwillen aufgebe und sich zu dessen Eigenbesitzer (Bsp. Unterschlagung) gemacht habe, greife die Traditionswirkung des Ladescheins zugunsten des in ihm genannten Empfängers ein, sobald diesem der Ladeschein ausgehändigt werde.[51]

Zutreffend reicht in der Fallgestaltung des Erwerbs vom dinglich Berechtigten und wertpapierrechtlich Legitimierten bei mittelbarem Besitz des Frachtführers auf der Basis des bestehenden wertpapierrechtlichen Herausgabeanspruchs die Wirkung von § 931 BGB (bei mitlaufenden Ladeschein, vgl. oben Rn 4) völlig aus. Durch den Erwerb des wertpapierrechtlichen Ablieferungsanspruchs wird der Erwerber mittelbarer Besitzer und kann das Eigentum am Gut gem. § 931 BGB erlangen. Die Traditionswirkung als Übergabesurrogat ist für den Eigentumserwerb bei Besitzmittlung nicht notwendig.[52] Gleiches gilt bei gutgläubigem Erwerb vom dinglich Nichtberechtigten mit Besitzungsmittlungsverhältnis gem. § 934 Alt. 1 BGB mit Abtretung des Herausgabeansuchs und ohne Besitzmittlungsverhältnis[53] bei Besitzerlangung am Gut durch den Erwerber gem. § 934 Alt. 2 BGB.

14 Der notwendige Eigentumserwerb am Papier bewirkt nicht den Eigentumserwerb am Gut. Eigentumserwerb am Gut folgt eigenen sachenrechtlichen Regeln, zu deren Unterstützung die wertpapierrechtliche Begebung bzw- Übertragung nur die Sachübergabe ersetzt.[54] Der Mehrwert der Traditionswirkung besteht vielmehr in der Sacheübergabefiktion bei *Fehlen* des vertraglichen Besitzmittlungsverhältnisses und damit unabhängig vom Besitzmittlungswillen des Frachtführers.[55] Die Traditionswirkung kraft Sacheübergabefiktion

---

tigte Veräußerer nicht mittelbarer Besitzer ist, das heißt ihm ein auf einem Besitzmittlungsverhältnis oder Herausgabeanspruch nicht zusteht. Zwar wird durch die Abtretung des Herausgabeanspruchs allein kein Eigentumsübergang bewirkt, aber dann, wenn der Erwerber auf der Grundlage des Veräußerungsgeschäfts unmittelbaren Besitz erlangt, Palandt/*Bassenge*[75] § 934 Rn 4.

48 Begr RegE zu § 524; BR-Drs. 17/10309/12 v. 12.7.2012, 98 f; *Koller*[8] § 448 Rn 4; *K. Schmidt* HandelsR[6] § 24 III 2; Staub/*Canaris*[4] § 363 Rn 110, 120; Ebenroth/Boujong/Joost/Strohn/*Schaffert*[2] § 448 aF Rn 4; *Schnauder* 1646; jetzt auch MünchKommHGB/*Herber*[3] § 524 Rn 7; Baumbach/Hopt/*Merkt* § 524 Rn 2.

49 *K. Schmidt* Handelsrecht[6] § 24 III 2; *Koller*[8] § 448 Rn 4; Baumbach/Hopt/*Merkt*[36] Rn 2; **aA** MünchKommHGB/*Herber*[3] § 524 Rn 7 (keine Frage des Vertrauenschutzes).

50 MünchKommHGB/*Herber*[3] § 524 Rn 7.

51 Vgl. Staub/*Canaris*[4] § 363 Rn 110; *K. Schmidt* Handelsrecht[6] § 24 III 2; *Koller*[8] Rn 4, Ebenroth/Boujong/Joost/Strohn/*Schaffert*[2] § 448 aF Rn 4; MünchKommHGB/*Herber*[3] § 524 Rn 7.

52 So auch *Koller*[8] § 448 Rn 4 („kommt nicht zum Tragen").

53 Sei es, dass der Frachtführer Eigenbesitz ausübt, oder sei es, dass der Veräußer des Gutes zunächst das Papier an den Erstzessionar überträgt und *dadurch* nach § 870 BGB seinen auf dem Herausgabeanspruch beruhenden mittelbaren Besitz verliert, vgl. Staub/*Canaris*[4] § 363 Rn 144.

54 MünchKommHGB/*Herber*[3] § 524 Rn 15.

55 **Abw.** offenbar *Koller*[8] § 448 Rn 4 (Empfänger „in der Regel" mittelbarer Besitzer). – Als mittelbarer Besitzer kann der Empfänger mit Hilfe von § 448 nur nach §§ 929, 930 Eigentümer werden. Der Erwerb nach §§ 929, 931

knüpft an das Vertrauen des Erwerbers in den Bestand des wertpapierrechtlich verbrieften Herausgabeanspruchs selbst. Die Verschaffung dieses Anspruchs hat für das Vertrauen in die dingliche Rechtsstellung des Veräußerers die gleiche Kraft wie der Sachbesitz und die körperliche Übergabe des Gutes bei der Einigung über eine Änderung der dinglichen Rechtsstellung. Auf den Fortbestand des vertraglichen Besitzmittlungsverhältnisses kommt es daher für dieses Vertrauen gar nicht an.[56] Wo das Besitzmittlungsverhältnis hingegen besteht, kommt die Veräußerung nach § 931 BGB ohne Traditionswirkung nach § 448 aus.

4. Sachlicher Anwendungsbereich der Traditionswirkung. Ladeschein im Sinne von 15
§ 448 ist **jeder Ladeschein**, also Order-, Inhaber- und Rektaladeschein.[57] Der **Rektaladeschein** legitimiert nur den namentlich benannten Empfänger. Die Begebung des Wertpapiers begründet diese Legitimation. Eine weitere wertpapierrechtliche Übertragung dieser Legitimation vom benannten, ersten Nehmer an eine andere Person ist wie dargelegt wertpapiermäßig nicht möglich[58]. Der Rektaladeschein selbst ist nicht verkehrsfähig. Nur die Begebung an den im Schein namentlich Benannten kann daher die Wirkung von § 448 entfalten.[59] Besteht der wertpapierrechtlich verbriefte Ablieferungsanspruch also gar nicht, kann er auch nicht durch sachenrechtliche Übertragung des Rektaladescheins gutgläubig erworben werden. Mangels Anknüpfungspunkt für den guten Glauben (kein Erwerb des Ladescheins) kommt es in diesem Fall auch nicht zur Traditionswirkung iSv § 448 in Ansehung sachenrechtlicher Verfügungen über das Gut. 15a

Beim **Orderladeschein**[60] erfolgt die Ausgabe an den ersten Nehmer kraft Begebung. Erster Nehmer sind der Empfänger oder – vom Gesetz nicht erwähnt- der Ablader (beim multimodalen Transport unter Einschluss einer Seestrecke Beiladungsaufnahme in einem Seehafen). Weitere Übertragung auf Dritte ist möglich. Ihnen allen gegenüber kann der Orderladeschein gemäß § 448 Traditionswirkung entfalten.[61] Im guten Glauben auf den Erwerb eines einwendungsfreien Rechts werden nach der Neufassung des § 444 nunmehr sowohl die ersten Nehmer als auch die kraft Übertragung folgenden Dritten geschützt.[62]

Der **Inhaberladeschein**[63] legitimiert jeden Papierbesitzer, den wertpapierrechtlichen 15b
Auslieferungsanspruch geltend zu machen. Die Begebung an den ersten Nehmer wie auch jede weitere Übertragung können die Traditionswirkung nach § 448 auslösen.[64]

Der Einsatz der durch § 448 vermittelten Traditionswirkung ist **sachlich begrenzt.** 16
Beim Erwerb des Gutes vom Eigentümer erlangt der Erwerber mit dem Ladeschein den wertpapierrechtlichen Auslieferungsanspruch gegen den Frachtführer, wird auf diese Weise gem. § 870 BGB mittelbarer Besitzer und kann folglich allein Eigentum erwerben gem. § 931 BGB, der den Erwerb des Gutes durch Einigung über den Eigentumsübergang und durch Abtretung des Herausgabeanspruchs zulässt. Notwendig dafür ist nur die wirk-

---

BGB ist von der Traditionswirkung unabhängig. Denn die Übergabe wird durch Abtretung des Herausgabeanspruchs ersetzt.

56 AA offenbar MünchKommHGB/*Herber*[2] § 448 aF Rn 3 aE; *Koller*[8] § 448 Rn 4.

57 Wie im Falle des § 522 Absatz 2 beim Konnossement. – BGHZ 68, 18 = NJW 1977, 499 (betr Forwarders Receipt); *Koller*[8] § 448 Rn 1; Baumbach/Hopt/*Merkt*[36] Rn 1; MünchKommHGB/*Herber*[2] Rn 1. Nicht erfasst sind Spediteurpapiere wie der FCT = Forwarding Agent's Certificate of Transport; diese Spediteurversandbescheinigung, vom Spediteur über eine Einzelsendung ausgestellt, verbrieft die Verpflichtung, die Ware nur gegen Vorlage des FCT-Originals am Bestimmungsort auszuliefern

58 Oben Rn 6, 9, 10 und § 443 Rn 83.

59 Soweit sie neben § 934 BGB überhaupt notwendig ist, vgl. unten Rn 22, 23.

60 Siehe § 443 Rn 84.

61 Vgl. oben Rn 13, 14.

62 Vgl. dazu die Ausführungen § 444 Rn 8. Zu § 444 aF war dies str.

63 Siehe § 443 Rn 86.

64 Vgl. oben Rn 13, 14.

same Übertragung des wertpapierrechtlichen Herausgabeanspruchs. Einer besonderen Traditionswirkung kraft Sachübergabesurrogat bedarf es dafür nicht (vgl. oben Rn 4, 5). Aus dinglicher Sicht braucht daher auf eine Eigentumsübertragung nach § 929 BGB durch Einigung und vermittels § 448 fingierter Übergabe (im Fall der wirksamen Übertragung des wertpapierrechtlichen Herausgabeanspruchs) gar nicht zurückgegriffen zu werden. Dies gilt für alle Typen von Ladescheinen.[65]

17 Begebung bzw. Übertragung des Ladescheins sind auch einsetzbar für die **Verpfändung des Gutes.** Wo das Beförderungsgut nur **verpfändet** oder **zur Sicherheit übertragen** werden soll (Sicherungseigentum), wird neben der dinglichen Einigung entweder eine Übergabe des Gutes oder die Einrichtung eines Besitzmittlungsverhältnisses erforderlich sein, um das Gut zu verpfänden oder um es beim Sicherungsgeber zu lassen Unschädlich ist, dass es für diese dingliche Rechtsänderung keiner Übergabe des Gutes bedarf, sondern die Vereinbarung eines Besitzkonstituts ausreichend ist. § 448 ist dahingehend auszulegen, dass eine Gleichsetzung nicht nur mit der Sacheübergabe, sondern auch mit Übergabesurrogat möglich ist (argumentum a majore ad minus). Ein Pfandrecht wird begründet durch Einigung und Übergabe gemäß § 1205 Abs. 1 BGB. Nach § 1205 Abs. 2 kann die Übergabe einer im mittelbaren Besitz des Eigentümers befindlichen Sache dadurch ersetzt werden, dass der Eigentümer den mittelbaren Besitz auf den Pfandgläubiger überträgt und die Verpfändung dem Besitzer anzeigt. Übergabe ebenso wie das in § 1205 Abs. 2 beschriebene Übergabesurrogat können durch Begebung bzw. Übertragung des Ladescheins ersetzt werden.[66] Die für Zwecke der Traditionswirkung gesetzlich angeordnete Gleichsetzung der wertpapierrechtlichen Begebung/Übertragung des Ladescheins mit der Übergabe des Gutes ergibt für Verpfändung und Sicherungsübertragung also Sinn.[67]

III. Dingliche Berechtigung und wertpapierrechtliche Legitimation

18 Der Einsatz des Ladescheins erlaubt die Veräußerung des auf dem Transport befindlichen Gutes. Das Übergabesurrogat gemäß § 448 erleichtert die Verfügung (**Übereignung** und **Verpfändung**) über das Beförderungsgut, das sich auf dem Transport befindet. An die Begebung bzw. Übertragung des Ladescheins anknüpfbar sind sowohl der **Erwerb vom dinglich Berechtigten** als auch der gutgläubige **Erwerb vom dinglich Nichtberechtigten.** Für Begebung bzw. Übertragung des Ladescheins, die in Ansehung des dinglichen Rechtserwerbs die Übergabe des Gutes ersetzen, sind je nach wertpapierrechtlicher Berechtigung und Legitimation unterschiedliche Betrachtungen anzustellen.

19 **1. Veräußerer/Verpfänder als dinglich Berechtigter.** Ist der Veräußerer bzw. Verpfänder des Gutes (etwa der Absender bzw.Versender oder gar ein nachfolgender Erwerber) der *dinglich* Berechtigte (Eigentümer, Pfandrechtsinhaber), so ist zu unterscheiden, ob er bei Übertragung des Ladescheins an den Erwerber wertpapierrechtlich berechtigt oder nicht berechtigt (aber ggf aus dem Wertpapier legitimiert) ist.

20 a) **Wertpapierrechtliche Berechtigung und Legitimation.** Bei einer Veräußerung des Gutes nach den §§ 929 bzw. 930 BGB kann die Übergabe des Besitzes bzw. das für den Erwerber zu begründende Besitzkonstitut durch Übertragung/Begebung des Ladescheins er-

[65] *Koller*[8] § 448 aF Rn 2, 6 für den Namensladeschein und Rn 2, 5 für Inhaber- und Orderladescheine.

[66] *Koller*[8] § 448 Rn 2, 5; MünchKommHGB/*Herber*[2] § 448 aF Rn 8.

[67] So für das bisherige Recht schon Staub/*Canaris*[4] § 363 Rn 103,163.

setzt werden. Einfacher lässt sich die Veräußerung jedoch begreifen als Einigung und Abtretung des Herausgabeanspruchs gemäß § 931 BGB, wenn der Frachtführer Fremdbesitz hat (vgl. oben Rn 4, 5, 13). Hierfür ist im Falle wertpapierrechtlicher Berechtigung und bei wertpapierrechtlicher Legitimation die Traditionswirkung gemäß § 448 (Übergabesubstitution) einsetzbar, aber nicht notwendig (vgl. oben Rn 4, 5).[68] Diese Ausführungen gelten für alle Ladescheinarten.

b) **Fehlende wertpapierrechtliche Berechtigung, aber Legitimation.** Ist der Veräußerer des Gutes im Papierbesitz, aber wertpapierrechtlich weder berechtigt noch legitimiert, so ist ein gutgläubiger Erwerb des wertpapierrechtlichen Ablieferungsanspruchs bei Übertragung des Ladescheins nicht möglich. Bei wertpapierrechtlicher Legitimation ist ein gutgläubiger Erwerb des wertpapierrechtlichen Ablieferungsanspruchs möglich. Letzeres gilt selbst dann, wenn der Ladeschein zuvor abhandengekommen war. Für den Inhaberladeschein ergibt sich diese Rechtsfolge aus den §§ 793, 929, 932, 935 Abs. 2 BGB, für den Orderladeschein aus den §§ 365 I HGB, Art. 16 Abs. 2 WG.[69] Der wirksame Erwerb des Ladescheins kann dann gemäß § 448 HGB zur Substitution der Übergabe führen. Ein dinglicher Rechtserwerb vom Berechtigten des Gutes nach § 929, 930 BGB ist möglich, nach § 931 wiederum sogar ohne die Wirkung von § 448 (vgl. oben Rn 4, 5). **21**

Der **Rektaladeschein** bezeichnet den Berechtigten namentlich direkt. Beim ihm kann der wertpapierrechtliche Ablieferungsspruch vom dem aus dem Papier Berechtigten wegen dessen namentlicher Benennung nicht wertpapiermäßig (durch Begebung) erworben werden.[70] Besteht diese Berechtigung aber, ist der Erwerb des Eigentums am Gut nach § 931 BGB gleichwohl durch Zession des (ja bestehenden) Herausgabe-/Ablieferungsspruchs möglich.[71] Fehlen hingegen die Berechtigung und damit der Herausgabeanspruch grundsätzlich oder etwa fehlt das Besitzmittlungsverhältnis zum (eigenbesitzenden) Frachtführer, kann das Eigentum am Gut letztlich nur durch dessen Besitzerlangung nach § 934 Alt. 2 BGB erworben werden. **22**

2. Veräußerer/Verpfänder als dinglich Nichtberechtigter

a) **Reichweite des Gutglaubenserwerbs.** Für einen **Rechtserwerb am Gut vom dinglich Nichtberechtigten** kommt es auf den **guten Glauben** zu den in den Gutglaubensvorschriften angegebenen Zeitpunkten an. Dies sind bei einem gutgläubigen Erwerb des Eigentums nach §§ 929 Satz 1, 932 BGB und bei einem gutgläubigen Erwerb eines vertraglichen Pfandrechts nach §§ 1207, 1208 folglich der Zeitpunkt bei Besitzerwerb/Übergabe[72] des Gutes respektive bei deren Surrogaten durch Begebung/Übertragung des Ladescheins deren Zeitpunkte. Die Anknüpfung an das zeitliche Ereignis der Übertragungstatbestände ergibt Sinn, denn Besitz des Gutes bzw. Begebung/Übertragung des Ladescheins sind die maßgeblichen Rechtsscheinstatbestande für den dinglichen Rechtserwerb vom Nichtbe- **23**

---

68 Die Traditionswirkung nach § 448 ist erst bei Eigenbesitz des Frachtführers erforderlich, vgl. oben Rn 9, 13, 22; *Koller*[8] § 448 Rn 4, 5; MünchKommHGB/*Herber*[2] § 448 aF Rn 3.

69 Der hinsichtlich der Echtheit eines *gefälschten* Ladescheins bestehende gute Glaube wird durch § 448 nicht geschützt; Ebenroth/Boujong/Joost/Strohn/*Schaffert*[2] § 448 aF Rn 1.

70 BegrRegE zu § 524 (Parallelvorschrift zu § 448), BR-Drs. 17/10309/12 v. 12.7.2012, 98 f; (daher auch keine Traditionswirkung).

71 *Koller*[8] § 448 Rn 6; Ebenroth/Boujong/Joost/Strohn/*Schaffert*[2] § 448 aF Rn 4; **aA** BGH NJW 1979, 2038; BGHZ 49, 160, 163 = NJW 1968, 591;MünchKommHGB/*Herber*[2] § 448 aF Rn 10; *K. Schmidt* HandelsR[6] § 23 III 4.

72 Palandt/*Bassenge*[75] § 932 Rn 14.

rechtigten. Die Begebung/Übertragung des Ladescheins an den Legitimierten ist der maßgebliche Rechtsscheinstatbestand für den begrenzt einwendungsbeständigen Erwerb des wertpapierrechtlichen Ablieferungsanspruchs. Im Falle einer Veräußerung nach § 931 BGB vermittelt der Erwerb des wertpapierrechtlichen Heraugabeanspruchs den gutgläubigen Erwerb des Gutes nach § 934 (bei Bestehen eines Besitzmittlungsverhältnisses).[73] Fehlt letzteres (bei Eigenbesitz des Frachtführers), wird die fehlende Übergabe des Gutes durch die Traditionswirkung des Ladescheins ersetzt (vgl. oben Rn 13, 14).

24 Die Übertragung des Ladescheins ermöglicht ferner **gutgläubigen pfandrechtsfreien und sonstigen rechtsfreien Erwerb** des Eigentums am Gut.[74] Durch ihn können die Wirkungen von **§ 936 BGB** herbeigeführt werden. Ist eine veräußerte Sache mit dem Recht eines Dritten belastet, so erlischt dieses Recht nach § 936 Abs. 1 Satz 1 BGB mit dem insoweit gutgläubigen Erwerb des Eigentums. Weil der Ladeschein auch die Verbriefung des Pfandrechts erlaubt, darf der Erwerber des Eigentums respektive des Ladescheins davon ausgehen, dass etwaige Pfandrechte oder sonstige vorrangige Rechte in der Urkunde erwähnt sind. Ist dies also nicht der Fall, können **Pfandrechte und sonstige vorrangige Rechte** am Gut dem gutgläubigen Erwerber des Eigentums **nicht entgegengesetzt** werden. Auch hier gilt: War die nach § 931 veräußerte Sache nicht im mittelbaren Besitz des Veräußerers, so erlischt das Recht des Dritten erst dann, wenn der Erwerber aufgrund der Veräußerung den Besitz an der Sache erlangt. Begebung und Übertragung eines Ladescheins lösen gem. § 448 wiederum die gleiche Wirkung aus wie diese Besitzübertragung.

§ 936 Abs. 3, der das Recht des Dritten, der das Gut in Besitz hat, auch gegenüber einem gutgläubigen Erwerber erhält, ist im Kontext des Einsatzes eines Ladescheins wieder entsprechend einzuschränken[75], um nicht dessen Verkehrsfähigeit zu konterkarieren.

25 Auch der gutgläubige Erwerber eines vertraglichen *Pfandrechts* an einer Sache erwirbt dies frei von vorrangigen Rechten Dritter nach §§ 1207, 1208 BGB, wenn diese nicht aus dem Ladeschein ersichtlich sind.[76] In gleicher Weise vollzieht sich der Rechtserwerb frei von **gesetzlichen Pfandrechten** wie dem Frachtführerpfandrecht wegen rückständiger Fracht oder dem Pfandrecht an auf See beförderten Gütern wegen deren Verpflichtung zu Beiträgen in großer Haverei. Entscheidend ist hierfür, dass sich aus dem Ladeschein keine Anhaltspunkte hinsichtlich der gesetzlich gesicherten Forderung ergeben.[77] Eine **Ausnahme** wird für solche *gesetzliche* Pfandrechte angenommen, welche Forderungen sichern, die *nach* der Begebung des Ladescheins entstanden sind oder mit denen gerechnet werden muss.[78]

26 **b) Wertpapierrechtliche Berechtigung und Legitimation.** Bei einem Erwerb des Gutes vom Nichteigentümer durch Übertragung eines existierenden Herausgabeanspruchs bzw. eines wertpapierrechtlichen Herausgabeanspruchs aus **Inhaber- und Orderladeschein** kommt es für den wirksam dinglichen Rechtserwerb nach den §§ 931, 934 BGB auf den guten Glauben des Erwerbers an das *Eigentum* des Veräußerers am Gut bei Abtretung des Herausgabeanspruchs an ihn respektive bei Begebung/Übertragung des Ladescheins an/auf

---

[73] Bei Order- und Inhaberpapieren möglich nach beiden Alternativen des § 934 BGB, bei Namenladescheiden nur nach § 934 Alt. 2 BGB, weil der wertpapierrechtliche Herausgabeanspruch nur vom benannten Berechtigten erworben werden kann, vgl. oben 1. b) Rn 21, 22.

[74] Zu Pfandrechten Dritter vgl. Staub/*Canaris*[4] § 363 Rn 126.

[75] *Koller*[8] § 448 Rn 5.

[76] MünchKommHGB/*Herber*[2] § 448 aF Rn 9; ders.[3] § 524 Rn 19.

[77] MünchKommHGB/*Herber*[2] § 448 aF Rn 9; ders.[3] § 524 Rn 18; *Fremuth/Thume* § 448 aF Rn 4.

[78] Enger *Koller*[8] § 448 Rn 5 (bei Evidenz); Andresen/*Valder* Spedition-, Fracht-und Lagerrecht, § 448 aF Rn 3.

ihn (§ 934 Alt. 1) an.[79] Allenfalls vom bloßen Besitzer des Inhaberladescheins (§§ 793, 929, 932) und vom Besitzer eines auf diesen – wenigstens zuletzt blanko – indossierten Orderladescheins (§ 365 HGB, Art. 16 Abs. 1 WG) kann ein vermeintlicher wertpapierrechtlicher Ablieferungsanspruch gutgläubig erworben werden, so dass der Weg für den Erwerb des Gutes nach den §§ 931, 934 Alt. 1 BGB frei ist. Die Traditionswirkung nach § 448 wird dafür nicht benötigt. Für einen Erwerb nach den §§ 931, 934 BGB durch Übertragung eines vermeintlichen Herausgabeanspruchs durch den Nichteigentümer des Gutes kommt es auf den guten Glauben bei *Übertragung* des wertpapierrechtlichen, im Ladeschein verbrieften Herausgabeanspruchs (nicht schon bei Begebung an den ersten Nehmer) (§ 934 Alt. 1) an bzw. auf den guten Glauben bei dem *späteren Besitzerwerb* des Gutes (§ 934 Alt. 2) an. Dies gilt wiederum selbst dann, wenn der Ladeschein (nicht das Gut![80]) **abhandengekommen** ist. Für den Inhaberladeschein ergibt sich diese Rechtsfolge aus den §§ 793, 929, 932, 935 Abs. 2 BGB, für den Orderladeschein aus den §§ 365 Abs. 1 HGB, Art. 16 Abs. 2 WG.[81]

Beim **Rekta(Namens-)ladeschein** liegen die Dinge anders: Ist im Hinblick auf das Gut der Veräußerer Nichtberechtigter, sein Erwerber aber namentlich bezeichneter Inhaber des im Ladeschein verbrieften Auslieferungsanspruchs, so ist Eigentumserwerb am Gut gemäß §§ 931, 934 Alt. 1 BGB möglich – mit dem Erwerb des Auslieferungsanspruchs freilich nur kraft Abtretung des Anspruchs, dem der dingliche Erwerb des Rektaladescheins folgt (§ 952 BGB). Ist der nichtberechtigte Veräußerer hingegen selbst der im Rektaladeschein Legitimierte, ist ihm eine wertpapierrechtliche Weiterübertragung des Ladesscheins mangels Umlauffähigkeit zwar nicht möglich[82], aber eine Zession des bestehenden Herausgabeanspruchs, mit der die Erwerbswirkungen der §§ 931, 934 Alt. 1 BGB herbeigeführt werden können.[83] **27**

Umstritten ist, ob die Begebung des Ladescheins sachrechtlich-dinglich *mehr* bewirken als die Übergabe des Gutes. Bei Inhaber- und Orderpapieren folgt das Recht aus dem Papier dem Recht am Papier. Das Recht *am Gut* folgt einer Ansicht zufolge indes nicht ohne weiteres dem Recht aus dem Papier. Der gutgläubige Erwerb zuvor **abhandengekommenen** Gutes durch den gutgläubigen Erwerb des Ladescheins vom nicht wertpapierrechtlich Berechtigten soll ausgeschlossen sein (§ 935 Abs. 1 BGB).[84] Nach anderer Ansicht soll ein gutgläubiger Erwerb des im Ladeschein verbrieften Auslieferungsanspruchs (§§ 935 Abs. 2 BGB, §§ 365 Abs. 1 HGB, Art. 16 Abs. 2 WG) auch für den gutgläubigen Erwerb des abhandengekommenen Gutes ausreichend sein.[85] Ausschlaggebend hierfür ist offenbar die Erwägung, dass auch der gutgläubige Erwerb abhandengekommener Wertpapiere geschützt ist. Der gute Glaube des Wertpapiererwerbers an die Legitimation des begebenden/übertragenden (aber nicht berechtigten) Papierbesitzers würde aus Gründen des Verkehrs- **28**

---

79 Palandt/*Bassenge*[75] § 934 Rn 5; **aA** MünchKommHGB/*Herber*[2] § 448 aF Rn 7 (bei Einigung und Übergabe des Ladescheins, nach altem Recht).

80 Dazu sogleich Rn 28.

81 Staub/*Canaris*[4] § 363 Rn 166: MünchKommHGB/*Herber*[3] § 524 Rn 17.

82 Vgl. oben Rn 6.

83 Vgl. oben Rn 22 und Koller[8] Rn 6; Ebenroth/Boujong/Joost/Strohn/Schaffert[2] § 448 aF Rn 4; **aA** MünchKommHGB/Herber[2] § 448 aF Rn 10; K. Schmidt; HandelsR[6] § 23 III 4; BGHZ 49, 160, 163 = NJW 1968, 591; BGH NJW 1979, 2038 f.

84 BGH NJW 58, 1485; *Reinecke* BB 60,1368; Staub/*Canaris*[4] § 363 Rn 105, 111, 114, 165; Baumbach/Hopt/*Merkt*[36] Rn 3 mwN; Schlegelberger/*Hefermehl* HGB[5] § 363 Rn 54; § 366 Rn 56; Hueck/*Canaris* Recht der Wertpapiere[12], 201; MünchKommHGB/*Herber*[2] § 448 aF Rn 7; ders.[8] § 524 Rn 17; Ebenroth/Boujong/Joost/Strohn/*Schaffert*[2] § 448 aF Rn 1.

85 Nachweise dazu bei Staub/*Canaris*[4] § 363 Rn 111, Rn 180.

schutzes und der Umlauffähigkeit der Wertpapiere stärker geschützt als die Rechtsposition des formal/materiell am Papier und verbrieften Recht Berechtigten (Bsp.: abhandengekommenes Inhaberpapier oder Orderpapier mit Blankoindossament). Der wertpapierrechtliche Gutglaubensschutz würde dann auf den gutgläubigen dinglichen Erwerb abhandengekommener Sachen ausstrahlen und die wertpapierrechtliche Zwecke fördern. Daran kann man freilich zweifeln. Der Zweck des Verkehrsschutzes und der Umlauffähigkeit des Wertpapiers sind durch seine Einwendungsbeständigkeit ausreichend erfüllt. Hieraus sind jedoch keine Wertungen für eine Durchbrechung des sachenrechtlichen Eigentumsschutzes abzuleiten, wie er sich aus § 935 Abs. 1 BGB klar ergibt. Die Übertragung des Wertpapiers sollte grundsätzlich die gleichen, aber keine weitere Rechtswirkungen haben als die Übergabe des Gutes selbst.[86] Was die Übergabe des Gutes materiellrechtlich nicht zu leisten vermag, sollte auch nicht durch die Übertragung des verbrieften Herausgabeanspruchs bewerkstelligt werden können, weder in Gestalt der übergabesubstituierenden Traditionswirkung noch in der Einkleidung des sachrechtlichen Gutglaubenserwerbs der §§ 932 ff BGB allein.

29 c) **Fehlende wertpapierrechtliche Berechtigung, aber Legitimation.** Ist der Nichteigentümer nicht aus dem Ladeschein Berechtigter, aber wertpapierrechtlich legitimiert, greifen die vorstehend beschriebenen Möglichkeiten des gutgläubigen Erwerbs des wertpapierrechtlichen Ablieferungsanspruchs mit den entsprechenden sachenrechtlichen Wirkungen des § 934 Alt. 1 BGB.

30 d) **Fehlende wertpapierrechtliche Berechtigung und Legitimation.** Fehlt auch die wertpapierrechtliche Legitimation des sachenrechtlich nicht berechtigten Veräußerers, kann der wertpapierrechtliche Ablieferungsanspruch nicht gutgläubig erworben werden. Für Nichtexistenz des Ladesscheins versteht sich dies ebenso wie für die Nichtübergabe des existierenden Ladescheins. Aber auch der Papierbesitz allein ohne Legitimation reicht bei Orderladeschein (ohne Nachweisbarkeit seines Rechts durch auf ihn weisende ununterbrochene Indossamentenkette, Art. 16 Abs 1 WG) und Rektaladeschein (ohne namentliche Benennung) für einen gutgläubigen Erwerb des wertpapierrechtlichen Ablieferungsanspruchs nicht mehr aus.[87] Ohne gutgl. Erwerb des Papiers ist allenfalls ein gutgläubiger dinglicher Erwerb des Gutes gemäß den §§ 929, 931, 934 Alt. 2 BGB möglich: Zu einem Eigentumsübergang am Gut kommt es erst, wenn der mittelbare oder der unmittelbare Besitz am Gut auf den Erwerber übergegangen ist. Beim Rektaladeschein ist ein gutgläubiger Erwerb des Eigentums am Gut dann, wenn der Veräußerer nicht der Inhaber des wertpapierrechtlichen Anspruchs ist, nur in der Form von § 934 Alt. 2 BGB möglich.[88]

§ 449
Abweichende Vereinbarungen über die Haftung

(1) Soweit der Frachtvertrag nicht die Beförderung von Briefen oder briefähnlichen Sendungen zum Gegenstand hat, kann von den Haftungsvorschriften in § 413 Absatz 2, den §§ 414, 418 Absatz 6, § 422 Absatz 3, den §§ 425 bis 438, 445 Absatz 3 und § 446

[86] Staub/*Canaris*[4] § 363 Rn 165 („positiver und negativer Parallelismus").

[87] In diesem Sinne schon immer für materiellrechtliche Übertragung des Ladescheins Staub/*Canaris*[4] § 363 Rn 103, 163. § 448 macht dies – in Verbindung mit § 444 Abs. 2 und 3 – nunmehr in der Fassung des SÄG klar.

[88] *Koller*[8] § 448 Rn 4, 5; Ebenroth/Boujong/Joost/Strohn/*Schaffert*[2] § 448 aF Rn 4.

Absatz 2 nur durch Vereinbarung abgewichen werden, die im Einzelnen ausgehandelt wird, auch wenn sie für eine Mehrzahl von gleichartigen Verträgen zwischen denselben Vertragsparteien getroffen wird. Der Frachtführer kann sich jedoch auf eine Bestimmung im Ladeschein, die von den in Satz 1 genannten Vorschriften zu Lasten des aus dem Ladeschein Berechtigten abweicht, nicht gegenüber einem im Ladeschein benannten Empfänger, an den der Ladeschein begeben wurde, sowie gegenüber einem Dritten, dem der Ladeschein übertragen wurde, berufen.

(2) Abweichend von Absatz 1 kann die vom Frachtführer zu leistende Entschädigung wegen Verlust oder Beschädigung des Gutes auch durch vorformulierte Vertragsbedingungen auf einen anderen als den in § 431 Absatz 1 und 2 vorgesehenen Betrag begrenzt werden, wenn dieser Betrag

1. zwischen 2 und 40 Rechnungseinheiten liegt und der Verwender der vorformulierten Vertragsbedingungen seinen Vertragspartner in geeigneter Weise darauf hinweist, dass diese einen anderen als den gesetzlich vorgesehenen Betrag vorsehen, oder

2. für den Verwender der vorformulierten Vertragsbedingungen ungünstiger ist als der in § 431 Absatz 1 und 2 vorgesehene Betrag.

Ferner kann abweichend von Absatz 1 durch vorformulierte Vertragsbedingungen die vom Absender nach § 414 zu leistende Entschädigung der Höhe nach beschränkt werden.

(3) Ist der Absender ein Verbraucher, so kann in keinem Fall zu seinem Nachteil von den in Absatz 1 Satz 1 genannten Vorschriften abgewichen werden, es sei denn, der Frachtvertrag hat die Beförderung von Briefen oder briefähnlichen Sendungen zum Gegenstand.

(4) Unterliegt der Frachtvertrag ausländischem Recht, so sind die Absätze 1 bis 3 gleichwohl anzuwenden, wenn nach dem Vertrag sowohl der Ort der Übernahme als auch der Ort der Ablieferung des Gutes im Inland liegen.

Schrifttum

Bästlein/Bästlein Einbeziehung von Haftungsbeschränkungsklauseln in Transportverträge – Anmerkung zu OLG Hamburg, 19.12.2002 – 6 U 222/01, TranspR 2003, 61; *Basedow* Die Tragweite des zwingenden Rechts im neuen deutschen Gütertransportrecht, TranspR 1998, 58; *Berger* Abschied von der Privatautonomie im unternehmerischen Geschäftsverkehr?, ZIP 2006, 2149; *Grimme* Anmerkung zum Urteil des HandelsG Wien vom 10.5.2001 – 1 R 48/01 g, TranspR 2002, 120; *ders.* Die Haftung für den Verlust und die Beschädigung von Postsendungen im nationalen und internationalen Verkehr, TranspR 2004, 160; *Harms* Vereinbarungen zur Qualität der Transportleistung, FS Thume, 2008, Satz 173 = TranspR 2008, 310; *Helmrich* Haftungsrechtliche Gesichtspunkte bei Verlust und Beschädigung von Briefen und briefähnlichen Sendungen, TranspR 2007, 188; *Herber* Transportrechtsreformgesetz und AGB-Kontrolle Gedanken aus Anlaß der Entscheidung BGH – I ZR 233/95, TranspR 1998, 344; *ders.* Probleme des Multimodaltransports mit Seestreckeneinschluss nach neuem deutschem Recht, TranspR 2001, 101; *ders.* Anmerkung zum Urteil des BGH vom 23.1.2003 – I ZR 174/00, TranspR 2003, 120; *Herzog* Die Einbeziehung der ADSp in den Verkehrsvertrag, TranspR 2001, 244; *Heuer* Einige kritische Anmerkungen zu den ADSp 1998; TranspR 1998, 335; *ders.* Haftungsbegrenzungen und deren Durchbrechung nach den ADSp 2003, TranspR 2004, 114; *Koller* ADSp '99 – Bedenken gegen Einbeziehung und Wirksamkeit nach AGBG, TranspR 2000, 1; *ders.* Nochmals: Einbeziehung der ADSp in Transportverträge, TranspR 2001, 359; *ders.* Anmerkung zum Urteil des BGH vom 23.1.2003 – I ZR 174/00, EWiR 2003, 375; *ders.* Die Tragweite von Vertragsabwehrklauseln und der Einwand des Mitverschuldens im Gütertransportrecht, VersR 2004, 269; *ders.* Abreden über die Qualität von Beförderungen im Licht des § 449 Abs. 2 HGB, TranspR 2006, 265; *Lischeck/Mahnken* Vertragsverhandlungen zwischen Unternehmen und AGB – Anmerkungen aus der Sicht der Praxis, ZIP 2007, 158; *Looks* Der multimodale Transportvertrag nach dem TRG, VersR 1999, 31; *Pfeiffer* Das Aushandeln im Transportrecht, 2004; *Rabe* Auswirkungen des neuen Frachtrechts auf das Seefrachtrecht, TranspR 1998, 429; *Ramming* Zur Abdingbarkeit des Höchstbetrages der Haftung des Frachtführers nach neuem Frachtrecht – unter besonderer Berücksichtigung multimodaler Beförderungen, die eine Seeteilstrecke umfassen, VersR 1999, 1177; *P. Schmidt* Grenzfälle frachtvertraglicher Haftung und ihre Versicherbarkeit – insbesondere bei Schub- und Schleppverträgen, VersR 2013, 418; *ders.* Gegenläufige Vermutungen und Quersubventionierung: Zum Mitverschulden des Versenders wegen unterlassener Wertdeklaration im Falle unbegrenzter Haftung des Frachtführers, TranspR 2008, 299; *ders.* Formalisierte Einbeziehung der ADSp? – Überlegungen zu § 449 HGB, TranspR 2011, 398; *Schuhmann* Waisenkind des AGB-Gesetzes: der Mustervertrag im kaufmännischen Individualgeschäft, JZ 1998, 127; *Staudinger* Das Transportrechtsreformgesetz und seine Bedeutung für das Internationale Privatrecht, IPRax 2001, 183; *Temme* Individualvereinbarungen und Allgemeine Geschäftsbedingungen im neuen Transportrecht, Festgabe für Herber, 1999, Satz 197; *Valder* Stillschweigende Einbeziehung der ADSp, TranspR 2004, Sonderbeilage Satz 42; *Wackerbarth* Unternehmer, Verbraucher und die Rechtfertigung der Inhaltskontrolle vorformulierter Verträge, AcP 200 (2000), 45; *Wolf* Haftungsbegrenzung durch Individualvereinbarungen, WPK-Mitt. 1998, 197.

Parallelvorschriften: §§ 466, 475 h

Übersicht

A. Allgemeines

Regelungsgegenstand des § 449 ist, die zentralen Haftungsnormen des gesetzlichen Transportrechts der §§ 407 bis 448 in bestimmtem Umfang der privatautonomen Gestaltung durch die Parteien von Frachtverträgen zu entziehen.[1] Schon die Überschrift macht deutlich, dass sich § 449 HGB nur mit **Abweichungen von den gesetzlichen Haftungsvorschriften** befasst. Betroffen ist insoweit auch jeweils (nur) der ***haftungsrechtliche*** **Inhalt** der aufgeführten Normen, und zwar in Betreff von Tatbestand und Rechtsfolge[2]. 1

Durch die Anordnung zwingenden und änderungsfesten bzw. nur eingeschränkt änderbaren Rechts soll im Transportrecht der Rechtszersplitterung und speziell dem Missbrauch von Marktmacht entgegengewirkt werden.[3] Die Privatautonomie soll aber nur dort eingeschränkt werden, wo und soweit dies durch besondere Schutzbedürfnisse geboten ist. § 449 legt dazu Abstufungen fest, und zwar hinsichtlich der Schutzbedürftigkeit der Absender (Unternehmer, Verbraucher), der Güter- bzw. Sendungsart (Briefe bzw. briefähnliche Sendungen und andere), der Einkleidung der vertraglichen Abweichungen vom Gesetz (Individualabrede; AGB) und zum Teil auch hinsichtlich des Inhalts der Rechtsfolgen (Haftungshöhe).

Schutzbedürfnisse entnimmt § 449 in Bezug auf die gewerbliche Einordnung des Absenders und die Art der Vereinbarung – mit einer Modifikation[4] – den Differenzierungen des AGB-Rechts (§§ 305 ff BGB); ansonsten werden Schutzbedürfnisse in der Norm selbst festgelegt mit Blick auf Güterart, AGB-Festigkeit und erlaubter AGB-Gestaltung der Haftungshöhe. Die Entscheidung *für* kategorische AGB-Festigkeit von Haftungsrecht und *gegen* eine inhaltliche Klauselkontrolle soll die Haftungsbeziehungen der Vertragsparteien von inhaltlichen Wertungsfragen möglichst freihalten und auf diese Weise einer weiteren, individualvertraglich initiierten Rechtszersplitterung vorbeugen.[5]

Die **grundsätzlichen** Unterscheidungen zwischen normalen Sendungen einerseits und Briefen bzw. briefähnlichen Sendungen andererseits, zwischen Verbraucher- und Unternehmergeschäft sowie zwischen Individualvereinbarung und formularmäßiger Vereinbarung wurde in § 449 bereits mit der Transportrechtsreform **1998**[6] (TRG 1998) getroffen. § 449 stellt und stellte schon in ihrer bis zur Änderung nach SRÄG 2013 geltenden Fassung nach TRG 1998 einen *Kompromiss* dar zwischen innerstaatlichen und international geltenden Bestimmungen, und zwar zwischen einem gänzlich dispositiven Frachtrecht, wie es schon im HGB *vor* dem TRG 1998 verankert gewesen war, und einem beidseitig zwingenden Recht (wie etwa der CMR).[7] Ferner enthielt schon die Norm in der TRG-Version Regeln zum Schutz gutgläubiger Dritter und zur Geltung seiner Schutzkonzeption bei Vereinbarung ausländischen Rechts. Dieses gesamte Schutzkonzept ist vom SRÄG im Wesentlichen beibehalten worden. 2

Die jüngsten **Änderungen gemäß SRÄG 2013**[8] dienen zum einen einer *Anpassung* von § 449 an die mit SRÄG neu gefassten §§ 414, 512 und 525 HGB. Die Norm ist insgesamt 3

---

1 Begr RegE TRG 1998, BT-Drs.13/8445, 85.

2 Letzteres str., s. unten Rn 19, 19.

3 Begr RegE TRG 1998, BT-Drs.13/8445, 85.

4 Individualvereinbarung auch für eine Mehrzahl von Verträgen.

5 Begr RegE TRG 1998, BT-Drs.13/8445, 86.

6 Gesetz zur Neuregelung des Fracht- und Speditions- und Lagerrechts v. 25.6.1998, BGBl. I, 1588. Einzelheiten zur Entstehungsgeschichte bei MünchKommHGB/C. *Schmidt*[3] Rn 5.

7 Begründung des Regierungsentwurfs, BT-Drs. 13/8445, 85; *Andresen*/*Valder* Rn 1; Ebenroth/Boujong/Joost/Strohn/*Schaffert*[2] Rn 1.

8 Gesetz zur Reform des Seehandelsrechts vom 20.4.2013, BGBl. I, 831, Art. 1 Ziff. 26; Begr RegE SRG, BT-Drs. 17/10939, 59, 60.

übersichtlicher geworden. Die **Überschrift** erhielt die *Klarstellung* des eingeschränkten Regelungsgegenstandes („über die Haftung“). Die Regelung stellt den Normalfall des Frachtvertrages mit gewerblichen Absendern voran (Abs. 1 und 2). Der Fall des vor jeder Abbedingung schützenswerten Absenders-Verbrauchers wird in Abs. 3 als Sonderfall geregelt, der insoweit auf den Regelfall in Abs. 1 Bezug nimmt.

- Die Liste der Haftungsvorschriften, die in **Abs. 1 Satz 1** aufgeführt sind, entspricht inhaltlich ganz und numerisch weitgehend derjenigen des bis zum SRÄG 2013 geltenden Rechts. Da die im bisherigen § 447 HGB aufgeführte Regelung nach SRÄG 2013 in § 445 Absatz 3 und § 446 Absatz 2 übernommen wurde, wird insoweit nur die **Verweisung geändert**.
- Neu ist die Streichung des Verbots von Abbedingungen von § 418 Abs. 6 (Schadenersatzpflicht des Frachtführers bei Weisungsbefolgung ohne Vorlage des Frachtbriefs) in § 449 Abs. 1 Satz 2 aF, wonach jede abweichende Vereinbarung von § 418 Abs. 6 unwirksam war, welche gutgläubige Dritte belastete. Mangels Wertpapierqualität des Frachtbriefs sah der Reformgesetzgeber keinen Anlass für Drittschutz.[9] Der Frachtführer kann aus dem Frachtbrief nicht in Anspruch genommen werden. Gutgläubige Dritte sollen daher nicht weiterreichende Rechte haben als der aus dem Frachtvertrag Begünstigte. Damit wird der Unterschied zwischen Frachtbrief und dem auf Verkehrsfähigkeit und Vertrauensschutz angelegten Ladeschein nochmals deutlich (Rn 42, 82).
- Eine vertragliche Abweichung von gesetzlichem Haftungsrecht zu Lasten des aus dem Ladeschein Berechtigten gilt nicht gegenüber dem im Ladeschein benannten Empfänger, an den das Papier begeben wurde, und auch nicht gegenüber dem dritten Erwerber des Ladescheins. Die Neufassung stellt in Abs. 1 Satz 2 die Wirkung des Ladescheins eigentlich auch nur klar. Diese Klarstellung korrespondiert mit den §§ 443 ff (Rn 84, unten II. 2.).
- Außerdem wurde § 449 *redaktionell überarbeitet* und vom dem in der Rechtspraxis sehr streitfördernden Merkmal der notwendigen „drucktechnische(n) Ausgestaltung“ der Abweichung von den gesetzlichen Haftungshöchstbeträgen (gem. Abs. 2) befreit. Dem Reformgesetzgeber erscheint ein „in geeigneter Weise“ gebrachter Hinweis auf die Abweichung ausreichend.[10] (Rn 60, 67, 71 ff, 75).
- Gestrichen wurde schließlich die Ausdehnung des formularmäßig zulässigen Haftungskorridors für Frachtführer auf die Absenderhaftung (§ 449 II 3 aF), weil die Absenderhaftung nach dem neuen § 414 nun nicht mehr summenmäßig beschränkt ist. § 449 Abs. 2 Satz 2 erlaubt nunmehr die unbegrenzte Abdingbarkeit der Haftungshöhe für Absender durch AGB. Im Übrigen bleibt es für andere Abweichungen von § 414 bei der AGB-Festigkeit nach Abs. 1 (Rn 36–41, 65 f).

4 Inwieweit in Frachtverträgen von *anderen* als den in Abs. 1 aufgeführten Vorschriften in der durch SRÄG 2013 geänderten Fassung abgewichen werden darf, muss nach **allgemeinen zivilrechtlichen Grundsätzen** beurteilt werden. Dh, es gelten der Grundsatz der Vertragsfreiheit, die allgemeine Rechtsgeschäftslehre (vgl. insbes. §§ 123, 134, 138 und 242 BGB)[11], allgemeines AGB-Recht der §§ 306 ff BGB und innerhalb geltender AGB wiederum der Vorrang der Individualabrede.

---

9 Begr RegE SRG 2013, BT-Drs. 17/10939, 59.

10 Begr RegE SRG 2013, BT-Drs. 17/10939, 60.

11 *Koller*[8] Rn 61.

Abweichende Vereinbarungen hinsichtlich gesetzlicher **Verjährungsbestimmungen** sind in § 439 Abs. 4 einer eigenen Regelung unterworfen. Sie sind nur individualvertraglich – auch für eine Mehrzahl von gleichartigen Verträgen – möglich.[12]

B. Absender als Unternehmer

I. Ladeschein ist nicht ausgestellt, Abs. 1 Satz 1

1. Grundsatz. Absatz 1 Satz 1 stellt zunächst den (bisher schon in Absatz 2 Satz 1 aF) 5
verankerten **Grundsatz** auf, dass die darin aufgeführten Haftungsvorschriften zwischen Frachtführers und **Unternehmer-Absender** (in Abgrenzung zu Abs. 3) *nur* durch qualifizierte **Individualvereinbarung**, nicht jedoch durch vorformulierte Vertragsbedingungen abbedungen werden können (in Abgrenzung zu Abs. 2). Für Individualvereinbarungen über die in den in Absatz 1 Satz 1 aufgeführten Bestimmungen getroffenen Haftungsregelungen gilt also das Primat der **Vertragsfreiheit**. Ansonsten sind die aufgeführten Bestimmungen AGB-fest. Eine Ausnahme zu der sie betreffenden AGB-Festigkeit findet sich für Haftungshöchstgrenzen in Abs. 2. Ferner sind alle *nicht* in Abs. 1 aufgeführten rechtlichen Regelungen der formularmäßigen Abänderung ebenfalls komplett zugänglich (also nicht AGB-fest) und damit der AGB-Kontrolle nach §§ 305 ff BGB unterworfen. Abs. 1 Satz 1 regelt dabei (in Abgrenzung zu Satz 2) den Grundfall, dass ein **Ladeschein nicht ausgestellt** ist, d.h. dass besondere Drittschutzbedürfnisse in Zusammenhang mit dem auf Vertrauensschutz angelegten verkehrsfähigen Wertpapier folglich nicht berücksichtigt werden müssen.

2. Unternehmer, Abs. 1 und 2. Abs. 1 regelt außerdem als Grundfall, dass der Absen- 6
der Unternehmer ist. Der Begriff des Unternehmers wird in § 449 nicht verwendet. Aus der Abgrenzung zu der Verbraucherregelung in Abs. 3 (Absender = Verbraucher) und aus § 14 BGB, der den Unternehmer als Gegenbegriff zum Verbraucher nach § 13 BGB definiert, ergibt sich aber, dass in Abs. 1 und 2 nur der unternehmerisch tätige Absender gemeint sein kann. Nach § 14 BGB ist Unternehmer „eine natürliche oder juristische Person oder eine rechtsfähige Personengesellschaft, die bei Abschluss eines Rechtsgeschäfts in Ausübung ihrer gewerblichen oder selbständigen beruflichen Tätigkeit handelt." Gewerbliches Handeln ist das dauerhafte, planmäßige und entgeltliche Anbieten oder Nachfragen von Leistungen oder Waren am Markt.[13] Eine Gewinnerzielungsabsicht braucht damit nicht verbunden zu sein.[14] Nicht erheblich ist ferner die Einordnung als Haupt- oder Nebenberuf.[15]

3. Betroffene Güter. Der Schutz von § 449 ergreift bei Geltung deutschen Vertragssta- 7
tuts prinzipiell alle Güter. Nur die *Beförderung von Briefen und briefähnlichen* Sendungen ist von den Einschränkungen in § 449 ausgenommen. Das Gesetz gewährt in **§ 449 Abs. 1 Satz 1** Halbs. 1 für Absender-Unternehmer (und in Abs. 3 für Absender-Verbraucher) für die Beförderung dieser Güter die volle Vertragsfreiheit. Jegliche in Abs. 1 zum Ausdruck

[12] *Koller*[8] Rn 74; § 439 Rn 51; Ebenroth/Boujong/Jost/Strohn/*Schaffert*[2] Rn 22; MünchKommHGB/C. *Schmidt*[3] Rn 41.

[13] BGH NJW 2006, 2250 f; OLG Frankfurt NJW 2004, 3433; MünchKommHGB/C. *Schmidt*[3] Rn 11.

[14] BGH vorige Note; Staudinger/*Weick* (2004) § 14 Rn 35; Staudinger/*Habermann* (2004) § 14 Rn 35; MünchKommHGB/C.*Schmidt*[3] Rn 13.

[15] OLG Frankfurt, NJW 2005, 1438; Staudinger/*Habermann* (2004) § 14 Rn 47; MünchKommHGB/C. *Schmidt*[3] Rn 11.

gebrachte Einschränkung formularmäßiger Abweichung von den dort aufgeführten Bestimmungen gilt für die Beförderung von Briefen und briefähnlichen Sendungen also nicht. Abweichungen sind für sie folglich individualvertraglich und AGB-mäßig möglich.

8 Mit den Begriffen des **Briefs** und der **briefähnlichen Sendung** wird auf das PostG Bezug genommen.[16] Briefe sind auch Wertbriefe[17] und Einschreiben[18]. Briefähnliche Sendungen sind den Briefen nach der Art ihrer Versendung ähnliche Güter. Dazu zählen etwa Infopost, Postwurfsendungen, Zeitungen und Zeitschriften sowie auch Päckchen[19], nicht dagegen Pakete und sonstige Frachtpost.[20] Das Gesetz berücksichtigt hiermit den Umstand, dass sich im **postalischen Massenverkehr** der Güterwert und damit verbunden das **Haftungsrisiko** im Verlust- oder Schadensfall für den Beförderer in der Regel – jedenfalls bei Sendungen ohne spezielle Wertdeklaration, an die gewöhnlich eine Sachversicherung geknüpft ist – kaum abschätzen lassen.[21] Verlust- und Schadensrisiken können zusätzlich dadurch vergrößert werden, dass die Sendungen in der Mehrzahl ohne direkten Kundenkontakt über Briefkästen im Machtbereich des Empfängers eingeliefert werden, dort aber bis zur körperlichen Inbesitznahme durch den Empfänger noch nicht vor Beschädigungen, Diebstahl oder sonstigen Einflüssen sicher sind. Soweit der Absender nicht bekannt ist, misslingt auch eine Verantwortungszuweisung für Schäden, die durch die Sendung selbst verursacht sind.[22] Zudem wird die haftungsrechtliche Sonderbehandlung auch deshalb für vertretbar gehalten, weil den Sendungen *typischerweise* kein besonderer wirtschaftlicher Wert zukommt.[23] **Pakete und sonstige Frachtpost** hingegen stehen der Güterbeförderung näher als dem postalischen Massenverkehr.[24] Bei Paketen ermöglicht schließlich auch der vorhergehende Kontakt mit dem Absender bei der Paketaufgabe eine Kommunikation über Vertragsinhalte, Haftungsausschlüsse und ggf abweichende Vereinbarungen.[25]

9 Diese Regelung des § 449 war unproblematisch anzuwenden, soweit der Post noch ein Brief- bzw. Paketmonopol zustand, da insoweit die zwingenden Vorschriften der Postdienstleistungsverordnung (PDLV)[26] für *alle* Kunden galten und kein Raum für individuelle Abweichungen gegeben war. Die Öffnung des Postmarktes indes kann zu *verschiedenen* vertraglichen Beförderungsbestimmungen führen, so dass die PDLV nicht mehr eingreift. Dann kommt die Ausnahmeregel des § 449 voll zum Tragen.

---

16 Begr RegE TRG 1998, BT-Drs. 13/8445, 86; vgl. *Koller*[8] Rn 44 ff.

17 LG Bad Kreuznach TranspR. 2002, 442 f; MünchKommHGB/C. *Schmidt*[3] Rn 48.; **aA** *Grimme* TranspR 2004, 160 162.

18 LG Hamburg TranspR 2001, 445, 447.

19 Ebenroth/Boujong/Jost/Strohn/Schaffert[2] Rn 23; MünchKommHGB-C. *Schmidt*[3] Rn 48.

20 Begr RegE TRG 1998, BT-Drs. 13/8445, 86; BGH VersR 2007, 1539, 1542; TranspR 2006, 169, 171; TranspR 2006, 171, 174; OLG Stuttgart TranspR 2005, 27, 29; OLG Frankfurt TranspR 2004, 464, 465; OLG Köln, TranspR 2004, 28, 30 = VersR 2003, 1598; *Koller*[8] Rn 44–47; **aA** in Bezug auf Päckchen Andresen/*Valder* Rn 11.

21 Begr RegE TRG 1998, BT-Drs. 13/8445, 86.

22 Begr RegE TRG 1998, BT-Drs. 13/8445, 86.

23 BGH TranspR 2002, 295, 299; OLGR Karlsruhe 2006, 438, 440; OLG Nürnberg NJW-RR 2005, 183 f; OLG Frankfurt TranspR 2004, 464, 465; OLG München VersR 2004, 805; MünchKommHGB/C. *Schmidt*[3] Rn 47.

24 Begr RegE TRG 1998, BT-Drs. 13/8445, 86; MünchKomHGB/C.*Schmidt*[3] Rn 49.

25 Begr RegE TRG 1998, BT-Drs. 13/8445, 86; BGH VersR 2007, 1539, 1542; TranspR 2006, 171, 174; TranspR 2006, 169, 171; OLG Köln TranspR 2005, 156, 158; TranspR 2004, 28, 30; VersR 2003, 1148 f; OLG Stuttgart TranspR 2005, 27, 29; OLG Frankfurt TranspR 2004, 464, 465; MünchKommHGB/C. *Schmidt*[3] Rn 49.

26 Postdienstleistungsverordnung vom 21.8.2001, BGBl. I, 2178.

Die Ausnahmebestimmung in § 449 sollte gegenständlich allerdings restriktiv ausgelegt und nur insoweit eine Abweichung von den frachtrechtlichen Haftungsbestimmungen zugelassen werden, als die spezifischen Besonderheiten des postalischen Massenverkehrs bei Briefen und briefähnlichen Sendungen im konkreten Fall auch wirklich zum Tragen kommen und eine solche Abweichung rechtfertigen. Dies ist etwa dann der Fall, wenn etwa die Einlieferung der Sendung in postalisch typischer Weise ohne Aufnahme eines direkten Kontakts zwischen dem Kunden und dem Frachtführer erfolgt, dadurch das Haftungsrisiko im beschriebenen Sinne schwer kalkulierbar ist und der aus dem Verlust der Sendung erwachsende Schaden typischerweise gering ist.[27] Wo solche für den postalischen Briefverkehr typischen Kriterien hingegen nicht vorliegen, steht die Beförderung dem Güterverkehr näher. Dies ist etwa dann der Fall, wenn der Absender nähere Kundenkontakte hat (Verträge mit namentlich bekannten Kunden; Abholung der Sendung beim Absender). Schwere Kalkulierbarkeit des Haftungsrisikos aus anderen Gründen oder geringes Schadensrisiko *allein* sollten für eine Vergleichbarkeit der Interessenlage mit Briefen und briefähnlichen Sendungen nicht ausreichend sein. **10**

Ist eine Bestimmung in zulässiger Weise von der AGB-Festigkeit ausgenommen, also einer Änderung durch AGB zugänglich, befreit sie dies freilich nicht von AGB-rechtlicher und zivilrechtlicher Angemessenheitskontrolle. Formularmäßig vertragliche Abweichungen müssen sich also im Rahmen der zivilrechtlichen Prüfungsmaßstäbe der **§§ 134, 138 und der §§ 305 – 310 BGB** halten.[28] Als **nicht unangemessen** waren Beschränkungen der Haftung der Post angesehen worden, und zwar bei Briefsendungen auf 50 DM gemäß § 6 Abs. 3 ihrer AGB „Briefdienst Inland“[29], bei Frachtsendungen auf 1000 DM gemäß § 6 Abs. 3 ihrer AGB „Frachtdienst Inland“[30] sowie der Haftungsausschluss im Falle der Versendung von Verbotsgut gemäß § 2 Abs. 4 ihrer AGB „Briefdienst Inland“.[31] **11**

4. Vertragstypus. Die als AGB- oder änderungsfest bezeichneten Normen (§ 413 Abs. 2, §§ 414, 418 Abs. 6, § 422 Abs. 3 und §§ 425–438, 445 Abs. 3 und 446 Abs. 2 betreffen die Haftung speziell aus *Fracht*verträgen. Die Bestimmung des § 407 über den Frachtvertrag, dessen Abschluss die in Abs. 1 aufgeführten Haftungsnormen zur Anwendung kommen lässt, ist nicht aufgeführt. Der Geltungsanspruch der in § 449 Abs. 1 aufgeführten Bestimmungen und die in § 449 angeordneten Rechtsfolgen dürfen **aber nicht dadurch ausgeschlossen werden,** dass die Vertragsparteien die Güterbeförderung in die Gestaltung eines *anderen* Vertragstypus derart einbeziehen oder die Beförderung vertraglich insgesamt derart abweichend qualifizieren[32], dass die Anknüpfung für die in § 449 aufgeführten Regelungen und damit die Anwendung von § 449 selbst verloren geht.[33] Für die Güterbeförderung besteht damit praktisch **„Rechtsformzwang“**.[34] Auf solche Art von Rechtsformzwang nur im Rahmen der Unabdingbarkeit der in Abs. 1 genannten Vorschriften zu bestehen, im Rahmen ihrer zivilrechtlichen Kontrolle nach den §§ 134, 138, 307 BGB aber eine abweichende Vertragsqualifikation mit der Folge für andere Folgean- **12**

[27] BGH TranspR 2006, 169, 171 = NJW-RR 2006, 758 Tz. 28; OLG Köln VersR 2003, 1148, 1149; OLG Stuttgart NJW-RR 2004, 610, 612; TranspR 2005, 27, 29; OLG Nürnberg NJW-RR 2005, 183, 184; *Koller*[8] Rn 45.

[28] Vom 21.8.2001 (BGBl. I Satz 2178) – PDLV; *Koller*[8] Rn 47, 61; Ebenroth/Boujong/Jost/Strohn/*Schaffert*[2] Rn 23.

[29] LG Hamburg TranspR 2001, 445, 447; *Koller*[8] Rn 47.

[30] LG Bad Kreuznach TranspR 2002, 442, 443.

[31] LG Hamburg TranspR 2001, 445; *Koller*[8] Rn 47.

[32] Etwa als allgemeinen Werkvertrag (§ 631 BGB), als Mietvertrag (§ 535 BGB) oder als Dienstverschaffungsvertrag.

[33] *Koller*[8] Rn 7 („Rechtsformzwang“).

[34] So *Koller*[8] Rn 7 aE.

sprüche zu erlauben, erscheint in der Wortlautauslegung zwar folgerichtig, bewirkt freilich eine gespaltene Qualifikation des Beförderungsvertrages, die erheblichen Streit provozieren kann.

13 5. **Transportstrecke.** Eine Umgehung des Schutzes des § 449 durch Wahl ausländisches Rechts (gem. Art. 3 Rom-I-VO) ist wegen der Ausdehnung des Schutzkonzepts auf den Kabotageverkehr im Inland gemäß Abs. 4 nur bei grenzüberschreitenden Transporten möglich (Rn 89).

14 6. **Art der Abweichung.** Die in Abs. 1 aufgeführten AGB-festen Vorschriften regeln die aus der Störung von Primärleistungspflichten resultierenden **Sekundärleistungspflichten** von Frachtführer und Absender.[35] Die nach § 449 geltenden Grenzen zulässiger Abweichungen betreffen daher die **Haftung des Frachtführers** wegen Verlust, Beschädigung des Gutes, wegen Lieferfristüberschreitung, wegen Ablieferung oder Weisungsbefolgung ohne Vorlage des Ladescheins (§ 445 Abs. 3, § 446 Abs. 2) oder ohne vertraglich gebotene Vorlage des Frachtbriefs (§ 418 Abs. 6), wegen Verletzung von Nachnahmeweisungen oder wegen Verlust oder Beschädigung von Urkunden (§ 413 Abs. 2). Die Grenzen zulässiger Abweichungen betreffen ferner die **Haftung des Absenders** wegen Verpackungs- und Kennzeichnungsfehlern, Falschangaben und unterlassenen Hinweises auf die Gefährlichkeit des Gutes (§ 414).

15 Die **AGB-Festigkeit** ist im Grundsatz auf die in den Bestimmungen geregelten **Sekundärleistungspflichten** beschränkt. Die (freie) Vereinbarung von Primärleistungspflichten in AGB ist grundsätzlich – mit einschränkender Maßgabe (sogl. Rn 16) – weiterhin möglich.[36] Deutlich wird dies, wenn die in § 449 Abs. 1 aufgeführten Normen selbst, wie etwa § 427 Abs. 1 Nr. 1, die Rechtsfolge (hier Haftungsausschluss) an eine (freie) Parteivereinbarung über *Primärleistungspflichen* (hier besondere Beförderung oder Decksverladung) anknüpft.[37]

16 Eine AGB-mäßige Vereinbarung von Primärleistungspflichten ist nach bundesweit einheitlicher obergerichtlicher Rechtsprechung[38] und herrschender Auffassung im Schrifttum[39] allerdings dann nicht möglich, wenn sie zugleich zu einer **Abweichung von dem gesetzlich festgelegten Sorgfaltsmaßstab** führt. In einem solchen Fall muss die abweichende

---

35 MünchKommHGB/C. *Schmidt*[3] Rn 12.

36 Begr RegE TRG 1998, BT-Drs.13/8445, 85, MünchKommHGB/C. *Schmidt*[3] Rn 13.

37 *Koller*[8] Rn 5; Ebenroth/Boujong/Jost/Strohn/*Schaffert*[2] Rn 2; *Andresen/Valder* Speditions-, Fracht- und Lagerrecht, Rn 8; weitergehend MünchKommHGB/C. *Schmidt3*[3] Rn 40 (formularmäßige Bestimmung der Qualität des Beförderungsmittels allgemein).

38 BGH TranspR 2008, 163, 166; 122, 124; 117, 120; 113, 115; VersR 2007, 564, 565;TranspR 2006, 394 f; 171, 173; 169, 170 f = NJW-RR 2006, 758 Tz. 18 ff; OLG München v. 18.8.2010 – 7 U 2114/10, Tz. 23 (zit. bei juris und bei *Koller*[8] Rn 18); OLG Düsseldorf TranspR 2010, 229; TranspR 2008, 38, 40; OLG Hamburg TranspR 2007, 240, 243; OLG Koblenz TranspR 2007, 1009, 1010; OLG Bamberg TranspR 2005, 358, 361; OLG Düsseldorf TranspR 2005, 216, 219; OLG Köln TranspR 2005, 156, 157; OLG München TranspR 2005, 26; OLG Frankfurt TranspR 2004, 464, 465 f; OLG Stuttgart NJW-RR 2004, 610, 612; OLG Braunschweig NJW-RR 2005, 834, 836; OLG Nürnberg NJW-RR 2005, 183 f.

39 Ebenroth/Boujong/Jost/Strohn/Schaffert[2] § 426 Rn 2; § 435 Rn 19; § 449 Rn 3, 12, 13, 17, 33; *Andresen/Valder* § 426 Rn 9; *Piper/Prokrant/Gran* Rn 46 f; Baumbach/Hopt/*Merkt*[35] Rn 2; *Vogt* in: Graf/von Westphalen, Vertragsrecht und AGB-Klauselwerke, Transportrecht, Rn 10; GK/*Bracker* Rn 5; *Oetker/Paschke* HGB, § 426 Rn 5; MünchKommHGB/C. *Schmidt*[3] Rn 13, 33 ff; 40 (bei ladungs- oder fahrzeuggefährdender abweichender Bestimmung der Qualität des Beförderungsmittels; Einschränkung allerdings bei Vereinbarung nach § 427 Abs. 1

Vereinbarung gem. § 449 Abs. 1 Satz 1 **individualvertraglich** ausgehandelt werden.[40] So werden von der hM beispielsweise Abreden über die *Art und Weise der Beförderung* oder über den *Ausschluss bestimmter Güter von der Beförderung* beurteilt. Solange und soweit eine solche Vereinbarung nicht die schadensfreie Durchführung der Beförderung *gefährdet*, wird mit ihr noch nicht von den in Abs. 1 Satz 1 genannten Vorschriften abgewichen. Eine Abweichung liegt aber dann vor, wenn dem Frachtführer vertraglich die Befugnis eingeräumt wird, ein nicht fahr- oder ladungstüchtiges Beförderungsmittel zu benutzen und damit im Kern den objektiven Sorgfaltsmaßstab zu verletzen.[41] Jedenfalls formularmäßig ist eine solche Abweichung gem. § 449 Abs. 1 nicht möglich.

Auch im AGB-mäßigen *Verzicht auf Schnittstellenkontrollen* wird nahezu einhellig eine nach § 449 Abs. 1 unzulässige Abweichung von dem in § 426 festgelegten Sorgfaltsmaßstab, zum Teil auch eine Abweichung von den in § 435 festgelegten bzw. in der Judikatur dazu fortentwickelten Voraussetzungen für ein qualifiziertes Verschulden gesehen – allerdings mit der Möglichkeit der Anlastung eines Mitverschuldens beim Versender.[42]

Die im Schrifttum hierzu vertretene Gegenmeinung[43] betont die **klare Trennung** des *Umfangs primärer Vertragspflichten* von der Frage der *Haftung als Rechtfolge* bei deren Verletzung. Eine mit der Vereinbarung von Primärleistungspflichten einhergehende bloße *Festlegung des (wirtschaftlichen) Haftungsrisikos* bewirke noch keine Abweichung von der Rechtsfolgeanordnung in den Haftungsnormen. So sei es bei Abreden über die Art und Weise der Beförderung, über Transportqualität (bspw. Schnittstellenkontrollen) und über Auswahl des Beförderungsmittels[44] bzw. bestimmter Transportwege allgemein. Die gebotene Trennung von Primärleistungspflicht und der Rechtsfolge ihrer Verletzung ergebe sich aus dem Wortlaut des § 449 und auch aus seinem Sinn. Ein vertraglich erlaubtes Verhalten könne weder als Verletzung der äußersten Sorgfalt gem. § 426 noch als fahrlässig und damit als leichtfertig iSv. § 435 angesehen werden. Das Gesetz schränke in § 449 nur die Vertragsfreiheit in Ansehung der Gestaltung *sekundärer* Leistungspflichten (Haftung) ein. Auch die Rechtsprechung knüpfe umgekehrt den Vorwurf leichtfertigen Verhaltens erst an die *Verletzung* vereinbarter erhöhter Schadensverhütungsmaßnahmen.[45] Das Gesetz wolle die Parteien hinsichtlich der *primären* Vertragspflichten nicht auf einen „Einheitstypus von Transport" festlegen; Transportqualität auf Tatbestandsebene müsste sonst „auf allen Ebe- 17

Nr. 1); Ferrari/*Otte* Int. Vertragsrecht, Art. 28 CMR Rn 14; **aA** *Ettrich* TranspR 2003, 443, 445; *Ramming* TranspR 2010, 397, 411 ff; *Thume* TranspR 2012, 426, 427 ff; i. Erg. *P. Schmidt* TranspR 2008, 299, 303; *Koller*[8] Rn 5, 6.

40 Zum Streit zuletzt umfassend *Koller*[8] Rn 6 mwN einerseits und MünchKommHGB/C. *Schmidt*[3] Rn 13, 33 ff mwN andererseits.

41 BGHZ 71, 167, 171; BGHZ 49, 356, 363; OLG Köln TranspR 2000, 130, 131; MünchKommHGB/C. *Schmidt*[3] Rn 40.

42 Für Unterlassung des Hinweises auf einen ungewöhnlich hohen Schaden, für Unterlassung der Wertdeklaration, BGH, TranspR 2006, 171, 174; VersR 2007, 564, 566; OLG Düsseldorf TranspR 2006, 349, 350 f; OLG Koblenz, VersR 2007, 1009, 1010; und für Erteilung des Transportauftrags in Kenntnis der Nichtdurchführung von Schnittstellenkontrollen, OLG Düsseldorf TranspR 2006, 349, 350; **aA** OLG Oldenburg, TranspR 2002, 154; Heymann Joachim HGB § 435 Rn 11; *Koller*[8] § 435 Rn 23a;. § 407 Rn 46; vgl. nächste Fußnote.

43 Ausführlich *Koller*[8] Rn 5 aE, Rn 6; 9; 17; *ders.* § 407 Rn 46; § 435 Rn 23, 23a; *ders.* TranspR 2006, 265; TranspR 2007, 221, 224; *Ettrich* TranspR 2003, 443, 445; *P. Schmidt* TranspR 2008, 299, 303; *Harms* TranspR 2008, 310 f; *Ramming* TranspR 2010, 397, 411; *Thume* TranspR 2012, 426, 427 ff.

44 Über den Fall des § 427 Abs. 1 Nr. 1 hinausgehend.

45 *Koller*[8] Rn 6 Rn 31 unter Bezugnahme auf OLG Oldenburg TranspR 2002, 154; OLG Nürnberg TranspR 2009. 256, 258 (zu CMR).

nen" individualvertraglich (statt auch über AGB) ausgehandelt werden. Daher soll im Rahmen der von § 449 Abs. 1 benannten Bestimmungen die *formularmäßige* Verabredung von Primär(haupt- und neben) pflichten zugelassen werden, an deren Verletzung die Haftungsfolge dann erst anknüpft.[46]

18 Zutreffend ist im Grundsatz der Zusammenhang zwischen Leistungsinhalt und Haftung. Für die im Schrifttum abweichende Meinung scheint die Gesetzesbegründung zum TRG zu sprechen, nach welcher die Beschränkung der Vertragsfreiheit auf bestimmte Regelungsgegenstände, so insbesondere die Haftung, also die sekundären Vertragspflichten, begrenzt bleibt und nur bestimmte Arten abweichender Vereinbarungen betrifft.[47] Und dass sich eine Rückwirkung eines AGB-fest ausgestalteten Sorgfaltsmaßstabs auf den Leistungsinhalt „bei der verwandten Regelungstechnik nicht vermeiden" ließe[48], ist für die Anwendung von § 449 auf Primärleistungspflichten allein zunächst kein hinreichendes systematisches Argument, denn es macht den Streitpunkt der Reichweite von § 449 gerade zur unstreitigen Prämisse.

19 Anzuerkennen ist freilich andererseits, dass der Frachtführer nach der Regelung des § 426 von der Haftung für Güterverlust und Güterschaden nur dann befreit ist, wenn deren Vermeidung auch bei größter Sorgfalt nicht möglich war. Schnittstellenkontrollen bei der Übernahme der Güter und andere wesentliche Schutzpflichten gehören zu derjenigen gebotenen Sorgfalt, deren Verletzung sogar dann zur einschränkungslosen, qualifizierten Haftung nach § 435 zu führen vermag, wenn die Leistungsbeschreibung den gesetzlich vorgesehenen (und richterrechtlich fortentwickelten) Sorgfaltsmaßstab einschneidend *modifiziert*.[49] Solche Regelungstechnik würde jedenfalls mit *formular*mäßiger Einschränkung des Leistungsinhalts und folgend des Sorgfaltsmaßstabs im Ergebnis in großem Umfang wieder unterlaufen werden können. Unterbunden wird mit der **Anwendung von § 449 auf Leistungsbeschreibungen, die eine Modifizierung des Sorgfaltsmaßstabes bewirken**, daher von vorherein die formularmäßige und damit die *umfassende* Beeinflussung des Sorgfaltsmaßstabs (und im Ergebnis also die *umfassende* Abweichung von den gesetzlich vorgesehenen haftungsrechtlichen Rechtsfolgen), der in der Auslegung durch die Rechtsprechung zu § 426 und § 435 eine wesentliche Prägung erfahren hat.[50] In der Wirkung für die sekundären Vertragspflichten (d.h. für die Haftungsfolgen) macht es keinen Unterschied, ob die Ursache dafür in einer Abrede über die Rechtsfolge oder in einer Abrede über die Leistungsbeschreibung (als ihr klarer Ausgangspunkt) liegt. Der Gesetzgeber hat in § 449 mit dem Modell der AGB-Festigkeit das Modell der gänzlichen Dispositivität des Frachtrechts – zum Schutz einheitlicher Haftungsmaßstäbe – gerade nicht übernommen.[51] Wenn schon keine Umgehung des § 449 durch andersartige Qualifikation des gesamten Beförderungsvertrages bewirkt werden soll (vgl. oben Rn 12), dann sollte es auch keine weitreichende Erleichterung der Haftung durch AGB-mäßige Abbedingung der Primärleistungspflichten geben, sondern allenfalls individualvertragliche.[52] Dass es angesichts des bekannten Streit-

---

46 So (fast) durchgehend *Koller*[8] Rn 7–29.

47 Begr RegE TRG 1998, BT-Drs. 13/8445, Satz 86.

48 OLG Düsseldorf TranspR 2010, 229, 231; MünchKommHGB/C. *Schmidt*[3] Rn 37; vgl. auch *P. Schmidt* VersR 2013, 418, 423.

49 So bereits MünchKommHGB/C. *Schmidt*[3] Rn 13, 33 ff.

50 Im Ergebnis wird § 449 auf diese Weise durch die Inhaltskontrolle nach § 307 Abs. 3 Satz 1 BGB aufgeladen.

51 Reg-Begr TRG 1998, BT-Drs.13/8445, 86; so sieht es auch schon MünchKommHGB/ C. *Schmidt*[3] Rn 37, Rn 73.

52 OLG Frankfurt, TranspR 2004, 464, 465 ff = NJW-RR 2004, 1485; OLG Düsseldorf, TranspR 2006, 353 f (Schnittstellenkontrolle); OLG Düsseldorf, TranspR 2006, 349 f = VersR 2007, 667.

standes zu dieser dogmatischen Frage schließlich im Rahmen des SRÄG nicht zu einer von der herrschenden Rechtsprechung und hM abweichenden Klarstellung in § 449 gekommen ist, scheint ein weiterer Anhaltspunkt für deren – stillschweigende – Stützung durch den Reformgesetzgeber. Die Auswirkung des Streits ist wegen der verbleibenden Möglichkeit einer Individualvereinbarung ohnehin begrenzt.[53] Durch eine Individualvereinbarung mit dem Absender-Unternehmer (wegen völliger Änderungsfestigkeit nicht zu Lasten des Absender-Verbrauchers, Abs. 3) kann auf besondere Fallgestaltungen stets adäquat regiert werden. In gleicher Weise lässt § 449 Abs. 1 Satz 1 die Schließung von Lücken durch ergänzende Vertragsauslegung zu, gestützt auf Vereinbarungen über den Inhalt der zu erbringenden Leistung oder auf sonstige im Einzelnen ausgehandelte Vereinbarungen.[54] Es ist daher auch nicht erkennbar, wieso in der Versagung AGB-mäßiger Ausgestaltung eine unzumutbare Belastung des Rechtsverkehrs oder der Transportwirtschaft zu sehen ist.

Im Grundsatz können die zulässigen **Abweichungen sowohl zu Gunsten als auch zu Lasten** des Absenders bzw. Frachtführers wirken. Eine Ausnahme dazu statuiert § 449 Abs. 2 Nr. 2, der eine AGB-mäßige Abweichung von den in § 431 Abs. 1 und 2 festgelegten Höchstgrenzen nur *zu Lasten* des AGB-Verwenders zulässt. **20**

Das Abweichungsverbot bezieht sich auf die *konkret* in der aufgeführten Norm getroffene Regelung. Stets ist ein Einzelvergleich der vertraglichen Abweichung mit der betreffenden gesetzlichen Bestimmung notwendig (dazu vgl. unten 8.). Ist die vertragliche Abweichung unwirksam, gilt die entsprechende gesetzliche Regelung.[55] § 306 Abs. 2 BGB ist insoweit entsprechend anzuwenden.[56] Es findet in der Regel *keine Gesamtbetrachtung* des Vertrages mit und ohne Abweichung im Sinne eines Günstigkeitsvergleiches statt.[57] Freilich kann der Vertrag ausnahmsweise dann insgesamt unwirksam sein, wenn die eigentlich gebotene Ersetzung der unwirksamen Abweichung durch die gesetzliche Bestimmung in der Gesamtschau für eine Vertragspartei zu einer unwirksamen Härte führen würde (§ 306 Abs. 3 analog).[58] Eine Liquidation entstandener Schäden (iSv §§ 311 Abs. 2, 280, 249 BGB) kommt vor diesem Hintergrund allerdings nicht in Betracht.[59] **21**

Vertragsklauseln über den **Ausschluss bestimmter Güter von der Beförderung** (sog. **Verbotsgut**) sollen bestimmen, dass der Frachtführer keinen Vertrag über den Transport dieser Güter abschließt. In der Regel handelt es sich dabei um besonders wertvolle Güter. Besagte Klauseln bestimmen für den Fall eines trotzdem stattfindenden Transports solcher Güter häufig besondere Rechte des Frachtführers (Haftungsausschluss, Anfechtungsrecht, Leistungsverweigerungsrecht u.a.), setzen folglich für ihre Geltung also den **Vertragsschluss** über die Beförderung gerade voraus. Der Ausschluss des Vertrages über die Beförderung dieser Güter würde – zirkelhaft – der Geltung solcher Klauseln geradezu entgegenstehen. Bei unwissentlicher Übernahme dieser Güter durch den Frachtführer führt die **22**

---

53 So auch schon MünchKommHGB/*C. Schmidt*[3] Rn 37 aE.

54 OLG Hamm, TranspR 1998, 463, 464 (CMR); Ebenroth/Boujong/Jost/Strohn/*Schaffert*[2] Rn 32; *Koller*[8] Rn 43.

55 OLG Köln TranspR 2005, 156, 158; OLG Nürnberg VersR 2009, 1385, 1386; Heymann/Schlüter Rn 23; Koller[8] Rn 63; Ebenroth/Boujong/Jost/Strohn/*Schaffert*[2] Rn 25; MünchKommHGB/*C. Schmidt*[3] Rn 42.

56 OLG Köln VersR 2003, 1598, 1599; TranspR 2005, 156, 158; Oetker/*Paschke* Rn 14; *Ramming* TranspR 2010, 397, 407; *Koller*[8] Rn 63; MünchKommHGB/*C. Schmidt*[3] Rn 42.

57 *Koller*[8] Rn 5; Ebenroth/Boujong/Jost/Strohn/*Schaffert*[2] Rn 2; *Ramming* TranspR 2010, 397, 399; OLG Düsseldorf, NJW-RR 1992, 245 (zu § 651l BGB); Begr RegE TRG 1998, BT-Drs.13/8445, 98.

58 OLG Köln VersR 2003, 1148 f; 1598, 1599; *Koller*[8] Rn 63; Ebenroth/Boujong/Jost/Strohn/*Schaffert*[2] Rn 23; MünchKommHGB/*C. Schmidt*[3] Rn 42.

59 *Koller*[8] Rn 63.

Klausel daher nicht zur Unwirksamkeit des Beförderungsvertrages.[60] Der Vertrag kommt vielmehr auch in Ansehung des Verbotsgutes durch schlüssiges Verhalten zustande.[61] Erst Recht muss dies bei wissentlicher Übernahme des Verbotsguts gelten. Nach dem in der Folge anwendbaren § 449 Abs. 1 ist unwirksam dann der formularmäßige Ausschluss der Frachtführer*haftung* in Bezug auf befördertes Verbotsgut.[62] Die Haftung des Frachtführers richtet sich in der Folge nach den gesetzlichen Vorschriften.[63] Darüberhinaus kann im formularmäßigen Ausschluss der Frachtführer*haftung* ein Verstoß gegen zivilrechtliche Klauselverbote (§ 307 Abs. 1 Satz 1 BGB) liegen.[64] Denkbar ist allerdings ein **Mitverschulden des Versenders,** das bis zum vollständigen Haftungsausschluss zugunsten des Frachtführers führen kann,[65] und zwar bei unterlassener Wertdeklaration[66], bei unterlassenem Hinweis auf die Gefahr eines ungewöhnlich hohen Schadens[67] und bei Erteilung des Transportauftrags in Kenntnis unterlassener Schnittstellenkontrolle.[68]

7. Im Einzelnen ausgehandelte Vereinbarungen, Abs. 1 Satz 1

23 a) **Anwendungsbereich.** Abweichungen von den in Abs. 1 genannten Paragraphen müssen im Einzelnen ausgehandelt sein. Das Merkmal „im Einzelnen ausgehandelte Vereinbarung“ bestimmt sich inhaltlich nach den für das AGB-Recht entwickelten Maßstäben einer individualvertraglich, nicht standardisiert vereinbarten Abweichung von der (dispositiven) gesetzlichen Regelung (vgl. § 305 Abs. 1 Satz 3 BGB).[69] Die Vorschrift lässt dabei ausdrücklich zu, dass die individualvertragliche Vereinbarung auch für eine Mehrzahl von gleichartigen Verträgen zwischen *gleichen* Vertragspartnern getroffen wird. Dies ist der Fall bei sogenannten *Rahmenvereinbarungen*, in denen Regelungen für den Abschluss späterer Verträge zwischen den gleichen Vertragspartnern getroffen werden. Rahmenvereinbarungen müssen lediglich im Einzelnen ausgehandelt worden sein.[70] Die Interessenlagen bei Individual- und Rahmenverträgen sind folglich vergleichbar. Anders liegt der Fall bei AGB und bei Musterbedingungen und Klauselwerken von Vereinigungen der beteiligten Wirtschaftskreise, denn diese sollen für eine Mehrzahl *verschiedener* Vertragspartner gelten.[71]

---

[60] BGH VersR 2008, 97, 98; VersR 2007, 1539, 1540; VersR 2007, 226, 228; BB 2006, 2324, 2325; OLG Köln VersR 2003, 1598; VersR 2003, 1148, 1149; MünchKommHGB/C. *Schmidt*[3] Rn 32.

[61] BGH VersR 2007, 226, 228; BB 2006, 2324, 2325; VersR 2008, 97, 98; OLG Köln VersR 2003, 1148, 1149; VersR 2003, 1598; MünchKommHGB/C. *Schmidt*[3] Rn 38.

[62] BGH VersR 2007, 226, 228; BB 2006, 2324, 2325; VersR 2008, 97, 98; VersR 2007, 1539, 1542; OLG Köln VersR 2003, 1148, 1149; VersR 2003, 1598; *Grimme* TranspR 2004, 160, 163; MünchKommHGB/C. *Schmidt*[3] Rn 39; **aA** *Koller*[8] Rn 6.

[63] St. Rspr, vorige Note; **aA** *Koller*[8] Rn 5.

[64] OLG Karlsruhe OLGR 2006, 438, 440; LG Bonn VersR 2003, 1600, 1602; *Koller* VersR 2004, 269, 274; MünchKommHGB/C. *Schmidt*[3] Rn 39.

[65] BGH BB 2006, 2324, 2326; VersR 2008, 97, 99.

[66] BGH VersR 2007, 564, 566 f; TranspR 2006, 171, 174; OLG Koblenz VersR 2007, 1009 f; OLG Düsseldorf TranspR 2006, 349, 350.

[67] BGH VersR 2008, 97, 98; VersR 2007, 1539, 1542; VersR 2007, 226, 229; BB 2006, 2324, 2326; OLG Köln VersR 2003, 1598, 1600.

[68] OLG Düsseldorf TranspR 2006, 349, 350 f; MünchKommHGB/C. *Schmidt*[3] Rn 28.

[69] Begr RegE TRG 1998, BT-Drs. 13/8445, 87; BGH, TranspR 2006, 169, 171 = NJW-RR 2006, 758, Tz. 26.

[70] OLG Hamburg, NJW-RR 2004, 1038, 1039; Ebenroth/Boujong/Joost/Strohn/*Schaffert*[2] Rn 26.

[71] Begr RegE TRG 1998, BT-Drs. 13/8445, 87; BGH TranspR 2003, 119 f; *Ramming* VersR 1999, 117, 1179; *Bahnsen* TranspR 2010, 19, 20; MünchKomm HGB/C. *Schmidt*[3] Rn 14.

b) **Aushandeln.** Weicht eine vertragliche Bestimmung von der gesetzlichen Regelung ab, so muss sie zur Disposition durch individualvertragliches Aushandeln gestellt werden.[72] Es muss die Möglichkeit bestanden haben, die Parteiinteressen in die Verhandlungen einzubringen.[73] Bei Erörterung und gemeinsamer Formulierung des Vertragstextes hat diese Möglichkeit bestanden. Die Klausel muss aber nicht notwendigerweise auch real im Einzelnen erörtert worden sein. Es ist für das „Aushandeln" hinreichend, dass die andere Vertragspartei (Verwendungsgegner) zumindest **über den Inhalt und Tragweite der Abweichung voll informiert** wurde[74] oder immerhin in der Lage gewesen war, sich zu informieren.[75] Erforderlich ist zudem die klare Signalisierung von **Verhandlungsbereitschaft.** Beide Parteien haben eine Vereinbarung schon dann ausgehandelt, wenn sie die vom Gesetz abweichende Vereinbarung prüfen, sie abwägen *konnten* und tatsächlich (ernsthaft und real) in der Lage waren, auf ihren Inhalt Einfluss zu nehmen.[76] Die von der gesetzlichen Regelung abweichende Regelung muss erkennbar verhandelbar sein.[77] 24

Der Gesetzgeber hat den Begriff des im Einzelnen Aushandelns die Wendung der „für eine Vielzahl von Verträgen vorformulierten Vertragsbedingungen", wie sie sich in § 305 Abs. 1 Satz 1 BGB findet, vorgezogen. Da im Transportgeschäft Vertragsurkunden in wachsender Zahl elektronisch erstellt und dabei auch standardisierte Vertragstexte verwendet werden, fürchtete der Gesetzgeber eine voreilige Qualifikation unter das Merkmal „vorformulierte Vertragsbedingungen", ohne dass der Entwicklungsprozess der vertraglichen Einigung und der Entstehungsprozess der Vertragsurkunde in ausreichendem Maße gewürdigt werden.[78]

Die gebotene **Möglichkeit einer Einflussnahme** kann durch besondere innere wie äußere Umstände unzulässig eingeschränkt sein: Unter hohem **Zeitdruck** geführte Verhandlungen oder ein unter Zeitnot stehendes Vertragsabschlussszenario kann die Möglichkeit zur Information, zur Erfassung und Verhandlung real nehmen oder einschränken.[79] Dies ist etwa der Fall, wenn der notwendige **Verhandlungsaufwand** groß ist und nicht in dem Umfang oder in der Weise getrieben wird, wie der Zweck oder der Inhalt der Vereinbarung es erfordert hätten.[80] Schließlich mag eine signifikante **wirtschaftliche Unterlegenheit** einer Vertragspartei dazu führen, dass eine Abwägungs- und Einflussnahmemöglichkeit für sie praktisch von vorneherein nicht gegeben sind.[81] 25

Andererseits ist die Befugnis zur Abweichung vom gesetzlichen Haftungsprogramm der in Abs. 1 genannten Vorschriften Ausdruck der über Art. 2 Abs. 1 GG verfassungsrechtlich geschützten **Vertragsfreiheit.** Einem Verhandlungsprozess innewohnende **Ungleichgewichtslagen** oder Zwangswirkungen sind daher nicht schon per se schädlich. Eine 26

---

[72] BGH NJW 1998, 3488, 3489; TranspR 2006, 169, 171; OLG Köln TranspR 2005, 156, 158; *Koller*[8] Rn 36; MünchKommHGB/C. *Schmidt*[3] Rn 16; Ebenroth/Boujong/Joost/Strohn/*Schaffert*[2] Rn 29; missverständlich BGH TranspR 2006, 171, 173.

[73] Begr RegE TRG 1998, BT-Drs. 13/8445, 86.

[74] *Wolf* WPK-Mitt. 1998, 197, 199; *Pfeiffer* Satz 247 ff; *Koller*[8] Rn 36; Ebenroth/Boujong/Joost/Strohn/*Schaffert*[2] Rn 29.

[75] *Koller*[8] Rn 36; Ebenroth/Boujong/Joost/Strohn/*Schaffert*[2], Rn 29; **aA** wohl BGH BB 2005, 1470; *Pfeiffer*, 283.

[76] *Koller*[8] Rn 35 mwN; Ebenroth/Boujong/Joost/Strohn/*Schaffert*[2] Rn 27.

[77] OLG Hamburg, NJW-RR 2004, 1038, 1039; *Koller*[8] Rn 37 mwN.

[78] Begr RegE TRG 1998, BT-Drs.13/8445, 86, 87.

[79] *Pfeiffer*, 284.

[80] *Wackerbarth* AcP 200 (2000), 45, 51 ff; *Lischeck/Mahnken* ZIP 2007, 158, 162; *Koller*[8] Rn 35 mwN.

[81] Ebenroth/Boujong/Joost/Strohn/*Schaffert*[2] Rn 27.

Vereinbarung ist nicht schon dann zwangsläufig unwirksam, wenn die Parteien nicht wirtschaftlich, informationell oder intellektuell gleich stark sind.[82] Ein gewisser Zeitdruck mag bestanden haben. Dass die Parteien bei den Verhandlungen unter gar keinem Zeitdruck gestanden haben dürfen, ist für ein Aushandeln nicht Voraussetzung.[83] Die abweichende Vereinbarung kann unter wirtschaftlichen oder rechtlichen Zugeständnissen zustandegekommen sein. Auch können Zeitdruck, Weigerungen der anderen Partei oder ihre Drohung mit Abbruch der Verhandlungen (mit)ursächlich für den Ausgang von Verhandlungen sein.

Letztlich kann das Ergebnis der Verhandlungen sogar rechtlich oder wirtschaftlich unangemessen sein, ohne dass autonome Vertragsverhandlungen iS eines Aushandelns nach § 449 in Frage zu stellen sind.[84] Eine an Angemessenheitsmaßstäben auszurichtende Ergebniskontrolle und Ergebniskorrektur erfolgt insoweit dann vielmehr nach allgemeinen zivilrechtlichen Grundsätzen der Rechtsgeschäftslehre (vgl. insbes. §§ 123, 134, 138 und 242 BGB).[85] Es bleibt für das Aushandeln in der Gesamtschau ausreichend, dass die verhandelnden Parteien ihre **Wahlmöglichkeiten** erkennen und Gegenvorschläge machen konnten.[86]

27 Die für einen Vertrag erwogene Abweichung von einer gesetzlichen Haftungsregelung ist **vertragsindividuell** auszuhandeln. Das Merkmal des Aushandelns muss sich daher auf den betroffenen Vertrag beziehen und muss für ihn im Grundsatz stets neu beurteilt werden. Das Merkmal des Aushandelns wird daher prinzipiell nicht dadurch beeinflusst, dass die Vertragsparteien im Verhältnis zueinander oder im Verhältnis zu Dritten gleiche oder ähnliche Regelungen bereits zuvor an anderer Stelle oder bezogen auf andere Verträge ausgehandelt haben.[87]

Andererseits ist das Merkmal der individuell ausgehandelten Vereinbarung durchaus einer **Auslegung** anhand des zwischen den Parteien ansonsten praktizierten Vertragsabschlussverhaltens zugänglich. Haben die Parteien also bereits zuvor gleiche oder ähnliche individuelle Abweichungen vereinbart, kann dies für die Beurteilung des Aushandelns einer Abweichung von einer gesetzlichen Regelung im neuen Fall leitend sein.[88] Bei inhaltlich ganz unterschiedlichen Abweichungen kann eine Ableitung aus vorhergehendem Aushandeln allerdings nicht ohne weiteres vorgenommen werden. Eine **weitausgreifende Kasuistik** gibt ein sehr differenziertes Bild zu den Anforderungen an ein individuelles Aushandeln einer Vereinbarung und über die dafür gezogenen Grenzen.

28 Das individuelle Aushandeln einer Regelung wird etwa dann in Frage gestellt, wenn die durch sie begünstigte Partei Alternativen eigentlich von vornherein ausschließt oder ohne ernst zunehmende Auseinandersetzung vernachlässigt, leugnet oder der Diskussion a priori entzieht.[89] Droht die begünstigte Partei mit einem Übel, das über den Abbruch der Vertragsverhandlungen hinausgeht, so liegt ebenfalls kein ernsthaftes Aushandeln vor.[90] Am Aushandeln einer Abweichung fehlt es schließlich auch dann, wenn die im Verhand-

---

82 *Koller* [8] Rn 39 mwN.

83 Begr RegE TRG 1998, BT-Drs. 13/8445, 86 f; *Canaris* Handelsrecht[24], § 31 Rn 33, 35 und 41; *Koller*[8] Rn 35 mwN.

84 BGH, BGHZ 153, 148, 152 = NJW 2003, 1313, 1314; *Wolf* WPK-Mitt. 1998, 197, 199; *Andresen/Valder* Rn 17; *Koller*[8] Rn 35; Ebenroth/Boujong/Joost/Strohn/*Schaffert*[2] Rn 27.

85 *Koller*[8] Rn 61.

86 *Koller*[8] Rn 37; Ebenroth/Boujong/Joost/Strohn/*Schaffert*[2] Rn 27.

87 *Canaris* Handelsrecht[24], § 31 Rn 34; *Koller*[8] Rn 35; Ebenroth/Boujong/Joost/Strohn/*Schaffert*[2] Rn 28.

88 *Wolf*/Horn/Lindacher § 1 Rn 34; *Koller*[8] Rn 36.

89 KG, KG-Rep 1998, 140, 141; *Koller*[8] Rn 36; Ebenroth/Boujong/Joost/Strohn/*Schaffert*[2] Rn 30.

90 *Koller*[8] Rn 36.

lungsvorgang dargebotenen Alternativen fest vorgegeben sind und inhaltlich feststehen[91] oder wenn sie nur scheinbar einen inhaltlichen Verhandlungsspielraum eröffnen, im Kern aber auf inhaltsgleiche Abweichungen hinauslaufen, wie sie von der vorlegenden Partei bereits zuvor intendiert waren *oder die die anderen **Wahlmöglichkeiten** praktisch verdrängen oder die gestalterisch nur zu Scheinalternativen führen.*[92] So können die Dinge liegen, wenn im Verhandlungsprozess Alternativen oder Ergänzungen zur gesetzlichen Regelung vorgeschlagen werden, die alle von der gesetzlichen Regelung in gleicher[93] oder auch in unterschiedlicher[94] Weise abweichen[95] oder die den sachlichen Gehalt der ursprünglich intendierten, vorformulierten Regelung entweder im Ergebnis doch nicht beeinflussen oder die anderen Wahlmöglichkeit kraft der Gestaltung des Formulars verdrängt.[96] Die Wahlfreiheit darf nicht durch gestalterische Elemente des Vertragsdokuments, die geradezu suggestiv in eine andere inhaltliche Richtung weisen, überlagert werden.[97]

Ein ***Aushandeln*** liegt dagegen immer dann vor, wenn **echte Wahlfreiheit hinsichtlich des wesentlichen Inhalts einer abweichenden Klausel oder hinsichtlich einer notwendig zu füllenden Lücke (Bsp. Verjährungsfrist)**[98] besteht. Dies kann der Fall sein, wenn eine Vertragspartei der anderen im Rahmen ergänzungsbedürftiger Formulare verschiedene Regelungsmöglichkeiten anbietet und die von der Verwendungsgegnerin vorzunehmenden Ergänzungen nicht lediglich unselbständiger Art sein dürfen, sondern den Gehalt der Regelung mitbestimmen müssen dergestalt, dass die Wahlfreiheit der Verwendungsgegner ausgeübt wird.[99] Wahlfreiheit liegt z. B. dann vor, wenn dem Vertragspartner vom Gesetz abweichende *Alternativen mit der* deutlich erkennbaren und ernsthaften *Darstellung entsprechender rechtlicher oder wirtschaftlicher (Preis) Folgen angeboten* werden[100], sodass er sich über die Folgen seiner Wahl ausreichend Klarheit verschaffen kann. Dies kann auch formularmäßig geschehen. Unter diesen Voraussetzungen schadet selbst die **unveränderte** Übernahme vorformulierter Abweichungen von AGB-festen Vorschriften nicht.[101] Allerdings stellt das Aushändigen von Broschüren oder Merkblättern für sich allein noch keine deutlich erkennbare und ernsthafte *Darstellung des Inhalts einer abweichenden Regelung* **29**

[91] BGH TranspR 2006, 169, 171; TranspR 2006, 171, 173; OLG Hamburg TranspR 2007, 240, 243; OLG Karlsruhe OLGR Karlsruhe 2006, 438, 440; OLG Köln TranspR 2005, 156, 158.

[92] BGH NJW 1998, 1066, 1068; BGHZ 153, 148, 151 = NJW 2003, 1313, 1314; *Koller*[8] Rn 37; Ebenroth/Boujong/Joost/Strohn/*Schaffert*[2] Rn 30.

[93] OLG Karlsruhe, TranspR 1997, 241, 244; *Koller*[8] Rn 36.

[94] BGH TranspR 2006, 169, 171 = NJW-RR 2006, 758 Tz. 26; TranspR 2006, 171, 173 f; *Koller*[8] Rn 37 mwN.

[95] BGH TranspR 2006, 169, 171; TranspR 2006, 171, 173, 174; NJW 1996, 1676, 1677; *Koller*[8] Rn 37; Ebenroth/Boujong/Joost/Strohn/*Schaffert*[2] Rn 30.

[96] BGH ZIP 2003, 407 f; NJW 1998, 1066, 1067 mwN; Ebenroth/Boujong/Joost/Strohn/*Schaffert*[2] Rn 30; *Koller*[8] Rn 37.

[97] BGH BGHZ 153, 148, 151 = NJW 2003, 1313, 1314; OLG Nürnberg NJW-RR 2005, 183, 184; OLG Frankfurt TranspR 2004, 464, 466; *Koller*[8] Rn 37.

[98] BGH NJW 1998, 1066, 1067; OLG Frankfurt, NJW-RR 1997, 1485; *Koller*[8] Rn 37; Ebenroth/Boujong/Joost/Strohn/*Schaffert*[2] Rn 31.

[99] BGH NJW 2003, 1313, 1314; OLG Nürnberg NJW-RR 2005, 183, 184; OLG Frankfurt TranspR 2004, 464, 466.

[100] BGH NJW 1998, 1066, 1067; BGHZ 153, 148, 151 = NJW 2003, 1313, 1314; *Fremuth/Thume* Rn 28; *Koller*[8] Rn 37 mwN.

[101] BGH NJW 1977, 624, 625; VersR 1991, 692 = NJW 1991, 1678; OLG Düsseldorf 2006, 353, 354; *Canaris* Handelsrecht[24], § 31 Rn 33; *Koller*[8] Rn 38; *Andresen/Valder* Rn 19; *Basedow* TranspR 1998, 58, 63 f; *Berger* ZIP 2006, 2149, 2153; MünchKommHGB/*C. Schmidt*[3] Rn 16; einschränkend *Fremuth*/Thume Rn 22 und 24; **aA** KG Urt. v. 29.1.1998 – 2 U 3677/97, KG-Rep 1998, 140, 141; *Temme*, 197, 205.

(und ihrer Folgen) dar.[102] Ebensowenig reicht es für die Annahme einer ausgehandelten Abweichung vom Gesetz aus, wenn formularmäßig nur die Wahl zwischen verschiedenen Abweichungen vom Gesetz gewährt wird[103] oder formularmäßig ein Vorschlag zur Ergänzung einer Klausel in der Gestaltung anderer Wahlmöglichkeiten praktisch verdrängt.[104] Im Vordergrund steht der **intellektuelle Erkenntnisprozess**, weniger die wirtschaftliche Durchsetzbarkeit. Die Erkenntnismöglichkeit über Alternativen und ihre Wirkungen ist ausreichend. Der andere Teil darf von seinen Einsichtsmöglichkeiten nicht außerstande gewesen sein, das Angebot frei aufzugreifen und seine ggf. gegenläufigen Interessen wenigstens zu äußern.[105] Ein Aushandeln kann also auch dann vorliegen, wenn die Abweichung vom Gesetz zwar vom einen Teil zunächst für unverzichtbar erklärt wurde, sodann aber eine Erörterung unter sachlicher Behandlung der Gegenvorschläge des anderen Teils stattfindet und der andere Teil sich mit der Abweichung sodann ausdrücklich einverstanden erklärt, nachdem ihm individuelle Zugeständnisse gemacht werden.[106] Der andere Teil muss nicht von der Sachgerechtigkeit der von seinem Vertragspartner vorgeschlagenen Gesetzesabweichung überzeugt gewesen sein.[107] Er braucht auch nicht wirtschaftlich in der Lage gewesen zu sein, die ihm am besten erscheinende oder von ihm favorisierte Regelung durchzusetzen.[108] Der andere Teil braucht das Verhandlungsangebot nicht einmal aufgegriffen oder erwogen zu haben.[109]

30 c) **Beweislast.** Der Nachweis darüber, dass eine vom Gesetz abweichende Vereinbarung von den Parteien bewusst getroffen wurde, ist gemäß den **allgemeinen Grundsätzen** von demjenigen zu führen, der sich auf diese Vereinbarung beruft.[110] Angesichts des Schutzzwecks von § 449 und der in ihm aufgeführten Haftungsnormen sind an diesen Beweis allerdings ***strenge Anforderungen zu stellen.***[111]

In erster Linie dürfte der **Urkundsbeweis** und bei dessen Fehlen der **Zeugenbeweis** in Frage kommen. Für diesen Nachweis taugliche Aufzeichnungen werden nach Auffassung des Gesetzgebers erst gefertigt, wenn der Abweichung besondere Aufmerksamkeit geschenkt wird.[112] Aus der Vertragsurkunde selbst dürften sich – nicht unüblich – kaum klare Ableitungen für das Aushandeln gewinnen, denn die Vertragsurkunde dokumentiert häufig nur das Verhandlungs*ergebnis*. Im Einzelfall kann das freilich anders sein, etwa durch Hinweis auf die Verhandlungen im Vertragstext selbst oder durch nachträgliche **individuelle Änderungen** an einem vorformulierten Text.[113] Die bloße Ergänzung einer zu-

---

[102] OLG Stuttgart, TranspR 2005, 27, 30; *Koller*[8] Rn 38.

[103] BGH TranspR 2006, 169, 171; 171, 173 f; Ebenroth/Boujong/Joost/Strohn/*Schaffert*[2] Rn 30; *Koller*[8] Rn 37.

[104] BGH ZIP 2003, 407 f; NJW 1998, 1066, 1068; *Koller*[8] Rn 37.

[105] *Koller*[8] Rn 39 mwN; Ebenroth/Boujong/Joost/Strohn/*Schaffert*[2] Rn 31.

[106] BGH NJW 1992, 2283, 2285; NJW 1977, 624, 625; OLG Düsseldorf, TranspR 2006, 353, 354; *Koller*[8] Rn 40; *Canaris* Handelsrecht[24], § 31 Rn 33; *Wackerbarth* AcP 200 (2000), 45, 83 f; krit. *Schuhmann* JZ 1998, 127, 129; *Temme*, 197, 204.

[107] BGH BGHZ 153, 148, 152 f = NJW 2003, 1313, 1314; *Koller*[8] Rn 39.

[108] *Koller*[8] Rn 39; *Andresen/Valder* Rn 24.

[109] *Berger* ZIP 2006, 2149, 2153; *Lischeck/Mahnken* ZIP 2007, 158, 161 f; *Koller*[8] Rn 38; *Andresen/Valder* Rn 19; **aA** OLG München Urt. v. 2.4.1982 – 23 U 4208/81, DB 1982, 1003, 1004.

[110] Begr RegE TRG 1998, BT-Drs. 13/8445, Satz 87; OLG Düsseldorf TranspR 2006, 349; *Koller*[8] Rn 42; *Basedow* TranspR 1998, 58, 64; Ebenroth/Boujong/Joost/Strohn/*Schaffert*[2] Rn 32.

[111] Ebenroth/Boujong/Joost/Strohn/*Schaffert*[2] Rn 32.

[112] Begr RegE TRG 1998, BT-Drs. 13/8445, 87; MünchKommHGB/C. *Schmidt*[3] Rn 17.

[113] Ebenroth/Boujong/Joost/Strohn/*Schaffert*[2] Rn 32; *Koller*[8] Rn 42; **aA** OLG Frankfurt v. 26.11.1986, NJW-RR 1986, 548 (kein hinreichendes Indiz).

vor von ihr vorformulierten Erklärung durch die verwendende Partei selbst ist nur ein schwaches Indiz für ihre Verhandlungsbereitschaft.[114] Wird ein vorformulierter Text nachträglich geändert, so stellt dies jedenfalls dann ein Indiz für ein Aushandeln dieser Abweichung dar, wenn die Änderung von der mit dieser Abweichung materiell *belasteten* Partei ausgegangen ist.[115] Diese Indizwirkung kann auch von der Änderung von *Teilen* einer Klausel ausgehen und den übrigen Inhalt der Klausel erfassen. Jedenfalls wird nach dem gewöhnlichen Lauf der Dinge zu vermuten sein, dass bei Abänderung einzelner Klauselteile die Parteien auch den übrigen Inhalt der Klausel mit in Betracht gezogen haben, wenn ein inhaltlich enger Zusammenhang zwischen geändertem Teil und nicht geändertem Teil besteht.[116]

Die Beweisführung kann auch auf (**periphere**) **Aufzeichnungen** über das Entstehen der Vereinbarung oder auf sonstige **Indizien** aus dem Verhalten der Beteiligten gestützt werden. Solche Aufzeichnungen sind etwa die begleitende verschriftlichte Kommunikation, schriftliche Vertragsentwürfe, Gegenvorschläge sowie in zulässiger Weise gefertigte Tonaufzeichnungen.[117] Die Unterzeichnung einer – unter Umständen sogar noch formularmäßigen – Erklärung, dass Verhandlungsbereitschaft bestand, oder dass bestimmte Klauseln Gegenstand individueller Verhandlungen waren, stellt in dieser Abstraktheit aber grundsätzlich kein ausreichendes Indiz dar.[118] Denn hiermit steht zu befürchten, dass strategisch eher die bloße Ausschaltung des gesetzlichen Haftungsregimes intendiert ist.[119] Beweiswert für die Verhandlungsbereitschaft der eine Klausel verwendenden Partei hat es aber, wenn die Verwendungsgegnerin, die insoweit nicht beweisbelastet ist, in einer individuell gefertigten Erklärung oder sogar in einer darüber getroffenen Vereinbarung sehr viel konkreter bestätigt, dass die klauselverwendende Partei verhandlungsbereit war, dass die Klausel gemeinsam erörtert wurde und das die bestätigende Verwendungsgegnerin bereit ist, die erörterte Klausel zu übernehmen.[120] Beweiswert hat auch das **Schweigen auf ein kaufmännisches Bestätigungsschreiben**, mit dem festgestellt wird, dass eine Abrede ausgehandelt wurde.[121] **31**

Gegen die Annahme eines Aushandelns einer bestimmten Klausel spricht, wenn ein **Plan** einer Vertragsseite zur Durchsetzung dieser Klausel **erkennbar** ist. Ein Plan bzw. eine Strategie lassen sich freilich nicht ableiten, wenn die Klausel dem Vertrag in zahlenmäßig nur wenigen Fällen zugrundegelegt worden war. Denn auch die Zahl der für eine individuelle Abweichung von der gewählten Klausel in Betracht kommenden Alternativen mag gering gewesen sein. Planvolles Vorgehen ist dann denkbar bzw. Indizien erfolgten Aushandelns sind dann erschüttert, wenn der Inhalt der betreffenden Klausel gegen ein freies Aushandeln spricht *und* die Anzahl der Fälle, in denen diese Klausel vom anderen Teil ver- **32**

114 *Koller*[8] Rn 42.

115 *Koller*[8] Rn 42; Ebenroth/Boujong/Joost/Strohn/*Schaffert*[2] Rn 32; **aA** OLG Frankfurt, NJW-RR 1987, 548.

116 *Koller*[8] Rn 36 mwN; Ebenroth/Boujong/Joost/Strohn/*Schaffert*[2] Rn 32.

117 Begr RegE TRG 1998, BT-Drs. 13/8445, 87; BGH NJW 1987, 1634; *Koller*[8] Rn 42; Andresen/*Valder* Rn 23 f; *Basedow* TranspR 1998, 58, 64.

118 BGH NJW 1977, 624, 625;, BGHZ 99, 374, 375 ff = NJW 1987, 1634 f; LG Frankfurt NJW 1984, 2419 f; HK/*Ruß* Rn 9; *Koller*[8] Rn 42; *Andresen/Valder* Rn 24; *Basedow* TranspR 1998, 58, 64; Ebenroth/Boujong/Joost/Strohn/*Schaffert*[2] Rn 32.

119 *Basedow* TranspR 1998, 58, 64. – Zur Unwirksamkeit solcher Bestätigungen siehe § 11 Nr. 15 b AGBG aF und BGH NJW 1987, 1634 sub II.

120 *Koller*[8] Rn 42; Ebenroth/Boujong/Joost/Strohn/*Schaffert*[2] Rn 32; *Basedow* TranspR 1998, 58, 59; Ebenroth/Boujong/Joost/Strohn/*Schaffert*[2] Rn 32.

121 *Koller*[8] Rn 42; *Andresen/Valder* Rn 24; Ebenroth/Boujong/Joost/Strohn/*Schaffert*[2] Rn 32.

wendet wurde, signifikant ist.[122] Auch unterschiedliche Marktmachtverhältnisse können je nach den Umständen ein weiteres Indiz für das Fehlen eines freien Aushandelns darstellen.[123]

33 8. **Katalog der Einzelvereinbarungen zugänglichen Regelungen, Abs. 1 Satz 1.** In Abs. 1 genannte Vorschriften sollen ABG-fest sein, damit der Absender nicht standardisiert Haftungsbedingungen ausgesetzt wird, die für ihn ungünstig sind. In der konkreten vertraglichen Ausgestaltung im Einzelnen zu gestaltender Punkte lassen einige der Bestimmungen Veränderungsspielraum für Primärleistungspflichten, den § 449 Abs. 1 aber nur dann nicht unterbindet, wenn und *soweit* hierdurch der Sorgfaltsmaßstab nicht beeinflusst wird[124] (vgl. oben Rn 16, 18 f). Die Inhaltskontrolle solcher Vereinbarungen nach § 307 BGB bleibt davon freilich unberührt. Im Einzelnen gilt:

34 a) **§ 407.** § 407 ist in Abs. 1 nicht erwähnt, entfaltet aber Beschränkungswirkungen eigener Art. Der Geltungsanspruch der in § 449 Abs. 1 aufgeführten Normen und die in § 449 angeordneten Rechtsfolgen dürfen **nicht dadurch ausgeschlossen werden,** dass die Vertragsparteien die Güterbeförderung in die Gestaltung eines anderen Vertragstypus derart einbeziehen oder die Beförderung vertraglich insgesamt derart abweichend qualifizieren[125], dass die Anknüpfung für die Anwendung von § 449 und der darin aufgeführten Normen verloren geht.[126] Vgl. dazu oben B. I. 4.

35 b) **§ 413 Abs. 2.** Die in § 413 Abs. 2 geregelte **Haftung des Frachtführers gegenüber dem Absender** bei Verlust oder Beschädigung oder unrichtiger Verwendung der **Begleitpapiere,** die sich in der Höhe nach den §§ 429, 431 Abs. 1 und 2 bestimmt, ist im Grundsatz AGB-fest und kann nur durch Individualvereinbarung abweichend geregelt werden.[127] Die zugrundgelegte *Art* der Verwendung der Papiere ist auch formularvertraglich vereinbar,[128] es sei denn, dass sie zugleich zu einer **Abweichung von dem gesetzlich festgelegten Sorgfaltsmaßstab** führt.[129]

36 c) **§ 414 Abs. 1 Satz 1 Nr. 1.** § 414 Abs. 1 knüpft eine verschuldensunabhängige Haftung des *Absenders* an die in den Ziffern 1–4 beschriebenen Pflichtverletzungen. Ziff. 1 sanktioniert die Verletzung der Pflicht zur **Verpackung und/oder Kennzeichnung des Gutes** gem. § 411. Güterverlust und Güterschäden sowie Schäden des Frachtführers Verpackungs- und Kennzeichnungsfehler sind zu vermeiden. Die Bestimmung des § 411 ist in mehrfacher Weise abdingbar, mit Wirkung für § 414 und § 449 Abs. 1.

Abweichend von § 411 kann sich auch der *Frachtführer* zur Verpackung und/oder Kennzeichnung des Gutes vertraglich verpflichten. Geschieht dies, knüpft die Haftung nach § 414 für eine Verletzung der Verpackungs- bzw. Kennzeichnungspflicht an diese vertragliche Vereinbarung. Die Bestimmung des § 414 ist im Kontext von § 449 in diesem Fall nur zu beachten (maW: sie kann nur individualvertraglich geändert werden), wenn und soweit der *Frachtführer* sich zur Verpackung und/oder Kennzeichnung des Gutes verpflichtet hatte und diese Haftung abändern möchte.

---

122 KG-Report 1998. 140; *Koller*[7] Rn 50; ders.[8] Rn 36; Ebenroth/Boujong/Joost/Strohn/*Schaffert*[2] Rn 30, 32.

123 HK/*Ruß* Rn 9; **aA** *Andresen/Valder* Rn 24; *Koller*[8] Rn 35, 39 („unerheblich").

124 Die ist bei den folgenden Ausführungen zu den einzelnen Normen zu beachten.

125 Etwa als allgemeinen Werkvertrag (§ 631 BGB), als Mietvertrag (§ 535 BGB) oder als Dienstverschaffungsvertrag.

126 *Koller*[8] Rn 7 („Rechtsformzwang").

127 Ebenroth/Boujong/Joost/Strohn/*Schaffert*[2] Rn 4.

128 *Koller*[8] Rn 8.

129 Vgl. oben Rn 16; **aA** offenbar *Koller*[8] Rn 8.

Ferner ist die *Art und Weise* der Verpackung vertraglich abdingbar. Eine nach § 449 Abs. 1 Satz 1 unzulässige formularmäßige Abbedingung des § 414 Abs. 1 Satz 1 Nr. 1 liegt dann vor, wenn die *Haftung* (Sekundärpflicht) für Folgen einer den vertraglichen Abreden zwischen Frachtführer und Absender nicht entsprechende Verpackung und/oder Kennzeichnung *ganz* ausgeschlossen wird. Nach Lesart eines Teils des Schrifttums liegt eine solche unzulässige formularmäßige Abbedingung nicht dagegen auch dann vor, wenn nur eine geringere Verpackung und/oder eine geringere Kennzeichnung (*Primärpflicht*) des Gutes, die nicht hinreichend vor Verlust oder Beschädigung oder unsachgemäßer Behandlung schützt, formularmäßig vereinbart wurde.[130] Der oben Rn 16 dargestellte Streit über die beschränkte Abdingbarkeit von primären Vertragspflichten (statt nur der Rechtsfolgen) bei drohender Abweichung von dem gesetzlich festgelegten Sorgfaltsmaßstab kehrt in dieser Einkleidung wieder. **37**

Zu beachten ist ferner, dass die **Höhe der Absenderhaftung** nach § 414 nF nicht mehr summenmäßig beschränkt ist, nach § 449 Abs. 2 Satz 2 aber formularmäßig und daher nach Abs. 1 natürlich auch individualvertraglich beschränkt werden kann. **37b**

d) **§ 414 Abs. 1 Satz 1 Nr. 2.** Nach § 414 Abs. 1 Nr. 2 haftet der Absender für unvollständige oder unrichtige **Angaben im Frachtbrief.** Auch die dort angeordnete Haftung ist, gleich ob sie vom Frachtführer vertraglich übernommen wurde oder nicht, im Grundsatz nur durch Individualvereinbarung abdingbar. Entsprechend dem, was bei § 414 Abs. 1 Satz 1 Nr. 1 gilt, ist die *Haftungsfolge* bei Unrichtigkeit oder Unvollständigkeit der in den Frachtbrief aufgenommenen Angaben dem Grunde nach (also das „ob" der Haftung; für die Höhe gilt wieder die zusätzliche Möglichkeit formularmäßiger Abdingbarkeit nach § 449 Abs. 2 Satz 2) auf der Grundlage der Parteivereinbarung zu beurteilen, welche Angaben in den Frachtvertrag in welchem Umfang aufzunehmen sind. Die Vereinbarung einer objektiv abweichenden Angabe (bspw. niedrigeres Gewicht des Gutes als es wirklich hat) wäre folglich nicht iSv § 414 Abs. 1 Nr. 2 unrichtig. Eine Haftung für Folgen dieser Angabe würde entfallen, § 449 Abs. 1 würde nicht greifen.[131] Eine den Sorgfaltsmaßstab auf diese Weise beeinflussende Parteivereinbarung sollte der Wirkung von § 449 nicht entzogen sein.[132] **38**

§ 449 Abs. 1 Satz 1 iVm. § 414 Abs. 1 Satz 1 Nr. 2 ist ferner anwendbar, wenn die Vereinbarung auch wegen § 134 oder § 138 BGB nichtig, der Vertrag im Übrigen aber gemäß § 139 BGB gültig ist.[133]

e) **§ 414 Abs. 1 Satz 1 Nr. 3.** Die in § 414 Abs. 1 Satz 1 Nr. 3 bestimmte Absenderhaftung knüpft an die Verpflichtung des Absenders nach § 410 an, **Angaben zur Gefährlichkeit des Gutes** zu machen. Die Parteien des Frachtvertrags können jedoch auch in Bezug auf den Umfang solcher Mitteilungspflichten Vereinbarungen treffen. Aus diesem Grund ist die Frage, ob von der Absenderhaftung im konkreten Fall iSd. § 449 Abs. 1 Satz 1 zum Nachteil des Absenders abgewichen wurde (und damit zulässigerweise nur individualvertraglich), entsprechend den bei § 414 Abs. 1 Satz 1 Nr. 1 und 2 geltenden Grundsätzen auf der Grundlage der Parteivereinbarungen (wofür und von wem gehaftet wird) zu beurteilen. Soweit die nach § 410 bestehende Informationspflicht also zulässigerweise (d.h. ohne Verstoß gegen §§ 134, 138 und 307 BGB) abbedungen, eingeschränkt oder erweitert wird, ist **39**

---

130 Heymann/*Schlüter* Rn 8; Ebenroth/Boujong/Joost/Strohn/*Schaffert*[2] Rn 5; *Koller*[8] Rn 9, str, **aA** die hM, vgl. oben Rn 16, 18 f.

131 *Koller*[8] Rn 10; Ebenroth/Boujong/Joost/Strohn/*Schaffert*[2] Rn 6.

132 HM, vgl. oben Rn 16; **aA** *Koller*[8] Rn 10.

133 *Koller*[8] Rn 10; Ebenroth/Boujong/Joost/Strohn/*Schaffert*[2] Rn 6.

§ 449 Abs. 1 Satz 1 zum Schutz des Absenders bzw. des vertraglich entsprechend Verpflich teten gar nicht anwendbar. Anders liegt es nach obigem Diskurs wiederum dann, wen durch eine solche Vereinbarung der gesetzlich festgelegte Sorgfaltsmaßstab beeinfluss wird oder wenn diese Vereinbarung zwar nichtig oder unwirksam, der Vertrag im Übrige aber wirksam ist.[134]

Die Haftung des Frachtführers gemäß § 425 ist nicht in dieser Weise disponibel. Di Verletzung einer Mitteilungspflicht des Absenders hinsichtlich der Schadensanfälligkei oder des Werts des Gutes ist für die Haftung des Frachtführers allein im Rahmen des § 42 Abs. 2 gemäß ihrem Verursachungsbeitrag zu berücksichtigen.[135]

40 f) **§ 414 Abs. 1 Satz 1 Nr. 4.** Auch die in § 414 Abs. 1 Nr. 4 in Bezug genommene Pflichten des Absenders aus § 413 Abs. 1, Urkunden zur Verfügung zu stellen und Aus künfte zu erteilen, sind vertraglich zugunsten und zu Lasten des Absenders abdingbar. Ver tragliche Begrenzungen oder Erweiterungen der Pflicht sind durch § 449 Abs. 1 Satz 1 in vorgenannten Sinne nicht einschränkbar,[136] wenn dadurch nicht der Sorgfaltsmaßstab be einflusst wird[137] oder wenn diese Vereinbarung zwar nichtig oder unwirksam, der Vertra im Übrigen aber wirksam ist.[138]

41 g) **§ 414 Abs. 2.** Das nach § 414 Abs. 2 geltende *Prinzip* der Minderung der Absen derhaftung durch **Mitverursachung** des Frachtführers ist formularmäßig nicht abdingba Das für die Zurechnung maßgebliche *Maß* der Mitverursachung durch den Frachtführe (maW was ihm zurechenbar ist) ist – entsprechend den im Rahmen des § 414 Abs. 1 Satz geltenden Grundsätzen – hingegen danach zu bestimmen, welcher Rang und welche Be deutung den jeweils verletzten Pflichten nach dem Frachtvertrag zukam.[139] Dies ist nich von § 449 Abs. 1 erfasst.

42 h) **§ 418 Abs. 6.** Die gemäß § 418 Abs. 6 Satz 2 angeordnete Haftung des Frachtfüh rers, der eine Weisung befolgt, ohne sich das ausgestellte Sperrpapier (§ 418 Abs. 4) vor legen zu lassen, ist wie schon vor der Reform formularmäßig unabdingbar. § 418 Abs. Satz 2 begrenzt die Haftung der Höhe nach; *insoweit* kann sie im Rahmen des § 449 Abs. Satz 1 formularmäßig ausgestaltet werden.

Allerdings kann durch Individualvereinbarung auch geregelt werden, dass der Absen der Weisungen auch ohne Vorlage des Frachtbriefs erteilen kann, obwohl nach diesem di Vorlage der Absenderausfertigung erforderlich ist.[140] Dann wird gar nicht gehaftet.

Gemäß § 449 Abs. 1 Satz 2 aF galt die grundsätzliche formularmäßige Unabdingbar keit auch zugunsten gutgläubiger Dritter (bzw. des Empfängers), weil diese sich auf da Sperrpapier verlassen können sollten. Dieses Vertrauen auf die Wirkung des Sperrpapier wird nach § 449 Abs. 1 nF jetzt nicht mehr geschützt.[141]

43 i) **§ 422 Abs. 3.** Die Unabdingbarkeit der Haftung des Frachtführers, der das Gut a den Empfänger ohne Einziehung der Nachnahme abliefert, knüpft an eine wirksame un zur Zeit der Ablieferung noch bestehende Nachnahmevereinbarung der Vertragsparteie

---

134 *Koller*[8] Rn 11.

135 Vgl. *Koller*[8] Rn 11; Ebenroth/Boujong/Joost/Strohn/*Schaffert*[2] Rn 7. Spiegelbildlich zu 3 414 Abs. 2.

136 *Koller*[8] Rn 12.

137 Vgl. oben Rn 16.

138 *Koller*[8] Rn 11.

139 Ebenroth/Boujong/Joost/Strohn/*Schaffert*[2] Rn 9; *Koller*[8] Rn 13.

140 *Koller*[8] Rn 14 mwN; Ebenroth/Boujong/Joost/Strohn/*Schaffert*[2] Rn 10.

141 Begr RegE SRG zu § 449, 107 (BR-Drs.310/12 = TranspR 2012, 165, 204); *Koller*[8] Rn 14.

nach § 422 Abs. 1.[142] MaW, wenn eine solche Nachnahmevereinbarung getroffen wurde, kann die Haftung des Frachtführers für solches Verhalten nicht abbedungen werden.

j) **§ 425.** Die Haftung des Frachtführers gemäß § 425 für Güterverlust, Güterschäden und Lieferfristüberschreitung ist nach § 449 Abs. 1 Satz 1 nicht formularmäßig abdingbar. Von dieser Unabdingbarkeit erfasst sind alle zusammenhängenden Rechtsfolgen vertragswidrigen Verhaltens sowie etwa Garantien für die Einhaltung der Lieferfrist und Vertragsstrafeversprechen.[143] Nicht von dieser Unabdingbarkeit erfasst sind vertragliche Vereinbarungen über Primärleistungspflichten selbst, etwa Abreden der Parteien über die Lieferfrist, sowie auch Abreden über die Qualität des Gutes und über das Verhalten des Absenders und/oder des Empfängers,[144] soweit (!) – wie oben dargelegt – dadurch nicht der objektive Sorgfaltsmaßstab verändert wird.[145] **44**

k) **§ 426.** Der Frachtführer hat die *größte mögliche* Sorgfalt im Rahmen des vereinbarten Transports zu wahren.[146] Dieser Zurechnungsmaßstab bedingt reine Kausalhaftung und ist gem. § 449 Abs. 1 nur durch Individualvereinbarung abänderbar (etwa durch Vereinbarung von Verschuldenshaftung statt reiner Kausalhaftung).[147] Abreden, die den Frachtführer zu bestimmten Verhaltensweisen wie etwa zum Abstellen des unbewachten Transportmittels auf der Straße berechtigen, schränken die verschuldensunabhängige Haftung gemäß § 426 ein.[148] Diese Verhaltensweisen sind im Rahmen des § 449 nur durch Individualvereinbarung zulässig.[149] *Soweit* sich Abreden auf die Art und Weise der Beförderung, der Transportqualität wie etwa Vereinbarungen über den Transportweg oder auf die Ausstattung des Transportmittels, also auf die Primärleistungspflichten, beziehen und damit nicht den Sorgfaltsmaßstab des § 426 verändern, sind sie formularmäßig zulässig, soweit (!) dadurch nicht der objektive Sorgfaltsmaßstab verändert wird.[150] Dies dürfte aber regelmäßig der Fall sein. **45**

l) **§ 427.** § 449 Abs. 1 bestimmt auch im Zusammenhang mit § 427 nur, dass Abweichungen von der Haftungsfolge (hier Haftungsbefreiung des Frachtführers) nur durch Individualvereinbarungen zulässig sind. Eine Vereinbarung über die Verwendung von offenen Fahrzeugen oder die Verladung auf Deck ist gemäß **§ 427 Abs. 1 Nr. 1** also auch formularmäßig zulässig. Die gilt selbst dann, wenn die vereinbarte Art der Beförderung nicht der Üblichkeit entspricht, wenn also etwa die Beförderung in geschlossenem Fahrzeug vereinbart trotz sonst üblicher offener Beförderung. Denn die Üblichkeit der Beförderung stellt lediglich *ein* Element für die Auslegung der getroffenen Vereinbarung dar.[151] **46**

Im Falle von **§ 427 Abs. 1 Nr. 2** verbietet § 449 nur die formularmäßige Abbedingung des Ausschlusses der Frachtführerhaftung, wen das Gut für den Transport verpackt übergeben worden war und werden sollte, dies aber durch den *Absender* mangelhaft geschah. Formularmäßige Vereinbarungen hinsichtlich der Pflichten Verpackung des Gutes und der **47**

[142] Ebenroth/Boujong/Joost/Strohn/*Schaffert*[2] Rn 11; *Koller*[8] Rn 15.
[143] *Koller*[8] Rn 16; Ebenroth/Boujong/Joost/Strohn/*Schaffert*[2]; **aA** Lammich/*Pöttinger* § 423 Rn 23 ff.
[144] *Andresen/Valder* § 425 Rn 58; Ebenroth/Boujong/Joost/Strohn/*Schaffert*[2] Rn 12; *Koller*[8] Rn 16.
[145] Vgl. oben Rn 16; **aA** *Koller*[8] Rn 16.
[146] *Koller*[8] § 426 Rn 4; Lammich/*Pöttinger* § 426 Rn 61.
[147] *Koller*[8] Rn 17.
[148] *Koller*[8] § 426 Rn 4; Lammich/*Pöttinger* § 426 Rn 62; Ebenroth/Boujong/Joost/Strohn/*Schaffert*[2] Rn 13.
[149] **AA** *Koller*[8] Rn 17; vgl. Rn 19.
[150] HM; **aA** *Koller*[8] Rn 6, 17; § 426 Rn 4a; § 407 Rn 46; vgl. oben Rn 16.
[151] Vgl. § 427 Rn 7; *Koller*[8] Rn 18 (außerdem Erst-Recht-Schluss aus § 427 Abs. 3); Ebenroth/Boujong/Joost/Strohn/*Schaffert*[2] Rn 14.

Überprüfung der Verpackung selbst sind möglich, etwa dahin, dass der *Frachtführer* die Verpackungspflicht übernommen oder sich verpflichtete hat, das Gut unverpackt zu befördern, mit der Folge der Frachtführerhaftung für Schadensfolgen.[152] Dies ist aber gar kein Fall des § 427 Abs. 1 Nr. 2. § 449 ist insoweit gar nicht einschlägig.

Als Folge der privatautonom zulässigen Verlagerung der Verpackungspflicht ist folglich auch die Vereinbarung von Untersuchungspflichten des Frachtführers möglich.[153] Verstößt er gegen die ihm auferlegte Untersuchungspflicht, kann der Haftungsausschluss entfallen. Auch dies ist kein Fall des § 427 Abs. 1 Nr. 2 mehr und § 449 daher ebenfalls nicht einschlägig. Freilich sollte diese zulässige privatautonome Festlegung der Risikosphären nicht zu einer Aushöhlung der Sphäre des Absenders führen.[154] Dafür sorgt § 427 Abs. 1 Nr. 3, der die Haftungsbefreiung des Frachtführers an tatsächliches Verhalten des Absenders oder Empfängers anknüpft.

48 **§ 427 Abs. 1 Nr. 3** normiert den Haftungsausschluss für Folgen *tatsächlichen Verhaltens* (Behandelung, Verladung und Entladung des Gutes) durch Absender oder Empfänger. Die hieran anknüpfende Haftungsfolge ist wegen § 449 Abs. 1 nur einer Individualvereinbarung zugänglich. Vereinbarungen über die *Pflicht* zur Behandlung, Verladung und Entladung des Gutes werden hingegen nicht von § 427 Abs. 1 Nr. 3 und daher nicht von § 449 Abs. 1 Satz 1 erfasst, sind also auch formularmäßig zulässig.[155] Freilich darf die privatautonome Verlagerung der Pflichten nicht die Verantwortlichkeit der Ladungsbeteiligten für ihre jeweilige Sphäre aushöhlen. Der Rechtsgedanke von § 449 Abs. 1 sollte auch insoweit leitend sein.[156]

49 **§ 427 Abs. 1 Nr. 4** knüpft die Enthaftung des Frachtführers an bestimmte Eigenschaften des Gutes. Die Art des Transports ist formularmäßig frei festlegbar,[157] die daran oder an in Nr. 4 genannnte Gütereigenschaften anknüpfende Haftungsfolge des § 427 Abs. 1 wegen § 449 nicht.[158] Eine noch engere Grenze für die in § 427 Abs. 1 Nr. 4 geregelte Haftungsbefreiung des Frachtführers zieht § 427 Abs. 4: Bei vertraglicher Verpflichtung des Frachtführers zu besonderen, in Abs. 4 aufgeführten güterbezogenen Vorkehrungen ist eine Berufung auf die haftungsbefreienden Güterumstände des § 427 Abs. 1 Nr. 4 nur zulässig, wenn der Frachtführer alle ihm obliegenden Maßnahmen (Regelbeispiele!) getroffen und besondere Weisungen beachtet hat.[159]

50 Im Fall des **§ 427 Abs. 1 Nr. 5** gelten die zu § 427 Abs. 1 Nr. 2 entwickelten Grundsätze entsprechend.[160] § 427 Abs. 1 Nr. 5 knüpft die Haftungsbefreiung des Frachtführers an die ungenügende Kennzeichnung der Frachtsstücke durch den Absender. Nach § 411 Satz 3 obliegt dem Absender die Kennzeichnungspflicht im Rahmen der erforderlichen vertragsgemäßen Behandlung. Die Bestimmung ist aber dispositiv, die vertraglicher Erforderlichkeit also privatautonom vereinbar.[161]

51 **§ 427 Abs. 2** normiert in Bezug auf die in § 427 Abs. 1 benannten Gefahren eine bestehende Ursächlichkeitsvermutung zu Lasten des Absenders. **§ 427 Abs. 3 bis 5** knüpfen die Haftungsbefreiung des Frachtführers an die Beachtung von erforderlichen Schutzmaß-

---

152 *Koller*[8] § 427 Rn 17, 42.

153 *Koller*[8] § 427 Rn 42; Ebenroth/Boujong/Joost/Strohn/*Schaffert*[2] § 427 Rn 29.

154 *Koller*[8] § 427 Rn 42 Rn 118 einerseits (Privatautonomie) und ders. Rn 65 andererseits (Aushöhlungsgefahr).

155 *Koller*[8] § 449 Rn 19.

156 Angedeutet bei *Koller*[8] § 427 Rn 65 („Schranken des § 449 zu beachten"); unklar *ders.* § 449 Rn 19 („von § 449 Abs. 1 nicht erfasst").

157 *Koller*[8] § 427 Rn 92.

158 *Koller*[8] Rn 20.

159 *Koller*[8] § 427 Rn 80.

160 *Koller*[8] Rn 21; Ebenroth/Boujong/Joost/Strohn/*Schaffert*[2] Rn 14; *Koller*[8]§ 427 Rn 99, 92, 42.

161 *Koller*[8] § 427 Rn 99.

nahmen und Weisungen. Vereinbarungen, die die gemäß § 427 Abs. 2 bestehende Ursächlichkeitsvermutung zu Lasten des Absenders *erweitern*, sind wegen der damit verbundenen Haftungsfolgen gemäß § 449 Abs. 1 Satz 1 unwirksam. Dasselbe gilt für Abreden, nach denen Verstöße gegen Weisungen oder das Unterlassen von – im Frachtvertrag ohne die Schranken des § 449 frei zu vereinbarenden – Schutzmaßnahmen iSd. § 427 Abs. 3 bis 5 *weniger weitgehende* Haftungswirkungen haben als in § 427 Abs. 3 bis 5 vorgesehen.[162]

m) **§§ 428 bis 432.** Die den **Umfang der Haftung** des Frachtführers bei Güter- und 52
Verspätungsschäden regelnden §§ 428 bis 432 (Haftung für andere, Wertersatz, Schadensfeststellungskosten, Haftungshöchstbetrag, Ersatz sonstiger Kosten) können gemäß § 449 Abs. 1 Satz 1 grundsätzlich weder durch AGB abgeändert werden.[163] Für die Haftungshöchstsumme nach § 431 trifft Abs. 2 eine Sonderbestimmung.

n) **§ 433.** Der Gesetzgeber hat sich bei der Regelung des § 433 bewusst auf die Festle- 53
gung einer Haftungshöchstsumme für Vermögensschäden beschränkt. Dementsprechend bezieht sich auch die Bestimmung des § 449 allein auf diese Haftungsbeschränkung. Dagegen können die vertraglichen Pflichten, an deren Verletzung § 433 anknüpft (Verletzung einer mit der Ausführung der Beförderung zusammenhängenden vertraglichen Pflicht), frei begründet, erweitert und beschränkt werden, soweit (!) dadurch nicht der objektive Sorgfaltsmaßstab verändert wird.[164] Entsprechend können auch die *zivilrechtlichen* Haftungstatbestände bei Verletzung dieser Pflichten innerhalb der auch sonst für sie geltenden allgemeinen Schranken (§§ 138, 276, 305 ff BGB etc.) frei begründet, erweitert und eingeschränkt sein.[165]

o) **§§ 434, 435.** § 434 erstreckt gesetzliche und vertragliche Haftungsbefreiungen auf 54
außervertragliche Ansprüche. Von § 434 und § 435 kann nur im Rahmen des § 449, d.h. nur durch Individualvereinbarung[166] abgewichen werden. Nicht möglich ist eine Abweichung etwa indirekt dadurch, dass die Parteien – ohne die vereinbarte Transportart zu ändern – die Obhutspflichten, die den Frachtführer nach dem Gesetz treffen, durch gegenteilige Vereinbarungen reduzieren,[167] jedenfalls soweit (!) dadurch der objektive Sorgfaltsmaßstab verändert wird.[168] Unwirksam sind unter dieser Prämisse insbesondere – auch individualvertragliche – Abreden, wonach der Verbraucher – direkt oder indirekt – auf die Durchführung von Schnittstellenkontrollen verzichtet.[169]

p) **§ 436.** Leute des Frachtführers können außervertraglich neben dem Frachtführer 55
haften. Sie können sich gemäß § 436 Satz 1 sowohl auf die in den §§ 407 ff vorgesehenen gesetzlichen Haftungsbeschränkungen berufen als auch auf die die Haftung des Frachtführers einschränkenden vertraglichen Vereinbarungen, wenn bzw. soweit sie kein qualifizier-

---

162 Vgl. *Koller*[8] Rn 22, 23; Ebenroth/Boujong/Joost/Strohn/*Schaffert*[2] Rn 14.

163 Ebenroth/Boujong/Joost/Strohn/*Schaffert*[2] Rn 15; *Koller*[8] Rn 24.

164 HM; **aA** *Koller*[8] Rn 6, 17, 25; § 426 Rn 4a; § 407 Rn 46; s. oben Rn 16.

165 *Koller*[8] Rn 25 (unter Berufung auf BT-DRs. 13/8445, 68); Heymann/*Schlüter* Rn 14–18; Ebenroth/Boujong/Joost/Strohn/*Schaffert*[2] Rn 16.

166 **AA** *Harms*, FS Thume, 173, 176.

167 Vgl. § 435 Rn 19; *Andresen/Valder* § 435 Rn 25; Ebenroth/Boujong/Joost/Strohn/*Schaffert*[2] Rn 17; **aA** *Koller* [8] Rn 25 und § 435 Rn 23. Zum Diskussionsstand vgl. oben Rn 16–19.

168 HM; **aA** *Koller*[8] Rn 6, 17; 26; § 426 Rn 4a; § 407 Rn 46; s. oben Rn 16.

169 Ebenroth/Boujong/Joost/Strohn/*Schaffert*[2] Rn 17; vgl. zur Unwirksamkeit eines formularmäßigen Verzichts des Absenders, der nicht Verbraucher ist, auf die Durchführung von Schnittstellenkontrollen durch den Frachtführer OLG Düsseldorf, TranspR 2006, 349 f = VersR 2007, 667. Vgl. oben Rn 16–19.

tes Verschulden iSd. § 436 Satz 2 trifft. Vereinbarungen mit dem Frachtführer über die außervertragliche Haftung seiner Leute dürften nicht möglich sein.[170] Vereinbarungen mit den Leuten des Frachtführers, die ihre außervertragliche Haftung der Leute gemäß § 436 ändern, sind hingegen nur durch Individualvereinbarung zulässig.

56 q) **§ 437.** Der ausführende Frachtführer haftet wie der vertragliche Frachtführer, § 437 Abs. 1 Satz 1, Abs. 2. Haftungserweiterungen des vertraglichen Frachtführers mit dem (Ur-)Absender wirken als Vertrag zu Lasten des ausführenden Frachtführers gegen diesen nur nach dessen schriftlicher Zustimmung, § 437 Abs. 1 Satz 2. Abweichende Individualvereinbarungen zu Lasten des ausführenden Frachtführers kann es daher in dieser Form nicht geben, sodass § 449 gar nicht zur Anwendung kommt. Zur Anwendung kann die Bestimmung daher erst dann kommen, wenn eine vertragliche Vereinbarung des Absenders mit dem ausführenden Frachtführer abgeändert werden soll.[171] Dies ist dann aber dann eigentlich kein Fall des § 437 mehr.

57 r) **§ 438.** Von den Regelungen des § 438 zur Schadensfreiheitsvermutung (Abs. 1 Satz 1, Abs. 2) und zur Anzeigeobliegenheit (Abs. 1 Satz 2, Abs. 3, 4, 5) kann nur im Rahmen des § 449 abgewichen werden,[172] denn von ihnen hängt die Geltendmachung der Ersatzansprüche ab.

58 s) **§ 445 III und § 446 II.** Da die im § 447 a.F. HGB aufgeführte Regelung in § 445 Absatz 3 und § 446 Absatz 2 übernommen wurde, ist insoweit die Verweisung geändert. Der Frachtführer haftet gem. § 445 Abs. 3 dem aus dem Ladeschein *legitimierten* Besitzer – begrenzt auf die Höhe bei Verlustschaden – für den Schaden, der diesem durch Ablieferung an den papiermäßig nicht Legitimierten entsteht, bzw. er haftet im Falle des § 445 Abs. 2 Satz 2 (bekannte oder grob fahrlässig unbekannte Abweichung von Berechtigung und Legitimation aus dem Ladeschein) dem aus dem Ladeschein *berechtigten* Besitzer – in gleicher Weise begrenzt – für den Schaden, der diesem durch Ablieferung an den papiermäßig nicht Berechtigten entsteht. Gem. § 446 Abs. 2 haftet der Frachtführer dem aus dem Ladeschein *berechtigten* Besitzer – begrenzt auf die Höhe bei Verlustschaden – für den Schaden, der diesem dadurch entsteht, dass der Frachtführer Weisungen ohne Vorlage des Ladescheins befolgt. Von beiden Bestimmungen darf – vorbehaltlich der weiterreichenden Schutzbestimmung in § 449 Abs. 1 Satz 2, die[173] – nur durch Individualvereinbarungen abgewichen werden. Eine weitere Einschränkung macht Abs. 1 Satz 2 für den Einsatz von Bestimmungen im Ladeschein gegenüber dem darin benannten Empfänger oder Dritten, denen der Ladeschein übertragen wurde.[174]

59 t) **Sonderregel des § 439 Abs. 4.** Für Vereinbarungen über die **Verjährung** von Ansprüchen gilt die § 449 vorgehende, spezielle Regelung des **§ 439 Abs. 4.** Danach können die gesetzlichen Bestimmungen über die Verjährung von Ersatzansprüchen wegen Verlust, Beschädigung oder Lieferfristüberschreitung nur durch eine qualifizierte Individualvereinbarung – und zwar auch zu Lasten des Verbrauchers – abgeändert werden.[175] Diesbezüglich

[170] AA offenbar *Koller*[8] Rn 27; *Andresen/Valder* § 436 Rn 11; Ebenroth/Boujong/Joost/Strohn/*Schaffert*[2] Rn 18 (anders wiederum bei § 437, *Koller*[8] Rn 28).

[171] *Koller*[8] Rn 28.

[172] *Koller*[8] Rn 29; Andresen/*Valder* § 438 Rn 28; Ebenroth/Boujong/Joost/Strohn/*Schaffert*[2] Rn 20.

[173] Str., vgl. *Koller*[8] Rn 64.

[174] Vgl. unten Rn 82 ff.

[175] Ebenroth/Boujong/Joost/Strohn/*Schaffert*[2] Rn 22; *Koller*[8] Rn 31, 74; ders. § 439 Rn 51, 52, 53; MünchKommHGB/C. *Schmidt*[3] Rn 41.

ist zwischen Vereinbarungen vor und nach Entstehen der zu beurteilenden Forderung und vor und nach Eintritt der Verjährung zu unterscheiden.

9. Einbeziehung nicht im Einzelnen ausgehandelter Vereinbarungen (vorformulierte Vertragsbedingungen und AGB), Abs. 2

a) **Gegenstand und Reichweite formularmäßiger Abdingbarkeit. Abs. 2 erweitert** – wie schon der bisherige § 449 Absatz 2 Satz 2 – die Möglichkeit, **von den gesetzlichen Haftungsvorschriften** in Ansehung **der Haftungshöhe** durch vorformulierte Vertragsbedingungen und AGB **abzuweichen.** Betroffen sind in Ansehung von Güterverlust und Güterschäden nur die Vorschriften §§ 431 und 414[176] und, weil § **413 Abs. 2** auf die §§ 429, 431 Abs. 1 und 2 verweist, auch § **449 Abs. 2 Satz 1** auf die Höhe der Frachtführerhaftung wegen Verlust, Beschädigung und unrichtiger Verwendung von Begleitpapieren **analog** anzuwenden.[177] **60**

Wie bisher gestattet § 449 Abs. 2, zunächst im Rahmen der in Nr. 1 und 2 aufgestellten Grenzen, einen **anderen** als den in § **431 Abs. 1 und 2** vorgesehenen **Haftungshöchstbetrag** formularmäßig in AGB oder in vorformulierten Vertragsbedingungen festzulegen, wenn dieser Betrag „zwischen 2 und 40 Rechnungseinheiten liegt **und** der Verwender der vorformulierten Vertragsbedingungen seinen Vertragspartner in geeigneter Weise darauf hinweist, dass die Vertragsbedingungen einen anderen als den gesetzlich vorgesehenen Betrag vorsehen", oder wenn dieser Betrag „für den Verwender der vorformulierten Vertragsbedingungen ungünstiger ist als der in § 431 Absatz 1 und 2 vorgesehene Betrag."

Inhaltliche Grenzen für eine formularmäßige Vereinbarung setzt nur der in Abs. 2 beschriebene **Haftungskorridor.** Der gesetzliche Haftungshöchstbetrag ist insoweit sowohl durch AGB abdingbar (er ist nicht AGB-fest) als auch durch vorformulierte Vertragsbedingungen. Vorformulierte Vertragsbedingungen iSv Abs. 2 sind nicht eng iS von § 305 Abs. 1 Satz 1 BGB zu verstehen. Sie sind also nicht notwendig AGB, müssen mithin nicht unbedingt für eine *Vielzahl* von Verträgen vorformuliert, sondern lediglich nicht individuell ausgehandelt sein. Umgekehrt sind AGB aber als vorformulierte Vertragsbedingungen iSv § 449 Abs. 2 zu qualifizieren.[178] **61**

Abs. 2 eröffnet die Möglichkeit der Abweichung vom Haftungshöchstbetrag im Korridorrahmen nicht nur für Vereinbarungen im Frachtvertrag, sondern auch für Bestimmungen in einem **Ladeschein.** Die ergibt sich aus der Verweisung in Abs. 2 Satz 1 auf Abs. 1 („abweichend von Abs. 1 kann ... auch"). Ebenso wie bei Ausstellung eines Konnossements (§ 525 HGB- E) ist also eine Bestimmung im Ladeschein, die die Voraussetzungen des Absatzes 2 erfüllt, auch dann wirksam, wenn sie **zu Lasten des benannten Empfängers oder Dritter** geht (Einzelheiten unten II. Rn 82 ff). **62**

Durch vorformulierte Vertragsbedingungen **änderbar** ist nur der **Betrag (Haftungshöhe).** Auf **weitere Rechtsfolgen** ist § 449 Abs. 2 Satz 1 nicht im Wege der Analogie anwendbar, denn es liegt keine planwidrige *Regelungslücke* vor. Nicht änderbar ist somit die Anknüpfung der Haftungshöchstsumme an das Gewicht des Beförderungsgutes,[179] und

---

176 Begr RegE TRG, BT-Drs. 13/8445, 87; *Koller*[8] Rn 51; Ebenroth/Boujong/Joost/Strohn/*Schaffert*[2] Rn 33.

177 *Koller*[8] Rn 49.

178 MünchKommHGB/C. *Schmidt*[3] Rn 18, Rn 33; *Ramming* TranspR 2010, 397, 406; *ders.* VersR 1999, 1177, 1179; *Koller*[8] Rn 3.

179 *Koller*[8] Rn 53; Ebenroth/Boujong/Joost/Strohn/*Schaffert*[2] Rn 33; *Ramming* TranspR 2010, 397, 407; MünchKommHGB/C. *Schmidt*[3] Rn 19.

nicht änderbar ist die Bezugsgröße Sonderziehungsrecht.[180] Formularmäßig kann auch nicht von der gesetzlichen Verpflichtung gemäß § 429 zur Leistung von **Wertersatz** abgewichen werden.[181] Die Überprüfung der Haftungshöhe soll nicht durch andere Bezugsgrößen verstellt werden. Der Vertragspartner des Klauselverwenders soll von vornherein Klarheit haben und ohne weitere Nachprüfung feststellen können, ob der formularmäßig festgelegte Betrag sich in dem gesetzlich vorgegebenen Haftungskorridor bewegt.[182]

63 Formularmäßig kann auch nicht abgewichen werden: Von der gesetzlich vorgegebenen Beweislastverteilung, von den sonstigen in den §§ 425 bis 428 enthaltenen Rechtsfolgen, abweichend nach oben von Haftungshöchstsumme bei Lieferfristüberschreitungen (§ 431 Abs. 3) und sonstigen Vertragsverletzungen (§ 433).[183] Ferner gelten die §§ 430, 432.[184] § 449 Abs. 2 kann auch nicht entsprechend angewandt werden auf die Haftung des Frachtführers gemäß **§ 422 Abs. 3** (bei Ablieferung ohne Einziehung der **Nachnahme**), denn § 422 Abs. 3 geht nicht von einer am Gewicht des Gutes orientierten Haftung aus.[185] Alle diesermaßen formularfesten und AGB-festen Bestandteile sind nur der Änderung durch Individualvereinbarung nach Abs. 1 zugänglich.

64 **Indirekt** wirkt sich eine formularmäßig zulässige Änderung der bei einem Güterschaden oder Güterverlust zu zahlenden Haftungshöchstsumme allerdings auch auf die Haftungshöchstsumme gemäß § 433 aus (bei Vermögensschäden das Dreifache des Ersatzes für Güterverlust) und auch auf die gemäß § 434 an der Beschränkung der vertraglichen Ansprüche orientierten außervertraglichen Ansprüche.[186]

Der Unterschied zur völligen Änderungfestigkeit von Verbrauchergeschäften iSv § 449 Abs. 3 soll den unterschiedlichen Verhältnissen in der Transportwirtschaft und der geringeren Schutzbedürftigkeit von Kaufleuten Rechnung tragen.[187]

65 Weggefallen ist die Regelung in § 449 Abs. 2 Satz 3 aF, der die formularmäßig erlaubte Vereinbarung eines Haftungshöchstbetrages innerhalb des **Haftungskorridors** auch für die **Absenderhaftung** erlaubte („Gleiches gilt …"). Grund für diese Streichung ist, dass die Haftung des Absenders nach **§ 414 nF** gar nicht mehr durch Gesetz summenmäßig beschränkt ist. Die bisher an die summenmäßige Begrenzung der Frachtführerhaftung angelehnte Absenderhaftung nach § 414 Abs. 1 Satz 2 aF wurde nämlich aufgehoben, da sie in internationalen Übereinkommen kein Vorbild hatte. Eine auf das Gewicht des beförderten Gutes bezogene Haftungshöchstsumme erschien jedenfalls als Standardregelung nicht passend, da die in § 414 HGB geregelten Pflichtverletzungen des Absenders und die Größenordnung der hieraus möglicherweise resultierenden Schäden sachlich keinen Bezug zu den Güterschäden in der Obhut des Frachtführers haben, für deren Ersatz eine solche summenmäßige Begrenzung vorgesehen und sinnvoll ist.[188] Hinzu kommt, dass die historisch an

180 MünchKommHGB/C. *Schmidt*[3] Rn 19; *Fremuth*/Thume Rn 37; HK/*Ruß* Rn 5; **aA** *Koller*[8] Rn 53; *Ramming* VersR 1999, 1177, 1180; *Bahnsen* TranspR 2010, 19, 25 (für Bemessung auch in Euro).

181 Ausnahme § 435.

182 Ebenroth/Boujong/Joost/Strohn/*Schaffert*[2] Rn 16; *Fremuth/Thume* Rn 37; HK/*Ruß* Rn 5; MünchKommHGB/C. *Schmidt*[3] Rn 19.

183 Begr RegE TRG, BT-Drs. 13/8445, 87; *Koller*[8] Rn 48 und 51; Ebenroth/Boujong/Joost/Strohn/*Schaffert*[2] Rn 33.

184 *Canaris* Handelsrecht[24], § 31 Rn 37; Ebenroth/Boujong/Joost/Strohn/*Schaffert*[2] § 449 Rn 33; HK/*Ruß* Rn 5; *Fremuth*/Thume Rn 37; *Koller*[8] Rn 48; **aA** *Ramming* VersR 1999, 1177, 1180; Andresen/*Valder* Speditions-, Fracht- und Lagerrecht, § 449 Rn 29 f.

185 *Koller*[8] Rn 51.

186 *Basedow* TranspR 1998, 58, 59; *Koller*[8] Rn 51.

187 Begr RegE TRG 1998, BT-Drs. 13/8445, 88.

188 Kritisch schon *Canaris* Handelsrecht[24], § 31 Rn 58; *Koller*[7] § 414 Rn 16; *Thume* Das

das Gewicht des Beförderungsgutes anknüpfende Begrenzung der Frachtführerhaftung ihren wesentlichen Grund in der Unkontrollierbarkeit und daraus resultierend in der Unversicherbarkeit des Haftungsrisikos für den Frachtführer hat, die bei der Verantwortlichkeit des Absenders keine Entsprechung findet.

Gleichwohl kann es von den Parteien erwünscht sein, ein Gleichgewicht der Haftung des Absenders mit der des Frachtführers zu schaffen. Um dieses mit § 449 Abs. 2 Satz 3 a.F. zum Ausdruck gebrachte Ziel erreichbar zu halten, wurde an ihrer Stelle eine Bestimmung in § 449 Abs. 2 Satz 2 aufgenommen, wonach *vertraglich* sehr wohl auch (!) durch AGB (und damit auch natürlich weiterhin individualvertraglich) eine Haftungshöchstsumme eingeführt werden *kann*.[189] Folglich muss auch eine *vertragliche Änderung* einer solchen Begrenzung des Haftungshöchstbetrags nicht mehr gesetzlich geregelt werden. Die Abänderbarkeit der Haftungshöhe ergibt sich folglich im Rahmen von § 307 BGB.[190]

Abs. 2 **Satz 2** tritt freilich nur für die ***Rechtsfolge*** der Absenderhaftung innerhalb des Haftungskorridors an die Stelle des bisherigen § 449 Absatz 2 Satz 3.[191] Unter welchen ***Voraussetzungen*** von der Absenderhaftung nach § 414 abgewichen werden darf, legt weiterhin grundsätzlich Absatz 1 fest: Eine Abweichung von gesetzlichen Haftungs*voraussetzungen* kann demnach grundsätzlich nur durch Vereinbarung erfolgen, die im Einzelnen ausgehandelt ist.[192] **66**

Auch die Unterscheidung zwischen der formularmäßigen Disposivität der *Höhe* der Entschädigung bei Absenderhaftung und AGB-Festigkeit der *übrigen* Regelung der Absenderhaftung in § 414 macht nochmals indirekt deutlich, dass § 449 generell nicht nur die **Rechtsfolgen** der in Abs. 1 aufgeführten Haftungsnormen erfasst, sondern auch deren **Tatbestände** (als Haftungsvoraussetzungen) und damit dem Umfang der Primärleistungspflichten (str., vgl. oben Rn 15), die Disposition über sie nur verschiedenen Anforderungen unterwirft.

b) Formularmäßige Änderung der Haftungshöchstsumme (Abs. 2 Satz 1 Nr. 1). Der Verwender vorformulierter Vertragsbedingungen muss seinen Vertragspartner **in geeigneter Weise auf den vom Gesetz abweichenden Haftungshöchstbetrag hinweisen.** Ohne solchen geeigneten Hinweis gilt wiederum der gesetzliche Haftungshöchstbetrag. **67**

aa) Geeigneter Hinweis. In § 449 Abs. 2 Satz 2 Nr. 1 **a.F.** HGB war noch konkreter verlangt worden, dass ein zwischen zwei und vierzig Rechnungseinheiten liegender Betrag „in drucktechnisch deutlicher Gestaltung besonders hervorgehoben" ist.[193] § 449 Abs. 2 Satz 2 Nr. 1 aF war damit an § 5 a Abs. 2 Satz 1 VVG aF und die vormals in §§ 7 Abs. 2 Satz 2, § 8 Abs. 2 VerbrKrG aF, § 5 Abs. 2 Satz 4 TzWrG, § 2 Abs. 1 Satz 2 HausTWG aF enthaltenen und inzwischen in § 355 Abs. 2 Satz 1 BGB zusammengefassten Regelungen angelehnt.[194] Diese Gestaltung sollte nach der Gesetzesbegründung zum TRG **unerfahrene Parteien, vor allem marktschwache oder unerfahrene Beförderer und kleine Verlader** vor möglicherweise existenzbedrohenden Nachteilen schützen, die eine Abweichung von der für sie vorteilhaften Haftungsbegrenzung zur Folge haben konnten.[195] Der Vertragspart- **68**

---

neue Transportrecht, BB 1998, 2117, 2118.

189 BegrRegE SRG, BT-Drs. 17/10309, 53.

190 *Koller*[8] Rn 50.

191 BegrRegE SRG, BT-Drs. 17/10309, 53; *Koller*[8] Rn 50.

192 MünchKommHGB/C. *Schmidt*[3] Rn 29.

193 BGH BGHZ 153, 308, 311 = TranspR 2003, 119, 120 = VersR 2003, 621 = NJW 2003, 1397; vgl. *Koller*[7] Rn 60; Ebenroth/Boujong/Joost/Strohn/*Schaffert*[2] Rn 35.

194 Begr RegE TRG 1998, BT-Drs. 13/8445, 88.

195 Begr RegE TRG 1998, BT-Drs. 13/8445, 88.

ner sollte ohne weiteres erkennen können, dass er mit einer für ihn nachteiligen Haftungshöchstsumme konfrontiert wird.[196] Entsprechend dem Gesetzeszweck war es nach der dazu ergangenen **Rechtsprechung** erforderlich, dass sich die Klausel etwa durch **Fettdruck, Sperrschrift, Unterstreichung, größere Lettern, Einrahmung** und/oder **Farbdruck** *in nicht zu übersehender Weise vom übrigen Text abhob.*[197] Eine Hervorhebung durch Striche am Rand des Textes wurde nicht aus ausreichend angesehen, wenn sie auch solche Textstellen markierten, die inhaltlich nicht die Haftungshöchstsumme betrafen.[198] In der Folge wurde eine solche Markierung generell als ungeeignet angesehen.

An dieser Schutzabsicht dürfte sich durch die Neufassung im Grundsatz nichts geändert haben. Die allseitige Fassung **erfasst** freilich in der freieren Wortfassung zunächst ***alle* Verwendungsgegner**. Der Hinweis muss nicht notwendig im AGB-Text enthalten sein.[199] Der Gesetzgeber hat aber daran festgehalten, dass Verwender von vorformulierten Vertragsbedingungen, in denen von den gesetzlichen Haftungshöchstbeträgen abgewichen wird, ihren Vertragspartner **über die Änderung informieren.** Insoweit gelten die **allgemeinen Regeln der Warn und Aufklärungspflichten.**[200] Soweit abweichende Haftungshöchstbeträge über AGB in den Vertrag mit einem Angehörigen der vorgenannten Kundengruppen einbezogen werden können, sollte der Hinweis **generell geeignet** sein, diese Vertragspartner zu warnen.[201] Notwendig ist aber, dass der Hinweis von einem durchschnittlichen Vertragspartner aus diesen Kreisen mit zumutbarer Anstrengung **verstanden werden kann.**[202] Unerfahrene Parteien, vor allem marktschwache oder unerfahrene Beförderer und kleine Verlader, sind besonders schützenswert.

69 Auch wo ein *mündlicher* Hinweis als nicht hinreichend erachtet wird, gilt bisher als geeignet: bei Vertragsschlüssen unter Anwesenden die **Übergabe eines deutlich gestalteten Textes,**[203] bei telefonischen Abschlüssen die **vorherige Übermittlung eines solchen Texts**[204] und bei Vertragsschlüssen über das Internet ein **deutlicher Hinweis** auf einen solchen Text und die Möglichkeit, von diesem durch **einfaches Anklicken** Kenntnis zu nehmen.[205] Ebenso ist der Hinweis geeignet, wenn der Verwender, soweit er auf seine AGB verweist[206], den anderen Teil **in deutlicher Form auf die Existenz der Klausel in den AGB und auf deren Inhalt aufmerksam macht.**[207] Hingegen soll es als Hinweis **nicht geeignet sein,** wenn etwa auf der Vorderseite des Vertragsformulars auf die auf seiner Rückseite hervorgehoben angegebene Haftungshöchstsumme nur unauffällig hingewiesen wird[208] oder wenn auf die in einem Schriftstück wie beispielsweise den ADSp angegebene Haftungshöchstsumme in zwar hervorgehobener Form hingewiesen wird, ohne das betreffende Schriftstück beizulegen.[209]

---

196 OLG Hamburg TranspR 2004, 402, 404; *Koller*[7] Rn 60, *ders.*[8] Rn 55; Heymann/*Joachim* Rn 22.

197 BGH NJW-RR 1990, 368, 370; VersR 1996, 1015 f = NJW 1996, 1964 f; VersR 2004, 497, 498 = NJW-RR 2004, 751; NJW 2004, 3183, 3184; OLG Hamburg TranspR 2004, 402, 404.

198 OLG Hamburg, TranspR 2004, 402, 404; *Koller*[7] Rn 61, 63, *ders.*[8] Rn 55–57; Heymann/*Joachim* Rn 22; Ebenroth/Boujong/Joost/Strohn/*Schaffert*[2] Rn 35.

199 *Koller*[8] Rn 54.

200 *Koller*[8] Rn 57.

201 *Koller*[8] Rn 54, 55.

202 MünchKommHGB/C. *Schmidt*[3] Rn 22.

203 *Koller*[7] Rn 62; ders.[8] Rn 57.

204 *Bästlein/Bästlein* TranspR 2003, 61, 64; *Koller*[7] Rn 62; ders.[8] Rn 57.

205 *Koller*[7] Rn 62; ders.[8] Rn 57.

206 Etwa bei einem Angebot, bei einer invitatio ad offerendum, in einer Auftragsbestätigung oder in einem kaufmännischen Bestätigungsschreiben.

207 *Koller*[7] Rn 62; ders.[8] Rn 57; *Bästlein/Bästlein* TranspR 2003, 61, 64.

208 *Koller*[7] Rn 61; Ebenroth/Boujong/Joost/Strohn/*Schaffert*[2] Rn 35.

209 *Koller*[7] Rn 61; ders.[8] Rn 57.

Wird eine den Erfordernissen des § 449 Abs. 2 Satz 1 Nr. 1 entsprechende **Klausel erst nach Vertragsschluss vorgelegt**, kann darin allenfalls ein Angebot gesehen werden, den Vertrag entsprechend zu ändern. Hat der Verwendungsgegner seinerseits in Unkenntnis dieses Angebots bereits Erfüllungshandlungen vorgenommen, kann darin nicht ohne weiteres eine Vertragsänderung gesehen werden, die zum Verzicht auf seine sich aus dem bereits zustande gekommenen Vertrag ergebenden (besseren) Rechte führt.[210] **70**

Die zu der bisherigen Gesetzesfassung diskutierte **Kasusistik** dürfte für den Maßstab **Anhaltspunkte** geben. Mit der Wendung **„in geeigneter Weise"** ist eine **freiere Formulierung** gewählt, die den Zweck der Hervorhebung der Betragsänderung und eine dafür geeignete Einbeziehung der AGB in den Vertrag – nämlich die **taugliche Warnung des Verwendungsgegners** vor der Abweichung der Haftungshöchstsumme – zwar gesamthaft klar in den Vordergrund stellt („geeignet"), aber eine individuelle Differenzierung erlaubt. Fraglich ist, ob der Hinweis überhaupt noch in standardisierter Weise erfolgen kann/muss, oder ob das Gesetz durch die freiere Formulierung auch einen am Einzelfall entwickelbaren Beurteilungsmaßstab anzuwenden erlaubt, der eine Differenzierung nach der wirtschaftlichen, kognitiven oder intellektuellen Ausgangsposition des Verwendungsgegners im Kontext des jeweiligen Vertragsschlusses[211] zulässt. Konnte noch im Merkmal der Hervorhebung „in besonderer drucktechnisch deutlicher Gestaltung" eine im Interesse der Rechtssicherheit erfolgte gesetzliche Standardisierung (zwar iS des Schutzes unerfahrener oder marktschwacher Vertragspartner, aber prinzipiell alle erfassend) gesehen werden, ist dieser Rückhalt im Postulat des Hinweises „in geeigneter Weise" in der Ausrichtung am Verständnis des konkreten Verwendungsgegners oder der konkret betroffenen Kundengruppe verlorengegangen. Differenzierungen der Geeignetheit entlang Marktstärke des Verwendungsgegners, erkennbarer Geschäftsgewandtheit, Informationsbedürfnis, laufende Geschäftsbeziehung[212], rahmenvertragliche Bindung, Branchenüblichkeit bis hin zum Handelsbrauch und Kenntnis der Klausel[213] (unter Einschränkungen) sind denkbar. Soweit abweichende Haftungshöchstbeträge (etwa über vorformulierte Vertragsbedingungen, die nicht AGB sind) konkret gegenüber einem nicht zu diesen Gruppen gehörenden schutzbedürftigen Vertragspartner Anwendung finden, könnte auch ein entsprechender *mündlicher* Hinweis geeignet und ausreichend sein.[214] Weiterhin ist aber auch ein drucktechnisch deutlich gestalteter Hinweis im beschriebenen Sinne immer als Hinweis in geeigneter Weise anzusehen.[215] Ausweislich der Gesetzesbegründung war es dem Gesetzgeber in erster Linie darum getan, sich von der in der Rechtsprechung dazu geforderten drucktechnischen Hervorhebung ganzer AGB[216] zu lösen. **71**

---

[210] *Koller*[8] Rn 58; Ebenroth/Boujong/Joost/Strohn/*Schaffert*[2] Rn 38.

[211] MünchKommHGB/C. *Schmidt*[3] Rn 21.

[212] BGH, TranspR 1991, 114, 116 = VersR 1991, 480 = NJW-RR 1991, 570; NJW 1978, 2241, 2243; OLH Hamburg NJW 1980, 1232, 1233; *Koller*[7] Rn 62; ders.[8] Rn 57; Ebenroth/Boujong/Joost/Strohn/*Schaffert*[2] Rn 37.

[213] OLG Hamburg, TranspR 2003, 72, 73; *Koller* TranspR 2000, 1, 4; *ders.*[7] Rn 63; Ebenroth/Boujong/Joost/Strohn/*Schaffert*[2] Rn 37.

[214] So wohl MünchKommHGB/C. *Schmidt*[3] Rn 21; ähnlich *Koller*[8] Rn 55, 57, der die Geeignetheit des Hinweises in § 449 Abs. 2 Ziff. 1 wegen des unscharfen Gesetzeswortlauts zwar nicht restriktiv auslegen will, mangels anderer Anhaltspunkte aber an die allgemeinen Regeln der vertraglichen Aufklärungs- und Warnpflichten anknüpft und Differenzierungen der Geeignetheit entlang erkennbarer Geschäftsgewandtheit, Informationsbedürfnis, Kenntnis der Klausel, laufende Geschäftsbeziehung, rahmenvertragliche Bindung, Branchenüblichkeit bis hin zum Handelsbrauch (unter Einschränkungen) zulässt.

[215] MünchKommHGB/C. *Schmidt*[3] Rn 21; *Koller*[8] Rn 57.

[216] *Koller*[8] Rn 57; MünchKommHGB/C. *Schmidt*[3] Rn 21. Dazu unten Rn 68, 71 ff.

Die damit verbundene **Offenheit** kann man begrüßen, die mit ihr verbundene **Unsicherheit** bei gestalterischen Mitteln und der Frage der Geeignetheit, die verloren gegangene gesetzlich festgelegte Rechtsanwendungsgleichheit und die Streitanfälligkeit des mit Wertung ausfüllungsbedürftigen Kriteriums muss man freilich beklagen.

72 **bb) Hinweis auf Betrag oder Klausel.** Zu der bisherigen Formulierung der drucktechnischen Hervorhebung war schon zu § 449 aF die weitere Frage aufgeworfen worden, ob die Hervorhebung des **Betrages** allein[217] ausreicht, weil eine sich daran anschließende Überprüfung der gesamten Haftungsregelung zumutbar erscheint,[218] oder ob die Hervorhebung der **gesamten den Betrag beinhaltenden Klausel**[219] notwendig ist. Die darüber geführten Auseinandersetzungen mündeten in den Vorwurf, § 449 aF sei ein im unternehmerischen Rechtsverkehr nicht passender Fremdkörper.[220] Die Signale aus der **Rechtsprechung zu § 449 alter Fassung** ergeben insoweit kein klares Bild. Die Rechtsprechung ließ zuweilen die deutliche Hervorhebung des ***Betrages*** der Haftungshöchstsumme für eine besondere Hervorhebung der entsprechenden *Vertragsklausel* ausreichen. In der Gesamtschau war nur notwendig, dass sich die **Betragsangabe** in nicht zu übersehender Weise aus dem übrigen Text heraushebt.[221] Bisweilen stand aber auch die **gesamte Klausel** im Vordergrund.[222]

73 Auch die **Neufassung** des § 449 Abs. 2 Satz 1 Nr. 1 hebt wörtlich darauf ab, dass auf den geänderten *Betrag* in geeigneter Weise hinzuweisen ist. Sie löst damit diesen Konflikt in Kenntnis der Diskussion nicht explizit, sondern lässt im vorgenannten Sinne wiederum **Raum für die Gesetzesauslegung am Einzelfall** der Schutzbedüftigkeit des Verwendungsgegners. Zwar dürfte die gesetzlich intendierte Warnfunktion am überzeugendsten dadurch erreicht werden, dass immer die ***gesamte Regelung*** der Haftungshöchstsumme, d.h. die sie betreffende Klausel in einer Weise hervorgehoben wird, dass der Verwendungsgegner von der vertraglichen Abweichung von der gesamten Haftungsvorschrift in tauglicher Weise Kenntnis nimmt.[223] Dies kann freilich im Einzelfall, wenn Regelungsadressat ein Unternehmer ist, auch bereits dann erreicht werden, wenn **allein der Haftungshöchstbetrag samt zugehöriger Berechnungsfaktoren** („zwei Sonderziehungsrechte für jedes Kilogramm des Rohgewichts der Sendung") hervorgehoben ist[224] oder wenn der für solche Begrenzung in Bezug genommene Schadensfall deutlich gemacht wird.[225] Andererseits mag es im Einzelfall möglicherweise auch nicht genügen, dass lediglich auf die maßgebliche Zahl oder zusätzlich auf die Berechnungsfaktoren hingewiesen wird.[226] Das Gesetz und seine Begründung geben insgesamt keine Anhaltspunkte dafür, ob der „geeignete Hinweis" standardisiert gestalterisch nur den Betrag oder die gesamte Klausel erfassen muss oder ob es

---

217 So *Ramming* TranspR 2010, 397, 408; MünchKommHGB/C. *Schmidt*[3] Rn 20, 21; OLG Hamburg TranspR 2004, 402, 404.

218 MünchKommHGB/C. *Schmidt*[3] Rn 21.

219 So zu § 449 aF noch *Koller*[7] Rn 60; ders.[8] Rn 57; Ebenroth/Boujong/Jost/Strohn/*Schaffert*[2] Rn 35; Heymann/*Schlüter* Rn 22.

220 *Koller* VersR 2011, 1209, 1211; *Ramming* TranspR 2010, 397, 410; *Martiensen* VersR 2008, 888 f; *Herzog* TranspR 2001, 244, 247.

221 BGH NJW-RR 1990, 368, 370; ZIP 1994, 884, 885; NJW 1996, 1964, 1965; NJW 2004, 3183, 3184; VersR 2008, 661, 663; OLG Hamburg TranspR 2004, 402, 404; ihr folgend MünchKommHGB/C. *Schmidt*[3] Rn 20, 21.

222 BGH ZIP 2003, 576, 577; NJW 1996, 1964, 1965; ZIP 1994, 884, 885.

223 So schon *Koller*[7] Rn 60; ders.[8] Rn 57;Ebenroth/Boujong/Joost/Strohn/*Schaffert*[2] Rn 35; **aA** MünchKommHGB/C. *Schmidt*[3] Rn 20, 21; OLG Hamburg TranspR 2004, 402, 404.

224 So schon MünchKommHGB/C. *Schmidt*[3] Rn 21; **aA** wohl noch *Koller*[7] Rn 61.

225 *Koller*[8] Rn 57 bei Rn 147.

226 *Koller*[7] Rn 60; Ebenroth/Boujong/Joost/Strohn/*Schaffert*[2] Rn 35.

beispielsweise auch ausreichen kann, den Hinweis verbal zu geben und darüber einen tauglichen (zumeist schriftlichen) Nachweis zu führen. Die dazu oben (vgl. Rn 68, 71) entwickelten, nach der Betroffenheit schutzwürdiger Vertragspartner differenzierenden Maßstäbe (Marktschwäche, Unerfahrenheit; Kenntnis oder Informationsdefizit; Verwendung in ständiger Geschäftsbeziehung; Branchenüblichkeit; Handelsbrauch)[227] sollten auch hier leitend sein. Damit wird die Palette der Geeignetheit einzelfallbezogen wieder aufgefächert.

cc) **Wirkung auf Einbeziehung von AGB in den Vertrag.** Die Frage der Einbeziehung der AGB in den Vertrag sollte bereits nach der Begründung zum TRG durch das gesetzliche Erfordernis der drucktechnisch deutlichen Gestaltung eigentlich gar nicht berührt werden.[228] Gegenüber dem Unternehmer reichte bereits nach AGB-Gesetz (zur Zeit des Inkrafttretens des TRG) die normale rechtsgeschäftliche Einbeziehung der AGB in den Vertrag aus. Auch nach § 310 Abs. 1 Satz 1 BGB sind die besonderen Einbeziehungsvoraussetzungen des § 305 Abs. 2 und 3 („ausdrücklich“) nicht anwendbar. Der Bundesgerichtshof hatte im Jahre 2003 jedoch gleichwohl unter Geltung dieser allgemeinen Regeln beanstandet, dass die hinter dem Deutlichkeitsgebot des bisherigen § 449 stehende Warnfunktion der drucktechnischen Gestaltung dann leerlaufen könne, wenn bei einem mündlich geschlossenen Vertrag **mündlich** auf die AGB verwiesen werden könnte, die ihrerseits den deutlich gestalteten Hinweis auf die vertraglichen Abänderung der Haftungshöchstsumme enthalten. Der deutlich gestaltete Hinweis werde so nicht wahrgenommen, wie vom Gesetz beabsichtigt.[229] Er verschwinde gleichsam in der Schublade.[230] Dabei sollte auch irrelevant sein, ob die Vertragsparteien die fettgedruckte Fassung zuvor vereinbart haben oder nicht.[231] Dadurch war in der Folge gesondert zu prüfen, in welcher Weise die Art und Weise der **Einbeziehung der AGB in den Vertrag** vom Hinweisgebot des § 449 berührt ist. **74**

Ausweislich der Begründung zum Seerechtsänderungsgesetz versteht der Gesetzgeber die Neufassung in § 449 Abs. 2 Satz 1 Ziff. 1 auch als Antwort auf diese Rechtsprechung des BGH zu Einbeziehung der AGB in den Vertrag. Nachdem das Erfordernis der drucktechnischen Gestaltung ersetzt ist durch den Hinweis in geeigneter Weise, hat sich die Diskussion der Frage, ob auch die Einbeziehung von AGB oder vorformulierten Vertragsbedingungen zwingend nach den Gestaltungsvorgaben von § 449 zu erfolgen hat, erübrigt. Die **Flexibilität des Deutlichkeitsgebots** gilt auch für den Fall nach §§ 305 ff BGB einbezogener der AGB, bezieht sich aber nicht schon auf diese. Die **Geeignetheit eines Hinweises** auf die Haftungsgrenze darf nur nicht durch die schwächeren Einbeziehungsvoraussetzungen der §§ 305 ff BGB leerlaufen. Es reicht damit auch eine **mündliche Einbeziehung** der vorformulierten Vertragsbedingungen bzw. AGB oder deren Einbeziehung durch **schlüssi-** **75**

227 *Koller*[8] Rn 56, 57.

228 Begr RegE TRG 1998, BT-Drs. 13/8445, 88; krit. *Koller*[7] Rn 61 („wenig differenziert“).

229 BGH TranspR 2003, 119, 120 = ZIP 2003, 576, 577 = BGHZ 153, 308 ff; OLG Hamburg TranspR 2003, 72,73; LG Memmingen TranspR 2002, 82,83; so bereits *Koller*[7] Rn 61; ders. TranspR 2001, 1 ff; 359, 361; *Bästlein/Bästlein* TranspR 2003, 61, 62; *Heuer* TranspR 2004, 114, 115; Ebenroth/Boujong/Joost/Strohn/*Schaffert*[2] Rn 35; **aA** OLG Brandenburg TranspR 2001, 474, 476; *Phillippi* TranspR 1999, 375; *Ramming* VersR 1999, 1177, 1182; *Herzog* TranspR 2001, 244, 247; *Herber* TranspR 2003, 119; *Ramming* TranspR 2010 397, 409; *P. Schmidt* TranspR 2011, 398, 403 f.

230 *Koller*[7] Rn 61; *ders.* TranspR 201, 359, 361; *Bästlein/Bästlein* TranspR 2003, 61, 62; *Heuer* TranspR 2004, 114, 115; Ebenroth/Boujong/Joost/Strohn/*Schaffert*[2] Rn 35; **aA** *Ramming* VersR 1999, 1177, 1182; *Herzog* TranspR 2001, 244, 247; *Herber* TranspR 2003 119 ff; *Ramming* TranspR 2010, 397, 409; *P. Schmidt* TranspR 2011, 398, 403 f.

231 *Koller*[7] Rn 61; ders. TranspR 2000, 1 ff; *Fremuth/Thume* Kommentar zum Transportrecht, § 466 Rn 47.

ges Verhalten, wenn *zusätzlich* die Erteilung des geeigneten Hinweises auf den Haftungsbetrag im jeweiligen Zuschnitt auf die – vorstehend beschriebene (vgl. Rn 68, 71, 73) – Schutzbedürftigkeit des Vertragspartners erfolgt, d.h. unabhängig von der Art der Einbeziehung der AGB in Gänze entweder besonders gestaltet oder mündlich oder einmalig positiv bekanntgemacht.[232] Die Beweislast für die Erteilung eines solchen Hinweises trägt freilich der Verwender der vorformulieren Vertragsbedingungen. Bei Misslingen dieses Beweises gilt der gesetzliche Haftungshöchstbetrag.[233]

76 dd) **Abweichungen zugunsten des Verwenders.** Unzulässig sind insoweit alle formularmäßigen Unter- und Überschreitungen des Haftungskorridors, Abweichungen von der Anknüpfung an das Gewicht der Sendung[234] und die Vereinbarung anderer Rechnungseinheiten statt des Sonderziehungsrechts iSv § 431 Abs. 4.[235]

77 ee) **Weitere Anwendbarkeit von AGB-Recht.** Im Gegensatz zu den **§§ 305 b, 305 c Abs. 2 und § 306 BGB** ist § 305 c Abs. 1 BGB neben § 449 Abs. 2 Satz 1 Nr. 1 nicht anwendbar, weil bereits letztere Vorschrift den Vertragspartner vor Überraschungen hinreichend schützt.[236]

78 AGB, deren Haftungsregeln sich innerhalb des Haftungskorridors halten, unterliegen aber der Inhaltskontrolle nach den **§§ 307 ff BGB.**[237] Der Korridor bestimmt nur Ausnahmen von der AGB-Festigkeit. Bestimmt werden zulässige Abweichungen von der gesetzlich vorgesehenen Entschädigung. Eine gesetzliche Angemessenheitskontrolle *im Übrigen* ist durch diese Standardisierung aber nicht ausgeschaltet. Wo die letztlich festgelegte Haftungsbegrenzung in einem Missverhältnis zum vertragstypischen Risiko[238] stand oder die vereinbarte Höchstsumme die vertragstypisch vorhersehbaren Schäden bei weitem nicht abdeckte[239], ist die Haftungsbegrenzung in Einzelfällen für nicht zulässig erachtet worden. Eine solche Ausschaltung der Haftungsbegrenzung im Korridor über eine AGB-Inhaltskontrolle sollte wegen der mit ihr verbundenen Versicherungsproblematik freilich nur in Ausnahmefällen möglich sein.

79 ff) **Verhältnis von § 449 zu §§ 138, 242 BGB.** Die in der allgemeinen rechtsgeschäftslehre geltenden gestaltungsgrenzen kommen sowohl bei Individualvereinbarungen als auch bei formularmäßiger Gestaltung des Vertrages zur Anwendung.[240]

---

232 BGH TranspR 2003, 119, 120; OLG Hamburg TranspR 2003, 72, 73; MünchKommHGB/C. *Schmidt*[3] Rn 22, 27; Baumbach/Hopt/*Merkt*[35] Rn 2; *Koller*[7] Rn 61, 62; ders. TranspR 2001, 359, 361; ders.[8] Rn 54–57; **aA** *Herber* TranspR 2003, 119 ff.

233 MünchKommHGB/C. *Schmidt*[3] Rn 23.

234 MünchKommHGB/*Herber* § 431 Rn 26; MünchKommHGB/C. *Schmidt*[3] Rn 19; Ebenroth/Boujong/Jost/Strohn/*Schaffert*[2] Rn 33; *Fremuth/Thume* Rn 37; *Koller*[8] Rn 53.

235 **AA** *Koller*[7] Rn 53, 60; ders.[8] Rn 53 (auch andere Rechnungseinheit möglich); *Ramming* TranspR 2010, 397, 407.

236 *Koller*[8] Rn 53; Ebenroth/Boujong/Jost/Strohn/*Schaffert*[2] Rn 40.

237 *Herber* NJW1998, 3297, 3305; *Basedow* TranspR 1998, 58; *Looks* VersR 1999, 31, 34; *Ramming* VersR 1999, 1177, 1185; ders. TranspR 2010, 397, 409; Ebenroth/Boujong/Joost/Strohn/*Schaffert*[2] Rn 39 ff; HK/*Ruß* Rn 5; Baumbach/Hopt/*Merkt*[35] Rn 2; *Fremuth/Thume* Rn 39; *Canaris* Handelsrecht § 31 Rn 36; Andresen/*Valder* Rn 44 f; MünchKommHGB/C. *Schmidt*[3] Rn 28 („kein Freibrief"); **aA** *Koller*[8] Rn 60; *ders.* TranspR 2000, 1, 5; *Rabe* TranspR 1998, 429, 433; *v. Waldstein/Holland* BinSchR § 449 Rn 10.

238 BGH NJW 1993, 335 f; MünchKommHGB/C. *Schmidt*[3] Rn 28.

239 OLG München NJW-RR 1994, 742.

240 *Koller*[8] Rn 61 (nur betr. § 449 Abs. 2 Nr. 1); die sittenwidrige Ausnutzung einer Monopolstellung ist in allen Fallgestaltungen des § 449 denkbar.

gg) **Folgen sich widersprechender AGB.** Die Verwendung sich widersprechender AGB, auf welche beide Parteien in für § 449 ausreichender Weise hingewiesen haben, werden nach den hergebrachten Grundsätzen der Rechtsgeschäftslehre insoweit nicht Vertragsbestandteil, wenn die Vertragsparteien mit der Vertragsdurchführung begonnen. Es gelten dann nur die konkordanten Bestandteile der AGB.[241] **80**

c) **Abweichungen zum Nachteil des Verwenders der vorformulierten Vertragsbedingungen, Abs. 2 Satz 1 Nr. 2.** Der Verwender der vorformulierten Vertragsbedingungen **81**
kann zu seinem Nachteil von gesetzlichen Haftungsbestimmungen abweichen, § 449 Abs. 2 Satz 1 Nr. 2. Der nach Abs. 2 Satz 1 Nr. 1 vorgegebene Haftungskorridor kann formularmäßig überschritten werden, wenn der Betrag für den Verwender der vorformulieren Vertragsbedingungen ungünstiger ist als die in § 431 Abs. 1 und 2 aufgeführten Haftungshöchstbeträge.[242] Ein Verstoß gegen § 307 BGB scheidet schon deshalb aus, weil der Vertragspartner des Verwenders durch *solche* Abänderungen nicht unangemessen benachteiligt werden kann. Eine Begünstigung des Verwendungsgegners-Unternehmers ist freilich nur in Ansehung des Haftungshöchstbetrages zulässig, nicht in Ansehung aller anderen Rechtsfolgen der in den Abs. 1 genannten Haftungsvorschriften.[243] Eine Abweichung von den in Abs. 1 genannten Haftungsvorschriften zugunsten des Verwendungsgegners-Verbrauchers ist im Rückschluss aus § 449 Abs. 3 in Ansehung *aller* Gesichtspunkte (und nicht nur hinsichtlich des Haftungshöchstbetrages) möglich.[244]

II. Abweichungen im ausgestellten Ladeschein, Abs. 1 Satz 2

1. **Vereinbarungen zu Lasten gutgläubiger Dritter möglich.** Gemäß § 449 Abs. 1 Satz 2 aF (der Absender ist Verbraucher) wirkten Abweichungen von den § 418 Abs. 6 und § 447 aF **nicht zu Lasten gutgläubiger Dritter** [egal ob Verbraucher oder Unternehmer[245]], die im Vertrauen auf die **Sperrfunktion des Frachtbriefs** (418 Abs. 6) oder im Vertrauen auf die Wirkungen des Ladescheins (447 aF) Rechte am Beförderungsgut erworben hatten. Geschützt war folglich das Vertrauen des Dritten darauf, dass die Ausübung des Verfügungsrechts am Beförderungsgut von der Vorlage des Frachtbriefs abhängig war und dass eine Nichtbeachtung dieser Sperrwirkung durch den Frachtführer dessen Schadenersatzverpflichtung gegenüber dem Berechtigten zur Folge hatte. Gleiches galt für die Ablieferung des Gutes und für die Befolgung einer Weisung ohne Entgegennahme des Ladescheins (§ 447 aF). Dieser Drittschutz galt auch im Fall des § 449 Abs. 2 aF (der Absender ist Unternehmer). **82**

In der Neufassung von § 449 ist die Regelung in dem bisherigen § 449 Absatz 1 Satz 2 HGB, wonach jede von § 418 Absatz 6 HGB und § 447 aF abweichende Vereinbarung unwirksam war, wenn sie zu Lasten eines gutgläubigen Dritten geht, für Unternehmer wie für Verbraucher nicht in ihrer vollen Breite übernommen worden. Jedenfalls gibt es eine Ein- **83**

241 BGH JW 1991, 2633, 2635; Palandt/*Grüneberg*[75] § 305 BGB Rn 54; *Koller*[8] Rn 62.

242 Ebenroth/Boujong/Jost/Strohn/*Schaffert*[2] Rn 39; MünchKommHGB/C. *Schmidt*[3] Rn 24; *Koller*[8] Rn 52.

243 *Koller*[8] Rn 5; ders. TranspR 2006, 265, 269; Ebenroth/Boujong/Jost/Strohn/*Schaffert*[2] Rn 25; *Ramming* TranspR 2010, 397, 406; MünchKommHGB/C. *Schmidt*[3] Rn 25; **aA** offenbar OLG Frankfurt TranspR 2004, 464, 466 f.

244 Kritisch zu der damit verbundenen Schlechterstellung des Verwendung gegenüber einen Unternehmer als Vertragspartner MünchKommHGB/C. *Schmidt*[3] Rn 25 (aber i. Erg. akzeptierend).

245 *Andresen/Valder* Rn 24 und 49.

schränkung in Ansehung der Sperrfunktion des Frachtbriefs. Weil der Frachtbrief kein Wertpapier ist, kann der Frachtführer nicht vom Absender oder von einem Dritten aus dem Frachtbrief in Anspruch genommen werden. Daher vermag eine zwischen dem Absender und dem Frachtführer getroffene individualvertragliche Vereinbarung speziell die an die Sperrfunktion eines Frachtbriefs anknüpfenden Rechte aus § 418 Abs. 6 unter den Bedingungen von § 449 Abs. 1 – 3 abzubedingen. Auch Dritten gegenüber, die ihre Rechte aus dem zwischen dem Absender und dem Frachtführer abgeschlossenen Frachtvertrag herleiten, soll diese vertragliche Abweichung gelten. Die Abweichung soll nicht wegen Gutgläubigkeit des Dritten für unwirksam erklärt werden. Denn damit erhielte ein gutgläubiger Dritter als ein aus dem Frachtbrief Begünstigter weiterreichende Rechte als der Absender selbst.[246]

84 **2. Unwirksamkeit der Abweichung im Ladeschein.** Etwas Anderes gilt für den **Ladeschein.** Der Frachtführer kann sich gemäß Abs. 1 Satz 2 auf eine Bestimmung im **Ladeschein,** die von den in Abs. 1 Satz 1 genannten Vorschriften zu Lasten des aus dem Ladeschein Berechtigten abweicht, nicht gegenüber einem im Ladeschein benannten Empfänger berufen, an den der Ladeschein wertpapierrechtlich *begeben* wurde, sowie nicht gegenüber einem Dritten, dem der Ladeschein weiter wertpapierrechtlich *übertragen* wurde.[247] Abs. 1 Satz 2 bestimmt – nach dem Vorbild des § 525 für das Konnossement – folglich, dass *jede* Bestimmung in einem Ladeschein, mit der von einer der in Satz 1 genannten Haftungsvorschriften zu Lasten des **Absenders** abgewichen wird, dem **im Papier benannten Empfänger** und **Dritten gegenüber** unwirksam ist. Eine Beschränkung dieses Verkehrsschutzes auf die Regeln in §§ 445 Abs. 3 und 446 Abs. 2, die die im bisherigen § 447 aufgeführte Regelung übernehmen, findet sich in § 449 Abs. 1 Satz 2 nicht. § 449 Abs. 1 Satz 2 bezieht sich auf alle in Abs. 1 Satz 1 genannten Haftungsvorschriften.[248] Es findet daher insoweit nicht ein bloßer Verweisungswechsel statt. Für diesen Verkehrsschutz soll es auf **Gutgläubigkeit** nicht ankommen.[249] Denn wenn im Ladeschein eine von den gesetzlichen Haftungsvorschriften abweichende Bestimmung enthalten ist, ist sie für alle Beteiligten ja klar erkennbar. Ein im Ladeschein benannter Empfänger oder ein Dritter, dem der Ladeschein übertragen wurde, würde sich daher bei Notwendigkeit von Gutgläubigkeit nicht darauf berufen können, er habe von dem Inhalt des Ladescheins und damit von der abweichenden Bestimmung keine Kenntnis genommen. Ein lediglich auf Gutgläubigkeit aufbauender Verkehrsschutz liefe praktisch leer.

Ausschlaggebend ist allein, dass eine Aufnahme haftungsrechtlicher Beschränkungen im Ladeschein die Umlauffähigkeit dieses Wertpapiers empfindlich herabsetzen würde.[250] Der Ladeschein verbrieft den wertpapierrechtlichen Herausgabeanspruch und ersetzt für Zwecke der Übereignung die Übergabe des Beförderungsgutes (Transportfunktion). Der Gesetzgeber befürchtete, dass haftungsrechtliche Einschränkungen im Ladeschein entgegen hergebrachter Grundsätze des Wertpapierrechts das Papier unattraktiv machen könnten. Empfänger und Dritte können nicht beurteilen, ob die im Ladeschein dokumentierten Abweichungen durch individuelles Aushandeln zustande gekommen sind.[251] Zum Erhalt

---

[246] Begr RegE SRG 2013, BT- Drs. 17/10309, 59.

[247] Das Gesetz spricht wie in § 444 Abs. 2 von *begeben* und *übertragen*, meint aber stets den wertpapierrechtlichen Begebungsvertrag.

[248] *Koller*[8] Rn 64 a.E.

[249] BegrRegE SRG, BT- Drs. 17/10309, 59; MünchKommHGB/C. *Schmidt*[3] Rn 30; *Koller*[8] Rn 64 f.

[250] BegrRegE SRG, BT- Drs. 17/10309, 59; MünchKommHGB/C. *Schmidt*[3] Rn 30; *Koller*[8] Rn 65.

[251] *Koller*[8] Rn 65 („Quelle der Rechtsunsicherheit").

seiner **Umlauffähigkeit** wird daher die Möglichkeit einer Abweichung von den gesetzlichen Haftungsvorschriften im Ladeschein dem darin benannten Empfänger oder dritten Erwerbern grundsätzlich und unabhängig von der Kenntnisnahmemöglichkeit seines Erwerbers eingeschränkt.[252] Ihnen zu Lasten gehende Abweichungen von den gesetzlichen Haftungsvorschriften sind folglich immer unwirksam.

Im Regierungsentwurf war ursprünglich lediglich der Schutz des Dritterwerbers intendiert. Die Ausdehnung des Verkehrschutzes auf den im Ladeschein benannten Empfänger sowohl in § 525 Satz 2 wie in § 449 Abs. 1 Satz 2 ergibt Sinn. Ein Grund zur unterschiedlichen Behandlung von benanntem Empfänger und drittem Empfänger ist nicht ersichtlich. Eine zu Lasten des benannten Empfängers wirkende Abweichung von den in Satz 1 aufgeführten Haftungsvorschriften könnte durch Übertragung des Papiers auf einen Dritten (und ggf. Rückübertragung des Papiers auf den benannten Empfänger) auch nur allzu leicht umgangen werden.

Eine **Ausnahme** von diesem Grundsatz soll nur gelten, wenn der nachstehend erörterte Absatz 2 zur Anwendung gelangt und in AGB ein **Haftungskorridor** festgelegt wird (Ziff. 1) oder der Verwender der AGB haftungsmäßig schlechter steht als bei Geltung der in § 431 Abs. 1 und 2 genannten Haftungshöchstgrenzen (Ziff. 2). Damit kann von dem bei Güterverlust oder Güterbeschädigung geltenden gesetzlichen Haftungshöchstbetrag nicht nur durch Bestimmungen im Frachtvertrag, sondern auch durch Bestimmungen im Ladeschein abgewichen werden – selbst wenn sie zu Lasten Dritter (i.e. des benannten Empfängers oder dritter Erwerber als aus dem Ladeschein Berechtigte) geht.[253] **85**

Im Ladeschein benannter Empfänger und Erwerber des Ladeschein („Dritter") sind auch in der Fallgestaltung entsprechend geschützt, dass der Absender ein *Verbraucher* ist. Abs. 3 trifft nur eine von Abs. 1 Satz 1 abweichende Regelung dahin, dass für die dort genannten Haftungsnormen völlige Unveränderbarkeit zu seinem Nachteil angeordnet wird.

C. Absender ist Verbraucher, Abs. 3

Die Regelung in **Absatz 3** entspricht § 449 Abs. 1 Satz 1 aF HGB. Da **Verbraucher**geschäfte eher die Ausnahme darstellen, beginnt § 449 in Abs. 1 und 2 mit dem Regelfall für alle sonstigen Frachtverträge und regelt Frachtverträge mit Verbrauchern erst im Anschluss daran. Dies erhöht auch die Lesbarkeit der Norm. Dem ***Verbraucher*** soll durch Abs. 3 ein **Mindestschutzstandard** gewährleistet werden, der weder formularmäßig noch durch Individualvereinbarungen unterschritten werden darf.[254] Die Qualifikation des Verbrauchers richtet sich nach dem im Zuge der Umsetzung der Fernabsatzrichtlinie[255] geschaffenen § 13 BGB.[256] Verbraucher ist eine natürliche Person, die den Frachtvertrag zu einem Zweck abschließt, der weder ihrer gewerblichen noch ihrer selbständigen beruflichen Tätigkeit zugerechnet werden kann. Auch der Unternehmer tritt außerhalb seiner **86**

252 BegrRegE SRG, BT- Drs. 17/10309, 59; einschr. *Koller*[8] Rn 65 (im Begebungsvertrag benannter erster Nehmer bekommt weniger Rechte als der Partner des Frachtvertrages oder im Begebungsvertrag benannter Rechtsnachfolger bekommt geringere Rechte als sein Rechtsvorgänger).

253 Begr RegE SRG, BT- Drs. 17/10309, 59, 60; MünchKommHGB/C. *Schmidt*[3] Rn 31.

254 Beschlussempfehlung und Bericht des Rechtausschusses, BT-Drs. 13/10014, 50; kritisch *Temme*, 197, 200: „ … Verbraucher insoweit schlicht entmündigt …".

255 RL 97/7/EG, ABl Nr. L 144 v. 4.6.1997, 19–27.

256 MünchKommHGB-C. *Schmidt*[3] Rn 44; *Staudinger* IPRax 2001, 183, 184 ff.

beruflichen und gewerblichen Tätigkeit als Verbraucher auf.[257] Wirtschaftlicher Status (iS minderer oder größerer Schutzbedürftigkeit) ist keine Einflussgröße,[258] wohl aber intellektueller Status (iS geringerer oder größerer Erkenntnismöglichkeiten) und damit die Fähigkeit, Verhandlungsangebote zu verstehen, zu nutzen und Risiken abzuschätzen.[259] Wer sich auf die Verbraucherstellung beruft, hat dafür die Beweislast.

87 Jegliche Abweichungen von den in § 449 Abs. 1 aufgeführten Bestimmungen *zu seinem Nachteil* – auch von Beweislastregeln[260] – sind folglich nicht zulässig.[261] Im Umkehrschluss bedeutet dies, dass abweichende Vereinbarungen davon *zugunsten* des Verbrauchers zulässig sind – egal ob durch Individualvereinbarung oder in vorformulierten Vertragsbedingungen des Frachtführers.[262] Die dargestellten Ausführungen zu Prüfungsmaßstab und Rechtsfolge bei unzulässiger Abweichung von Gesetzesrecht[263] gelten hier entsprechend. Bei der Beurteilung der Frage, ob eine vertragliche Vereinbarung von einer der in § 449 Abs. 1 Satz 1 genannten Bestimmungen zum Nachteil des Verbraucher-Absenders abweicht, ist – anders als bei der Inhaltskontrolle gem. § 307 Abs. 1 Satz 2 BGB – kein auf den gesamten Vertrag bezogener Gesamtgünstigkeitsvergleich anzustellen, sondern ein ***Einzelvergleich*** jeder einzelnen vertraglichen Änderung mit den genannten gesetzlichen Vorschriften, und zwar im Hinblick auf Haftungsmaßstab, Haftungsumfang und Beweislast.[264] Unzulässige Abweichungen machen nicht den ganzen Vertrag nichtig, sondern führen nur zur Unwirksamkeit der betreffenden Abweichung. Jene wird dann durch die änderungsfeste gesetzliche Bestimmung ersetzt.[265] Wie bei den Einzelvorschriften dargelegt, liegt eine dem Verbraucher nachteilige Abweichung iSd. § 449 Abs. 1 Satz 1 schließlich dann gar nicht vor, wenn eine der dort genannten Vorschriften ihrerseits auf eine für den Verbraucher nachteilige **Parteivereinbarung** Bezug nimmt (Bsp. § 427 Abs. 1 Nr. 1).[266] Abweichungen von nicht in Abs. 1 aufgeführten Bestimmungen zum Nachteil des Verbrauchers sind individualvertraglich und formularmäßig, letzteres im Rahmen der §§ 305 ff BGB, möglich.[267]

88 Für die Beförderung von **Briefen** und briefähnlichen Sendungen gelten dieselben Grundsätze wie im Fall des § 449 Abs. 1; es herrscht – im Rahmen der §§ 134, 138, 305 ff BGB – Vertragsfreiheit.[268] Von § 449 Abs. 1 ebenso unberührt bleiben Abreden, die die danach zwingende Haftung gegenüber dem Verbraucher gar nicht antasten oder gar erweitern. Unberührt bleiben ferner im Hinblick auf einen bereits eingetretenen Schaden getroffene Vereinbarungen.[269]

---

[257] Palandt/*Ellenberger*[75] § 13 BGB Rn 2; MünchKommHGB/C. *Schmidt*[3] Rn 44.
[258] MünchKommHGB/C. *Schmidt*[3] Rn 44.
[259] *Koller*[8] Rn 39; **aA** MünchKommHGB/C. *Schmidt*[3] Rn 44.
[260] *Heymann/Schlüter* Rn 6; MünchKommHGB/C. *Schmidt*[3] Rn 43.
[261] *Koller*[7] Rn 4 und 67; ders.[8] Rn 72; *Staudinger* IPRax 2001, 183, 184.
[262] Baumbach/Hopt/*Merkt*[35] Rn 1; *Koller*[8] Rn 76; Ebenroth/Boujong/Joost/Strohn/*Schaffert*[2] Rn 2; MünchKommHGB/C. *Schmidt*[3] Rn 43.
[263] Vgl. oben Rn 16, 18 f.
[264] *Koller*[8] Rn 72 mwN; Ebenroth/Boujong/Joost/Strohn/*Schaffert*[2] Rn 2; MünchKommHGB/C. *Schmidt*[3] Rn 46.
[265] *Staudinger* IPRax 2001, 183, 184; Heymann/*Schlüter* Rn 23; *Koller* [8] Rn 72; MünchKommHGB/C. *Schmidt*[3] Rn 46.
[266] *Koller*[7] Rn 4; *Andresen/Valder* Rn 8.
[267] *Koller*[8] Rn 75.
[268] *Koller*[7] Rn 36, 38 und 70; *ders.*[8] Rn 70; Ebenroth/Boujong/Joost/Strohn/*Schaffert*[2] Rn 24 vgl. zu entsprechenden Vereinbarungen oben Rn 22 bis 24.
[269] Vorige Note.

D. Abdingbarkeit bei ausländischem Frachtvertragsstatut, Abs. 4

Absatz 4 entspricht dem bisherigen § 449 Absatz 3 HGB. Die Regelungen des § 449 Abs. 1 bis 3 gelten danach auch für Frachtverträge, die aufgrund Rechtswahl oder aufgrund objektiver Anknüpfung **ausländischem Recht** (Vertragsstatut) unterliegen. § 449 Abs. 4 ordnet damit nur die Anwendung der Einschränkungen der Abs. 1–3 an. Im Übrigen gilt weiterhin ausländisches Recht als Vertragsstatut. **89**

Voraussetzung für eine Anwendung von § 449 ist, dass *nach dem Vertrag* sowohl der Ort der Übernahme als auch der Ort der Ablieferung im Inland liegen. Der tatsächliche Übernahme- und Ablieferungsort ist also nicht maßgeblich.[270] Wenn der Ort der Übernahme und der Ort der Ablieferung im Inland nicht von Anfang an vertraglich bestimmt sind, sondern erst auf Grund einer Änderung des Vertrags oder auf Grund einer Weisung bestimmt werden, dann gelten die Einschränkungen der Vertragsfreiheit nach § 449 Abs. 1–3 erst ab dem Zeitpunkt einer solchen **Vertragsänderung** bzw. erst ab dem Zugang einer solchen **Weisung.** Bei unbekanntem Schadenszeitpunkt vor oder nach Geltung der Einschränkungen der Vertragsfreiheit muss der Geschädigte die Voraussetzungen für die Anwendbarkeit des ihm günstigen Rechts darlegen und im Bestreitensfall auch beweisen.[271]

§ 449 Abs. 4 ist eine zwingende[272] Eingriffsnorm iSd. Art. 34 EGBGB bzw. des Art. 9 Rom-I-VO zum Schutz des Absenders,[273] d.h. deutsche Schutzvorschriften gelten auch bei Geltung ausländisches Vertragsstatuts. Mit der zum 1.7.1998 EU-weit eingeführten **Kabotagefreiheit** ausländischer Beförderer im Inland sollten für die Frachtverträge über inländische Transporte gleiche Wettbewerbsbedingungen gewährleistet werden. Frachtverträge über Kabotagen in Deutschland dürfen nur in *dem* Umfang von deutschen gesetzlichen Bestimmungen abweichen, wie dies auch den deutschem Recht unterliegenden Verträgen gestattet ist, die keinen Auslandsbezug haben.[274] Der Eingriff in die Vertragsfreiheit soll freilich auf das unbedingt Erforderliche begrenzt werden.[275] Grenzüberschreitende Transporte sind nicht in diese Regelung einbezogen, um Normkonflikte (Überschneidungen oder Lücken) von zwingendem inländischem Recht mit parallel anwendbaren Rechtsordnungen anderer Staaten zu vermeiden.

Wegen des Eingriffsnormcharakters von Abs. 4 lässt sich der **spiegelbildlich angelegte Fall**, dass bei einem Frachtvertrag, der dem deutschen Recht unterliegt, sowohl der Übernahmeort als auch der Ablieferungsort im Ausland liegen, nicht mit einer analogen Anwendung des § 449 Abs. 4 (mit der Folge der Geltung ausländischen zwingenden Rechts) erfassen.[276] **90**

Vereinbaren inländische Beförderer für eine rein inländische Beförderung die Geltung ausländischen Rechts, können sie allerdings schon wegen Art. 3 Abs. 3 Rom I VO[277] (frü- **91**

---

270 *Staudinger* IPRax 2001, 183; HK/*Ruß* Rn 10; *Koller*[8] Rn 77; MünchKommHGB/C. *Schmidt*[3] Rn 41.

271 *Koller*[8] Rn 77.

272 *Basedow* TranspR 1998, 58, 62; *Koller*[8] Rn 77; Heymann/*Schlüter* Rn 24; Baumbach/Hopt/*Merkt*[35] Rn 3.

273 Begr RegE TRG 1998, BT-Drs. 13/8445, 88; OLG Köln TranspR 2005, 263, 264; Ebenroth/Boujong/Joost/Strohn/*Schaffert*[2] Rn 41; HK/*Ruß* Rn 10; Palandt/*Thorn*[75] Art. 9 Rom-I-VO Rn 10; *Ramming* TranspR 2009, 200, 207; *Koller*[8] Rn 77 (dort m. Nachw. zur gegenteiligen Auffassung); Baumbach/Hopt/*Merkt*[35] Rn 3; MünchKommHGB/C. *Schmidt*[3] Rn 51.

274 Begr RegE TRG 1998, BT-Drs. 13/8445, 88.

275 Begr RegE TRG 1998, BT-Drs. 13/8445, 88 (dort noch zu § 448 RegE).

276 OLG Köln, TranspR 2005, 263, 264; *Koller*[8] Rn 77.

277 VO (EG) 593/2008 des Europ. Parlaments und des Rates vom 17.6.2008 über das auf

her Art. 27 Abs. 3 EGBGB) nicht von § 449 Abs. 1 abweichen.[278] Denn nach dieser kollisionsrechtlichen Bestimmung berührt die Rechtswahl der Parteien nicht die Anwendung derjenigen Bestimmungen des Rechts dieses anderen Staates, von denen nicht durch Vereinbarung abgewichen werden kann, wenn alle anderen Elemente des Sachverhalts zum Zeitpunkt der Rechtswahl in einem anderen als demjenigen Staat belegen sind, dessen Recht gewählt wurde.

Freilich sind internationale Übereinkommen wie insbesondere die CMR, die CIM, das WA, das MÜ oder die CMNI vorrangig vor § 449 anzuwenden. Insoweit ist § 449 gar nicht anwendbar.[279]

E. Maßgeblicher Zeitpunkt für Abreden

92 § 449 erfasst des (Regel-)fall der frachtvertraglichen Abbedingung von Haftungsrecht vor Schadensentstehung. Nach Schadensentstehung sind diese gleichfalls möglich, und zwar individualvertraglich (Vertragliche Abreden zur Erfüllung der Leistungspflicht, Vergleich; Schuldanerkenntnis) und formularmäßig im Rahmen allgemeinen AGB-Rechts (§ 307 BGB).[280]

§ 450
Anwendung von Seefrachtrecht

Hat der Frachtvertrag die Beförderung des Gutes ohne Umladung sowohl auf Binnen- als auch auf Seegewässern zum Gegenstand, so ist auf den Vertrag Seefrachtrecht anzuwenden, wenn

1. ein Konossement ausgestellt ist oder

2. die auf Seegewässern zurückzulegende Strecke die größere ist.

Noch nicht in Kraft:
§ 450 Anwendung von Seefrachtrecht

Hat der Frachtvertrag die Beförderung des Gutes ohne Umladung sowohl auf Binnen- als auch auf Seegewässern zum Gegenstand, so ist auf den Vertrag Seefrachtrecht anzuwenden, wenn die auf Seegewässern zurückzulegende Strecke die größere ist.[1]

---

vertragliche Schuldverhältnisse anzuwendende Recht.

[278] *Staudinger* IPRax 2001, 183 f; MünchKommHGB/C. *Schmidt*[3] Rn 42.

[279] Ebenroth/Boujong/Joost/Strohn/*Schaffert*[2] Rn 41.

[280] *Koller*[8] Rn 78.

[1] Vgl. Rn 17.

Übersicht

Schrifttum

Ramming Zur Abgrenzung zwischen Binnenschiffahrts- und Seefrachtrecht nach § 450 HGB – Die fragwürdige Konnossements-Alternative der Nr. 1, TranspR 2005, 138.

Parallelvorschrift

Art. 2 Abs. 2 CMNI.

I. Allgemeines

1 Die Vorschrift enthält eine ***Kollisionsregel*** für das Zusammentreffen von Seefrachtrecht (§§ 476–619) und allgemeinem Frachtrecht (§§ 407–449) bei *einer* Beförderung auf beiden Gewässerarten, bei der es nicht zur Umladung des Gutes kommt. Nach der Ratio der Bestimmung soll es zur Anwendung von Seefrachtrecht auf den *ganzen* Transport dann kommen, wenn die Schiffsbeförderung eine **größere Nähe zum Seetransport** aufweist. In diesem Sinne soll aber gleichsam nur *ausnahmsweise* Seefrachtrecht gelten, nämlich wenn nach Frachtvertrag lediglich *ein* Beförderungsmittel eingesetzt wird[2] und entweder ein Konnossement ausgestellt ist oder wenn die auf Seegewässern nach Frachtvertrag zurückzulegende **Seestrecke** im Vergleich zu der Binnenschifffahrtsstrecke die **größere** ist. Die Regelung dient dem ***Zweck***, bei einer engen Verzahnung von Binnen- und Seeschifffahrt (der Transport des Gutes schließt beide Strecken ein, ggf. gleiches Beförderungsmittel) und eben dieser Nähe so weit wie möglich Seefrachtrecht mit seinen Spezifika zur Anwendung kommen zu lassen und den Geltungsbereich des Seerechts sachlich an das Vorliegen eines **gesteigerten seerechtlichen Sachbezuges** zu knüpfen.[3] Andererseits soll der *Geltungsbereich des Seefrachtrechts nicht zu stark ausgedehnt werden.* Können die Beförderungen auf den verschiedenen Gewässern durch eine erfolgte Umladung voneinander abgegrenzt werden, so wird der Anwendungsbereich des Seefrachtrechts nicht auf den Binnengewässertransport ausgedehnt. Ohne Vorliegen des Sachbezuges Seetransport kann man es bei der Anwendung von Landfrachtrecht und bei der darin begründeten haftungsmäßigen Stellung des Frachtführers belassen.[4]

---

[2] Begründung zum RegE des TRG 1998, BR-Drs. 13/8445, 89.

[3] Vgl. Begr RegE des TRG 1998, BT-Drucks. 13/8445, 89; *Koller*[7] § 450 Rn 1.

[4] *Koller*[8] § 450 Rn 3; Ebenroth/Boujong/Jost/Strohn/*Schaffert*[2] § 450 Rn 1, 2.

2 § 450 setzt für seine Anwendbarkeit voraus, dass das Gut *nach dem Frachtvertrag* ohne Umladung sowohl auf Seegewässern als auch auf Binnengewässern zu befördern gewesen sein muss. Maßgeblich ist, wie der Wortlaut des § 450 HGB klarstellt („hat der Frachtvertrag ... zum Gegenstand"), stets **die vertraglich geschuldete Beförderung**, nicht aber, ob und wie sie letztlich tatsächlich – ggf. vertragswidrig – durchgeführt wurde. Für die Bestimmung des anwendbaren Transportrechtsregimes kommt es also allein auf die Verhältnisse bei Vertragsschluss an.[5] Maßgebend ist auch nur das vertraglich zu **befahrene *Gewässer*.** Unerheblich ist, ob das Schiff ein Seeschiff oder ein Binnenschiff ist.[6]

3 Anwendung findet § 450 nur auf **Frachtverträge**, nicht auf andere schifffahrtsrechtliche Regeln über Haftung oder nicht auf die globale Haftungsbeschränkung (§§ 611–617 HGB; §§ 4 ff BinSchG).[7] Die Kollisionsregelung des § 450 selbst ist ebenso wie § 407 ***nicht abdingbar***, obwohl sie in § 449 nicht angesprochen wird, weil im Geltungsbereich des gemäß § 449 zwingenden oder AGB-festen Rechts **Typenzwang** gilt, also die Wirkungen der in § 449 aufgeführten Vorschriften nicht dadurch umgangen werden können, dass der Transportvertrag den Regeln eines anderen Vertragstyps unterstellt wird.[8] Dies hat Ausstrahlungswirkung auf die Kollisionsregel. Soweit nach § 450 Seefrachtrecht anzuwenden ist, kann davon dann aber durch **Vereinbarung** der **Geltung der §§ 407 ff** (Landfrachtrecht) individualvertraglich oder durch AGB abgewichen werden, wenn das Seefrachtrecht in dem dort beschriebenen Umfang nicht zwingender Natur sondern abdingbar ist (etwa § 512 HGB).[9]

4 Sind die **Voraussetzungen von § 450 gar nicht erfüllt** (geht es nur über ein Binnengewässer oder geht es ohne Umladung über ein Binnengewässer und eine kürzere Seestrecke), ist das Landfrachtrecht der §§ 407 ff HGB auf den Gesamttransport anwendbar.[10] Denn Landfrachtrecht ist nach § 407 Abs. 3 Nr. 1 HGB, § 26 BinSchG auch bei Güterbeförderungen auf Binnengewässern anwendbar. Dies entspricht auch der systematischen Stellung von § 450 am Ende der §§ 407 ff.

5 Mit dem Rechtsregime wechselt das **Haftungsregime** (gesetzliche Haftungshöchstgrenzen, ggf. individualvertraglich bestimmte niedrigere Haftungshöchstgrenzen und formularmäßig bestimmter Ausschluss der Haftung für nautisches Verschulden, § 512 Abs. 2 Ziff. 1, individualvertragliche Freizeichnung von der Haftung für Landschäden, § 512 Abs. 1)[11]. Dies mit der Möglichkeit zu begründen, den Zustand des Gutes anlässlich einer Umladung tatsächlich überprüfen zu können, wird man allerdings als eher theoretisch abtun müssen.[12]

---

5 *Koller*[8] § 450 Rn 3; MünchKommHGB/*Herber*[3] § 450 Rn 6; Ebenroth/Boujong/Jost/Strohn/*Schaffert*[2] § 450 Rn 2.

6 MünchKommHGB/C. *Schmidt/Herber*[3] § 450 Rn 4.

7 MünchKommHGB/C. *Schmidt/Herber*[3] § 450 Rn 4.

8 *Schlüter* Das Haftungssystem im grenzüberschreitenden Transport – Individualvereinbarungen, AGB und zwingende CMR-Bestimmungen im grenzüberschreitenden Transport, in: Berger/Borges/Hermann/Schlüter/Wackerbarth (Hrsg.), Zivil- und Wirtschaftsrecht im Europäischen und Globalen Kontext, Festschrift für Norbert Horn (2008), 537, 545; *Koller*[8] § 450 Rn 7; Heymann/*Schlüter* § 450 Rn 6; Ebenroth/Boujong/Jost/Strohn/*Schaffert*[2] § 450 Rn 1.

9 *Koller*[8] § 450 Rn 6; Hein/Eichhoff/Pukall/Krien/*Andresen* § 450 Rn 6 – beachte aber die zwingend geltenden Vorschriften bei Ausstellung eines Konnossements gemäß Artt. 6 EGHGB (§§ 501, 504, 525, 609) bzw. gem. Art. 7 EGHGB.

10 *Herber* Seehandelsrecht, 9; *Koller*[8] § 450 Rn 6.

11 Begr RegE BR Drs. 17/10309, 45, 46.

12 So aber *Koller*[8] § 450 Rn 4 („spielt es eine Rolle").

II. Anwendungsbereich: Gemischte See- und Binnengewässerbeförderung

1. Abgrenzung Binnengewässer und Seegewässer. Binnen- und Seegewässer werden mangels genauerer anderer öffentlichrechtlicher Bestimmungen traditionell **anhand flaggenrechtlicher Bestimmungen voneinander abgegrenzt.**[13] Maßgebend sind die in § 1 Flaggenrechtsverordnung (FlRV) näher umschriebenen räumlichen Grenzen,[14] die als Abgrenzungskriterien auch von der Rechtsprechung übernommen worden sind.[15] *Seegewässer* sind solche Gewässer, auf denen Seefahrt iSd §§ 476 ff HGB, § 1 Abs. 1 FlaggenrechtsG (FlRG)[16], § 1 FlaggenrechtsV (FlRV)[17] stattfindet,[18] *Binnengewässer* sind alle anderen als Seegewässer.[19] Es handelt sich bei § 1 FlRV um eine **abschließende Regelung.** Zwar soll § 1 FlRV selbst nur die *deutsche* Binnenschifffahrt von der Seefahrt abgrenzen. Die dort in Nr. 1, 3 und 4 genannten Kriterien gelten indes, wenn und soweit § 450 HGB über deutsches Recht als Vertragsstatut anwendbar ist, gleichsam weltweit. § 1 Nr. 2 FlRV betrifft dagegen **Binnenwasserstraßen im wasserwegerechtlichen Sinne.**[20] Welche Gewässer Bin- 6

---

13 MünchKommHGB/*Herber*³ § 450 Rn 8.

14 Begr RegE des TRG 1998, BT-Drucks. 13/8445, 89.

15 BGHZ 76, 201, 204; vgl. auch v. *Waldstein/Holland* § 1 BinSchG Rn 6 (Parteiwille), 16 ff.

16 Gesetz über das Flaggenrecht der Seeschiffe und die Flaggenführung der Binnenschiffe (Flaggenrechtsgesetz – FlRG), Geltung ab 01.01.1964, neugefasst durch B. v. 26.10.1994 BGBl. I, 3140; zuletzt geändert durch Artikel 1 G. v. 20.12.2012 BGBl. I, 2792.

17 v. 04.07.1990 BGBl. I, 1389; zuletzt geändert durch Artikel 1 V. v. 28.12.2012 BGBl. I, 3003; Geltung ab 15.07.1990. *§ 1 FIRV lautet: Als Grenzen der Seefahrt im Sinne des § 1 des Flaggenrechtsgesetzes werden bestimmt:*
1. die Festland- und Inselküstenlinie bei mittlerem Hochwasser,
2. die seewärtige Begrenzung der Binnenwasserstraßen,
3. bei an der Küste gelegenen Häfen die Verbindungslinie der Molenköpfe und
4. bei Mündungen von Flüssen, die keine Binnenwasserstraßen sind, die Verbindungslinie der äußeren Uferausläufe.

18 Begründung des Regierungsentwurfs, BT-Drucks. 13/8445, 89; *Koller*⁷ Rn 2; *Fremuth*/Thume Rn 4; *Ramming* TranspR 2005, 138 f; MünchKommHGB/*Herber*³ § 450 Rn 8; **aA** noch Voraufl. MünchKommHGB/*Puttfarken* § 450 Rn 10 f (Verkehrsanschauung); Heymann/*Schlüter* Rn 5.

19 Zur Abgrenzung vgl. *Koller*⁷ § 407 Rn 20; *Ramming* TranspR 2005, 138 f.

20 Der Begriff des Wasserwegs ist in § 1 Abs. 1 Nr. 1 Bundeswasserstraßengesetz (**WaStrG**) vom 2.4.1968, idF der Bekanntmachung vom 23. Mai 2007 (BGBl. I Satz 962; 2008 I, 1980), zuletzt geändert durch Artikel 13 des Gesetzes vom 20. April 2013 (BGBl. I, 831) näher umschrieben. § 1 (Binnenwasserstraßen, Seewasserstraßen) lautet:
(1) Bundeswasserstraßen nach diesem Gesetz sind
1. die Binnenwasserstraßen des Bundes, die dem allgemeinen Verkehr dienen; als solche gelten die in der Anlage 1 aufgeführten Wasserstraßen; dazu gehören auch alle Gewässerteile, die
a) mit der Bundeswasserstraße in ihrem Erscheinungsbild als natürliche Einheit anzusehen sind,
b) mit der Bundeswasserstraße durch einen Wasserzu- oder -abfluss in Verbindung stehen,
c) einen Schiffsverkehr mit der Bundeswasserstraße zulassen und
d) im Eigentum des Bundes stehen,
2. die Seewasserstraßen.
(2) Seewasserstraßen sind die Flächen zwischen der Küstenlinie bei mittlerem Hochwasser oder der seewärtigen Begrenzung der Binnenwasserstraßen und der seewärtigen Begrenzung des Küstenmeeres. Zu den Seewasserstraßen gehören nicht die Hafeneinfahrten, die von Leitdämmen oder Molen ein- oder beidseitig begrenzt sind, die Außentiefs, die Küstenschutz-, Entwässerungs-, Landgewinnungsbauwerke, Badeanlagen und der trockenfallende Badestrand.
(3)–(5) nicht abgedruckt.

nenwasserstraßen sind und wo ihre Endpunkte liegen, wird in einer **Anlage zum WaStrG**[21] realiter festgelegt. Genannt werden hier nur *deutsche* Binnenwasserstraßen. Folglich ist auch der Anwendungsbereich des § 1 Nr. 2 FlRV auf *deutsche* Binnenwasserstraßen beschränkt.[22] Die Fahrt auf Seeschifffahrtsstraßen wie der Elbe von Hamburg bis zur Flussmündung, ja sogar bis Bremerhaven ist folglich nicht als Seefahrt anzusehen.[23]

7 **2. Fehlende Pflicht zur Umladung.** § 450 soll dann nicht zur Anwendung kommen, wenn der Frachtvertrag getrennt eine Beförderung über reine See-Teilstrecken (die es praktisch nicht gibt) und/oder eine Beförderung über reine Binnengewässer-Teilstrecken zum Gegenstand hat. Auf eine Beförderung, die *nur* auf Seegewässern stattfinden soll, sind die Vorschriften des 5. Buchs des HGB (§§ 476 – 619) vorrangig anwendbar. Nach dem Frachtvertrag darf nicht eine **Umladung genau auf der Grenze** zwischen Binnen- und Seegewässern vorgesehen sein. Das Gut muss die **Grenze** zwischen Binnen- und Seegewässern an Bord eines Schiffes **ohne Umladung fahrend passieren.** Eine vertraglich bestimmte Umladung auf der Grenze der Gewässertypen führt folglich zur Anwendbarkeit beider Frachtsrechtsregime. Soll die Umladung nach dem Vertrag nicht auf der Grenze beider Gewässerarten, sondern davor oder danach passiert werden, ist§ 450 anwendbar. Soweit beim Auslaufen aus dem Ladehafen *in* Richtung Seegewässer und dem Anlaufen des Bestimmungshafens *aus* Richtung Seegewässer **ohne Umladung** auch Binnengewässer befahren werden sollen, kommt § 450 zur Anwendung.[24]Als Rechtsfolge ordnet § 450 Ziff. 2 an, dass auf eine Beförderung, die sich ohne Umladung sowohl über Binnen- als auch über Seegewässer erstreckt, bei längerer Seestrecke in toto Seefrachtrecht zur Anwendung kommt.

8 **3. Vorlauf und Nachlauf.** Wenn **im Seegewässer** durch **Umladung** (Be- oder Entladen) ein Schiff-Schiff-Transfer stattfindet, unternimmt das seewärts kommende Schiff *bis* zur Umladung bzw. das seewärts fahrende Schiff *ab* der Umladung eine Beförderung ausschließlich auf Seegewässern. **Vortransporte** und **Anschlussbeförderungen** sollen also dann nicht ohne weiteres dem Seefrachtrecht unterfallen, wenn sie durch eine **Umladung** klar vom Seetransport abgegrenzt werden können.[25] Wird das Gut also im **Nachlauf** zu der Beförderung auf einer Binnengewässerstrecke **nach Umladung** auf einer Seestrecke weiterbefördert, oder umgekehrt im Nachlauf zur Beförderung auf einer Seestrecke nach Umladung auf einer Binnengewässerstrecke, führt dies auf der Binnengewässerstrecke nicht zur Unanwendbarkeit der landfrachtrechtlichen Bestimmungen und damit insbesondere nicht zur Unanwendbarkeit der für den Verlader gegenüber dem Seefrachtrecht abweichenden Haftungsregelungen des Landfrachtrechts.

9 Sieht der Frachtvertrag hingegen nach einer Umladung in einem Seehafen die Weiterbeförderung **ohne Umladung** auf gleichem Transportmittel sowohl auf einer See- als auch auf einer Binnengewässerstrecke vor, so bleibt auf diesem weiteren Transportweg § 450 anwendbar.[26] Gleiches gilt, wenn das Gut vor der Umladung auf ein Binnenschiff auf einem Seeschiff von See kommend in Binnengewässer hinein transportiert worden

---

21 Anlage 1 (zu § 1 Abs. 1 Nr. 1 und Abs. 5 und § 2 Abs. 2 WaStrG), Verzeichnis der dem allgemeinen Verkehr dienenden Binnenwasserstraßen des Bundes, BGBl. I 2007, 977 – 984.

22 *Ramming* TranspR 2005, 138 f.

23 MünchKommHGB/*Herber*[3] § 450 Rn 8 („im Interesse der Klarheit hinnehmbar"); offengelassen in OLG Hamburg, TranspR 2008, 213. – Keine Korrekturen durch Verkehrsanschauung oder Parteiwillen, so aber *von Waldstein/Holland* § 450 Rn 6; MünchKommHGB/*Puttfarken* § 450 Rn 10 f.

24 *Ramming* TranspR 2005, 138.

25 *Koller*[8] § 450 Rn 4; Ebenroth/Boujong/Jost/Strohn/*Schaffert*[2] § 450 Rn 1.

26 *Ramming* TranspR 2005, 138, 144; Ebenroth/Boujong/Jost/Strohn/*Schaffert*[2] § 450 Rn 2; *Koller*[8] § 450 Rn 4.

ist.[27] Gemäß seinem Wortlaut ist § 450 eigentlich nicht anwendbar, denn *eine* Umladung ist ja erfolgt. Seinem Zweck entsprechend, das Verhältnis von Landfrachtrecht und Seefrachtrecht zu steuern, ist er auf die ohne Umladung gewässergrenzenüberschreitende Beförderung entsprechend anzuwenden.[28]

4. Vertragswidrige Umladung und Vertragsauslegung. Der Vorbehalt „ohne Umladung" in § 450 HGB soll klarstellen, dass die Güter nach dem Frachtvertrag die Grenzen zwischen Binnen- und Seegewässern fahrend an Bord eines Schiffes passieren müssen.[29] Eine **Pflicht zur Umladung** ist hieraus nicht ableitbar, ebensowenig, ob die Umladung – auch auf der Grenze zwischen Binnen- und Seegewässern – zulässig ist. Zu klären ist also zunächst, ob der Beförderer eine Beförderung über **mehrere Teilstrecken**, also **eine oder mehrere Umladungen** der Güter von einem Schiff auf ein anderes schuldet. Die Umladung des Gutes im Verlaufe der Reise kann im Frachtvertrag von vornherein **vereinbart** sein. **10**

Denkbar ist auch eine vertragliche Befugnis des Beförderers, selbst darüber zu entscheiden, ob und wo das Gut umgeladen wird. Übt der Beförderer dieses **Leistungsbestimmungsrecht** nach § 315 Abs. 2 BGB durch eine entsprechende Erklärung aus, wird eine *Pflicht* zur Umladung begründet. Zulässig sind ferner **Weisungen** (vgl. § 418 HGB), durch die der Beförderer zur Umladung im Verlaufe der Beförderung verpflichtet wird. **11**

Ohne den Nachweis besonderer Absprachen steht die **Beförderungsart** im **pflichtgemäßen Ermessen des Frachtführers.** Kann dieses Ermessen vom Frachtführer in beide Richtungen ausgeübt werden, ist die von ihm insoweit vorgenommene Wahl maßgeblich.[30] Erfolgt eine Umladung nicht, besteht folglich eine unwiderlegliche Vermutung dafür, dass dies auch vertraglich nicht vorgesehen war. Gleiches gilt für den umgekehrten Fall. Eine Berufung darauf, dass der Vertrag im ersten Fall gleichwohl eine Umladung vorgesehen oder im zweiten Fall nicht vorgesehen habe, ist in einem solchen Fall nicht möglich.[31] Hier setzt sich als die real erfolgte Beförderung – eben mangels nachweisbarer vertraglicher Vereinbarung – als Anknüpfungspunkt durch. Ist unspezifisch allein die Beförderung des Gutes **„per Schiff"** vereinbart, fehlen also ausdrückliche Absprachen über den Einsatzes konkret eines Binnen- oder eines Seeschiffs, ist *im Zweifel* eine *Beförderung ohne Umladung* vereinbart. Dies entspricht der Verkehrssitte.[32] Gleiches gilt, wenn eine **Umladung** beim Schiffstransport wegen erhöhter Gefährdung des Gutes **interessewidrig** ist. Auch in diesem Fall entspricht es der Verkehrssitte, dass eine Beförderung ohne Umladung *vereinbart* ist.[33] **12**

Vertragswidrige Umladungen haben keinen Einfluss auf die Bestimmung des Transportrechtsregimes.[34] In einem solchen Fall hat jedoch der Geschädigte ein **Wahlrecht**, seine Ansprüche auf *das* Recht zu stützen, das nach § 450 bei Einsatz des vereinbarten (aber nicht zum Einsatz gekommenen) Transportmittels anwendbar wäre, oder auf *das* Recht, das nach § 450 bei (real nicht erfolgter) Vereinbarung des **vertragswidrig eingesetzten Transportmittels** anwendbar wäre.[35] **13**

---

[27] *Koller*[8] § 450 Rn 4.

[28] Ebenso *Koller*[8] § 450 Rn 4; *Ramming* TranspR 2005, 138, 144; Ebenroth/Boujong/Jost/Strohn/*Schaffert*[2] § 450 Rn 2.

[29] *Ramming* TranspR 2005, 138, 143.

[30] Ebenroth/Boujong/Jost/Strohn/*Schaffert*[2] § 450 Rn 2; *Koller*[8] § 450 Rn 3.

[31] *Koller*[8] § 450 Rn 3; Ebenroth/Boujong/Jost/Strohn/*Schaffert*[2] § 450 Rn 2.

[32] *Koller*[8] § 450 Rn 3; Ebenroth/Boujong/Jost/Strohn/*Schaffert*[2] § 450 Rn 2.

[33] *Koller*[8] § 450 Rn 3; Ebenroth/Boujong/Jost/Strohn/*Schaffert*[2] § 450 Rn 2.

[34] Heymann/*Schlüter* Rn 2; *Koller*[8] § 450 Rn 3; HK/*Ruß* Rn 2; *Ramming* TranspR 2005, 138; MünchKommHGB/*Herber*[3] § 450 Rn 6; Ebenroth/Boujong/Jost/Strohn/*Schaffert*[2] § 450 oder 450 Rn 2.

[35] Ebenroth/Boujong/Jost/Strohn/*Schaffert*[2] § 450 Rn 2.

III. Anwendung des Seefrachtrechts

14 1. **Ausstellung eines Konnossements.** Das Konnossement muss **tatsächlich ausgestellt** sein, um die Wirkung von § 450 zu entfalten; die vertragliche Vereinbarung zur Ausstellung reicht nicht aus.[36] Ausreichend ist ein Konnossement über die von § 450 erfasste gemischte See- und Binnengewässerstrecke, es kann aber auch darüber hinausgehen.[37] Eine eigenständige Bedeutung kann Ziff. 1 nur erlangen, wenn die Seestrecke die kürzere Strecke ist; andernfalls greift Ziff. 2 (längere Seestrecke) ein. Die Frage, ob es sich bei dem vom Beförderer ausgestellten oder auszustellenden **Papier** um ein Konnossement handelt, ist im Einzelfall nach § 513 (§ 642 ff aF) zu entscheiden. Der Verfrachter hat, sofern im Stückgutfrachtvertrag nicht etwas Abweichendes vereinbart ist, dem Ablader auf dessen Verlangen ein Orderkonnossement auszustellen. Die Bestimmung ist aber nicht auf nach zwingendem Seefrachtrecht ausgestellte Konnossemente zu beschränken.[38]

15 Die Konnossementseigenschaft kann auch bei einem **Ladeschein** zu bejahen sein, der rechtlich wie ein Konnossement ausgestaltet und diesem wirtschaftlich gleichwertig ist, aber nicht Rechte aus einem Seefrachtvertrag, sondern solche aus einem Landfrachtvertrag verbrieft. Ein Ladeschein, der den in den seefrachtrechtlichen Bestimmungen aufgestellten Anforderungen für ein Konnossement entspricht und erkennen lässt, dass die Parteien die Anwendung des Seefrachtrechts wünschen, erfüllt die Voraussetzungen von 450 Ziff. 1.[39] Die Bezeichnung als Ladeschein schadet dann nicht. Es reicht aus, dass der Vertragspartner den Ladeschein als Konnossement bezeichnet entgegennimmt, da damit der Frachtvertrag im Wege der Vertragsänderung dem Seefrachtrecht unterstellt wird.[40] Die einseitige **Ausstellung** eines Konnossements durch den Beförderer oder die einseitige Erklärung des Entgegennehmenden genügt nicht. Ob das Beförderungsdokument ein Konnossement oder ein Ladeschein ist, kann der Beförderer nämlich nicht einseitig bestimmen. Der Sache nach muss erkennbar eine einvernehmliche **Umqualifikation des Frachtvertrags, der nach Ziff. 2 eigentlich nicht Seefrachtrecht unterstehen würde, in einen Seefrachtvertrag** stattfinden. Ziff. 1 wirkt auf diese Weise konstitutiv. § 449 steht dem nicht entgegen, denn eine Abbedingung des Vertrages bei parteiautonomer Umqualifikation findet nicht statt. Anders wird hingegen verfahren bei anderen Beförderungspapieren des Seefrachtrechts wie etwa Seefrachtbrief, Charterparty oder Data Freight Receipt,[41] die dem Konnossement nicht rechtlich und wirtschaftlich gleichwertig sind.

16 Die eigenständige Bedeutung von Ziff. 1 scheint freilich zu schwinden, wenn die Umqualifikation des Beförderungsvertrages im vorgenannten Sinne durch Entgegennahme als Konnossement nicht deutlich erkennbar ist und daher aus den Umständen hergeleitet werden muss.[42] Die Qualifikation des Papiers beurteilt sich dann vielmehr anhand des – ana-

---

[36] MünchKommHGB/*Herber*³ § 450 Rn 11; **aA** *Ramming* TranspR 2005, 138, 140.

[37] *Koller*⁷ § 450 Rn 5; Ebenroth/Boujong/Jost/Strohn/*Schaffert*² § 450 Rn 3.

[38] *Koller*⁷ § 450 Rn 5; Ebenroth/Boujong/Jost/Strohn/*Schaffert*² § 450 Rn 3; **aA** *Ramming* TranspR 2005, 138, 139 f.

[39] Vgl. Begr RegE des TRG 1998, BT-Drucks. 13/8445, 89; *Koller*⁷ § 450 Rn 5; Hein/Eichhoff/Pukall/Krien/*Andresen* § 450 Rn 4; MünchKommHGB/*Herber*³ § 450 Rn 11–13; Ebenroth/Boujong/Jost/Strohn/*Schaffert*² § 450 Rn 3.

[40] Ebenroth/Boujong/Jost/Strohn/*Schaffert*² § 450 Rn 3; *Koller*⁷ § 450 Rn 5; **aA** *Ramming* TranspR 2005, 138, 140.

[41] *Koller*⁷ § 450 Rn 5; Ebenroth/Boujong/Jost/Strohn/*Schaffert*² § 450 Rn 3; MünchKommHGB/*Herber*² § 450 Rn 11; **aA** Voraufl. MünchKommHGB/*Puttfarken* § 450 Rn 7.

[42] So *Ramming* TranspR 2005, 138, 142, 143, der eine konstitutive Wirkung von Ziff. 1 freilich ganz bestreitet und nur Ziff. 2 gelten lassen will.

log angewandten – § 450. Bei dieser Prüfung wiederum kann nicht – zirkelhaft – auf die Konnossements-Alternative der Nr. 1 abgestellt werden. D.h., das Beförderungs-Dokument, das sich der Beförderer auszustellen verpflichtet hat, ist ohne weitere Anhaltspunkte für den Parteiwillen ein Konnossement nur dann, wenn die geschuldete Beförderung überwiegend über Seegewässer führt (§ 450 Nr. 2). Hinzu kommt, dass die zurückgelegte Strecke das objektive, gesetzliche Merkmal ist, während die Anknüpfung an die Ausstellung des Konnossements iSv Ziff. 1 eine Entscheidung der Vertragsparteien voraussetzt, die gerade nicht feststellbar ist oder in ihrer rechtlichen Einordnung von der Natur des Vertrages als Seefrachtvertrag abhängt, die hier aber nicht vorliegt.[43] Unter solche Umständen kann sogleich auf die Alternative der längeren Seestrecke (Nr. 2) abgestellt werden; die Konnossements-Alternative der Nr. 1 hat dann praktisch keinen eigenständigen Anknüpfungswert.[44]

Die Anknüpfung der Geltung von Seefrachtrecht an die Ausstellung eines Konnossements in Ziff. 1 des § 450 ist im Gesetz zur Reform des Seehandelsrechts vom 20.4.2013 nunmehr zur Streichung vorgesehen. Nach Art. 1 Nr. 26 in Verbindung mit Art. 15 Abs. 2 des Gesetzes zur Reform des Seehandelsrechts soll der bisherige § 450 Ziff. 1 (Ausstellung eines Konnossements) aufgehoben werden, sobald die Haager Regeln (HR),[45] die ebenfalls an die Ausstellung eines Konnossements anknüpfen,[46] für die Bundesrepublik Deutschland außer Kraft treten. **17**

Begründet wird dies mit der bevorstehenden Kündigung der Haager Regeln.[47] § 450 Ziff. 1 war nur deshalb in das HGB aufgenommen worden, um eine Kollision mit Art. 3 § 8, Art. 4 § 5 und Art. 5 der zwingend geltenden[48] und in das HGB eingearbeiteten Haager Regeln (§ 662 a.F. HGB[49]) zu vermeiden.[50] Einer solchen Regelung bedarf es dann nicht mehr, wenn die Haager Regeln für die Bundesrepublik Deutschland außer Kraft treten. Dies ist noch nicht geschehen.[51] Bis zur Außerkraftsetzung der Haager Regeln für Deutschland wird die Anknüpfung der Kollisionsregel daher vorerst beibehalten.

Der **Anwendungsbereich der Haager Regeln** ist an keiner Stelle ausdrücklich umschrieben. Ihr **Gegenstand** sind bestimmte Aspekte der Beförderung von Gütern zur See; sie re- **18**

43 MünchKommHGB/*Herber*³ § 450 Rn 7.

44 *Ramming* TranspR 2005, 138, 142, 143, der weitergehend eine Streichung von Ziff. 1 nahelegt, ohne dass sich die Rechtslage in irgendeiner Weise ändern würde.

45 In Deutschland sind die Haager Regeln mit Wirkung zum 1. Januar 1940 ratifiziert worden, RGBl 1939 II 1049. Die Haag-Visby Regeln wurden nicht ratifiziert. Beide sind jedoch inhaltlich 1940 bzw. 1986 in das 5. Buch des HGB eingearbeitet worden, ohne jedoch ihre unmittelbare Anwendbarkeit im deutschen Recht zu bejahen. Sofern ein Konnossement ausgestellt wurde, sind aus deutscher Sicht die Haager Regeln anzuwenden, ansonsten das (deutsche) Internationale Privatrecht (bis 17. Dezember 2009: §§ 27 ff EGBGB; seit 17. Dezember 2009: Rom I-Verordnung der EU).

46 Begründung des Regierungsentwurfs (TRG 1998), BT-Drs. 13/8445, 89; Ebenroth/Boujong/Jost/Strohn/*Schaffert*² § 450 Rn 3.

47 Der Sache nach geht damit die beschriebene Möglichkeit der Umqualifikation des Beförderungsvertrages verloren.

48 Nach der Rspr. handelt es sich bei den Haager Regeln (Übereinkommen vom 28. August 1924 zur Vereinheitlichung von Regeln über Konnossemente) um zwingende Regeln im Sinne des Art. 2 Abs. 1 CMR, BGH TranspR 2012, 330.

49 662 aF HGB entspricht jetzt § 512; vgl. Art. 6 Abs. 1 EGHGB.

50 Begr RegE zu TRG 1998, BT-Drs. 13/8445, 89; *Koller*⁷ § 450 Rn 5.

51 Begr RegE BT Drs 17/10309, 60: Zu Nummer 26 (zu § 450 HGB) und zu Art. 14-E Abs. 2 (jetzt Art. 15 Abs. 2, BGBl. 2013 I, 835, 867). Im Interesse der Rechtssicherheit soll gem. Art. 15 Abs. 2 Satz 2 der Tag, an dem Art. 1 Nr. 26 des Gesetzes zur Reform des Seehandelsrechts in Kraft und Artikel 6 EGHGB außer Kraft treten, im Bundesgesetzblatt Teil I bekannt gegeben werden.

geln die Haftung des Unternehmers für Ladungsschäden unter einem Konnossement, die Ausstellung des Konnossements sowie die Haftung des Auftraggebers. Die **Beförderung über Seegewässer** ist der maßgebliche Anknüpfungspunkt. Es handelt sich um einen unbestimmten Rechtsbegriff, der nach Maßgabe des jeweils geltenden nationalen Rechts zu beurteilen ist. In Art. 1 (b) erster Halbsatz sowie in Abs. (d) HR ist von der Beförderung von Gütern zur See die Rede, während die Unterscheidung in Art. 4 § 2 (c) HR zeigt, dass die Beförderung *auch* über andere Gewässer als Seegewässer erfolgen kann. Im deutschen Recht ist insoweit auf die **Kriterien des § 1 FlRV** zurückzugreifen (oben II. 1).

19 Die am 1.1.1940 ratifizierten Haager Regeln gelten in Deutschland nicht unmittelbar, sondern sind – ebenso später die Haag-Visby Regeln – in das 5. Buch des HGB eingearbeitet.[52] Die Hamburg-Regeln sind von Deutschland nicht ratifiziert worden und gelten deshalb für Deutschland weder unmittelbar noch mittelbar. Die Rotterdam-Regeln werden von Deutschland möglicherweise noch ratifiziert.Bereits im Vorgriff darauf wurde an einem eigenen Entwurf für ein neues deutsches Seehandelsrecht gearbeitet. Das daraus resultierende Gesetz zur Reform des Seehandelsrechts weicht allerdings in einer Reihe von Punkten (nautisches Verschulden, Haftungsgrenzen, Haftungsbeschränkungen) von den derzeit geltenden für Deutschland noch verbindlichen Haager Regeln ab (vgl. §§ 501, 504, 525, 609). Um einen Konflikt mit den Haager Regeln zu vermeiden, erhält Art. 6 EGHGB eine neue Fassung, die im internationalen Kontext und bei Ausstellung eines Konnossements zum Einen die zwingenden Haager Regeln als geltendes Einheitsrecht eo ipso (d.h. ohne Vorschaltung von Kollisionsrecht) in der Gestalt der §§ 480, 483, 485 und 488, die §§ 513 bis 525 in Verbindung mit den §§ 498, 499, 501, 504, 505, 507, 510 und 512 sowie § 605 Nummer 1 in Verbindung mit § 607 Absatz 1 und 2 und § 609 Absatz 1 für unmittelbar anwendbar erklärt und zum Anderen die Abweichungen der Haager Regeln zu den §§ 501, 504, 525 und 609 bei Anwendbarkeit des Übereinkommens (d.h. bei entsprechender Auslandsberührung) aufrechterhält („mit der Maßgabe"). Auch Art. 6 EGHGB wird nach dem Außerkrafttreten der Haager Regeln für Deutschland tritt außer Kraft, vgl. Art. 15 des Gesetzes zur Reform des Handelsrechts.[53]

20 2. **Vertragliche Strecke auf Seegewässer ist länger.** Nach § 450 Nr. 2 HGB kommt Seefrachtrecht zur Anwendung, wenn die auf Seegewässern zurückzulegende Strecke die größere ist. Gemeint ist die räumliche Distanz, nicht die Dauer. Auszugehen ist in erster Linie von dem vereinbarten, ansonsten von dem üblichen Verlauf der geschuldeten Beförderung. Dieser Vergleich ist bei **lediglich zwei Teilstrecken** einfach anzustellen.

21 Ist nach dem Beförderungsvertrag indes vorgesehen, dass das Schiff mehrere Häfen anläuft oder mehrere See- und/oder Binnengewässerstrecken befährt, ist nach der ratio des § 450 für den anzustellenden Vergleich die gesamte **Länge der vertraglich zurückzulegenden Teilstrecken** maßgeblich. Soll also die Grenze zwischen Binnen- und Seegewässern im Verlaufe der Reise mehrmals passiert werden (etwa beim Auslaufen aus dem Ladehafen und beim Einlaufen in den Bestimmungshafen, beim Durchfahren von Kanälen, bspw. Nord-Ostsee-Kanal, Panama-Kanal, Suez-Kanal, oder beim Anlaufen eines Zwischenhafens), sind die einzelnen **Anteile** der Längen der Strecken auf Binnen- und Seegewässern zu **addieren** und danach typologisch nach Binnengewässer und Seestrecke zu **vergleichen.** Dabei kann es sein, dass zwar einzelne Teilstrecken für sich überwiegend über Binnengewässer führen, dass aber auf der gesamten Strecke die auf Seegewässern zurückzulegende Stre-

52 Vgl. § 6 Abs. 1 EGHGB.

53 Begr RegE TRG 1998, BT Drs. 13/8445, 8; BGBl. 2013 I 831; Begr RegE BT DRs. 17/10309, 137, 138 (zu Art. 2 des Entwurfs, Änderung des EGHGB), 145 (zu Art. 14 des Entwurfs, Inkrafttreten, Außerkrafttreten).

cke die größere ist. Auch in diesem Falle ist nach § 450 HGB insgesamt Seefrachtrecht anzuwenden.

Der Frachtvertrag gibt Maß. Entscheidend ist, dass mit diesen Teilstrecken und der an sie anknüpfenden Qualifikation des Beförderungsvertrages gerechnet werden musste, damit die Vertragsparteien das auf den Beförderungsvertrag anwendbare Recht schon vor der Ausführung der Beförderung erkennen können.[54] Die letztlich gefahrene Strecke (etwa Abkürzungen oder Umwege) ist im Grundsatz unerheblich. Dies gilt auch dann, wenn der Vertragspartner sein Einverständnis mit der Abweichung vom vertraglich festgelegten Streckenverlauf gegeben hat, soweit die Abweichung vom Frachtführer zu verantworten ist (bspw. wegen eines aus seinem Verantwortungsbereich rührenden Beförderungshindernisses).[55] Erklärt der Vertragspartner hingegen unabhängig von einem solchen Ereignis sein Einverständnis mit der Abweichung vom vertraglich vorgesehenen Streckenverlauf, so wird der konsentierte Umweg in Ansehung der Ermittlung der Streckenlänge nach § 450 Ziff. 2 Teil des Beförderungsvertrages.[56] Der Vertragspartner kann sich freilich mit der Einschränkung einverstanden erklären, dass sich die rechtliche Einordnung des Beförderungsvertrags durch sein Einverständnis mit dem geänderten Streckenverlauf nicht ändern darf.[57] 22

Sind **beide Strecken genau gleich lang** (was praktisch so gut wie nie vorkommen dürfte), bleibt es bei der Geltung der – im Rahmen des § 449 unabdingbaren – §§ 407 ff HGB. Wenn die auf Seegewässern zurückzulegende Strecke nicht die größere ist, greifen ebenfalls die §§ 407 ff ein.[58] 23

IV. Die multimodale Beförderung – §§ 452 ff HGB

Sollen **auf Teilstrecken eines Transports verschiedenartige Beförderungsmittel eingesetzt** werden, können diese **Teilstrecken verschiedenen Rechtsvorschriften unterworfen sein.** Im Falle eines solchen multimodalen Transports regeln in den kollisionsrechtlich ermittelten Frachtvertragsstatuten häufig Sondervorschriften das den Frachtvertrag (über den gesamten Transport) beherrschende Recht ebenso wie – bei bekanntem Schadensort auf einer der Teilstrecken – das betreffende für diese Teilstrecke zu ermittelnde, hypothetische[59] Teilstreckenstatut. Ist etwa deutsches Recht auf den Gesamttransport anwendbar (bei Auslandsberührung zu ermitteln nach internationalprivatrechtlichen Grundsätzen)[60], 24

[54] *Fremuth*/Thume § 450 Rn 5; *Koller*[8] § 450 Rn 6. Ebenroth/Boujong/Jost/Strohn/*Schaffert*[2] § 450 Rn 4.

[55] *Koller*[8] § 450 Rn 6; Ebenroth/Boujong/Jost/Strohn/*Schaffert*[2] § 450 Rn 3; **aA** *Fremuth*/Thume § 450 Rn 6 und HK/*Ruß* § 450 Rn 1, nach deren Auffassung der Frachtführer entsprechende Weisungen lediglich gemäß § 418 Abs. 1 Satz 3 soll ablehnen können.

[56] *Koller*[8] § 450 Rn 6 (eine Rechnung vom Zeitpunkt des Einverständnisses könne zur Anwendbarkeit verschiedener Transportrechtsregime auf die ohne Umladung zurückgelegte Strecke führen).

[57] *Koller*[8] § 450 Rn 6; *Fremuth*/Thume § 450 Rn 7; Ebenroth/Boujong/Jost/Strohn/*Schaffert* § 450 Rn 7.

[58] *Koller*[7] § 450 Rn 7; Hein/Eichhoff/Pukall/Krien/*Andresen* § 450 Rn 6; Ebenroth/Boujong/Jost/Strohn/*Schaffert*[2] § 450 Rn 5.

[59] Die Frage lautet: Welches Frachtrecht gälte, wenn über den Transport nur auf dieser Teilstrecke ein gesonderter Frachtvertrag abgeschlossen worden wäre.

[60] Zum Ganzen *Basedow* Internationale multimodale Gütertransporte – Rechtsvergleichung, Einheitsrecht, Kollisionsrecht in: Lagoni/Paschke (Hrsg.), Seehandelsrecht und Seerecht, Festschrift Rolf Herber (1999), 15 ff; *K. Otte* Der multimodale Transportvertrag im deutschen internationalen Privatrecht in: Mansel/Krüger (Hrsg.), Liber Amicorum für Gerhard Kegel, München, 2002,

folgen die vorgenannten Multimodalregelungen aus den §§ 452 ff Tatbestandsmerkmale des Multimodaltransports sind die Verschiedenartigkeit der Beförderungsmittel auf verschiedenen Teilstrecken und daraus folgend die Geltung verschiedenen Rechts. Dies gilt nach § 452 Satz 1 HGB ausdrücklich auch dann, wenn ein Teil der Beförderung zur See durchgeführt wird. § 450 findet im Rahmen beider Tatbestandsmerkmale des § 452 Beachtung bzw. Anwendung.[61]

25 **1. Verschiedenartige Beförderungsmittel.** Bei Beförderungen mit Schiffen kann – bauart- oder einsatzbedingt – nicht immer sinnvoll zwischen Binnen- und Seeschiffen unterschieden werden. Um diese Verschiedenartigkeit zu ermitteln, kann aber darauf abgestellt werden, ob die einzelnen Teilstrecken, auf denen Schiffe eingesetzt werden, ihrerseits jeweils überwiegend über Binnen- bzw. Seegewässer führen. Dies ergibt sich allerdings nicht unmittelbar aus § 450, der das Frachtvertragsstatut bei Beförderung über Binnen- und Seegewässer ohne Umladung bestimmt, sondern nur aus einer Anwendung des Rechtsgedankens des § 450 im Rahmen des § 452 Satz 1.[62] Die Verschieden*artigkeit* zweier (!) auf verschiedenen Teilstrecken eingesetzten Beförderungsmittel bestimmt sich mit Blick auf § 450 (noch) durch die Ausstellung eines Konnossements bzw. durch die Länge des befahrenen Gewässers. Damit löst diese Vorschrift eine Prüfung der einzelnen Teilstrecken im Hinblick auf ihre Prägung der Art des Beförderungsmittels aus (mit weiterer Folge für das für sie geltende Recht, sogleich b)). Eine Verschiedenartigkeit kann sich freilich nur für den Einsatz *verschiedener* Beförderungsmittel (Einsatz vor und nach Umladung) ergeben, denn das gleiche Beförderungsmittel (Einsatz ohne Umladung) ist gerade wegen der Regelung in § 450 nicht verschiedenen, sondern einem einzelnen Vertragsstatut unterworfen. Denkbar ist also der Fall des Schiffstransports über Binnengewässer und Seeweg ohne Umladung, sodann die Umladung auf ein anderes Schiff und die Weiterbeförderung über Seegewässer wieder in ein anderes Binnengewässer hinein, letztere wieder ohne Umladung. Die unter Anwendung des Rechtsgedankens von § 450 zu ermittelnde Verschiedenartigkeit der Beförderungsmittel mag sich hier aufgrund der Ausstellung eines Konnossements (etwa nur für den zweiten Schiffstransport: dann dort sicher Seefrachtrecht) oder aufgrund verschieden langer Binnen- und Seegewässerstrecken (etwa längere Seestrecke für den zweiten Schiffstransport: dann dort sicher Seefrachtrecht) ergeben. Aus der Prägewirkung des Gewässers (eigentlich für das geltende Frachtrecht, sogleich b)) würde die *Art* des Beförderungsmittels gefolgert.

26 **2. Die Geltung verschiedener Rechtsvorschriften.** Ist die Verschiedenartigkeit der Beförderungsmittel festgestellt, weil auf einzelnen durch Umladung voneinander getrennten Teilstrecken die auf Binnengewässern, auf den anderen Teilstrecken die auf Seegewässern zurückzulegende Strecke die größere ist oder für diese eine Konossement ausgestellt ist (soeben a), muss in einem zweiten Schritt nach § 452 Satz 1 HGB geprüft werden, ob auf diesen Teilstrecken verschiedene Rechtsvorschriften zur Anwendung kommen würden, wenn man über die betreffende Teilstrecke einen gesonderten Frachtvertrag abschließen würde. Dabei wird jede Teilstrecke für sich betrachtet. Die Ermittlung dieses – gleichsam hypothetischen – Teilstreckenstatuts erfolgt erneut nach internationalprivatrechtlichen Grundsätzen.[63] Für verschiedene Teilstrecken können die Rechtsvorschriften verschiedener Staaten oder verschiedener Übereinkommen maßgeblich sein. Führt das internationale Privatrecht

---

141–177; *Rogert* Einheitsrecht und Kollisionsrecht im internationalen multimodalen Gütertransport (2005).

[61] *Ramming* TranspR 2005, 138, 143 (§§ 452 ff „vorrangig zu beachten").

[62] *Ramming* TranspR 2005, 138.

[63] Vgl. oben Rn 60.

zur Anwendbarkeit deutschen Sachrechts, kommt die Vorschrift des § 450 HGB zur Anwendung. Mithin kommen verschiedene Rechtsvorschriften zur Anwendung, wenn einzelne Teilstrecken dem Binnenschiffahrts-, andere Teilstrecken dem Seefrachtrecht unterliegen.[64]

3. **Verhältnis zu § 450.** Die **Multimodalvorschriften der §§ 452 ff** sind klar anwendbar bei vertragsmäßig durch **Umladung** getrennten Teilstrecken von Beförderung auf Binnen- und Seegewässern.[65] In diesem Fall wird die Beförderung des Gutes aufgrund des Vertrages **mit verschiedenartigen Beförderungsmitteln** durchgeführt. Bei getrennter vertraglicher Regelung über die Beförderung auf jedem Teilstreckenabschnitt wären die Verträge verschiedenen Rechtsvorschriften unterworfen gewesen. Dann gilt für den Gesamtvertrag gem. § 452 Landfrachtrecht. **27**

Die §§ 452 ff stehen der Anwendung des § 450 nicht entgegen, wenn **keine Umladung** und damit keine Beförderung mit verschiedenen Beförderungsmitteln vertraglich vorgesehen ist. § 450 setzt sich dann insoweit durch: Im Rahmen einer Abfolge verschiedener Transportmodi gilt für das betreffende vom Schiff ohne Umladung befahrene Teilstück bei längerer Seestrecke Seefrachtrecht; die Schiffsbeförderung auf diesem Teilstück wird nicht durch § 452 der Anwendung des Seefrachtrechts entzogen.[66] **28**

Die §§ 452 ff stehen auch der **analogen Anwendung des § 450** in den erweiterten Fallgestaltungen (s.o. II. 3., Rn 8, 9) nicht entgegen, d.h. wenn auf der die Gewässergrenzen (Binnen-, See-) überschreitenden Teilstrecke, die nach bzw. vor einer Umladung der Güter befahren wird, nicht verschiedenartige Transportmittel eingesetzt werden, sondern ohne Umladung das gleiche Beförderungsmittel.[67] Die vorstehend beschriebene (analoge) Anwendung des § 450 auf die gemischte See- und Binnenwasserstrecke unterwirft nicht zwangsläufig den gesamten Beförderungsvertrag dem Seerecht.[68] Er bleibt Multimodalvertrag. Obwohl eine Teilstrecke dem § 450 unterworfen ist[69] und bei getrennter Vereinbarung der Beförderung auf den Teilstrecken für die Strecke Seefrachtecht vereinbart worden wäre, ergibt sich – vorbehaltlich der Regelung in § 452a (bekannter Schadensort) – das auf den *gesamten* Beförderungsvertrag über die umgeladenen Güter anwendbare Recht aus den Multimodalvorschriften der §§ 452 ff (bzw. aus den Regeln des gemischten Vertrages[70]). Auf den Gesamtvertrag über die Gesamtstrecke findet – bei Anwendung deutschen Frachtvertragsstatuts – gem. § 452 folglich das Landfrachtrecht der §§ 407 ff HGB Anwendung. Auf eine Teilstrecke findet – wenn sich das schädigende Ereignis auf dieser Teilstrecke ereignet – das hypothetische Teilstreckenstatut Anwendung. Bei Geltung deutschen Rechts kommt mithin isoliert wegen der längeren Seestrecke Seefrachtrecht zur Anwendung. **29**

---

64 *Ramming* TranspR 2005, 138, 143.

65 *Koller*[8] § 450 Rn 4; Oetker/*Paschke* § 450 Rn 3; Ebenroth/Boujong/Jost/Strohn/*Schaffert*[2] § 450 Rn 2.

66 Vgl. MünchKommHGB/*Herber*[3] § 450 Rn 5, 5a.

67 *Koller*[8] § 450 Rn 4; *Ramming* TranspR 2005, 138, 144.

68 *Koller*[8] § 450 Rn 4; Ebenroth/Boujong/Jost/Strohn/*Schaffert*[2] § 450 Rn 2.

69 Bsp. bei MünchKommHGB/*Herber*[3] Rn 5a: Beförderung von Basel nach Duisburg mit Binnenschiff – Umladung im Duisburger Hafen – Beförderung von Duisburg nach Kanada mit seegängigem Schiff auf Binnengewässerstrecke und längerer Seestrecke ohne weitere Umladung. Die erste Teilstrecke unterliegt Landfrachtrecht der §§ 407 ff HGB; die zweite Teilstrecke unterliegt Seefrachtrecht als Beförderung ohne Umladung mit größerer Seestrecke.

70 *Koller*[8] § 450 Rn 4.

30 **4. Nichtvorliegen eines Multimodalvertrages.** Die §§ 452 ff kommen etwa dann nicht zur Anwendung, wenn auf *allen* – durch Umladung getrennten oder nicht getrennten – Teilstrecken *einheitlich* entweder die auf Seegewässern oder die auf Binnengewässern zurückzulegenden Strecken die längeren sind. Es liegt keine multimodale Beförderung vor (es werden keine verschiedenartigen Beförderungsmittel eingesetzt und es ergeben sich keine verschiedenen Teilstreckenstatute). In diesem Falle überwiegen die betreffenden Streckenkategorien stets auch im Hinblick auf die insgesamt zurückzulegende Strecke. Es liegt insoweit ein **Durch-Frachtvertrag** vor, der entweder eine Beförderung nur über Seegewässer oder eine solche nur über Binnengewässer zum Inhalt hat. Falls nach kollisionsrechtlichen Grundsätzen deutsches Recht zur Anwendung kommt – bleibt § 450 auf die *gesamte* Strecke unmittelbar anwendbar (dazu oben 1). Ein Durch-Konnossement, das zur Anwendung der Alternative 1 des § 450 führen würde, kann nur ausgestellt werden, wenn die Beförderung überwiegend über Seegewässer erfolgen soll. Wo das nicht der Fall ist, ist die Anknüpfung der Alternative 2 (bzw. der Rückschluss aus ihr) ausreichend. Auch daher ist die Konnossements-Alternative des § 450 Ziff. 1 eigentlich ohne Bedeutung (vgl. oben III. 1., Rn 14–19).[71]

---

[71] So schon *Ramming* TranspR 2005, 138, 144.

Sachregister

Die fetten Seitenzahlen verweisen auf die Teile der Kommentierung, die mageren Zahlen verweisen auf die Randnummern

www.ingramcontent.com/pod-product-compliance
Lightning Source LLC
LaVergne TN
LVHW060626300926
849162LV00008B/1721
9783110350753